JN418651

東洋古典譯註叢書 33

譯註 通鑑節要 8

成百曉 譯註

傳統文化研究會

國譯委員

譯註　成百曉
潤文　朴勝珠
出版　咸明淑 權永順
校正　裵美貞 蘇　鍾

東洋古典譯註叢書를 발간하면서

우리의 古典國譯事業은 민족문화 진흥의 기초사업으로 1960년대부터 政府 支援으로 古文獻 現代化 작업을 추진하여 많은 成果를 거두었다. 당시 이 사업 추진의 先行課題로 東洋古典이라 일컬어지는 중국의 基本古典을 먼저 飜譯하여야 한다는 學界의 주장이 있어 왔음에도 불구하고 우리 고전이 아니라는 일부의 偏狹한 視覺과 財政 事情 등으로 인하여 배제되어 왔다.

전통적으로 중국의 기본고전은 우리 歷史와 함께 숨쉬며 각종 교육기관의 敎科書로 활용됨은 물론이고 지식인들의 必讀書가 되어 왔으며, 우리 文化의 基底에 자리잡고 거의 모든 방면의 體系와 根幹을 형성하여 왔다. 그래서 학문연구의 기본서 역할을 해 왔을 뿐만 아니라 오늘날에도 우리의 國學徒 및 東洋學 硏究者들에게 같은 역할을 하고 있음은 주지의 사실이다. 그럼에도 불구하고 中國古典은 우리 것이 아니라 하여 專門機關의 飜譯對象에 포함하지 않음으로써 대부분 原典에서의 직접 번역이 아닌 重譯이나 拔萃譯의 방식이 주를 이루면서 敎養水準으로 出版되어 왔다.

오늘날 東洋三國 중에서 우리의 東洋學 연구가 가장 부진한 이유는 東洋基本古典에 대한 폭넓은 이해의 부족과 漢文古典 讀解力의 저하에 기인함을 우리는 솔직히 인정하여야 한다. 따라서 이들 중국고전에 대한 신뢰할 만한 國譯이 이루어지는 것이 한국학 연구를 촉진시키는 시급한 先行課題라 할 수 있다.

이에 韓國學 및 東洋學의 연구와 古典現代化의 基盤構築을 위해서는 전문기관으로 하여금 동양고전을 단기간에 각 분야의 專門 硏究者와 漢學者가 상호협동하여 연구번역하여 飜譯의 傳統性과 效率性, 硏究의 專門性을 높일 수 있도록 政策的 配慮가 있어야 한다.

이에 本會에서는 元老 및 中堅 漢學者와 斯界의 專攻者로 하여금 協同硏究飜譯하여 공부하는 사람들이 믿고 引用하거나 깊이 있는 註釋 등을 활용할 수 있게 하고, 知識人들의 敎養을 증진시켜 줄 수 있는 東洋古典의 國譯書 간행을 지속적으로 추진해 왔다. 근래에 다행히 이 사업에 대하여 각계 지도층의 폭넓은 이해와 지원에 힘입어 2001년도부터 國庫補助를 받아 東洋古典譯註叢書를 간행하게 되었다. 이를 계기로 우리 先學의 註釋과 見解를 반영하는 등 국역사업의 內實을 기하게 되었음을 이 자리를 빌어 衷心으로 감사드리며, 아울러 國譯에 參與하신 관계자 여러분의 勞苦에 깊은 謝意를 표한다.

끝으로 우리의 이러한 작업은 오랜 역사 위에 축적된 先賢들의 業績과 現代學問을 이어주는 튼튼한 架橋와 礎石이 되어 진정한 韓國學과 東洋學 발전에 기여할 것을 굳게 믿으며, 21세기를 우리 文化의 世紀로 열어 가는 밑거름이 되도록 우리의 力量을 本 事業에 경주하고자 한다. 江湖諸賢의 부단한 관심과 지원을 기대해 마지않는다.

社團法人 傳統文化硏究會 會長 李 啓 晃

凡 例

1. 本書는 東洋古典譯註叢書 ≪通鑑節要≫ 중 제8책이다.
2. 本書는 眉山 史炤가 音釋하고 鄱陽 王逢이 輯義하고 京兆 劉剡이 增校한 甲寅字本 ≪少微家塾點校附音通鑑節要≫(國立中央圖書館 所藏本, 刊年未詳)를 底本으로 하되, 원문 교감을 위하여 木版本 ≪少微家塾點校附音通鑑節要≫(高麗大學校 圖書館 所藏本 및 서울大學校 奎章閣 所藏本)를 참고하였다.
3. 春坊本 ≪通鑑節要≫가 流行되고 있음을 감안하여 溫公의 史評은 本文과 같이 大字로 표기하고 기타 史論은 글자 크기를 약간 줄였다. 그리고 底本의 史評 외에 ≪二十史略≫의 史評을 추가하여 '〔史略 史評〕'이라고 표시하였다.
4. 本書에서는 干支를 別行하고 괄호 속에 西紀 연도를 표시하였다.
5. 原文은 이해를 돕기 위해 懸吐하고 특별한 音이나 어려운 한자는 ( ) 안에 音을 병기하였다.
6. 飜譯은 原義에 充實하도록 노력하였다. 다만 難解한 부분은 意譯, 또는 補充譯을 하였다.
7. ≪資治通鑑≫은 원래 司馬光이 황제의 명령을 받고 지어 올린 것이므로 論評에 자신의 의견을 아뢰면서 모두 '臣光曰'이라고 하였으나 本 譯書에서는 특별한 경우를 제외하고는 대부분 '臣'이라 하지 않고 '나'라고 해석하였으며, 기타 史家의 論評 역시 이와 같이 하였다.
8. 註釋은 原註와 釋義 및 附註를 현토하고 해석하되 글자의 간단한 訓이나 音은 모두 싣지 않았다. 頭註는 底本의 상단에, 原註와 釋義는 原文의 중간에 小字雙行으로, 附註는 卷末에 실려 있는데, 본서에서는 이를 모두 문단이 끝나는 곳에 함께 실었으며, 아울러 ≪通鑑要解≫도 참고하여 실었음을 밝혀둔다.
9. 오늘날 흔히 사용하는 成語나 故事는 ≪通鑑節要≫에서 유래한 것이 많다. 이에

독자들이 이용하기에 편리하도록 成語와 故事를 뽑아 책의 말미에 해설과 함께 부록하였고, 原文에는 字句 위에 강조점을 찍어 표시하였다.

10. 本書는 독자의 이해를 돕기 위해 圖表를 첨부하였는바, 唐나라 憲宗 初年의 藩鎭一覽表를 책의 말미에 실었고, 그 뒤에 唐나라 王室 世系圖와 地圖를 실었다.

11. 본서에 대한 索引은 ≪通鑑節要≫ 9책에 실을 예정이다.

12. 본서에 사용된 주요 符號는 다음과 같다.

“ ” : 對話, 각종 引用

‘ ’ : 再引用, 强調

「 」: ‘ ’ 안에서 再引用

( ) : 原文 중의 괄호는 漢字의 音, 同字, 通用字, 俗字의 正字.
번역문 중의 괄호는 간단한 註釋

≪ ≫ : 書名, 出典

〈 〉: 篇章節名, 作品名, 補充譯, 원문의 補充字

〔 〕: 원문의 倂記, 音이 다른 漢字, 註釋 표시

{ } : 원문의 衍文　例) 非{吏而得與}吏比者

*) : 補註

※ : 題目註

( )〔 〕: (誤字)〔正字〕　例) 然(則)〔而〕餓死臺城

단 頭註와 通鑑要解 등에는 誤字가 많은 바, 이를 모두 표시할 경우 보기에 불편하므로 별도로 표시하지 않고 곧바로 수정하였음을 밝혀 둔다.

參考圖書

〔原 典〕

≪文白對照 資治通鑑輯覽≫ 1-36冊 文白對照御批歷代通鑑輯覽編委會 編 馬建石 主編 國際文化出版公司 2002
≪文白對照全譯 資治通鑑≫ 全3冊 張宏儒 沈志華 主編 改革出版社 1991
≪詳密註釋 通鑑諺解≫ 學民文化社 1992
≪集註 通鑑節要1・2≫ 金都鍊 編註 亞細亞文化史 1982・1986
≪標點索引 少微通鑑節要≫ 뿌리문화사 1999
≪綱目續麟≫ 文淵閣四庫全書 第323冊 史部81 臺灣商務印書館 1984
≪綱目訂誤≫ 文淵閣四庫全書 第323冊 史部81 臺灣商務印書館 1984
≪大事記≫ 呂祖謙 撰 文淵閣四庫全書 第324冊 史部82 臺灣商務印書館 1984
≪少微家塾點校附音通鑑節要≫ 高麗大學校 圖書館 所藏本
≪少微家塾點校附音通鑑節要≫ 서울大學校 奎章閣 所藏本
≪御批資治通鑑綱目≫ 朱熹 撰 聖祖 批 文淵閣四庫全書 第689-692冊 史部447-450 臺灣商務印書館 1984
≪二十史略≫ 民昌文化社 1990
≪資治通鑑≫ 胡三省 音注 中華書局 1992〔제5판〕
≪資治通鑑綱目≫ 朱熹 撰 國立中央圖書館 所藏本
≪資治通鑑綱目集覽鐫誤≫ 瞿佑 撰 韓國學中央研究院 1980
≪資治通鑑綱目訓義≫ 思政殿 訓義 國立中央圖書館 所藏本
≪資治通鑑釋文≫ 史炤 撰 臺灣商務印書館 1980
≪資治通鑑地理今釋≫ 吳熙載 撰 江蘇書局 1882
≪資治通鑑訓義≫ 思政殿 訓義 國立中央圖書館 所藏本
≪通鑑釋文辯誤≫ 胡三省 撰 文淵閣四庫全書 第312冊 史部70 臺灣商務印書館 1984
≪通鑑五十卷詳節要解≫ 九淵禪師 著 國立中央圖書館 所藏本
≪通鑑地理通釋≫ 王應麟 撰 文淵閣四庫全書 第312冊 史部70 臺灣商務印書館 1984
≪晉書≫ 房玄齡 撰 中華書局 2002

≪南史≫ 李延壽 撰 中華書局 2003
≪北史≫ 李延壽 撰 中華書局 2003
≪隋書≫ 魏徵 撰 中華書局 2002
≪舊唐書≫ 劉昫 撰 中華書局 2002
≪新唐書≫ 歐陽脩 撰 中華書局 2002

〔譯 書〕

≪國譯 資治通鑑≫ 加藤繁・公田連太 共譯註 景仁文化社 1996
≪資治通鑑全譯≫ 李國祥 等 主編 貴州人民出版社 1994
≪通鑑節要 天・地・人≫ 金忠烈 譯解 三省出版社 1987

〔辭 典〕

≪資治通鑑大辭典 上・下≫ 施丁・沈志華 共譯 吉林人民出版社 1994
≪中國歷史大辭典・歷史地理≫ 編纂委員會 上海辭書出版社 1996
≪中國歷代官制大辭典≫ 呂宗力 主編 北京出版社 1994
≪中國歷代人名大辭典 上・下≫ 沈起煒 上海古籍出版社 1999
≪中國歷代人名大辭典 한글音訓索引≫ 頭流古典研究會編 景仁文化社 2002
≪二十四史人名索引 上・下≫ 中華書局 1998
≪漢語大詞典≫ 羅竹風 上海辭書出版社 1986
≪晉書辭典≫ 劉乃和 山東教育出版社 2001
≪南朝五史辭典≫ 袁英光 山東教育出版社 2005
≪北朝五史辭典 上・下≫ 簡修煒 山東教育出版社 2000
≪兩唐書辭典≫ 趙文潤・趙吉惠 山東教育出版社 2004

目 次

通鑑節要 卷之四十二

唐紀

肅宗※1) 名은 亨이니 玄宗第三子라 在位七年이요 壽五十二라

肅宗은 이름이 亨이니, 玄宗의 셋째 아들이다. 재위가 7년이고 壽가 52세이다.

※ 以國之元子로 收兵靈武하야 反旆而東하야 不失舊物하니 可謂賢矣라 然이나 不思經遠之謀하고 專爲姑息之政하야 節度使由軍士廢立하니 則其他를 可知矣니라

국가의 元子로서 靈武에서 군대를 수습하여 군대를 돌려 동쪽으로 가서 옛 물건(강토)을 잃지 않았으니, 어질다고 이를 만하다. 그러나 長久한 계책을 생각하지 않고 오로지 姑息的인 정사를 하여서 節度使가 軍士들로 말미암아 폐하고 세워졌으니, 그 다른 것을 알 만하다.

1)〔頭註〕肅宗：母는 元敬皇后楊氏라

肅宗의 어머니는 元敬皇后 楊氏이다.

【丙申】 十五載라 〈肅宗皇帝至德元載라〉

天寶 15年(丙申 756) - 肅宗皇帝 至德 元年 -

正月에 祿山이 自稱大燕皇帝하고 改元聖武하다

정월에 安祿山이 스스로 大燕皇帝라 칭하고 聖武로 改元하였다.

○ 顔杲卿이 起兵纔八日하야 守備未完이러니 史思明, 蔡希德이 引兵하야 皆至

城下라 杲卿이 告急於王承業[1)]한대 承業이 欲竊其功하야 利於城陷하야 遂擁兵不救라 杲卿이 晝夜拒戰호되 糧盡矢竭하야 城陷하니 賊이 縱兵殺萬餘人하고 執杲卿及袁履謙等하야 送洛陽하다 祿山이 數之曰 汝自范陽戶曹어늘 我奏汝爲判官하야 不數年에 超至太守하니 何負於汝而反耶아 杲卿이 瞋目[2)]罵曰 汝本營州牧羊羯奴[3)]러니 天子擢汝爲三道節度使하시니 恩幸無比어늘 何負於汝而反고 我는 世爲唐臣하니 祿位皆唐有라 雖爲汝所奏나 豈從汝反耶아 我爲國討賊에 恨不斬汝하노니 何爲反也오 臊羯狗[4)]아 何不速殺我오한대 祿山이 大怒하야 幷袁履謙等하야 縛於中橋[5)]之柱而咼(과)之[6)]하니 杲卿, 履謙이 比死토록 罵不虛口하니라

顔杲卿이 군대를 일으킨 지 겨우 8일이어서 수비가 아직 완전하지 못했는데, 史思明과 蔡希德이 군대를 이끌고 范陽城 아래에 이르렀다. 顔杲卿이 王承業에게 위급함을 고하였으나 王承業은 그의 공을 가로채고자 하여 성이 함락되는 것을 이롭게 여겨 마침내 군대를 보유하고(출동시키지 않고) 구원하지 않았다. 顔杲卿이 밤낮으로 적에게 항거하여 싸웠으나 양식이 다하고 화살이 떨어져 성이 함락되니, 적이 군대를 풀어 만여 명을 죽이고 顔杲卿과 袁履謙 등을 사로잡아 洛陽으로 압송하였다.

安祿山이 〈顔杲卿에게〉 數罪하기를 "너는 본래 范陽의 戶曹의 자리에 있었는데 내가 황제께 아뢰어 너를 判官으로 삼고 몇 년이 안 되어 크게 승진해서 太守에 이르렀으니, 내가 너에게 무엇을 저버렸기에 나를 배반하였는가." 하였다. 顔杲卿이 눈을 부릅뜨고 꾸짖기를 "너는 본래 營州의 양을 치던 羯族의 종이었는데 천자가 너를 발탁하여 三道의 節度使를 삼으셨으니, 은혜와 총애가 견줄 사람이 없는데 천자가 너에게 무엇을 저버렸기에 천자를 배반하였는가. 나는 대대로 唐나라의 신하이니, 녹과 지위가 모두 唐나라의 소유이다. 내 비록 너의 奏請으로 등용되었으나 어찌 너를 따라 배반하겠는가. 내가 나라를 위하여 역적을 토벌함에 너를 목 베지 못하는 것이 통한이니, 어찌 나더러 배반했다고 하는가. 누린내 나는 개 같은 羯族아! 어찌 빨리 나를

죽이지 않는가." 하였다. 安祿山이 크게 노하여 袁履謙 등과 함께 中橋의 기둥에 묶어 찢어 죽이니, 顔杲卿, 袁履謙이 죽을 때까지 꾸짖는 말을 입에서 그치지 않았다.

1) 〔頭註〕 王承業 : 大京尹이라
王承業은 大京의 尹이었다.

2) 〔原註〕 瞋目 : 瞋은 昌人反이니 張目也라
瞋은 昌人反(진)이니, 눈을 부릅뜨는 것이다.

3) 〔釋義〕 羯奴 : 羯은 居謁反이니 營州柳城雜胡라 〔頭註〕 羯은 地名이니 晉匈奴別部人居之러니 後因號匈奴爲羯하니라
〔釋義〕 羯은 居謁反(갈)이니, 營州 柳城의 雜胡이다. 〔頭註〕 羯은 地名이니, 晉(東晉)나라 때 匈奴의 別部 사람들이 거주하였는데, 뒤에 인하여 匈奴를 羯이라고 칭하였다.

4) 〔原註〕 臊羯狗 : 臊는 蘇曹反이니 腥也라
臊은 蘇曹反(소)이니 누린내가 나는 것이다.

5) 〔頭註〕 中橋 : 天津中橋也라
中橋는 天津의 中橋이다.

6) 〔頭註〕 咼(과)之 : 咼는 音寡니 剮也라
咼는 음이 과이니, 쪼개는(능지처참하는) 것이다.

○ 上이 命郭子儀하야 進取東京할새 選良將一人하야 分兵先出井陘(형)하야 定河北이러니 子儀薦李光弼하야 爲河東節度使하야 分朔方兵萬人하야 與之하다 二月에 光弼이 至常山하니 常山兵이 執安思義出降이라 史思明이 失勢하야 退入九門하니 時에 常山九縣에 七附官軍하고 惟九門, 藁城이 爲賊所據러라

上이 郭子儀에게 명하여 나아가 東京을 점령하게 할 적에 훌륭한 장수 한 사람을 뽑아 병력을 나누어 먼저 井陘으로 나가서 河北을 평정하게 하였다. 郭子儀가 李光弼을 천거하여 河東節度使로 삼고 朔方의 병력 만 명을 나누어 그에게 주었다.

2월에 李光弼이 常山에 이르니, 常山의 병사들이 安思義를 사로잡아 성문

을 나와 항복하였다. 史思明이 세력을 잃고는 후퇴하여 九門으로 들어가니, 이때 常山郡의 아홉 縣 중에 일곱 현은 官軍에 붙고 오직 九門과 藁城 두 현만이 적에게 점거당하였다.

○ 先是에 譙郡太守楊萬石이 以郡降安祿山하고 逼眞源令張巡하야 使爲長史하야 西迎賊이어늘 巡이 至眞源하야 帥吏民하고 哭於玄元皇帝[1]廟하고 起兵討賊하니 吏民樂從者數千人이라 巡이 選精兵千人하야 至雍丘하야 與賈賁(비)[2]合하다 令狐潮[3]引賊精兵하야 攻雍丘[4]하니 賁出戰敗死어늘 張巡이 力戰却賊하고 因兼領賁衆하다 乃使千人乘城하고 自帥千人하야 分數隊하야 開門突出할새 巡이 身先士卒하야 直衝賊陳(陣)하니 人馬辟易(벽역)[5]이라 賊遂退라가 明日에 復進攻城하고 設百礮(砲)環城하니 樓堞皆盡[6]이라 巡이 於城上에 立木柵以拒之러니 賊이 蟻附而登이어늘 巡이 束蒿灌脂하야 焚而投之하니 賊不得上이라 時伺賊隙하야 出兵擊之하고 或夜縋斫(작)營[7]하야 積六十餘日에 大小三百餘戰할새 帶甲而食하고 裹瘡復戰하니 賊이 遂敗走라 巡이 乘勝追之하야 獲胡兵二千人而還하니 軍聲이 大振이러라

이에 앞서 譙郡 太守 楊萬石이 郡을 가지고 安祿山에게 항복하고는 眞源縣令 張巡을 핍박하여 그를 長史로 삼아 서쪽에서 적을 맞이하게 하였다. 張巡이 眞源縣에 이르러 관리와 백성을 거느리고 玄元皇帝의 사당에서 곡한 다음 군대를 일으켜 적을 토벌하니, 관리와 백성으로서 기꺼이 따르는 자가 수천 명이었다. 張巡이 정예병 천 명을 선발하여 雍丘縣에 이르러 賈賁와 연합하였다. 令狐潮가 적의 정예병을 이끌고서 雍丘縣을 공격하였다. 賈賁가 나와 싸우다가 패하여 죽자 張巡이 강력히 싸워 적을 물리치고 인하여 賈賁의 군대를 겸하여 통솔하였다.

張巡이 마침내 천 명으로 하여금 성에 올라가게 하고 자신은 천 명을 거느리고 몇 隊로 나누어서 성문을 열고 突出하였는데, 張巡이 몸소 士卒들 앞에 나서서 賊陣으로 곧바로 돌격하니, 적의 군사와 말들이 피하여 흩어졌다. 적

이 마침내 피하였다가 다음날 다시 성을 진격하고 백 개의 抛車를 설치하여 성을 둘러싸니, 망루와 성가퀴가 다 부서졌다. 張巡이 성 위에 木柵을 세워 적을 막았는데 적이 개미떼처럼 붙어 올라왔다. 張巡이 쑥을 묶고 여기에 기름을 부어 불을 붙여 던지니, 적이 올라오지 못하였다.

張巡은 때로 적의 틈을 엿보아 군대를 내보내 공격하였고, 혹은 밤중에 밧줄로 군사들을 매달아 성 밖으로 내보내 적의 진영을 공격하였다. 그리하여 60여 일 동안 크고 작은 싸움을 벌여 300여 차례 전투하였는데, 갑옷을 입은 채 밥을 먹으며 상처를 싸매고 다시 싸우니, 적이 마침내 敗走하였다. 張巡이 승세를 타고 추격하여 오랑캐 병사 2천 명을 사로잡고 돌아오니, 군대의 명성이 크게 떨쳐졌다.

1) 〔頭註〕 玄元皇帝 : 高宗進號老子曰太上玄元皇帝라하니 唐祖老子[*)]하니라

高宗이 老子에게 尊號를 올리기를 太上玄元皇帝라 하였으니, 唐나라는 老子를 시조로 하였다.

*) 唐祖老子 : 李淵이 唐나라를 건국하고는 老子를 始祖로 받들었다.

2) 〔頭註〕 賈賁(비) : 賁는 波義反이라 河南都知兵馬使니 前至雍丘하야 有衆二千하니라

賁는 波義反(비)이다. 賈賁는 河南都知兵馬使이니, 앞서 雍丘縣에 이르러 2천 명의 병력을 보유하였다.

3) 〔頭註〕 令狐潮 : 令狐는 複姓이니 雍丘令이라

令狐는 複姓이니, 雍丘縣令이었다.

4) 〔附註〕 攻雍丘 : 潮以縣降賊이어늘 賊이 使擊淮陽이러니 俘百餘人하야 拘於雍丘하고 將殺之한대 淮陽兵이 作亂하니 潮棄妻子走라 賁得乘其間하야 入據雍丘하니라

令狐潮가 雍丘縣을 가지고 적에게 항복하자, 적이 그로 하여금 淮陽을 공격하게 하였다. 令狐潮가 백여 명을 사로잡아 雍丘縣에 가두고 장차 이들을 죽이려 하자, 淮陽의 병사들이 난리를 일으키니, 令狐潮가 처자식을 버리고 달아났다. 賈賁가 그 틈을 타서 雍丘縣에 들어가 점거하였다.

5) 〔釋義〕 人馬辟易(벽역) : 辟易은 驚卻貌라 漢書註云 謂開張而易其本處也라

辟易은 놀라서 퇴각하는 모양이다. ≪漢書≫의 註에 이르기를 "옆으로 벌려 그 본래 있던 장소를 바꾸는 것이다." 하였다.

6)〔釋義〕設百礮(砲)環城 樓堞皆盡：礮는 披敎反이니 機石也라 環은 音患이니 繞也라 堞은 達叶反이니 城上女垣也라〔通鑑要解〕礮는 俗作砲하니 戰石也라 機石也니 唐李密傳에 以機發石하야 爲攻城具라하니라

〔釋義〕礮는 披敎反(표)이니 기계로 돌을 날리는 것이다. 環은 음이 환이니 둘러싸는 것이다. 堞은 達叶反(접)이니 성 위의 女垣(女墻)이다.〔通鑑要解〕礮는 시속에서 砲로 쓰니, 돌을 날려 싸우는 것이다. 기구로 돌을 발사하는 것이니, ≪唐書≫〈李密傳〉에 "기구로 돌을 날려서 城을 공격하는 도구로 썼다." 하였다.

7)〔釋義〕夜縋斫(작)營：縋는 直爲反이니 垂繩也라〔通鑑要解〕縋는 說文에 以繩有所懸也라하니라 斫營은 斫賊營壘니라

〔釋義〕縋는 直爲反(추)이니 밧줄을 드리우는 것이다.〔通鑑要解〕縋는 ≪說文≫에 '끈을 가지고 매다는 것이다.' 하였다. 斫營은 賊의 營壘를 기습하는 것이다.

○ 五月에 令狐潮復引兵攻雍丘하다 潮與張巡有舊라 於城下에 相勞苦如平生[1]하고 潮因說巡曰 天下事去矣라 足下堅守危城하야 欲誰爲乎아 巡曰 足下平生에 以忠義自許러니 今日之擧는 忠義何在오하니 潮慚而退하니라

5월에 令狐潮가 다시 군대를 이끌고 雍丘를 공격하였다. 令狐潮는 張巡과 구면이었으므로 성 아래에서 평소처럼 서로 노고를 위로하고는, 令狐潮가 이 틈을 타 張巡을 설득하기를 "천하의 일이 이미 틀렸다. 足下가 위태로운 성을 견고히 지켜 누구를 위하고자 하는가?" 하였다. 張巡이 대답하기를 "足下는 평소 충의 있는 사람으로 자부하더니, 오늘의 일은 충의가 어디에 있는가?" 하니, 令狐潮가 부끄러워하며 물러갔다.

1)〔釋義〕相勞苦如平生：勞는 郎到反이니 慰勞也라 釋云 恤其勤苦也라

勞는 郎到反(로)이니, 위로함이다. 해석에 이르기를 "노고함을 걱정하는 것이다." 하였다.

○ 郭子儀, 李光弼이 還常山하니 史思明[1]이 收散卒數萬하야 踵其後라 子儀至恒陽하니 思明이 隨至어늘 子儀深溝高壘以待之할새 賊이 來則守하고 去則追

之하며 晝則耀兵하고 夜斫其營하니 賊이 不得休息이라 數日에 子儀, 光弼이 議曰 賊倦矣니 可以出戰이라하고 戰于嘉山하야 大破之하야 斬首四萬級하고 捕虜千餘人하다 思明이 墜馬하야 奔于博陵이어늘 光弼이 就圍之하니 軍聲이 大振이라 於是에 河北十餘郡이 皆殺賊守將而降하야 漁陽路再絶하니 賊將士家在漁陽者 無不搖心이라 祿山이 大懼하야 議棄洛陽하고 走歸范陽하다 會에 有告崔乾祐[2]在陝에 兵不滿四千이요 皆羸(리)弱無備라하야늘 上이 遣使趣(促)哥舒翰[3]하야 進兵復陝洛하니 翰이 不得已撫膺[4]慟哭하고 引兵出關이라가 遇崔乾祐之軍於靈寶西原하야 翰이 大敗하니 囂聲이 振天地라 賊이 乘勝蹙之하니 後軍이 亦潰하고 河北軍이 望之亦潰하야 瞬息間에 兩岸이 皆空이라 翰이 獨與麾下百餘騎로 入關이러니 乾祐進攻潼關克之하고 蕃將火拔歸仁[5]이 執翰降賊[6]하니 祿山이 以翰爲司空同平章事하다

郭子儀와 李光弼이 常山에서 돌아오니, 史思明이 흩어진 군대 수만 명을 수습하여 그 뒤를 따라왔다. 郭子儀가 恒陽에 이르니, 史思明이 뒤따라 왔다. 이에 郭子儀는 해자를 깊이 파고 보루를 높게 쌓아 대비하였는데, 적이 오면 지키고 떠나가면 추격하며, 낮에는 병력을 과시하고 밤에는 적의 진영을 공격하니, 적이 휴식할 수가 없었다. 며칠 있다가 郭子儀와 李光弼이 의논하기를 "적이 피로하니, 이제 출전할 수 있다." 하고는 嘉山에서 싸워 적을 대파하여 4만 명의 수급을 베고 포로 천여 명을 사로잡았다.

史思明이 말에서 떨어져 博陵으로 도망하자 李光弼이 쫓아가 포위하니, 군대의 명성이 크게 떨쳐졌다. 이에 河北의 10여 郡이 모두 적의 수령과 장수를 죽이고 조정에 항복하여 漁陽의 길이 다시 끊기니, 적의 장병 중에 집이 漁陽에 있는 자들은 마음이 흔들리지 않는 이가 없었다. 安祿山이 크게 두려워하여 洛陽을 버리고 范陽으로 돌아갈 것을 의논하였다.

이때 마침 황제에게 '崔乾祐가 陝州에 있는데 군대가 채 4천 명이 되지 못하고 모두 파리하고 약하여 수비가 없다.'고 아뢰는 자가 있었다. 上이 사자를 보내어 哥舒翰을 재촉해서 진군하여 陝州와 洛州를 수복하게 하니, 哥舒

翰이 마지못하여 가슴을 치면서 통곡하고는 군대를 이끌고 관문을 나갔다가 崔乾祐의 군대를 靈寶의 西原에서 만나 싸워 哥舒翰이 크게 패하니, 군사들의 고함치는 소리가 천지를 진동시켰다. 적이 승세를 타고 압박하니, 뒤의 군대가 또한 무너졌고 河北의 군대가 이것을 보고 또한 무너져서 순식간에 두 江岸이 모두 텅 비게 되었다. 哥舒翰은 홀로 휘하 기병 백여 명과 함께 관문에 들어갔는데, 崔乾祐가 潼關으로 진격하여 함락시키고, 蕃將 火拔歸仁이 哥舒翰을 사로잡아 적에게 항복시키니, 安祿山이 哥舒翰을 司空 同平章事로 삼았다.

1)〔頭註〕史思明 : 賊將이라

史思明은 賊將이다.

2)〔頭註〕崔乾祐 : 賊將이라

崔乾祐는 賊將이다.

3)〔頭註〕遣使趣(促)哥舒翰 : 趣는 讀曰促이라 楊國忠이 疑翰謀己하야 言 翰逗留不進하야 將失機會라한대 上遣中使促之하야 項背相望하니라

趣는 促으로 읽는다. 楊國忠은 哥舒翰이 자기를 도모하는가 의심하여 이르기를 "哥舒翰이 머뭇거리고 전진하지 아니하여 장차 좋은 기회를 잃게 생겼다."라고 하자, 上이 中使를 보내어 독촉해서 목과 등이 서로 이어지듯 빈번하였다.

4)〔頭註〕撫膺 : 擊胸也라

撫膺은 가슴을 치는 것이다.

5)〔頭註〕火拔歸仁 : 火拔은 虜複姓이라

火拔은 오랑캐의 複姓이다.

6)〔通鑑要解〕執翰降賊 : 翰降이어늘 祿山問翰曰 汝常輕我러니 今日如何오한대 翰伏地對曰 臣은 肉眼*)이라 不識聖人이니이다하니 祿山大悅하니라

哥舒翰이 항복하자, 安祿山이 哥舒翰에게 묻기를 "너는 항상 나를 깔보더니, 오늘 어떠한가?" 하니, 哥舒翰이 땅에 엎드려 대답하기를 "臣은 肉眼이라 聖人을 몰라 뵈었습니다." 하였다. 이에 安祿山이 크게 기뻐하였다.

*) 肉眼 : 사람의 육신에 갖추어진 눈으로, 사리를 살피지 못하고 단지 눈에 보이는 것만을 보는 것을 이른다.

○ 上이 懼[1)]하야 召宰相謀之한대 楊國忠이 首唱幸蜀[2)]之策하니 上이 然之하다

乙未에 出延秋門하야 至咸陽하니 日이 向中이로되 上猶未食이러니 國忠이 自市胡餅[3] 以獻하니 於是에 民爭獻糲飯[4]이라 有老父郭從謹이 進言曰 祿山이 包藏禍心은 固非一日이라 亦有詣闕하야 告其謀者면 陛下往往誅之하야 使得逞其姦逆[5]하야 致陛下播越[6]하시니 是以로 先王이 務延訪忠良하야 以廣聰明은 蓋爲此也니이다 臣이 猶記宋璟爲相에 數(삭)進直言하야 天下賴以安平이러니 自頃以來로 在廷之臣이 以言爲諱하고 惟阿諛取容이라 是以로 闕門之外를 陛下皆不得知하시니 草野之臣은 必知有今日이 久矣로이다 但九重嚴邃하야 區區之心[7]을 無路上達하니 事不至此면 臣이 何由得睹陛下之面而訴之乎잇가 上曰 此는 朕之不明이니 悔無所及이라하고 慰諭而遣之하니라

上이 두려워하여 宰相들을 불러 상의하자, 楊國忠이 제일 먼저 蜀 지방으로 파천할 계책을 제창하니, 上은 그의 말을 옳게 여겼다. 乙未日(6월 13일)에 上이 延秋門을 나가 咸陽에 이르니, 해가 중천에 있었으나 上이 아직도 밥을 먹지 못하였다. 楊國忠이 스스로 胡餠(호떡)을 사서 올리니, 이에 백성들이 다투어 조밥을 올렸다.

老父인 郭從謹이 말을 올리기를 "安祿山이 나쁜 마음을 속에 감추고 있었음은 진실로 하루 이틀의 일이 아닙니다. 또한 대궐에 나가서 그의 음모를 고발하는 자가 있으면 폐하께서는 종종 그를 죽이시어 安祿山으로 하여금 그 간사함과 반역함을 이루게 하여 폐하께서 파천하도록 만들었습니다. 그러므로 선왕이 忠良한 자들을 맞이하고 그들의 의견을 물어서 총명을 넓힐 것을 힘썼으니, 이는 이런 까닭에서입니다.

臣은 아직도 기억하건대 宋璟이 재상이 되었을 적에 자주 直言을 올려서 천하가 힘입어 편안하고 평화로웠는데, 지난 해 이래로는 조정에 있는 신하들이 말하는 것을 꺼리고 오직 아첨하여 용납되기를 취하였습니다. 이 때문에 대궐 문 밖의 일을 폐하께서 전혀 알지 못하셨으니, 草野의 신은 반드시 금일의 난이 있을 줄 안 시가 오래입니다. 다만 구중궁궐이 엄하고 깊어서 구구한 마음을 상달할 길이 없었으니, 일이 이 지경에 이르지 않았다면 신이

어떻게 폐하의 얼굴을 뵙고 하소연할 수 있겠습니까?" 하였다.

上이 말하기를 "이는 짐이 밝지 못해서이니, 후회해도 미칠 수 없다." 하고는 위로하여 타일러서 보내었다.

1) 〔通鑑要解〕 上懼 : 哥舒翰麾下來告急이러니 及日暮에 平安火不至라 故로 上始懼也하니라

哥舒翰의 휘하가 와서 위급함을 알렸는데, 날이 저물도록 平安함을 알리는 烽火가 오지 않았다. 그러므로 上이 비로소 두려워한 것이다.

2) 〔附註〕 幸蜀 : 上이 命陳玄禮하야 整比六軍하야 厚賜錢帛하고 選廐馬九百餘匹하니 外人은 莫之知라 乙未黎明에 帝與貴妃姊妹皇子妃(王)〔主〕皇孫, 楊國忠, 韋見素等及親近宦官宮人으로 出去할새 上이 遣宦者王洛卿前行하야 告諭郡縣置頓이러니 洛卿이 與縣令俱逃하고 徵召吏民호되 莫有應者하니 小利故也라

上이 陳玄禮에게 명하여 六軍을 정돈해서 돈과 비단을 후히 내려주고 황제의 어구마 900여 필을 선발하니, 바깥사람들은 이러한 사실을 알지 못하였다. 乙未日 黎明에 황제가 楊貴妃와 貴妃의 자매, 皇子와 妃, 공주와 皇孫, 楊國忠과 韋見素 등과 친근한 宦官과 궁인들과 함께 도성을 나갈 적에, 上이 환관인 王洛卿을 보내어 먼저 가서 郡縣에 알려 머물 곳을 설치하게 하였으나 王洛卿은 縣令들과 함께 모두 도망하였고 관리와 백성들을 불렀으나 응하는 자가 없었으니, 이익이 작기 때문이었다.

3) 〔頭註〕 胡餠 : 卽蒸餠이니 以胡麻着之也라 一云爐餠이니 胡人所啗이라 故로 曰胡餠이라하니라

胡餠은 바로 증편이니, 胡麻(참깨)를 붙이기 때문에 胡餠이라 한 것이다. 一說에는 "화로에 굽는 떡이니, 胡人들이 먹는 것이기 때문에 胡餠이라 한다." 하였다.

4) 〔頭註〕 糲飯 : 一斛粟舂七斗米爲糲也라 十斗爲斛이라

1斛의 곡식을 찧어서 일곱 말의 쌀을 얻는 것을 糲라 한다. 열 말을 斛이라 한다.

5) 〔頭註〕 逞其姦逆 : 逞은 恣肆快意라

逞은 멋대로 부려서 마음에 유쾌하게 하는 것이다.

6) 〔頭註〕 播越 : 播遷顚越也라

播越은 播遷하고 顚越하는 것이다.

7) 〔頭註〕 區區之心 : 區區는 猶勤勤이라

區區는 勤勤(간절하고 지성스러움)이란 말과 같다.

○ 至馬嵬驛[1)]하니 將士飢疲하야 皆憤怒라 陳玄禮[2)]以禍由楊國忠이라하야 欲誅之러니 會에 吐蕃使者二十餘人이 遮國忠馬하고 訴以無食이어늘 國忠이 未及對에 軍士呼曰 國忠이 與胡虜謀反이라하고 追殺之하야 以槍揭其首하다 上이 杖屨出驛門하야 慰勞軍士하고 令收隊호되 軍士不應이라 上이 使高力士로 問之한대 玄禮對曰 國忠이 謀反하니 貴妃를 不宜供奉이라 願陛下割恩正法하소서 上曰 貴妃常居深宮하니 安知國忠反謀리오 高力士曰 貴妃誠無罪나 然將士已殺國忠이어늘 而貴妃在陛下左右면 豈敢自安이리잇고 願陛下審思之하소서 將士安則陛下安矣시리이다 上이 乃命力士하야 引貴妃於佛堂하야 縊(의)殺之하고 輿屍寘驛庭하고 召玄禮等入視之하니 於是에 始整部伍하야 爲行計하니라

〈上의 행차가〉 馬嵬驛에 이르니, 장병들이 굶주리고 피로하여 모두 분노하였다. 陳玄禮는 禍가 楊國忠에게서 연유하였다 하여 그를 죽이려 하였는데, 마침 吐蕃의 사신 20여 명이 楊國忠의 말을 가로막고 양식이 없다고 하소연하였다. 楊國忠이 미처 대답하기도 전에 군사가 큰 소리로 고함치기를 "楊國忠이 오랑캐와 반역을 도모한다." 하고는 쫓아가 그를 죽여서 창끝에다 그 머리를 매달았다. 上이 지팡이를 짚고 신을 신고 驛門을 나와 군사들을 위로하고, 군사들로 하여금 대오를 수습하여 떠나가게 하였으나 軍士들이 응하지 않았다.

上이 高力士를 시켜 묻게 하자, 陳玄禮가 대답하기를 "楊國忠은 반역을 도모하였으니, 楊貴妃를 공양하여 받들 수가 없습니다. 원컨대 폐하께서는 은정을 끊어 〈楊貴妃를 죽여〉 법을 바로잡으소서." 하였다. 上이 말하기를 "貴妃는 항상 깊은 궁궐에 있었으니, 楊國忠의 모반하는 계책을 어찌 알았겠는가?" 하였다.

高力士가 아뢰기를 "貴妃는 진실로 죄가 없으나 장병들이 이미 楊國忠을 죽였는데, 貴妃가 폐하의 좌우에 있으면 어찌 감히 스스로 편안히 여기겠습

니까? 원컨대 폐하께서는 살펴 생각하소서. 장병들이 편안하면 폐하께서도 편안하실 것입니다." 하였다. 上은 마침내 高力士에게 명하여 貴妃를 佛堂으로 데리고 가서 목을 매어 죽이게 하고는 시신을 수레에 싣고 와서 馬嵬驛의 뜰에 두고 陳玄禮 등을 불러 들어와 보게 하니, 陳玄禮가 이에 비로소 대오를 정돈하여 떠나갈 계책을 하였다.

1) 〔釋義〕 馬嵬驛 : 馬嵬는 地名也니 在咸陽西라 今安西路興平縣正西三十五里에 有馬嵬坡하니라
馬嵬는 지명이니, 咸陽縣 서쪽에 있다. 지금 安西路 興平縣 정서쪽 35리 지점에 馬嵬坡가 있다.

2) 〔頭註〕 陳玄禮 : 龍武大將軍이라
陳玄禮는 龍武大將軍이다.

○ 上이 將發馬嵬할새 父老皆遮道請留曰 宮闕은 陛下家居요 陵寢[1]은 陛下墳墓시니 今捨此欲何之시니잇고 上이 爲之按轡久之라가 乃命太子하야 於後에 宣慰父老하니 父老因曰 至尊이 旣不肯留하시니 某等이 願帥子弟하고 從殿下하야 東破賊하고 取長安하리이다 若殿下與至尊으로 皆入蜀하시면 使中原百姓으로 誰爲之主리잇고 須臾에 聚至數千人이라 太子不可曰 至尊이 遠冒險阻하시니 吾豈忍朝夕離左右리오 且吾尙未面辭호니 當還白至尊하야 更稟進止호리라하고 涕泣跋馬[2]欲西한대 建寧王倓(담)이 與李輔國으로 執鞚(공)[3]諫曰 逆胡犯闕에 四海分崩하니 不因人情이면 何以興復이릿고 今殿下從至尊入蜀이라가 若賊兵이 燒絶棧道면 則中原之地를 拱手授賊矣리니 不如收西北守邊之兵하고 召郭李於河北[4]하야 與之倂力이니 東討逆賊하야 克復二京하고 削平四海하야 以迎至尊이 豈非孝之大者乎잇가 何必區區溫凊하야 爲兒女之戀乎잇가 廣平王俶이 亦勸太子留하고 父老共擁太子馬하야 不得行이라 上이 摠轡待太子호되 久不至어늘 使人偵之[5]한대 還白狀이라 上曰 天也라하고 乃命分後軍二千人及飛龍廐馬[6]하야 從太子하고 且諭將士曰 太子仁孝하야 可奉宗廟하니 汝曹는 善輔

佐之하라하고 **又諭太子曰 西北諸胡**를 **吾撫之素厚**하니 **汝必得其用**하리라 **太子南向號泣**[7]**而已**러라 **又宣旨**하야 **欲傳位太子**하니 **太子不受**하다 俶, 倓은 **皆太子之子也**라

上이 馬嵬驛을 출발하려 할 적에 父老들이 모두 길을 막고 머물 것을 청하며 말하기를 "宮闕은 陛下의 집이고 陵寢은 陛下의 墳墓이니, 지금 이곳을 버리고 어디로 가고자 하십니까?" 하였다. 上이 이 때문에 고삐를 잡고 오랫동안 있다가 마침내 태자에게 명하여 뒤에서 부로들을 宣慰하게 하니, 父老들이 인하여 말하기를 "至尊께서 이미 머물려 하지 않으시니, 저희들은 원컨대 자제들을 거느리고 태자전하를 따라 동쪽으로 가서 적을 격파하고 長安을 탈취하겠습니다. 만약 태자전하께서 至尊과 함께 모두 蜀으로 들어가신다면 中原의 百姓들로 하여금 누구를 주인 삼게 하시렵니까?" 하였다. 잠시 후 사람들이 모여 수천 명에 이르렀다.

太子가 不可하다 하며 말하기를 "至尊께서 멀리 험한 곳을 무릅쓰고 가시니, 내 어찌 차마 아침저녁으로 좌우를 떠날 수 있겠는가? 그리고 내가 아직 至尊을 대면하여 하직하지 않았으니 마땅히 돌아가 至尊에게 아뢰어서 다시 가부를 여쭈어 去留를 결정하겠다." 하고는 눈물을 흘리고 말을 돌려 서쪽으로 가려 하였다. 建寧王 倓(담)이 李輔國과 함께 말고삐를 잡고 간하기를 "역적 오랑캐가 대궐을 침범하여 온천하가 분열되어 와해되었으니, 人情을 따르지 않으면 어떻게 興復할 수 있겠습니까? 지금 전하께서 至尊을 따라 蜀으로 들어가셨다가 만약 賊兵이 棧道를 불태워 끊는다면 中原의 영토를 팔짱을 끼고 적에게 주게 될 것입니다. 서북 지방의 변경을 지키는 군대를 수습하고, 郭子儀와 李光弼을 河北 지방에서 불러와 그들과 더불어 병력을 연합하는 것만 못하니, 동쪽으로 역적을 토벌하여 長安과 洛陽 두 서울을 수복하고 사해를 평정하여 至尊을 맞이하는 것이 어찌 큰 효도가 아니겠습니까? 하필 구구하게 겨울에는 따뜻하게 하고 여름에는 시원하게 해드리는 작은 효도를 다하여 아녀자의 온정을 행할 것이 있겠습니까?" 하였다. 廣平王 俶도 또한 太子에게 머물 것을 권하였고, 父老들이 함께 太子의 말을 가로막아서 太

子가 갈 수가 없었다.

上이 고삐를 잡고 태자가 오기를 기다렸으나 오래도록 오지 않자 사람을 보내 염탐하게 하였는데, 돌아와 이러한 내용을 아뢰었다. 上은 말하기를 "천운이다." 하고는 마침내 명하여 후군 2천 명과 飛龍의 어구마를 나누어서 태자를 따르게 하고, 또 장병들에게 諭示하기를 "태자는 어질고 효성스러워서 宗廟를 받들 만하니, 너희들은 그를 잘 보좌하라." 하였다. 또 태자에게 유시하기를 "서북 지방의 여러 오랑캐를 내가 평소 후대하여 어루만졌으니, 네가 반드시 그들을 쓸 수 있을 것이다." 하니, 태자는 남쪽을 향하여 울부짖고 눈물을 흘릴 뿐이었다. 上이 또 聖旨를 내려서 太子에게 傳位하고자 하였으나 태자가 받지 않았다. 俶과 倓은 모두 太子의 아들이다.

1) 〔頭註〕 陵寢 : 古者에 宗廟는 前廟後寢이러니 至秦始하야 出寢起於廟側이라 故로 陵上을 稱寢殿하니 有衣冠几杖象生之具하니라

옛날에 宗廟는 앞에는 사당이 있고 뒤에는 寢이 있었는데, 秦나라 始皇帝 때에 이르러서 비로소 寢을 내어 사당 곁에 세웠다. 그러므로 陵上을 寢殿이라 칭하였으니, 여기에는 죽은 황제의 옷과 冠과 안석과 지팡이 등 생전을 상징하는 도구가 있었다.

2) 〔釋義〕 跋馬 : 跋은 回也라

跋은 돌리는 것이다.

3) 〔釋義〕 執鞚(공) : 鞚은 苦貢反이니 馬勒也라

鞚은 苦貢反(공)이니, 말굴레이다.

4) 〔頭註〕 召郭李於河北 : 郭李는 郭子儀, 李光弼이라

郭李는 郭子儀와 李光弼이다.

5) 〔釋義〕 使人偵之 : 偵은 丑正反이니 問也라

偵은 丑正反(정)이니, 묻는 것이다.

6) 〔頭註〕 飛龍廐馬 : 飛龍은 廐名이니 仗內六廐*)에 飛龍爲最上하니라

飛龍은 황제의 마구간 이름이니, 仗內의 여섯 마구간 중에 飛龍廐가 가장 상등이었다.

*) 仗內六廐 : 則天武后가 궁궐 안에 설치한 여섯 개의 마구간으로 禁衛軍이 사용하는 馬騎를 공급하였는데 中官이 관장하였다. 六廐는 飛龍, 祥麟, 鳳苑, 鵴鸞, 吉良, 六群이다.

7)〔頭註〕太子南向號泣：上已南邁로되 而太子留在後라 故로 南向號泣하니라
上이 이미 남쪽으로 갔으나 太子는 머물러 뒤에 있었다. 그러므로 남쪽을 향해 울부짖고 운 것이다.

○ 安祿山이 不意上遽西幸하니 遣使하야 止崔乾祐兵하야 留潼關凡十日에 乃遣孫孝哲하야 將兵入長安하다 於是에 賊勢大熾나 然賊將이 皆麤猛無遠略하야 旣克長安에 自以爲得志라하야 日夜縱酒하고 專以聲色寶賄爲事하고 無復西出之意라 故로 上이 得安行入蜀하고 太子北行에 亦無追迫之患이러라

安祿山은 上이 뜻밖에 갑자기 서쪽으로 파천하자, 사자를 보내 崔乾祐의 군대를 중지시켜서 潼關에 머문지 10일 만에 마침내 孫孝哲을 보내어 군대를 거느리고 長安에 들어가게 하였다. 이에 적의 형세가 크게 성하였다. 그러나 적장들이 모두 거칠고 사나우며 원대한 지략이 없어서 長安을 점령한 뒤로는 스스로 뜻을 얻었다고 여겨 밤낮으로 술을 마시고 오로지 음악과 여색과 보물과 재물을 탐하는 것만 일삼고, 다시는 서쪽으로 진출할 뜻이 없었다. 그러므로 上이 편안히 걸어서 蜀에 들어갈 수 있었고, 太子가 북쪽으로 갈 적에도 쫓겨서 급박한 근심이 없었다.

○ 太子至平涼[1)]數日에 朔方留後杜鴻漸이 迎太子於平涼北境하고 說太子曰 朔方은 天下勁兵處也라 今에 吐蕃請和하고 回紇[2)]內附하고 四方郡縣이 大抵堅守拒賊하야 以俟興復하니 殿下今理兵靈武하야 按轡長驅하고 移檄四方하야 收攬忠義하시면 則逆賊을 不足屠也리이다 秋七月에 太子至靈武[3)]하니 裴冕[4)], 杜鴻漸等이 上太子牋[5)]하야 請遵馬嵬之命하야 卽皇帝位한대 太子不許라 冕等이 言曰 將士는 皆關中人이라 日夜思歸호되 所以崎嶇從殿下[6)]하야 遠涉沙塞者는 冀尺寸之功이니 若一朝離散이면 不可復集이라 願陛下는 勉徇衆心하야 爲社稷計하소서 牋五上에 太子乃許之하다 是日에 肅宗이 卽位於靈武하야 尊玄宗曰上皇天帝라하고 赦天下하고 改元至德하다

太子가 平涼에 이른지 며칠 만에 朔方留後 杜鴻漸이 太子를 平涼의 북쪽 경계에서 맞이하고, 太子를 설득하기를 "朔方은 天下의 강한 군대가 있는 곳입니다. 지금 吐蕃이 화친을 청하고 回紇이 內附(복종하여 따름)하며, 사방의 郡縣이 대체로 견고히 지켜 적을 막으면서 興復을 기다리고 있으니, 전하께서는 이제 靈武에서 군대를 다스려 고삐를 잡고 길게 달려가며 사방에 격문을 돌려서 忠義로운 선비들을 거두어 잡는다면 역적은 굳이 도륙할 것도 못 될 것입니다." 하였다.

가을 7월에 太子가 靈武에 이르니, 裴冕과 杜鴻漸 등이 太子에게 牋文을 올려 馬嵬驛에서의 명령을 따라 황제에 즉위할 것을 청하였으나 태자는 허락하지 않았다. 裴冕 등이 모두 말하기를 "장병들은 모두 關中 사람이라서 밤낮으로 돌아갈 것을 생각하되 어렵고 험한 길을 넘어 전하를 따라 멀리 사막 지방으로 건너온 까닭은 작은 공을 세우기를 바라서이니, 만약 이들이 하루아침에 離散한다면 다시 모을 수 없을 것입니다. 원컨대 폐하께서는 여러 사람들의 마음을 따라 社稷의 계책으로 삼으소서." 하였다. 이들이 牋文을 다섯 번 올리자 태자가 비로소 허락하였다. 이날 肅宗이 靈武에서 즉위하여, 玄宗을 높여 上皇天帝라 하고 天下에 사면하고 至德으로 개원하였다.

1)〔釋義〕太子至平涼：平涼은 舊屬隴右라 今平涼府에 有平涼縣하니 在陝西하니라
平涼은 옛날에 隴右에 속하였다. 지금 平涼府에 平涼縣이 있으니, 陝西省에 있다.

2)〔頭註〕回紇：其先匈奴라
回紇은 그 선조가 匈奴族이었다.

3)〔釋義〕太子至靈武：靈武는 漢朔方郡也니 今夏州是라 括地志云 靈武는 卽蕭關也라
靈武는 漢나라 朔方郡이니, 지금의 夏州가 이곳이다. ≪括地志≫에 "靈武는 바로 蕭關이다." 하였다.

4)〔頭註〕裴冕：河西行軍參軍이라
裴冕은 河西行軍參軍이었다.

5)〔釋義〕上太子牋：牋은 表識(지)書也니 於書中에 有所表記之也라
牋은 表識하는 글이니, 글 가운데에 表記하는 바가 있는 것이다.

6)〔頭註〕崎嶇從殿下：崎嶇는 山路也요 又謂艱險也라
崎嶇는 산길이고, 또 어렵고 험함을 이른다.

本紀贊曰 睿宗이 因其子之功[1]而在位不久하니 固無可稱者라 嗚呼라 女子之禍於人者甚矣라 自高祖로 至于中宗히 數十年間에 再罹女禍[2]하야 唐祚旣絶而復續하며 中宗은 不免其身[3]하고 韋氏는 遂以滅族이라 玄宗이 親平其亂하니 可以鑑矣어늘 而又敗以女子[4]로다 方其勵精政事하야 開元之際에 幾致太平하니 何其盛也오 及侈心一動에 窮天下之欲호되 不足爲其樂하야 而溺其所甚愛하고 忘其所可戒하야 至於竄身失國而不悔라 考其始終之異컨대 性習之相遠也[5] 至於如此하니 可不愼哉아

≪新唐書≫ 〈睿宗本紀〉의 贊에 말하였다.

"睿宗은 그 아들(玄宗)의 공을 인하여 재위한 지가 오래지 않으니, 진실로 말할 것이 없다. 아! 여자가 사람에게 화를 끼침이 심하였다. 高祖로부터 中宗에 이르기까지 수십 년 사이에 두 번이나 여색으로 인한 화에 걸려서 唐나라의 국통이 이미 끊겼다가 다시 이어졌으며, 中宗은 자신이 죽음을 면치 못하였고 韋氏는 마침내 멸족당하였다. 玄宗이 몸소 이 난리를 평정하였으니 鑑戒로 삼을 만하였으나 또다시 여자 때문에 실패하였다. 玄宗이 막 정신을 가다듬고 정사에 힘써 開元 年間에는 거의 태평성세를 이루었으니, 어찌 그리도 훌륭하였는가. 그러다가 사치한 마음이 한 번 움직이자, 천하의 욕망을 다하였으나 즐거움으로 삼기에 부족하여 매우 사랑하는 여인(楊貴妃)에게 빠지고 경계해야 할 바를 잊었다. 그리하여 몸을 숨기고 나라를 잃음에 이르렀는데도 뉘우치지 못하였다. 그 시작과 종말의 다름을 살펴보건대 성품과 습관이 서로 다름이 이와 같음에 이르니, 삼가지 않을 수 있겠는가."

1)〔頭註〕因其子之功[*]：見三十九卷庚戌年하니라
이 내용은 39卷 庚戌年(710)에 보인다.

*) 因其子之功：臨淄王 李隆基는 韋后와 安樂公主의 음모를 물리치고 아버지 相王 즉 睿宗을 복위시켰다. 뒤에 李隆基가 태자로 즉위하니, 이가 곧 玄宗이다.

2)〔頭註〕再罹女禍：則天武氏와 及中宗韋后라
두 번의 女禍는 則天武氏와 中宗의 妃인 韋后를 가리킨다.

3) 〔頭註〕 中宗不免其身 : 中宗爲韋后所殺하니라
中宗은 韋后에게 시해당하였다.
4) 〔頭註〕 又敗以女子 : 謂楊貴妃成天寶之亂하니라
또다시 여자 때문에 실패하였다는 것은 楊貴妃가 天寶年間의 난리를 이룸을 말한다.
5) 〔譯註〕 性習之相遠也 : ≪論語≫ 〈陽貨〉에 孔子가 말씀하기를 "性相近也 習相遠也"라고 하였는바, 사람의 性은 서로 비슷하지만 습관으로 인해 서로 멀어진다는 뜻이다.

〔新增〕 范氏曰 肅宗이 以太子討賊이라가 遂自稱帝하니 此乃太子叛父니 何以討祿山也리오 唐有天下 幾三百年이니 由漢以來로 享國이 最爲長久라 然이나 三綱不立하야 無父子君臣之義하야 見利而動하고 不顧其親이라 是以로 上無敎化하고 下無廉恥라 古之王者는 必正身齊家하야 以率天下하니 其身不正이면 未有能正人者也라 唐之父子不正이어늘 而欲以正萬事면 難矣니 其享國長久도 亦曰幸哉인저

范氏(范祖禹)가 말하였다.

"肅宗이 太子로서 적을 토벌하다가 마침내 스스로 황제를 칭하였으니, 이는 바로 태자가 아버지를 배반한 것이니, 어떻게 安祿山을 토벌할 수 있겠는가. 唐나라가 天下를 소유한 지가 거의 300년이었으니, 漢나라 이래로 국통을 이은 것이 가장 오래었다. 그러나 三綱이 확립되지 못하여 父子間과 君臣間의 義理가 없어서 이익을 보면 행동하고 어버이를 돌아보지 않았다. 이 때문에 위에는 敎化가 없고 아래에는 廉恥가 없었다. 옛날의 王者는 반드시 자기 몸을 바르게 하고 집안을 가지런히 하여 천하에 標率(모범)이 되었으니, 자신이 바르지 못하면서 남을 바로잡을 수 있는 자는 있지 않다. 唐나라는 부자간이 바르지 못하면서 만사를 바로잡고자 한다면 어려우니, 국통을 장구하게 이은 것만 해도 요행이라 할 것이다."

胡氏曰 玄宗이 既有傳位之命하니 太子非眞叛也라 其失은 在玄宗命不亟行하고 而裴冕諸人이 急於榮貴라 是以로 致此咎也라 使肅宗著於父子君臣之義면

豈(於)〔爲〕諸人所移리오 得以移之는 則其心이 有以來之爾라 唐高祖睿玄之過는 不見幾故也요 而太宗明肅之惡은 欲速見小利故也라 父不父하고 子不子하니 豈非後世之大鑑歟아

胡氏(胡寅)가 말하였다.

"玄宗이 이미 太子에게 傳位한다는 명령이 있었으니, 太子가 참으로 배반한 것이 아니다. 그 잘못은 玄宗이 명령을 빨리 행하지 않고 裴冕 등 여러 사람이 영화와 부귀에 급급한 데에 있었다. 이 때문에 이런 잘못을 저지르게 된 것이다. 만일 肅宗이 부자간과 군신간의 의리에 밝았다면 어찌 여러 사람들의 권유에 마음이 동요되었겠는가. 동요시킬 수 있었던 것은 그의 마음이 그렇게 만든 것이다. 唐나라 高祖와 睿宗과 玄宗의 잘못은 기미를 보지 못하였기 때문이고, 太宗과 明皇과 肅宗의 잘못은 속히 하고자 하고 작은 이익을 보았기 때문이다. 그리하여 아버지는 아버지 노릇을 못하고 자식은 자식노릇을 못했으니, 어찌 후세의 큰 귀감이 아니겠는가."

時에 **塞上精兵**은 **皆選入討賊**하고 **惟餘老弱**이 **守邊**하니 **文武官**이 **不滿三十人**이라 **披草萊**하고 **立朝廷**하니 **制度草創**하야 **武人驕慢**이라 **大將管崇嗣在朝堂**에 **背闕而坐**하야 **言笑自若**이어늘 **監察御史李勉**[1]이 **奏彈之**하야 **繫於有司**한대 **上**이 **特原之**[2]하고 **歎曰 吾有李勉**하야 **朝廷**이 **始尊**이라하니라

이때 변방의 정예병은 모두 뽑혀 들어가 적을 토벌하고 오직 노약자만이 남아 변방을 지키고 있었으니, 文武 관원이 채 30명이 되지 못하였다. 잡초를 헤치고 조정을 세우니, 제도가 초창기여서 무인들이 교만하였다. 대장인 管崇嗣가 朝堂에 있으면서 대궐을 등지고 앉아 태연히 말하고 웃곤 하였는데, 監察御史 李勉이 아뢰어 탄핵해서 체포하여 有司에게 맡기니, 上이 특별히 管崇嗣를 용서하고 감탄하기를 "나에게 李勉이 있어서 조정이 비로소 존엄해졌다." 하였다.

1) 〔通鑑要解〕 李勉 : 高祖之子요 鄭王元懿之曾孫也라
李勉은 高祖의 아들이고, 鄭王 元懿의 曾孫이다.

2)〔頭註〕特原之：赦罪曰原이라
죄를 사면하는 것을 原이라 한다.

○ 初에 京兆李泌(비) 幼以才敏著聞이라 玄宗이 使與太子로 爲布衣交하니 太子常謂之先生이러니 後에 隱居潁陽이라 上이 自馬嵬北行할새 遣使召之하니 謁見於靈武어늘 上이 大喜하야 出則聯轡하고 寢則對榻하야 如爲太子時하고 事無大小히 皆咨之하야 言無不從하고 至於進退將相하야도 亦與之議라 上이 欲以泌爲右相한대 泌이 固辭曰 陛下待以賓友하시면 則貴於宰相矣니 何必屈其志리잇고 上이 乃止하다

처음에 京兆 李泌가 어려서 재주가 민첩하다고 알려졌다. 玄宗이 그로 하여금 평민의 신분으로 태자와 벗이 되게 하니, 태자가 항상 그를 일러 선생이라 하였는데 뒤에 潁陽에 은거하였다. 上(肅宗)이 馬嵬坡로부터 북쪽으로 갈 적에 사자를 보내어 부르니, 李泌가 靈武에서 上을 알현하였다. 上이 크게 기뻐하여 밖에 나갈 때에는 함께 나란히 고삐를 잡고 잘 때에는 침상을 마주하여 태자였을 때와 똑같이 하였으며, 정사의 크고 작음을 따지지 않고 다 그에게 자문하여 그의 말을 따르지 않는 것이 없었다. 上은 장수와 재상을 등용하고 물리침에 이르기까지 또한 그와 더불어 의논하였다. 上이 李泌를 右相으로 삼으려고 하자, 李泌가 굳이 사양하며 말하기를 "폐하께서 신을 손님과 벗으로서 대우하신다면 재상보다 더 귀하니, 하필 저의 뜻을 굽히려 하십니까." 하니, 上이 마침내 중지하였다.

○ 庚辰에 上皇이 至成都하니 從官及六軍至者 千三百人而已러라

庚辰日에 上皇이 成都에 이르니, 따라온 관원과 六軍으로 이른 자가 1,300명뿐이었다.

○ 令狐潮圍張巡於雍丘하야 相守四十餘日에 朝廷聲問이 不通이라 潮聞玄宗已幸蜀하고 復以書招巡하니 有大將六人이 官皆開府特進이라 白巡호되 以

兵勢不敵이요 且上存亡을 不可知하니 不如降賊이라하야늘 巡이 陽許諾하고 明日에 堂上設天子畫像하고 帥將士朝之하니 人人皆泣이라 巡이 引六將於前하야 責以大義斬之하니 士心益勸이라 城中矢盡이어늘 巡이 縛藁爲人千餘하야 被以黑衣하고 夜縋城下[1]하니 潮兵이 爭射之라가 久에 乃知其藁人이라 得矢數十萬하다 其後에 復夜縋人하니 賊이 笑不設備어늘 乃以死士五百으로 斫潮營하니 潮軍이 大亂하야 焚壘而遁이라 追奔十餘里하니 潮慚하야 益兵圍之러라 巡이 使郎將雷萬春으로 於城上에 與潮相聞할새 語未絶에 賊이 弩射之하야 面中六矢而不動이라 潮疑其木人하야 使諜問之하고 乃大驚하야 遙謂巡曰 向見雷將軍하니 方知足下軍令矣로다 然이나 其如天道何오 巡謂之曰 君未識人倫하니 焉知天道[2]리오 未幾에 出戰하야 擒賊將十四人하고 斬首百餘級하니 賊乃夜遁하야 收兵入陳留하야 不敢復出하니라

令狐潮가 張巡을 雍丘에서 포위하여 서로 대치한 40여 일 동안 조정의 소식이 통하지 못하였다. 令狐潮는 玄宗이 이미 蜀으로 파천했다는 말을 듣고 다시 편지로 張巡을 불렀다. 張巡의 대장 6명은 벼슬이 모두 開府特進이었는데, 이들이 張巡에게 아뢰기를 "군세가 대적할 수 없고 또 上의 生死를 알 수 없으니, 적에게 항복하는 것만 못합니다." 하였다. 張巡이 겉으로 허락하는 체하고 다음날 堂上에 천자의 화상을 설치하고서 장병들을 거느리고 조회하니, 사람마다 모두 눈물을 흘렸다. 張巡이 여섯 명의 장수를 앞으로 끌어내어 大義로 꾸짖고 목을 베니, 장병들의 마음이 더욱 권면되었다.

張巡은 성 안에 화살이 다 떨어지자, 짚을 묶어 인형 천여 개를 만들어 검은 옷을 입혀서 밤에 밧줄로 매달아 성 아래로 내려 보내니, 令狐潮의 병사들이 사람인 줄 알고 다투어 화살을 쏘다가 오랜 뒤에야 비로소 그것이 짚으로 만든 인형인 줄 알았다. 그리하여 張巡의 군대는 화살 수십만 개를 얻었다. 그 뒤에 張巡이 또다시 밤중에 사람을 밧줄로 매달아 내려 보내니, 적이 웃고 대비하지 않았다. 이에 결사대 500명으로 令狐潮의 진영을 공격하니, 令狐潮의 군대가 크게 혼란하여 보루를 불태우고 도망하였다. 10여 리를 쫓

겨 달아나고는 令狐潮가 부끄러워하여 병력을 증강하여 포위하였다.

張巡이 郎將 雷萬春으로 하여금 성 위에서 令狐潮와 서로 안부를 묻게 하였는데, 말이 끝나기 전에 적이 쇠뇌로 雷萬春을 쏘아 맞혀서 얼굴에 여섯 개의 화살을 맞았으나 꼼짝도 하지 않았다. 令狐潮는 그가 나무로 만든 사람인가 의심하여 첩자로 하여금 정찰하게 하고는 마침내 크게 놀라서 멀리 張巡에게 이르기를 "지난번 雷將軍을 보니, 비로소 足下의 軍令이 엄하다는 것을 알겠습니다. 그러나 천도를 어찌 하겠습니까?" 하였다. 張巡이 그에게 이르기를 "그대는 人倫을 알지 못하니, 어찌 天道를 알겠는가?" 하였다. 얼마 후에 張巡이 성문을 나가 싸워서 적장 14명을 사로잡고 백여 명의 首級을 베니, 적이 비로소 밤에 도망하여 군대를 거두어 陳留로 들어가서 감히 다시 나오지 못하였다.

1) 〔頭註〕 夜縋城下 : 縋는 垂繩也라
　縋는 밧줄을 드리우는 것이다.
2) 〔通鑑要解〕 焉知天道 : 叛君附賊하야 不識君臣之倫也라
　君主를 배반하고 逆賊에게 붙어서 군신간의 윤리를 알지 못함을 이른다.

〔新增〕 胡氏曰 人倫, 天道가 同條共貫이라 秦漢以後로 學者不能知也어늘 而巡之言及此하니 則巡之才識이 豈特能馭軍守城而已乎아

胡氏(胡寅)가 말하였다.

"人倫과 天道는 맥락을 같이한다. 秦·漢 이래로 學者들이 이것을 알지 못하였는데 張巡의 말이 여기에 미쳤으니, 張巡의 재주와 식견이 어찌 다만 군대를 통솔하고 성을 지킬 뿐이겠는가."

郭子儀等이 **將兵五萬**하고 **自河北**으로 **至靈武**하니 **靈武軍威始盛**이라 **人有興復之望矣**러라

郭子儀 등이 5만의 병력을 거느리고 河北으로부터 靈武에 이르니, 靈武 군대의 위엄이 비로소 강성해졌다. 이에 사람들은 唐나라를 興復할 희망이 있음을 깨달았다.

○ 北海太守 賀蘭進明[1]이 遣錄事參軍第五琦[2]하야 入蜀奏事러니 琦言於上皇하야 以爲方今用兵에 財賦爲急이라 財賦所産은 江淮居多하니 乞假臣一職하시면 可使軍無乏用호리이다 上皇이 悅하야 卽以琦爲監察御史江淮租庸使하다

北海太守 賀蘭進明이 錄事參軍인 第五琦를 蜀에 들여보내어 일을 아뢰게 하였는데, 第五琦가 上皇에게 말하기를 "방금 군대를 운용함에 財賦가 시급합니다. 財賦가 생산되는 것은 江淮 지방이 대부분을 차지하니, 바라건대 신에게 한 직책을 빌려 주시면 군대로 하여금 재용에 궁핍함이 없게 하겠습니다." 하였다. 上皇이 기뻐하여 즉시 第五琦를 監察御史 江淮租庸使로 임명하였다.

1)〔頭註〕賀蘭進明：賀蘭은 複姓也라
賀蘭은 複姓이다.

2)〔頭註〕第五琦：第五亦複姓也니 齊田氏之後라 漢初에 田氏徙園陵者多라 故로 以次第爲氏하니라
第五 또한 複姓이니, 齊나라 田氏의 후손이다. 漢나라 초기에 田氏 중에 園陵으로 이사한 자가 많았기 때문에 차례를 가지고 성씨를 삼았다.

○ 靈武使者至蜀하니 上皇이 喜曰 吾兒應天順人하니 吾復何憂리오 乃制호되 自今으로 改制勅爲誥[1]하고 表疏에 稱太上皇하며 四海軍國重事를 皆先取皇帝進止하고 仍奏朕知하라 俟克復上京하야 朕不復與事라하고 仍命韋見素, 房琯, 崔渙하야 奉傳國寶玉冊하야 詣靈武傳位하다

靈武의 사자가 蜀에 이르니, 上皇이 기뻐하며 말하기를 "내 아들이 하늘의 뜻에 응하고 인심에 순종하니, 내 다시 무엇을 근심하겠는가?" 하고는 마침내 制書를 내리기를 "지금으로부터 制勅을 고쳐 誥라 하고 表文과 上疏文에 太上皇이라 칭하며, 四海의 軍國에 관한 중요한 일을 모두 먼저 皇帝에게 아뢰어 가부를 결정한 다음 인하여 짐에게 아뢰어서 알게 하라. 上京(長安)을 收復하기를 기다린 뒤에 짐은 다시는 정사에 참여하지 않겠다." 하였다. 인

하여 韋見素, 房琯, 崔渙에게 명하여 傳國寶인 옥새와 옥책을 받들어 靈武에 나아가 傳位하게 하였다.

1) 〔通鑑要解〕 改制勅爲誥 : 誥는 告也니 告上曰告(곡)이요 發下曰誥라
 誥는 고함이니, 윗사람에게 아뢰는 것을 告이라 하고 아랫사람에게 명령을 내리는 것을 誥라 한다.

○ **初**에 **上皇**이 **每酺宴**[1]에 **先設太常雅樂坐部立部**[2]하고 **繼以鼓吹**[3]**胡樂**과 **教坊府縣散樂雜戲**[4]하며 **又以山車陸船**[5]으로 **載樂器往來**하고 **又出宮人**하야 **舞霓**(예)**裳羽衣**[6]하고 **又教舞馬百匹**[7]로 **啣盃上壽**하고 **又引犀象入場**하야 **或拜或舞**하니 **安祿山**이 **見而悅之**러니 **旣克長安**에 **命搜捕樂工**하고 **運載樂器舞衣**하고 **驅舞馬犀象**하야 **詣洛陽**하다

처음에 上皇이 매번 酺宴할 때마다 먼저 太常雅樂으로 坐部와 立部를 연주하게 하고, 그 뒤에 鼓吹樂과 胡樂과 教坊樂과 府縣의 散樂(민간의 음악)과 雜戲(광대놀이)로써 잇게 하였으며, 또 山車와 陸船으로 樂器를 싣고 왕래하게 하였다. 또 궁녀들을 동원하여 霓裳羽衣曲을 춤추게 하고, 또 말 백 필에게 춤추는 법을 가르쳐서 술잔을 입에 물고 축수를 올리게 하였으며, 물소와 코끼리를 데리고 입장하여 혹은 절하고 혹은 춤추게 하였다. 安祿山이 이것을 보고 기뻐하였는데, 이미 長安을 점령하자, 명하여 악공들을 수색하여 체포하고 악기와 춤추는 옷을 수레에 싣고 舞馬와 무소와 코끼리를 몰아서 洛陽으로 데려오게 하였다.

1) 〔附註〕 酺宴 : 酺는 音蒲니 王德布飮酒也라 漢律에 三人已上會飮이면 罰金四兩이로되 賜酺[*]면 得聚飮이라 唐無此禁이나 亦賜酺者는 聚作伎樂하고 高年賜酒麵이니라
 酺는 음이 蒲(포)이니, 王의 덕을 펴서 술을 마시게 하는 것이다. 漢나라 법률에 세 사람 이상이 모여서 술을 마시면 罰金 4兩을 내게 하였는데 황제가 酺를 하사하면 모여서 술을 마실 수가 있었다. 唐나라 때에는 이런 금령이 없었으나 또한 酺를 하사하는 경우에는 사람들이 모여 伎樂을 일으키고 국가에서 나이가

많은 사람에게 술과 麵을 하사하였다.

*) 賜酺：조정에서 백성들에게 모여서 술을 마시며 즐기도록 허락하고 또 官에서 음식을 베풀어 주는 것을 이른다.

2)〔釋義〕坐部立部：明皇이 分樂爲二部하야 堂下立奏를 謂之立部伎요 堂上坐奏를 謂之坐部伎라하니라

明皇이 악공을 두 部로 나누어 堂下에서 서서 연주하는 것을 立部伎라 하고, 堂上에서 앉아서 연주하는 것을 坐部伎라 하였다.

3)〔釋義〕鼓吹：吹는 去聲이니 北狄馬上之聲이라 自漢以後로 以爲鼓吹라하니 亦軍中樂을 馬上奏之라 故로 唐以隷鼓吹部하니라

吹는 去聲이니 北狄이 말 위에서 부는 악기소리이다. 漢나라 이후로 이것을 鼓吹라 하였으니, 또한 軍中의 음악을 말 위에서 연주하였기 때문에 唐나라 때 이것을 鼓吹部에 예속시킨 것이다.

4)〔釋義〕敎坊府縣散樂雜戲：散은 上聲이라 明皇爲平王에 有散樂一部러니 定韋后之難에 頗有預謀者하다 及卽位에 命寧王하야 主蕃邸樂하야 以充太常하고 分兩朋하야 以角優劣하며 置內敎坊於蓬萊宮側하고 居新聲散樂倡優之伎하니라

散은 上聲이다 明皇이 平王이었을 때에 散樂 一部가 있었는데 韋后의 난리를 평정할 적에 이 모의에 참여한 자가 자못 있었다. 明皇이 즉위하자 兄인 寧王(成器)에게 명하여 蕃邸의 음악을 주관하게 해서 太常에 충원하고 무리를 둘로 나누어서 우열을 거루게 하였으며, 蓬萊宮 옆에 內敎坊을 세우고 新聲散樂과 倡優의 기생들을 거처하게 하였다.

5)〔頭註〕山車陸船：山車는 車上施棚閣하고 加綵繒하야 爲山林之狀이라 陸船은 縛竹木爲船形하고 飾以繒綵하야 列人於中하고 舁之以行하니라

山車는 수레 위에 棚閣을 설치하고 채색비단을 가하여 山林의 모양을 만든 것이다. 陸船은 대나무를 엮어 배 모양으로 만들고 채색 비단으로 꾸며서 사람을 이 가운데에 나열하고 끌고 다녔다.

6)〔釋義〕舞霓(예)裳羽衣：明皇〈時〉에 河西節度使楊欽忠이 獻霓裳羽衣曲十二遍하니 凡曲終必遽로되 唯此曲은 將畢에 引聲益緩하니라

明皇 때에 河西節度使 楊欽忠이 霓裳羽衣曲 열두 편을 올리니, 모든 곡은 음악이 끝날 때에 반드시 곡조가 빠르지만 오직 이 곡만은 음악이 끝나려 할 때에 소리를 끌어 너욱 느리다.

7)〔通鑑要解〕舞馬百匹：帝以馬百匹盛飾하고 分左右하야 施三重榻하고 舞傾盃數

十曲하며 壯士擧榻에 馬不動하니라

황제는 말 백 필을 성대하게 꾸미고 좌와 우로 나누어 三重의 木榻을 설치한 다음 〈그 위에 올려놓고〉 傾盃樂 수십 곡에 맞추어 춤을 추게 하였는데 壯士가 木榻을 들어도 말이 움직이지 않았다.

溫公曰 聖人은 以道德爲麗[1)]하고 仁義爲樂[2)]이라 故로 雖茅茨土階[3)]하고 惡衣菲食[4)]이라도 不恥其陋하고 唯恐奉養之過하야 以勞民費財라 明皇이 恃其承平[5)]하고 不思後患하야 殫耳目之玩[6)]하고 窮聲技之巧하야 自謂帝王富貴 皆不我如라하야 欲使前莫能及하고 後無以踰하야 非徒娛己라 亦以誇人하니 豈知大盜在旁에 已有窺窬之心[7)]하야 卒使鑾輿播越하고 生民塗炭이리오 乃知人君崇華靡以示人은 適足爲大盜之招也니라

溫公이 말하였다.

"聖人은 道德을 화려함으로 삼고 仁義를 즐거움으로 삼는다. 그러므로 띠풀로 이엉을 엮어 지붕을 덮고 흙으로 계단을 만들었으며, 거친 의복과 보잘것없는 음식이라도 그 누추함을 부끄러워하지 않았고, 오직 봉양이 지나쳐서 백성들을 수고롭게 하고 재물을 허비할까 두려워하였다.

明皇은 태평함을 믿고서 후일의 환난을 생각하지 아니하여 귀와 눈의 즐거움을 다하고 음악과 기예의 공교로움을 지극히 해서 스스로 생각하기를 帝王의 부귀가 자기만 못하다고 여겼다. 그리하여 예전 사람으로 하여금 자신에게 미치지 못하게 하고, 후세 사람으로 하여금 자신을 넘지 못하게 하고자 해서, 단지 자신이 즐길 뿐만 아니라 또한 남에게 과시하였으니, 큰 도둑이 옆에 있으면서 이미 황제의 자리를 엿보는 마음이 있어서 끝내 明皇 자신으로 하여금 播遷하게 하고 生民으로 하여금 도탄에 빠지게 할 줄을 어찌 알았겠는가. 이에 비로소 人君이 화려함을 숭상하여 사람들에게 보이는 것은 다만 큰 도둑을 부르는 것일 뿐임을 알게 하였다."

1)〔通鑑要解〕以道德爲麗：麗音离니 愼厥麗[*)]之麗也요 又本音戾也라

麗는 음이 리이니, 愼厥麗의 麗자와 같다. 또 본래 음은 려이다.

*) 愼厥麗 : 麗는 붙어 있는 것으로, ≪書經≫ 〈周書 多方〉에 "이에 成湯이 너희 多方의 간택에 따라 夏나라를 대신하여 백성들의 군주가 되셨다. 그 붙어사는 것을 삼가 권면하시자, 백성들이 본받아 권면하였다.〔乃惟成湯 克以爾多方簡 代夏作民主 愼厥麗 乃勸 厥民刑 用勸〕"라고 보인다. 그렇다면 '道德을 붙어 있는 것으로 삼았다.'는 뜻으로 해석해야 하지만 文理가 순하지 않아 麗를 화려함으로 해석하였다.

2)〔釋義〕仁義爲樂 : 樂은 力洛反이니 娛也라

樂은 力洛反(락)이니, 즐거워하는 것이다.

3)〔釋義〕茅茨土階 : 茨는 疾茲反이니 茅茨는 以草覆(부)屋也라 茅茨不剪하고 土階三尺은 謂堯舜也*)라

茨는 疾茲反(자)이니, 茅茨는 띠풀로 지붕을 덮는 것이다. 띠풀 끝을 가지런히 자르지 않고 흙 계단을 겨우 3척 높이로 한 것은 堯·舜을 이른다.

*) 土階三尺 謂堯舜也 : ≪史記≫ 〈太史公自序〉에 "堯·舜은 堂의 높이가 석 자였고, 흙으로 쌓은 섬돌은 세 계단이었으며, 지붕을 인 띠풀은 가지런히 자르지 않았고, 서까래는 벌채한 대로 쓰고 다듬지 않았다.〔堂高三尺 土階三等 茅茨不翦 采椽不斲〕"라고 하였다.

4)〔釋義〕惡衣菲食*) : 菲는 撫尾反이니 薄也라 惡衣服, 菲飮食은 謂禹也라

菲는 撫尾反(미)이니, 박한 것이다. 衣服을 나쁘게 하고 飮食을 나쁘게 한 것은 禹王을 이른다.

*) 惡衣菲食 : ≪論語≫ 〈泰伯〉에 孔子가 말씀하기를 "禹 임금은 내 비난할 데가 없다. 평소의 음식은 간략하게 하시면서도 제사에는 귀신에게 효도를 다하시고, 의복은 검소하게 하시면서도 黼黻의 祭服에는 아름다움을 다하시고, 宮室은 낮게 하시면서도 백성을 위한 치수 사업에는 힘을 다하셨으니, 우 임금은 내 비난할 데가 없다.〔禹吾無間然矣 菲飮食而致孝乎鬼神 惡衣服而致美乎黻冕 卑宮室而盡力乎溝洫 禹吾無間然矣〕"라고 하였다.

5)〔頭註〕承平 : 承一作升하니 民有三年之儲曰升平이라

承이 一本에는 升으로 되어 있으니, 백성들이 3년의 저축이 있는 것을 升平이라 한다.

6)〔釋義〕殫耳目之玩 : 殫은 多寒反이니 極也라

殫은 多寒反(단)이니, 지극함이다.

7)〔釋義〕窺窬之心：窬는 容朱反이니 私視也라
窬는 容朱反(우)이니, 몰래 보는 것이다.

祿山이 宴其群臣於凝碧池[1]할새 盛奏衆樂하니 梨園子弟往往欷歔(희허)[2]泣下라 賊이 皆露刃睨(예)之러니 樂工雷海淸이 不勝悲憤하야 擲樂器於地하고 西向慟哭하니 祿山이 怒하야 縛於試馬殿前하고 支解之하다

安祿山이 凝碧池에서 여러 신하들에게 잔치를 베풀 적에 모든 음악을 성대하게 연주하니, 梨園의 子弟들이 왕왕 흐느껴 울면서 눈물을 흘렸다. 적이 모두 칼날을 뽑아 들고 노려보았는데, 樂工인 雷海淸이 슬프고 분함을 이기지 못하여 악기를 땅에 던지고 서쪽을 향하여 통곡하니, 安祿山이 노하여 그를 試馬殿 앞에 묶고는 사지를 찢어 죽였다.

1)〔頭註〕凝碧池：在洛陽禁苑하니라
凝碧池는 洛陽의 禁苑에 있다.
2)〔頭註〕欷歔(희허)：泣餘聲이라
欷歔는 흐느껴 우는 소리이다.

○ 祿山이 聞嚮日에 百姓乘亂하야 多盜庫物하고 旣得長安에 命大索三日하야 幷其私財하야 盡掠之하며 又令府縣推按하야 銖兩之物[1]를 無不窮治하니 連引搜捕하야 枝蔓無窮이라 民間이 騷然하야 益思唐室이러라 自上離馬嵬北行으로 民間相傳호되 太子北收兵하야 來取長安이라하니 長安民이 日夜望之하야 或時相驚曰 太子大軍至矣라하면 則皆走하야 市里爲空이라 賊이 望見北方塵起하면 輒驚欲走어늘 京畿豪傑이 往往殺賊官吏하고 遙應官軍하야 誅而復起하야 相繼不絶하니 賊不能制라 其始에 自京畿鄜(부)坊[2]으로 至于岐隴히 皆附之러니 至是에 西門之外[3] 率爲敵壘로되 賊兵力所及者는 南不出武關이요 北不過雲陽이요 西不過武功이라 江淮奏請貢獻하야 之蜀之靈武者 皆自襄陽으로 取上津路[4]하야 抵扶風하야 道路無壅은 皆薛景仙之功[5]也러라

安祿山은 지난날에 백성들이 혼란한 틈을 타서 창고의 물건을 많이 도둑질하였다는 말을 듣고는 長安을 점령하자 3일동안 크게 수색하도록 명령하여 백성들의 사사로운 재물까지 아울러 모두 노략질하였으며, 또 府·縣에 명하여 조사하게 해서 한 치와 한 냥의 작은 물건도 모두 끝까지 다스리게 하니, 이에 연루되어 수색하고 체포함에 얽히고 설켜 끝이 없었다. 백성들이 소란하여 唐나라 황실을 더욱 생각하였다.

上이 馬嵬를 떠나 북쪽으로 간 뒤로부터 민간에서 서로 전하기를 "태자가 북쪽으로 가서 병력을 수습해 가지고 와서 長安을 점령하려 한다." 하니, 長安의 백성들이 밤낮으로 태자가 오기를 바라서 혹 때로 서로 놀라 이르기를 "태자의 대군이 이르렀다." 하면 적들이 모두 도망해서 저잣거리와 마을이 텅 비곤 하였다. 적들은 북쪽에서 먼지가 일어나는 것을 바라보고는 그때마다 놀라 도망하고자 하니, 京畿의 豪傑들이 왕왕 적의 관리를 죽이고 멀리 官軍에게 호응하여, 이들을 죽여도 다시 새로운 호걸들이 일어나 서로 이어져 끊이지 않으니, 적이 통제하지 못하였다.

처음에는 京畿와 鄜州·坊州로부터 岐州·隴州에 이르기까지 모두 적에게 붙었는데, 이때에 이르러 長安城 西門의 밖은 대부분 적의 보루가 되었으나 적의 병력이 미치는 곳은 남쪽으로 武關을 넘지 못하고 북쪽으로 雲陽을 넘지 못하고 서쪽으로 武功을 넘지 못하였다.

江淮에서 奏請하고 공물을 바쳐서 蜀으로 가고 靈武로 가는 자들이 다 襄陽으로부터 上津의 길을 취하여 扶風에 이르러 도로가 막힘이 없었으니, 이는 모두 薛景仙의 공 때문이었다.

1) 〔頭註〕 銖兩之物 : 十黍爲絫(루)요 十絫爲銖요 八銖爲錙요 二十四銖爲兩이라
10개의 기장 낟알을 絫라 하고, 10絫를 銖라 하고, 8銖를 錙라 하고, 24銖를 兩이라 한다.

2) 〔頭註〕 鄜(부)坊 : 二州名이라 鄜는 音浮라
鄜와 坊은 두 고을 이름이다. 鄜는 음이 부이다.

3) 〔頭註〕 西門之外 : 西門은 長安城西門이라
西門은 長安城의 서쪽 문이다.

4)〔通鑑要解〕上津路：上津은 漢中長利縣地라
上津은 漢中의 長利縣이다.

5)〔釋義〕薛景仙之功：時에 景仙이 爲陳倉令하야 殺賊守將하고 克扶風而守之하니라
이때 薛景仙이 陳倉令이 되어 적의 수령과 장수를 죽이고 扶風을 점령하여 지키고 있었다.

○ 九月에 以廣平王俶[1]으로 爲天下兵馬元帥하야 諸將을 皆以屬焉하다

9월에 廣平王 李俶을 天下兵馬元帥로 삼아서 여러 장수들을 모두 그에게 소속되게 하였다.

1)〔頭註〕廣平王俶：是爲代宗이라
廣平王 李俶이 바로 代宗이다.

○ 上이 與李泌出行軍[1]할새 軍士指之하고 竊言曰 衣黃者는 聖人也[2]요 衣白者는 山人也라한대 上聞之하고 以告泌曰 艱難之際에 不敢相屈以官이나 且衣紫袍하야 以絶群疑하라 泌不得已受之하야 服之하고 入謝어늘 上笑曰 旣服此하니 豈可無名稱이리오하고 出懷中勅하야 以泌爲侍謀軍國元帥府行軍長史[3]하다 泌固辭어늘 上曰 朕이 非敢相臣이요 以濟艱難耳니 俟賊平하야 任行高志하라한대 泌乃受之하니라

上이 李泌와 함께 군대를 순행할 적에 군사들이 모두 손가락질하고 속으로 은밀히 말하기를 "황색 옷을 입은 것은 천자이고 백색 옷을 입은 것은 처사 李泌이다." 하니, 上이 그 말을 듣고 李泌에게 고하기를 "국가가 이렇게 어려운 때에 감히 그대에게 관직을 주어 굽히게 할 수 없으나 우선 붉은 도포(관복)를 입어서 사람들의 의심을 끊으라." 하였다.

李泌가 부득이 이 옷을 받아 입고 들어가 사례하자, 上이 웃으며 말하기를 "이미 이 관복을 입었으니, 어찌 관직의 명칭이 없을 수 있겠는가?" 하고는 품안에서 칙서를 꺼내어 李泌를 侍謀軍國元帥府行軍長史로 임명하였다. 李

泌가 굳이 사양하자, 上이 말하기를 "짐이 감히 卿을 신하로 삼으려는 것이 아니라 지금의 어려움을 구제하기 위해서이니, 卿은 적이 평정되기를 기다려서 높은 뜻을 마음대로 행하라." 하니, 李泌가 마침내 관직을 받았다.

1)〔頭註〕行軍 : 去聲이니 巡視也라
　行은 去聲이니, 行軍은 군대를 순행하여 살펴보는 것이다.
2)〔釋義〕衣黃者聖人也 : 衣는 去聲이니 着也라 下同이라〔通鑑要解〕聖人은 謂上也니 唐之臣子率稱君父謂聖也하니라
　〔釋義〕衣는 去聲이니 입는 것이다. 이하도 같다.〔通鑑要解〕聖人은 上을 이르니, 唐나라의 신하들은 모두 君父를 칭하여 聖人이라 하였다.
3)〔頭註〕侍謀軍國元帥府行軍長史 : 創侍謀之官하야 以處泌하니라
　侍謀라는 관직을 창건하여 李泌를 처하게 하였다.

○ 上이 素聞房琯名하고 虛心待之하다 琯이 見上하고 言時事에 辭情慷慨[1)]어늘 上이 爲之改容이라 由是로 軍國事를 多謀於琯하고 琯亦以天下爲己任하야 知無不爲하야 專決於胸臆하니 諸將이 拱手避之러라

上이 평소 房琯의 명성을 듣고 마음을 겸허히 하여 그를 대우하였다. 房琯이 上을 뵙고 당시의 일을 말할 적에 말소리와 감정이 비분강개하자, 上이 감동되어 용모를 고쳤다. 이로 말미암아 軍國의 중요한 일을 房琯에게 많이 상의하였고, 房琯 또한 천하를 평정하는 것을 자신의 임무로 여겨서 아는 것을 힘써 실천하지 않음이 없었다. 그리하여 오로지 자기 생각대로 결단하니, 여러 장수들이 팔짱을 끼고 그를 피하였다.

1)〔釋義〕辭情慷慨 : 慷慨는 竭誠也라
　慷慨는 정성을 다하는 것이다.

○ 十月에 上이 至彭原하니 第五琦見上하고 請作榷(각)鹽法하야 用以饒하다

10월에 上이 彭原에 이르니, 第五琦가 上을 뵙고 榷鹽法을 만들어서 재용을 풍요롭게 할 것을 청하였다.

○ 房琯이 喜賓客, 好談論하야 多引拔知名之士로되 而輕鄙庸俗하니 人多怨之라 北海太守賀蘭進明이 詣行在하야 言於上曰 晉用王衍爲三公이러니 祖尙浮虛하야 致中原板蕩[1]하니이다 今房琯이 專爲迂闊大言하야 以立虛名하고 所引用이 皆浮華之黨이니 眞王衍之比也니이다 上이 由是疎之하니라

房琯이 賓客을 좋아하고 談論을 좋아하여 이름이 알려진 선비들을 많이 끌어오고 뽑았으나 미천하고 비루하니, 사람들이 많이 그를 원망하였다. 北海太守 賀蘭進明이 行在所로 가서 上에게 아뢰기를 "晉나라는 王衍을 등용하여 三公으로 삼았는데, 부황하고 헛된 명예를 숭상하여 中原을 혼란하게 만들었습니다. 지금 房琯이 제멋대로 우활한 흰소리를 하여 헛된 명성을 세우고 이끌어 등용한 것은 모두 겉으로만 화려한 무리이니, 참으로 王衍의 무리입니다." 하였다. 上이 이로 말미암아 房琯을 소원히 하였다.

1) 〔釋義〕 致中原板蕩[*] : 中原板蕩은 謂中華喪亂也니 板, 蕩은 竝詩篇名이라
中原板蕩은 中華가 망하고 혼란함을 이른 것이니, 板과 蕩은 모두 ≪詩經≫의 篇名이다.

*) 板蕩 : 나라가 혼란함을 이른다. 板과 蕩은 ≪詩經≫ 〈大雅〉의 篇名이다. 정치를 잘못하여 나라의 정치가 어지러워짐을 이르는 말로, 두 篇이 모두 문란한 정사를 읊은 데서 유래하였다.

○ 琯이 上疏하야 請自將兵하야 復兩京이어늘 上許之하다 琯이 悉以戎務로 委李揖, 劉秩하니 二人이 皆書生이라 不閑軍旅[1]로되 琯謂人曰 賊曳(예)落河[2]雖多나 安能敵我劉秩이리오하니라 琯軍이 遇賊將安守忠於咸陽之陳濤斜[3]하야 琯이 效古法, 用車戰하야 以牛車二千乘으로 馬步夾之러니 賊이 順風鼓譟하니 牛皆震駭라 賊이 縱火焚之하니 人畜大亂하야 官軍死者四萬餘人이요 存者數千而已러라

房琯이 상소하여 스스로 군대를 거느리고 가서 兩京(長安과 洛陽)을 수복할 것을 청하자, 上이 이를 허락하였다. 房琯이 군대의 일을 모두 李揖과 劉

秩에게 맡기니, 두 사람은 다 書生이어서 군대의 일에 익숙하지 못하였으나 房琯이 사람들에게 이르기를 "적의 曳落河가 비록 많으나 어찌 우리 劉秩을 대적하겠는가?" 하였다.

房琯의 군대가 적장 安守忠을 咸陽의 陳濤斜에서 만났다. 房琯은 옛 병법을 모방하여 戰車戰하던 방법을 사용하여 소가 끄는 수레 2천 乘으로 전진하고 기마군과 보병은 협공하게 하였는데, 적이 바람을 타고 북을 치고 함성을 지르니, 소가 모두 놀랐다. 적이 불을 놓아 불태우니, 사람과 가축이 크게 혼란하여 관군으로 죽은 자는 4만여 명이었고, 생존한 자는 몇천 명뿐이었다.

1) 〔頭註〕 不閑軍旅 : 閑은 習也라

閑은 익힘이다.

2) 〔釋義〕 曳(열)落河 : 初에 安祿山이 養同羅, 奚, 契丹降者八千餘人하고 號曰曳落河라 胡語曳落河는 華言壯士也라 曳은 羊列反이다.

처음에 安祿山이 同羅, 奚, 契丹 등에서 항복한 자 8천여 명을 기르고 이들을 曳落河라 이름하였다. 오랑캐 말의 曳落河는 중국말로 壯士이다. 曳은 羊列反(열)이다.

3) 〔釋義〕 咸陽之陳濤斜 : 陳濤斜는 咸陽地名이라 〔通鑑要解〕 陳燾澤在咸陽縣東하니 其路斜出故로 曰陳燾斜라하니라

〔釋義〕 陳濤斜는 咸陽에 있는 지명이다. 〔通鑑要解〕 陳燾澤은 咸陽縣 동쪽에 있었는데, 그 길이 기울게 났기 때문에 陳燾斜라 한 것이다.

〔新增〕 范氏曰 房琯이 有高志虛名而無實才어늘 肅宗이 旣疏之로되 而猶以爲將帥하니 是不知其臣也요 琯以讒見疏로되 而猶以討賊爲己任하니 是不量其君也라 君不知其臣하고 臣不量其君하고 而欲成天下之務는 未之聞也라 且肅宗任琯而琯任劉秩하야 君臣不知人이 如此하니 夫安得不敗乎아

范氏(范祖禹)가 말하였다.

"房琯이 높은 뜻과 虛名만 있고 실제 재주가 없었는데 肅宗이 이미 그를 소원히 하였으나 오히려 장수로 삼았으니 이는 그 신하를 알지 못한 것이요, 房琯은 참소로 소외를 당했는데도 오히려 적을 토벌하는 것을 자신의 임무로 여겼으니 이는 그 군주를 헤아리지 못한 것이다. 군주는 그 신하를 알지 못하고

신하는 그 군주를 헤아리지 못하고서 천하의 일을 이루고자 한다는 말은 듣지 못하였다. 肅宗은 房琯에게 맡기고 房琯은 劉秩에게 맡겨서 군주와 신하가 사람을 알지 못함이 이와 같았으니, 어찌 실패하지 않을 수 있었겠는가."

【丁酉】 至德二載라

至德 2年(丁酉 757)

正月에 **安祿山**이 **自起兵以來**로 **目漸昏**이러니 **至是**에 **不復睹物**하야 **性益躁暴**어늘 **嚴莊**이 **與安慶緒謀**하고 **夜遣閹豎李猪兒**하야 **執刀**하고 **直入帳中**하야 **斫祿山腹腸**하니 **流血數斗**하고 **遂死**라 **慶緒尋卽帝位**[1]하다

정월에 安祿山이 군대를 일으킨 이후로 눈이 점점 어두워졌는데, 이때에 이르러 다시는 물건을 보지 못하여 성질이 더욱 조급하고 포악해졌다. 嚴莊이 安慶緒와 함께 모의하고 밤중에 환관인 李猪兒를 보내어 칼을 잡고 곧바로 장막 안으로 들어가서 安祿山의 배와 창자를 찌르니, 安祿山이 피 몇 말을 흘리고 마침내 죽었다. 安慶緒가 얼마 후 황제의 자리에 올랐다.

1) 〔頭註〕 慶緒尋卽帝位 : 尋은 俄也라 祿山欲以嬖妾子爲嗣[*]故로 慶緒弑之하니라
　尋은 얼마 후이다. 安祿山은 총애하는 妾의 자식을 후계자로 삼으려 했기 때문에 安慶緒가 그를 시해하였다.

*) 祿山欲以嬖妾子爲嗣 : 安祿山의 총애하는 첩인 段氏가 慶恩이라는 아들을 낳으니, 安祿山이 慶緒를 대신하여 태자로 삼고자 하였다. 이에 慶緒가 항상 죽임을 당할까 두려워하여 어찌할 줄을 몰랐다.

〔新增〕 默齋曰 祿山은 以臣而叛其君하고 慶緒는 卽以子而叛其父하니 天道好還이라 豈不昭昭然可爲萬世之戒哉아

默齋(游九言)가 말하였다.

"安祿山은 신하로서 그 군주를 배반하였고 安慶緒는 자식으로서 그 아버지를 배반하였으니, 天道는 돌려주기를 좋아한다. 어찌 분명하여 만세의 경계가 될 만하지 않겠는가."

上이 謂李泌曰 今郭子儀, 李光弼이 已爲宰相하니 若克兩京, 平海內면 則無官以賞之니 奈何오 對曰 古者에 官以任能하고 爵以酬功이라 漢魏以來로 雖以郡縣治民이나 然有功則錫以茅土[1]하고 傳之子孫하야 至于周隋히 皆然하니이다 唐은 初未得關東이라 故로 封爵에 皆設虛名하고 其食實封者는 給繒布[2]而已라 貞觀中에 太宗이 欲復古制나 大臣議論이 不同而止하니 由是로 賞功者多以官하니이다 夫以官賞功이 有二害하니 非才則廢事요 權重則難制라 鄕使祿山이 有百里之國이런들 則亦惜之하야 以傳子孫하야 不反矣리이다 爲今之計컨대 俟天下旣平하야 莫若疏爵土[3]하야 以賞功臣이니 則雖大國이라도 不過二三百里라 可比今之小郡이니 豈難制哉리잇가 上曰 善하다

上이 李泌에게 이르기를 "지금 郭子儀와 李光弼이 이미 재상이 되었다. 만약 이들이 兩京을 수복하고 海內를 평정한다면 상줄만한 벼슬이 없으니, 어찌해야겠는가?" 하니, 李泌가 다음과 같이 대답하였다.

"옛날에는 재능이 있는 자에게 벼슬을 맡기고 공로가 있는 자에게 관작으로써 보답하였습니다. 漢·魏 이래로 비록 郡縣을 설치하여 백성을 다스렸으나 공이 있으면 茅土를 내려주고 자손에게 전하게 하여, 周나라와 隋나라에 이르기까지 다 그러하였습니다. 唐나라는 처음 關東 지방을 얻지 못했기 때문에 관작을 봉해줄 때에는 다 虛名을 쓰고, 실제 봉지를 받은 자에게는 繒과 布를 줄 뿐이었습니다. 貞觀 연간에 太宗이 옛 제도를 회복하고자 하였으나 大臣들의 議論이 똑같지 않아서 중지하였으니, 이로부터 공 있는 자에게 상줄 적에 관직을 가지고 하였습니다. 관직을 가지고 공 있는 자에게 상을 주는 것이 두 가지 폐해가 있으니, 재능이 있는 자가 아니면 정사를 망치고 권력이 중하면 제재하기 어렵습니다. 지난번 安祿山이 백 리의 나라가 있었더라면 또한 그것을 아까워하여 자손에게 물려주어서 배반하지 않았을 것입니다. 지금의 계책을 생각하건대 天下가 평정되기를 기다려서 작위와 토지를 나누어 공신에게 상 주는 것만 못하니, 이렇게 하면 비록 大國이라도 2, 3백

리를 넘지 못합니다. 지금의 작은 郡에 견줄 수 있으니, 어찌 제재하기 어렵겠습니까?"

이에 上이 말하기를 "좋다." 하였다.

1)〔釋義〕茅土 : 王者封五色土하야 爲社라가 建諸侯면 則各割其方土與之[*)]하야 使立社호되 燾以黃土하고 苴以白茅하니 茅는 取其潔이니 所以供祭祀縮酒之用이요 黃은 取王者覆燾四方之義니라

王者가 다섯 가지 색깔의 흙을 쌓아 社를 만들었다가 제후들을 세우게 되면 각각 방위의 색깔에 따른 흙을 떼어 주어서 社를 세우게 하였는데, 黃土를 덮고 흰 띠풀로 흙을 쌌다. 띠풀은 그 깨끗함을 취한 것이니 제사에 술 거르는 용도로 제공하고, 황색은 王者가 사방을 덮어주는 뜻을 취한 것이다.

*) 各割其方土與之 : 고대에 제후왕을 봉하게 되면 封地가 있는 방향에 따라 흙을 띠풀에 싸서 주었는 바, 곧 제후로 봉해짐을 말한 것이다. 방향에 따른 색깔은 동쪽은 청색, 서쪽은 백색, 남쪽은 적색, 북쪽은 흑색이며 이러한 흙으로 壇을 쌓되 위에는 황토를 덮었다.

2)〔頭註〕給繒布 : 唐制에 食實封者 凡一戶면 則以一丁之調로 歲給之也하니라

唐나라 제도에 실제 封邑을 받은 자는 무릇 1戶당 1丁의 調를 해마다 주었다.

3)〔釋義〕疏爵土 : 疏는 分也라

疏는 나눔이다.

○ **安慶緒以史思明**으로 **爲范陽節度使**하다 **先是**에 **安祿山**이 **得兩京**하고 **珍貨**를 **悉輸范陽**이러니 **思明**이 **擁彊兵**하고 **據富資**하야 **益驕橫**[1)]하야 **寖不用慶緒之命**하니 **慶緒不能制**러라

安慶緒가 史思明을 范陽節度使로 삼았다. 이에 앞서 安祿山이 兩京을 얻고는 진기한 보화를 모두 范陽으로 실어갔는데, 史思明이 강한 군대를 보유하고 풍족한 물자를 점거하여 더욱 교만하고 멋대로 행동하여 점점 安慶緒의 명령을 따르지 않으니, 安慶緒가 그를 제재하지 못하였다.

1)〔釋義〕驕橫 : 橫은 戶孟反이니 驕縱而暴橫也라

橫은 戶孟反(횡)이니, 驕橫은 교만하고 방종하여 횡포를 부리는 것이다.

○ 上皇이 思張九齡先見[1)]하야 爲之流涕하고 遣中使[2)]하야 至曲江祭之[3)]하고 厚恤其家하다

上皇이 張九齡이 선견지명이 있음을 생각해서 그를 위하여 눈물을 흘리고는 中使를 보내어 曲江에 가서 제사하게 하고 그 집안을 후대하고 구휼하였다.

1)〔釋義〕張九齡先見：開元中에 祿山이 討奚, 契丹이라가 敗績한대 九齡曰 祿山이 狼子野心이요 且有逆相하니 宜卽事誅之라호되 玄宗이 不聽하니라
開元 연간에 安祿山이 奚와 契丹을 토벌하다가 패전하자, 張九齡이 말하기를 "安祿山은 이리의 야심을 품고 있고 또 반역할 상이니, 마땅히 이 패전한 일을 가지고 죽여야 합니다." 하였으나 玄宗이 듣지 않았다.

2)〔頭註〕中使：唐以宦官爲中使하니라
唐나라는 宦官을 中使로 삼았다.

3)〔釋義〕至曲江祭之：九齡家在曲江이라 故로 於曲江致祭焉이라 曲江縣은 隷廣東始興郡하니 今韶州是라
張九齡의 집이 曲江에 있었다. 그러므로 曲江에 가서 제사를 올린 것이다. 曲江縣은 廣東省 始興郡에 예속되었으니, 지금의 韶州가 이곳이다.

○ 以郭子儀로 爲天下兵馬副元帥하다

郭子儀를 天下兵馬副元帥로 삼았다.

○ 是時에 府庫無蓄積하야 朝廷이 專以官爵賞功이라 諸將出征에 皆給空名告身[1)]할새 自開府, 特進, 列卿, 大將軍으로 下至中郎, 郎將히 聽臨事注名하고 其後에 又聽以信牒[2)]授人官爵하니 有至異姓王者라 諸軍이 但以職任으로 相統攝하야 不復計官爵高下러니 及淸渠之敗[3)]하야 復以官爵으로 收散卒하니 由是로 官爵輕而貨重이라 大將軍告身一通[4)]에 纔易一醉하니 凡應募入軍者 一切衣金紫[5)]하고 至於朝士僮僕하야는 衣金紫하고 稱大官이로되 而執賤役者하니 名器[6)]之濫이 至是而極焉이러라

이때 조정의 府庫에 저축된 것이 없어서 조정에서 오로지 관작을 가지고

공이 있는 자에게 상을 주었다. 諸將들이 출정할 적에 이들에게 모두 空名의 告身牒을 지급하였는데, 위로 開府, 特進, 列卿, 大將軍으로부터 아래로 中郎, 郎將에 이르기까지 일에 임하여 이름을 써넣는 것을 허락하고, 그 뒤에 또 信牒을 가지고 사람들에게 관작을 주도록 허락하니, 異姓으로서 王이 되는 자가 있기까지 하였다. 여러 군대가 다만 職任으로 서로 통솔하여 다시는 관작의 높고 낮음을 따지지 않았는데, 淸渠에서 패전하게 되자 다시 관작으로써 흩어진 군졸들을 수습하니, 이로 말미암아 관작이 가벼워지고 재화가 중하게 되었다. 大將軍의 告身牒 한 통을 팔아 겨우 한 번 취할 정도의 술과 바꿀 수 있었다. 무릇 응모하여 군에 들어온 자가 일체 金章(金印)과 紫綬를 착용하였으며 朝士와 僮僕에 이르러는 金章과 紫綬를 착용하고 大官이라 칭하면서 賤役을 잡는 자가 있으니, 名器의 범람함이 이에 이르러 극에 달하였다.

1)〔釋義〕空名告身：空은 苦貢反이라 唐選擧志에 視品[*1)]及流外[*2)]則判補[*3)]에 皆給以符하고 謂之告身하니 其中에 有褒貶訓戒之辭라 空者는 不塡寫名姓하고 從其臨事에 自注授[*4)]也라

空은 苦貢反(공)이다. 唐나라 〈選擧志〉에 視品과 流外는 判補할 때에 다 符를 지급하고 이것을 告身牒이라 일렀으니, 이 가운데에는 褒貶과 訓戒하는 말이 있었다. 空이라는 것은 이름과 성을 써서 채워 넣지 않고 일에 임했을 때에 스스로 이름을 써넣어 주는 것이다.

*1) 視品：隋나라 때부터 있었던 제도로 流內官과 流外官 이외에 또 視流內와 視流外를 설치하였는데, 모두 품계가 있었는바, 이들을 視品이라 하였다.

*2) 流外：流品은 隋·唐 시대에 9품 관작을 일컫던 말로 1품부터 9품까지는 流內, 그 나머지는 流外라 하였다.

*3) 判補：관직에 보임하는 것이다.

*4) 注授：임명장에 이름을 써 넣어 주는 것으로, 관리를 임명함을 이른다.

2)〔頭註〕信牒：未有告身엔 先給牒以爲信하니라

告身이 있기 전에는 먼저 牒을 주어서 신표로 삼았다.

3)〔頭註〕淸渠之敗：是年四月에 郭子儀敗績하니라

이해 4월에 郭子儀가 淸渠에서 패전하였다.

4)〔通鑑要解〕一通：書首尾曰一通이라

앞뒤로 온전히 쓴 것을 一通이라 한다.

5)〔譯註〕金紫 : 金印紫綬의 준말로, 고관대작들이 사용하는 금으로 만든 印章과 붉은색의 인끈이다. 漢나라 때 丞相과 太尉 등이 모두 黃金 印章에 紫色 綬帶를 띠었던 데서 온 말이다.

6)〔譯註〕名器 : 관직명과 이에 따른 기물의 수를 이른다.

〔新增〕范氏曰 官爵者는 人君所以馭天下니 不可以虛名而輕用也라 君以爲貴하야 而加於君子면 則人貴之矣요 君以爲賤하야 而施於小人이면 則人賤之矣라 肅宗이 欲以苟簡成功하야 而濫假名器하야 輕於糞土하니 此亂政之極也라 唐室不競[1]이 不亦宜哉아

范氏(范祖禹)가 말하였다.

"官爵이라는 것은 人君이 천하를 어거하는 것이니, 빈 이름을 가지고 함부로 써서는 안 된다. 군주가 관작을 귀하게 여겨서 관작을 君子에게 가하면 사람들이 그것을 귀하게 여기고, 군주가 관작을 천하게 여겨서 小人에게 베풀면 사람들이 천하게 여긴다. 肅宗은 일시적인 미봉책으로 공을 이루어 함부로 名器를 빌려주어서 거름흙보다도 가볍게 여겼으니, 이것이 혼란한 정사가 극에 달한 것이다. 唐나라가 강하지 못함이 마땅하지 않겠는가."

1)〔頭註〕不競 : 競은 强也라

競은 强함이다.

尹子奇[1]益兵하야 圍睢陽益急이어늘 張巡이 於城中에 夜鳴鼓嚴隊하야 若將出擊者하니 賊聞之하고 達旦儆備[2]러라 旣明에 巡이 乃寢兵絶鼓하니 賊이 以飛樓[3]로 瞰城中[4]호되 無所見이어늘 遂解甲休息하다 巡이 與將軍南霽雲과 郎將雷萬春等十餘將으로 各將五十騎하고 開門突出하야 直衝賊營하야 至子奇麾下하니 營中이 大亂이라 斬賊將五十餘人하고 殺士卒五千餘人하다 巡이 欲射子奇而不識하여 乃剡(염)蒿爲矢하니 中者喜[5]하야 謂巡矢盡이라하고 走白子奇어늘 乃得其狀하고 使霽雲으로 射之하야 喪其左目하야 幾獲之라 子奇乃收軍退還하다

尹子奇가 병력을 증가하여 睢陽城을 포위하여 더욱 맹렬하게 공격하자, 張巡이 성 안에서 밤중에 북을 울리고 대오를 정돈하여 장차 성을 나가 공격할 것처럼 하니, 적이 이 말을 듣고 날이 새도록 경계하고 대비하였다. 날이 밝은 뒤에, 張巡이 마침내 군사들을 자게 하고 북소리를 그치니, 적이 飛樓를 가지고 성 안을 엿보았으나 보이는 것이 없었으므로 마침내 갑옷을 벗고 휴식하였다.

張巡은 將軍 南霽雲과 郎將 雷萬春 등 10여 명의 장군과 함께 각각 50명의 기병을 거느리고는 성문을 열고 돌격하여 곧장 적의 진영을 무찔러서 尹子奇의 휘하에 이르니, 적의 진영 안이 크게 혼란하였다. 그리하여 적장 50여 명을 목 베고, 사졸 5천여 명을 죽였다. 張巡이 尹子奇를 쏘아 죽이고자 하였으나 그의 얼굴을 알지 못하므로 마침내 쑥대를 깎아 화살을 만들어 쏘니, 화살을 맞은 적병이 기뻐하여 張巡의 화살이 다 떨어졌다고 생각하고는 달려가 尹子奇에게 아뢰었다. 그리하여 張巡이 비로소 그의 얼굴 모습을 알아내고는 南霽雲으로 하여금 활을 쏘아 그의 왼쪽 눈을 잃게 해서 거의 사로잡을 뻔 하였다. 尹子奇가 마침내 군대를 거두어 돌아갔다.

1)〔頭註〕尹子奇：慶緖以子奇爲河南節度使하니라

安慶緖는 尹子奇를 河南節度使로 임명하였다.

2)〔釋義〕儆備：儆은 戒也라

儆은 경계하는 것이다.

3)〔譯註〕飛樓：적의 城屬을 바라볼 때 쓰이는 높은 수레이다.

4)〔釋義〕瞰城中：瞰은 古監反이니 視也라

瞰은 古監反(감)이니, 살펴보는 것이다.

5)〔釋義〕乃剡(염)蒿爲矢 中者喜：剡은 以冉反이니 銳利之也라 蒿는 呼高反이요 中은 去聲이라 易繫云 剡木爲矢라하니라

剡은 以冉反(염)이니, 뾰족하게 만드는 것이다. 蒿는 呼高反(호)이고, 中은 去聲(맞춤)이다. ≪周易≫ 〈繫辭傳〉에 "나무를 깎아 화살을 만든다." 하였다.

○ 九月에 元帥廣平王俶(숙)이 將朔方等軍及回紇(흘)西域之衆하야 與郭子儀等으로 克復西京하다

9월에 元帥인 廣平王 李俶이 朔方等의 군대 및 回紇과 西域의 병력을 거느리고 郭子儀 등과 함께 西京을 이겨 收復하였다.

○ 冬十月에 尹子奇久圍睢陽하니 城中이 食盡이라 議棄城東走어늘 張巡, 許遠[1]이 謀以爲 睢陽은 江淮之保障[2]이니 若棄之去면 賊必乘勝長驅하리니 是는 無江淮也라 不如堅守以待之라하고 始與士卒로 同食茶紙하고 旣盡에 遂食馬하고 馬盡에 羅雀掘鼠하고 雀鼠旣盡에 巡이 出愛妾하야 殺以食(사)士[3]하고 遠亦殺其奴然後에 括城中婦人[4]하야 食之하고 旣盡에 繼以男子老弱하니 人知必死호되 莫有叛者요 所餘纔四百人이러라 癸丑에 賊이 登城하니 將士病하야 不能戰이라 巡이 西向再拜曰 臣力竭矣하야 不能全城이라 生旣無以報陛下호니 死當爲厲鬼[5]하야 以殺賊호리이다 城遂陷하니 巡, 遠이 俱被執하고 幷南霽雲, 雷萬春等三十六人하야 皆斬之하고 生致許遠於洛陽하다

겨울 10월에 尹子奇가 오랫동안 睢陽城을 포위하니, 성 안에 식량이 다 떨어졌다. 사람들이 睢陽城을 버리고 동쪽으로 달아날 것을 의논하자, 張巡과 許遠이 상의하여 이르기를 "睢陽은 江淮 지방의 보루이니, 만약 이곳을 버리고 떠나면 적이 반드시 승세를 타고 크게 몰려올 것이니, 이는 江淮 지방을 잃게 될 것이다. 이곳을 굳게 지키면서 기다리는 것만 못하다." 하였다.

그리하여 〈식량이 없으므로〉 처음에는 병졸들과 함께 차와 종이를 먹고, 이것이 떨어진 뒤에는 마침내 말을 잡아먹고, 말이 떨어지자 그물로 참새를 잡고 쥐구멍을 파서 쥐를 잡아 먹었으며, 참새와 쥐가 떨어진 뒤에는 張巡이 애첩을 내어 죽여서 군사들을 먹였고, 許遠 또한 그의 종을 죽여서 먹은 다음 성 안의 부녀자들을 찾아내어 죽여서 먹었고, 이들이 다한 뒤에는 뒤이어 늙고 약한 남자들을 잡아 먹으니, 사람들이 반드시 죽게 될 것을 알았지만 배반하는 자가 없었으며, 남은 자가 겨우 4백 명이었다.

癸丑日(9일)에 賊이 성에 올라보니, 장병들이 병들어서 더 이상 싸우지 못하였다. 張巡이 서쪽을 향하여 재배하고 말하기를 "신은 힘이 다하여 성을

온전히 지킬 수 없습니다. 살아서 이미 폐하께 보답하지 못했으니, 죽어서 마땅히 厲鬼가 되어 적을 죽이겠습니다." 하였다. 성이 마침내 함락되니, 張巡과 許遠이 모두 사로잡히고 南霽雲, 雷萬春 등 36명이 모두 목이 베어졌으며, 許遠은 산 채로 洛陽으로 보내졌다.

1) 〔附註〕 張巡, 許遠 : 張巡이 辟雍丘하야 保寧陵이러니 子奇以兵十三萬來어늘 遠爲睢陽守하야 告急於巡하니 巡이 引兵入睢陽하다 遠曰 遠은 (揣)〔懦〕不知兵하고 公은 智勇兼濟하니 公爲遠戰하라 遠爲公守하리라 賊以巡善用兵하니 畏巡爲後患이라 故로 不滅巡이면 則不得越過而南也하니라 〔頭註〕 許遠은 敬宗曾孫이라

〔附註〕 張巡이 雍丘를 맡아 寧陵을 보전하고 있었는데, 尹子奇가 13만의 병력을 거느리고 몰려오자 許遠이 睢陽太守로 있으면서 張巡에게 위급함을 알리니, 張巡이 군대를 이끌고 睢陽으로 들어왔다. 許遠이 말하기를 "나는 나약하여 병법을 알지 못하고 공은 지혜와 용맹을 겸하여 소유하였으니, 공은 나를 위하여 싸우라. 나는 공을 위하여 지키겠다." 하였다. 적들은 張巡이 용병을 잘하니 張巡이 後患이 될까 두려워하였다. 그러므로 張巡을 멸망시키지 않고서는 이곳을 넘어 남쪽으로 갈 수가 없었던 것이다. 〔頭註〕 許遠은 許敬宗의 曾孫이다.

2) 〔頭註〕 保障 : 一卷戊寅年注에 指藩籬而言이라하니라

保障은 1卷 戊寅年(B.C.401) 注에 "울타리를 가리켜 말한다." 하였다

3) 〔通鑑要解〕 殺以食(사)士 : 食는 音嗣라

食는 음이 사이다.

4) 〔頭註〕 括城中婦人 : 括은 拾也라

括은 찾아 모으는 것이다.

5) 〔通鑑要解〕 厲鬼 : 無所歸者爲厲니라

죽어서 돌아갈 곳이 없는 자를 厲鬼라 한다.

巡이 **初守睢陽時**에 **卒僅萬人**이요 **城中居人**이 **亦且數萬**이로되 **巡**이 **一見問姓名**이면 **其後**에 **無不識者**요 **前後大小戰**이 **凡四百餘**에 **殺賊卒十二萬人**이러라 **巡**이 **行兵**에 **不依古法教戰陳**하고 **令本將**[1]으로 **各以其意教之**라 **人**이 **或問其故**한대 **巡曰 今與胡虜戰**에 **雲合鳥散**하야 **變態不常**하야 **數步之間**에 **勢有同異**하고 **臨機應猝**이 **在於呼吸之間**이어늘 **而動詢大將**이면 **事不相及**이니 **非知兵之**

變者也라 故로 吾使兵識將意하고 將識士情하야 投之而往에 如手之使指하노니 兵將相習하야 人自爲戰이 不亦可乎아 自興兵으로 器械甲仗을 皆取之於敵하고 未嘗自修러라 每戰에 將士或退散이면 巡이 立於戰所하야 謂將士曰 我不離此호니 汝는 爲我還決之하라하니 將士莫敢不還死戰하야 卒破敵이러라 又推誠待人하야 無所疑隱하고 臨敵應變에 出奇無窮하며 號令明하고 賞罰信하고 與衆共甘苦寒暑라 故로 下爭致死力하니라

張巡이 처음 睢陽城을 지킬 적에 병졸이 겨우 만 명이었고 성 안에 살던 사람이 또한 수만 명이었는데, 張巡이 이들을 한 번 보고 성명을 물으면 그 뒤에 알지 못하는 자가 없었으며, 전후로 크고 작은 전투가 400여 차례였는데, 적병을 죽인 것이 12만 명이었다.

張巡은 군대를 운용할 적에 옛 병법을 따라 싸우거나 陣 치는 법을 가르치지 않고, 本部의 將帥로 하여금 각자 자기 마음대로 가르치게 하였다. 사람이 혹 그 이유를 묻자, 張巡이 말하기를 "지금 오랑캐와 싸움에 구름처럼 모이고 새처럼 흩어져서 변하는 태도가 일정하지 않다. 그리하여 몇 걸음 사이에도 형세의 同異가 있고 임기응변함이 呼吸하는 사이에 달려 있는데, 번번이 대장에게 물으면 제때에 일에 미칠 수가 없으니, 이는 병법의 변화를 아는 자가 아니다. 그러므로 나는 병사들로 하여금 장수의 생각을 알고 장수들로 하여금 병사들의 실정을 알게 해서 장수가 병졸을 데리고 감에 손이 손가락을 부리듯이 하게 하노니, 병사들과 장수가 서로 익숙하여 사람마다 각자 싸우게 하는 것이 좋지 않겠는가." 하였다.

張巡은 군대를 일으킨 이래로 병기와 갑옷과 의장을 다 적에게서 취하여 사용하였고, 일찍이 스스로 만들지 않았다. 매번 싸울 때마다 장병들이 혹 후퇴하고 흩어지면 張巡이 전쟁터에 서서 장병들에게 이르기를 "나는 이 곳을 떠나지 않을 것이니, 너희들은 나를 위하여 다시 결전하라." 하니, 장병들이 감히 돌아가 결사적으로 싸우지 않는 자가 없어서 끝내 적을 격파하였다.

張巡은 또 정성을 미루어 사람들을 대우하여 의심하고 숨기는 바가 없었으

며, 적을 대하여 변화에 응함에 기이한 계책을 내어 다함이 없었다. 호령이 분명하고 상벌이 진실하며 무리들과 달고 쓴 음식과 춥고 더운 고통을 함께 하였다. 그러므로 아랫사람들이 다투어 死力을 바쳤다.

1)〔通鑑要解〕本將：本部之將이라
本將은 本部의 장수이다.

○ **河南節度使張鎬 聞**睢陽**圍急**하고 **倍道**亟**進**이러니 **比鎬至**睢陽하야 **城已陷三日**이러라

河南節度使 張鎬는 睢陽城의 포위가 위급하다는 말을 듣고 행군 속도를 배가하여 급히 전진하였는데, 張鎬가 睢陽城에 이르자 성이 이미 함락된 지 3일이었다.

贊曰 張巡許遠이 可謂烈丈夫[1)]矣라 以疲卒數萬으로 嬰孤墉[2)]하야 抗方張不制之虜하고 鯁其喉牙[3)]하야 使不得搏食東南하고 牽掣首尾하야 小大數百戰이라 雖力盡乃死나 而唐得全江淮財用하야 以濟中興하니 引利償害하면 以百易萬이라도 可矣라 巡先死不爲遽요 遠後死不爲屈이라 巡死三日而救至하고 十日而賊亡하야 天以完節로 付二人하야 畀名無窮하니 不待留生而後顯也니라

≪新唐書≫〈忠義列傳〉의 贊에 말하였다.

"張巡과 許遠은 烈烈한 장부라고 이를 만하다. 피폐한 병졸 수만 명으로 외로운 성을 둘러싸고 지키면서 막 확장하여 제재할 수 없는 오랑캐에 항거하고 그들의 목구멍과 이빨을 막아서 적으로 하여금 멋대로 동남 지방을 집어 삼키지 못하게 하고 앞과 뒤를 견제하여 크고 작은 싸움을 수백 번이나 하였다. 비록 힘이 다하여 죽었으나 唐나라가 江淮 지방의 財用을 온전히 보전하여 중흥을 이룩하였으니, 이로움을 이끌어 해로움을 보상해 보면 百으로 萬과 바꾸었다 하더라도 가할 것이다. 張巡이 먼저 죽은 것이 급함이 되지 않고, 許遠이 뒤에 죽은 것이 뒤늦음이 되지 않는다. 張巡이 죽은 지 3일 만에 구원병이 이르렀고, 10일 만에 적이 망하였다. 그리하여 하늘이 완전한

절개를 두 사람에게 주어 무궁한 후세에 명예를 남기게 하였으니, 살아남기를 기다리지 않고도 이름이 뒤에 드러나는 것이다."

1)〔頭註〕烈大夫：剛直曰烈이라
剛直한 것을 烈이라 한다.

2)〔頭註〕嬰孤墉：嬰은 繞라
嬰은 둘러싸는 것이다.

3)〔頭註〕鯁其喉牙：鯁은 與骾通하니 食骨留喉也라
鯁은 骾과 통하니, 뼈를 삼켜 목구멍에 걸려있는 것이다.

十月에 **廣平王**俶이 **與回紇葉**(섭)**護**[1], **郭子儀等**으로 **克復東京**하니 **安慶緒奔河北**하다 **丁卯**에 **上**이 **入西京**하다

10월에 廣平王 李俶이 回紇의 葉護와 郭子儀 등과 함께 東京을 收復하니, 安慶緖가 河北으로 도망하였다. 丁卯日(23일)에 上이 西京(長安)으로 들어갔다.

1)〔釋義〕葉(섭)護：回紇君主號라
葉護는 回紇의 君主 이름이다.

○ **十一月**에 **廣平王**俶과 **郭子儀來自東京**하니 **上**이 **勞之曰 吾之家國**이 **由卿再造**라하니라

11월에 廣平王 李俶과 郭子儀가 東京에서 오니, 上이 이들을 위로하여 말하기를 "나의 집과 나라가 경들로 말미암아 다시 만들어졌다." 하였다.

○ **十二月**에 **上皇**이 **至咸陽**하니 **上**이 **備法駕**하야 **迎於望賢宮**하다 **上皇**이 **卽日**에 **幸興慶宮**하야 **遂居之**어늘 **上表**하야 **累請避位還東宮**호되 **上皇**이 **不許**하다

12월에 上皇이 咸陽에 이르니, 上이 法駕를 갖추어 望賢宮에서 맞이하였다. 上皇이 당일에 興慶宮으로 가서 마침내 거처하였는데, 上이 표문을 올려서 여러 번 황제의 자리를 피하여 東宮으로 돌아갈 것을 청하였으나 上皇이

허락하지 않았다.

○ 安慶緖忌史思明之强하야 欲圖之어늘 思明이 遂以所部十三州로 來降하다 滄, 瀛, 安, 深, 德, 棣等州皆降하고 雖相州未下[1]나 河北이 率爲唐有矣러라

安慶緖가 史思明의 강성함을 시기하여 도모하고자 하니, 史思明이 마침내 자기가 거느리고 있던 13州를 가지고 와서 항복하였다. 그리하여 滄州, 瀛州, 安州, 深州, 德州, 棣州 등은 모두 항복하였고, 相州는 아직 항복하지 않았으나 河北 지방이 대체로 唐나라의 소유가 되었다.

1) 〔頭註〕 雖相州未下 : 相州未下는 謂慶緖據鄴也라
相州가 항복하지 않았다는 것은 安慶緖가 鄴城을 점거하고 있음을 이른다.

【戊戌】 乾元元年이라

乾元 元年(戊戌 758)

春二月에 復以載爲年하다

봄 2월에 다시 載를 年이라 하였다.

○ 夏五月에 張鎬[1]上言호되 思明이 凶險하야 因亂竊位하니 力彊則衆附하고 勢奪則人離라 彼雖人面이나 心如野獸하야 難以德懷이니 願勿假以威權하소서

여름 5월에 張鎬가 上言하기를 "史思明이 흉악하고 음험하여 난리로 인해 지위를 도둑질하니, 힘이 강하면 무리가 따르고 세력을 빼앗기면 사람들이 떠납니다. 그는 비록 사람의 얼굴을 하고 있으나, 마음은 야수와 같아서 덕으로 회유하기 어려우니, 바라건대 위엄과 권세를 빌려주지 마소서." 하였다.

1) 〔頭註〕 張鎬 : 河南節度使라
張鎬는 河南節度使였다.

○ 李光弼이 以思明終當敗亂이라하야 陰使圖之[1]하니 思明이 復叛하다

李光弼은 史思明이 끝내 실패하고 난을 일으킬 것이라 하여 은밀히 도모하게 하니, 史思明이 다시 배반하였다.

1)〔頭註〕陰使圖之：范陽副使烏承恩이 爲思明所親信하야 陰使圖之하니라
范陽副使 烏承恩이 史思明에게 친애와 신임을 받았다. 그리하여 烏承恩으로 하여금 史思明을 은밀히 도모하게 하였다.

○ **八月**에 **命朔方節度郭子儀**와 **淮西魯炅**[1]**等七節度使**하야 **將步騎二十萬**하야 **討安慶緖**하고 **又命河東李光弼**과 **澤潞王思禮二節度**하야 **將所部兵**하야 **助之**하다

8월에 朔方節度使 郭子儀와 淮西節度使 魯炅 등 7명의 節度使에게 명하여 보병과 기병 20만을 거느리고 安慶緖를 토벌하게 하였으며, 또 河東의 李光弼과 澤潞의 王思禮 두 절도사에게 명하여 부하 병력을 거느리고 이들을 돕게 하였다.

1)〔頭註〕魯炅：炅은 音熲이라
炅은 음이 熲(경)이다.

○ **上**이 **以子儀, 光弼**이 **皆元勳**으로 **難相統屬**이라하야 **故**로 **不置元帥**하고 **但以宦官開府儀同三司魚朝恩**으로 **爲觀軍容宣慰處置使**하니 **觀軍容之名**이 **自此始**리라

上은 郭子儀와 李光弼이 모두 元勳으로 서로 통솔하기 어렵다 해서 이 때문에 원수를 두지 않고, 다만 환관인 開府儀同三司 魚朝恩을 觀軍容宣慰處置使로 삼으니, 觀軍容이라는 명칭이 이로부터 시작되었다.

○ **冬十月**에 **子儀等**이 **大破安慶緖於衛州**하고 **追至鄴圍之**하니 **慶緖窘急**하야 **求救於史思明**하고 **且請以位讓之**하다 **思明**이 **發范陽兵十三萬**하야 **欲救鄴**이러니 **觀望未敢進**하고 **軍于滏陽**[1]하야 **遙爲慶緖聲勢**하니라

겨울 10월에 郭子儀 등이 安慶緖를 衛州에서 대파하고 추격하여 鄴城에 이르러 포위하니, 安慶緖가 곤궁하고 급박하여 史思明에게 구원을 청하고 또 황제의 자리를 양보할 것을 청하였다. 史思明이 范陽의 군대 13만 명을 동원하여 鄴城을 구원하고자 하였으나 관망만 하고 감히 전진하지 못하고 滏陽에 군을 주둔하여 安慶緖와 멀리서 서로 호응하였다.

1)〔頭註〕滏陽：縣名이니 滏는 音父라
滏陽은 縣의 이름이니, 滏는 음이 부이다.

○ 十二月에 平盧節度使王玄志薨하니 上이 遣中使하야 往撫慰將士하고 且就察軍中所欲立者하야 授以旌節이러니 高麗人李懷玉이 爲裨將하야 殺玄志之子하고 推侯希逸[1]하야 爲平盧軍使어늘 朝廷이 因以希逸爲節度副使하니 節度使由軍士廢立이 自此始하니라

12월에 平盧節度使 王玄志가 죽으니, 上이 中使를 보내어 가서 장병들을 위무하게 하고, 또 군중에서 절도사로 세우려고 하는 자를 살펴 旌節을 주게 하였다. 이때 高麗 사람인 李懷玉이 裨將이 되어 王玄志의 아들을 죽이고 侯希逸을 추대하여 平盧軍使로 삼았다. 朝廷이 이로 인하여 侯希逸을 節度副使로 삼으니, 節度使가 軍士로 말미암아 폐하고 세워짐이 이로부터 시작되었다.

1)〔頭註〕侯希逸：希逸之母는 懷玉姑也라 故로 懷玉推之하니라
侯希逸의 어머니는 李懷玉의 고모였다. 그러므로 李懷玉이 추대한 것이다.

溫公曰 夫民生有欲하니 無主則亂이라 是故로 聖人이 制禮以治之하시니 自天子諸侯로 至於卿大夫庶人히 尊卑有分하고 大小有倫하야 若綱條之相維하고 臂指之相使라 是以로 民服事其上하야 而下無覬覦(기유)라 其在周易에 上天下澤이 履니 象曰 君子以하야 辨上下하야 定民志[1]라하니 此之謂也라 凡人君所以能有其臣民者는 以八柄[2]存乎己也니 苟或捨之면 則彼此之勢均이니 何以使其下哉아 肅宗이 遭唐中衰하야 幸而復國

하니 是宜正上下之禮하야 以綱紀四方이어늘 而偸取一時之安하고 不思永久之患이라 彼命將帥, 統藩維는 國之大事也어늘 乃委一介之使하고 徇行伍之情하야 無問賢不肖하고 維其所欲與者則授之라 自是之後로 積習爲常하야 君臣循守하고 以爲得策하야 謂之姑息이라 乃至偏裨士卒이 殺逐主帥호되 亦不治其罪하고 因以其位任授之하니 然則爵祿廢置와 殺生予奪이 皆不出於上而出於下니 亂之生也 庸有極乎아 且夫有國家者 賞善而誅惡이라 故로 爲善者勸하고 爲惡者懲하나니 彼爲人下而殺逐其上이면 惡孰大焉이리오 乃使之擁旄秉鉞하야 帥(수)長一方이면 是賞之也니 賞以勸惡이면 惡이 其何所不至乎아 書云 遠乃猷라하고 詩云 猷之未遠이라 是用大諫이라하고 孔子曰 人無遠慮면 必有近憂라하시니 爲天下之政而專事姑息이면 其憂患을 可勝校乎아 由是로 爲下者 常眄(혜)眄焉[3]伺其上하야 苟得間이면 則攻而族之하고 爲上者 常惴(췌)惴焉畏其下하야 苟得間이면 則掩而屠之하야 爭務先發以逞其志하야 非有相保養하야 爲俱利久存之計也하니 如是而求天下之安이면 其可得乎아 迹其厲階[4]하면 肇於此矣[5]라 蓋古者治軍에 必本於禮라 故로 晉文公城濮之戰에 見其師少長有禮하고 知其可用이어늘 今唐은 治軍而不顧禮하야 使士卒得以陵偏裨하고 偏裨得以陵將帥하니 則將帥之陵天子는 自然之勢也라 由是로 禍亂繼起하야 兵革不息하야 民墜塗炭하야 無所控訴[6] 凡二百餘年이라 然後에 大宋受命하니 太祖始制軍法하야 使以階級相承하고 有小違犯이면 咸伏斧質[7]이라 是以로 上下有敍하야 令行禁止하야 四征不庭에 無思不服하야 宇內[8]乂安하고 兆民允殖하야 以迄于今하니 皆由治軍以禮故也라 豈非詒謀之遠哉아

溫公이 말하였다.

"사람은 태어남에 욕심이 있으니, 군주가 없으면 어지럽다. 이 때문에

聖人이 禮를 만들어서 다스리셨으니, 천자와 제후로부터 卿·大夫와 庶人에 이르기까지 신분의 높고 낮음이 분별이 있고 벼슬의 크고 작음이 등급이 있어서, 마치 강령과 조목이 서로 유지하는 것과 같았고 팔뚝과 손가락이 서로 부리는 것과 같았다. 이 때문에 백성들이 복종하여 윗사람을 섬겨서 아랫사람이 엿봄이 없었던 것이다. ≪周易≫에, 위는 하늘이고 아래는 못인 것이 履卦이니, 〈象傳〉에 이르기를 '군자가 이것을 보고서 상하를 분별하여 백성들의 마음을 안정시킨다.' 하였으니, 이것을 말한 것이다.

무릇 人君이 신하와 백성을 보유할 수 있는 까닭은 八柄이 자신에게 있기 때문이니, 만일 이것을 버린다면 피차간에 형세가 똑같아지니, 어떻게 아랫사람을 부리겠는가. 肅宗이 唐나라가 중간에 쇠할 때를 만나서 다행히 나라를 회복하였으니, 이는 마땅히 상하의 禮를 바로잡아서 사방에 기강을 세워야 할 터인데, 한 때의 편안함을 임시로 취하고 永久한 폐해를 생각하지 않았다. 장수를 임명하고 藩維(藩屛)를 통솔함은 국가의 큰 일인데, 마침내 한 명의 사자에게 맡기고 병졸들의 마음을 따라서 어질고 불초함을 묻지 않고 오직 그들이 주고자 하는 자이면 주었다. 이 뒤로부터 오랫동안 습속이 되어 보통으로 여겨서 임금과 신하가 이것을 따라 지키고 좋은 계책으로 여기면서 姑息이라 일렀다. 심지어 偏裨와 士卒들이 主帥를 죽이고 내쫓아도 그 죄를 다스리지 않고 도리어 主帥의 지위를 그에게 맡겨 주었으니, 그렇다면 관작과 녹봉, 지위를 폐함과 둠, 죽임과 살림, 줌과 빼앗음이 다 위에서 나오지 않고 아래에서 나오는 것이니, 난이 생겨남이 어찌 다함이 있겠는가.

또 국가를 소유한 자는 선한 자를 상주고 악한 자를 誅伐한다. 그러므로 선을 하는 자가 권면되고 악을 하는 자가 징계되는 것이니, 그가 남의 부하가 되어서 윗사람을 죽이고 쫓아냈다면 악이 무엇이 이보다 더 크겠는가. 그런데 도리어 그로 하여금 깃발을 보유하고 斧鉞을 잡고서 한 지방의 장수가 되고 우두머리가 되게 한다면 이것은 그에게 상을 주는 것이니, 상으로써 악을 권장하면 악행이 그 어느 곳인들 이르지 않겠는가.

≪書經≫에 이르기를 '네 계책을 원대하게 하라.' 하였고, ≪詩經≫에 이르기를 '계책이 원대하지 못하다. 이 때문에 크게 간한다.' 하였고, 孔子가 말씀하시기를 '사람이 먼 생각이 없으면 반드시 가까운 근심이 있다.' 하셨으니, 천하의 정사를 다스리면서 오로지 姑息만을 일삼는다면 그 우환을 어찌 이루 다 헤아릴 수 있겠는가. 이 때문에 아랫사람이 된 자는 원망스럽게 그 윗사람을 엿보아서 만일 틈을 얻으면 공격하여 멸족시키고, 윗사람이 된 자는 항상 벌벌 떨며 그 아랫사람을 두려워하여 만일 틈을 얻으면 도륙한다. 그리하여 다투어 먼저 일어나서 자기 뜻을 펼 것을 힘써, 서로 보호하고 길러주어서 함께 이롭고 오래 보전할 계책을 함이 있지 않았으니, 이와 같이 하면서 천하가 편안하기를 바란다면 어찌 가능하겠는가. 그 禍의 계제를 따져보면 여기에서 비롯된 것이다.

옛날에는 군대를 다스릴 적에 반드시 禮에 근본하였다. 그러므로 晉나라 文公은 城濮의 싸움에서 자기 군사들이 젊은이와 어른의 禮가 있는 것을 보고는 그 제대로 운용할 수 있음을 알았다. 그런데 지금 唐나라는 군대를 다스리면서 禮를 돌아보지 아니하여, 士卒들로 하여금 偏裨를 능멸하게 하고 偏裨로 하여금 將帥를 능멸하게 하였으니, 그렇다면 將帥가 天子를 능멸하는 것은 자연스런 형세인 것이다. 이로 말미암아 禍亂이 연이어 일어나서 전쟁이 그치지 아니하여 백성들이 도탄에 빠져 하소연할 곳이 없은 지가 모두 200여 년이었다.

그런 뒤에 大宋이 천명을 받으니, 太祖께서 처음 軍法을 제정하여 階級으로써 서로 받들게 하고, 조금이라도 이것을 어기거나 범하는 경우가 있으면 모두 목숨을 내놓게 하였다. 이 때문에 上下가 질서가 있어서 명령이 행해지고 금함이 그쳐졌다. 그리하여 조정에 오지 않는 자들을 사방으로 정벌함에 복종하지 않는 자가 없어서 우주 안이 다스려져 편안하고 억조 백성들이 진실로 번성해서 지금에 이르렀으니, 이것은 모두 군대를 禮로써 다스렸기 때문이다. 어찌 자손에게 계책을 남겨줌이 원대한 것이 아니겠는가."

1)〔附註〕定民志：易履卦大象傳之辭也라 程子曰 天在上하고 澤在下는 上下之正理也니 人之所履 當如是라 故로 取其象而爲履라 君子觀履之象하야 以辨別上下之分하야 以定其民志니라

定民志는 ≪周易≫ 履卦의 〈大象傳〉의 내용이다. 程子가 말씀하였다. "하늘이 위에 있고 못이 아래에 있는 것은 상하의 바른 이치이니, 사람이 이행하는 바가 마땅히 이와 같아야 한다. 그러므로 그 象을 취하여 履卦라 한 것이다. 군자가 履卦의 상을 보고서 상하의 구분을 분별하여 백성들의 마음을 안정시킨 것이다."

2)〔附註〕八柄：周禮에 王以八柄馭群臣하니 一曰爵이니 以馭其貴하고 二曰祿이니 以馭其富하고 三曰予니 以馭其幸하고 四曰置니 以馭其行하고 五曰生이니 以馭其福하고 六曰奪이니 以馭其貧하고 七曰廢니 以馭其罪하고 八曰誅니 以馭其過니라

≪周禮≫에 "王이 八柄으로 여러 신하들을 어거한다. 첫 번째는 관작이니 이로써 그 귀함을 어거하고, 두 번째는 祿俸이니 이로써 그 부함을 어거하고, 세 번째는 줌이니 이로써 그 총애함을 어거하고, 네 번째는 버려둠이니 이로써 그 행실을 어거하고, 다섯 번째는 살려줌이니 이로써 그 福을 어거하고, 여섯 번째는 빼앗음이니 이로써 그 가난함을 어거하고, 일곱 번째는 폐함이니 이로써 그 죄 있는 자를 어거하고, 여덟 번째는 죽임이니 이로써 그 허물을 어거한다." 하였다.

3)〔頭註〕盻(혜)盻[*])焉：盻盻는 匹莧切이니 流視貌라

盻盻는 匹莧切(편)이니 흘겨보는 모양이다.

*) 盻(혜)盻：≪資治通鑑≫에는 '眄眄'으로 되어 있고, 그 註에 "眄은 眠見反(면)이니, 한쪽 눈을 감고 멀리 바라보는 것이다.〔目偏合而衺視也〕"라고 되어 있는바, 頭註의 反切音은 잘못된 것으로 보인다. 盻盻는 字典에 모두 '서운한 눈초리로 보는 모습〔恨視貌〕'이라고 하였다.

4)〔頭註〕厲階：厲는 亂也라

厲는 어지러움이다.

5)〔譯註〕肇於此矣：당나라 조정이 후기에 어지러워지게 된 것이 조정에서 侯希逸을 平盧節度使로 임명한 데에서 기인되었음을 말한다.

6)〔頭註〕控訴：控은 告也라

控은 告하는 것이다.

7)〔頭註〕斧質：質은 本作櫍하니 椹也라 古者에 斬人을 伏之於椹上而斫之하니라 椹은 知林切이라

質은 본래 櫍로 되어 있으니, 도끼바탕이다. 옛날에 목 벨 사람을 도끼바탕 위에 엎드리게 하고 찍었다. 椹은 知林切(짐)이다.

8)〔頭註〕宇內 : 上下四方曰宇라

上下와 四方을 宇라 한다.

【己亥】二年이라

乾元 2년(己亥 759)

二月에 **郭子儀等九節度 圍鄴城**[1]하다 **諸軍**이 **旣無統帥**하고 **城久不下**하니 **上下解體**[2]라 **思明**이 **引大軍**하고 **直抵城下**어늘 **官軍**이 **與之刻日決戰**할새 **未及布陳**하야 **大風忽起**하야 **吹沙拔木**하고 **天地晝晦**하야 **咫尺不相辨**이라 **兩軍**이 **大驚**하야 **官軍**은 **潰而南**하고 **賊**은 **潰而北**이어늘 **子儀以朔方軍**으로 **斷河陽橋**하야 **保東京**하니 **戰馬萬匹**에 **惟存三千**이요 **甲仗十萬**이 **遺棄殆盡**이라 **東京士民**이 **奔竄山谷**하고 **諸節度各潰歸本鎭**하야 **旬日**에 **方定**이러라

2월에 郭子儀 등 아홉 명의 절도사가 鄴城을 포위하였다. 諸軍이 이미 통솔하는 장수가 없고, 성이 오랫동안 함락되지 않으니, 상하의 마음이 이산되고 와해되었다. 史思明이 大軍을 이끌고 곧바로 성 밑으로 오자, 官軍이 이들과 더불어 날짜를 잡아 결전하려 하였는데, 미처 포진하기 전에 큰 바람이 갑자기 일어나서 모래가 날리고 나무가 뽑히며 천지가 대낮에도 깜깜하여 지척도 서로 구별하지 못하였다. 兩軍이 크게 놀라서 官軍은 궤멸하여 남쪽으로 가고 賊은 궤멸하여 북쪽으로 갔는데, 郭子儀가 朔方의 군대를 데리고 河陽의 다리를 차단하여 東京(洛陽)을 지키니, 戰馬는 만 필 중에 오직 3천 필이 남았고, 갑옷과 무기 십만 개는 버려져 거의 다 없어졌다. 東京의 선비와 백성들은 산골짜기로 도망하여 숨고 여러 절도사들은 각각 궤멸하여 本鎭으로 돌아가서 열흘이 지나서야 비로소 진정되었다.

1)〔頭註〕圍鄴城 : 時에 慶緖據鄴城하니라

이때 安慶緖가 鄴城을 점거하였다.

2)〔通鑑要解〕上下解體：師老勢屈故로 解體也라
군사들이 지치고 형세가 꺾였기 때문에 상하의 마음이 이산되고 와해된 것이다.

○ 史思明이 不與慶緖相聞하고 但日於軍中에 饗士하니 慶緖不知所爲하야 乃上表稱臣於思明하고 以三百騎로 詣思明營이어늘 思明이 殺之하니 慶緖先所有州縣及兵이 皆歸於思明이라 思明이 遂自稱大燕皇帝하다

史思明이 安慶緖와 서로 소식을 전하지 않고 다만 날마다 군중에서 군사들에게 연향을 베푸니, 安慶緖가 어찌 할 바를 알지 못하여 마침내 표문을 올려 史思明에게 臣이라 칭하고, 300명의 기병을 거느리고 史思明의 진영에 가자 史思明이 그를 죽이니, 安慶緖가 먼저 소유하고 있던 州縣과 병사가 모두 史思明에게 돌아갔다. 史思明이 마침내 스스로 大燕皇帝라 칭하였다.

○ 四月에 太子詹事李輔國[1)]이 自上在靈武로 判元帥行軍馬司馬事[2)]하고 侍直帷幄하야 宣傳詔命이러니 及還京師에 專掌禁兵하야 常居內宅[3)]하니 制勅을 必經輔國押署[4)]然後에 施行이러라

4월에 太子詹事인 李輔國은 上이 靈武에 있었을 때로부터 判元帥行軍馬司馬事가 되고 帷幄에서 上을 모시고 지켜서 詔命을 선포하고 전하였는데, 京師로 돌아오자 禁兵을 오로지 관장하여 항상 內宅에 머무니, 制勅이 반드시 李輔國이 서명을 거친 뒤에야 시행되었다.

1)〔頭註〕李輔國：宦官이라
李輔國은 宦官이다.

2)〔頭註〕判元帥行軍馬司馬事：軍馬는 資治에 無馬字하니라
≪資治通鑑≫에는 軍馬의 馬字가 없다.

3)〔頭註〕內宅：在禁中하니 輔國止宿之署舍라
內宅은 禁中에 있었으니, 李輔國이 머무는 관사이다.

4)〔通鑑要解〕押署[*)]：見前註하니라
押署는 앞의 註에 보인다.

*）押署：着押署名의 줄임말로, 문서에 서명하는 것을 이른다.

○ 魚朝恩이 惡郭子儀하야 因其敗하야 短之於上이라 秋七月에 上이 召子儀還京師하고 以李光弼로 代爲朔方節度使하다 光弼이 治軍嚴整하야 始至에 號令一施하야 士卒壁壘旌旗가 精彩皆變하니 是時에 朔方將士 樂子儀之寬하고 憚光弼之嚴이러라

魚朝恩이 郭子儀를 미워하여 그가 실패한 틈을 타서 上에게 그의 단점을 말하였다. 가을 7월에 上은 郭子儀를 불러 京師로 돌아오게 하고 李光弼을 대신 朔方節度使로 삼았다. 李光弼은 군대를 다스림에 엄격하고 정돈되어 처음 부임하여 호령을 한 번 시행하자 士卒과 壁壘와 旌旗의 精彩가 모두 새롭게 변하니, 이때 朔方의 병사들이 郭子儀의 너그러움을 좋아하고, 李光弼의 엄함을 두려워하였다.

○ 冬十月에 史思明이 引兵攻河陽하다 思明이 有良馬千餘匹하야 每日에 出於河渚하야 浴之하고 循環不休하야 以示多어늘 光弼이 命索軍中牝馬하야 得五百匹하야 縶其駒於城內하고 俟思明馬至水際하야 盡出之하니 馬嘶(시)不已라 思明馬悉浮渡河어늘 一時驅之入城하니 思明이 怒하야 屯兵於河淸하고 欲絕光弼糧道라 光弼이 軍于野水渡하야 以備之러니 思明이 復攻河陽이어늘 光弼諸將이 致死擊之하니 賊衆大潰라 思明이 乃遁하다

겨울 10월에 史思明이 군대를 이끌고 河陽을 공격하였다. 史思明은 좋은 말 천여 필을 보유하고 있으면서 매일 이들을 河水가로 내보내 목욕시키고 순환하여 그치지 않아서 말이 많은 것을 과시하였다. 李光弼이 명하여 군중의 암말을 찾게 해서 500필을 얻은 다음 그 망아지를 성 안에 매어 놓고 史思明의 말이 물가에 이르기를 기다려서 어미말을 모두 내보내니, 어미말이 울어대기를 그치지 않았다. 이에 史思明의 숫말이 암말을 따라서 모두 물위에 떠서 河水를 건너오자, 일시에 이것을 몰아 성 안으로 들어가니, 史思明

이 노하여 河淸에 군대를 주둔하고 李光弼의 군량수송로를 끊고자 하였다. 李光弼이 野水渡에 군대를 주둔하여 이에 대비하였는데, 史思明이 다시 河陽을 공격하자, 李光弼의 여러 장수가 사력을 다하여 공격하니, 적의 무리가 크게 궤멸하였다. 史思明이 이에 도망하였다.

【庚子】 上元元年이라

上元 元年(庚子 760)

四月에 史思明이 入東京하다

4월에 史思明이 東京에 들어갔다.

○ 以京兆尹劉晏으로 爲戶部侍郎하야 充度支鑄錢鹽鐵等使하니 晏이 善治財利라 故로 用之하니라

京兆尹 劉晏을 戶部侍郎으로 임명하여 度支使, 鑄錢使, 鹽鐵使 등을 충당하니, 劉晏이 財利를 잘 다스렸기 때문에 그를 등용한 것이었다.

○ 上皇이 愛興慶宮하야 自蜀歸로 卽居之하다 上皇이 多御長慶樓[1)]하니 父老過者 往往瞻拜呼萬歲라 李輔國이 言於上曰 上皇이 居興慶宮하야 日與外人交通하시고 陳玄禮, 高力士 謀不利於陛下니이다 且興慶宮은 與閭閻相參하고 垣墉淺露하니 非至尊所宜居요 大內는 深嚴하니 奉迎居之면 與彼何殊리잇고 又得杜絶小人熒惑聖聽[2)]이리이다 上이 不聽하다 輔國이 又令六軍將士로 號泣叩頭하고 請迎上皇하야 如西內[3)]호되 上이 泣不應이러니 會에 上不豫[4)]라 秋七月에 輔國이 矯稱上語[5)]하고 迎上皇하야 如西內하야 居甘露殿하니 所留侍衛兵이 纔尫(광)老[6)]數十人이라 高力士는 流巫州하고 陳玄禮는 勒致仕하니 上皇이 不懌(역)하야 因不茹葷[7)]하고 辟穀하야 寖以成疾이러라 上이 初猶往問安이러니 旣而요

上亦有疾하야 **但遣人起居**라 **其後**에 **上**이 **稍悔悟**하고 **惡輔國**하야 **欲誅之**호되 **畏其握兵**하야 **竟猶豫不能決**하니라

上皇이 興慶宮을 좋아하여 蜀에서 돌아온 뒤로부터 즉시 여기에 거처하였다. 上皇이 많이 長慶樓에 나가니, 지나가는 父老들이 왕왕 바라보고 절하며 만세를 불렀다.

李輔國이 上에게 말하기를 "上皇이 興慶宮에 거주하여 날마다 외인들과 사귀고 통하시며, 陳玄禮와 高力士가 폐하께 불리한 짓을 도모합니다. 또 興慶宮은 여염집들과 서로 뒤섞여 있고 담장이 얕아 노출되니 至尊이 마땅히 거주할 곳이 아니요, 大內는 깊고 엄격하니 上皇을 받들어 맞이하여 大內에 거주하시게 하면 저곳과 무엇이 다르겠습니까. 또 소인들이 聖聽을 현혹하는 것을 막을 수 있습니다." 하였으나 上이 듣지 않았다.

李輔國이 또 六軍의 將兵들로 하여금 울부짖고 눈물 흘리며 머리를 조아리고 上皇을 맞이하여 西內로 가게 할 것을 청하였으나 上이 울면서 듣지 않았는데, 때마침 上이 몸이 편찮았다.

가을 7월에 李輔國은 上의 말씀이라고 사칭하고 上皇을 맞이하여 西內로 가서 甘露殿에 거주하게 하니, 남아서 모시고 호위하는 병사들이 겨우 늙고 병든 자 수십 명뿐이었다. 高力士는 巫州로 유배보내고 陳玄禮는 강제로 致仕시키니, 上皇이 기뻐하지 아니하여 인해서 葷茱를 먹지 않고 곡기를 물리쳐서 점점 병을 이루었다. 上이 초기에는 오히려 가서 문안하였으나 이윽고 上 또한 병이 있어서 사람을 보내어 안부만 물을 뿐이었다. 그 후 上이 점점 후회하고 깨달아서 李輔國을 미워하여 그를 죽이고자 하였으나 그가 병권을 쥐고 있는 것을 두려워하여 끝내 유예하고 결행하지 못하였다.

1) 〔通鑑要解〕 多御長慶樓 : 長慶樓는 南臨大道하니 上皇每御之하야 徘徊觀覽也하니라

長慶樓는 남쪽으로 큰길 가에 임하였는데, 上皇이 매번 長慶樓에 나와서 배회하고 구경하였다.

2) 〔頭註〕 熒惑聖聽 : 熒亦惑也라

熒 또한 현혹함이다.

3)〔附註〕西內：初에 隋文帝遷長安城하고 立宮於西北이러니 高宗이 營蓬萊宮於東北하고 命故宮曰西內라하고 新宮曰東內라하고 亦曰大明宮이라하다 又唐都長安하야 以太極宮爲西內하고 大明宮爲東內하고 興慶宮爲南內라하니라

처음에 隋나라 文帝가 長安城을 옮기고 서북쪽에 궁궐을 세웠는데, 高宗이 蓬萊宮을 동북쪽에 경영하고, 옛 궁궐을 명명하기를 西內라 하고 새 궁궐을 東內라 하고 또 大明宮이라 하였다. 또 唐나라는 長安에 도읍하여 太極宮을 西內라 하고 大明宮을 東內라 하고 興慶宮을 南內라 하였다.

4)〔頭註〕不豫：豫는 安也라

豫는 편안함이다.

5)〔頭註〕矯稱上語：矯는 托也라

矯는 칭탁함이다.

6)〔頭註〕尫(광)老：尫은 音光이니 弱也니 廢疾之人이라

尫은 음이 광이니, 약함이니 廢疾이 있는 사람이다.

7)〔釋義〕不茹葷：茹는 音汝니 飮食也요 葷은 臭菜也라 方術家所禁이니 謂氣不潔也라〔通鑑要解〕葷은 音熏이니 辛臭之菜니 蔥蒜之屬이라 今釋家는 大蒜, 小蒜, 興渠, 慈蔥, 茖蔥으로 爲五葷하고 道家는 以韭, 蒜, 芸薹, 胡荽, 薤로 爲五葷하나니라

〔釋義〕茹는 음이 汝이니 마시고 먹는 것이요, 葷은 냄새가 나는 채소이다. 方術家들이 금하는 것이니, 냄새가 不潔함을 이른다. 〔通鑑要解〕葷은 음이 훈이니, 매운 냄새가 나는 채소이니, 파와 마늘 따위이다. 지금 佛家에서는 大蒜(큰 파)·小蒜(작은 파)·興渠·慈蔥·茖蔥을 五葷이라 하고, 道家에서는 부추·마늘·芸薹(평지나물)·고수풀·염교를 五葷이라 한다.

【辛丑】二年이라

上元 2年(辛丑 761)

或言 洛中將士 皆燕人이라 久戍思歸하야 上下離心하니 急擊之면 可破也라하야늘 魚朝恩이 以爲信然하야 屢言於上한대 上이 敕李光弼等하야 進取東京하니 光弼이 奏稱호되 賊鋒尙銳하야 未可輕進이니이다 朔方節度使僕固懷恩[1)]이 勇而

愎(퍅)하고 **麾下皆蕃漢勁卒**이라 **亦附朝恩**하야 **言東都可取**라하니 **由是**로 **中使相繼**하야 **督光弼出師**하다 **光弼**이 **不得已與懷恩**으로 **將兵攻洛陽**이러니 **思明**이 **引兵薄(迫)之**[2)]하니 **官軍**이 **大敗**하야 **河陽, 懷州 皆沒於賊**하다

혹자가 말하기를 "洛陽에 주둔하고 있는 史思明의 장병들은 모두 燕 지방 사람인데 오랫동안 수자리살아서 집으로 돌아갈 것을 생각하여 상하의 마음이 떠났으니, 급히 공격하면 격파할 수 있다." 하였다. 魚朝恩이 이 말을 진실이라고 여겨서 자주 上에게 말하자, 上이 李光弼 등에게 칙명을 내려 나아가 東京을 점령하게 하니, 李光弼이 아뢰기를 "적의 예봉이 날카로워서 아직 가볍게 나갈 수 없습니다." 하였다.

朔方節度使 僕固懷恩은 용맹하고 성격이 괴팍하며 휘하 병사들이 모두 蕃族과 漢族의 강한 병졸이었다. 僕固懷恩 역시 魚朝恩에게 붙어서 東都를 점령할 수 있다고 말하니, 이로부터 中使가 서로 계속 이어져 李光弼에게 출병하도록 독촉하였다. 李光弼이 부득이 僕固懷恩과 함께 군대를 거느리고 洛陽을 공격하였는데, 史思明이 군대를 이끌고 압박하니, 官軍이 대패하여 河陽과 懷州가 모두 적에게 함락되었다.

1)〔頭註〕僕固懷恩 : 僕固는 複姓이라
　　僕固는 複姓이다.
2)〔頭註〕薄(迫)之 : 薄은 迫也라
　　薄은 핍박하는 것이다.

○ **史思明**이 **猜忍**[1)]**好殺**하야 **群下小不如意**면 **動至族誅**하니 **人不自保**라 **其部將駱悅**이 **縊殺之**하고 **朝義卽帝位**[2)]하다

史思明은 시기하고 잔인하며 사람을 죽이기를 좋아하여 여러 부하들이 조금이라도 자기 뜻대로 하지 않으면 번번이 삼족을 죽임에 이르니, 사람들이 스스로 보전하지 못하였다. 그 部將인 駱悅이 史思明을 목졸라 죽이고, 史朝義가 황제의 자리에 올랐다.

1)〔頭註〕猜忍 : 猜는 賊也라 字從犬하니 犬性多猜害라 安於不仁曰忍이라

猜는 해침이다. 글자가 犬자를 따르니, 개의 본성은 시기심이 많아 해친다. 不仁을 편안하게 여기는 것을 忍이라 한다.

2)〔釋義〕其部將駱悅……朝義卽帝位 : 按朝義는 思明之長子也니 無寵하고 愛少子朝淸하야 常欲殺朝義而立之라 故로 有是謀也하니라

살펴보건대 朝義는 史思明의 長子이니 총애를 받지 못하였고, 史思明은 작은 아들 朝淸을 사랑하여 항상 朝義를 죽이고 朝淸을 세우고자 하였다. 그러므로 이런 모의를 한 것이었다.

○ **初**에 **李輔國**이 **與張后同謀**[1]하야 **遷上皇於西內**러니 **是日**은 **端午**[2]라 **山人李唐**이 **見上**이어늘 **上**이 **方抱幼女**하고 **謂唐曰 朕念之**하노니 **卿勿怪也**하라 **對曰 太上皇**이 **思見陛下**도 **計亦如陛下之念公主也**시리이다 **上**이 **泫**(현)**然泣下**[3]나 **然畏張后**하야 **尙不敢詣西內**러라

처음에 李輔國이 張后와 함께 모의하여 上皇을 西內로 옮겼다. 이 날이 端午였는데 山人 李唐이 上을 뵙자 上이 막 어린 딸을 안고 있다가 李唐에게 이르기를 "짐이 이 아이를 항상 생각하노니, 경은 괴이하게 여기지 말라." 하였다. 李唐은 대답하기를 "太上皇이 陛下를 보고 싶어 하는 마음도 헤아려보건대 또한 폐하께서 공주를 생각하는 것과 같을 것입니다." 하였다. 上이 눈물을 줄줄 흘렸으나 張后를 두려워하여 오히려 감히 西內에 가지 못하였다.

1)〔頭註〕與張后同謀 : 張后는 肅宗后라

張后는 肅宗의 后이다.

2)〔頭註〕端午 : 端은 始也요 午는 忤也니 五月에 陰氣午逆陽하야 冒地而出也라

端은 시작이고 午는 거스름이니, 5月에는 陰氣가 陽을 거슬러서 땅을 뚫고 나온다.

3)〔通鑑要解〕泫(현)然泣下 : 泫然은 流涕貌라

泫然은 눈물을 흘리는 모양이다.

【壬寅】寶應元年이라

寶應 元年(壬寅 762)

以鄧景山으로 **爲河東節度使**러니 **將士作亂**하야 **殺景山**이어늘 **上以景山撫御失所以致亂**이라하야 **不復推究**하고 **遣使**하야 **慰諭以安之**하다 **諸將**이 **請以都知兵馬使辛雲京**으로 **爲節度使**어늘 **建卯月**[1)]에 **以雲京**으로 **爲河東節度使**하다

鄧景山을 河東節度使로 임명하였는데, 將兵들이 난을 일으켜서 鄧景山을 죽였다. 上은 鄧景山이 부하들을 제대로 어루만지고 어거하지 못하여 난을 야기했다고 하여 난을 일으킨 자의 죄를 더이상 推究하지 않고 사자를 보내어 위로하고 타일러서 편안하게 하였다. 諸將들이 都知兵馬使인 辛雲京을 節度使로 삼을 것을 청하자, 2월에 辛雲京을 河東節度使로 임명하였다.

1)〔頭註〕建卯月：上元一年에 改制度하야 以十一月爲歲首하고 以斗柄所建辰爲名[*)] 하니라

肅宗 上元 1年(760)에 制度를 바꾸어서 11月을 歲首(연초)로 삼고 북두칠성 자루가 가리키는 방위를 建卯月이라고 이름하였다.

*) 以斗柄所建辰爲名：초저녁에 北斗七星의 자루〔柄〕가, 十二辰(十二支의 방위)을 가리키는 방향, 즉 斗建에 따라 달을 이름하는 것이다. 예를 들어 正月은 寅方을 가리키므로 建寅月, 2월은 卯方을 가리키므로 建卯月, 3월은 辰方을 가리키므로 建辰月, 4월은 巳方을 가리키므로 建巳月, 5월은 午方을 가리키므로 建午月 등으로 부른다.

○ **是歲**에 **絳州突將**[1)]**王元振**이 **以儲積不充**이라하야 **殺行營都統李國貞**[2)]하고 **鎭西北庭行營兵**이 **亦殺節度使荔**(려)**非元禮**[3)]하고 **推裨將白孝德**하야 **爲節度使**한대 **朝廷**이 **皆因而授之**하다

이해에 絳州의 突將 王元振이 儲積이 충분하지 않다 하여 行營都統 李國貞을 죽였고, 鎭西北庭의 行營 병사들이 또한 節度使인 荔非元禮를 죽이고 裨將인 白孝德을 추대하여 절도사로 삼자 조정이 모두 그대로 임명하였다.

1)〔頭註〕突將：領驍勇馳突之將이라

突將은 용맹한 군사를 거느리고 치달리는 장수이다.

2)〔譯註〕絳州突將王元振……殺行營都統李國貞 : 絳州에는 본래 저축된 곡식이 없고 흉년이 들어 장병들에게 지급하는 양곡이 부족하였다. 이 사실을 李國貞이 여러 번 조정에 보고하였으나 조정에서 이를 묵살하니, 군사들이 크게 원망하였다. 이 틈을 타 突將 王元振이 군사들을 선동하고 반란을 일으켜 李國貞을 살해하였다.

3)〔頭註〕荔(려)非元禮 : 羌人이니 荔非는 複姓이라
　荔非元禮는 오랑캐 사람이니, 荔非는 複姓이다.

○ 絳州諸軍이 剽掠不已어늘 以郭子儀로 爲汾陽王하야 知朔方河中等軍副元帥하다

絳州의 여러 군사들이 노략질하기를 그치지 않자, 郭子儀를 汾陽王으로 삼고 知朔方河中等軍副元帥로 임명하였다.

○ 甲寅에 上皇이 崩于神龍殿하니 年七十八이라 上以寢疾로 發哀於內殿하고 哀慕하야 疾轉劇이라 乃命太子監國하다

甲寅日(4월 5일)에 上皇이 神龍殿에서 별세하니, 나이가 78세였다. 上은 병환이 깊었으므로 內殿에서 發喪하였고, 上皇을 슬피 사모하여 병환이 더욱 심해졌다. 이에 太子에게 監國하도록 명하였다.

○ 初에 張后與李輔國相表裏하야 專權用事러니 晩年에 更有隙하야 欲殺輔國하고 廢太子어늘 內射生使[1]程元振이 與輔國謀하고 遷張后於別殿이라가 尋殺之하다 丁卯에 上崩하니 代宗[2]이 卽位하다

처음에 張后는 李輔國과 서로 表裏가 되어 권력을 독점하고 用事하였는데, 만년에는 다시 틈이 있어서 李輔國을 죽이고 태자를 폐위하고자 하였다. 內射生使인 程元振이 李輔國과 모의하고 張后를 別殿으로 옮겼다가 얼마 후에 시해하였다. 丁卯日(4월 18일)에 上이 별세하니, 代宗이 즉위하였다.

1)〔附註〕內射生使 : 肅宗이 擇善騎射者千人하야 爲內射生手하고 號英武軍이라하

야 入禁中하야 淸內難하고 又號寶應軍이라하야 以宦官領之라 故로 曰內射生使라하니라

肅宗이 말 타고 활쏘기를 잘 하는 자 천 명을 선발하여 內射生手라 하고 英武軍이라 이름한 다음 禁中에 들어오게 해서 내란을 소탕하고 또다시 寶應軍이라 이름하여 宦官으로 하여금 통솔하게 하였다. 그러므로 內射生使라 한 것이다.

2) 〔附註〕 代宗 : 代宗贊曰 高祖以來로 三遜于位하야 以授其子로되 而獨睿宗이 上畏天戒하야 發誠於心이요 若高祖, 玄宗은 豈其志哉아 注에 畏天戒는 謂星官言帝座前星有變이라한대 睿宗曰 傳德避災하리니 吾意決矣라하고 詔皇太子卽皇帝位한대 太子惶恐入請하니 睿宗曰 此吾所以答天戒也라 豈其志는 言高祖因秦王殺建成元吉하야 而授位于太宗하고 玄宗因祿山之亂하야 幸蜀而授位于肅宗하니 皆非其本志也니라

≪新唐書≫ 〈代宗本紀〉 贊에 "高祖 이래로 세 번 지위를 선양하여 그 아들에게 물려주었는데 홀로 睿宗만이 위로 하늘의 경계를 두려워하여 진심에서 나왔고 高祖와 玄宗 같은 이는 어찌 그의 본뜻이었겠는가." 하였는데, 그 注에 다음과 같이 말하였다. "'하늘의 경계를 두려워했다.〔畏天戒〕'는 것은, 星官이 帝座 앞의 별에 변고가 있다고 말하자, 睿宗이 '덕 있는 자에게 전위하여 재앙을 피할 것이니 내 마음에 결정했다.' 하고는 황태자(玄宗)가 황제에 즉위하도록 명하였다. 이에 황태자가 황공하여 들어와 청하자, 睿宗이 '이것은 내가 하늘의 경계에 보답하는 것이다.'라고 한 것을 이른다. '어찌 그의 본뜻이겠느냐.〔豈其志〕'는 것은, 高祖는 秦王(太宗)이 建成과 元吉을 죽임으로 인하여 太宗에게 황제의 지위를 물려주었고, 玄宗은 安祿山의 난리를 인하여 蜀 지방으로 가면서 肅宗에게 지위를 물려주었으니, 모두 본뜻이 아니었다는 말이다."

〔新增〕 范氏曰 肅宗이 信任李輔國하야 上不保其父하고 中不保其身하고 下不保其妻子하니 此近小人之禍也라 可不戒哉며 可不戒哉아

范氏(范祖禹)가 말하였다.

"肅宗이 李輔國을 信任하여 위로는 그 아버지를 보전하지 못하고, 가운데로는 자기 몸을 보전하지 못하고, 아래로는 그 처자를 보전하지 못했으니, 이는 小人을 가까이한 禍이다. 경계로 삼지 않을 수 있겠는가. 경계로 삼지 않을 수 있겠는가."

〔史略 史評〕 賀氏曰 肅宗이 趣(促)取大物而子道悖하고 制於張后而夫道奪하고 脅於輔國而君道失하고 殺齊王倓而父道虧라 綱目에 歷書而深病之하니 倘微郭李런들 唐之克復을 未可知也니라

賀氏(賀善)가 말하였다.

"肅宗은 급히 大物(황제의 자리)을 취하려 하여 자식의 道가 어긋났고, 張后에게 제재를 받아서 남편의 道를 빼앗겼고, 李輔國에게 위협받아서 임금의 道를 잃었고, 齊王 倓을 죽여서 아버지의 道가 손상되었다. 《資治通鑑綱目》에 이것을 차례로 쓰고 깊이 病으로 여겼으니, 만일 郭子儀와 李光弼이 아니었다면 唐나라가 수복되었을지 알 수 없다."

初에 **李國貞**이 **治軍嚴**하니 **朔方將士不樂**하야 **皆思郭子儀**라 **故**로 **王元振**이 **因之作亂**하니라 **子儀至軍**하니 **元振**이 **自以爲功**이어늘 **子儀曰 汝臨賊境**하야 **輒害主將**하니 **若賊乘其釁**이면 **無絳州矣**리라 **吾爲宰相**하야 **豈受一卒之私耶**아하고 **七月**에 **收元振及其同謀四十人**하야 **皆殺之**하다 **辛雲京**이 **聞之**하고 **亦推案殺鄧景山者數十人**하야 **誅之**하니 **由是**로 **河東諸鎭**이 **率皆奉法**하니라

처음에 李國貞이 군대를 엄격히 다스리니, 朔方의 將兵들이 좋아하지 아니하여 모두 郭子儀를 그리워하였다. 그러므로 王元振이 인하여 난리를 일으켰다. 郭子儀가 軍中에 이르니, 王元振이 스스로 공이 있다고 여겼는데 郭子儀가 말하기를 "네가 賊境에 임하여 곧 主將을 살해하였으니, 적이 만약 그 틈을 타고 쳐들어 왔다면 絳州를 잃었을 것이다. 내가 재상이 되어서 어찌 일개 병졸의 사사로운 은혜를 받겠는가." 하고는 7월에 王元振과 그 동모자 40명을 잡아서 모두 죽였다. 辛雲京이 이 소식을 듣고 또한 鄧景山을 죽인 자 수십 명을 조사해서 죽이니, 이로 말미암아 河東의 여러 진영이 모두 법을 받들어 시행하였다.

○ **八月**에 **郭子儀自河東入朝**하니 **時**에 **程元振**이 **用事**라 **忌子儀功高任重**하야

數(삭)**譖之於上**이어늘 **子儀不自安**하야 **表請解副元帥節度使**한대 **上**이 **慰撫之**하니 **子儀遂留京師**하다

8월에 郭子儀가 河東으로부터 들어와 조회하니, 이때에 程元振이 用事하였다. 程元振은 郭子儀의 공이 높고 임무가 막중함을 시기하여 자주 上에게 그를 참소하니, 郭子儀가 스스로 편안하지 못하여 표문을 올려서 副元帥와 節度使에서 해임해 줄 것을 청하였다. 上이 어루만져 위로하니, 郭子儀가 마침내 京師에 머물렀다.

○ **上**이 **在東宮**에 **以李輔國專橫**[1]이라하야 **心甚不平**이러니 **及嗣位**에 **以輔國有殺張后之功**이라하야 **不欲顯誅之**러라 **十月壬戌夜**에 **盜入其第**하야 **竊輔國之首及一臂而去**어늘 **勅有司捕盜**하고 **遣中使**하야 **存問其家**하고 **爲刻木首**하야 **葬之**하다

上이 東宮에 있을 적에 李輔國이 專橫한다 하여 마음에 몹시 불평하였는데, 황제에 즉위하게 되자 李輔國이 張后를 죽인 공이 있다 하여 공개적으로 처형하고자 하지 않았다. 10월 壬戌日(17일) 밤에 도둑(자객)이 李輔國의 집에 들어가 李輔國의 머리와 한쪽 팔을 몰래 잘라 갔다. 上은 有司에게 명하여 도둑을 체포하게 하고 中使를 그의 집에 보내어 위문하고, 나무로 머리를 조각하여 장례하게 하였다.

1) 〔頭註〕 專橫 : 橫은 去聲이니 不以理也라
　　橫은 거성이니 道理대로 하지 않는 것이다.

〔新增〕 胡氏曰 不平輔國專橫者는 公心也요 不欲顯誅之者는 私意也니 公與私가 特在利己不利己之間이니 人君이 可不愼乎아 夫張后正位中宮하니 猶太子之母[1]也어늘 輔國이 遣使者하야 以太子命으로 逼后下殿하야 幽而殺之하니 其爲太子累大矣어늘 而猶以爲功乎아

胡氏(胡寅)가 말하였다.

"李輔國의 專橫을 불평스럽게 여긴 것은 공정한 마음이요, 공개적으로 처형하고자 하지 않은 것은 사사로운 뜻이니, 공과 사가 다만 자기를 이롭게

하느냐 자기를 이롭게 하지 않느냐 하는 사이에 있을 뿐이다. 인군이 삼가지 않을 수 있겠는가. 張后가 中宮에서 바른 자리를 차지하였으니 그래도 태자의 어머니였는데, 李輔國이 사자를 보내어 태자의 명령으로 張后를 핍박하여 궁전 밖으로 내보내 유폐하여 죽였으니, 태자에게 누가 됨이 큰데 오히려 공이라고 여긴단 말인가."

1)〔頭註〕猶太子之母：代宗은 章敬皇后吳氏之出이라
代宗은 章敬皇后 吳氏의 소생이다.

尹氏曰 李輔國이 脅天子하야 遷上皇하고 賊國母하니 其罪大矣라 按法行辟이면 死有餘辜어늘 代宗이 乃遣盜殺矣는 何歟아 夫以天子而行盜賊之謀면 是亦盜賊而已矣니라

尹氏(尹起莘)가 말하였다.

"李輔國이 天子를 협박하여 上皇을 옮기고 國母를 해쳤으니, 그 죄가 크다. 법을 살펴 형벌을 시행한다면 죽어도 남은 죄가 있는데, 代宗이 마침내 도적(자객)을 보내어 죽인 것은 어째서인가? 천자로서 도적의 계책을 행한다면 이 또한 도적일 뿐이다."

九月에 **上**이 **遣中使劉淸潭**하야 **使于回紇**하야 **修舊好**하고 **且徵兵討史朝義**하다 **先是**에 **肅宗**이 **以僕固懷恩女**로 **妻可汗**이러니 **可汗**이 **請與懷恩相見**한대 **懷恩**이 **時在**涼**州**라 **上**이 **令往見之**러니 **懷恩**이 **爲言唐家恩信**을 **不可負**라한대 **可汗**이 **悅**하야 **遣使上表**하야 **請助國討朝義**하다

9월에 上이 中使인 劉淸潭을 回紇에 사신으로 보내어 옛 우호를 닦고 또 군대를 징발하여 史朝義를 토벌하게 하였다. 이보다 앞서 肅宗이 僕固懷恩의 딸을 可汗에게 시집보냈는데, 可汗이 僕固懷恩과 서로 만나볼 것을 청하자 僕固懷恩이 이때 涼州에 있었다. 上이 僕固懷恩으로 하여금 가서 可汗을 만나보게 하였는데, 僕固懷恩이 唐나라의 은혜와 신의를 저버릴 수 없다고 말하자, 可汗이 기뻐하여 사신을 보내 表文을 올려 나라를 도와 史朝義를 토벌

할 것을 청하였다.

○ 以雍王适[1)]로 爲天下兵馬元帥하고 會諸道節度使及回紇於陝州하야 進討朝義하다 上이 欲以郭子儀爲适副러니 程元振, 魚朝恩[2)]이 沮之而止하고 加僕固懷恩同平章事하야 領諸軍節度行營하야 以副适하다

雍王 李适을 天下兵馬元帥로 임명하고 여러 도의 節度使와 回紇의 군대를 陝州에 모아서 나아가 史朝義를 토벌하게 하였다. 上은 郭子儀를 李适의 부원수로 삼고자 하였는데, 程元振과 魚朝恩이 저지하여 그만두고 僕固懷恩에게 同平章事를 가하여 여러 군대의 節度使와 行營을 거느려 李适의 부원수가 되게 하였다.

1)〔頭註〕雍王适：代宗長子니 是爲德宗이라

雍王 李适은 代宗의 長子이니, 이가 바로 德宗이다.

2)〔頭註〕魚朝恩：宦官이라

魚朝恩은 宦官이다.

○ 戊辰에 諸軍이 發陝州할새 僕固懷恩이 與回紇爲前鋒하야 與李光弼, 李抱玉等으로 數道竝進하다 壬申에 官軍이 至洛陽北郊하니 賊衆數萬이 立柵自固라 官軍이 驟擊之하니 賊衆이 大敗라 朝義將輕騎數百하고 東走어늘 懷恩이 進克東京하고 使其子瑒(창)[1)]으로 乘勝逐朝義하야 累戰皆捷하다

戊辰日(10월 23일)에 諸軍이 陝州를 출발할 적에 僕固懷恩이 回紇과 함께 先鋒이 되어서 李光弼과 李抱玉 등과 몇 갈래 길로 함께 진격하였다. 壬申日(27일)에 官軍이 洛陽의 북쪽 교외에 이르니, 적의 무리 수만 명이 목책을 세워 스스로 굳게 지켰다. 관군이 갑자기 공격하니, 적군들이 크게 패하였다. 史朝義가 경무장한 기병 수백 명을 거느리고 동쪽으로 도망하자, 僕固懷恩이 진격하여 東京을 이기고 그 아들 瑒으로 하여금 승세를 타고 史朝義를 추격하여 여러 번 싸워 모두 승리하였다.

1)〔頭註〕其子瑒(창) : 瑒은 音暢이라
瑒은 음이 창이다.

○ 回紇이 入東京하야 肆行殺掠하야 火累旬不滅이라 十一月에 露布[1)]至京師하다

回紇이 東京에 들어가 멋대로 살육과 노략질을 자행하고 불을 놓아 수십일이 되어도 꺼지지 않았다. 11월에 露布가 京師에 이르렀다.

1)〔附註〕露布[*)] : 見四十九卷癸酉年하니 露板不封하야 布諸視聽也라
露布는 49卷 癸酉年(913)에 보이니, 판자에 드러내어 쓰고 봉함하지 않아서 여러 사람들이 보고 듣게 하는 것이다.

*) 露布 : 戰勝을 널리 알리기 위해 布帛에 써서 장대 위에 걸어 누구나 볼 수 있게 한 글을 이른다.

○ 郭子儀以懷恩이 有平河朔大功이라하야 請以副元帥讓之어늘 己亥에 以懷恩으로 爲河北副元帥하다

郭子儀가 僕固懷恩이 河朔을 평정한 큰 공이 있다 하여 副元帥 자리를 그에게 양보할 것을 청하자, 己亥日(11월 24일)에 僕固懷恩을 河北副元帥로 임명하였다.

唐紀

代宗[1)]睿文孝武皇帝[※] 名豫요 初名俶이니 肅宗長子라 在位十七年이요 壽五十三이라

代宗睿文孝武皇帝는 이름이 豫이고 처음 이름이 俶이니, 肅宗의 長子이다. 재위가 17년이고, 壽가 53세이다.

1)〔頭註〕代宗 : 母는 吳氏니 代宗卽位하야 追尊爲章敬皇后하니라
代宗의 어머니는 吳氏이니, 代宗이 즉위하자 章敬皇后로 추존하였다.

※ 平亂守成하야 足爲中材之主나 然藩鎭陸梁하야 上陵下替하야 養成亂階하니 唐之紀綱大壞하야 不可復振은 則肅代之爲也니라
난리를 평정하고 선대가 성취한 것을 지켜서 충분히 中材의 군수가 될 수 있었다. 그러나 藩鎭이 날뛰어 위로 능멸하고 아래로 침체해서 亂의 階梯(발단)를 양성하였으니, 唐나라의 기강이 크게 무너져 다시 떨쳐지지 못한 것은 肅宗과 代宗이 그렇게 만든 것이다.

【癸卯】 廣德元年이라

廣德 元年(계묘 763)

僕固瑒(창)等이 追及史朝義於莫州하야 圍之하니 朝義屢出戰皆敗하고 選精騎五千하야 自北門으로 犯圍而出이라 李懷仙[1)]이 遣兵追及之하니 朝義窮蹙하야 縊(의)於林中이어늘 懷仙이 取其首以獻하니 僕固懷恩이 與諸軍皆還하다

僕固瑒 등이 史朝義를 莫州로 추격하여 따라잡아서 포위하니, 史朝義가 여

러 번 나와 싸웠으나 모두 패하고는 정예기병 5천 명을 선발하여 北門으로부터 포위를 뚫고 나갔다. 李懷仙이 군대를 보내어 따라잡게 하니, 史朝義가 곤궁하고 위축되어 숲 속에서 목을 매어 죽었다. 李懷仙이 그의 머리를 취하여 바치니, 僕固懷恩이 여러 군대와 함께 모두 돌아왔다.

1)〔附註〕李懷仙 : 柳城胡也라 僕固懷恩이 奏爲幽州盧龍節度使러니 懷恩叛에 朝廷方勤西師라 故懷仙이 得招散亡하고 治城邑하니 天子不能制하니라

李懷仙은 柳城의 오랑캐이다. 僕固懷恩이 아뢰어 그를 幽州와 盧龍의 節度使로 삼았는데, 僕固懷恩이 배반하자 조정에서 막 서쪽 지방에 군대를 동원하였다. 그러므로 李懷仙이 흩어지고 도망한 자들을 불러 모으고 城邑을 다스리니, 天子가 제재하지 못하였다.

○ 閏月에 以史朝義降將薛嵩으로 爲相[1], 衛, 邢, 洛, 貝, 磁六州節度使하고 田承嗣[2]로 爲魏, 博[3], 德, 滄, 瀛五州都防禦使하고 李懷仙은 仍故地하야 爲幽州, 盧龍[4]節度使하니 時에 河北諸州皆已降이라 僕固懷恩이 恐賊平寵衰라 故로 奏留嵩等及李寶臣[5]하야 分帥河北하야 自爲黨援이어늘 朝廷이 亦厭苦兵革하고 苟冀無事하야 因而授之하니라 〈懷恩傳〉

윤달에 史朝義의 항복한 장수 薛嵩을 相州, 衛州, 邢州, 洛州, 貝州, 磁州 여섯 주의 절도사로 삼고, 田承嗣를 魏州, 博州, 德州, 滄州, 瀛州 다섯 주의 都防禦使로 삼았으며, 李懷仙은 옛 땅을 그대로 차지하여 幽州와 盧龍의 節度使로 삼으니, 이때에 河北의 여러 州가 다 이미 항복하였다. 僕固懷恩은 적이 평정되면 자신의 총애가 쇠할까 두려워하였다. 그러므로 임금께 아뢰어 薛嵩 등과 李寶臣을 남겨 두어 河北 지방을 나누어 통솔하게 해서 스스로 黨援이 되게 하였는데, 조정에서도 전란을 싫어하고 괴롭게 여기고는 구차히 무사함을 바라서 그대로 제수하였다. - ≪舊唐書 僕固懷恩傳≫에 나옴 -

1)〔頭註〕相 : 商所都라

相州는 商나라의 도읍터이다.

2)〔頭註〕田承嗣 : 亦降將이라

田承嗣 또한 항복한 장수이다.

3)〔釋義〕魏, 博 : 魏博藩鎭은 自田承嗣始라 傳五世하야 至田(洪)〔弘〕正하야 入朝러니 七年復亂하야 更四姓, 傳十世하니라 有州七하니 曰貝, 魏, 相, 磁, 洛, 博, 衛라

魏州와 博州의 藩鎭은 田承嗣로부터 시작되었다. 5代를 전하여 田弘正에 이르러 들어와 조회하였는데, 7년 만에 다시 반란하여 네 姓을 거치고 10代를 전하였다. 일곱 州를 소유하였으니, 貝州, 魏州, 相州, 磁州, 洛州, 博州, 衛州이다.

4)〔釋義〕盧龍 : 盧龍藩鎭은 自李懷仙始라 更三姓, 傳五世하야 至劉總入朝러니 六月에 朱克融反하야 傳十二世하니라 有州九하니 曰幽, 涿, 營, 瀛, 莫, 平, 薊, 嬀, 檀이라

盧龍의 藩鎭은 李懷仙으로부터 시작되었다. 세 姓을 거치고 5대를 전하여 劉總에 이르러 들어와 조회하였는데, 6월에 朱克融이 배반하여 12대를 전하였다. 아홉 州를 소유하였으니, 幽州, 涿州, 營州, 瀛州, 莫州, 平州, 薊州, 嬀州, 檀州이다.

5)〔頭註〕李寶臣 : 祿山假子니 歸命於朝어늘 名其軍曰成德이라하고 卽拜節度使하니 有恒, 定, 易, 趙, 深, 冀, 卞州之地하야 雄冠山東하니라

李寶臣은 安祿山의 假子(양자)이다. 조정에 歸命(歸順)하였으므로 그 군대를 成德軍이라 이름하고 곧바로 節度使를 제수하니, 恒州・定州・易州・趙州・深州・冀州・卞州의 땅을 보유하여 세력이 山東 지방에 으뜸이었다.

〔新增〕范氏曰 唐失河北이 實自此始하니 由任蕃夷爲制將[1]也라 使李郭爲將[2]이면 肯如是乎아

范氏(范祖禹)가 말하였다.

"唐나라가 河北 지방을 잃은 것은 실로 이로부터 시작되었으니, 이는 蕃夷 출신에게 맡겨서 制將으로 삼았기 때문이다. 가령 李光弼과 郭子儀가 장수가 되었다면 기꺼이 이와 같이 하였겠는가."

1)〔譯註〕制將 : 임금이 임명한 장수라는 뜻이다.

2)〔頭註〕使李郭爲將 : 李郭은 光弼, 子儀라

李郭은 李光弼과 郭子儀이다.

六月에 **禮部侍郎楊綰**이 **上疏**하야 **以爲 古之選士**엔 **必取行實**이러니 **近世**엔 **專**

事文辭라 自隋煬帝로 始置進士科로되 猶試策而已러니 至高宗時하야 考功員外郎劉思立이 始奏하야 進士에 加雜文[1]하고 明經에 加帖括[2]하니 從此積弊하야 轉而成俗이라 朝之公卿이 以此待士하고 家之長老[3] 以此訓子하야 其明經則誦帖括[4]하야 以求僥倖하고 又擧人이 皆令投牒自應하니 如此요 欲其返淳朴, 崇廉讓인들 何可得也리잇고 請令縣令으로 察孝廉하야 取行著鄕閭하고 學知經術하야 薦之於州어든 刺史考試하야 升之於省하야 任各占(二)〔一〕經하고 朝廷은 擇儒學之士하야 問經義二十條와 對策三道하야 上第[5]는 卽注官하고 中第는 得出身하고 下第는 罷歸하소서 又道擧[6]는 亦非理國所資望이니 與明經, 進士로 並停하소서 或이 以爲明經, 進士는 行之已久라 不可遽改라하야 事雖不行이나 識者是之하니라

6월에 禮部侍郎 楊綰이 上疏하여 다음과 같이 말하였다.

"옛날에는 선비를 뽑을 때에 반드시 행실을 취하였는데, 근세에는 오로지 문장만을 일삼습니다. 隋나라 煬帝로부터 처음으로 進士科를 설치하였으나 오히려 策問으로 시험할 뿐이었는데, 高宗 때에 이르러 考功員外郎인 劉思立이 처음 아뢰어 進士科에 雜文을 가하고 明經科에 帖括을 가하였으니, 이로부터 폐단이 쌓여 전전하여 풍속을 이루었습니다. 그리하여 조정의 公卿들은 이로써 선비를 대하고 집안의 長老들은 이로써 자제들을 가르쳐서 明經科를 치르는 사람은 帖括을 외게 하여 요행으로 급제하기를 바라고, 또 擧人(응시생)들은 다 牒을 바쳐 스스로 응시하게 하니, 이와 같이 하고서 그들로 하여금 淳朴한 데로 돌아가고 청렴과 겸양을 숭상하게 하고자 한들 어찌 될 수 있겠습니까? 청컨대 縣令으로 하여금 효도하고 청렴한 사람을 살펴서 행실이 鄕閭에 드러나고 학문이 經術(經學)을 아는 자를 취하여 州에 천거하게 하면 刺史는 考試하여 尙書省으로 올려보내어 각각 자기 마음대로 한 가지 經을 口述하게 하고, 조정에서는 儒學하는 선비들을 가려서 經義 20條와 對策文 세 가지를 물어서 上第는 바로 관직을 제수하고, 中第는 出身하게 하고, 下第는 파하여 돌아가게 하소서. 또 道擧科는 또한 나라를 다스림에 의

지하고 기대할 바가 아니니, 明經科와 進士科와 함께 모두 정지하소서."

혹자는 말하기를 "明經科와 進士科는 행한 지가 이미 오래여서 갑자기 고칠 수 없다." 하여 일이 비록 시행되지 못하였으나 識者들이 옳게 여겼다.

1)〔釋義〕進士加雜文 : 進士는 謂所試一大經*)에 併爾雅帖하야 皆通而後에 試文試賦各一篇하고 文賦通而後에 試策凡五條하야 三試皆通者를 爲第하니라

進士는 시험하는 한 大經에 《爾雅》의 帖까지 아울러서 모두 통과한 뒤에 文과 賦를 각각 한 편씩 시험하고, 文과 賦를 통과한 뒤에 策文을 모두 다섯 조항 시험하여 세 번의 시험을 모두 통과한 자를 급제로 하는 것을 이른다.

*) 大經 : 唐宋 시대 國子監의 敎課 및 進士科에 考試하는 經書는 분량과 난이도를 따져 大·中·小의 세 등급으로 분류하였는데, 당나라에서는 《禮記》와 《春秋左傳》을 大經으로, 《詩經》·《周禮》·《儀禮》를 中經으로, 《書經》·《易經》·《春秋公羊傳》·《春秋穀梁傳》을 小經으로 삼았다.

2)〔釋義〕明經加帖括*) : 明經帖括은 謂所試一大經에 併孝經, 論語, 爾雅하고 其他有差帖을 皆通而口問之호되 一經에 問十義하야 得六者를 爲通하고 問通而後에 試策凡三條하야 三試皆通者를 爲(策)〔第〕하니라 〔附註〕帖試는 謂以所習經으로 掩其兩端하고 中間에 (推間)〔惟開〕一行하며 裁紙爲帖하야 凡帖三字호되 隨時增損하야 可否不一하니 或得四得五得六者를 爲通하니라

〔釋義〕明經科의 帖括은 시험하는 한 가지 大經에 《孝經》과 《論語》와 《爾雅》를 겸하고 기타 差帖이 있는 것을 다 통틀어 구두로 묻되 한 가지 經에 열 가지 뜻을 물어서 여섯 가지 이상을 아는 자를 通이라 하고, 물음에 통과한 뒤에 策文을 모두 세 조항 시험하여 세 번의 시험을 모두 통과한 자를 급제로 하는 것을 이른다. 〔附註〕帖試는 擧人이 익힌 經을 가지고 양쪽을 가리고 중간에 오직 한 행을 열어 보여주며, 종이를 잘라 帖을 만들어서 무릇 帖에 세 글자를 쓰되 때에 따라 가감하여 가부가 똑같지 않으니, 혹 넷을 알고, 혹 다섯을 알고, 혹 여섯을 아는 자를 通이라 함을 이른다.

*) 帖括 : 당나라 과거시험에는 經書 중에서 한 줄의 語句만을 응시자에게 보여준 다음 다시 그 어구 중에서 몇 자만을 보여주고는 이를 가지고 해당 경서의 내용 전체를 총괄하여 기술하게 하는 帖經이라는 과목이 있었다. 그런데 이 과목에 응시하는 사람이 점점 많아져서 시험관이 매우 어려운 어구를 점차 출제하게 되자, 응시자들이 이러한 어구들을 기억하기 좋도록 어려운 어구만을 뽑아 노

랫가락으로 재편성하여 記誦에 편리하게 하였는데, 당시에 이를 첩괄이라고 불렀다는 기록이 보인다. ≪新唐書 卷44 選擧志上≫

3)〔釋義〕家之長老：長老는 謂年長老成之人이라

長老는 나이가 많고 老成한 사람을 이른다.

4)〔釋義〕誦帖括：誦帖括曰帖誦이요 其明經則誦帖이니 括은 謂機括*)而誦之니라

帖括을 외는 것을 帖誦이라 한다. 明經科는 帖을 외웠으니, 括은 機括을 맞추어서 외우는 것을 이른다.

*) 機括：쇠뇌의 오늬로, 경서의 중요한 부분을 가리킨 것으로 보인다. 括은 원래 栝로 쓴다.

5)〔釋義〕上第：謂才優而品第最高者라

上第는 재주가 뛰어나 품평한 등급이 가장 높은 자를 이른다.

6)〔釋義〕道擧：唐制取士에 歲擧常選之外에 其天子自詔者曰制擧니 道其所欲問而親策之하니라〔頭註〕玄宗尊重道敎하야 置玄學博士하고 每歲에 依明經擧하니 卽道擧也라

〔釋義〕唐나라 제도에 선비를 뽑을 적에 해마다 천거하여 항상 선발하는 것 외에 천자가 직접 詔命하는 것을 制擧라 하였으니, 그 묻고자 하는 바를 말하게 하여 천자가 친히 策問을 행하는 것이다.〔頭註〕玄宗이 道敎를 존중하여 玄學博士를 설치하고 매년 明經科에 따라 시험보이니, 이것이 바로 道擧이다.

○ 七月에 吐蕃이 入大震關[1)]하야 盡取河西, 隴右之地하다

7월에 吐蕃이 大震關으로 침입하여 河西와 隴右 땅을 모두 점령하였다.

1)〔釋義〕大震關：隴州汧源縣大震關이니 後改曰安戎이라

隴州 汧源縣의 大震關이니, 뒤에 이름을 고쳐 安戎이라 하였다.

○ 初에 河東節度使辛雲京이 與僕固懷恩으로 構隙하야 奏懷恩謀反이라하야늘 上이 優詔和解之하다 懷恩이 自以兵興以來로 所在力戰하야 一門死王事者四十六人이요 女嫁絶域[1)]하야 說(세)諭回紇[2)]하야 再收兩京하고 平定河南北하야 功無與比어늘 而爲人所構陷이라하야 憤怨殊深하야 上書自訟[3)]호되 言甚切至라 上이 遣使慰諭之하다

처음에 河東節度使 辛雲京이 僕固懷恩과 틈이 있어 僕固懷恩이 반역을 도모한다고 아뢰자, 上이 우대하는 조서를 내려 이들을 화해시켰다. 僕固懷恩은 스스로 생각하기를 '병란이 일어난 뒤로 이르는 곳마다 힘껏 싸워 한 가문에서 王事에 죽은 자가 46명이며, 딸을 먼 이역인 回紇로 시집보내어 回紇을 설득하고 타일러서 〈출병하게 하여〉 다시 東京과 西京을 수복하고 河南과 河北을 평정하여, 공이 〈나와〉 견줄 자가 없는데 사람들에게 모함을 당했다.' 하여, 분노하고 원망함이 특별히 심하였다. 그리하여 글을 올려 자책하였는데, 말이 몹시 간절하고 지극하였다. 上이 그에게 사자를 보내 위로하고 타일렀다.

1)〔頭註〕女嫁絶域：回紇求婚이어늘 肅宗以懷恩女妻하니라
回紇에서 혼인을 요구하자, 肅宗이 僕固懷恩의 딸을 그에게 시집보냈다.
2)〔頭註〕說(세)諭回紇：在上卷壬寅年하니라
回紇을 설득하고 타이른 일은 上卷의 壬寅年(762)에 있다.
3)〔譯註〕上書自訟：自訟은 自責하는 것이다.

○ 吐蕃之初入寇也에 邊將이 告急호되 程元振이 皆不以聞이러니 冬十月辛未에 寇奉天, 武功하니 京師震駭라 詔以雍王适로 爲關內元帥하고 郭子儀로 爲副元帥하야 出鎭咸陽하야 以禦之하다 子儀閑廢日久하야 部曲[1]離散이라 至是하야 召募得二十騎而行하야 至咸陽하니 吐蕃이 帥吐谷(욕)渾, 党項[2], 氐, 羌二十餘萬衆하야 彌漫數十里라 子儀使判官王延昌으로 入奏請益兵이러니 程元振이 遏之하야 竟不召見하다 上方治兵에 而吐蕃이 已度便橋하니 倉猝에 不知所爲하야 丙子에 出幸陝州하다 戊寅에 吐蕃이 入長安하야 剽掠府庫市里하고 焚廬舍하니 長安中이 蕭然一空이러라

吐蕃이 처음 쳐들어와 침략할 적에 변방의 장수들이 조정에 위급함을 알렸으나 程元振이 모두 보고하지 않았는데, 겨울 10월 辛未日(2일)에 奉天과 武功을 침략하니, 京師가 진동하고 놀랐다. 조칙을 내려 雍王 李适을 關內元帥로 삼고 郭子儀를 副元帥로 삼아 출병하여 咸陽에 진주해서 吐蕃을 막게

하였다.

郭子儀는 한직으로 폐출 당한 지가 오래되어 部·曲들이 모두 이산되었다. 이때에 이르러 병사들을 불러 모집하여 20명의 기병을 얻고 길을 떠나 咸陽에 이르니, 吐蕃이 吐谷渾과 党項, 氐族과 羌族 등 20여 만 명의 병력을 인솔하여 군대가 수십 리에 널려 있었다. 郭子儀가 判官인 王延昌으로 하여금 궁중에 들어가 군대를 더 증원해 줄 것을 奏請하게 하였는데, 程元振이 이를 저지하여 上이 끝내 불러 만나보지 않았다.

上이 막 군대를 다스릴 적에 吐蕃이 이미 便橋를 건너오니, 창졸간에 어찌 할 바를 알지 못하여 丙子日(7일)에 성을 나가 陝州로 행차하였다. 戊寅日(9일)에 吐蕃이 長安에 들어와서 府庫와 시장과 마을을 노략질하고 廬舍를 불태우니, 長安이 쓸쓸하게 모두 비었다.

1) 〔釋義〕 部曲 : 將軍領軍에 皆有部曲하야 大將軍營五部니 部校尉一人이요 部有曲하니 曲有軍侯一人하니라

將軍이 군대를 거느릴 적에 모두 部와 曲이 있었다. 그리하여 大將軍의 營은 5部가 있으니 部에 校尉 1명이 있고, 部에 曲이 있으니 曲에 軍侯 1명이 있었다.

2) 〔頭註〕 党項[*1)] : 三苗[*2)]羌姓之別裔니라

党項은 三苗族인 오랑캐 성씨의 후예이다.

*1) 党項 : 部族의 이름으로, 北宋 때에 이들의 族人인 李元昊가 稱帝하였는데, 史書에서는 이를 西夏라 일컫는다.

*2) 三苗 : 중국 상고의 나라 이름으로 江南의 荊州와 揚州의 사이에 있었다. 천연의 요새를 믿고 난을 일으키므로 舜임금이 그 군주를 三危로 내쫓았다.

○ 郭子儀引三十騎하고 自御宿川[1)]으로 循山而東할새 謂王延昌曰 六軍將士逃潰者 多在商州하니 今速往收之호리라하더니 比至商州하야 行收兵하야 合四千人하니 軍勢稍振이라 子儀乃泣諭將士以共雪國恥, 取長安하니 皆感激受約束이라 子儀使張孫, 全緖로 將二百騎하고 出藍田하야 觀虜勢러니 全緖至韓公堆하야 晝則擊鼓張旗幟하고 夜則多燃火하야 以疑吐蕃하고 百姓이 又紿之曰 郭令公[2)]이 自商州로 將大軍하야 不知其數至矣라하니 虜以爲然하야 悉衆

遁去어늘 **詔以子儀**로 **爲西京留守**하다

郭子儀가 30명의 기병을 이끌고 御宿川으로부터 산을 따라 동쪽으로 갈 적에 王延昌에게 이르기를 "六軍의 장병 중에 도망하여 궤멸된 자들이 대부분 商州에 있으니, 지금 속히 가서 수습하겠다." 하였는데, 商州에 이르렀을 무렵 가면서 군대를 수습한 것이 도합 4천 명이니, 군세가 약간 떨쳐졌다. 郭子儀가 마침내 울면서 장병들에게 함께 국가의 치욕을 씻고 長安을 탈환할 것을 간곡히 타이르니, 모두 감격하여 約束(지휘)을 받았다.

郭子儀가 張孫과 仝緖로 하여금 200명의 기병을 거느리고 藍田으로 나가서 오랑캐의 군세를 관찰하게 하였는데, 仝緖가 韓公堆에 이르러 낮에는 북을 치고 旗幟를 늘어세우고, 밤이면 불을 많이 피워서 吐蕃을 의심하게 하였으며, 백성들이 또한 거짓말하기를 "郭令公이 商州로부터 대군을 거느리고 오는데 헤아릴 수 없을 만큼의 숫자가 몰려온다." 하니, 오랑캐들이 그 말을 옳게 여겨서 군대를 모두 거느리고 도망하였다. 조칙을 내려 郭子儀를 西京留守로 임명하였다.

1) 〔通鑑要解〕 御宿川 : 在長安城南하니라 漢武帝爲離宮別館하고 禁禦人하야 不得往·來遊觀하고 止宿其中이라 故로 曰御宿이니 見三輔黃圖記也하니라
   御宿川은 長安城 남쪽에 있다. 漢武帝가 離宮의 別館을 만들고 사람들의 통행을 금지하여, 왕래하며 구경하거나 이 가운데에서 유숙하지 못하게 하였다. 그러므로 御宿川이라 하였으니, ≪三輔黃圖記≫에 보인다.

2) 〔釋義〕 郭令公 : 郭子儀時爲中書令이라 故로 稱令公하니라
   郭子儀가 당시 中書令이 되었으므로 令公이라 칭한 것이다.

〔新增〕 胡氏曰 郭子儀之德之才는 可以兼任將相이어늘 乃置之閑處라가 及有急難이면 又遽委用之라 代宗이 於閹尹之言에 受命如響하야 進退子儀를 如待奴隷라 自李光弼已下로 恃功負氣하니 夫豈堪此리오 獨子儀는 無纖芥于胸中하야 一聞君命이면 不俟駕而行하야 蹈危履險하야 死生以之라 其忠義精誠이 仰貫白日이요 而度量宏偉하야 無所不包하니 眞可以爲人臣之師表矣라 使代宗挈國權兵柄而付之런들 于以復太宗之業이 何難焉이리오마는 而不能也하니 可

勝歎哉아

　胡氏(胡寅)가 말하였다.

　“郭子儀의 덕과 재주는 장수와 재상을 겸하여 맡길 만하였는데 마침내 한직에 두었다가 국가가 위급하고 난리가 나면 또 급히 벼슬을 맡겨 등용하였다. 代宗이 환관의 말에는 메아리가 응하듯이 지시를 따라서 郭子儀를 내고 물리기를 노예를 대하듯이 하였다. 李光弼로부터 이하는 자신의 공을 믿고 자신의 기상을 자부하였으니, 어찌 이것을 견뎌낼 수 있었겠는가. 그러나 홀로 郭子儀만은 가슴 속에 조금도 서운한 마음이 없어서 한 번 임금의 명령을 들으면 수레에 멍에하기를 기다리지 않고 길을 떠나서 위험함을 밟아 죽고 사는 것을 여기에 맡겼다. 그 충의와 정성이 위로 白日(太陽)을 꿰뚫고, 度量이 크고 넓어서 포함하지 않은 바가 없었으니, 참으로 인신의 師表가 될 만하다. 만일 代宗이 國權과 兵權을 가져다가 그에게 맡겼던들 이에 太宗의 功業을 회복하는 것이 어찌 어려웠겠는가. 그런데도 이렇게 하지 못하였으니, 이루 탄식할 수 있겠는가.”

程元振이 專權自恣하니 人畏之를 甚於李輔國이요 諸將에 有大功者면 元振이 皆忌疾(嫉)欲害之러라 吐蕃入寇에 元振이 不以時奏하야 致上狼狽出幸하고 上이 發使徵諸道兵호되 李光弼等이 皆忌元振居中하야 莫有至者하니 中外咸切齒로되 而莫敢發言이라 太常博士柳伉(항)이 上疏하야 以爲 犬戎이 犯關度隴에 不血刃而入京師하야 刦宮闈하고 焚陵寢호되 武士無一人至者하니 此는 將帥叛陛下也요 自十月朔으로 召諸道兵하야 盡四十日호되 無隻輪入關하니 此는 四方叛陛下也라 內外離叛하니 陛下以今日之勢로 爲安耶잇가 危耶잇가 若以爲危신댄 豈得高枕하야 不爲天下討罪人乎잇가 必欲存宗廟社稷이신댄 獨斬元振首하야 馳告天下하고 悉出內使[1]하야 隷諸州하고 持神策兵하야 付大臣[2]하소서 然後에 削尊號하고 下詔引咎曰 天下其許朕自新改過어든 宜卽募士하야 西赴朝廷이요 若以朕惡未悛(전)이어든 則帝王大器를 敢妨聖賢이리오 其聽天下所往

이리하사 如此而兵不至, 人不感하고 天下不服이어든 臣은 請闔門寸斬하야 以謝陛下호리이다 上以元振嘗有保護功[3)]이리하야 十一月에 削元振官爵하고 放歸田里하다

程元振이 권력을 독점하여 제멋대로 방자하니 사람들이 그를 李輔國보다도 더 심하게 두려워하였으며, 諸將 중에 큰 공이 있는 자는 程元振이 모두 시기하고 미워하여 살해하고자 하였다. 吐蕃이 쳐들어와 침략했을 적에 程元振이 제때에 아뢰지 않아서 上이 낭패하여 파천하도록 만들었고, 上이 사자를 보내어 여러 도의 군대를 징발하였으나 李光弼 등이 모두 程元振이 중앙에 있는 것을 꺼려 아무도 달려온 자가 없으니, 中外가 모두 이를 갈았으나 감히 발언하지 못하였다.

太常博士 柳伉이 上疏하여 아뢰기를 "犬戎이 관문을 범하고 隴 지방을 건너왔는데 칼날에 피를 묻히지 않고 京師에 들어와서 宮闈를 위협하고 陵寢을 불태웠으나 武士 중에 한 사람도 달려온 자가 없으니 이는 將帥가 陛下를 배반한 것이요, 10월 초하루 이후로 여러 도의 군대를 불러 40일이 다 지나도록 단 한 대의 수레도 관문에 들어온 것이 없으니 이는 사방이 폐하를 배반한 것입니다. 內外가 離叛하였으니, 陛下께서는 금일의 형세를 편안하다고 여기십니까? 위태롭다고 여기십니까? 만약 위태롭다고 여기신다면 어찌 베개를 높이 베고 〈편안히 잠만 자고〉 천하를 위하여 죄인을 토벌하지 않으십니까? 陛下께서 반드시 宗廟와 社稷을 보존하고자 하신다면 오직 程元振의 머리를 베어 급히 천하에 고하시고, 內史(宦官)들을 모두 궁 밖으로 내보내 여러 州에 예속시키고 神策軍을 가져다가 大臣에게 맡기소서. 그런 뒤에 尊號를 삭제하고 조서를 내려 자책하시기를 '천하 사람들이 짐이 스스로 새로워져 허물을 고치는 것을 허락하거든 마땅히 즉시 군대를 모집하여 서쪽으로 달려와 조정을 구원할 것이요, 만약 짐의 악을 고칠 수 없다고 여기거든 帝王의 지위를 가지고 내 감히 聖賢을 방해하겠는가. 나는 천하가 가는 바를 따르겠다.' 하소서. 이와 같이 하여 구원하는 군사들이 오지 않고 사람들이 감동하지 않고 천하가 복종하지 않거든, 신은 온 가문사람을 한 치 한 치 베

어 죽여서 폐하께 사죄할 것을 청합니다." 하였다.

上은 程元振이 일찍이 保護한 공로가 있다 하여 11월에 程元振의 官爵을 삭탈하고 추방하여 田里로 돌아가게 하였다.

1)〔頭註〕悉出內史：時에 宦官이 皆爲內諸司使라 故曰內史니 言悉出諸宦官하야 隸諸州하니라

이때 宦官들이 모두 宮內에 있는 諸司의 使가 되었다. 그러므로 內史라 칭하였으니, 悉出內史는 宦官들을 모두 궁 밖으로 내보내 여러 州에 예속시킴을 말한 것이다.

2)〔頭註〕持神策兵 付大臣：謂時魚朝恩領神策軍하니라

이때에 魚朝恩이 神策軍을 거느리고 있음을 말한 것이다.

3)〔頭註〕保護功：殺張后事[*]니 見上卷壬寅年하니라

保護한 공은 張后를 죽인 일이니, 上卷 壬寅年(762)에 보인다.

*) 殺張后事：처음에 張后는 李輔國과 서로 결탁하여 권력을 독점하고 用事하였는데, 만년에는 다시 틈이 있어서 李輔國을 죽이고 태자(후일의 代宗)를 폐위하고자 하였다. 內射生使인 程元振이 李輔國과 모의하고 張后를 別殿에 옮겼다가 얼마 후에 그를 시해하였다. 肅宗이 별세하니, 代宗이 즉위하였다.

○ 十二月甲午에 上이 至長安하니 郭子儀帥城中百官及諸軍하고 迎於滻(산)水東하야 伏地待罪어늘 上이 勞之曰 用卿不早라 故로 及於此로다

12월 甲午日(26일)에 上이 長安에 이르니, 郭子儀가 城中의 百官과 諸軍들을 거느리고 滻水 동쪽에서 大駕를 맞이하여 땅에 엎드려 죄가 내리기를 기다렸다. 上은 위로하기를 "경을 일찍 등용하지 아니하였기 때문에 이 지경에 이르렀다." 하였다.

【甲辰】(三)〔二〕年이라

廣德 2년(갑진 764)

僕固懷恩이 反이어늘 上이 謂郭子儀曰 懷恩父子 負朕實深이라 聞朔方將士

思公을 如枯旱之望雨라하니 公爲朕하야 鎭撫河東이면 汾上之師[1] 必不爲變하리라하고 乃以子儀로 爲關內河東副元帥, 河中節度使하니 懷恩將士聞之하고 皆曰 吾輩從懷恩爲不義하니 何面目으로 見汾陽王[2]이리오 僕固瑒이 圍楡次[3]에 旬餘不拔이러니 其將白玉, 焦暉[4] 率衆攻瑒殺之하다 懷恩이 聞之하고 與麾下三百人으로 度河北走하다 子儀傳瑒首詣闕하니 群臣入賀호되 上이 慘然不悅曰 朕이 信不及人하야 致勳臣顚越하니 深用爲愧로니 又何賀焉이리오하고 命輦懷恩母하야 至長安하야 給待優厚러니 月餘에 以壽終이어늘 以禮葬之하니 功臣이 皆感歎이러라 郭子儀如汾州하니 懷恩之衆數萬이 悉歸之하야 咸鼓舞涕泣하고 喜其來而悲其晩也러라

僕固懷恩이 배반하자, 上은 郭子儀에게 이르기를 "僕固懷恩 父子가 짐을 저버림이 실로 깊다. 내 들으니 '朔方의 장병들이 공을 그리워하기를 마르고 가물 때에 비를 바라듯이 한다.' 하니, 공이 짐을 위하여 河東 지방을 진무하면 汾州의 朔方 군사들이 반드시 변란을 일으키지 않을 것이다." 하고는 마침내 郭子儀를 關內河東副元帥와 河中節度使로 임명하니, 僕固懷恩의 장병들이 이 소식을 듣고는 모누 말하기를 "우리들이 僕固懷恩을 따라 不義를 저질렀으니, 무슨 면목으로 汾陽王(郭子儀)을 뵙겠는가." 하였다.

僕固瑒이 楡次縣을 포위하였으나 열흘이 넘도록 함락하지 못하자, 그의 장수인 白玉과 焦暉가 무리를 거느리고 僕固瑒을 공격하여 죽였다. 僕固懷恩이 이 소식을 듣고 휘하 병사 300명과 함께 黃河를 건너 북쪽으로 도망하였다.

郭子儀가 僕固瑒의 머리를 전달하여 대궐에 이르니, 群臣들이 들어와 축하하였으나 上은 서글퍼하고 기뻐하지 않으며 말하기를 "짐이 신의가 남에게 미치지 못하여 勳臣이 전복하게 만들었으니, 깊이 부끄러워하노니 또 어찌 축하할 것이 있겠는가." 하고는 명하여 僕固懷恩의 어머니를 輦을 태워 長安으로 오게 하여 물건을 지급하여 특별히 후대하였으며, 한 달이 넘어 천수로 죽자 예로 장례하니, 功臣들이 모두 감탄하였다.

郭子儀가 汾州로 가니, 僕固懷恩의 무리 수만 명이 다 그에게 귀의하여 모

두 북을 치고 춤을 추고 눈물을 흘리며, 郭子儀가 온 것을 기뻐하고 그가 늦게 온 것을 슬퍼하였다.

1)〔頭註〕汾上之師 : 汾上은 謂汾州하니 時에 朔方軍多在焉하니라
　汾上은 汾州를 이르니, 이때에 朔方軍이 汾州에 많이 있었다.

2)〔頭註〕汾陽王 : 卽子儀라
　汾陽王은 바로 郭子儀이다.

3)〔頭註〕圍楡次 : 楡次는 縣名이라
　楡次는 縣의 이름이다.

4)〔頭註〕白玉, 焦暉 : 二人이라
　白玉과 焦暉는 두 사람이다.

○ 上之幸陝也에 李光弼이 竟遷延不至[1]라 上이 恐遂成嫌隙하야 其母在河中이어늘 數遣中使存問之[2]하고 吐蕃退에 除光弼東都留守하야 以察其去就러니 光弼이 辭以就江淮糧運하고 引兵歸徐州라 上이 迎其母하야 至長安하야 厚加供給하고 使其弟光進으로 掌禁兵하야 遇之加厚[3]하니라

上이 陝州로 파천할 적에 李光弼이 끝내 지체하고 오지 않았다. 上은 마침내 이로 인해 틈이 생길까 염려하여, 그의 어머니가 河中에 있었는데 여러 번 中使를 보내 위문하였으며, 吐蕃이 물러가자 李光弼을 東都留守로 제수하여 그의 거취를 관찰하였다. 李光弼은 江淮에 나아가 양식을 운반해온다는 구실로 군대를 이끌고 徐州로 돌아갔다. 上이 그의 어머니를 맞이하여 長安에 이르게 하여 후하게 물건을 공급해주고 그의 아우 光進으로 하여금 禁兵을 관장하게 하여 대우하기를 더욱 후하게 하였다.

1)〔頭註〕遷延不至 : 遷延은 淹久也라
　遷延은 오래 지체하는 것이다.

2)〔頭註〕數遣中使存問[*]之 : 存은 恤問也라
　存은 구휼하여 위문하는 것이다.

*) 存問 : 存은 살펴보고 위문하는 것이다.

3)〔頭註〕遇之加厚 : 加厚는 所以懷來光弼이라

李光弼을 더욱 후대한 것은 李光弼을 회유하여 오게 하기 위해서이다.

○ **自喪亂以來**로 **汴水湮廢**[1]하니 **漕運者自江漢**으로 **抵梁洋**하야 **道險勞費**라 **三月**에 **以太子賓客劉晏**으로 **爲河南江淮以東轉運使**하다 **時**에 **兵火之後**[2]라 **中外艱食**하야 **關中**에 **米斗千錢**하니 **百姓**은 **挼穗**(나수)[3]**以給禁軍**하고 **宮廚**엔 **無兼時之積**이라 **晏**이 **乃疏浚**[4]**汴水**하고 **遺元載**[5]**書**하야 **具陳漕運利病**하니 **中外相應**이라 **自是**로 **每歲**에 **運米數十萬石**하야 **以給關中**하니 **唐世**에 **稱漕運之能者 推晏爲首**요 **後來者皆遵其法度云**이러라

喪亂이 있은 뒤로부터 汴水가 막혀서 뱃길이 폐지되니, 漕運하는 자들이 揚子江과 漢水로부터 梁州와 洋州에 이르러서 길이 험하여 노력과 비용이 많이 들었다. 3월에 太子賓客 劉晏을 河南江淮以東 轉運使로 임명하였다. 당시에 兵火를 겪은 뒤라서 中外가 식량을 구하기가 어려워 關中 지방의 쌀 한 말 값이 천 錢을 하니, 백성들이 곡식의 푸른 이삭을 훑어 禁軍에게 공급하고, 궁궐의 부엌에는 한 철을 보존할 수 있는 양식이 없었다.

劉晏은 마침내 汴水를 소통하여 준설하고, 元載에게 편지를 보내어 漕運의 이해를 자세히 말하니, 중외가 서로 호응하였다. 이로부터 매년 쌀 수십만 석을 운반하여 關中에 공급하니, 唐나라 때의 漕運에 능한 자를 칭할 적에 劉晏을 첫 번째로 추대하였고, 뒤에 온 자들도 다 그의 법도를 따랐다.

1) 〔頭註〕 湮廢 : 湮은 塞也라
 湮은 막힘이다.

2) 〔頭註〕 兵火之後 : 兵火는 吐蕃入長安하야 焚廬舍하니 見上年十月이라
 兵火는 吐蕃이 長安에 들어와서 廬舍에 불을 지른 것을 가리키니, 上年 10월 조에 보인다.

3) 〔釋義〕 挼穗(나수) : 挼는 奴禾反이니 手縈摩也요 穗는 徐醉反이니 禾成秀也라
 挼는 奴禾反(나)이니 손으로 훑어 만지는 것이고, 穗는 徐醉反(수)이니 벼가 팸을 이른다.

4) 〔頭註〕 疏浚 : 疏는 通也라
 疏는 통함이다.

5)〔頭註〕元載：肅宗末年에 以載爲度支鹽鐵轉運使한대 載乃悉以天下錢穀으로 委之劉晏하니라 時에 載爲相하니라
肅宗 末年에 元載를 度支·鹽鐵·轉運使로 삼았는데, 元載가 마침내 모든 天下의 錢穀을 劉晏에게 맡겼다. 당시에 元載가 재상이었다.

○ 五月에 懷恩이 至靈武하야 收合散亡하니 其衆이 復振이러라

5월에 僕固懷恩이 靈武에 이르러 흩어지고 도망한 자들을 수합하니, 그의 무리가 다시 떨쳐졌다.

○ 七月에 稅天下靑苗錢[1)]하야 以給百官俸하다

7월에 천하에 靑苗錢을 거두어서 백관들의 봉급을 지급하였다.

1)〔附註〕靑苗錢：唐租庸調之法壞하니 代宗이 以畝定稅하야 斂以夏秋러니 時又以國用急이라하여 不及秋하야 苗方靑이면 卽征之하니 號靑苗錢이라 食貨志에 苗一畝에 稅錢十五라 又有地頭錢하야 每畝二十五니 通名爲靑苗錢이라하니라
唐나라 租·庸·調의 법이 파괴되니, 代宗이 畝에 따라 세금을 정하여 여름과 가을에 거두었는데, 당시에 또 국가의 재용이 급하다 하여 가을이 되기 전에 벼의 싹이 막 푸르기만 하면 바로 세금을 거두니, 이것을 靑苗錢이라 이름하였다. ≪新唐書≫ 〈食貨志〉에 "苗 1畝에 10錢 5分을 세금으로 냈다. 또 地頭錢이 있어 매 畝에 25전이니, 이것을 통칭하여 靑苗錢이라 한다." 하였다.

○ 李光弼이 治軍嚴重하야 指顧號令에 諸將이 莫敢仰視하며 謀定而後戰하야 能以少制衆하니 與郭子儀齊名이러니 及在徐州에 擁兵不朝하니 諸將田神功等이 不復稟(름)畏라 光弼이 愧恨成疾하야 薨하니라

李光弼이 군대를 다스리는 것이 엄격하고 신중하여 지휘하고 호령함에 여러 장수들이 감히 우러러보지 못하였으며, 계책을 결정한 뒤에 싸워서 소수의 병력으로 많은 적을 제압하니, 郭子儀와 명성이 똑같았다. 그러다가 徐州에 있게 되자 병력을 보유하고 조회하지 않으니, 諸將인 田神功 등이 다시는 지시를 받지 않고 두려워하지 않았다. 李光弼이 부끄러워하고 한하다가 병을

이루어서 죽었다.

○ 八月에 郭子儀自河中入朝하다 會에 涇原이 奏호되 僕固懷恩이 引回紇, 吐蕃十萬衆하야 將入寇라하니 京師震駭라 詔子儀하야 帥諸將하야 出鎭奉天하고 上이 召問方略한대 對曰 懷恩이 無能爲也니이다 上曰 何故오 對曰 懷恩이 勇而少恩하야 士心不附하니 所以能入寇者는 因思歸之士耳라 懷恩은 本臣偏裨요 其麾下皆臣部曲이라 必不忍以鋒刃相向하리니 以此로 知其無能爲也니이다 十月에 懷恩이 與回紇, 吐蕃으로 進逼奉天하니 京師戒嚴이라 諸將請戰이어늘 郭子儀不許曰 虜深入吾地하니 利於速戰이라 吾堅壁以待之면 彼以吾爲怯하야 必不戒하리니 乃可破也요 若遽戰而不利면 則衆心離矣리니 敢言戰者는 斬호리라 子儀夜出陳於乾陵之南[1]이러니 未明에 虜衆이 大至라 虜始以子儀爲無備라하야 欲襲之러니 忽見大軍하고 驚愕하야 遂涉涇而遁하다

8월에 郭子儀가 河中으로부터 들어와 조회하였다. 마침 涇原 지방에서 아뢰기를 "僕固懷恩이 回紇과 吐蕃의 군사 10여만 명을 이끌고 장차 들어와 침략할 것입니다." 하니, 京師가 놀라고 진동하였다. 郭子儀에게 명하여 諸將들을 거느리고 나가 奉天에 진주하게 하고, 上이 郭子儀를 불러 方略을 묻자, 郭子儀가 대답하기를 "僕固懷恩은 아무 일도 하지 못할 것입니다." 하였다. 上이 "무슨 이유에서인가?" 하고 묻자, 대답하기를 "僕固懷恩은 용맹하기만 하고 은혜가 적어서 군사들의 마음이 따르지 않으니, 그가 쳐들어와 침략할 수 있었던 것은 고향으로 돌아갈 것을 생각하는 군사들을 이용했을 뿐입니다. 僕固懷恩은 본래 신의 偏裨였고 그의 휘하는 실제 모두 신의 部·曲입니다. 반드시 칼날을 가지고 차마 서로 향하지 못할 것이니, 이로써 그가 아무 일도 하지 못할 줄을 아는 것입니다." 하였다.

10월에 僕固懷恩이 回紇·吐蕃과 함께 전진하여 奉天을 핍박하니, 京師가 戒嚴하였다. 諸將들이 싸울 것을 청했으나 郭子儀는 허락하지 않으며 말하기를 "오랑캐가 우리 땅에 깊이 쳐들어왔으니, 速戰하는 것이 이롭다. 우리가

성벽을 굳게 지키고 기다리면 저들은 우리가 겁먹는다고 여겨서 반드시 경계하지 않을 것이니 그제야 격파할 수 있다. 만약 갑자기 싸우다가 승리하지 못하면 여러 군사들의 마음이 離散될 것이니, 감히 싸우자고 말하는 자가 있으면 목을 베겠다." 하였다.

郭子儀가 밤에 나가 乾陵의 남쪽에 진을 쳤는데, 날이 새기 전에 오랑캐 무리가 크게 몰려왔다. 오랑캐들이 처음에는 郭子儀가 대비가 없다고 여겨 습격하고자 하였는데, 갑자기 大軍이 있는 것을 보고는 놀라 마침내 涇水를 건너 도망하였다.

1) 〔頭註〕 乾陵之南 : 乾陵은 高宗陵이니 在奉天하니라
乾陵은 高宗의 陵이니, 奉天에 있다.

【乙巳】 永泰元年이라

永泰 元年(을사 765)

以李抱眞으로 爲澤潞節度副使[1)]하다 抱眞以山東有變하고 上黨爲兵衝이어늘 而荒亂之餘에 土瘠民困하야 無以贍軍이라하야 乃籍民三丁하고 選一壯者하야 免其租徭하고 給弓矢하야 使農隙習射하고 歲暮都試[2)]하야 行其賞罰하니 比三年에 得精兵二萬이라 旣不費廩給하고 府庫充實하야 遂雄視山東하니 由是로 天下稱澤潞步兵하야 爲諸道最하니라

李抱眞을 澤潞節度副使로 임명하였다. 李抱眞은 '山東 지방에 변란이 있고 上黨은 군대의 요충지인데, 흉년이 들고 난리를 겪은 뒤에 토지가 척박하고 백성들이 곤궁하여 군량을 공급할 수 없다.'고 생각하였다. 그리하여 마침내 백성 3丁을 장부에 올리고, 이 가운데 한 명의 건장한 자를 선발하여 조세와 요역(부역)을 면제해준 다음 활과 화살을 지급하여 농한기에 활쏘기를 익히게 하고 歲暮(年末)에 모두 시험하여 賞罰을 시행하니, 3년 만에 정예병 2만 명을 얻었다. 그리하여 이미 국고로 지급하는 것을 허비하지 않고 또 府庫가 충실해져서 마침내 山東 지방의 으뜸이 되니, 이로 말미암아 천하가 澤潞의

보병을 칭하여 여러 도의 으뜸이라 하였다.

1)〔釋義〕澤潞節度副使：澤潞는 卽昭義藩鎭也라 有州五하니 曰彬, 汾, 晉, 澤, 潞라
澤潞는 곧 昭義軍*)의 藩鎭이다. 다섯 개의 州를 보유하였으니, 彬州, 汾州, 晉州, 澤州, 潞州이다.

*) 昭義軍：당나라 때 方鎭의 이름이다. 澤潞라고도 이름하였다.

2)〔釋義〕歲暮都試：都試는 謂總閱試習武備也라
都試는 모두 사열하여 武備를 시험하고 훈련시킴을 이른다.

○ 吐蕃이 遣使請和어늘 詔元載, 杜鴻漸[1]하야 與盟於興唐寺하다 上이 問郭子儀호되 吐蕃이 請盟하니 何如오 對曰 吐蕃이 利我不虞[2]하니 若不虞而來면 國不可守矣리이다 乃相繼遣河中兵하야 戍奉天하고 又遣兵巡涇原하야 以覘之하다

吐蕃이 사신을 보내어 화친을 청하자, 元載와 杜鴻漸에게 명하여 吐蕃과 함께 興唐寺에서 맹약하게 하였다. 上이 郭子儀에게 묻기를 "吐蕃이 맹약을 청하니, 어떠한가?" 하니, 대답하기를 "吐蕃은 우리가 적의 침략을 대비하지 않는 것을 이롭게 여기니, 만약 대비하지 않고 있다가 뜻밖에 적들이 쳐들어온다면 나라를 지킬 수 없을 것입니다." 하였다. 이에 서로 이어 河中의 군대를 보내어 奉天을 지키게 하고, 또 군대를 보내어 涇原 지방을 순시하면서 엿보게 하였다.

1)〔頭註〕杜鴻漸：兵部侍郎이라
杜鴻漸은 兵部侍郎이다.

2)〔釋義〕利我不虞：利는 幸이요 虞는 度(탁)也니 不虞는 猶言不意也라 我不虞度이면 則彼之利라
利는 요행으로 여기는 것이요, 虞는 헤아림이니 不虞는 不意라는 말과 같다. 우리가 적의 침공에 대비할 것을 헤아리지 않으면 저들의 이익인 것이다.

○ 時에 成德節度使李寶臣과 魏博節度使田承嗣와 相衛節度使薛嵩과 盧龍節度使李懷仙이 收安史餘黨하야 各擁勁卒數萬하야 治兵完城하고 自署文武將吏[1]하고 不供貢賦호되 朝廷이 專事姑息하야 不能復制하니 雖名藩臣이나

羇縻[2]而已러라

이때에 成德節度使 李寶臣과 魏博節度使 田承嗣와 相衛節度使 薛嵩과 盧龍節度使 李懷仙이 安祿山과 史思明의 남은 무리를 수습해서 각각 강성한 병졸 수만 명을 보유하여 군대를 다스리고 성을 완전하게 하고는 스스로 文武의 장수와 관리들을 임명하고 貢賦를 바치지 않았으나 朝廷에서는 오로지 姑息을 일삼아서 더 이상 통제하지 못하니, 비록 藩臣이라고 이름하였으나 겉으로만 매여 있을 뿐이었다.

1) 〔頭註〕 自署文武將吏 : 署는 謂署置之也라
署는 署置(관리 임명)하는 것을 이른다.

2) 〔頭註〕 羇縻 : 羇는 馬絡頭也요 縻는 繫也라
羇는 말굴레이고, 縻는 얽어매는 것이다.

○ 九月에 僕固懷恩이 誘回紇, 吐蕃, 吐谷(욕)渾, 党項, 奴剌(랄)[1]數十萬衆하야 俱入寇하고 懷恩이 又以朔方兵繼之어늘 郭子儀使諸道節度使로 各出兵하야 以扼其衝要하니 上이 從之하다 懷恩이 中途에 遇暴疾而歸라가 死於鳴沙하니 范志誠[2]이 領其衆하니라

9月에 僕固懷恩이 回紇, 吐蕃, 吐谷渾, 党項, 奴剌 등 수십만의 병력을 유인하여 함께 쳐들어와 침략하였으며, 僕固懷恩이 또 朔方의 군대를 거느리고 뒤이어 왔다. 郭子儀가 여러 도의 節度使로 하여금 각각 군대를 내어 요충지를 굳게 지키게 하니, 上이 그의 말을 따랐다. 僕固懷恩이 도중에 暴疾(갑작스럽게 앓는 병)에 걸려 돌아가다가 鳴沙에서 죽으니, 范志誠이 그 무리를 거느렸다.

1) 〔頭註〕 奴剌(랄) : 剌音辣(랄)이니 卽渾剌奴也라 吐谷渾이 自稱渾王이라 故로 以渾奴剌名之하니라
剌은 음이 랄이니, 바로 渾剌奴이다. 吐谷渾이 스스로 渾王이라 칭하였다. 그러므로 渾奴剌이라고 이름한 것이다.

2) 〔頭註〕 范志誠 : 懷恩之將이라

范志誠은 僕固懷恩의 장수이다.

○ 懷恩이 拒命三年에 再引胡寇하야 爲國大患호되 上이 猶爲之隱하야 前後制勑에 未嘗言其反이러니 及聞其死하고 憫然曰 懷恩이 不反이요 爲左右所誤耳라하니라

僕固懷恩이 황제의 명령에 항거한 3년 동안 두 번 오랑캐들을 이끌고 침략하여 나라의 큰 환란이 되었으나 上은 오히려 그를 위해 숨겨주어서 전후에 내린 制勑에 일찍이 그의 반란을 언급하지 않았었는데, 그가 죽었다는 말을 듣자 측은히 여겨 말하기를 "僕固懷恩은 배반하지 않았고 좌우의 사람들 탓에 잘못되었을 뿐이다." 하였다.

○ 丙寅에 回紇, 吐蕃이 合兵圍涇陽이어늘 子儀命諸將하야 嚴設守備而不戰하다 是時에 回紇, 吐蕃이 聞僕固懷恩死하고 爭長不相睦하야 分營而居하니 子儀知之라 回紇이 在城西어늘 子儀使牙將[1]李光瓚等으로 往說之하야 欲與之共擊吐蕃이러니 回紇이 不信하고 曰 郭公이 固在此乎아 汝紿我耳로다 若果在此면 可得見乎아 光瓚이 還報한대 子儀曰 今에 衆寡不敵하니 難以力勝이라 昔에 與回紇로 契約甚厚하니 不若挺身[2]往說之니 可不戰而下也라하고 遂與數騎로 開門而出하야 使人傳呼曰 令公來라하니 回紇이 大驚이러라 其太帥藥葛羅는 可汗之弟也라 執弓注矢하고 立於陳前이어늘 子儀免冑釋甲하고 投槍而進하니 回紇諸酋長이 相顧曰 是也라하고 皆下馬羅拜라 子儀亦下馬하야 前執藥葛羅手[3]하고 讓之[4]曰 汝回紇이 有大功於唐[5]하고 唐之報汝도 亦不薄이어늘 奈何負約하고 深入吾地하야 (浸)〔侵〕逼畿縣[6]하야 棄前功하고 結怨仇하야 背恩德而助叛臣하니 何其愚也오 且懷恩이 叛君棄母[7]하니 於汝國에 何有리오 今吾挺身而來하야 聽汝執我而殺之하노니 我之將士必致死하야 與汝戰矣리라 藥葛羅曰 懷恩이 欺我하야 言天可汗[8]이 已晏駕하고 令公이 亦捐館[9]하야 中國無

主라하야늘 我是以로 敢與之來러니 今知天可汗在上都하시고 令公이 復摠兵於此하고 懷恩이 又爲天所殺하니 我曹豈肯與令公戰乎잇가 子儀乃說之曰 吐蕃이 無道하야 乘我國有亂하야 不顧舅甥之親[10]하고 呑噬我邊鄙[11]하고 焚蕩我畿甸하니 其所掠之財를 不可勝載라 此는 天以賜汝시니 不可失也니라 藥葛羅曰 吾爲懷恩所誤하야 負公誠深하니 今請爲公하야 盡力擊吐蕃하야 以謝過호리이다 回紇觀者 左右爲兩翼稍前이어늘 子儀麾下亦進한대 子儀揮手却之하고 因取酒하야 與其酋長共飮하다 子儀遺之絹三千匹하고 竟與定約而還하니 吐蕃이 聞之하고 夜引兵遁去하다 藥葛羅帥衆追吐蕃이어늘 子儀使白元光으로 帥精騎하야 與之俱戰於靈臺[12]西原하야 大破之하고 殺吐蕃萬計하다

丙寅日(10월 8일)에 回紇과 吐蕃이 병력을 연합하여 涇陽을 포위하자, 郭子儀가 諸將들에게 명하여 엄하게 수비하고 싸우지 않게 하였다. 이때 回紇과 吐蕃은 僕固懷恩이 죽었다는 말을 듣고 우두머리 자리를 다투어 서로 화목하지 못해서 진영을 나누어 거처하고 있었는데, 郭子儀가 이것을 알았다. 回紇의 군대가 성 서쪽에 있었는데 郭子儀가 牙將 李光瓚 등으로 하여금 가서 설득하여 回紇과 함께 吐蕃을 공격하고자 하였으나 回紇이 믿지 않고 말하기를 "郭公이 참으로 이곳에 있는가? 네가 나를 속이는 것이다. 만약 과연 이 곳에 있다면 만나볼 수 있는가?" 하였다.

李光瓚이 돌아와 보고하자, 郭子儀가 말하기를 "지금 적들은 병력이 많고 우리는 병력이 적어 대적하지 못하니, 힘으로는 이기기 어렵다. 옛날에 우리가 回紇과 맹약하기를 매우 친하게 하였으니, 내가 혼자 가서 설득하는 것만 못하다. 이렇게 하면 싸우지 않고 항복시킬 수 있다." 하고는 마침내 몇 명의 기병과 함께 성문을 열고 나가서 사람을 시켜 전달하여 고함치게 하기를 "令公이 오신다." 하니, 回紇이 크게 놀랐다.

그의 太師 藥葛羅는 可汗의 아우였다. 활을 잡고 화살을 메기고 진영의 앞에 서 있었는데, 郭子儀가 투구를 벗고 갑옷을 벗고는 창을 던지고 전진하니, 回紇의 여러 酋長들이 서로 돌아보고 말하기를 "令公이 맞다." 하고는 모

두 말에서 내려 늘어서서 절하였다. 郭子儀 또한 말에서 내려 앞으로 나아가 藥葛羅의 손을 잡고 꾸짖기를 "너희 回紇은 唐나라에 큰 공이 있고 唐나라가 너희에게 보답한 것 또한 박하지 않은데, 어찌하여 맹약을 저버리고 우리 땅에 깊이 쳐들어와서 畿縣을 침략하고 핍박하여 전날의 공을 버리고 원한을 맺어 恩德을 저버리고 배반한 신하(僕固懷恩)를 도우니, 어쩌면 그리도 미련한가. 僕固懷恩이 군주를 배반하고 어머니를 버렸으니, 너희 나라에 무슨 상관이 있는가. 지금 내가 혼자 와서 너희가 나를 붙잡아 죽이도록 맡기노니, 너희가 나를 죽이면 우리 장병들이 사력을 다하여 너희와 싸울 것이다." 하였다.

藥葛羅가 말하기를 "僕固懷恩이 우리들을 속여 말하기를 '天可汗(당나라 황제)이 이미 승하하셨고 令公 또한 죽어서 중국에 군주가 없다.' 하므로 내가 이 때문에 감히 僕固懷恩과 함께 중국에 왔었는데, 이제 天可汗이 上都에 계시고 令公이 다시 이곳에서 군대를 통솔하심을 알았으며 僕固懷恩이 또 하늘에게 죽임을 당하였으니, 우리들이 어찌 令公과 싸우기를 즐겨 하겠습니까." 하였다.

郭子儀가 마침내 설득하기를 "吐蕃이 無道하여 우리나라에 난리가 있는 틈을 타서 舅甥간의 친함을 돌아보지 않고, 우리의 邊鄙(변경)를 삼키고 우리 畿甸을 분탕질하니, 그들이 노략질한 재물을 이루 다 싣고 갈 수 없을 정도이다. 이는 하늘이 너에게 주시는 것이니, 이 기회를 놓쳐서는 안 된다." 하였다. 藥葛羅가 말하기를 "우리가 僕固懷恩 탓에 잘못되어 公을 저버림이 실로 깊으니, 지금 공을 위하여 힘을 다해 吐蕃을 공격해서 사과할 것을 청합니다." 하였다.

回紇의 구경하는 자들이 양 날개처럼 좌우로 나뉘어 점점 앞으로 나오자 郭子儀의 휘하 또한 앞으로 나오니, 郭子儀가 손을 저어 퇴각시키고 인하여 술을 가져다가 그 酋長들과 함께 술을 마셨다. 郭子儀가 비단 3천 필을 回紇에 보내고 끝내 그들과 맹약을 정하고 돌아오니, 吐蕃이 이 소식을 듣고 밤에 군대를 이끌고 도망갔다. 藥葛羅가 군대를 이끌고 吐蕃을 추격하였는데, 郭子儀가 白元光으로 하여금 정예 기병을 인솔하게 하여 回紇과 함께 靈臺縣

의 西原에서 吐蕃과 교전하여 크게 격파하고 吐蕃을 죽인 것이 만 명으로 헤아려졌다.

1)〔頭註〕 牙將 : 牙는 見二十六卷牙門[*)]註하니라

牙는 26卷 牙門의 註에 보인다.

*) 牙門 : 牙旗를 세운 軍門을 이른다. 옛날에 군대가 출동할 때에는 牙旗가 있었으니 〈牙旗를 세워〉 높은 분이 거처하는 곳으로 삼았는데, 後人들이 이로 인해 일을 다스리는 곳을 牙라 하였다. ≪韻會≫에 "牙는 旗의 이름이니 상아로 깃대를 장식하여 휘장 앞에 세우고 이것을 牙門이라 한다." 하였다.

2)〔頭註〕 挺身[*)] : 挺은 直也요 特也라

挺은 곧음이고 혼자이다.

*) 挺身 : 용감하게 혼자 몸을 빼어 나감을 이른다.

3)〔頭註〕 前執藥葛羅手 : 前은 進也라

前은 앞으로 나아감이다.

4)〔頭註〕 讓之 : 讓은 責也라

讓은 꾸짖음이다.

5)〔頭註〕 汝回紇有大功於唐 : 大功於唐은 謂擧兵助唐하야 平安史也라

唐나라에 큰 공이 있다는 것은 군대를 일으켜 唐나라를 도와서 安祿山과 史思明을 평정하였음을 말한다.

6)〔譯註〕 畿縣 : 도성 부근의 縣을 가리킨다. 胡三省의 注에 "京兆府는 20개의 縣을 관할하는데, 萬年縣과 長安은 赤縣이라 하고 그밖의 나머지 縣은 모두 畿縣이라고 한다." 하였다.

7)〔通鑑要解〕 叛君棄母 : 謂懷恩阻兵汾州러니 旣而요 叛歸靈武하야 棄母於汾州也라

군주를 배반하고 어머니를 버렸다는 것은 僕固懷恩이 汾州에서 군대를 믿고 있었는데, 얼마 후 배반하여 靈武로 돌아가면서 어머니를 汾州에 버림을 이른다.

8)〔頭註〕 天可汗 : 見三十四卷하니 太宗因四夷之請하야 稱天可汗하니라

天可汗은 34卷에 보이니, 太宗이 四夷의 請願으로 인하여 자신을 天可汗이라 칭하였다.

9)〔頭註〕 捐館 : 不欲斥言死故로 託云捐館하니 館은 舍라

죽음을 곧바로 지척하여 말하려 하지 않으므로 가탁하여 捐館이라 하였으니, 館은 관사이다.

10)〔頭註〕舅甥之親：貞觀二十年에 以文成公主로 嫁吐蕃하니라
　舅甥(장인과 사위)의 친함이란 貞觀 20年에 文成公主를 吐蕃에게 시집보냈으므로 말한 것이다.
11)〔頭註〕邊鄙：鄙亦邊也라
　鄙 또한 변방이다.
12)〔頭註〕靈臺：縣名이라
　靈臺는 縣의 이름이다.

〔史略 史評〕胡氏曰 孔子謂 言忠信, 行篤敬이면 雖蠻貊之邦이라도 行矣라하시니 子儀輕騎見虜로되 非惟虜不敢害라 又聽其言하야 講解而去하야 賢於數十萬衆力戰之功은 惟忠信足以感動之而已矣라 然忠信은 非可一日而爲也라 積之既久하고 行之既著하야 名發於實而效見乎遠이면 則其音聲容貌 亦將有孚於人하나니 此回紇諸酋 所以釋兵下馬而拜者也라 夫豈可僞說(세)而僥倖哉아 在易之師曰 師貞, 丈人吉이라하니 子儀其庶幾歟인저

胡氏(胡寅)가 말하였다.

"孔子께서 이르시기를, '말이 忠信하고 행실이 篤敬(篤厚하고 恭敬)하면 비록 오랑캐 나라라도 행해진다.' 하셨다. 郭子儀가 輕武裝한 기병으로 오랑캐를 만났으나, 오랑캐가 감히 해치지 못했을 뿐만 아니라 또 그의 말을 듣고서 講解하고 떠나가서 수십만 명이 힘써 싸운 功보다 나았던 것은 오직 忠信이 그들을 충분히 감동시켰기 때문일 뿐이다. 그러나 忠信은 하루 아침에 할 수 있는 것이 아니다. 쌓기를 오랫동안 하고 행한 것이 이미 드러나서 이름이 실제에 나타나고 효과가 먼 곳에 드러나면, 그 音聲과 容貌가 또한 장차 남에게 믿어지게 될 것이니, 이것이 回紇의 여러 추장들이 병기를 버리고 말에서 내려서 郭子儀에게 절한 이유이다. 어찌 거짓으로 설득하여 僥倖을 바랄 수 있었겠는가. ≪周易≫의 師卦에 이르기를, '군대의 출동 명분이 바르고 丈人(노련한 장수)이 통솔하여야 길하다.' 하였으니, 郭子儀가 이에 가까울 것이다."

○ 初에 肅宗이 以內侍魚朝恩으로 領神策軍使하야 悉以其軍歸禁中이라 然이나

尙未得與北軍齒[1)]러니 **至是**하야 **魚朝恩**이 **以神策軍**으로 **從上屯苑中**하니 **其勢浸盛**이라 **分爲左右廂**하야 **居北軍之右矣**러라 〈**其後**에 **宦官典兵**하야 **卒以亡唐**하니라〉

처음에 肅宗이 內侍인 魚朝恩을 領神策軍使로 임명하여 그 군대를 모두 禁中에 귀속시켰으나 아직도 北軍과 나란히 나열될 수가 없었는데, 이때에 이르러 魚朝恩이 神策軍을 이끌고 上을 따라 苑中에 주둔하니, 그 형세가 점점 강성해져서 神策軍을 左廂과 右廂으로 나누어 北軍의 위에 있게 되었다. - 그 후 환관들이 병권을 맡아서 끝내 唐나라가 멸망하게 되었다. -

1)〔頭註〕尙未得與北軍齒：齒는 謂竝列如齒也라 言猶在北軍之下하니 北軍은 羽林及萬騎也라 見三十九卷丁未年千騎[*)]註하니라

齒는 나란히 나열된 것이 이〔齒〕와 같음을 말한 것이다. 神策軍은 北軍의 아래에 있었으니, 北軍은 羽林과 萬騎의 등속이다. 39卷 丁未年(707) 千騎의 註에 보인다.

*) 千騎：처음에 太宗이 官戶와 蕃民 중에 날래고 용감한 자 백 명을 뽑아 호피무늬 옷을 입히고 표범무늬 언치(안장)를 깐 말을 타게 하고서 황제가 유람하고 사냥할 때에 수행하여 말 앞에서 禽獸를 쏘게 하고 이를 일러 百騎라 하였는데, 武后 때에 숫자를 늘려 千騎라 하여 左・右羽林軍에 속하게 하였고, 中宗이 숫자를 늘려 萬騎라 하였다.

【丙午】**大曆元年**이라

大曆 元年(병오 766)

郭子儀以河中軍食이 **常乏**이라하야 **乃自耕百畝**하고 **將校**[1)]**以是爲差**하니 **於是**에 **士卒**이 **皆不勸而耕**이라 **是歲**에 **河中**이 **野無曠土**하고 **軍有餘糧**이러라

郭子儀는 河中의 군량이 항상 궁핍하다 하여 마침내 스스로 1백묘를 경작하고 將校들은 이를 기준으로 차등을 두니 이에 士卒들이 모두 권장하지 않는데도 경작하였다. 이해 河中 지방이 들에는 빈 땅이 없고 군대에는 남은 식량이 있었다.

1)〔頭註〕將校：卽將及校尉也라 校本軍壘之稱이라 故로 謂軍之一部曰一校니 軍

尉, 馬官을 皆以校名하니라

將校는 바로 장수와 校尉이다. 校는 본래 군대 堡壘의 칭호이다. 그러므로 軍의 한 部隊를 1校라 하니, 軍尉와 馬官을 모두 校라고 이름하였다.

【庚戌】 五年이라

大曆 5년(경술 770)

正月에 觀軍容[1]宣慰處置使魚朝恩이 專典禁兵하야 寵任無比하니 勢傾朝野라 上이 令元載爲方略하야 擒而縊(의)殺之하다

정월에 觀軍容宣慰處置使인 魚朝恩이 禁兵을 단독으로 주관하여 총애와 신임이 견줄 자가 없으니, 형세가 朝野를 휩쓸었다. 上이 元載로 하여금 方略을 만들어서 목을 졸라 죽이게 하였다.

1)〔通鑑要解〕觀軍容 : 時以宦官爲之하니라
　觀軍容使는 이때에 宦官으로 임명하였다.

○ 元載旣誅魚朝恩에 上寵任益厚하니 載遂志氣驕溢하야 每衆中大言하야 自謂有文武才略하야 古今莫及이라하고 弄權舞智하니 政以賄成하고 僭侈無度하니라

元載가 이미 魚朝恩을 죽이자 上의 총애와 신임이 더욱 두터우니, 元載가 마침내 뜻과 기운이 교만하고 넘쳐 매번 여러 사람들에게 큰 소리를 치며 스스로 이르기를 '文武의 재주와 지략이 있어 古今의 사람이 미칠 수 없다.' 하였고, 권력과 지혜를 농간하니, 정치가 뇌물로 결정되고 참람함과 사치함이 한도가 없었다.

【癸丑】 八年이라

大曆 8년(계축 773)

九月에 晉州男子郇模[1] 以麻辮(변)髮[2]하고 持竹筐葦席하고 哭於東市어늘 人

問其故한대 **對曰 願獻三十字**하노니 **一字爲一事**라 **若言無所取**어든 **請以席裹尸**하야 **貯筐中**하야 **棄於野**라하야늘 **京兆以聞**하다 **上**이 **召見**하고 **賜新衣**하야 **館於客省**하니 **其言團者**는 **請罷諸州團練使**[3]**也**요 **監者**는 **請罷諸州監軍使**[4]**也**러라

9월에 晉州의 男子인 郇模가 삼끈으로 머리를 묶고 손에는 대나무광주리와 갈대 자리를 쥐고 長安의 동쪽 시장에서 통곡하였다. 사람들이 그 이유를 묻자, 대답하기를 "30글자를 황제께 바치기를 원하노니, 한 글자가 한 가지 일이다. 만일 내 말이 취할 만한 것이 없으면 이 갈대 자리에 시신을 싸서 광주리 안에 담아 시장에 버려지기를 청한다." 하므로 京兆에서 이 일을 황제에게 아뢰었다. 上이 그를 불러 만나보고 새로운 옷을 하사하여 客省에 머물게 하였다. 그가 말한 '團'字는 여러 州의 團練使를 파할 것을 청한 것이고, '監'字는 여러 州의 監軍使를 파할 것을 청한 것이었다.

1)〔釋義〕郇模：姓名也니 郇은 音恂이라
　郇模는 사람의 姓名이니, 郇은 음이 恂(순)이다.
2)〔頭註〕以痲辮(변)髮：辮은 音變이니 與編通이라
　辮은 음이 변이니, 編과 통한다.
3)〔頭註〕團練使：團은 聚也요 練은 與鍊同하니 精熟曰練이라
　團은 모음이고, 練은 鍊과 같으니 精熟한 것을 練이라 한다.
4)〔頭註〕監軍使：監軍은 時以宦官爲之하니라
　監軍은 이때에 宦官을 임명하였다.

【丁巳】十二年이라

大曆 12년(정사 777)

三月에 **中書侍郎同平章事元載專橫**[1]이어늘 **賜自盡**[2]하고 **有司籍載家財**하니 **胡椒至八百石**이요 **他物**도 **稱是**러라

3월에 中書侍郎 同平章事인 元載가 전횡하자, 自盡하게 하고 有司가 元載의 집에 있는 재물을 적몰하니, 胡椒가 800석에 이르렀고 다른 물건도 이와

비슷하였다.

1)〔頭註〕專橫：橫은 不順理也라
  橫은 이치를 따르지 않는 것이다.
2)〔頭註〕賜自盡：盡은 終也니 言自終其命也라
  盡은 마침이니, 스스로 자기 목숨을 마침을 말한 것이다.

○ **四月**에 **以楊綰爲中書侍郎**하고 **常袞爲門下侍郎**하야 **竝同平章事**하다 **綰**은 **性**이 **淸簡儉素**하니 **制下之日**에 **朝野相賀**러라 **郭子儀**는 **方宴客**이라가 **聞之**하고 **減坐中聲樂五分之四**하고 **京兆尹黎幹**은 **騶從甚盛**이러니 **卽日省之**하야 **止存十騎**하고 **中丞崔寬**은 **第舍宏侈**러니 **亟**(극)**毁之**하다 **上**이 **方倚楊綰**하야 **使釐革**[1] **弊政**이러니 **會**에 **綰有疾**하야 **七月**에 **薨**하니 **上**이 **悼痛之甚**하야 **謂群臣曰 天**이 **不欲朕致太平**가 **何奪朕楊綰之速**고하니라

4월에 楊綰을 中書侍郎으로 삼고 常袞을 門下侍郎으로 삼아 모두 同平章事에 임명하였다. 楊綰은 성품이 청렴하고 소탈하고 검소하니, 制書(관작을 임명하는 조칙)가 내려지던 날에 朝野가 서로 축하하였다. 郭子儀는 막 손님들에게 잔치를 벌이다가 이 소식을 듣고는 좌중의 음악에 5분의 4를 줄였고, 京兆尹 黎幹은 추종꾼이 매우 많았는데 당일로 줄여서 다만 10명의 기병만을 남겨두었고, 中丞인 崔寬은 집이 크고 화려하였는데 급히 헐어버렸다.

上이 막 楊綰에게 의지하여 그로 하여금 정사의 폐단을 개혁하게 하였는데, 마침 楊綰이 질병이 있어 7월에 죽으니, 上이 심히 애통해 하여 群臣들에게 이르기를 "하늘은 짐이 태평세상을 이룩하는 것을 바라지 않는가. 어찌하여 짐의 楊綰을 이리 빨리 빼앗아 가는가." 하였다.

1)〔頭註〕釐革：釐는 理也라
  釐는 다스림이다.

〔史略 史評〕范氏曰 楊綰以淸名儉德爲相에 而天下從之如此하니 況人君能正己以先이면 海內其有不率者乎아 是以로 先王이 必正其心하고 修其身에 而天

下自治라 孟子曰 一正君而國定矣라하시니 此之謂也니라

范氏(范祖禹)가 말하였다.

"楊綰이 淸白한 名聲과 儉素한 德으로 재상이 되자 天下사람들이 따르기를 이와 같이 하였으니, 하물며 人君이 자기 몸을 바로잡아 솔선을 보인다면 海內에 어찌 따르지 않는 자가 있겠는가. 이 때문에 先王이 반드시 자기 마음을 바로잡고 자기 몸을 닦음에 天下가 스스로 다스려졌던 것이다. 孟子가 말씀하시기를 '한 번 인군을 바로잡으면 나라가 안정된다.' 하셨으니, 이것을 말씀하신 것이다."

〔史略 史評〕 胡氏曰 郭公, 黎幹, 崔寬이 事類而情殊라 郭公은 成人之美者也요 幹寬則畏之者也라 謂幹寬有仰德化服之心者非也요 謂子儀有惕威踧踖之態者도 亦非也니라

胡氏(胡寅)가 말하였다.

"郭公(郭子儀)과 黎幹과 崔寬은 일은 비슷하나 실정은 다르다. 郭公은 남의 아름다움을 이루어 준 자이고 黎幹과 崔寬은 그들을 두려워한 자이다. 黎幹과 崔寬이 德을 우러러 사모하여 교화되고 복종한 마음이 있었다고 말하는 것도 잘못이요, 郭子儀가 위험을 두려워하여 조심하는 태도가 있었다고 말하는 것도 잘못이다."

○ 平盧節度使李正己[1] 擁兵十萬하고 雄據東方하니 隣藩이 皆畏之러라 是時에 田承嗣, 李寶臣, 梁崇義[2] 相與根據蟠結하야 雖奉事朝廷이나 而不用其法令하고 官爵甲兵租賦刑殺을 皆自專之호되 上이 寬仁하야 一聽其所爲하니 雖在中國하야 名藩臣이나 實如蠻貉(貊)[3]異域이러라

平盧節度使 李正己가 10만의 병력을 보유하고 東方에 웅거하니, 이웃 藩鎭들이 모두 두려워하였다. 이때 田承嗣, 李寶臣, 梁崇義가 서로 뿌리를 박고 또아리를 틀어 비록 겉으로는 朝廷을 받들어 섬겼으나 조정의 법령을 따르지 않았으며, 官爵과 甲兵과 租賦와 刑殺을 모두 자기 마음대로 하였으나

上이 너그럽고 인자하여 한결같이 그들이 하는대로 따르니, 비록 中國에 있어서 이름은 藩鎭의 신하라고 하였으나 실제로는 蠻貊의 異域과 같았다.

1) 〔附註〕 李正己 : 本名懷玉이니 高麗人이라 以平盧將으로 逐其節度使侯希逸한대 詔以懷玉爲留後하고 賜名正己하다 先有淄, 青, 齊, 海, 登, 萊, 沂, 密, 德, 棣十州之地하고 後得曹, 濮, 徐, 兗, 鄆五州하야 因徙治鄆하고 使子納守青州하다 德宗建中初에 約田悅, 梁崇義, 李惟岳叛하야 河南騷然이러니 會發疽死하니라

李正己는 본래 이름이 懷玉이니, 高麗 사람이다. 平盧의 장수로 節度使인 侯希逸을 축출하였는데, 조칙을 내려 李懷玉을 留後로 삼고 正己라는 이름을 하사하였다. 먼저는 淄州, 青州, 齊州, 海州, 登州, 萊州, 沂州, 密州, 德州, 棣州 등 열 州의 땅을 소유하였고, 뒤에는 曹州, 濮州, 徐州, 兗州, 鄆州 등 다섯 州를 얻고는 인하여 治所를 鄆州로 옮기고 아들 納으로 하여금 青州를 지키게 하였다. 德宗 建中 초년에 田悅, 梁崇義, 李惟岳과 약속하고 반란을 일으켜 河南 지방이 소란하였는데, 마침 등창이 나서 죽었다.

2) 〔附註〕 梁崇義 : 長安人이니 以羽林射生으로 從來瑱하야 鎭襄陽하고 累遷至右兵馬使하다 及瑱死에 衆推爲帥하니 朝廷不能討하고 遂以爲襄州刺史한대 據襄, 鄧, 均, 房, 復, 郢六州하고 有衆二萬하니라

梁崇義는 長安 사람이니, 羽林軍의 射生으로 來瑱을 따라 襄陽에 진주하고 여러 번 승진하여 右兵馬使에 이르렀다. 來瑱이 죽자 여러 사람들이 그를 장수로 추대하니, 조정에서 토벌하지 못하고 마침내 襄州刺史로 임명하였는데, 襄州, 鄧州, 均州, 房州, 復州, 郢州의 여섯 州를 점거하고 병력 2만 명을 보유하였다.

3) 〔頭註〕 蠻貉(貊) : 貉은 與貊通하니 蠻은 南蠻이요 貉은 北狄이라

貉과 貊은 통하니, 蠻은 南蠻이고 貉은 北狄이다.

兵志曰 唐立府兵之制는 頗有足稱焉이라 蓋古者兵法이 起於井田[1]이러니 自周衰로 王制壞而不復이라 至於府兵하야 始一寓之於農하야 〈其〉居處敎養하고 畜材待事하고 動作休息이 皆有節目이라 雖不能盡合古法이나 蓋得其大意焉하니 此高祖太宗之所以盛也라 至其後世子孫하야는 驕弱하야 不能謹守하고 屢變其制라 夫置兵은 所以止亂이러니 及其弊也엔 適足爲亂이요 又其甚也엔 至困天下以養亂하야 而遂至於亡焉이라 蓋唐有天下(三百)〔二百餘〕年에 而兵之大勢三變[2]이라 其始盛時에 有府兵하고 府兵後廢而爲彍(확)騎하고 彍騎又廢

에 而方鎭之兵이 盛矣라 及其末也엔 彊臣悍將이 兵布天下한대 而天子亦自置兵於京師하고 日禁軍이러니 其後에 天子弱하고 方鎭彊하야 而唐遂以亡滅者는 措置之勢使然也라 府兵之制는 起自西魏, 後周하야 而備於隋하고 唐興에 因之라 武德初[3]에 始置軍府하고 以驃騎車騎兩將軍府로 (鎭)〔領〕之하며 析關中하야 爲十二道[4]하고 軍置將副各一人하야 以督耕戰하고 以車騎府統之하다 六年에 〈以〉天下旣定이라하야 改驃騎曰統軍이라하고 車騎曰別駕라하다 太宗貞觀十年에 更號統軍하야 爲折衝都尉하고 別將爲果毅都尉하고 諸府를 總曰折衝府라하다 凡天下十道[5]에 置府六百三十四하니 皆有名號하고 而關內二百六十有一이 皆以隸諸衛하다 高宗武后時에 天下久不用兵하니 府兵之法이 寖壞하야 番役更代를 多不以時하니 衛士稍稍亡匿이라 至是에 益耗散하야 宿衛不能給[6]하니 宰相張說이 乃請一切募士宿衛하고 號曰彍騎라하다 天寶以後에 彍騎之法이 又稍變廢하야 六軍宿衛皆市人이니 及祿山反에 皆不能受甲矣라 初府兵之置는 居無事時에 耕於野하고 其番上者는 宿衛京師而已라 若四方有事면 則命將以出이라가 事解輒罷하야 兵散于府하고 (歸將)〔將歸〕于朝라 故士不失業하고 而將帥無握兵之重하니 所以防微杜漸하야 絶禍亂之萌也라 及府兵法壞에 而方鎭盛하니 夫所謂方鎭者는 節度使之兵也니 其始는 起於邊將之屯防者라 自高宗永徽以後로 都督帶使持節者를 始謂之節度使나 然猶未以名官이러니 安祿山反에 而武夫戰卒以功起行陣者를 皆除節度使라 由是로 方鎭이 相望於內地하고 父子繼握其兵而不肯代하야 自擇將吏하고 號爲留後하야 以邀命於朝[7]라 天子力不能制하니 則忍恥含垢하야 因而授之하고 謂之姑息之政이라 始爲朝廷患者는 號河朔三鎭[8]이러니 及朱全忠以梁兵[9]하고 李克用以晉兵[10]으로 更犯京師하야 唐遂以亡하니라

≪新唐書≫ 〈兵志〉에 말하였다.

"唐나라가 府兵의 제도를 세운 것은 참으로 칭찬할 만하다. 옛날에 병법이 井田에서 나왔는데, 周나라가 쇠함으로부터 王者의 제도가 파괴되어 회복되지 못하였다. 府兵制에 이르러서 비로소 한결같이 군대를 농군에 붙여두어 평소 거처할 때에는 가르치고 기르며 재주를 쌓아 유사시에 대비하며 동작하고 휴식함이 모두 節目이 있었다. 비록 옛 법에 다 부합하지는 못하였으나

그 큰 뜻을 얻었으니, 이는 高祖와 太宗이 훌륭한 이유이다.

후세에 이르러서는 자손들이 교만하고 약해져서 그 법을 삼가 지키지 못하고 제도를 자주 변경하였다. 군대를 설치함은 난을 그치게 하기 위한 것인데 병폐가 생겨나자 다만 난이 되었으며, 또 병폐가 심해지자 천하를 곤궁하게 하여 난을 양성함에 이르러서 마침내 멸망에 이르렀다.

唐나라가 천하를 소유한 지 200여 년에 군대의 큰 형세가 세 번 바뀌었다. 처음 성할 때에는 府兵이 있었고, 府兵이 뒤에 폐지되어 彍騎가 되었으며, 彍騎가 또 폐지됨에 方鎭의 군대가 성하게 되었다. 말기에 이르러서는 강한 신하와 사나운 장수가 천하에 널려 있자, 천자 또한 스스로 京師에 군대를 두고 禁軍이라 이름하였는데, 그 뒤에 천자가 약해지고 方鎭이 강해져서 唐나라가 마침내 멸망하게 된 것은 措置한 형세가 그렇게 만든 것이다.

府兵의 제도는 西魏와 後周로부터 시작되어 隋나라 때에 갖추어졌는데, 唐나라가 일어남에 이것을 인습하였다. 武德 초기에 처음으로 軍府를 두고는 驃騎와 車騎 두 將軍府로 하여금 이들을 통솔하게 하였으며, 關中을 나누어 12道를 만들고 軍마다 將帥와 副將 각각 한 명을 두어 농사와 전투하는 일을 감독하였으며, 車騎府로 이들을 통솔하게 하였다. 6년에는 천하가 이미 평정되었다 하여 驃騎府를 고쳐 統軍府라 하고 車騎府를 고쳐 別駕府라 하였다. 太宗 貞觀 10년(636)에 다시 統軍府를 折衝都尉로 개칭하고 別將을 果毅都尉로 개칭했으며 여러 府를 모두 折衝府라 하였다. 그리하여 무릇 천하의 10道에 634개의 府를 두었는데 모두 명칭이 있었으며, 關內의 261곳은 모두 諸衛에 예속시켰다. 高宗과 則天武后 때에는 천하가 오랫동안 무력을 사용하지 않자, 府兵의 법이 점점 파괴되어 番役을 번갈아 교대하는 것을 대부분 제때에 하지 않으니, 衛士들이 점점 도망하여 숨었다. 이 때에 이르러 더욱 군사들이 손실되고 흩어져서 宿衛하는 군사들이 제대로 공급되지 못하니, 宰相 張說이 마침내 청하여 일체 군사를 모집해서 宿衛하고 彍騎라 이름하였다. 그러다가 天寶 이후에는 彍騎의 법이 또 차츰 변하고 폐지되어 6군의 宿衛하는 자들이 모두 시장 사람들이었다. 그리하여 安祿山이 배반하게 되자 모두 갑옷도 제대로 받지 못하였다.

처음 府兵을 설치한 것은 평소 무사할 때에는 들에서 농사를 짓고, 番上하는 자는 京師에서 宿衛할 뿐이었다. 만일 사방에 일이 있게 되면 장수를 임명하여 출동했다가 일이 해결되면 즉시 해산하여, 군사들은 府로 흩어지고 장수들은 조정으로 돌아갔다. 그러므로 병사들은 생업을 잃지 않고 장수들은 막중한 병권을 쥐지 못하니, 이는 은미함을 막고 조짐을 막아서 화와 난의 싹을 끊은 것이었다.

그러다가 府兵의 法이 무너지자 方鎭의 법이 성행하니, 이른바 方鎭이라는 것은 節度使의 군대이다. 그 시초는 변방 장수가 주둔하고 방어하는 데에서 시작되었다. 高宗 永徽 연간 이후로 使의 임무를 띠고 節을 잡은 都督을 節度使라 처음으로 불렀으나 오히려 관직의 이름으로 삼지는 않았는데, 安祿山이 배반하자 전공으로 行陣에서 일어난 武夫와 戰卒들을 모두 節度使에 제수하였다. 이로 말미암아 方鎭이 內地에 서로 이어지고 父子가 계속하여 병권을 잡아서 〈다른 사람과〉 교대하려 하지 않고, 스스로 장수와 관리를 가려 뽑고 留後라 이름하여 조정에서 그대로 임명해 주기를 요구하였다. 천자가 힘으로 제재하지 못하니, 치욕을 참고 더러움을 머금고는 그대로 관직을 제수하고 이것을 姑息之政이라 일렀다. 처음 조정의 걱정거리가 된 것은 河朔의 三鎭이라고 이름났었는데, 朱全忠은 梁 지방의 군대를 데리고, 李克用은 晉 지방의 군대를 데리고 다시 京師를 침범하자 唐나라가 마침내 멸망하였다.

1) 〔附註〕 起於井田 : 司馬法에 六尺爲步니 步百爲畝요 畝百爲夫요 夫三爲屋이요 屋二爲井이요 井十爲通이요 通十爲成이니 成은 出革車一乘이라 甲士三人이니 左持弓하고 右持矛하고 中人御하며 步卒七十二人이요 將重車二十五人이라 又古者井田에 方里爲井이요 十井爲乘이니 百里之國이 通計萬井이면 則當有千乘矣라 漢志에 方一里爲井이니 井十爲通이요 通十爲成이니 成方十里며 成十爲終이요 終十爲同이니 同은 方百里며 同十爲封이요 封十爲畿니 畿는 方千里니 有稅有賦라 稅以足食하고 賦以足兵이라 故四井爲邑이요 四邑爲丘니 丘는 十六井也라 四丘爲甸이니 甸은 六十四井也라 有戎馬四匹, 兵車一乘, 甲士三人, 卒七十二人하야 干戈備具하니 是爲乘馬之法이라 五國爲屬이니 屬有長이요 十國爲連이니 連有帥요 三十國爲卒이니 卒有正이요 二百一十國爲州니 州有牧이라 連帥는 比歲簡車하고 卒正은 三年簡徒하고 群牧은 五年大簡車徒하니 此先王爲國立武足兵之

大略也니라

≪司馬法≫에 6尺을 1步라 하니, 100步를 畝라 하고 100畝를 夫라 하고 3夫를 屋이라 하고 2屋을 井이라 하고 10井을 通이라 하고 10通을 成이라 하니, 成에서 革車 1乘을 낸다. 革車 1乘에는 甲士가 세 명이니, 왼쪽 사람은 활을 잡고 오른쪽 사람은 창을 잡고 가운데 사람은 말을 몰며, 步卒이 72명이고 重車(짐수레)를 맡고 있는 자가 25명이다. 또 옛날 井田은 方 1里를 井이라 하고 10井을 乘이라 하니, 100里의 나라는 만 井을 통틀어 계산하면 마땅히 千乘을 보유하게 되는 것이다.

≪前漢書≫ 〈刑法志〉에 "方 1리를 井이라 하니 10井을 通이라 하고 10通을 成이라 하니 成은 方 10里이며, 10成을 終이라 하고 10終을 同이라 하니 同은 方 100里이며, 10同을 封이라 하고 10封을 畿라 하니 畿는 方 1000里인데, 여기에는 稅가 있고 賦가 있다. 稅로써 양식을 풍족하게 하고 賦로써 군대를 풍족하게 한다. 그러므로 4井을 邑이라 하고 4邑을 丘라 하니 丘는 16井이다. 4丘를 甸이라 하니 甸은 64井이다. 여기에는 戎馬 4필과 兵車 1乘과 甲士 2명과 보병 72명이 있어서 창과 방패를 구비하니, 이것이 乘馬의 법이다. 5國을 屬이라 하니 屬에는 長이 있고, 10國을 連이라 하니 連에는 帥가 있고, 30國을 卒이라 하니 卒에는 正이 있고, 210國을 州라 하니 州에는 牧이 있다. 連帥는 해마다 전차를 사열하고 卒正은 3년마다 보병을 사열하고 群牧은 5년마다 전차와 보병을 크게 사열하니, 이는 선왕이 나라를 만들어 武를 세우고 군대를 풍족하게 한 대략이다.

2) 〔頭註〕 兵之大勢三變 : 唐兵三變이라

唐나라 兵制가 세 번 변한 것이다.

3) 〔頭註〕 武德初 : 武德은 高祖年號라

武德은 高祖의 연호이다.

4) 〔附註〕 爲十二道 : 初析關中爲十二道러니 後又更置爲十二軍하니 萬年道爲參旗軍이요 長安道爲鼓旗軍이요 富平道爲元戎軍이요 醴泉道爲井鉞軍이요 同州道爲羽林軍이요 華州道爲騎官軍이요 寧州道爲折威軍이요 岐州道爲平道軍이요 幽州道爲招搖軍이요 西麟道爲苑遊軍이요 涇州道爲天紀軍이요 宜州道爲天節軍이라

처음 關中을 나누어 12道를 만들었는데 뒤에 또다시 12軍을 설치하니, 萬年道를 參旗軍, 長安道를 鼓旗軍, 富平道를 元戎軍, 醴泉道를 井鉞軍, 同州道를 羽林軍, 華州道를 騎官軍, 寧州道를 折威軍, 岐州道를 平道軍, 幽州道를 招搖軍,

西麟道를 苑遊軍, 涇州道를 天紀軍, 宜州道를 天節軍이라 하였다.

5)〔頭註〕天下十道 : 十道는 太宗分天下하야 爲十道*)하니 見三十六卷丁亥年하니라

10道는 太宗이 천하를 나누어 10道를 만들었으니, 36권 丁亥年條에 보인다.

*) 太宗分天下爲十道 : 貞觀 元年(627) 2월에 州縣을 크게 통합하여 줄일 적에 山川의 형세를 따라 10道로 나누니, 첫째는 關內, 둘째는 河南, 셋째는 河東, 넷째는 河北, 다섯 번째는 山南, 여섯 번째는 隴右, 일곱 번째는 淮南, 여덟 번째는 江南, 아홉 번째는 劍南, 열 번째는 嶺南이었다.

6)〔頭註〕不能給 : 給은 足也라

給은 만족함이다.

7)〔頭註〕邀命於朝 : 邀는 與要通하니 求也라

邀는 要와 통하니, 요구하는 것이다.

8)〔頭註〕河朔三鎭 : 相衛薛嵩과 魏博田承嗣와 盧龍李懷仙이라

河朔의 三鎭은 相衛의 薛嵩과 魏博의 田承嗣와 盧龍의 李懷仙이다.

9)〔頭註〕朱全忠以梁兵 : 見四十八卷辛酉年하니라 昭帝封全忠하야 爲梁王하니 是爲後梁하니라

이 내용은 48卷 辛酉年(901)에 보인다. 昭帝가 朱全忠을 봉하여 梁王으로 삼으니, 이것이 後梁이다.

10)〔頭註〕李克用以晉兵 : 見四十八卷甲戌年하니라 昭帝封克用하야 爲晉王하니 克用子存勖이 滅梁하고 復稱唐하니 是爲後唐이니라

이 내용은 48卷 甲戌年(854)에 보인다. 昭帝가 李克用을 봉하여 晉王으로 삼았는데, 李克用의 아들 存勖이 梁을 멸하고 다시 唐이라 칭하니, 이것이 바로 後唐이다.

【戊午】 十三年이라

大曆 13년(무오 778)

上이 **召江西判官李泌**(비)하야 **入見**하니 **常袞**(곤)이 **言於上曰 陛下久欲用李泌**하시니 **昔**에 **漢宣帝欲用人爲公卿**이면 **必先試理人**하니 **請且以爲刺史**하야 **使周知人間利病**하야 **俟報政而用之**하소서

上이 江西判官 李泌를 불러 들어와 뵙게 하니, 常袞이 上에게 말하기를 "陛

下께서 오랫동안 李泌를 등용하고자 하시니, 옛날에 漢나라 宣帝는 사람을 등용하여 公卿을 삼고자 하면 반드시 먼저 백성을 다스리는 관직에 시험하였습니다. 청컨대 李泌를 刺史에 임명하여 그로 하여금 민간의 이해를 두루 알게 하여 정사를 보고하기를 기다려 등용하소서." 하였다.

【己未】 十四年이라

大曆 14년(기미 779)

五月에 **上**이 **崩**하고 **德宗**이 **卽位**러니 **在諒陰**[1] **中**하야 **動遵禮法**이러라

5월에 上이 죽고 德宗이 즉위하였는데, 諒陰(여막) 안에 있으면서 모든 행동에 禮法을 따랐다.

1)〔頭註〕諒陰：諒은 古作梁하고 陰은 古作闇하니 謂廬也니 卽倚廬[*1)]之廬也라 在諒陰은 言居喪於諒陰[*2)]也니라

諒은 古文에 梁으로 되어 있고 陰은 古文에 闇으로 되어 있으니, 廬幕을 이르니, 즉 倚廬의 廬이다. 諒陰에 있다는 것은 諒陰에서 居喪함을 말한 것이다.

*1) 倚廬：喪主가 있는 여막으로, ≪儀禮≫〈旣夕禮〉에 '居倚廬'라고 보인다.

*2) 居喪於諒陰：居喪은 상주노릇함을 이르며 諒陰은 양암으로 읽는데, ≪儀禮≫〈喪服四制〉에 '高宗諒陰三年'이라고 보인다.

〔史略 史評〕史斷曰 代宗이 少遇亂離하고 老於軍旅라 卽位之初에 餘妖未殄이러니 乃能仗郭李之精忠하고 憑諸將之戮力하야 剪除凶醜하고 克復京師하니 厥功懋矣라 然帝性仁而不勇하고 委靡太過하야 而剛斷不足하야 遂使太阿之柄으로 倒移於下라 故로 雖能罪三宦[1]하고 誅元載나 其初亦由寵任之過요 而其末에 又皆未得爲盡善焉이라 至於事事姑息하야 逐殺主帥를 命爲主帥하야 遂爲後來故事하니 綱目에 尤深咎之라 而當時之所加意者는 不過置百高座하고 講仁王經하며 作章敬寺하고 廣度僧尼하며 出盂蘭盆하야 褒贈亡僧하니 唐室大壞가 實基於此라 故로 司馬公論肅代二帝에 以爲此兩君者는 明不足以燭理하고 武不足以決疑하니 向微郭子儀之忠과 李光弼之智면 則天下已非唐有라하

니 意謂是夫인저

史斷에 말하였다.

"代宗이 어려서 난리를 만나고 군대에서 늙었다. 즉위하던 초기에 남은 재앙이 아직 다 없어지지 않았는데, 마침내 郭子儀와 李光弼의 깨끗한 충성에 의지하고 여러 장수들이 힘을 다함에 의뢰해서 흉악한 무리들을 제거하고 능히 京師를 수복하였으니, 그 功이 크다. 그러나 황제는 성품이 인자하기만 하고 용감하지 못하며 나약함이 너무 지나쳐서 剛斷이 부족하여 마침내 太阿의 칼자루〔政柄〕를 거꾸로 쥐어 아랫사람에 옮겨주었다. 이 때문에 비록 세 宦官을 처벌하고 元載를 목베었으나 처음에 또한 이들을 너무 지나치게 총애하고 重用하였고, 종말에도 극진히 善하게 하지 못하였다. 그리하여 오로지 姑息을 일삼아서 主帥를 축출하거나 죽인 자를 명하여 主帥로 삼아 마침내 後來의 故事가 되게 함에 이르렀으니, ≪資治通鑑綱目≫에 더더욱 깊이 이것을 허물하였다.

當時에 유념한 것은 百高座를 설치하고 ≪仁王經≫을 講하며 章敬寺를 짓고 僧侶와 女僧을 널리 度牒하며 盂蘭盆을 내어서 도망해온 僧侶를 표창해 줌에 지나지 않았으니, 唐나라가 크게 무너짐이 실로 여기에 기인하였다. 그러므로 司馬公이 肅宗과 代宗 두 황제에 대하여 논하기를, '이 두 군주는 聰明은 이치를 밝게 보지 못하고 武는 의심을 결단하지 못하였으니, 지난번에 만일 郭子儀의 충성과 李光弼의 지혜가 없었더라면 天下는 이미 唐나라의 소유가 아니었을 것이다.'라고 하였으니, 생각건대 이것을 말함일 것이다."

1)〔譯註〕三宦 : 세 환관은 李輔國, 程元振, 魯朝恩을 가리킨다.

○ 以崔祐甫로 爲門下侍郎同平章事하다

崔祐甫를 門下侍郎 同平章事로 임명하였다.

○ 初에 至德[1]以後로 天下用兵하니 諸將이 競論功賞이라 故로 官爵이 不能無濫이러니 及常衮爲相에 思革其弊하야 杜絶僥倖하야 四方奏請을 一切不與하고

而無所甄別[2)]하야 賢愚同滯하다 崔祐甫代之에 欲收時望하야 推薦引拔을 常無虛日하니 作相未二百日에 除官八百人이라 前後相矯[3)]에 終不得其適이러라

上이 嘗謂祐甫曰 人或謗卿所用이 多涉親故라하니 何也오 對曰 臣爲陛下하야 選擇百官에 不敢不詳愼하오니 苟平生之未識이면 何以諳其才行而用之리잇고 上이 以爲然하다

처음에 至德 연간 이래로 天下가 用兵을 하니, 諸將들이 다투어 功과 賞을 논하였다. 이 때문에 官爵이 범람하지 않을 수 없었는데, 常袞이 재상이 되자 이 폐단을 개혁할 것을 생각하여 요행으로 승진하는 길을 막아서 사방의 奏請을 일체 들어주지 않고 선별하는 바가 없어서 어진 이와 어리석은 이가 함께 적체되었다. 그러다가 崔祐甫가 그를 대신하여 재상이 되자, 당시의 명망을 거두고자 하여 어느 날이고 인재를 추천하고 이끌어 발탁하지 않는 날이 없게 하니, 재상이 된 지 200일이 못되어 관직에 제수된 자가 800명이었다. 그리하여 두 재상이 前後로 서로 바로잡음에 끝내 그 마땅함을 얻지 못하였다.

上이 일찍이 崔祐甫에게 이르기를 "사람들은 혹 경이 등용한 바가 많이 親故(친척과 친구)에 해당된다고 비방하니, 어떠한가?" 하니, 崔祐甫가 대답하기를 "臣이 陛下를 위하여 百官을 선발할 적에 감히 자세하고 삼가지 않을 수 없으니, 만일 평소 알지 못하는 사람이면 어떻게 그의 재주와 행실을 알아 등용하겠습니까?" 하였다. 上이 그 말을 옳게 여겼다.

1)〔頭註〕至德 : 肅宗年號라
至德은 肅宗의 年號이다.

2)〔頭註〕甄別 : 甄은 察也라
甄은 살핌이다.

3)〔頭註〕前後相矯 : 矯는 矯枉過直[*)]之矯也니 變改也라
矯는 矯枉過直의 矯이니, 바꾸고 고치는 것이다.

*) 矯枉過直 : 굽은 것을 바로잡으려다가 너무 곧게 함을 이른다. 곧 잘못된 것을 바로잡으려다가 너무 지나쳐서 오히려 나쁘게 되는 것이다.

溫公曰 臣聞用人者는 無親疎新故之殊요 惟賢不肖之爲察이니 其人이 未必賢也어늘 以親故而取之면 固非公也요 苟賢矣어늘 以親故而捨之도 亦非公也라 夫天下之賢은 固非一人所能盡也니 若必待素識熟其才行而用之면 所遺亦多矣라 古之爲相者則不然하야 擧之以衆하고 取之以公하야 衆曰賢矣어든 己雖不知其詳이라도 姑用之하야 待其無功然後에 退之하고 有功則進之하며 所擧得其人則賞之하고 非其人則罰之하야 進退賞罰이 皆衆人所共然也요 己不置毫髮之私於其間하니 苟推是心以行之면 又何遺賢曠官之足病哉리오

溫公이 말하였다.

"내가 들으니 인재를 등용하는 자는 親疎와 新舊의 구별이 없이 오직 어진가, 不肖한가를 살펴야 하니, 그 사람이 반드시 어질지는 않은데 親故라 하여 취한다면 진실로 공정한 방법이 아니요, 만약 어진데 親故라 하여 버리는 것도 공정한 방법이 아니다. 천하의 어진 자는 진실로 한 사람이 다 알 수 있는 것이 아니니, 만일 반드시 평소부터 잘 알고 그의 재주와 행실을 익숙히 알기를 기다린 뒤에야 등용한다면 버려지는 자가 또한 많을 것이다. 옛날에 재상이 된 자들은 그렇지 아니하여, 여러 사람이 천거하고 공정하게 취해서 여러 사람이 어질다고 말하면 비록 자신이 그 상세한 것을 알지 못하더라도 우선 등용해서 그가 功이 없기를 기다린 뒤에 물리치고 공이 있으면 승진시키며, 천거한 바가 그 적임자이면 천거한 자에게 상을 주고 적임자가 아니면 천거한 자에게 벌을 주어서 進·退와 賞·罰이 모두 여러 사람들이 함께 옳게 여기는 바이고, 재상 자신은 털끝만한 사사로움도 그 사이에 두지 않았다. 만일 이 마음을 미루어 인재를 등용한다면 어찌 어진 이를 버리고 직무를 태만히 하는 것을 걱정할 것이 있겠는가."

○ 澤州刺史李鶡(갈)이 上慶雲圖[1)]어늘 詔曰 朕이 以時和年豐으로 爲嘉祥하고

以進賢顯忠으로 **爲良瑞**하노니 **如慶雲, 靈芝, 珍禽, 奇獸, 怪草, 異木**이 **何益於人**이리오 **布告天下**하야 **自今有此**어든 **無得上獻**케하라

澤州刺史 李驌이 慶雲圖를 올리자, 上이 조서를 내리기를 "짐은 시절(기후)이 순조로워 年事가 풍년드는 것을 아름다운 상서로 여기고, 어진 이를 등용하고 충신을 드러내는 것을 좋은 상서로 여기노니, 경사스러운 구름과 靈芝와 진귀한 새와 기이한 짐승과 기이한 풀과 특이한 나무가 어찌 사람에게 유익하겠는가. 이것을 천하에 고해서 지금부터는 이런 것이 있거든 올리지 말게 하라." 하였다.

1) 〔頭註〕 慶雲圖 : 慶雲은 天官書에 若烟非烟이요 若雲非雲이라 郁郁紛紛하고 蕭索輪囷하니 是爲卿雲이라 亦云景雲하니 此喜氣也라하니라 卿은 音慶이라 晉天文志에 瑞氣는 一曰慶雲이니 太平之應也라하니라

慶雲은 ≪史記≫ 〈天官書〉에 "연기 같으나 연기가 아니고, 구름 같으나 구름도 아니다. 성대하고 분분하고 스산하고 높고 크니, 이것을 卿雲이라 한다. 또한 景雲이라고도 하니, 이것은 좋은 기운(구름)이다." 하였다. 卿은 음이 경이다. ≪晉書≫ 〈天文志〉에 "상서로운 기운은 첫 번째가 慶雲이니, 세상이 태평해질 응험(징조)이다." 하였다.

○ **內莊宅使上言**호되 **諸州**에 **有官租萬四千餘斛**이라한대 **上**이 **令分給所在**하야 **充軍儲**하다 **先是**에 **諸國**이 **累獻馴象**[1]하니 **凡四十有二**라 **上曰 象**은 **費豢養**[2] **而違物性**하니 **將安用之**리오하고 **命縱於荊山之陽**하고 **及豹貀**(눌)[3]**鬪鷄獵犬之類**를 **悉縱之**하고 **又出宮女數百人**하니 **於是**에 **中外皆悅**이라 **淄靑**[4]**軍士 至投兵相顧曰 明主出矣**시니 **吾屬**이 **猶反乎**아하니라

內莊宅使가 상언하기를 "여러 州에서 거둔 官租가 1만 4천여 斛이 있습니다." 하니, 上은 소재지에 나누어 주어서 군량의 저축에 충당하게 하였다. 이보다 앞서 여러 나라에서 자주 길들인 코끼리를 올리니, 모두 42마리였다. 上은 말하기를 "코끼리는 기르는 비용이 들고 〈가두어 두면〉 동물의 천성을 어기는 것이니, 장차 어디에 쓰겠는가." 하고는 荊山의 남쪽에 놓아주게 하

였으며, 표범과 貀과 鬪鷄와 사냥개 따위를 모두 놓아주고 또 궁녀 수백 명을 내보내니, 이에 中外가 모두 기뻐하였다. 淄青의 군사들은 심지어 병기를 버리고 서로 돌아보며 말하기를 "明主가 나오셨으니, 우리들이 아직도 배반한단 말인가?" 하였다.

1) 〔通鑑要解〕 馴象 : 擾習也라 安南出象處曰象山이니 歲一捕之호되 縛欄道傍하고 中爲大穽하야 以雌象前行爲媒하고 遺甘蔗於地하고 傅藥蔗上하면 雄象來食蔗라가 漸引入欄이어늘 閉其中하고 就穽中하야 敎習馴擾之하니 始甚咆哮나 穽深不可出이라 牧者以言語喩之하니 久則漸解人意也니라

馴은 길들이는 것이다. 安南(越南)에 코끼리가 나오는 곳을 象山이라 하니, 해마다 한번 코끼리를 잡되 코끼리 우리를 길옆에 묶어놓고 가운데에 큰 함정을 만든 다음 암코끼리를 앞에 가게 하여 매개물로 삼고 甘蔗(사탕수수)를 땅에 버려놓으며, 甘蔗 위에 藥을 발라놓으면 수코끼리가 와서 감서를 먹다가 점점 유인되어 우리로 들어간다. 그러면 그 가운데를 닫고 함정 속에 넣어 코끼리를 가르치고 길들이니, 처음에는 매우 포효하나 함정이 깊어 나올 수가 없다. 코끼리를 사육하는 자가 말로 가르치니, 시간이 오래되면 점점 사람의 뜻을 알게 된다.

2) 〔通鑑要解〕 豢養 : 穀食曰豢이니 音宦이라 以穀食獸于圈中이니 牛馬曰芻요 犬豕曰豢이라

穀食을 먹는 가축(개와 돼지)을 豢이라 하니, 음은 환이다. 곡식을 가지고 우리 가운데에서 짐승을 먹이는 것이니, 소와 말을 芻라 하고 개와 돼지를 豢이라 한다.

3) 〔釋義〕 豹貀(눌) : 豹, 貀은 竝獸名이라 豹는 花如錢黑而小於虎文이요 貀은 女猾反이니 爾雅註에 似狗豹文이라 或云 似虎而黑이라하니라

豹와 貀은 모두 짐승의 이름이다. 豹는 무늬가 돈〔錢〕과 같고 검은데 범의 무늬보다 작다. 貀은 女猾反(눌)이니, ≪爾雅≫의 註에 "개와 비슷하고 표범의 무늬이다." 하였다. 혹자는 말하기를 "호랑이와 비슷한데 검다." 하였다.

4) 〔頭註〕 淄青*) : 李正己라

淄青軍의 節度使는 李正己이다.

*) 淄青 : 당나라의 方鎭 이름이다.

○ 先是에 劉晏, 韓滉이 分掌天下財賦하야 晏은 掌河南, 山南, 江淮, 嶺南

하고 滉은 掌關內, 河東, 劍南이러니 至是하야 晏이 始兼之하니라 上이 素聞滉掊(부)克[1]過甚이라 故로 罷其利權하야 出爲晉州刺史하다 至德初에 第五琦 榷鹽以佐軍用이러니 及劉晏代之에 法益精密하야 初歲에 入錢이 六十萬緡이러니 末年所入이 逾十倍호되 而人不厭苦하고 大曆[2]末에 計一歲征賦[3]所入하니 總一千二百萬緡에 而鹽利居其太半이라 以鹽爲漕傭[4]하니 自江淮로 至渭橋히 率萬斛에 傭七千緡이라 自淮以北에 列置巡院하고 擇能吏主之하니 不煩州縣而集事[5]하니라

이보다 앞서 劉晏과 韓滉이 天下의 財賦를 나누어 관장하여, 劉晏은 河南, 山南, 江淮, 嶺南을 관장하고, 韓滉은 關內, 河東, 劍南을 관장하였는데, 이때에 이르러 劉晏이 처음으로 겸하였다. 上은 평소 韓滉이 가렴주구가 너무 심하다는 말을 들었으므로 그의 이권을 파하여 晉州刺史로 내보냈다.

至德 초년에 第五琦가 소금을 전매하여 군대의 비용을 보충하였는데, 劉晏이 대신하게 되자 전매하는 법이 더욱 정밀하였다. 그리하여 초년에는 수입한 돈이 60만 緡이었는데 말년에는 수입이 열 배를 넘었으나 백성들이 싫어하고 괴로워하지 않았으며, 大曆 말년에는 1년에 부세로 징수한 수입을 계산해 보니, 총 1천 2백만 緡이었는데 그 중 소금의 이익이 태반을 차지하였다.

劉晏은 소금을 가지고 漕運하는 품삯으로 삼으니, 江·淮로부터 渭橋에 이르기까지 대략 소금 1만 斛에 품삯이 7천 緡이었다. 淮水로부터 이북에는 沿路에 巡院을 설치하고 유능한 관리를 선발하여 주관하게 하니, 州縣을 번거롭게 하지 않고도 일이 잘 이루어졌다.

1)〔通鑑要解〕掊(부)克 : 詩曰 曾是掊克이라하니 謂聚斂也라
　　掊克은 ≪詩經≫에 이르기를 "일찍이 掊克(苛斂誅求)하는 자들"이라고 하였으니, 백성에게서 聚斂함을 이른다.

2)〔頭註〕大曆 : 代宗年號라
　　大曆은 代宗의 年號이다.

3)〔通鑑要解〕征賦 : 征은 取也라 孟子有布縷之征과 粟米之征과 力役之征也니라
　　征은 취함이다. ≪孟子≫ 〈盡心 下〉에 "삼베와 실에 대한 세금과 곡식에 대한

세금과 힘으로 부역하는 세금이 있다." 하였다.

4)〔釋義〕漕傭 : 水運曰漕요 雇直(値)曰傭이라

물길로 운반하는 것을 漕라 하고, 품삯을 傭이라 한다.

5)〔頭註〕集事 : 集은 成也라

集은 이룸이다.

○ 李正己畏上威名하야 表獻錢三十萬緡이어늘 上欲受之로되 恐見欺하고 却之則無辭라 崔祐甫請遣使하야 慰勞淄靑將士하고 因以正己所獻錢賜之하야 使將士로 人人戴上恩하고 又諸道聞之하면 知朝廷不重貨財하리이다 上이 悅從之하다 正己大慙服하니 天下以爲太平之治를 庶幾可望焉이라하니라

李正己는 上의 위엄과 명성을 두려워하고 표문을 올려 돈 30만 緡을 바쳤다. 상은 이것을 받고자 하였으나 기만당할까 두렵고, 이것을 물리치자니 명분이 없었다. 崔祐甫가 청하기를 "사자를 보내어 淄靑의 장병들을 위로하고 인하여 李正己가 바친 돈을 그들에게 하사해서 장병들로 하여금 사람마다 上의 은혜를 추앙하게 하고, 또 여러 도에서 이 소식을 들으면 朝廷에서 재화를 중히 여기지 않음을 알게 될 것입니다." 하였다 上이 기뻐하여 따르니, 李正己가 크게 부끄러워하여 복종하였다. 천하에서는 太平의 정치를 거의 바랄 수 있을 것이라고 기대하였다.

○ 上之在東宮也에 國子博士河中張涉이 爲侍讀이러니 卽位之夕에 召涉入禁中하야 事無大小히 皆咨之하고 明日에 置於翰林하야 爲學士하니 親重無比러라

上이 東宮에 있을 적에 國子博士 河中 張涉이 侍讀官이 되었었는데, 卽位하는 날 저녁에 張涉을 불러 禁中으로 들어오게 하여 크고 작은 정사 할 것 없이 모두 자문하고 다음날에 翰林院에 두어 學士로 삼으니, 친애하고 소중히 여김이 견줄 자가 없었다.

○ 八月에 以道州司馬楊炎으로 爲門下侍郎하고 懷州刺史喬琳으로 爲御史

大夫하야 竝同平章事하다 上이 方勵精求治하야 不次用人이라 卜相於崔祐甫한대 祐甫薦炎器業[1)]하고 上亦素聞其名이라 故로 自遷謫中[2)]用之하다 琳은 太原人이니 性粗率[3)]하야 喜詼諧[4)]하고 無他長이로되 與張涉善이라 涉이 稱其才可大用이라한대 上이 信涉言而用之하니 聞者無不駭愕[5)]이러라

8월에 道州司馬 楊炎을 門下侍郞으로 삼고 懷州刺史 喬琳을 御史大夫로 삼아서 함께 同平章事에 임명하였다. 上은 이때 막 정신을 가다듬어 나라를 잘 다스리려고 해서 官階의 차례를 따르지 않고 인물을 등용하였다. 재상감을 崔祐甫에게 묻자, 崔祐甫가 楊炎의 기국과 공업을 천거하였고 上 또한 평소 그의 명성을 들었으므로 좌천되어 있던 그를 등용하였다. 喬琳은 太原 사람이니, 성품이 거칠고 소략하여 詼諧(詼謔)를 좋아하고 다른 장점이 없었으나 張涉과 친하였다. 張涉은 그의 재주가 크게 쓸 만하다고 칭찬하였는데, 上이 張涉의 말을 믿고 그를 등용하니, 듣는 자들이 놀라지 않는 이가 없었다.

1)〔釋義〕器業：器局功業也라
器業은 器局과 功業이다.

2)〔頭註〕自遷謫中：元載待炎親重無比러니 載敗에 坐貶道州司馬하니라
元載가 楊炎을 친애하고 소중히 여김이 견줄 자가 없었는데, 元載가 패하자 楊炎이 道州司馬로 좌천되었다.

3)〔釋義〕粗率：猶言疎略이라
粗率은 疎略이라는 말과 같다.

4)〔釋義〕喜詼諧：喜는 悅也니 悅爲詼諧也라 詼는 譏戲也요 諧는 和韻之言이라
喜는 좋아함이니, 詼諧를 좋아하는 것이다. 詼는 기롱하고 놀림이요, 諧는 韻에 맞는 말이다.

5)〔頭註〕駭愕：愕은 驚也라
愕은 놀람이다.

○ 舊制에 天下金帛을 皆貯於左藏大府[1)]하고 四時로 上其數하야 比部覆其出入[2)]이러니 及第五琦爲度支鹽鐵使하니 時에 京師에 多豪將하야 求取無節이라 琦不能制하야 乃奏盡貯於大盈[3)]內庫하고 使宦官掌之하니 天子亦以取給爲

便이라 故로 久不出이라 由是로 以天下公賦로 爲人君私藏하야 有司不復得窺其多少, 校其贏縮[4)]이 殆二十年이요 宦官領其事者 三百餘員이라 皆蠶食其中하야 蟠結根據하야 牢不可動이라 楊炎이 頓首於上前曰 財賦者는 國之大本이요 生民之命이니 重輕安危 靡不由之니이다 是以로 前世皆使重臣掌其事호되 猶或耗亂不集이어늘 今獨使中人으로 出入盈虛하고 大臣은 皆不得知하니 政之蠹敝(弊) 莫甚於此라 請出之하야 以歸有司하고 度(탁)(官)〔宮〕中歲用幾何하야 量數奉入이면 不敢有乏이니 如此然後에 可以爲政이리이다 上이 卽日下詔하야 凡財賦를 皆歸左藏하야 一用舊式하고 歲於數中에 擇精好者三五千匹하야 進入大盈庫하다 炎以片言으로 移人主意하니 議者稱之러라

옛 제도에 天下의 금과 비단을 모두 左藏의 큰 창고에 보관하고, 四時로 그 숫자를 올려서 比部에서 그 출납을 句覆(조사)하였는데, 第五琦가 度支鹽鐵使가 되니 이때 京師에 호걸스러운 장수가 많아서 요구하고 취하는 것이 절도가 없었다. 第五琦는 이들을 제재하지 못하여 마침내 아뢰어 이것을 大盈의 內庫에 모두 보관하고 환관을 시켜 관장하게 하니, 천자 또한 취하고 공급하는 것을 편하게 여겼다. 그러므로 오랫동안 이것을 내놓지 않았다. 이로 말미암아 천하의 공적인 세금을 가지고 인군의 사사로운 창고로 삼아서 有司가 다시는 그 많고 적음을 엿보고 그 남고 부족함을 따지지 못한 것이 거의 20년이었고, 宦官으로서 이 일을 맡은 자가 300여 명이었다. 이들이 모두 이 가운데에서 잠식하여 또아리를 틀고 뿌리를 내려서 견고하여 움직일 수가 없었다.

楊炎이 上에게 머리를 조아리며 아뢰기를 "財賦라는 것은 나라의 큰 근본이요 生民의 목숨이니, 국가의 輕重과 安危가 여기에 말미암지 않는 것이 없습니다. 이 때문에 前代에는 모두 중신으로 하여금 이 일을 관장하게 하였으나 오히려 혹 소모되고 혼란하여 제대로 모이지 못하였는데, 지금은 홀로 환관으로 하여금 내고 들이고 채우고 비우게 하며 大臣은 전혀 알지 못하니, 정사의 폐단이 이보다 더 심한 것이 없습니다. 청컨대 이것을 내놓아서 有司

에게 돌리고, 궁중에서 해마다 쓰는 것이 얼마인가를 헤아려서 숫자를 헤아려 받들어 들이면 감히 궁핍함이 있지 않을 것이니, 이와 같이 한 뒤에야 제대로 된 정사를 할 수 있습니다." 하였다.

上은 당일로 조칙을 내려 모든 財賦를 다 左藏庫로 돌려서 한결같이 옛 법식을 따르고, 해마다 그 숫자 안에서 정교하고 좋은 비단 3천 필 내지 5천 필을 가려서 大盈庫로 받들어 올리게 하였다. 楊炎이 한 마디 말로써 군주의 뜻을 바꾸니, 의논하는 자들이 칭찬하였다.

1) 〔釋義〕 左藏大府 : 左藏庫는 蓋起於周하니 職內는 主賦入하고 職歲는 主賦出하고 而邦布之入出은 則外府又主之하니 皆其職也라 〔頭註〕 大府는 唐制에 掌廩藏財貨出納이라

〔釋義〕 左藏庫는 周나라 때 시작되었으니, 職內는 세금을 거두어들이는 것을 주관하고 職歲는 지출하는 것을 주관하였으며, 나라의 삼베의 출입은 外府가 또 주관하였으니, 모두 그 직책이다. 〔頭註〕 大府는 唐나라 제도에 창고에 보관된 財貨의 出納을 관장하였다.

2) 〔頭註〕 比部覆其出入 : 比部는 掌句會內外賦斂經費俸祿之物하니라 覆은 審也라

比部는 內外의 세금과 經費와 俸祿의 물건을 조사하고 계산하는 일을 관장하였다. 覆은 살핌이다.

3) 〔頭註〕 大盈 : 庫名이니 始於玄宗하니라

大盈은 창고 이름이니, 玄宗 때에 시작되었다.

4) 〔頭註〕 羸縮 : 羸은 益也라

羸은 더함(남음)이다.

通鑑節要 卷之四十四

唐紀

德宗皇帝[※] 上 名은 适이니 代宗長子라 在位二十六年이요 壽六十四라

德宗皇帝는 이름이 适이니, 代宗의 長子이다. 재위가 26년이고, 壽가 64세이다.

※ 猜忌刻薄하고 以强明自任하야 恥見屈於正論하고 而忘受欺於奸諛라 用盧杞, 趙贊하야 以至於敗하니 小人之能亂國也如此로다

시기하고 각박하며 강하고 총명함을 자임하여 올바른 의논에 굴복당하는 것을 부끄럽게 여기고, 간사한 자와 아첨하는 자에게 기만당하는 것을 잊었다. 盧杞와 趙贊을 등용하여 실패함에 이르렀으니, 소인이 나라를 어지럽히는 것이 이와 같다.

【庚申】 建中元年이라

建中 元年(경신 780)

正月에 赦天下하고 始用楊炎議하야 命黜陟使하야 與觀察使, 刺史로 約百姓丁産定等級하야 作兩稅法[1]하고 比來新舊徵科色目을 一切罷之하야 二稅外에 輒率一錢者[2]는 以枉法論하다 唐初賦斂之法曰 租, 庸, 調니 有田則有租하고 有身則有庸하고 有戶則有調라 玄宗之末에 版籍[3]浸壞하야 多非其實하고 及至德兵起하야 所在賦斂하야 迫趣(促)取辦하야 無復常準하니 賦斂之司增數하야 而莫相統攝이라 各隨意徵科하고 自立色目하야 新故相仍하야 不知紀

極이러라 至是하야 炎이 建議作兩稅法하야 先計州縣每歲所應費用과 及上供之數하야 而賦於人하야 量出以制入하고 戶無主客[4)]하야 以見(현)居爲簿하고 人無丁中[5)]하야 以貧富爲差하고 爲行商者는 在所州縣에 稅三十之一하야 使與居者로 均無僥利[6)]하고 居人之稅는 秋夏兩徵之호되 其租庸調雜徭[7)]를 悉省(생)하야 皆總統於度(탁)支하니 上이 用其言하야 因赦令行之하니라

정월에 천하에 사면령을 내렸다. 처음으로 楊炎의 의논을 따라 黜陟使에게 명해서 觀察使와 刺史와 함께 백성의 丁產(식구와 家產)을 통틀어 계산해서 빈부의 등급을 制定하여 兩稅法을 만들고, 그동안 시행하던 新·舊의 세금을 징수하는 명목을 일체 혁파하여, 두 가지 세금 이외에 1錢이라도 거두는 자는 국법을 위반한 것으로 논죄하였다.

唐나라 초기에 賦稅를 징수하는 법은 租·庸·調였으니, 田地가 있으면 租가 있고, 몸이 있으면 庸이 있고, 戶가 있으면 調가 있었다. 玄宗 말년에는 호구를 기재하는 것이 점점 혼란해져서 호적이 실제 숫자와 차이가 많이 났고, 至德 연간에 병란이 일어남에 이르러서는 각지에서 세금을 거두어, 독촉하여 재정을 마련해서 다시는 일정한 기준이 없으니, 세금을 거두는 관서의 숫자가 늘어나서 서로 계통이 없었다. 각각 임의로 징수하고 스스로 명목을 세워서 새것과 옛것이 서로 이어져 그 끝을 알 수 없었다.

이때에 이르러 楊炎이 건의하여 兩稅法을 만들어 州縣에서 매년 꼭 필요한 비용과 上供하는 숫자를 먼저 계산하여 백성들에게 부과하되 지출을 헤아려 수입을 제정하고, 戶는 主·客의 구분없이 현재 거주하는 자로써 文簿를 만들고, 사람은 丁男과 中男의 구분없이 貧富로써 차등을 하며, 행상하는 자는 소재지의 州縣에서 30분의 1을 세금으로 내게 하여 거주하는 자와 똑같이 세금을 부과해서 요행으로 얻는 이익이 없게 하고, 거주하는 자의 세금은 가을과 여름에 두 번 징수하되 租·庸·調와 여러 가지 부세와 요역을 모두 생략하여 다 度支에게 총괄하게 하니, 上이 그의 말을 따라 백성들이 이전에 바치지 못한 것은 면제해 주고 兩稅法을 시행하였다.

1)〔釋義〕兩稅法[*]：德宗이 相楊炎하고 作兩稅法하야 夏輸無過六月하고 秋輸無過十(二)〔一〕月호되 視大曆十四年墾田數爲定하고 廢租庸調法하니라

德宗이 楊炎을 재상으로 삼고 兩稅法을 만들어서 여름에 바치는 것은 6월을 넘기지 않고 가을에 바치는 것은 11월을 넘기지 않게 하였는데, 大曆 14년에 개간한 전지의 숫자를 살펴 정하고 租·庸·調의 法을 폐지하였다.

*) 兩稅法：각 家戶에 거주하는 사람들의 재산을 조사하여 그 정도에 따라 1년에 두 차례 여름과 겨울에 곡물이나 錢·織物 등으로 징수한 稅法이다. 이 세법은 唐나라 말기에 安史의 난으로 租·庸·調 체제가 무너지자 그 代案으로 마련되었다.

2)〔頭註〕輒率一錢者：率은 斂也라

率은 거둠이다.

3)〔釋義〕版籍：版은 補綰反이요 籍은 秦昔反이니 所以書戶口輿地也라

版은 補綰反(반)이고 籍은 秦昔反(적)이니, 版籍은 戶口와 輿地(地圖)를 쓴 것이다.

4)〔頭註〕主客：主는 謂土著(착)者요 客은 謂避役逃戶라

主는 대대로 그 지방에서 토착하여 사는 자를 이르고, 客은 부역을 피하여 도망온 民戶를 이른다.

5)〔釋義〕丁中：中은 如字라 凡民始生爲黃이요 四歲爲小요 十六爲中이요 二十(二)〔一〕爲丁이요 六十爲老니 授田之制는 丁及男年十(六)〔八〕以上人一頃이라

中은 본 글자대로 읽는다. 무릇 백성이 처음 태어난 것을 黃이라 하고, 4세를 小라 하고, 16세를 中이라 하고, 21세를 丁이라 하고, 60세를 老라 하니, 전지를 주는 제도는 丁과 남자 나이 18세 이상인 사람에게 1頃을 주었다.

6)〔釋義〕均無僥利：僥는 謂倖其利也라〔頭註〕均無僥利는 言居行皆無僥倖之利也라

〔釋義〕僥는 이익을 요행으로 바람을 이른다.〔頭註〕均無僥利는 거주하는 자와 행상하는 자가 모두 요행으로 이익을 바람이 없음을 말한다.

7)〔釋義〕租庸調雜徭：徭는 賦也라 租庸調雜徭는 謂穀絹布帛繒纊이니 所出不一也라

徭는 賦稅이다. 租·庸·調와 雜徭는 穀·絹·布·帛·繒·纊을 이르니, 내는 바가 똑같지 않다.

〔史略 史評〕范氏曰 德宗之政이 名廉而實貪이라 故로 其令이 始戒而終廢하

니 蓋禁暴之法雖具나 而誅求之意 常出於法外하야 天下之吏 奉意而不奉法하야 逆意有罪하고 奉法無功이라 是以로 法雖存이나 而常爲無用之文也하니라
范氏(范祖禹)가 말하였다.

"德宗의 정사는 명분은 청렴했지만 실제는 탐욕스러웠다. 그러므로 그 명령이 처음에는 경계하였으나 끝에는 폐지되었으니, 포악함을 금하는 法이 비록 갖추어졌으나 苛斂誅求하는 뜻이 항상 法 밖에서 나왔다. 그리하여 天下의 관리들이 군주의 뜻만 받들고 法을 받들지 아니하여, 뜻을 거스르면 罪가 있고 法을 받들면 功이 없었다. 이 때문에 法이 비록 남아 있으나 항상 쓸모없는 文飾이 된 것이다."

食貨志曰 古之善治其國而愛養斯民者는 必立經常簡易之法하야 使上愛物以養其下하고 下勉力以事其上하야 上足而下不困이라 故量人之力而授其田하고 量地之産而取以給公上[1]하고 量其入而出之하야 以爲用度之數하니 是三者는 常相須以濟[2]하야 而不可失이니 失其一則不能守其二라 及暴君庸主從(縱)其佚欲에 而苟且之吏從之하야 變制合時하야 以取寵於其上이라 故로 用於上者無節하고 而取於下者無限하야 民竭其力而不能供이라 由是로 上愈不足而下愈困이면 則財利之說興하야 而聚斂之臣用이라 記曰 與其有聚斂之臣으론 寧畜盜臣이라하니 盜臣이 誠可惡나 然一人之害爾요 聚斂之臣用이면 則經常之法壞하야 而下不勝其弊焉이라 唐之始時에 授人以口分世業田하고 而取之以租庸調之法하야 其用之也有節이라 蓋其蓄兵以府衛之制故로 兵雖多而無所損하고 設官有常員之數故로 官不濫而易祿하니 雖不及三代之盛時나 然亦可以爲經常之法也러니 及其弊也엔 兵冗官濫하야 爲之大蠹[3]라 自天寶以來[4]로 大盜屢起하고 方鎭數(삭)叛하야 兵革之興이 累世不息하야 而用度之數 不能節矣라 加以驕君昏主와 奸吏邪臣이 取濟一時하야 屢更其制하야 而經常之法이 蕩然盡矣라 蓋口分世業之田이 壞而爲兼并하고 租庸調之法이 壞而爲兩稅하며 至於鹽鐵, 轉運, 屯田, 和糴(적)[5], 鑄錢, 括苗[6], 榷(각)利[7], 借商[8], 進奉[9], 獻助[10]하야 無所不爲矣니 蓋愈煩而愈弊하야 以至於亡하니라

≪新唐書≫ 〈食貨志〉에 말하였다.

"옛날에 나라를 잘 다스리고 이 백성을 잘 기른 자들은 반드시 經常的인 법과 簡易한 법을 세워, 윗사람으로 하여금 물건을 아껴 아랫사람을 기르게 하고 아랫사람으로 하여금 힘을 써서 윗사람을 섬기게 해서, 윗사람이 재용이 풍족하면서도 아랫사람들이 곤궁하지 않게 하였다. 그러므로 백성의 힘을 헤아려서 田地를 나누어주고, 田地에서 생산되는 것을 헤아려 세금을 취해서 公上에 공급하고, 수입을 헤아려 지출해서 用度의 숫자로 삼았으니, 이 세 가지는 항상 서로 의지하여 이루어져서 하나라도 잃을 수가 없으며, 하나를 잃으면 나머지 두 가지를 지킬 수가 없다.

그러다가 포악한 군주와 용렬한 군주가 그 佚欲(무절제한 욕심)을 마음대로 부림에 미쳐서는 구차한 관리들이 그것을 따라서 제도를 변경하고 시세에 영합하여 윗사람에게 총애를 취하였다. 그러므로 위에서 쓰는 것이 절제가 없고 아래에서 취하는 것이 제한이 없어서, 백성들이 힘을 다해도 제대로 공급하지 못하였다. 이 때문에 윗사람이 더욱 부족하고 아랫사람들이 더욱 곤궁하게 되면 財利에 대한 說이 일어나서 聚斂하는 신하가 등용되었다.

≪禮記≫에 이르기를 '聚斂하는 신하를 두기보다는 차라리 도둑질하는 신하를 기르라.'고 하였으니, 도둑질하는 신하가 진실로 가증스러우나 이는 군주 한 사람의 폐해일 뿐이고, 聚斂하는 신하가 등용되면 經常的인 법이 파괴되어서 아랫사람들이 그 폐해를 감당하지 못하게 된다.

唐나라가 처음에는 사람들에게 口分田과 世業田을 나누어주고, 租·庸·調의 법으로써 취하여 用度가 절제가 있었다. 군대를 府衛의 제도로써 길렀기 때문에 군사들이 비록 많았지만 손해되는 바가 없었고, 관직을 설치한 것이 일정한 정원이 있었기 때문에 관직을 남발하지 않아서 녹봉을 주기가 쉬웠으니, 비록 홍성했던 三代 시대에는 미치지 못하였으나 또한 經常的인 법이 될 수 있었다.

그런데 폐단이 생김에 미쳐서는 군사들이 남아돌고 관원이 지나치게 많아서 국가를 좀먹는 큰 해독〔大蠹〕이 되었다. 天寶 年間 이래로 큰 도둑이 여러 번 일어나고 方鎭이 자주 배반하여 兵革(전쟁)이 여러 대에 걸쳐 그치지 않아서 用度의 숫자를 절제하지 못하였다. 게다가 교만하고 昏愚한 군주와 간악하고 간사한 신하들이 일시적으로 구제하려고 하여 여러 번 그 제도를 변경하니, 經常的인 법이 소탕하여 다 없어졌다. 口分田과 世業田이 무너져서 겸병당하였고, 租·庸·調의 법이 무너져서 兩稅가 되었으며, 鹽鐵·轉運·屯田·和糴·鑄錢·括苗·榷利·借商·進奉·獻助에 이르기까지 시행하지 않은 것이 없으니, 더욱 번거로우면 번거로울수록 더욱 폐해가 일어나서 당나라가 멸망함에 이른 것이다."

1)〔頭註〕給公上 : 供給也요 又贍也라
給은 공급함이요, 또 넉넉함이다.

2)〔頭註〕相須以濟 : 須는 待也라
須는 기다림이다.

3)〔頭註〕大蠹 : 蠹는 音妬니 食木蟲也라 若蟲食物也라
蠹는 음이 투(두)이니, 나무를 좀먹는 벌레이다. 나라에 화를 입히고 백성에게 해를 끼치는 것이 좀벌레가 물건을 갉아먹는 것과 같은 것이다.

4)〔頭註〕天寶以來 : 天寶는 玄宗年號라
天寶는 玄宗의 연호이다.

5)〔頭註〕和糴(적)*) : 糴은 買米也라
糴은 쌀을 사들이는 것이다.

*) 和糴(적) : 파는 쪽과 사는 쪽이 서로 값을 의논해서 결정하여 양쪽에 손해가 없는 선에서 곡식을 사들이는 것을 말한다.

6)〔譯註〕括苗 : 곡식의 싹을 조사하여 세금을 미리 계산하는 것을 이른다.

7)〔譯註〕榷(각)利 : 국가에서 물품을 專賣하여 이익을 독점하는 것을 이른다.

8)〔譯註〕借商 : 商人에게 돈을 빌리는 것을 이른다.

9)〔譯註〕進奉 : 재물을 바침을 이른다.

10)〔譯註〕獻助 : 재물을 바쳐 국가의 경비를 도와줌을 이른다.

崔祐甫以疾로 **多不視事**하니 **楊炎**이 **獨任大政**하야 **專以復**(복)**恩讐爲事**하니라

崔祐甫가 병으로 정사를 보지 못하는 경우가 많으니, 楊炎이 홀로 큰 정사를 맡아서 오로지 은혜와 원수를 갚는 것을 일삼았다.

○ 術士桑道茂上言호되 陛下不出數年에 暫有離宮之厄이라 臣이 望奉天에 有天子氣하니 宜高大其城하야 以備非常하소서 辛丑에 命京兆하야 發丁夫數千하고 雜六軍之士하야 築奉天城하다

術士인 桑道茂가 上言하기를 "폐하께서 몇 년 지나지 않아 잠시 궁궐을 떠날 액운이 있습니다. 신이 바라보건대, 奉天에 천자의 기운이 있으니, 마땅히 그 성을 높고 크게 만들어서 만약의 사태에 대비하소서." 하였다. 辛丑日(6월 8일)에 京兆尹에게 명하여 丁夫 수천 명을 동원하고 六軍의 군사를 더 보태어 奉天城을 쌓게 하였다.

○ 荊南節度使庾準이 希楊炎旨하야 奏忠州刺史劉晏[1)]이 與朱泚書[2)]에 辭多怨望이라하고 炎이 證成之어늘 上이 下詔賜死하니 天下冤之러라

荊南節度使 庾準이 楊炎의 뜻에 따라 '忠州刺史 劉晏이 朱泚에게 준 편지에 조정을 원망하는 말이 많다.'고 誣告하고 楊炎이 증명하여 이루었다. 上이 조서를 내려 劉晏에게 賜死하니, 천하가 원통하게 여겼다.

1) 〔附註〕 忠州刺史劉晏 : 初에 晏爲吏部尙書하고 楊炎爲侍郎하야 不相悅이러니 及炎獨任大政에 專以復恩讐爲事하야 貶晏爲忠州刺史하니라

처음에 劉晏은 吏部尙書가 되고 楊炎은 吏部侍郎이 되어 서로 사이가 좋지 못하였는데, 楊炎이 홀로 國政을 맡게 되자 오로지 은혜와 원수를 보복하는 것을 일삼아서 劉晏을 좌천하여 忠州刺史로 삼았다.

2) 〔附註〕 與朱泚書 : 朱泚初爲盧龍節度使李懷仙部將이러니 泚與弟滔로 殺懷仙하니 衆推泚知留後어늘 德宗이 改鎭鳳翔하니라

朱泚는 처음에 盧龍節度使 李懷仙의 部將이 되었는데, 朱泚가 아우 朱滔와 함께 李懷仙을 죽이니, 군사들이 朱泚를 추대하여 留後를 맡게 하였다. 德宗이 鎭을 鳳翔으로 고쳤다.

○ 初에 安史之亂에 數年間에 天下戶口 什亡八九하고 州縣이 多爲藩鎭所據하야 貢賦不入하니 朝廷府庫耗竭하고 中國多故하며 戎狄이 每歲犯邊이라 所在

宿重兵[1)]하야 仰給縣官하니 所費不貲를 皆倚辦於晏하니라

처음에 安祿山과 史思明의 난리에 몇 년 동안 천하의 戶口가 10에 8, 9가 없어지고 州縣들이 대부분 藩鎭에 점거당하여 貢賦가 제대로 들어오지 않으니, 조정의 府庫가 고갈되었으며 중국에 연고가 많고 오랑캐들이 매년 변경을 침범하였다. 그리하여 변경에 많은 군대를 주둔시키면서 縣官에게 의뢰하여 공급받으니, 적지 않은 비용을 모두 劉晏에게 의지하여 마련하였다.

1) 〔頭註〕 宿重兵 : 宿은 留也라
宿은 머무는 것이다.

○ 晏이 有精力, 多機智하고 變通有無하야 曲盡其妙라 常以厚直(値)로 募善走者하야 置遞[1)]相望하야 覘報四方物價하니 雖遠方이라도 不數日에 皆達使司[2)]하야 食貨輕重之權을 悉制在掌握하니 國家獲利하고 而天下無甚貴甚賤之憂라 晏이 常以爲辦集衆務는 在於得人이라 故로 必擇通敏精悍廉勤之士[3)]而用之하고 至於句檢簿書[4)]와 出納錢穀하야는 事雖至細나 必委之士類하고 吏는 惟書符牒이요 不得輕出一言이러라 常言 士陷贓賄(회)면 則淪棄於時하니 名重於利故로 士多淸修하고 吏雖廉潔이나 終無顯榮하니 利重於名故로 吏多貪汚라하니라 然이나 惟晏能行之하고 它(他)人效者는 終莫能逮라 其場院[5)]要劇之官을 必盡一時之選이라 故로 晏沒之後에 掌財賦有聲者는 多晏之故吏也러라

劉晏은 精力이 왕성하고 機智가 많으며 재물의 있고 없음을 잘 변통하여 그 묘리를 곡진히 다하였다. 항상 후한 값으로 달리기를 잘하는 자들을 모집해서 각지에 驛站을 설치하여 전후로 서로 이어지게 해서 이들로 하여금 각지의 물가를 살펴보고 보고하게 하였다. 그리하여 아무리 먼 곳이라도 며칠이 못되어 모두 轉運使司에 도달하게 해서 양식과 貨物 가격의 騰落에 대한 권한을 모두 손안에 쥐고 제재하니, 국가는 이익을 얻고 천하는 양식과 화물 가격이 폭등하거나 폭락하는 근심이 없었다.

劉晏은 항상 말하기를 "여러 가지 일을 잘 수행하는 것은 적임자를 얻는 데

에 달려 있다."고 하였다. 그러므로 반드시 일에 통달하고 민첩하고 정밀하고 굳세고 청렴하고 부지런한 선비를 가려 등용하였으며, 문서를 句檢(점검)하고 돈과 곡식을 출납하는 일에 이르러서는 아무리 지극히 사소한 일이라도 반드시 士類에게 맡기고, 아전은 오직 符牒만 쓰고 한 마디 말도 가볍게 내지 못하게 하였다. 劉晏은 항상 말하기를 "선비는 부정한 재물과 뇌물을 취하는 데에 빠지면 세상에 버림을 받으니 명예가 이익보다 중하기 때문에 선비들은 청렴함으로 행실을 닦는 자가 많고, 아전은 비록 청렴하고 결백하나 끝내 현달한 영화가 없으니 이익이 명예보다 중하기 때문에 아전들은 탐욕스러운 자가 많다." 하였다.

그러나 오직 劉晏만이 이것을 잘 행하였고, 다른 사람들 중에 劉晏을 모방한 자들은 끝내 그에게 미치지 못하였다. 場院의 중요한 직책을 맡은 관원을 반드시 당시의 인물 중에서 지극히 정밀하게 선발하였다. 그러므로 劉晏이 죽은 뒤에 財賦를 맡아 명성이 있는 자들은 대부분 劉晏의 옛 관리였다.

1) 〔頭註〕 置遞 : 立郵以傳送也라

置遞는 驛站을 세워 소식이나 서신을 전송하는 것이다.

2) 〔頭註〕 使司 : 轉運使司也라

使司는 轉運使司이다.

3) 〔釋義〕 精悍廉勤之士 : 精悍은 謂精彊悍勇也라 精은 子正反이라

精悍은 정밀하고 강하고 굳세고 용감함을 이른다. 精은 子正反(정)이다.

4) 〔釋義〕 句檢簿書 : 唐官志에 考功郎中이 掌百官功過하야 敍以四善*1)하고 善狀之外에 有二十七最*2)하니 其十七曰 明於勘覆하야 稽失無隱이 爲句檢之最라 〔頭註〕 句는 稽也요 檢은 校也라

〔釋義〕 문서(장부)를 상고하고 조사하는 것이니, ≪唐書≫ 〈百官志〉에 "考功郎中이 百官의 功過를 관장하여 네 가지 善行으로써 서열을 매기고, 善狀 외에 스물일곱 가지 最(治績이 우수한 것)가 있으니, 열일곱 번째에 이르기를 '조사가 철저하고 잘못을 찾아내어 숨김이 없는 것이 句檢의 最이다.' 했다." 하였다. 〔頭註〕 句는 상고하는 것이고, 檢은 조사하는 것이다.

*1) 四善 : 당나라의 考功法은 모든 관청의 장이 해마다 소속된 관원의 功過를 비교하여 아홉 등급을 두고 대중을 모아 그 결과를 알리고, 또 9品 이내의 관리는

四善으로 서용하였다. 四善은 관리의 네 가지 善行으로, 덕의가 널리 알려지는 것〔德義有聞〕, 청신함이 밝게 드러나는 것〔淸愼明著〕, 공평함을 칭송할 만한 것〔公平可稱〕, 각근하여 게으르지 않는 것〔恪勤匪懈〕 등이다.

* 2) 二十七最 : 四善 외에 스물일곱 가지 最를 두었다. 첫 번째 좋은 의견을 올리고 좋지 못한 것을 버리며 빠뜨린 것을 수습하고 잘못된 것을 보충하는 것은 近侍의 最이고〔獻可替否 拾遺補闕 爲近侍之最〕, 두 번째 인물을 銓衡하여 才良을 모두 발탁하는 것은 選司의 最이고〔銓衡人物 擢盡才良 爲選司之最〕, 세 번째 맑은 것을 들추어 내고 탁한 것은 걸러내며 褒貶을 알맞게 하는 것은 인재 고과의 最이고〔揚淸激濁 褒貶必當 爲考校之最〕, 네 번째 禮制와 儀式이 經典에 맞는 것은 禮官의 最이고〔禮制儀式 動合經典 爲禮官之最〕, 다섯 번째 音律이 잘 조화되어 節奏를 잃지 않는 것은 樂官의 最이고〔音律克諧 不失節奏 爲樂官之最〕, 여섯 번째 決斷이 막히지 않고 與奪(주는 것과 빼앗는 것)이 사리에 맞는 것은 判事의 最이고〔決斷不滯 與奪合理 爲判事之最〕, 일곱 번째 部統이 법이 있고 警守에 실수가 없는 것은 宿衛의 最이고〔部統有方 警守無失 爲宿衛之最〕, 여덟 번째 군대를 잘 훈련시키고 장비를 충실히 갖추는 것은 督領의 最이고〔兵士調習 戎裝充備 爲督領之最〕, 아홉 번째 推鞫으로 진실을 알아내고 처단을 平允하게 하는 것은 法官의 最이고〔推鞫得情 處斷平允 爲法官之最〕, 열 번째 문장의 교정을 정밀하게 하고 刊定에 밝은 것은 校正의 最이고〔讐校精審 明於刊定 爲校正之最〕, 열한 번째 뜻을 받들어 자세히 아뢰고 출납을 明敏하게 하는 것이 宣納(왕명 출납)의 最이고〔承旨敷奏 吐納明敏 爲宣納之最〕, 열두 번째 訓導에 방법이 있어 생도가 학업에 정진하는 것은 學官의 最이고〔訓導有方 生徒充業 爲學官之最〕, 열세 번째 賞罰이 嚴明하고 싸움에 반드시 이기는 것은 軍將의 最이고〔賞罰嚴明 攻戰必勝 爲軍將之最〕, 열네 번째 예의가 興行하고 부서가 肅淸한 것은 政教의 最이고〔禮義興行 肅淸所部 爲政教之最〕, 열다섯 번째 기록이 典雅하고 바르며 문장이 간명한 것은 文史의 最이고〔詳錄典正 詞理兼擧 爲文史之最〕, 열여섯 번째 訪察을 정밀히 하고 탄핵과 천거를 알맞게 하는 것은 糾正의 最이고〔訪察精審 彈擧必當 爲糾正之最〕, 열일곱 번째 조사가 철저하고 잘못을 찾아내어 숨김이 없는 것은 句檢의 最이고〔明於勘覆 稽失無隱 爲句檢之最〕, 열여덟 번째 職事를 잘 다스리고 뜻을 받들어 일을 익숙하게 이루는 것은 監掌(일을 감독하고 관장하는 관원)의 最이고〔職事修理 供承彊濟 爲監掌之最〕, 열아홉 번째 功課를 충실히 하면서도 丁匠들이 원망이 없게 하는 것은 役使의

最이고〔功課皆充 丁匠無怨 爲役使之最〕, 스무 번째 밭갈고 김매기를 시기를 맞추어 수확의 성과를 올리는 것은 屯田官의 最이고〔耕耨以時 收穫成課 爲屯官之最〕, 스물한 번째 蓋藏을 철저히 하고 출납을 분명히 하는 것은 倉庫의 最이고〔謹於蓋藏 明於出納 爲倉庫之最〕, 스물두 번째 해와 달의 盈虛를 推步(천체의 운행을 관측하는 것)하여 그 이치를 정밀하게 연구하는 것은 曆官의 最이고〔推步盈虛 究理精密 爲曆官之最〕, 스물세 번째 占候(천문을 보고 길흉을 점치는 것)와 醫卜으로 많은 효험을 보이는 것은 方術의 最이고〔占候醫卜 效驗多著 爲方術之最〕, 스물네 번째 檢察하는 것이 규칙이 있어 行旅들이 막힘이 없는 것은 關津의 最이고〔檢察有方 行旅無壅 爲關津之最〕, 스물다섯 번째 시장과 가게가 질서가 있어 姦濫이 없는 것은 市司의 最이고〔市廛弗擾 姦濫不行 爲市司之最〕, 스물여섯 번째 크고 살찌게 먹여 번식을 많이 시키는 것은 牧官의 最이고〔牧養肥碩 蕃息滋多 爲牧官之最〕, 스물일곱 번째 변경이 깨끗하고 城과 垓子가 수리된 것은 鎭防의 最이다.〔邊境淸肅 城隍修理 爲鎭防之最〕

5) 〔譯註〕 場院 : 場院은 頭註에 '置知院船場也'라 하여 造船場에 知院官을 둔 것으로 해석하였으나 ≪資治通鑑≫ 등에 분명한 주석이 없고, 白話文 번역본에는 場院을 轉運使로 해석하였음을 밝혀둔다.

○ 晏이 又以戶口滋多則賦稅自廣이라 故로 其理財에 常以養民爲先하야 諸道에 各置知院官하고 每旬月에 具州縣雨雪豐歉之狀[1)]하야 白使司하야 豐則貴糴(적)하고 歉則賤糶(조)하며 或以穀易雜貨하야 供官用하고 及於豐處에 賣之하며 知院官이 始見不稔之端[2)]이면 先申至某月須若干[3)]蠲免하고 某月須若干救助라가 及期하야는 劉晏이 不俟州縣申請하고 卽奏行之하야 應民之急하야 未嘗失時하고 不待其困弊流亡餓殍[4)]然後에 賑之也하니라 由是로 民得安其居業하야 戶口蕃息하니 晏이 始爲轉運使時에 天下見(현)戶 不過二百萬이러니 其季年에 乃三百餘萬이로되 在晏所統則增하고 非晏所統則不增也하며 其初에 財賦歲入이 不過四百萬緡이러니 季年에 乃千餘萬緡이러라

劉晏은 또 戶口가 점점 많아지면 부세가 저절로 많아질 것이라고 여겼다. 그러므로 재물을 다스릴 적에 항상 백성을 기르는 것을 우선시하여 여러 도

에 각각 知院官을 두고 매번 열흘이나 한 달마다 州縣에 비가 오고 눈이 오며 풍년이 들고 흉년이 든 상황을 자세히 갖추어 轉運使司에게 보고하게 해서 풍년이 들면 곡식을 비싸게 사들이고 흉년이 들면 곡식을 싸게 방출하며, 혹은 곡식을 가지고 민간의 雜貨와 교역하여 官用에 공급하고 또 풍년이 든 곳에 이것을 팔았다. 知院官이 풍년이 들지 못할 단서를 처음 발견하면 '아무 달에 이르러 약간의 감면(탕감)이 필요하고 아무 달에 이르러 약간의 구원과 도움이 필요하다.'고 轉運使司에게 미리 보고하게 하였다가 그 시기에 이르면 劉晏이 州縣에서 신청하기를 기다리지 않고 즉시 아뢰어 시행해서 백성들의 위급한 정황에 대처하였다. 그리하여 일찍이 때를 놓치지 않았으며, 백성들이 곤궁하고 피폐하여 유리하고 도망하며 굶어 죽기를 기다린 뒤에 구휼하지 않았다. 이 때문에 백성들이 편안히 지내고 생업을 즐거워하여 호구가 점점 불어났다.

劉晏이 처음 轉運使가 되었을 때에 천하의 호구가 2백만 戶에 불과하였는데, 말년에는 마침내 3백 여만 戶가 되었으나 劉晏이 통솔한 곳은 인구가 증가하였지만 劉晏이 통솔하지 않은 곳은 인구가 증가하지 않았다. 그리고 轉運使를 맡은 초기에는 財賦의 수입이 매년 4백만 緡에 불과하였는데, 말기에는 마침내 천여만 緡이 되었다.

1)〔釋義〕豐歉之狀 : 豐은 稔也요 歉은 吉念反이니 一曰食不滿也라

豐은 곡식이 잘 영그는 것이요, 歉은 吉念反(겸)이니, 一說에 이르기를 "먹는 것이 충분하지 못한 것이다." 하였다.

2)〔頭註〕不稔之端 : 穀熟曰稔이라

곡식이 잘 성숙하는 것을 稔이라 한다.

3)〔頭註〕若干 : 干은 猶介也니 若干은 猶言幾許枚也라

干은 介와 같으니, 若干은 몇 개라고 말하는 것과 같다.

4)〔頭註〕餓殍 : 殍는 餓死也라

殍는 굶어죽는 것이다.

○ 晏이 專用榷鹽法하야 充軍國之用하니 時에 自許, 汝, 鄭, 鄧之西는 皆食

河東池鹽[1]하니 **度支主之**하고 **汴, 渭, 唐, 蔡**[2]**之東**은 **皆食海鹽**하니 **晏主之**라 **晏以爲官多則民擾**라 **故**로 **但於出鹽之鄕**에 **置鹽官**하고 **取鹽戶所煮之鹽**하야 **轉鬻**(육)**於商人**하야 **任其所之**하고 **自餘州縣**은 **不復置官**하며 **其江嶺間**에 **去鹽鄕遠者**는 **轉官鹽於彼**하야 **貯之**라가 **或商絶鹽貴**면 **則減價鬻之**하고 **謂之常平鹽**[3]이라하니 **官獲其利**하고 **而民不乏鹽**이라 **其始**에 **江淮鹽利 不過四十萬緡**이러니 **季年**에 **乃六百餘萬緡**이라 **由是**로 **國用充足**호되 **而民不困弊**라 **其河東鹽利**는 **不過八十萬緡**이요 **而價復貴於海鹽**이러라

劉晏이 오로지 榷鹽法(소금을 전매하는 법)을 사용하여 軍國의 비용을 충당하니, 이때 許州・汝州・鄭州・鄧州의 서쪽은 모두 河東에서 나오는 池鹽을 먹었는데 度支部에서 주관하였고, 汴州・渭州・唐州・蔡州의 동쪽은 모두 海鹽을 먹었는데 劉晏이 주관하였다. 劉晏은 '관리가 많으면 백성들이 소요한다.'고 생각하였다. 그러므로 소금이 나오는 지방에만 소금을 관리하는 鹽官을 두어 鹽戶에서 구운 소금을 가져다가 상인들에게 轉賣하여 鹽商들이 각 지역을 다니면서 판매하도록 내버려두었고, 그 나머지 州縣에는 다시 관원을 두지 않았다. 楊子江과 五嶺 사이에 소금이 나는 지방과 거리가 먼 곳은 官鹽을 그곳으로 옮겨 가서 저축해 두었다가 혹 장사꾼이 끊기고 소금값이 비싸지면 값을 깎아 소금을 팔고 이것을 常平鹽이라 이르니, 관청에서는 이익을 얻고 백성들은 소금이 떨어지지 않았다.

처음에는 楊子江과 淮水 지방의 소금 이익이 40만 緡에 불과하였는데, 말년에는 마침내 6백 여만 緡이 되었다. 이로 말미암아 국가의 財用이 충족하였지만 백성들은 곤궁하고 피폐하지 않았다. 그러나 河東의 소금 이익은 80만 緡에 지나지 않았고 값도 海鹽보다 비쌌다.

1)〔頭註〕池鹽：河東解州에 有鹽池하니 池水煮以爲鹽이라
河東의 解州에 鹽池가 있으니, 鹽池의 물을 끓여 소금을 만드는 것이다.

2)〔頭註〕蔡：本豫州러니 避代宗諱하야 爲蔡州也라
蔡州는 본래 豫州였는데, 代宗의 諱를 피하여 蔡州라고 하였다.

3)〔頭註〕常平鹽：後又榷茶하고 遂置常平茶鹽官이라

뒤에 또 차를 전매하고 마침내 常平茶鹽官을 두었다.

○ 先是에 運關東穀하야 入長安者 以河流湍悍[1)]하야 率一斛에 得八斗하고 至者則爲成勞하야 受優賞이러니 晏以爲江, 汴, 河, 渭水力不同이라하야 各隨便宜하야 造運船하고 教漕卒[2)]하야 江船[3)]은 達楊州하고 汴船은 達河陰하고 河船은 達渭口하고 渭船은 達太倉호되 其間에 緣水置倉하야 轉相受給하니 自是로 每歲運穀이 或至百餘萬斛[4)]이로되 無斗升沈覆(복)者라 船十艘(소)爲一綱[5)]하고 使軍將領之하야 十運無失이면 授優勞官하니 其人數運之後에 無不斑白者러라

이보다 앞서 關東의 곡식을 운반하여 長安에 들여오는 자들은 河水의 물살이 거세고 사나워서 대체로 1斛을 운반하면 8斗를 얻었고, 목적지에 도달하면 공로를 이루었다 해서 우대하는 賞을 받았다. 劉晏은 이르기를 '楊子江과 汴水와 黃河와 渭水는 水力(浮力)이 똑같지 않다.'고 하여 각각 편의대로 漕運船을 만들고 漕運하는 병졸들을 가르쳐서 楊子江의 배는 楊州에 도달하게 하고 汴水의 배는 河陰에 도달하게 하고 黃河의 배는 渭水에 도달하게 하고 渭水의 배는 太倉에 도달하게 하였는데, 그 사이에 물가를 따라 창고를 설치하여 돌려가면서 서로 받아들이고 내주게 하니, 이때부터 매년 곡식을 운반한 것이 혹 백여 만 斛에 이르렀으나 한 말이나 한 되의 곡식도 침몰하거나 전복된 것이 없었다.

배 열 척을 1綱이라 하고 軍將으로 하여금 통솔하게 하여 열 번 운반하고 손실이 없으면 우대하고 위로하여 관직을 제수하였는데, 그 사람이 몇 번 운반한 뒤에는 머리가 斑白이 되지 않는 자가 없었다.

1) 〔釋義〕 湍悍 : 湍은 他官反이니 水之急流니 其勢勇悍也라
湍은 他官反(단)이니, 물이 급하게 흐르는 것이니, 湍悍은 그 형세가 사나운 것이다.

2) 〔釋義〕 漕卒 : 漕는 在到反이니 水運也요 卒은 藏沒反이니 漕運中所役卒也라
漕는 在到反(조)이니 水路를 이용하여 운반하는 것이고, 卒은 藏沒反(졸)이니 漕運할 때에 부역하는 병졸이다.

3) 〔釋義〕 江船 : 船自江行者를 爲江船이라하니 與汴船, 河船, 渭船으로 同義라
楊子江으로 다니는 배를 江船이라 하니, 汴船·河船·渭船과 같은 뜻이다.

4) 〔頭註〕 百餘萬斛 : 斛은 十斗라
斛은 10斗이다.

5) 〔頭註〕 十艘(소)爲一綱 : 艘는 音搔니 船之總名이라
艘는 음이 소이니, 배의 총칭이다.

○ 晏於楊子[1]에 置十場造船하고 每艘에 給錢千緡이러니 或言所用이 實不及半하니 虛費太多한대 晏曰 不然하다 論大計者는 固不可惜小費니 凡事는 必爲永久之慮라 今始置船場에 執事者至多하니 當先使之私用無窘이면 則官物堅完矣리라 若遽與之屑屑較計錙銖면 安能久行乎아 異日에 必有患吾所給多而減之者리니 減半以下는 猶可也어니와 過此則不能運矣라하니라 其後五十年에 有司果減其半하고 及咸通[2]中하야는 有司計費而給之하고 無復羨(연)餘하니 船益脆(취)薄易壞하야 漕運遂廢矣러라 晏은 爲人勤力하야 事無閑劇하고 必於一日中決之하야 不使留宿하니 後來言財利者 皆莫能及之하니라

劉晏은 楊子縣에 열 곳의 造船場을 설치하고 매 선박마다 천 緡의 돈을 지급하였는데, 혹자가 말하기를 "배 한 척을 만드는데 드는 비용이 실제로는 그 절반에도 미치지 못하니, 허비하는 것이 너무 많다."고 하니, 劉晏이 말하기를 "그렇지 않다. 큰 계책을 논하는 자는 진실로 작은 비용을 아껴서는 안 되니, 모든 일은 반드시 장구한 생각을 하여야 한다. 지금 처음 造船場을 설치함에 일을 집행하는 자들이 매우 많으니, 먼저 이들로 하여금 사사로이 쓰는 재용이 군색함이 없게 하면 官物(官船)이 견고하고 완전해질 것이다. 만일 별안간 이들과 더불어 시시콜콜 작은 비용을 비교하고 따진다면 어찌 오랫동안 행할 수 있겠는가. 후일에 반드시 내가 지급한 것이 많음을 근심하여 줄이는 자가 있을 것이니, 〈造船하는 재료와 工錢의 숫자를〉 줄이는 것이 절반 이하라면 그래도 괜찮지만 절반을 초과한다면 배가 곡식을 제대로 운반하지 못할 것이다." 하였다.

50년 뒤에 有司가 과연 그 절반을 줄였고, 咸通 연간에 이르러서는 有司가 造船하는 비용을 일일이 계산하여 지급하고 다시는 쓰고 난 나머지가 없으니, 배가 더욱 취약하고 얇아 쉽게 부서져서 漕運이 마침내 폐지되었다.

劉晏은 사람됨이 부지런하여 한가로운 일과 급한 일을 막론하고 반드시 하루 안에 결정하여 묵혀두지 않으니, 뒤에 財利를 말하는 자들은 모두 그에게 미치지 못하였다.

1)〔頭註〕楊子 : 縣名이니 南有楊子江하니라
楊子는 縣의 이름이니, 남쪽에 양자강이 있다.

2)〔頭註〕咸通 : 懿宗年號라
咸通은 懿宗의 연호이다.

贊曰 人生之本은 食與貨而已니 知所以取면 人不怨하고 知所以予면 人不乏이라 道御之而王하고 權用之而霸하니 古今一也라 劉晏이 因平準法[1]하야 幹山海[2]하고 排商賈하야 制萬物低昻하고 操天下贏貲[3]하야 以佐軍興이라 雖挐兵數十年이나 斂不及民而用度足하야 唐中僨而復振은 晏有勞焉하니 可謂知取予矣로다

≪新唐書≫〈劉晏列傳〉贊에 말하였다.

"民生의 근본은 양식과 재화 뿐이니, 취할 줄을 알면 백성들이 원망하지 않고 줄 줄을 알면 백성들이 궁핍하지 않게 된다. 正道대로 어거하면 王者가 되고 權道를 쓰면 霸者가 되니, 이는 古今이 똑같다. 劉晏이 平準法을 이용하여 산과 바다에서 나오는 물건을 관장하고 상인들을 배척해서 만물의 값이 오르고 내리는 것을 통제하고 천하에 남아도는 재화를 운용하여 군대의 비용을 도왔다. 그리하여 비록 병란으로 시끄러운 지가 수십 년이었지만 백성들에게 세금이 미치지 않고 用度가 풍족하여 唐나라가 중간에 쓰러졌다가 다시 振作한 것은 劉晏의 공이 컸으니, 백성들에게 취하고 줄 바를 알았다고 이를 만하다

1)〔頭註〕平準法 : 漢武置平準官하야 籠天下鹽鐵於京師하니라
漢나라 武帝가 平準官을 두어 京師에서 천하의 소금과 철을 독점하였다.

2)〔頭註〕 斡山海[*]：斡은 管也라
　幹은 주관하는 것이다.
*) 斡山海：≪新唐書≫〈劉晏列傳〉에는 '斡山海'로 되어 있는데, ≪漢書≫〈食貨志〉의 顔師古 注에 "斡은 主領하는 것을 이르니, 管과 똑같이 읽는다." 하였다.
3)〔譯註〕 贏貲：남는 재화를 이른다.

胡氏管見曰 劉晏은 言利之臣이니 君子所不道也나 而其言이 有不可廢者하니 一曰集衆務는 在得人이라하야 句檢簿書와 出納錢穀을 必委之士類하고 吏惟書符牒而已하니 此不獨可施之轉運事也라 二曰戶口多則貢賦廣이라하니 故로 其理財가 以養民爲先하니 此雖爲守爲令이라도 皆當力行者也라 三曰官多則民擾라하야 但於出鹽之鄕에 置鹽官하고 自餘州縣은 不復置라 故로 雖天下吏員이라도 皆當減省이요 不貴多也라 四曰論大事에 不計小費니 凡事를 必爲永久之慮라하니 此又合孔子所謂見小利則大事不成이요 無遠慮則必有近憂也라 五曰事無閑劇하고 必於一日中決之라 凡獄訟文移는 自上行下에 未有不以決遣爲利하고 滯淹爲害者也니 此晏可法之五事也라 然이나 晏專用之於理財則狹矣라 晏之足國은 其功이 豈王鉷, 韋堅, 楊愼矜[1]之比리오 然이나 亦不免於誅死는 何也오 財者는 猶泉也니 其名曰布泉이라 泉行而不可壅이요 利布而不可專이니 壅而專之하야 利於上이면 必不利於下요 利於公이면 必不利於私니 不利則怨起하고 怨積則生禍矣라 方晏之總利權也에 史言衆頗疾之라하니 夫能爲國足用이요 非歸於己也어늘 衆何自而生疾이리오 是必有說矣라 以故로 善爲國者는 不謀利하고 善持身者는 不以利하나니 利者는 對害而言이니 背於義者也니라

　胡氏(胡寅)의 ≪讀史管見≫에 말하였다.
　"劉晏은 이익을 말한 신하이니, 이익은 군자가 말하지 않는 바이다. 그러나 그 말을 폐기할 수 없는 것이 있으니, 첫 번째는 '여러 가지 사무를 이루는 것은 인물을 얻음에 달려 있다.'고 하여, 문서를 句檢하고 錢穀을 출납하는 것을 반드시 士類에 맡기고 아전은 오직 符牒만 쓸 뿐이었으니, 이는 비단 轉運하는 일에만 시행할 뿐만이 아니다. 두 번째는 '호구가 많아지면 부세

가 많아진다.'고 하였다. 그러므로 그의 理財는 백성을 기르는 것을 우선으로 삼았으니, 이는 비록 군수가 되고 현령이 된 자라도 모두 힘써 행해야 할 것이다. 세 번째는 '관원이 많으면 백성들이 소요된다.'고 하여, 소금이 나는 지방에만 鹽官을 두고 그 나머지 州縣에는 다시 관원을 두지 않았다. 그러므로 비록 천하의 관리라 하더라도 모두 줄여야 하고 많음을 귀하게 여기지 않는 것이다. 네 번째는 '大事를 논할 때에는 작은 비용은 따지지 않아야 하니, 모든 일은 반드시 장구한 생각을 하여야 한다.'고 하였으니, 이는 또 孔子가 말씀한 '작은 이익을 보면 큰 일을 이루지 못하고 먼 생각이 없으면 반드시 가까운 근심이 있다.'는 것에 부합된다. 다섯 번째는 '한가로운 일과 급한 일을 막론하고 반드시 하루 안에 결정한다.'는 것이다. 무릇 獄訟과 문서를 보내는 것은 위에서 아래로 시행함에 결단하여 보내는 것을 이롭게 여기고 지체하는 것을 해로움으로 여기지 않는 것이 없으니, 이것이 劉晏을 본받을 만한 다섯 가지 일이다. 그러나 劉晏이 이것을 오로지 理財에만 쓴 것은 너무 좁다.

劉晏이 나라를 풍족하게 하였으니, 그 공을 어찌 王鉷·韋堅·楊愼矜에게 견주겠는가. 그러나 또한 주벌당함을 면치 못한 것은 어째서인가? 재물은 샘물과 같으니, 이것을 布泉이라 이름한다. 샘물은 두루 흘러다녀야 하고 막혀서는 안 되며, 이익은 퍼뜨려야 하고 독점해서는 안 되니, 막히고 독점하여 윗사람에게 이로우면 반드시 아랫사람에게 이롭지 못하고, 국가에 이로우면 반드시 민간에게 이롭지 못하니, 이롭지 못하면 원망이 일어나고 원망이 쌓이면 화가 생겨난다.

劉晏이 이권을 총괄했을 때에 史官이 말하기를 '여러 사람들이 자못 그를 미워했다.' 하였으니, 국가를 위하여 재용을 풍족하게 하고 재물을 자신에게 돌아오게 한 것이 아니었는데, 여러 사람들이 무엇 때문에 미워하는 마음을 가졌는가. 이는 반드시 이유가 있는 것이다. 이 때문에 나라를 잘 다스리는 자는 이익을 도모하지 않고, 자신을 잘 유지하는 자는 이익을 따르지 않는다. 이익이라는 것은 해로움을 상대하여 말한 것이니, 의리에 배반되는 것이다."

1) 〔頭註〕 王鉷, 韋堅, 楊愼矜 : 鉷은 音洪이니 竝唐臣이라 皆以聚斂進이라가 皆不免誅死하니라

鉷은 음이 홍이니, 王鉷, 韋堅, 楊愼矜은 모두 唐나라 신하이다. 이들은 모두 취렴하는 것으로 등용되었다가 모두 주벌당함을 면치 못하였다.

〔史略 史評〕胡氏曰 晏雖非賢者나 然於國家에 有足食之功하고 罪不至死어늘 而置之死하니 欲以服奸雄之心이면 難矣니라

胡氏(胡寅)가 말하였다.

"劉晏이 비록 賢者는 아니었으나 國家에 있어서는 양식을 풍족하게 한 功이 있고 죽을 罪에 이르지 않았는데 그를 死地에 두었으니, 이로써 奸雄의 마음을 복종시키고자 한다면 어려울 것이다."

上이 初卽位에 疏斥宦官하고 親任朝士하야 而張涉은 以儒學入侍하고 薛邕은 以文雅登朝러니 繼以贓敗라 宦官武將이 得以藉口하야 曰 南牙[1]文臣이 贓動至巨萬이로되 而謂我曹濁亂天下라하니 豈非欺罔耶아하니 於是에 上心始疑하야 不知所倚仗矣러라

上이 처음 즉위했을 때에는 宦官들을 소원히 하여 배척하고 조정의 선비들을 가까이 하고 신임하여 張涉은 儒學으로 들어와 모시고 薛邕은 文雅로 조정에 등용되었는데, 뒤이어 뇌물을 받아 실패하였다. 宦官과 武將들이 이것을 구실삼아 말하기를 "南牙(南衙)의 文臣들은 뇌물을 받은 것이 걸핏하면 巨萬에 이르되 도리어 우리들더러 천하를 혼탁하게 하고 어지럽힌다고 하니, 어찌 임금을 속이는 것이 아니겠는가?" 하였다. 이에 上의 마음이 비로소 의심해서 의지할 바를 알지 못하였다.

1)〔頭註〕南牙[*]: 唐分宰相하야 爲南司라 故稱南牙하고 分宦寺하야 爲北寺라 故稱北門하니라

唐나라는 재상을 나누어 南司라 하였기 때문에 南牙(衙)라 칭하고, 환관을 나누어 北寺라 하였기 때문에 北門이라 칭하였다.

*) 南牙 : 大內의 남쪽에 있다 하여 南牙라고 칭하였으니, 中書省, 門下省, 尙書省 등 이른바 宰相府를 말한다. 牙는 衙로 쓰기도 한다.

【辛酉】 二年이라

建中 2년(신유 781)

正月에 成德[1])節度使李寶臣이 薨하다 初에 寶臣이 與淄青李正己와 魏博田承嗣로 相結하야 期以土地傳之子孫이라 故로 承嗣之死에 寶臣이 力爲之請於朝하야 使以節授田悅한대 代宗이 從之러니 至是하야 悅이 屢爲寶臣子惟岳하야 請繼襲이어늘 上이 欲革前弊하야 不許하다 悅이 乃與李正己로 各遣使詣惟岳하야 謀勒兵[2])拒命하니 河南士民이 騷然驚駭러라

정월에 成德軍節度使 李寶臣이 죽었다. 처음에 李寶臣은 淄青節度使 李正己, 魏博節度使 田承嗣와 서로 결탁하여 土地를 자손에게 물려주기로 약속하였다. 그러므로 田承嗣가 죽었을 때에 李寶臣이 田承嗣를 위해 강력히 조정에 청해서 節鉞을 田悅에게 주게 하였는데, 代宗이 그의 청원을 따랐다. 이때에 이르러 田悅이 李寶臣의 아들 惟岳을 위하여 李寶臣의 뒤를 이어 세습시킬 것을 여러 번 청하였으나 上이 예전의 폐습을 개혁하고자 하여 허락하지 않았다. 田悅이 마침내 李正己와 함께 각각 李惟岳에게 사자를 보내어 군대를 계엄해서 조정의 명령을 거역할 것을 모의하니, 河南 지방의 士民들이 소요하여 놀랐다.

1) 〔頭註〕 成德 : 恒冀[*])가 成德軍이라

恒冀鎭이 成德軍이다.

*) 恒冀 : 方鎭의 이름이니, 정식 명칭은 成德軍이다.

2) 〔頭註〕 勒兵 : 勒은 猶戒嚴也라

勒은 계엄과 같다.

○ 御史中丞盧杞는 弈之子[1])也라 貌醜하고 色如藍호되 有口辯하니 上이 悅之하야 擢爲京畿觀察使하다 郭子儀每見賓客에 姬妾不離側이러니 杞嘗往問疾할새 子儀悉屛侍妾하고 獨隱几[2])待之라 或이 問其故한대 子儀曰 杞貌陋而心險하

니 **婦人輩見之必笑**하리니 **他日**에 **杞得志**면 **吾族**이 **無類矣**리라 **楊炎**이 **旣殺劉晏**에 **朝野側目**이어늘 **上**이 **惡之**하야 **遷炎中書侍郞**하고 **擢盧杞爲門下侍郞**하야 **竝同平章事**하고 **不專任炎矣**러라 **杞陰狡**[3]하야 **欲起勢立威**하야 **小不附者**는 **必欲寘(置)之死地**하고 **引太常博士裴延齡**[4]하야 **爲集賢直學士**하야 **親任之**하니라

御史中丞 盧杞는 盧弈의 아들이다. 모습이 추악하고 낯빛이 쪽빛과 같았으나 口辯이 있으니, 上이 그를 좋아해서 京畿觀察使로 발탁하였다. 郭子儀가 빈객들을 만나볼 때마다 姬妾들이 곁을 떠나지 않았는데, 盧杞가 일찍이 郭子儀를 찾아가서 문병할 적에 郭子儀가 侍妾들을 다 물리치고 홀로 안석에 기대어 그를 접대하였다. 혹자가 그 까닭을 묻자, 郭子儀가 말하기를 "盧杞는 모습이 추악하고 마음이 음험하니, 부인들이 그를 보면 반드시 웃을 것이다. 이렇게 되면 훗날 盧杞가 뜻을 얻을 경우 우리 집안은 살아남는 무리가 없게 될 것이다." 하였다.

楊炎이 劉晏을 죽인 뒤에 朝野가 곁눈질하면서 똑바로 보지 못하니, 上이 楊炎을 미워하여 中書侍郞으로 옮기고 盧杞를 門下侍郞으로 발탁하여 함께 同平章事가 되게 하고 楊炎에게 전적으로 맡기지 않았다. 盧杞는 음흉하고 교활하여 세력을 일으켜 위엄을 세우고자 해서 조금이라도 자신을 따르지 않는 자가 있으면 반드시 그를 死地에 두고자 하였고, 太常博士인 裴延齡을 끌어들여 集賢殿直學士로 삼아 그를 친애하고 신임하였다.

1)〔頭註〕弈之子 : 弈은 懷愼子也니 謹重寡欲이라 留臺東都라가 被執하여 將殺之할새 即數祿山罪하고 西向再拜하며 罵賊不絶口하니 逆黨變色하니라

盧弈은 盧懷愼의 아들이니, 근후하고 욕심이 적었다. 東都에서 留臺(留守)로 있다가 붙잡혀 살해될 적에 곧 安祿山의 죄를 열거하고 서쪽을 향하여 재배하였으며 적을 꾸짖는 말이 입에서 끊이지 않으니, 역당들이 낯빛이 변하였다.

2)〔頭註〕隱几 : 隱은 憑也라

隱은 기댐이다.

3)〔頭註〕陰狡 : 狡는 猾也라

狡는 교활함이다.

4)〔附註〕裴延齡 : 性苛刻하야 專剝下附上하고 譎怪辯給이라 帝知其詐로되 但以不

隱하야 欲聞外事라 故斷用不疑하니 恃得君하고 少所降下하야 嫚罵近臣하니 人皆仄目이라 及卒에 人語以相安호되 惟帝悼不已하니라

裴延齡은 성질이 까다롭고 각박하여 오로지 아랫사람에게 깎아내어 윗사람에게 붙이며 허탄하고 기이하며 말을 잘하였다. 황제가 그의 속임수를 알았으나 다만 숨기지 아니하여 바깥일을 듣고자 하였기 때문에 결단하여 등용하고 의심하지 않았다. 裴延齡은 군주의 신임을 얻은 것을 믿고는 자기 몸을 낮추는 경우가 드물어서 근신들을 업신여기고 꾸짖으니, 사람들이 모두 눈을 흘겼다. 그가 죽자 사람들이 서로 편안하다고 말하였으나 오직 황제만은 슬퍼하여 마지 않았다.

○ 六月에 汾陽忠武王郭子儀薨하다 子儀爲上將擁兵하니 程元振, 魚朝恩이 讒謗百端이로되 詔書一紙徵之하면 無不卽日就道라 由是로 讒謗不行이러라 嘗遣使至田承嗣所러니 承嗣西望拜之하고 曰 此膝不屈於人이 若干年矣라하고 李靈曜據汴州作亂하야 公私物過汴者를 皆留之호되 惟子儀物은 不敢近하고 遣兵衛送出境이러라 校中書令考凡二十四[1]에 月入俸錢이 二萬緡이로되 私産은 不在焉하고 府庫珍貨山積하다 家人三千人이요 八子[2]七壻 皆爲朝廷顯官하고 諸孫數十人이 每問安에 不能盡辨하고 頷之而已[3]러라 僕固懷恩[4], 李懷光[5], 渾瑊(감)[6]輩 皆出麾下하야 雖貴爲王公이나 常頤指役使하야 趨走於前하고 家人亦以僕隷視之하니 天下以其身爲安危者 殆三十年이라 功蓋天下而主不疑하고 位極人臣而衆不疾하고 窮奢極欲而人不非之하니라 年八十五而終하니 其將佐至大官爲名臣者 甚衆하니라

6월에 汾陽 忠武王 郭子儀가 별세하였다. 郭子儀가 上將이 되어 병력을 보유하니, 程元振과 魚朝恩이 백방으로 참소하고 비방하였으나 한 장의 詔書로 부르면 당일로 길에 오르지 않은 적이 없었다. 이로 말미암아 참소와 비방이 행해지지 못하였다.

郭子儀가 일찍이 田承嗣가 있는 곳에 사자를 보내었는데, 田承嗣가 서쪽을 바라보고 절하며 말하기를 "이 무릎을 남에게 꿇지 않은 지가 약간 년이 되었다." 하였으며, 李靈曜가 汴州를 점거하고 난을 일으키고서 汴州를 통과하

는 것은 공사간의 물건을 막론하고 모두 억류하였으나 오직 郭子儀의 물건만은 감히 가까이 하지 못하고 군사들을 보내 호위하여 경내를 나가게 하였다. 中書令을 맡은 것이 모두 24년인데, 매월 봉급으로 들어오는 돈이 2만 緡이었으나 사사로운 재산은 여기에 포함되지 않았으며, 府庫의 진귀한 재화가 산처럼 쌓여 있었다. 집안 식구가 3천 명이었고, 여덟 명의 아들과 일곱 명의 사위가 모두 조정의 현달한 관원이 되었으며, 몇십 명의 손자들이 문안할 때마다 다 구별하지 못하고 고개를 끄덕일 뿐이었다.

僕固懷恩, 李懷光, 渾瑊 등이 모두 郭子儀의 휘하에서 나와 비록 王公의 귀함에 이르렀으나 郭子儀가 항상 턱으로 부리고 손가락으로 지시하면 급히 앞으로 달려 나왔고, 郭子儀의 집안 사람들 역시 그들을 노비로 여기니, 천하의 安危가 그의 한 몸에 달려 있은 지가 거의 30년이었다. 功이 천하를 덮을 정도로 큰데도 군주가 의심하지 않고, 지위가 신하로서 최고에 도달했는데도 사람들이 미워하지 않고, 사치와 욕망을 극도로 누렸는데도 사람들이 비난하지 않았다. 나이 85세에 죽었다. 그의 장수와 보좌로서 大官에 이르고 名臣이 된 자가 매우 많았다.

1) 〔頭註〕 考凡二十四 : 肅宗乾元戊戌年에 始爲中書令하고 至德宗建中辛酉年하여 薨하니 通二十四年이라

郭子儀가 肅宗 乾元 무술년(758)에 처음 中書令이 되고 德宗 建中 신유년(781)에 이르러 죽으니, 통틀어 24년이다.

2) 〔頭註〕 八子 : 曜晞旰晤曖曙映이라

郭子儀의 여덟 아들은 郭曜, 郭晞, 郭旰, 郭晤, 郭晤, 郭曖, 郭曙, 郭映이다.

3) 〔原註〕 頷之而已 : 頷은 五感反이니 首肯也라 〔釋義〕 左傳襄二十六年에 衛侯復歸할새 逆於門者頷之而已라한대 註에 頷은 搖其頭也하니라 〔頭註〕 頷은 點頭而應之라

〔原註〕 頷은 五感反(함)이니, 머리를 끄덕여 응하는 것이다. 〔釋義〕 ≪春秋左傳≫ 襄公 26년조에 "衛侯가 다시 돌아올 적에 문에서 맞이하는 자가 고개를 끄덕거릴 뿐이었다." 하였는데, 註에 "頷은 머리를 아래위로 흔드는 것이다." 하였다. 〔頭註〕 頷은 머리를 끄덕거려 응대하는 것이다.

4) 〔附註〕 僕固懷恩 : 鐵勒部人이라 初에 祿山叛에 從郭子儀하야 討賊雲中하고 代

宗時에 拜太保兼中書令, 太寧郡王이러니 德宗二年에 病死靈武하니라

僕固懷恩은 鐵勒部 사람이다. 처음에 安祿山이 반란을 일으켰을 적에 郭子儀를 따라 雲中에서 적을 토벌하였고, 代宗 때에 太保 兼 中書令에 제수되고 太寧郡王에 봉해졌는데, 德宗 2년에 靈武에서 병으로 죽었다.

5) 〔附註〕 李懷光 : 渤海靺鞨人이라 父茹以功賜姓李하고 爲朔方節度使하다 德宗時에 懷光이 率兵敗朱泚하야 加副元帥러니 爲盧杞阻隔하야 陰連朱泚어늘 帝遣渾瑊討之한대 爲朔方副將所斬하고 傳首以獻하니라

李懷光은 渤海 靺鞨 사람이다. 아버지 茹가 功으로 李氏姓을 하사받고 朔方節度使가 되었다. 德宗 때에 李懷光이 군사를 거느리고 朱泚를 패퇴시켜 부원수에 임명되었는데, 盧杞에게 저지당하자 은밀히 朱泚와 연합하였다. 황제가 渾瑊을 보내어 토벌하게 하였는데, 朔方副將에게 참수당하고 머리를 파발마로 전달하여 바쳤다.

6) 〔附註〕 渾瑊(감) : 本鐵勒九姓[*]之渾部也라 從子儀하야 與慶緖戰하야 功多하야 拜太常卿하고 德宗時에 平朱泚하고 論功拜兼侍中하고 封咸寧郡王이러니 卒謚忠武하니라

渾瑊은 본래 鐵勒九姓의 渾部이다. 郭子儀를 따라 安慶緖와 싸워 많은 공을 세우고 太常卿에 제수되었으며, 德宗 때에 朱泚를 평정하고는 공을 논하여 兼侍中에 제수되고 咸寧郡王에 봉해졌는데, 죽자 忠武라고 시호하였다.

*) 鐵勒九姓 : 당나라 때 鐵勒族은 回紇, 僕固, 渾, 拔野古, 同羅, 思結, 契苾, 阿布思, 骨崙屋骨으로 나누어졌는데, 합해서 모두 9개 부락이므로 史家들이 칭하기를 九姓鐵勒이라 하였고 줄여서 九姓이라고 칭하였는데, 원래의 이름은 敕勒이다.

贊曰 天寶之末에 盜發幽陵[1]하야 外阻內訌[2]이러니 子儀自朔方으로 提孤軍하고 轉戰逐北(배)하야 誓不還顧라 當是時하야 天子西走하야 唐祚若綴旒[3]러니 而能輔太子하야 再造王室하고 及大難略平에 遭讒惎(기)[4]하야 詭奪兵柄이나 然朝聞命이면 夕引道하야 無纖芥自嫌이라 及被圍涇陽에 單騎見虜하야 壓以至誠하야 猜忍沮謀[5]하니 雖唐命方永이나 亦由忠貫日月하야 神明扶持者哉인저 及光弼等은 畏偪不終[6]이로되 而子儀完名高節하야 爛然[7]獨著하야 福祿永終하니 雖齊桓晉文이라도 比之爲褊[8]이라 唐史臣裴(洎)〔垍〕가 稱權傾天下而朝不忌하고 功蓋一世而上不疑하고 侈窮人欲而議者不之貶이라하니 嗚呼

라 (洎)〔垍〕誠知言[9]이라 其子孫이 多以功名顯하니 蓋盛德後云이라

≪新唐書≫ 〈郭子儀列傳〉 贊에 말하였다.

"天寶 말년에 도둑이 幽陵에서 일어나 밖에서 막고 안으로 어지러웠는데, 郭子儀가 朔方에서 고립된 군대를 이끌고 전전하면서 싸워 패주하는 적들을 추격하고 맹세코 그대로 돌아가려고 하지 않았다. 이때를 당하여 천자가 서쪽으로 도망하여 唐나라 국운이 깃술〔綴旒〕처럼 위태로웠는데, 郭子儀가 태자를 보필하여 다시 왕실을 재건하였고, 큰 난리가 대략 평정되자 참소와 시기를 당하여 속임수로 兵權을 빼앗겼으나 아침에 명령을 들으면 저녁에 길을 떠나서 털끝만큼도 스스로 혐의함이 없었다. 涇陽에서 포위당하자 單騎로 오랑캐를 만나 至誠으로 진압하여 시기심 많고 잔인한 回紇의 계책을 막았으니, 비록 唐나라의 국운이 장구하였기 때문이기는 하지만 또한 그의 충성심이 해와 달을 꿰뚫어 神明이 보호하였기 때문이다.

李光弼 등은 핍박함을 두려워하여 잘 끝마치지 못하였으나 郭子儀는 명예를 온전히 보전하고 절개를 드높여 찬란하게 홀로 드러나서 복록을 누려 길이 잘 마쳤으니, 비록 齊나라 桓公과 晉나라 文公에게 견준다 해도 부족하다. 唐나라 史臣 裴垍(기)가 그를 칭찬하여 '권세가 천하를 휩쓸었으나 조정에서 시기하지 않았고, 功이 온 세상을 덮을 정도로 컸으나 임금이 의심하지 않았고, 사치함이 사람의 욕망을 다하였으나 의논하는 자들이 폄하하지 않았다.' 하였으니, 아! 裴垍는 진실로 진리를 알았다. 그 자손들이 功名으로 현달한 자가 많았으니, 이는 盛德을 쌓은 뒤이기 때문이다."

1)〔頭註〕盜發幽陵 : 盜는 謂安祿山이라

도둑은 安祿山을 이른다.

2)〔頭註〕內訌 : 訌은 亂也라

訌은 어지러움이다.

3)〔通鑑要解〕綴旒[*)] : 旒는 旗之垂者니 旗之縿이 爲旒所綴者也라

旒는 旗의 술이 아래로 늘어져 있는 것이니, 旗의 기폭이 기의 술에 매여있는 것과 같은 것이다.

*) 綴旒 : 보기에 금방 떨어질 것 같이 위험함을 비유하는 말로, 국가의 형세가 위

태로움을 이른다.

4)〔通鑑要解〕讒惎(기)：惎는 音忌이니 毒也라

惎는 음이 기이니, 해독을 끼치는 것이다.

5)〔頭註〕猜忍沮謀：猜忍은 謂回紇也라

시기심 많고 잔인한 것은 回紇을 이른다.

6)〔附註〕光弼等 畏偪不終：光弼與子儀齊名하야 世稱李, 郭이러니 卒爲魚朝恩, 程元振所忌하야 日謀有以中傷之하니 光弼恐이라 會에 吐蕃寇京師어늘 代宗이 詔入援한대 光弼이 畏禍(還)〔遷〕延하니 見上卷甲辰年하니라

李光弼은 郭子儀와 명성이 똑같아서 세상에서는 李·郭이라고 일컬었는데, 끝내 魚朝恩과 程元振에게 시기를 당하여 이들이 날마다 李光弼을 중상모략할 것을 모의하니, 李光弼이 이들을 두려워하였다. 마침 吐蕃이 京師를 침략하자 代宗이 그에게 조칙을 내려 구원하게 하였는데, 李光弼은 화를 입을까 두려워하여 머뭇거렸다. 이 내용은 上卷 甲辰年條에 보인다.

7)〔頭註〕爛然：爛은 明也라

爛은 밝음이다.

8)〔頭註〕比之爲褊：褊은 陜陋也라

褊은 누추하고 좁음이다.

9)〔譯註〕知言：≪孟子≫에 보이는 내용으로, 천하의 말의 이치를 알아 천하의 일에 의심스런 바가 없음을 이르나, 후세에는 진리를 아는 훌륭한 말을 가리킨다.

〔新增〕胡氏曰 功蓋天下而上不疑하고 位極人臣而衆不疾은 此漢唐以來將相所難者어늘 子儀以何道而能然고 惟仗忠信하고 安義命而已矣라 史又稱其窮奢極欲[1]하니 愚切(竊)恐其言之過矣라 窮奢極欲은 小人處富貴者之所爲也니 曾謂子儀之賢而有是哉아

胡氏(胡寅)가 말하였다.

"郭子儀는 功이 천하를 뒤덮을 정도로 큰데도 임금이 의심하지 않고 지위가 신하로서 최고의 자리에 도달하였는데도 사람들이 미워하지 않았으니, 이는 漢·唐 이래로 장수와 재상이 어렵게 여기는 것이었는데 郭子儀가 무슨 방법으로 이렇게 하였는가. 이는 오직 忠信에 의거하고 의리와 천명을 편안히 여겼기 때문일 뿐이다. 史臣이 또 '그가 사치함과 욕망을 지극히 하였다.'

고 칭하였으니, 내 생각에는 이 말이 지나친 듯하다. 사치함과 욕망을 지극히 하는 것은 소인으로서 부귀에 처한 자가 하는 짓이니, 郭子儀와 같이 어진 사람이면서 이런 일이 있다고 이를 수 있겠는가."

1)〔譯註〕窮奢極欲：매우 사치하고, 욕망을 다함을 이른다.

七月에 **詔馬燧**[1)]하야 **將步騎二萬**하야 **與李抱眞**[2)]으로 **討田悅**하고 **又遣李晟**[3)]하야 **將神策兵**[4)]하야 **與之俱**하다

7월에 馬燧에게 명하여 보병과 기병 2만을 거느리고 李抱眞과 함께 田悅을 토벌하게 하고, 또 李晟을 보내어 神策軍을 거느리고 그와 함께 田悅을 공격하게 하였다.

1)〔頭註〕馬燧：河東節度使라
馬燧는 河東軍節度使이다.
2)〔頭註〕李抱眞：昭義節度使라
李抱眞은 昭義軍節度使이다.
3)〔頭註〕李晟：神策都將이라
李晟은 神策軍 都將이다.
4)〔頭註〕神策兵：天子禁軍이라
神策兵은 천자의 禁軍이다.

○ **盧杞譖楊炎**하야 **十月**에 **貶崖州司馬**하고 **遣中使護送**이러니 **未至崖州**하야 **縊殺之**하다

盧杞가 楊炎을 참소하여 10월에 崖州司馬로 좌천시키고 中使를 보내어 호송하였는데, 崖州에 이르기 전에 그를 목졸라 죽였다.

【壬戌】三年이라

建中 3년(임술 782)

馬燧等諸軍이 **直趨魏州**하니 **田悅**이 **率軍四萬**하고 **踰橋**[1)]**掩其後**어늘 **燧結陣**하고 **縱銳兵擊之**하니 **悅軍**이 **大敗**라 **悅**이 **收餘兵千餘人**하야 **走魏州**하다 **燧與李抱眞不協**하야 **頓兵平邑浮圖**[2)]하고 **遷延不進**이러니 **悅**이 **入城旬餘日**에 **燧等諸軍**이 **始至城下**하야 **攻之不克**하다

馬燧 등 諸軍이 곧바로 魏州로 달려가니, 田悅이 군대 4만 명을 거느리고 다리를 건너와 그 후미를 엄습하였다. 馬燧가 진을 치고 정예병을 풀어 공격하니, 田悅의 군대가 대패하였다. 田悅은 남은 군사 천여 명을 수습하여 魏州로 달아났다. 馬燧가 李抱眞과 화합하지 못하여 平邑의 사찰에 군대를 주둔시키고 지체하여 전진하지 않았다. 田悅이 성에 들어간 지 10여 일이 지나서야 馬燧 등 諸軍이 비로소 성 아래에 이르러 공격하였으나 이기지 못하였다.

1)〔頭註〕踰橋：燧與悅夾洹水而軍이러니 燧爲三橋하야 踰洹水하야 日往挑戰하니라
馬燧가 田悅과 洹水를 끼고 주둔하였는데, 馬燧가 세 개의 교량을 만들어 洹水를 건너가 날마다 가서 도전하였다.

2)〔頭註〕浮圖[*)]：佛寺也니 在魏州南하니라 浮圖는 見二十九卷하니라
浮圖는 불교의 사찰이니, 魏州 남쪽에 있다. 浮圖는 29권에 보인다.

*) 浮圖：浮屠와 동용하여 쓴다. 釋典에 이르기를 "승려를 浮屠라 하고, 塔을 또한 浮屠라 한다. 정식 명칭은 佛佗이니 浮屠와 음이 서로 비슷하다. 중국말로는 正覺이니, 지금은 佛이라고 약칭한다." 하였다.

○ **三月**에 **上**이 **遣中使**하야 **發盧龍, 恒冀, 易定**[1)]**兵萬人**하야 **詣魏州**하야 **討田悅**이러니 **王武俊**은 **不受詔**하고 **朱滔亦擧兵而南**하야 **以救魏州**하다

3월에 上이 中使를 보내어 盧龍·恒冀·易定 三鎭의 병력 만 명을 징발하여 魏州에 나아가 田悅을 토벌하게 하였는데, 王武俊은 詔命을 받지 않았고 朱滔 또한 군대를 거느리고 남쪽으로 와서 魏州(田悅)를 구원하였다.

1)〔頭註〕盧龍, 恒冀, 易定：盧龍은 朱滔요 恒冀는 王武俊이요 易定은 張孝忠이니 本奚乞失活種[*)]이라
盧龍鎭은 朱滔이고, 恒冀鎭(成德軍)은 王武俊이고, 易定鎭(義武軍)은 張孝忠

이니, 본래 奚族의 乞失活 종족이다.

*) 張孝忠 本奚乞失活種 : 張孝忠은 奚族이니, 본래 이름은 阿勞로, 乞失活酋帥의 후예이다. 開元 연간에 당나라에 귀순하였고, 上元 연간에 여러 차례 공을 세워 左領軍將軍으로 승진하고 孝忠이라는 이름을 하사받았다.

○ 時에 兩河[1]用兵에 月費百餘萬緡하니 府庫不支數月이라 太常博士韋都賓, 陳京[2]이 建議하야 以爲貨利所聚는 皆在富商하니 請括富商錢[3]하야 出萬緡者는 借其餘하야 以供軍하소서 計天下컨대 不過借一二千商이면 則數年之用이 足矣리이다 上이 從之하야 詔借商人錢할새 令度支杜佑로 大索長安中商賈所有貨호되 意其不實이면 輒加榜棰(추)하니 人不勝苦하야 有縊(의)死者라 長安囂然하야 如被寇盜러라 計所得하니 纔八十餘萬緡이라 又括僦櫃(취궤)質錢[4]하야 凡蓄積錢帛粟麥者를 皆借四分之一하고 封其櫃窖(교)하니 百姓이 爲之罷市라 計幷借商所得하니 纔二百萬緡이로되 人已竭矣러라

이때에 兩河 지방에서 군대를 운용함에 매월 백여 만 緡을 허비하니, 국가의 府庫가 고갈되어서 지급하지 못한 지가 몇 달이었다. 太常博士 韋都賓과 陳京이 건의하여 이르기를 "재화의 이익은 모두 부유한 장사꾼에게 모여 있으니, 청컨대 부유한 상인들의 재화를 조사하여 만 緡을 넘는 자는 그 남는 것을 빌려서 군대에 공급하도록 하소서. 천하를 계산해보건대 불과 1, 2천 명의 상인에게 빌리면 수년의 비용이 충분해질 것입니다." 하였다.

上이 그 말을 따라 조칙을 내려 상인들의 돈을 빌릴 적에 度支의 일을 맡은 杜佑로 하여금 長安에 있는 장사꾼들이 소유한 재화를 대대적으로 조사하게 하되 보고한 숫자가 진실하지 않다고 생각되면 번번이 곤장을 치니, 사람들이 고통을 이기지 못해서 목을 매달아 죽는 자가 있었다. 그리하여 長安이 시끄러워 도둑의 폐해를 입은 것과 같았다. 또 얻은 재화를 계산해보니, 겨우 80여만 緡이었다.

또 僦櫃의 質錢(전당잡힌 돈)을 조사하여 무릇 돈과 비단과 곡식과 보리를 저축한 자들에게는 모두 저축한 숫자의 4분의 1을 빌리고 僦櫃와 質錢와 窖

(지하창고)를 봉함하니, 백성들이 이 때문에 시장을 파하였다. 상인들에게서 빌린 것을 계산해보니, 겨우 2백여 만 緡이었으나 백성들은 이미 재정이 고갈되었다.

1) 〔附註〕 兩河 : 河南北이니 河南은 淄青李正己요 河北은 魏博田悅, 盧龍朱滔, 成德王武俊, 鎭冀李惟岳也라 共謀拒命하니 見上辛酉年하니라 〔通鑑要解〕 兩河는 河南北也라

〔附註〕 兩河는 河南과 河北이니, 河南은 淄青軍의 李正己이고, 河北은 魏博軍의 田悅, 盧龍軍의 朱滔, 成德軍의 王武俊, 鎭冀軍의 李惟岳이다. 이들은 조정의 명령을 거역할 것을 함께 모의하였으니, 앞의 辛酉年(781)에 보인다. 〔通鑑要解〕 兩河는 河南과 河北이다.

2) 〔通鑑要解〕 陳京 : 陳宣帝子叔明之五世孫也라

陳宣帝의 아들인 叔明의 5세손이다.

3) 〔頭註〕 括富商錢 : 括은 檢也라

括은 조사하는 것이다.

4) 〔釋義〕 僦櫃(취궤)質錢 : 僦는 卽就反이니 賃也요 質은 物相贅也라 〔通鑑要解〕 僦는 賃借也라 民間에 以物質錢이라가 異時贖出하되 於母錢之外에 復還子錢하니 謂之僦櫃라 質은 贅以物質錢也니 質은 之日切이라 又音致니 信也라

〔釋義〕 僦는 卽就反(취)이니 빌리는 것이요, 質은 물건을 서로 저당잡히는 것이다. 〔通鑑要解〕 僦는 빌리는 것이다. 民間에서 물건을 저당잡히고 돈을 빌렸다가 후일에 갚되 本錢 이외에 다시 이자를 상환하니, 이를 일러 僦櫃라고 한다. 質은 물건을 저당잡히고 돈을 빌리는 것이니, 質은 之日切(질)이다. 또 다른 음은 지이니 진실함이다.

○ 朱滔, 王武俊軍이 至魏州하니 是日에 李懷光軍亦至라 馬燧等이 盛軍容迎之하니 滔以爲襲己라하야 遽出陳이러니 懷光이 勇而無謀하야 遂擊滔於愜山之西라가 官軍大敗라 退保魏縣하야 以拒滔하다

朱滔와 王武俊의 군대가 魏州에 이르니, 이날 李懷光의 군대 역시 도착하였다. 馬燧 등이 軍容을 성대히 하여 이들을 맞이하니 朱滔는 자신들을 기습하는 것이라고 여기고는 급히 나와서 진을 쳤는데, 李懷光은 용감하기만 하

고 智謀가 없었다. 그리하여 마침내 朱滔를 愜山 서쪽에서 공격하다가 官軍이 대패하였다. 이에 후퇴하여 魏縣을 지키면서 朱滔를 막았다.

○ 上이 初卽位에 崔祐甫爲相하야 務崇寬大라 故로 當時政聲藹(애)然하야 以爲有貞觀之風이라하더니 及盧杞爲相에 知上性多忌하고 因以疑似로 離間群臣하고 始勸上以嚴刻御下하니 中外失望하니라

上이 처음 즉위했을 때에 崔祐甫가 재상이 되어 힘써 관대함을 숭상하였다. 그러므로 당시에 정치를 잘한다는 명성이 크게 나서 貞觀之治의 유풍이 있다고 여겼는데, 盧杞가 재상이 되자 上의 성품이 시기가 많음을 알고는 인하여 의심스럽고 유사한 일로써 群臣들을 이간질하였으며, 처음으로 上에게 엄하고 각박한 방법으로 아랫사람들을 어거할 것을 권하니, 中外가 실망하였다.

○ 十一月에 田悅이 德朱滔之救하야 與王武俊議하야 奉滔爲王하고 稱臣事之한대 滔不可[1]라 於是에 滔自稱冀王하고 田悅稱魏王하고 王武俊稱趙王하고 李納稱齊王하다

11월에 田悅은 朱滔가 구원해 준 것을 고맙게 여겨 王武俊과 의논하여 朱滔를 받들어 왕으로 삼고 자신은 臣을 칭하여 그를 섬겼는데, 朱滔가 허락하지 않았다. 이에 朱滔는 스스로 冀王을 칭하고, 田悅은 魏王을 칭하고, 王武俊은 趙王을 칭하고, 李納은 齊王을 칭하였다.

1) 〔附註〕 滔不可 : 幽州判官李子千等이 共議하야 以爲如此면 則常爲叛臣하야 用兵無名이라 使將吏無所依歸하니 請與鄆州爲四國하야 俱稱王이라한대 滔等이 皆以爲然하야 於是에 各稱王하니라 鄆州는 淄青所領이라

幽州判官 李子千 등이 함께 의논하여 이르기를 "이와 같이 하면 항상 반역한 신하가 되어서 군대를 출동할 적에 명분이 없다. 장수와 관리들로 하여금 의지하여 돌아갈 곳이 없게 하니, 鄆州와 함께 네 나라가 되어서 함께 왕을 칭하기를 청한다." 하니, 朱滔 등이 모두 그 말을 옳게 여겨서 이에 각각 왕을 칭하였다. 鄆州는 淄青의 李正己가 관할하는 곳이다.

○ 十二月에 李希烈이 亦自稱天下都元帥하다

12월에 李希烈도 스스로 天下都元帥라 칭하였다.

【癸亥】 四年이라

建中 4년(계해 783)

初行稅間架와 除陌錢[1]法하다 舊制에 諸道軍出境이면 則仰給度支[2]러니 上이 優恤士卒하야 每出境에 加給酒肉하고 本道粮을 仍給其家호되 一人에 兼三人之給이라 故로 將士利之하야 各出軍에 纔踰境而止라도 月費錢百三十餘萬緡하야 常賦不能供이라 判度支趙贊이 乃奏行二法하니 所謂稅間架者는 每屋에 兩架爲間하야 上屋은 稅錢二千하고 中은 稅千하고 下는 稅五百이라 吏執筆하고 入人室廬하야 計其數할새 或有宅屋多而無他資者도 出錢이 動數百緡이요 敢匿一間이면 杖六十하고 賞告者는 錢五十緡이러라 所謂除陌錢者는 公私給與及買賣에 每緡에 官留五十錢하고 給他物及相貿易[3]者는 約錢爲率하고 敢隱錢百이면 杖六十과 罰錢二千이요 賞告者는 錢十緡호되 其賞錢이 皆出坐事之家라 愁怨之聲이 盈於遠近하니라

처음으로 間架稅와 除陌錢法을 시행하였다. 옛 제도에 여러 도의 군대가 경내를 나가면 비용을 度支에게 우러러 공급받았는데, 上은 사졸들을 넉넉히 구휼하여 경내를 나갈 때마다 술과 고기를 더 지급하고 본도의 양식을 그의 집에 지급하되 한 사람에게 세 사람분의 양식을 겸하여 지급하였다. 그러므로 장병들이 이것을 이롭게 여겨 각각 출병할 때에 경내를 나가자마자 중지해도 매월 돈 130여만 緡을 허비하여 정상적인 세금으로는 공급할 수가 없었다.

判度支 趙贊이 마침내 위의 두 가지 법을 아뢰어 시행하니, 이른바 間架稅라는 것은 매 집마다 두 架(보)를 한 칸으로 쳐서 최상의 집은 2000전을,

중간의 집은 1000전을, 하등의 집은 500전을 세금으로 내었다. 아전이 붓을 잡고 백성들의 집에 들어가 숫자를 계산할 적에 혹 집의 칸수는 많지만 다른 資産이 없는 자도 번번이 수백 緡을 간가세로 내었으며, 감히 한 칸을 숨기는 자가 있으면 곤장이 60대였고 고발하는 자에게는 돈 50緡을 상으로 주었다. 소위 除陌錢이라는 것은 公私間에 지급하는 재물과 물건을 매매할 적에 매 1緡마다 관청에서 50전을 징수하였고, 다른 물건을 주거나 서로 물건을 가지고 무역하는 자들은 돈으로 계산하여 비율로 삼아 세금을 내었으며, 감히 100전을 숨기는 자가 있으면 곤장 60대와 벌금 2천 전을 내었고, 고발하는 자에게는 돈 10緡을 상으로 주되 상으로 주는 돈은 모두 규정을 위반한 집에서 나왔다. 이에 백성들이 근심하고 원망하는 소리가 원근에 가득하였다.

1)〔頭註〕稅間架 除陌錢[*)]：除는 留也요 陌者는 借百字用之라 其實은 只是百字니 如什與伍爾니라

除는 남겨두는 것이고, 陌은 百字를 빌려 쓴 것이다. 陌은 실은 百字이니 什, 伍와 같을 뿐이다.

*) 稅間架 除陌錢：間架稅는 집의 칸 수와 가격에 따라 세 등급으로 나누어 부과한 세금인데, 다른 재산은 없고 물려받은 큰 집만 갖고 있던 士族들은 무거운 세금을 내게 되어 고통을 감당하지 못했고, 집의 칸 수를 속인 자는 杖刑과 추징을 당했다. 除陌錢은 물건을 매매할 때 거래량에 따라 관아에 납부하던 세금으로, 처음에는 1000전당 20文(전)을 납부하였는데 50文까지 증가하였다. 시장중개인〔市牙〕을 통해 매매가 이루어지게 하고 사적인 거래를 통제하였기 때문에 중개인의 권한이 강화되어 세금을 숨기고 도둑질하는 것이 많아 국가의 수입이 반도 되지 못하고 원성이 자자하였다. 이 두 가지 법은 貞元 초기에 폐지되었다. ≪舊唐書 卷49 建中 4年≫

2)〔頭註〕仰給度支：給은 供給也니 下之給同이라 度支는 戶部屬官이니 掌天下租賦物産하야 歲計所出而支調之하니라

給은 공급받는 것이니, 아래의 '加給酒肉'의 給字도 같다. 度支는 戶部에 속한 관청이니, 천하의 조세와 물산을 관장하여 해마다 세금이 나오는 것을 헤아려 알맞게 처리한다.

3)〔釋義〕貿易 : 貿는 莫侯反이니 易財也라

貿는 莫侯反(무)이니 재물을 교역하는 것이다.

〔史略 史評〕范氏曰 德宗이 有平一海內之志로되 而求欲速之功하야 不務養民而先用武하니 民愁兵怨하야 激而成亂이라 自古로 不固邦本而攻戰不息者는 必有意外之患하니 此後王之深戒也니라

范氏(范祖禹)가 말하였다.

"德宗은 海內를 평정하여 통일하려는 뜻이 있었으나 속히 달성하고자 하는 功을 구하여 백성을 기르기를 힘쓰지 않고 먼저 武力을 사용하니, 백성들이 근심하고 병사들이 원망하여 격해져서 난을 이루었다. 예로부터 나라의 근본(백성)을 견고하게 하지 않고 공격과 전투를 그치지 않은 자는 반드시 뜻밖의 환난이 있었으니, 이는 後王들이 깊이 경계해야 할 바이다."

○ 初에 上이 在東宮할새 聞監察御史陸贄名이러니 及卽位에 召爲翰林學士하고 數(삭)問以得失하니 時에 兩河用兵이 久不決하야 賦役日滋라 贄以兵窮民困하야 恐別生內變이라하야 乃上奏하니 其略曰 克敵之要는 在乎將得其人이요 馭將之方은 在乎操得其柄이니 將非其人者는 兵雖衆이나 不足恃요 操失其柄者는 將雖材나 不爲用이라하고 又曰 將不能使兵하고 國不能馭將이면 非止費財翫寇之弊라 亦有不戢自焚之災[1]라하고 又曰 無紓目前之虞[2]면 或興意外之患이니 人者는 邦之本也요 財者는 人之心也라 其心傷則其本傷하고 其本傷則枝幹顚瘁矣라하고 又論關中形勢하야 以爲王者蓄威以昭德이니 偏廢則危요 居重以馭輕[3]이니 倒持則悖니 王畿者는 四方之本也라 太宗이 列置府兵하야 分隷禁衛하시니 大凡諸府八百餘所에 而在關中者 殆五百焉이라 擧天下라도 不敵關中之半하니 則居重馭輕之意明矣라 承平漸久하야 武備浸微하니 雖府衛具存이나 而卒乘罕習이라 故로 祿山이 竊倒持之柄[4]하고 乘外重之資하야 一擧滔天에 兩京不守하니 是는 皆失居重馭輕之權하고 忘深根固柢[5]之慮니 陛

下追想及此하시면 **豈不爲之寒心哉**잇가 **今朔方, 太原之衆**[6]이 **遠在山東**하고 **神策六軍**[7]**之兵**이 **繼出關外**[8]하야 **關輔之間**[9]에 **徵發已甚**하고 **宮苑之內**에 **備衛不全**하니 **萬一將帥之中**에 **有如朱滔, 希烈**하야 **或負固邊壘**하야 **誘致豺狼**하고 **或竊發郊畿**하야 **驚犯城闕**이면 **未審陛下復何以備之**시리잇고 **陛下儻過聽愚計**신댄 **所遣神策六軍李晟等及節將子弟**[10]를 **悉可追還**하고 **明敕涇, 隴, 邠, 寧**하사 **但令嚴備封守**하소서 **仍云更不徵發**이라하사 **使知各保安居**하시고 **又降德音**하사 **罷京師及畿縣間架等雜稅**하시면 **則冀已輸者弭怨**[11]하고 **見處者獲寧**하야 **人心不搖**하야 **邦本自固**하리이다 **上**이 **不能用**하다

처음에 上이 東宮에 있을 적에 監察御史 陸贄의 명성을 들었는데, 즉위한 뒤에 그를 불러 翰林學士로 임명하고 정사의 득실을 자주 물었다. 이때 조정에서는 兩河에 군대를 출동시켜 반란군을 토벌하는 것이 오랫동안 끝나지 않아서 부역이 날로 늘어났다.

陸贄는 군사들이 피로하고 백성들이 곤궁하여 별도로 내란이 생길까 두렵다 하여 마침내 上奏하였는데, 그 대략에 아뢰기를 "적을 이기는 요점은 장수를 선발함에 적임자를 얻는 데에 달려 있고, 장수를 어거하는 방법은 권력을 잡음에 칼자루를 얻는데 달려 있으니, 장수가 적임자가 아니면 군사가 비록 많더라도 믿을 수가 없고, 권력을 잡음에 칼자루를 잃으면 장수가 비록 재주가 있더라도 쓰이지 못합니다." 하였다.

또 아뢰기를 "장수가 병사들을 제대로 부리지 못하고 국가에서 장수들을 제대로 어거하지 못하면 다만 재물을 허비하고 반역한 자들을 방치하는 폐단이 있을 뿐만 아니라, 또한 단속하지 않으면 자신을 불태우게 된다." 하였다.

또 말하기를 "목전의 근심을 늦추지 않으면 혹 의외의 환난이 일어날 수 있으니, 백성은 나라의 뿌리이고 재물은 백성의 심장입니다. 심장이 상하면 그 뿌리가 상하고, 뿌리가 상하면 가지와 줄기가 쓰러지고 병이 듭니다." 하였다.

또 關中 지방의 형세를 논하여 아뢰기를 "王者는 위엄을 쌓아 덕을 밝혀야

하니 덕과 위엄 중에 한 가지라도 폐하면 위태롭고, 중한 위치에 있으면서 가벼운 것을 어거해야 하니 거꾸로 잡으면 어그러집니다. 王畿는 사방의 근본입니다. 太宗이 府兵을 설치하여 禁衛에 나누어 예속시키셨으니, 대략 800여 곳의 軍府가 있는데 그중에 關中에 있는 것이 거의 500곳이었습니다. 천하의 軍府를 모두 동원한다 해도 關中에 있는 兵力의 반을 대적하지 못하였으니, 중한 위치에 있으면서 가벼운 것을 어거한 뜻이 분명합니다.

태평한 지가 점점 오래되어 조정의 武備가 차츰 미약해지니, 비록 軍府와 戍衛가 모두 남아 있으나 보병과 전차병이 騎馬 훈련을 익히는 일이 드물었습니다. 그러므로 安祿山이 거꾸로 잡은 칼자루를 훔쳐서 쥐고 外地의 강대한 밑천을 이용하여 일거에 하늘을 찌를 듯이 쳐들어오자 長安과 洛陽 두 서울이 지켜지지 못하였으니, 이는 모두 중한 위치에 있으면서 가벼운 것을 어거하는 권세를 잃고, 뿌리를 깊게 하고 바탕을 견고하게 하는 생각을 잊었기 때문입니다. 폐하께서 만약 이러한 점을 추념하신다면 어찌 한심하지 않으시겠습니까.

지금 朔方과 太原의 군사들이 멀리 山東에 나가 있고, 神策六軍의 군사들이 계속하여 關外에 나가서, 關輔의 사이에 징발이 이미 심하고 宮苑의 안에 수비와 호위가 온전하지 못하니, 만일 장수 중에 朱滔와 李希烈과 같은 자가 있어 혹 변방 보루에서 지형의 험함을 믿고 저 豺狼과 같은 오랑캐들을 데려오고, 혹 郊畿에서 몰래 일어나 도성과 대궐을 놀라게 하고 침범한다면 폐하께서는 다시 무엇으로써 수비하시겠습니까.

폐하께서 혹시라도 신의 어리석은 계책을 들으신다면 이미 파견한 神策六軍의 李晟 등 및 절도사와 장수의 자제들을 모두 되돌아 오게 하고 涇隴과 邠寧에 분명하게 신칙하여 다만 국경의 수비를 엄하게 대비하도록 하소서. 그리고 이어서 '다시는 징발하지 않겠다.'고 말씀하시어 백성들로 하여금 편안히 살 수 있음을 알게 하시고, 또 德音을 내려서 京師와 畿縣의 間架稅 등 여러 가지 세금을 없앤다면 이미 세금을 바친 자들은 원망을 그치고 현재 살고 있는 자들은 편안함을 얻어서 인심이 동요되지 아니하여 나라의 근본이 저절로 견고해질 것입니다." 하였으나 上이 따르지 못하였다.

1)〔釋義〕不戢自焚之災：戢은 仄立反이니 藏兵也라〔頭註〕左傳에 兵은 猶火也니 不戢이면 將自焚이라하니라

〔釋義〕戢은 仄立反(집)이니, 병기를 감추는 것이다.〔頭註〕≪春秋左傳≫ 隱公 4년조에 “군사는 불과 같으니, 단속하지 않으면 장차 자신을 불태우게 된다.” 하였다.

2)〔通鑑要解〕無紓目前之虞：紓는 舒也라

紓는 느슨하게 늦추는 것이다.

3)〔譯註〕居重以馭輕：군주가 병권을 장악함으로써 장수를 제어함을 이른다.

4)〔譯註〕竊倒持之柄：거꾸로 잡은 칼자루를 훔쳤다는 뜻으로, 權柄을 신하에게 빼앗겨 도리어 그 폐해를 받음을 이른다. 거꾸로 잡은 칼자루란 ≪漢書≫〈梅福傳〉에, “太阿劍을 거꾸로 쥐고 그 자루는 楚나라에게 주었다.〔倒持太阿 授楚其柄〕”라고 보인다.

5)〔頭註〕深根固柢：柢는 根也라

柢는 뿌리이다.

6)〔頭註〕今朔方, 太原之衆：李懷光은 以朔方軍馬하고 燧는 以太原軍으로 討田悅하니라

李懷光은 朔方의 軍馬를, 馬燧는 太原의 군사를 거느리고 田悅을 토벌하였다.

7)〔頭註〕六軍：皆屯苑中이러니 時悉在行營이라〔通鑑要解〕左右羽林, 左右龍武, 左右神策을 爲六軍이라

〔頭註〕六軍은 모두 禁苑(대궐) 안에 주둔하는데, 이 당시에는 모두 行營에 있었다.〔通鑑要解〕左・右羽林, 左・右龍武, 左・右神策을 六軍이라 한다.

8)〔頭註〕神策六軍之兵 繼出關外：時에 李晟, 哥舒曜, 劉德信等이 皆以禁兵으로 出關討賊하니라

이때 李晟, 哥舒曜, 劉德信 등이 모두 禁軍을 데리고 관외로 나가 적을 토벌하였다.

9)〔釋義〕關輔之間：漢關中之三輔也라 曰京兆尹이요 曰左馮(풍)翊이요 曰右扶風이니 唐改爲關內道也하니라

關輔는 漢나라 關中의 三輔이다. 京兆尹과 左馮翊과 右扶風이니, 唐나라는 이를 고쳐 關內道라 하였다.

10)〔頭註〕節將子弟：卽白志貞所奏遣東征者라 本傳에 作將家子占而東者라 節은 卽節度使也라

절도사와 장수의 자제들은 바로 白志貞이 주청하여 동쪽을 정벌하러 보낸 자들이다. ≪新唐書≫ 〈陸贄傳〉에는 '將家子占而東者'로 되어 있다. 節은 곧 節度使이다.

11) 〔釋義〕 弭怨 : 彌는 綿婢反이니 止也라
彌는 綿婢反(미)이니 그치는 것이다.

○ 李希烈이 圍襄城하니 上이 發涇原等諸道兵하야 救之하다 十月에 涇原節度使姚令言이 將兵五千하고 至京師하니 軍士冒雨寒甚이라 多携子弟而來하야 冀得厚賜하야 遺其家러니 既至에 一無所賜하고 發至滻水에 詔京兆尹王翃(굉)하야 犒(호)師할새 惟糲食菜餤[1]이라 衆怒하야 蹴而覆(복)之[2]하고 因揚言曰 吾輩將死於敵이어늘 而食且不飽하니 安能以微命拒白刃邪아 聞瓊林, 大盈[3]二庫에 金帛盈溢이라하니 不如相與取之라하고 乃擐甲張旗하고 鼓譟[4]하야 還趣(趨)京師하다

李希烈이 襄城을 포위하니, 上이 涇原 등 여러 도의 군사를 징발하여 구원하게 하였다. 10월에 涇原節度使 姚令言이 군사 5천 명을 거느리고 京師에 이르니, 軍士들이 비를 무릅쓰고 행군하여 추위가 심하였다. 이들은 자제들을 많이 거느리고 와서 후한 하사를 얻어 집으로 보내줄 것을 기대하였는데, 도착한 뒤에 한 가지도 하사해 준 것이 없고, 출발하여 滻水에 이르자 京兆尹 王翃에게 명하여 군사들에게 犒饋하였는데 오직 좁쌀밥과 채소로 싼 떡이었다.

여러 군사들이 노하여 음식을 발로 차서 뒤엎고 인하여 큰 소리로 말하기를 "우리들이 장차 적에게 달려들어 싸우다가 죽을 터인데 먹는 것도 배불리 먹지 못하니, 어떻게 하찮은 목숨으로 시퍼런 칼날을 막겠는가. 듣자하니 瓊林庫와 大盈庫 두 창고에는 금과 비단이 가득 차서 넘친다고 하니, 서로 함께 가져가는 것만 못하다." 하고는 마침내 갑옷을 꿰어 입고 깃발을 펼치고는 북을 치고 함성을 지르면서 다시 京師로 달려갔다.

1) 〔釋義〕 犒(호)師 惟糲食菜餤 : 犒는 口到反이니 軍餉也요 餤은 杜覽反이니 餠餤

也라 麵裹菜爲之라

犒는 口到反(고)이니 군사들에게 음식을 먹이는 것이고, 餤은 杜覽反(담)이니 떡이니, 밀가루를 채소로 싸서 만든 것이다.

2)〔釋義〕蹴而覆(복)之 : 蹴은 七六反이니 蹋也라

蹴은 七六反(축)이니 발로 차는 것이다.

3)〔通鑑要解〕大盈 : 內庫*)也니 以中人主之라 至德中에 第五琦 始悉以租賦進入大盈러니 天子以出納爲便이라 故로 不復하니라

大盈庫는 內庫이니 中人(宦官)이 주관하였다. 至德 연간에 第五琦가 처음으로 조세를 모두 大盈庫로 올리게 하였는데, 天子가 출납하는 것을 편리하게 여겼다. 그러므로 이전대로 회복시키지 않았다.

*) 內庫 : 왕궁에 직속되어 왕실 재정을 담당하는 창고를 이른다.

4)〔釋義〕擐甲張旗 鼓譟 : 擐은 胡貫反이니 貫也니 春秋傳에 擐甲執兵이라하니라 譟는 先到反이니 群呼也라

擐은 胡貫反(환)이니 꿰어 입는 것이니, ≪春秋左傳≫에 "갑옷을 꿰어 입고 병기를 잡는다." 하였다. 譟는 先到反(소)이니 여럿이 함성을 지르는 것이다.

○ 初에 神策軍使白志貞이 掌召募禁兵이러니 東征死亡者를 志貞이 皆隱하야 不以聞하고 但受市井富兒賂而補之하니 名在軍籍하야 受給賜나 而身居市廛하야 爲販鬻(육)이라 至是에 上이 召禁兵以禦賊하니 竟無一人至者라 賊已斬關而入이어늘 上이 乃與王貴妃, 韋淑妃, 太子, 諸王으로 自苑北門出하다

처음에 神策軍使 白志貞이 禁兵을 불러 모집하는 일을 관장하였는데, 동쪽을 정벌하다가 사망한 자들을 白志貞이 모두 숨기고 보고하지 않았으며, 단지 市井에 사는 부자집 자제들의 뇌물을 받고 그들로 충원하니, 이름은 軍籍에 있어 조정에서 지급하는 것과 賞賜를 받았으나 몸은 시장의 가게에 있으면서 물건을 팔았다. 이때에 이르러 上이 禁兵을 불러 적을 막게 하니, 마침내 한 사람도 온 자가 없었다. 적이 관문을 공격하여 쳐부수고 서울로 들어오자, 上이 마침내 王貴妃, 韋淑妃, 太子 및 諸王과 함께 上林苑의 북문으로 탈출하였다.

○ 初에 魚朝恩旣誅에 宦官이 不復典兵이라 有竇文場, 霍仙鳴者 嘗事上於東宮이러니 至是하야 帥(솔)宦官左右僅百人以從하다

처음에 魚朝恩이 죽임을 당한 뒤에 宦官이 다시는 군대를 주관하지 않았다. 竇文場과 霍仙鳴이 일찍이 上이 東宮으로 있었을 때에 섬겼는데, 이때에 이르러 환관과 좌우의 측근 겨우 백 명만을 거느리고 수행하였다.

○ 姚令言이 與亂兵謀曰 今衆無主면 不能久持라 朱太尉閑居私第하니 請相與奉之라한대 衆이 許諾이어늘 乃遣數百騎하야 逆朱泚於晉昌里第[1)]하다 泚入宮하야 居含元殿하야 設警嚴하고 自稱權知六軍이라하다

姚令言이 난리를 일으킨 병사들과 의논하기를 "지금 군대에 주장이 없으면 오랫동안 버틸 수가 없다. 朱太尉가 자기 집에서 한가로이 거처하고 있으니, 청컨대 그를 추대하여 받들자." 하니, 군사들이 허락하였다. 마침내 수백 명의 기병을 보내어 朱泚를 晉昌里 집에서 맞이해 왔다. 朱泚는 궁중에 들어와 含元殿에 거처하면서 매우 삼엄하게 경계하고 스스로 權知六軍이라 칭하였다.

1) 〔附註〕 逆朱泚於晉昌里第 : 逆은 迎也라 朱泚는 見上本傳하니 朱滔合田悅叛하고 陰遣人하야 與泚相聞이러니 馬燧獲其書한대 帝召泚還京師하니라
逆은 맞이함이다. 朱泚는 앞의 本傳에 보인다. 朱滔가 田悅과 함께 배반하고 은밀히 사람을 보내어 朱泚와 소식을 주고 받았는데, 馬燧가 그 편지를 가로채자 황제가 朱泚를 불러 京師로 돌아오게 하였다.

○ 上이 至咸陽하야 思桑道茂之言[1)]하야 乃幸奉天하니 文武之臣이 稍稍繼至라 己酉에 左金吾大將軍渾瑊이 至奉天하니 瑊이 素有威望이라 衆心이 恃之稍安이러라

上이 咸陽에 이르러서 桑道茂의 말을 생각하고 마침내 奉天으로 행차하니, 文武大臣들이 차츰 뒤이어 이르렀다. 己酉日(10월 5일)에 左金吾大將軍 渾瑊이 奉天에 이르니, 渾瑊은 평소 위엄과 명망이 있었다. 여러 사람들의 마

음이 그를 믿고 조금 편안해졌다.

1)〔頭註〕桑道茂之言[*]：在上庚申年하니라

桑道茂의 말은 앞의 庚申年(780)에 있다.

*) 桑道茂之言：術士인 桑道茂가 上言하기를 "폐하께서 몇 년을 지나지 아니하여 잠시 궁궐을 떠날 액운이 있습니다. 신이 바라보건대, 奉天에 천자의 기운이 있으니, 마땅히 그 성을 높고 크게 만들어서 만약의 사태에 대비하소서." 하였다.

○ 泚又以司農卿段秀實[1]이 久失兵柄하니 意其必快快이라하야 遣騎士하야 劫之以兵[2]한대 秀實이 自度(탁)不免하고 乃往見泚하다 泚喜曰 段公來하니 吾事濟矣라하고 延坐問計어늘 秀實이 說(세)之하야 使開諭將士하야 示以禍福하고 奉迎乘輿하야 復歸宮闕하라하니 泚默然不悅하니라

朱泚는 또 司農卿 段秀實이 오랫동안 병권을 잃었으니, 그가 반드시 마음속으로 怏怏不樂할 것이라고 생각하여 騎士를 보내어 병기로 위협하였다. 段秀實이 스스로 화를 면치 못할 줄을 헤아리고는 마침내 朱泚를 만나보았다. 朱泚가 기뻐하며 말하기를 "段公이 왔으니, 내 일이 이루어지게 되었다." 하고는 맞이하여 앉히고 계책을 물었다. 段秀實이 설득하기를 "장병들을 잘 타일러 화복을 보여주고 乘輿(황제)를 받들어 맞이해서 다시 還宮하라." 하니, 朱泚가 묵묵히 입을 다물고 좋아하지 않았다.

1)〔附註〕段秀實：初爲涇原節度使러니 及楊炎專政에 欲浚陵陽渠하야 以興屯田하야 訪以利害한대 秀實이 以爲今邊備尙虛하니 未宜興事以召寇라하니 炎怒하야 以爲沮己라하야 徵爲司農卿하니라

段秀實이 처음에 涇原節度使가 되었는데 楊炎이 정사를 전횡할 때에 陵陽의 도랑을 깊이 파서 屯田을 일으키고자 하여 利害를 물으니, 段秀實이 말하기를 "지금 변방의 수비가 아직도 허술하니, 공사를 일으켜 적을 불러들여서는 안 된다."고 하였다. 楊炎이 노하여 자신의 계책을 저지했다 하여 불러들여서 司農卿으로 삼았다.

2)〔通鑑要解〕劫之以兵：秀實謂其子弟曰 吾當死而殉社稷耳라하고 迺往見泚하니라

段秀實이 그 자제들에게 이르기를 "내 마땅히 죽어서 사직을 위해 목숨을 바칠

뿐이다." 하고는 마침내 가서 朱泚를 만났다.

○ 上이 初至奉天하야 詔徵近道兵하야 入援이러니 聞群臣勸泚奉迎하고 乃詔諸道援兵至者를 皆營於三十里外하다 姜公輔[1]諫曰 今宿衛單寡하니 防慮를 不可以不深이라 若泚竭忠奉迎이면 何憚於兵多리잇고 如其不然이면 有備라야 無患이니이다 上이 乃悉召援兵하야 入城하다

上이 처음 奉天에 이르자 부근의 도의 군사들에게 명하여 들어와 구원하게 하였는데, 여러 신하들이 朱泚에게 '大駕를 받들어 맞이하여 還宮할 것'을 권했다는 말을 듣고는 마침내 여러 도에서 구원하러 온 병사들을 모두 30리 밖에 진을 치도록 명하였다.

이에 姜公輔가 간하기를 "지금 宿衛가 고단하고 적으니, 방비하고 염려함을 철저히 하지 않을 수 없습니다. 만일 朱泚가 충성을 다하여 폐하를 받들어 맞이한다면 수비하는 군사가 많음을 어찌 꺼리겠습니까? 만일 朱泚가 이와 같이 하지 않는다면 대비가 있어야 근심이 없습니다." 하니, 上이 마침내 구원병을 모두 불러서 奉天城 안으로 들어오게 하였다.

1) 〔頭註〕 姜公輔 : 翰林學士라
姜公輔는 翰林學士이다.

○ 泚遣涇原兵馬使韓旻하야 將銳兵三千하야 聲言迎大駕라호되 實襲奉天이러니 時에 奉天守備單弱이어늘 段秀實이 謂岐靈岳曰 事急矣[1]라하고 使靈岳으로 詐爲姚令言符하야 令旻且還하야 當與大軍俱發이라하다 是日에 泚召李忠臣[2], 源休[3], 姚令言及秀實等하야 議稱帝事하니 秀實이 勃然起하야 奪休象笏하고 前唾泚面하고 大罵曰 狂賊아 吾恨不斬汝萬段하노니 豈從汝反耶아하고 因以笏擊泚러니 泚擧手扞之하야 纔中其額하니 濺血灑(쇄)地라 泚與秀實相搏이어늘 忠臣이 前助泚[4]하니 泚得匍匐脫走라 秀實이 知事不成하고 謂泚黨曰 我不同汝反이니 何不殺我오 衆이 爭前殺之[5]하다 上이 聞秀實死하고 恨委用不至하

야 涕泗久之하니라

朱泚가 涇原兵馬使 韓旻을 보내어 정예병 3천 명을 거느리고 大駕를 맞이하여 還宮한다고 소문을 퍼뜨렸으나 실제로는 奉天을 습격하기 위한 것이었다. 이때 奉天城의 수비가 고단하고 약하므로 段秀實이 岐靈岳에게 이르기를 "일이 급하게 되었다." 하고는 岐靈岳으로 하여금 거짓으로 姚令言의 印符를 만들어서 韓旻으로 하여금 우선 군대를 이끌고 돌아가서 大軍과 함께 출발하게 하였다.

이날 朱泚가 李忠臣, 源休, 姚令言, 段秀實 등을 불러서 황제를 칭하는 일을 의논하였다. 이에 段秀實이 발끈하고 일어나서 源休의 象牙笏을 빼앗아 가지고 앞으로 나아가 朱泚의 얼굴에 침을 뱉고 크게 꾸짖기를 "미친 도적놈아! 내가 너를 죽여 만 조각을 내지 못함을 한하노니, 어찌 너를 따라 배반하겠는가." 하고는 인하여 笏로 朱泚를 쳤는데, 朱泚가 손을 들어 막아서 겨우 그 이마를 맞추니, 피를 흘려 땅에 뿌려졌다. 朱泚가 段秀實과 서로 육박전을 벌였는데, 李忠臣이 앞으로 나와 朱泚를 도우니, 朱泚가 포복하여 탈출할 수 있었다. 段秀實은 일이 성공하지 못할 줄을 알고 朱泚의 무리에게 이르기를 "나는 너희와 함께 배반하지 않을 것이니, 어찌하여 나를 죽이지 않는가?" 하니, 무리들이 앞다투어 나아가 段秀實을 죽였다.

上은 段秀實이 죽었다는 말을 듣고는 당초에 그를 중용하지 못한 것을 한하여 오랫동안 눈물을 흘렸다.

1) 〔頭註〕 段秀實……事急矣 : 秀實이 與將軍劉海賓, 涇原將吏何明禮, 岐靈岳으로 謀誅泚未發하니라

段秀實이 將軍 劉海賓, 涇原將吏 何明禮, 岐靈岳과 함께 朱泚를 죽일 것을 모의하였으나 행동을 개시하지 못하였다.

2) 〔頭註〕 李忠臣 : 淮西節度使也니 爲族子李希烈所逐하야 奔在京師하니라

李忠臣은 淮西節度使이니, 조카인 李希烈에게 쫓겨나 京師로 도망와 있었다.

3) 〔頭註〕 源休 : 光祿卿이라

源休는 光祿卿이다.

4) 〔頭註〕 前助泚 : 前은 進也라

前은 앞으로 나아감이다.

5)〔頭註〕爭前殺之：旻得符而還이어늘 泚令言大驚이라 靈岳獨承其罪而死하고 海賓明禮等이 後又死하니라

韓旻이 印符를 얻어 군대를 이끌고 돌아오자 朱泚와 姚令言이 크게 놀랐다. 岐靈岳이 홀로 그 죄를 지고 죽었고, 劉海賓과 何明禮 등도 뒤에 또 죽었다.

○ 朱泚自稱大秦皇帝하고 改元應天하다

朱泚가 스스로 大秦皇帝라 칭하고 應天으로 改元하였다.

○ 上이 與陸贄로 語及亂故하야 深自克責이어늘 贄曰 致今日之患은 皆群臣之罪也니이다 上曰 此亦天命이요 非由人事니라 贄退하야 上疏하야 以爲陛下徵師日滋하고 賦斂日重하야 內自京邑으로 外洎(계)邊陲히 行者는 有鋒刃之憂하고 居者는 有誅求[1]之困이라 是以로 叛亂繼起하고 怨讟(독)[2]竝興이니이다 陛下有股肱之臣하고 有耳目之任하고 有諫諍之列하고 有備衛之司로되 見危에 不能竭其誠하고 臨難에 不能效其死하니 臣所謂致今日之患群臣之罪者 豈徒言歟잇가 臣聞理或生亂하고 亂或資理라 有以無難而失守하고 有因多難而興邦이라하니 今生亂失守之事則旣往이라 不可復追矣어니와 其資理興邦之業은 在陛下克勵而謹修之니 何憂乎亂人이며 何畏乎厄運이리잇고 勤勵不息이면 足致升平하리니 豈止蕩滌祆氛[3]하야 旋復宮闕而已리잇고

上이 陸贄와 함께 난리가 난 이유를 언급하면서 깊이 스스로 자책하였다. 陸贄가 말하기를 "금일의 환난을 초래하게 된 것은 모두 여러 신하들의 죄입니다." 하니, 上이 말하기를 "이는 또한 天命이요 人事에 연유한 것이 아니다." 하였다.

陸贄가 물러가 다음과 같이 상소하였다.

"폐하께서 군사를 징발하는 것이 날로 늘어나고 부세를 거두는 것이 날로 무거워져서 안으로는 京邑으로부터 밖으로는 변방에 이르기까지 길을 가는

자들은 칼날을 맞는 근심이 있고 거주하는 자들은 苛斂誅求의 곤궁함이 있습니다. 이 때문에 반란이 연달아 일어나고 원망이 함께 일어난 것입니다. 폐하께서 股肱의 신하가 있고, 耳目을 맡은 직임이 있고, 간쟁하는 대열의 言官이 있고, 수비하고 호위하는 관서가 있으나 위태로움을 당했을 때에 그 정성을 다하지 못하고 환난을 당했을 때에 그 목숨을 바치지 못하니, 신이 이른바 '금일의 환난을 이루게 된 것은 여러 신하들의 죄'라는 것이 어찌 빈 말이겠습니까?

신이 들으니 '다스림이 혹 난을 낳기도 하고 난이 혹 다스림의 밑천이 되기도 한다. 난이 없기 때문에 지킴을 잃는 경우가 있고, 난이 많음으로 인하여 나라를 일으키는 경우가 있다.'고 하였으니, 지금 난이 생겨서 지킴을 잃은 일은 이미 지나간 일이라서 다시 추론할 것이 없거니와 다스림의 밑천이 되고 나라를 일으키는 業은 폐하께서 분발하여 힘쓰고 신중하게 닦는데 달려 있으니, 〈이렇게 한다면〉 어찌 난을 일으키는 자를 근심하며 어찌 액운을 두려워할 것이 있겠습니까. 부지런히 힘쓰고 쉬지 않으면 충분히 태평한 세상을 이룩할 것이니, 어찌 다만 요망한 기운을 깨끗이 소탕하여 궁궐을 회복할 뿐이겠습니까?"

1) 〔頭註〕 誅求 : 誅는 責也라
誅는 책망하는 것이다.

2) 〔頭註〕 怨讟(독) : 讟은 痛怨也라
讟은 원통함이다.

3) 〔頭註〕 蕩滌祆氛 : 祆氛은 兵塵不祥之氣라
祆氛은 병란의 상서롭지 않은 기운이다.

○ 十一月에 神策河北行營節度使李晟이 聞上幸奉天하고 引兵出飛狐道[1]하야 晝夜兼行하야 至代州어늘 詔加晟神策行營節度使[2]하다

11월에 神策河北行營節度使 李晟이 上이 奉天으로 행차했다는 말을 듣고는 군대를 이끌고 飛狐道로 나가 밤낮으로 행군속도를 배가하여 代州에 이르자, 上이 조칙을 내려 李晟에게 神策行營節度使를 가하였다.

1)〔釋義〕飛狐道：飛는 與蜚通하니 注見漢高三年蜚狐口*)하니라

飛는 蜚와 통하니, 注가 漢高祖 3년 蜚狐口에 나온다.

*) 蜚狐口：≪地道記≫에 이르기를 "上黨郡 恒山에서 북쪽으로 450리를 가면 恒山의 산마루가 나오니 蜚狐口라고 부른다." 하였다. 지금 蔚州 蜚狐縣이 북쪽으로 嬀州 懷戎縣으로 들어가 있으니, 바로 옛날 蜚狐口이다.

2)〔頭註〕行營節度使：唐祿山叛에 邊兵之精銳者를 皆徵하니라

唐나라 安祿山이 반란을 일으키자 변방의 정예병을 모두 징발하여 行營에 있었다.

○ 朱泚攻圍奉天經月하니 城中에 資糧俱盡하야 時에 供御纔有糲米二斛이라 每伺賊之休息하야 夜縋人於城外하야 采蕪菁根而進之러라 李懷光이 入援할새 晝夜倍道하야 至河中하니 有衆五萬이요 李晟이 行且收兵하니 旬月間에 至萬餘人이라 泚急攻奉天하니 城中死傷者 不可勝數요 賊已有登城者어늘 上이 與渾瑊對泣하다 時에 士卒凍餒하고 又乏甲冑러니 瑊이 撫諭하야 激以忠義하니 皆鼓譟力戰이라 李懷光이 自蒲城으로 引兵趣(趨)涇陽하야 竝(傍)北山而西하야 癸巳에 敗泚兵於醴泉한대 泚聞之懼하야 引兵遁歸長安하니 衆以爲懷光이 復三日不至면 則城不守矣라하니라

朱泚가 奉天을 포위 공격한 지 한 달이 넘으니, 성 안에 물자와 식량이 모두 다 떨어져 당시에 황제에게 공양할 양식이 겨우 솝쌀 두 斛이 있을 뿐이었다. 그래서 매번 적이 휴식할 때를 엿보아서 밤중에 사람을 밧줄로 매달아 성 밖으로 내보내서 순무 뿌리를 채취하여 황제에게 올리곤 하였다. 李懷光이 들어와 구원할 적에 밤낮으로 행군속도를 배가하여 河中에 이르니 군대가 5만 명이었고, 李晟이 행군하면서 한편으로 군대를 수습하니 열흘에서 한 달 사이에 만여 명에 이르렀다.

朱泚가 奉天을 맹렬히 공격하니 성 안의 사상자를 이루 셀 수가 없었고, 적들 중에 이미 성에 올라오는 자가 있으므로 上이 渾瑊과 마주보고 눈물을 흘렸다. 당시에 병사들이 헐벗고 굶주리며 또 甲冑가 없었는데 渾瑊이 병사

들을 어루만지고 타일러서 충의로써 격려하니, 병사들이 모두 북을 치고 함성을 지르며 힘써 싸웠다. 李懷光이 蒲城에서 군대를 이끌고 涇陽으로 달려와 北山을 따라 서쪽으로 와서 癸巳日(11월 20일)에 朱泚의 군대를 醴泉에서 패퇴시켰다.

朱泚가 이 말을 듣고 두려워하여 군대를 이끌고 도망하여 長安으로 돌아가니, 사람들이 말하기를 "만약 李懷光이 다시 3일을 지체하여 구원하러 오지 않았다면 봉천성은 지켜지지 못했을 것이다." 하였다.

○ 朱泚至長安하야 據府庫之富하고 不愛金帛하야 以悅將士하고 公卿家屬在城者를 皆給月俸이라 神策及六軍에 從車駕及李晟者를 泚皆給其家糧하고 加以繕完器械하야 日費甚廣이라 及長安平에 府庫에 尙有餘蓄하니 議者皆追怨有司之暴斂焉이러라

朱泚가 長安에 이르러 府庫의 부유함을 점거하고 금과 비단을 아끼지 아니하여 將兵들을 기쁘게 하였고, 公卿의 가솔로서 성 안에 있는 자들에게 모두 月俸을 지급하였다. 神策軍과 六軍 중에 황제의 車駕와 李晟을 따르는 자들에게는 朱泚가 그들의 집에 양식을 모두 지급하였고, 겸하여 각종 병기를 수리하고 완비하여 날로 허비함이 매우 많았다. 長安이 평정된 뒤에 府庫에 아직도 남은 저축이 있으니, 의논하는 자들이 모두 有司가 포악하게 세금을 거둔 것을 원망하였다.

○ 李懷光이 自山東來赴難하야 數(삭)與人言盧杞, 趙贊, 白志貞之奸佞하고 且曰 吾見上이면 當請誅之라하더니 旣解奉天之圍에 自矜其功하야 謂上必接以殊禮러라 或以懷光之言으로 告盧杞한대 杞懼하야 言於上曰 懷光勳業으로 社稷是賴라 賊徒破膽하야 皆無守心하니 若使之乘勝取長安이면 則一擧可以滅賊이리이다 今聽其入朝면 必當賜宴하야 留連累日하리니 使賊入京城하야 得從容成備면 恐難圖矣리이다 上以爲然하야 詔懷光하야 直引軍屯便橋하야 與李建徽,

李晟으로 **刻期**하야 **共取長安**하니 **懷光**이 **自以數千里竭誠赴難**하야 **破朱泚**하고 **解重圍**어늘 **而咫尺**[1]에 **不得見天子**라하야 **意怏怏曰 吾今已爲姦臣所排**하니 **事可知矣**라하고 **遂引兵去**할새 **至魯店**하야 **留二日**이라가 **乃行**하니라

李懷光이 山東에서 난리에 달려와 자주 사람들과 盧杞, 趙贊, 白志貞의 간사하고 아첨함을 말하고, 또 말하기를 "내가 上을 뵈면 마땅히 이들을 죽일 것을 청하겠다." 하였는데, 李懷光이 이미 奉天의 포위를 풀게 되자 스스로 자신의 공을 자랑하여 上이 반드시 특별한 예로 대접할 것이라고 여겼다.

혹자가 李懷光의 말을 盧杞에게 고하자 盧杞가 두려워하여 上에게 아뢰기를 "李懷光의 큰 공훈과 업적으로 社稷이 의뢰하여 보존되었습니다. 적도들이 간담이 서늘해져 모두 지킬 마음이 없으니, 만약 그로 하여금 승세를 타고서 長安을 탈취하게 한다면 일거에 적을 섬멸할 수 있습니다. 그런데 이제 그가 들어와 조회하도록 허락한다면 반드시 잔치를 베풀어서 여러 날 동안 머물게 될 것이니, 적으로 하여금 京城에 들어가서 조용히 대비하게 한다면 도모하기 어려울 듯합니다." 하였다.

上이 그의 말을 옳게 여겨서 李懷光에게 곧바로 군대를 이끌고 便橋에 주둔하여 李建徽, 李晟과 함께 기일을 정해서 長安을 취하도록 명하였다. 李懷光은 스스로 생각하기를 '수천 리 먼 곳에서 정성을 다해 국난에 달려와서 朱泚를 격파하고 여러 겹의 포위를 풀었는데, 咫尺에 있는 天子를 만나볼 수 없다.'고 하여 마음속으로 서운해하며 말하기를 "내 이제 이미 간신의 배척을 당하였으니, 앞으로의 일을 알 만하다." 하고는 마침내 군대를 이끌고 떠날 적에 魯店에 이르러서 이틀을 머물다가 비로소 길을 떠났다.

1)〔頭註〕咫尺 : 八尺曰咫라
8尺을 咫라고 한다.

○ **上**이 **問陸贄以當今切務**한대 **贄以曏日致亂**은 **由上下之情不通**이라하야 **勸上接下從諫**하고 **又曰 易**에 **乾下坤上曰泰**요 **坤下乾上曰否**요 **損上益下曰益**이요 **損下益上曰損**이라 **夫天在下而地處上**은 **於位乖矣**로되 **而反謂之泰者**는

上下交故也요 君在上而臣處下는 於義順矣로되 而反謂之否者는 上下不交故也니이다 上이 約己而裕於人이면 人必悅而奉上矣리니 豈不謂之益乎며 上이 蔑人而肆諸己면 人必怨而叛上矣리니 豈不謂之損乎잇가 上이 遣中使諭之曰 朕本性好推誠하고 亦能納諫하야 將謂君臣一體라하야 全不隄防이러니 緣推誠信不疑하야 多被姦人賣弄하니 今所致患害는 朕思에 亦無他요 其失이 反在推誠이라 又諫官論事에 少能慎密하고 例自矜衒[1]하야 歸過於朕하야 以自取名하니 朕이 從卽位以來로 見奏對論事者甚多로되 大抵皆是雷同[2]하야 道聽塗說이요 試加質問이면 遽卽辭窮이라 若有奇才異能이면 在朕에 豈惜拔擢이리오 卿은 宜深悉[3]此意하라 贄以〈爲〉人君臨下에 當以誠信爲本이요 諫者雖辭情鄙拙이나 亦當優容以開言路니 若震之以威하고 折之以辯이면 則臣下何敢盡言이릿고 又曰 臣은 聞仲虺贊揚成湯[4]에 不稱其無過而稱其改過하고 吉甫歌誦周宣[5]에 不美其無闕而美其補闕이라하고 又曰 爲下者 莫不願忠이요 爲上者 莫不求理나 然而下每苦上之不理하고 上每苦下之不忠하나니 若是者는 何오 兩情이 不通故也요 下之情이 莫不願達於上하고 上之情이 莫不求通於下나 然而下恒苦上之難達하고 上恒苦下之難知하나니 若是者는 何오 九弊不去故也라 所謂九弊者는 上有其六하고 而下有其三하니 好勝人, 恥聞過, 騁辯給, 眩(현)聰明[6], 厲威嚴, 恣彊愎(퍅)[7]此六者는 君上之弊也요 諂諛, 顧望, 畏懦(愞)[8]此三者는 臣下之弊也니이다 又曰 諫者多는 表我之能好요 諫者直은 示我之能(賢)〔容〕이요 諫者之狂誣는 明我之能恕요 諫者之漏泄은 彰我之能從이니 有一于斯하면 皆爲盛德이니이다 上이 頗用其言하다

上이 陸贄에게 지금에 가장 긴요한 일을 묻자, 陸贄가 이르기를 지난날 난리를 초래한 것은 上下의 情이 통하지 못했기 때문이라고 하여 上에게 아랫사람을 접견하고 간언을 따를 것을 권하였으며, 또 아뢰기를 "≪周易≫에 乾이 아래에 있고 坤이 위에 있는 것을 泰卦라 하고, 坤이 아래에 있고 乾이 위

에 있는 것을 否卦라 하며, 위를 덜어 아래에 보태는 것을 益卦라 하고, 아래를 덜어 위에 보태는 것을 損卦라 합니다. 하늘이 아래에 있고 땅이 위에 있는 것은 자리에 어그러지나 도리어 이것을 泰라고 이르는 것은 上下가 사귀기 때문이고, 군주가 위에 있고 신하가 아래에 있는 것은 의리에 순하나 도리어 이것을 否라고 이르는 것은 상하가 사귀지 못하기 때문입니다. 윗사람이 자신에게는 검소하게 하고 사람(백성)들에게 풍부하게 하면 백성들이 반드시 기뻐하여 윗사람을 받들 것이니 어찌 이것을 益이라고 이르지 않을 있겠으며, 윗사람이 사람들을 멸시하고 자기 마음대로 행동하면 백성들이 반드시 윗사람을 원망하여 배반할 것이니 어찌 이것을 損이라고 이르지 않을 수 있겠습니까?" 하였다.

上이 中使를 보내 타이르기를 "짐은 본래 誠信을 다하는 것을 좋아하고 또한 간언을 잘 받아들여서 장차 君臣이 일체가 될 것이라고 여겨 전혀 막지 않았는데, 誠信을 다하고 의심하지 않음으로 인해 간사한 사람들에게 속임과 농간을 많이 당하였으니, 오늘날 患害를 초래한 것은 짐이 생각해보면 다른 이유가 없고, 그 잘못이 도리어 誠信을 다함에 있다. 또 諫官들이 일을 논할 적에 신중하고 周密하게 하는 자가 적고, 으레 스스로 자랑하고 자신을 드러내어 짐에게 허물을 돌려서 스스로 명성을 취하니, 짐이 즉위한 이래로 上奏하고 대답하며 일을 논한 자가 매우 많았으나 대체로 모두 부화뇌동하여 길에서 들으면 그대로 길에서 말하고, 시험삼아 질문을 가해보면 대번에 말이 궁해진다. 만약 기이한 재주와 특별한 능력이 있는 자가 있다면 짐에게 있어 어찌 발탁을 아까워하겠는가. 卿은 마땅히 이 뜻을 자세히 살피라." 하였다.

陸贄는 말하기를 "임금이 아랫사람에게 임할 때에는 마땅히 誠信을 근본으로 삼아야 할 것이요, 간언하는 자들이 비록 말과 실정이 비루하고 졸렬하더라도 군주가 또한 마땅히 우대하여 받아들여 言路를 열어야 하니, 만약 위엄으로써 두렵게 하고 말로써 꺾는다면 신하들이 어찌 감히 다 아뢸 수 있겠습니까." 하였다.

또 말하기를 "臣이 들으니 仲虺가 成湯을 찬양할 적에 허물이 없는 것을 칭찬하지 않고 허물을 고치는 것을 칭찬하였으며, 尹吉甫가 周나라 宣王의 덕을 謳歌하여 칭송할 적에 잘못이 없는 것을 찬미하지 않고 잘못을 바로잡는 것을 찬미하였습니다." 하였다.

또 말하기를 "아랫사람이 된 자는 임금에게 충성하기를 바라지 않는 이가 없고, 윗사람이 된 자는 나라가 다스려지기를 바라지 않는 이가 없습니다. 그러나 아랫사람은 매번 윗사람이 제대로 다스리지 못함을 괴로워하고, 윗사람은 매번 아랫사람이 충성하지 않음을 괴로워하니, 이와 같음은 어째서이겠습니까? 두 사람의 정이 통하지 못하기 때문입니다. 아랫사람의 정은 위에 도달하기를 원치 않는 이가 없고, 윗사람의 정은 아래에 통하기를 원치 않는 이가 없습니다. 그러나 아랫사람은 항상 윗사람에게 도달하기 어려움을 괴로워하고, 윗사람은 항상 아랫사람을 알기 어려움을 괴로워하니, 이와 같음은 어째서이겠습니까? 아홉 가지 병폐를 제거하지 못했기 때문입니다. 이른바 아홉 가지 병폐라는 것은 윗사람에게 여섯 가지가 있고, 아랫사람에게 세 가지가 있으니, 남을 이기기를 좋아하고 잘못을 듣기를 부끄러워하고 언변을 구사하고 총명을 자랑하고 위엄을 힘쓰고 강함과 괴퍅함을 멋대로 부리는 여섯 가지는 君上의 병폐이며, 아첨하고 관망하고 겁을 먹어 나약한 세 가지는 신하의 병폐입니다." 하였다.

또 말하기를 "간언하는 자가 많은 것은 군주 자신이 간언을 듣기를 좋아함을 표시하는 것이요, 간하는 자가 직언을 하는 것은 군주 자신이 잘 용납함을 보이는 것이요, 간하는 자가 미친 말을 하고 진실이 아닌 말을 하는 것은 군주 자신이 용서함을 밝히는 것이요, 간하는 자가 진심을 토로하는 것은 군주 자신이 간언을 따름을 드러내는 것이니, 이중에 한 가지가 있으면 모두 盛德이 됩니다." 하였다.

上이 자못 그의 말을 따랐다.

1)〔釋義〕自矜衒 : 衒은 熒絹反이니 自賣也라 自誇曰矜이요 自媒曰衒이라
衒은 熒絹反(현)이니 스스로 파는(자랑하는) 것이다. 스스로 과시하는 것을 矜이라 하고, 자신이 스스로 소개하는 것을 衒이라 한다.

2)〔釋義〕雷同 : 雷之發聲에 物無不同時應者하니 人之言이 當各由己요 不當事無可否而同之라 故로 謂之雷同也라하니라

우레가 소리를 낼 적에 물건이 동시에 응하지 않는 것이 없으니 사람의 말은 마땅히 각각 자신의 의견을 따라야 하고, 일의 可否에 상관없이 똑같이 찬동해서는 안 된다. 그러므로 이것을 雷同이라 하는 것이다.

3) 〔頭註〕 深悉 : 悉은 詳盡也라
   悉은 상세하고 극진함이다.

4) 〔譯註〕 仲虺贊揚成湯 : 仲虺는 商나라 湯王의 재상이다. 湯王이 무력으로 桀王을 정벌한 것을 부끄럽게 여기고 천하와 후세에 이를 구실로 삼을까 두려워하자, 仲虺가 탕왕의 덕을 찬양하면서 위로한 말에 "허물을 고치는 일에 인색하지 않았다.〔改過不吝〕"라고 칭찬하였는바, ≪書經≫ 〈仲虺之誥〉에 보인다.

5) 〔譯註〕 吉甫歌誦周宣 : 尹吉甫는 周나라 宣王 때의 명신이다. 尹吉甫가 宣王을 찬미한 詩에 "임금에게 결함이 있으면 중산보가 보좌하도다.〔袞職有闕 維仲山甫補之〕"라고 하였는바, ≪詩經≫ 〈大雅 崧高〉에 보인다.

6) 〔釋義〕 眩(현)聽明 : 眩은 黃絹反이니 目無常主也라
   眩은 黃絹反(현)이니, 눈이 어지러워서 일정한 초점이 없는 것이다.

7) 〔釋義〕 恣彊愎(퍅) : 愎은 弼力反이니 强狠也라
   愎은 弼力反(퍅)이니 강하고 사나운 것이다.

8) 〔釋義〕 畏愞(偄) : 偄은 奴亂反이니 畏懼而怯懦라
   偄은 奴亂反(난)이니, 두려워하고 겁먹는 것이다.

○ **李懷光**이 **頓兵不進**하고 **數上表**하야 **暴揚盧杞等罪惡**하니 **衆論喧騰**하고 **亦咎杞等**이라 **上**이 **不得已**하야 **十二月**에 **貶杞爲新州司馬**하고 **白志貞爲恩州司馬**하고 **趙贊爲播州司馬**하다

李懷光이 군대를 주둔하여 長安으로 전진하지 않고 여러 번 表文을 올려 盧杞 등의 죄악을 폭로하니, 여론이 비등하고 또한 盧杞 등을 질책하였다. 上이 부득이하여 12월에 盧杞를 新州司馬로 좌천시키고, 白志貞을 恩州司馬로 좌천시키고 趙贊을 播州司馬로 좌천시켰다.

〔史略 史評〕 范氏曰 德宗이 性與小人合이라 故로 其去小人也難하고 遠君子也易라 忠正之士는 一言忤意면 則終身擯斥하고 盧杞之徒는 迫於危亡하야 不

得已然後去之하니 豈惡治而欲亂哉리오 蓋其性與小人合也니라

范氏(范祖禹)가 말하였다.

"德宗은 성품이 小人과 부합하였다. 그러므로 小人을 제거하기는 어렵고 君子를 멀리하기는 쉬웠던 것이다. 충성스럽고 정직한 선비는 한마디 말이 뜻에 거슬리면 종신토록 배척하였고, 盧杞의 무리는 국가가 위태로움과 멸망에 임박하여 어쩔 수 없게 된 뒤에야 제거하였으니, 어찌하여 다스려지는 것을 싫어하고 혼란한 것은 좋아하였는가? 이는 그 성품이 小人과 더불어 부합하였기 때문이다."

○ 陸贄言於上曰 今盜遍天下하야 輿駕播遷하시니 陛下宜痛自引過하야 以感人心이니이다 昔에 成湯은 以罪己勃興하고 楚昭는 以善言復國하니 陛下誠能不吝改過하고 以言謝天下하야 使書詔에 無所避忌하시면 臣雖愚陋나 可以仰副聖情하야 庶令反側之徒로 革心向化호리이다 上이 然之라 故로 奉天所下詔書를 雖狂將悍卒이라도 聞之에 無不感激揮涕러라 上이 又以中書所撰赦文으로 示贄한대 贄上言하야 以爲動人以言이면 所感已淺이어늘 言又不切이면 人誰肯懷릿고 又以知過非難이요 改過爲難이며 言善非難이요 行善爲難이니 假使赦文至精이라도 止於知過言善이니 猶願聖慮更思所難이니이다 上이 然之하다

陸贄가 上에게 아뢰기를 "지금 도적이 천하에 널려 있어서 大駕가 파천하셨으니, 폐하께서는 통렬히 자신에게 잘못을 돌리시어 민심을 감동시켜야 합니다. 옛날에 成湯은 자신을 책함으로써 나라가 크게 일어났고 楚나라 昭王은 善言으로써 나라를 회복시켰으니, 폐하께서 진실로 잘못을 고침에 인색하지 않으시고 말로써 천하에 사죄하시어 글과 조서에 피하고 꺼리는 바가 없으시면 신이 비록 어리석고 누추하나 성상의 마음에 우러러 부응해서 反側하는 무리들로 하여금 마음을 고쳐 조정으로 귀순하게 하겠습니다." 하였다.

上이 그의 말을 옳게 여겼다. 그러므로 奉天에서 내린 조서는 비록 광포한 장수와 사나운 병졸이라도 그 내용을 들으면 감격하여 눈물을 흘리지 않는

자가 없었다.

上이 또 中書省에서 찬한 사면하는 글을 陸贄에게 보이자, 陸贄가 上言하여 이르기를 "말로써 사람을 감동시키려 하면 감동하는 바가 이미 얕은데, 말이 또 간절하지 못하면 사람들이 누가 진심으로 감동하겠습니까. 또 허물을 아는 것이 어려운 것이 아니고 허물을 고치는 것이 어려우며, 善을 말하는 것이 어려운 것이 아니고 善을 행하는 것이 어려우니, 가령 사면하는 글이 지극히 정밀하다 하더라도 허물을 알고 善을 말함에 그칠 뿐입니다. 오히려 성상의 생각에 다시 어려운 바를 생각하시기 바랍니다." 하였다. 上이 그 말을 옳게 여겼다.

通鑑節要 卷之四十五

唐紀

德宗皇帝 下

【甲子】興元元年이라

興元 元年(갑자 784)

春正月朔에 赦天下改元하고 制曰 朕이 長于深宮之中하야 暗於經國之務[1]하고 積習易溺하야 居安忘危하야 不知稼穡之艱難[2]하고 不恤征戍之勞苦하야 澤靡下究하고 情未上通이라 事旣壅隔에 人懷疑阻로되 猶昧省己하야 遂用興戎하야 徵師四方하고 轉餉千里하니 賦車籍馬에 遠近이 騷然하고 行齎居送에 衆庶勞止라 天譴於上而朕不寤하고 人怨於下而朕不知하야 馴致亂階[3]하야 變興都邑하니 萬品失序하고 九廟[4]震驚이라 上累于祖宗하고 下負于蒸庶[5]하야 痛心靦(전)貌[6]하니 罪實在予라 永言愧悼하야 若墜泉谷이로니 自今으로 中外所上書奏에 不得更言聖神文武之號[7]하라 李希烈, 田悅, 王武俊, 李納[8]等이 咸以勳舊로 各守藩維[9]어늘 朕이 撫馭乖方하야 致其疑懼하니 朕實不君이라 人則何罪리오 宜幷所管將吏等을 一切待之如初하라 朱滔雖緣朱泚連坐나 路遠하야 必不同謀리니 如能效順이면 亦與惟新이니라 朱泚는 盜竊名器[10]하고 暴犯陵寢하야 獲罪祖宗하니 朕不敢赦어니와 其脅從將吏百姓等은 去逆效順이면 竝從赦例니라 其所加墊(점)陌錢,[11] 稅間架, 竹木茶漆, 榷鹽之類는 悉宜停罷

하노라 赦下에 四方人心大悅이러라 及上이 還長安明年에 李抱眞이 入朝하야 爲上言호되 山東宣布赦書에 士卒皆感泣하니 臣이 見人情如此하고 知賊不足平也니이다

봄 정월 초하루에 天下에 대사면령을 내리고 연호를 고치고 다음과 같은 制書를 내렸다.

"朕은 깊은 궁중에서 생장하여 국가를 경륜하는 사무에 어둡고 습관이 된 지가 이미 오래되어 고치기가 어려워서 편안한 곳에 거하여 천하의 위태로움을 잊었다. 그리하여 경작하고 수확하는 어려움을 알지 못하고 출정하여 변경에서 수자리 사는 병사들의 노고를 생각하지 아니하여 은택이 아래로 백성들에게 이르지 못하고 아랫사람의 정이 위로 조정에 도달하지 못하였다.

그리하여 윗사람과 아랫사람 사이에 일이 이미 막힘에 사람들이 의심하는 마음을 품었으나 오히려 자신을 반성할 줄 모르고 마침내 군대를 일으켜 사방에서 병사를 징집하고 천리 먼 곳에 군량을 수송하니, 백성의 수레를 바치게 하고 백성의 말을 장부에 올려 원근을 소란하게 만들며 출정하는 자는 양식을 휴대하고 집에 남아있는 자는 세금을 바쳐 실어 보냄에 백성들이 수고힌다.

하늘이 위에서 견책을 내리는데도 짐은 깨닫지 못하고 백성들이 아래에서 원망하는데도 짐은 알지 못하여, 점점 亂의 階梯를 이루어 변란이 도읍에서 일어나니, 만사가 순서를 잃고 九廟의 祖宗이 신동하고 놀랐다. 위로는 祖宗에게 누를 끼치고 아래로는 여러 백성들을 저버려 마음이 아프고 낯이 부끄러우니, 죄가 실로 나에게 있다. 내가 이 때문에 길이 부끄러워하고 슬퍼하여 마치 깊은 샘물과 골짜기에 떨어진 것처럼 여기노라. 지금으로부터 中外에서 올리는 글과 아뢰는 말에 다시는 '聖神文武'라는 尊號를 쓰지 말라.

李希烈과 田悅과 王武俊과 李納 등은 모두 대대로 나라를 위하여 공로를 세운 신하로서 각각 藩屛을 지키고 있었는데, 朕이 제대로 어루만지고 어거하지 못하여 그들로 하여금 의심하고 두려워하게 만들었으니, 朕이 실로 군주노릇을 못한 것이다. 저들이 무슨 죄가 있겠는가? 마땅히 그들이 관리하고

있는 장수와 관리 등을 일체 처음과 같이 대우해야 할 것이다.

朱滔는 비록 朱泚 때문에 연좌되었으나 둘은 거리가 멀어서 반드시 함께 모의하지는 않았을 것이니, 만약 조정에 귀순하여 나라를 위해 힘을 바친다면 그도 개과천선하도록 허락해 줄 것이다.

朱泚는 名器를 도둑질하고 陵寢을 범하여 祖宗에게 죄를 지었으니 朕이 감히 용서할 수 없다. 그러나 그에게 위협당하여 그를 따른 장수와 관리와 백성들은 叛軍을 떠나 귀순해 온다면 모두 사면하는 예를 따르겠다.

그동안 백성들에게 부과하던 墊陌錢, 間架稅, 대나무와 나무와 차나무와 옻나무에 대한 세금, 소금을 전매하는 따위의 세금은 모두 정지하노라."

사면령이 내리자, 사방의 인심이 크게 기뻐하였다. 上이 長安으로 돌아온 다음 해에 李抱眞이 들어와 조회하면서 上에게 아뢰기를 "山東 지방에 사면하는 글을 선포한 뒤에 사졸들이 모두 감격하여 울었으니, 신은 백성들의 마음이 이와 같이 조정으로 향하는 것을 보고는 적들을 평정하는 것은 족히 염려할 것이 못된다는 것을 알았습니다." 하였다.

1) 〔通鑑要解〕 經國之務 : 經은 理也라
經은 다스리는 것이다.

2) 〔頭註〕 稼穡之艱難 : 種曰稼요 斂曰穡이라
곡식을 심는 것을 稼라고 하고, 곡식을 거두는 것을 穡이라 한다.

3) 〔頭註〕 馴致亂階 : 馴致는 以漸而致也라
馴致는 점점 이루어지는 것이다.

4) 〔頭註〕 九廟 : 古者에 天子七廟러니 玄宗增爲九廟하니라
옛날에 천자는 七廟였는데 玄宗이 늘려서 九廟로 만들었다.

5) 〔通鑑要解〕 下負于蒸庶 : 蒸庶는 蒸衆也라
蒸庶는 백성들이다.

6) 〔釋義〕 靦(전)貌 : 靦은 他典反이니, 面慙也라
靦은 他典反(전)이니, 낯부끄러운 것이다.

7) 〔頭註〕 聖神文武之號 : 卽位元年에 群臣上尊號曰 聖神文武皇帝라하니라
德宗 즉위 원년(780)에 신하들이 聖神文武皇帝라는 존호를 올렸다.

8) 〔頭註〕 李希烈……李納 : 希烈은 見下요 田悅, 武俊, 李納은 竝見上卷壬戌年하니

라 武俊은 李寶臣裨將也니 德宗授恒冀觀察使하니라

李希烈은 뒤에 보이고, 田悅・王武俊・李納은 모두 상권의 임술년(782)에 보인다. 王武俊은 李寶臣의 裨將이니, 德宗 때 恒冀觀察使에 제수되었다.

9)〔通鑑要解〕藩維：維는 方隅*)也라

維는 四方과 四隅이다.

*) 方隅：四方과 四隅로 藩屛을 가리킨다. 四方은 네 正方인 동・서・남・북이고, 四隅는 네 間方인 동남간방・서남간방・서북간방・동북간방이다.

10)〔頭註〕朱泚盜竊名器：上癸亥에 稱大秦皇帝하고 改元應天하니라

앞의 계해년(783)에 朱泚가 大秦皇帝라 칭하고 연호를 應天으로 고쳤다.

11)〔原註〕墊(점)陌錢：墊은 都念反이니 陷也라〔通鑑要解〕墊은 音店이니 卽除陌錢*)也라

〔原註〕墊은 都念反(점)이니, 빠지는 것이다.〔通鑑要解〕墊은 음이 점이니, 곧 除陌錢이다.

*) 除陌錢：물건을 매매할 때 거래량에 따라 관아에 납부하는 세금으로, 처음에는 1000전당 20文(전)을 납부하였는데 50文까지 증가하였다.

○ 朱泚更國號曰漢이라하다 王武俊, 田悅, 李納이 見赦令하고 皆去王號하고 上表謝罪호되 惟李希烈이 自恃兵强財富하야 遂卽皇帝位하고 國號를 大楚라하다

朱泚가 국호를 고쳐 漢이라 하였다. 王武俊, 田悅, 李納은 사면령을 보고는 모두 왕이라는 칭호를 버리고 表文을 올려 사죄하였으나 오직 李希烈만은 군대가 강하고 재화가 풍부한 것을 스스로 믿고서 마침내 황제의 자리에 오르고 국호를 大楚라 하였다.

○ 上이 於行宮廡下1)에 貯諸道貢獻之物하고 榜曰瓊林大盈庫2)라하니 陸贄以爲 戰守之功에 賞賚未行이어늘 而遽私別庫하시면 則士卒怨望하야 無復鬪志라하고 上疏諫之하니 上이 卽命去其榜하다

上이 行宮의 행랑 아래에 여러 도에서 貢物로 바친 물건을 쌓아 놓고 榜을 써 붙이기를 '瓊林大盈庫'라 하였다. 陸贄가 아뢰기를 "사졸들이 싸우고 수비

한 공로에 대해 상을 내리는 것을 아직 시행하지 못하였는데, 대번에 별도의 창고를 사사로이 만드신다면 士卒들이 원망하여 다시는 싸울 뜻이 없을 것입니다." 하고 상소하여 간하니, 上이 즉시 '瓊林大盈庫'라는 榜을 떼어내라고 명하였다.

1) 〔原註〕 行宮廡下：廡는 罔撫反이니 堂下周屋也라
   廡는 罔撫反(무)이니, 당 아래에 빙둘러 있는 집이다.
2) 〔釋義〕 榜曰瓊林大盈庫：榜은 木片이니 題牓也라
   榜은 나무 조각이니, 글을 써 붙이는 패이다.

○ 蕭復[1]이 嘗言於上曰 陛下踐阼[2]之初에 聖德光被러니 自用楊炎, 盧杞로 濁亂朝政하야 以致今日하니 陛下誠能變更睿志[3]하시면 臣이 敢不竭力이리잇고 儻使臣依阿苟免인댄 臣實不能[4]이니이다 又嘗與盧杞로 同奏事할새 杞順上旨어늘 復이 正色曰 盧杞言不正이라하니 上이 愕然하야 退謂左右曰 蕭復이 輕朕이로다하고 遂命復하야 充山東西, 荊, 湖等道宣慰安撫使하니 實疏之也러라

蕭復이 일찍이 上에게 아뢰기를 "陛下께서 즉위하신 초기에는 聖德이 사해에 넘치고 천하에 빛났는데, 楊炎과 盧杞를 등용하신 뒤로부터 이들이 조정을 혼탁하게 하고 어지럽혀서 오늘날의 혼란을 초래하였으니, 폐하께서 진실로 뜻을 바꾸신다면 신이 감히 힘을 다하지 않겠습니까? 만일 신으로 하여금 아첨하여 따라서 구차히 죄를 면하게 하신다면 신은 실로 이렇게 하지 못하겠습니다." 하였다. 또 蕭復이 일찍이 盧杞와 함께 일을 아뢸 적에 盧杞가 上의 뜻을 따르자, 蕭復이 정색하고 말하기를 "盧杞의 말이 바르지 못합니다." 하였다. 上이 듣고 깜짝 놀라 조정에 물러가 좌우에게 말하기를 "蕭復이 朕을 깔본다." 하고는 마침내 蕭復을 임명하여 山南東道・西道, 荊, 湖 등 道의 宣慰安撫使에 충원하니, 실로 그를 소원히 한 것이었다.

1) 〔頭註〕 蕭復：吏部尙書同中書門下平章事라
   蕭復은 吏部尙書 同中書門下平章事이다.
2) 〔頭註〕 踐阼[*]：見二十八卷이라

踐阼는 28권에 보인다.

*) 踐阼 : ≪禮記≫ 〈文王世子〉에 "成王이 어려서 帝位에 오를 수가 없자, 周公이 재상이 되어 踐祚하여 다스렸다."라고 하였는데, 註에 이르기를 "涖는 帝位에 임하여 살펴보는 것이고 踐은 밟음이니, 成王이 동쪽 섬돌을 밟고서 人君의 일을 행할 수가 없기에 周公이 대신 동쪽 섬돌을 밟고서 王位를 대리하여 천하를 다스린 것이다." 하였다.

3)〔頭註〕睿志*) : 睿는 深明也라

睿는 매우 밝은 것이다.

*) 睿志 : 임금의 뜻을 이른다.

4)〔通鑑要解〕臣實不能 : 此는 必盧杞貶逐之後에 蕭復이 方有是言하니라

이는 반드시 盧杞가 폄축당한 뒤에 蕭復이 바야흐로 이러한 말을 한 것이다.

○ 二月에 李懷光이 旣脅朝廷하야 逐盧杞等하고 內不自安하야 遂有異志하고 又惡李晟獨當一面하야 恐其成功하야 奏請與晟合軍이라하니 詔許之하다 懷光이 屯咸陽하야 累日逗留不進하고 密與朱泚通謀라가 事迹頗露라 李晟이 屢奏호되 恐其有變하야 爲所倂하오니 請移軍東渭橋하노이다 上이 從之하다

2월에 李懷光이 조정을 협박하여 盧杞 등을 축출한 뒤에 내심 자신의 처지에 불안을 느껴 마침내 딴 마음을 품고 있었으며, 또 李晟이 홀로 一面을 담당하는 것을 시기하여 그가 성공할까 두려워해서 李晟의 군대와 연합할 것을 조정에 奏請하니, 上이 조서를 내려 허락하였다. 李懷光이 咸陽에 주둔하여 여러 날 머물면서 전진하지 않고 은밀히 朱泚와 서로 통하여 공모하다가 이러한 사실이 자못 탄로났다. 李晟이 자주 아뢰기를 "李懷光이 변고가 있어서 군대가 그에게 합병될까 두려우니, 군대를 동쪽 渭橋로 옮길 것을 청합니다." 하니, 上이 그의 말을 따랐다.

○ 丁卯에 懷光이 遣其將趙昇鸞하야 入奉天하니 渾瑊(감)이 聞之하고 遽上請決幸梁州한대 上이 從之하다

丁卯日(2월 26일)에 李懷光이 그의 장수인 趙昇鸞을 보내어 奉天城을 침

입하였다. 渾瑊이 이러한 사실을 上에게 아뢰고 급히 御駕를 梁州로 행차하게 할 것을 上에게 청하자, 上이 그의 말을 따랐다.

○ **除李晟河中同絳節度使**하야 **加平章事**하다 **晟**이 **得除官制**에 **拜哭受命**하고 **謂將佐曰 長安**은 **宗廟所在**요 **天下根本**이니 **若諸將皆從行**이면 **誰當滅賊者**오하고 **乃治城隍**[1]하고 **繕甲兵**하야 **爲復京城之計**러라 **是時**에 **懷光, 朱泚連兵**하야 **聲勢甚盛**이라 **車駕南幸**하야 **人情擾擾**러니 **晟**이 **以孤軍**으로 **處二强寇之間**하야 **內無資糧**하고 **外無救援**호되 **徒以忠義**로 **感激將士**라 **故**로 **其衆**이 **雖單弱**이나 **而銳氣不衰**러라

李晟을 河中同絳節度使에 제수하고 平章事를 가하였다. 李晟이 관직에 제수되고 制書를 받은 뒤에 절하고 통곡하며 명을 받고는 장수와 속관들에게 이르기를 “長安은 宗廟가 있는 곳이고 천하의 근본이니, 만약 諸將들이 모두 황제를 따라 가면 누가 적을 섬멸한단 말인가?” 하고는 마침내 城과 垓子를 수리하고 갑옷과 병기를 수선하여 京城을 수복할 계책을 하였다.

이때 李懷光과 朱泚가 병력을 연합하여 聲勢가 매우 성하였다. 車駕가 남쪽으로 행차하여 인심이 소란스러웠는데, 李晟이 외로운 군대로써 두 강한 적의 사이에 처하여 안으로는 물자와 군량이 없고 밖으로는 구원하는 세력이 없었으나 단지 忠義로써 장병들을 감동시키고 격려하였다. 그러므로 그의 군대가 비록 형세가 고단하고 힘이 약하였으나 銳氣가 쇠하지 않았다.

1) 〔頭註〕 城隍 : 隍은 城池也니 有水曰池요 無水曰隍이라
　隍은 성 주위에 파놓은 垓子이니, 물이 있는 것을 池라 하고 물이 없는 것을 隍이라 한다.

〔史略 史評〕 胡氏曰 晟은 非特良將이요 乃賢相也어늘 德宗이 置之閑處하야 七年而死하니 向使陪侍廟堂하야 參斷國政이 至於七年이런들 其有益於國을 可勝數哉아

胡氏(胡寅)가 말하였다.

"李晟은 비단 훌륭한 장수일 뿐만이 아니라 바로 어진 재상이었는데, 德宗이 그를 한가한 자리에 두어 7년 만에 죽었으니, 그때 만일 李晟으로 하여금 廟堂(조정)에서 모시면서 國政에 참여하여 결단함이 7년에 이르게 했다면 나라에 유익함을 어찌 다 셀 수 있겠는가."

○ 三月에 田悅이 爲其姪緖所殺하다 緖權知軍府事하고 使使奉表하야 詣行在하고 城守以俟命하다

3월에 田悅이 그의 조카인 緖에게 죽임을 당하였다. 田緖는 임시로 軍府의 일을 대리하고 使者로 하여금 表文을 받들어 行在所에 나아가 올리게 하고는 성을 지키면서 명령을 기다렸다.

○ 始에 李懷光이 方强하니 朱泚畏之하야 與懷光書에 以兄事之러니 及懷光決反하야 逼乘輿南幸하야는 其下多叛之하야 勢益弱이라 泚乃賜懷光詔書하야 以臣禮待之하고 且徵其兵하다 懷光이 慚怒하야 內憂麾下爲變하고 外恐李晟襲之하야 遂燒營하고 東走河中하니 將士在道에 散亡相繼러라

처음에 李懷光이 한창 강성하니, 朱泚가 그를 두려워하여 李懷光에게 보내주는 편지에 형이라 칭하여 섬겼는데, 李懷光이 반란을 결심하여 황제의 乘輿를 핍박해서 남쪽(梁州)으로 파천하게 하자, 李懷光의 부하들이 대부분 그를 배반하여 세력이 더욱 약해졌다. 朱泚가 마침내 李懷光에게 詔書를 내려 신하의 예로 대하고 또 그의 군대를 징발하였다. 李懷光은 부끄러워하고 노여워하여 안으로는 휘하들이 변란을 일으킬까 걱정하고 밖으로는 李晟이 습격할까 염려하여, 마침내 군영을 불태우고 동쪽으로 河中으로 도망하니, 장병들이 도중에 흩어지고 도망하는 자가 서로 이어졌다.

○ 上在道에 民有獻瓜果者어늘 上이 欲以散試官[1)]授之하야 訪於陸贄한대 贄上奏하니 其略曰 自兵興以來로 財賦不足以供賜하야 而職官之賞이 興焉이라

青朱雜沓[2]於胥徒[3]하고 金紫普施於輿皂(조)[4]하니 當今所病이 方在爵輕이라 設法貴之라도 猶恐不重이어늘 若又自棄면 將何勸人이리잇고 若獻瓜果者를 亦授試官이면 則彼必相謂曰 吾以忘軀命而獲官이어늘 此以進瓜果而獲官하니 是乃國家以吾之軀命으로 同於瓜果矣라하리니 視人如草木이면 誰復爲用哉리잇고

上이 도중에 있을 적에 백성 중에 오이와 과일을 올린 자가 있었는데, 上이 그에게 散試官의 직임을 제수하고자 하여 陸贄에게 묻자, 陸贄가 上奏한 내용에 대략 다음과 같이 말하였다.

"군대가 일어난 이래로 징수한 賦稅가 병사들에게 하사하는 물자를 충분히 공급하지 못하여 職官으로 상을 주는 방법이 시작되었습니다. 그리하여 푸른색과 붉은색 관복을 입은 사람이 胥徒와 뒤섞이고 金章(金印)과 紫綬가 하인들에게까지 널리 베풀어지니, 현재 병폐로 여길 것은 바로 관작이 너무 가벼운 데에 있습니다. 법을 만들어 관작을 귀하게 하더라도 오히려 관작이 중하지 않을까 두려운데, 만약 조정에서 또다시 스스로 작위를 경시한다면 장차 어떻게 사람들을 권면하겠습니까?

만약 오이와 과일을 바친 자에게 또 試官을 제수하신다면 저들은 반드시 서로 말하기를 '우리들은 몸과 생명을 잊고 싸워서 관직을 얻었는데 이 사람은 오이와 과일을 올려서 관직을 얻었으니, 이는 바로 국가가 우리들의 몸과 목숨을 오이와 과일과 똑같이 여기는 것이다.'라고 할 것이니, 사람을 보기를 초목과 같이 한다면 누가 다시 국가를 위해 쓰여지겠습니까?"

1) 〔通鑑要解〕 散試官[*)] : 有文散階, 武散階也라 試官者는 始見於武后라 三十九卷 壬辰年에 武后引見存撫使所擧人하야 無問賢愚하고 特加試官이라

散試官은 文散階와 武散階가 있다. 試官은 武后 때에 처음으로 보인다. ≪通鑑節要≫ 39권 임진년(692)에 武后가 存撫使(各地를 按撫하러 보낸 사신)가 천거한 사람들을 인견해서 어질고 어리석음을 따지지 않고 특별히 試官을 가하였다.

*) 散試官 : 試는 아직 정식으로 임명받지 않은 것으로, 중요하지 않은 관직이나 임시로 임명하는 관직을 이른다.

2) 〔釋義〕 雜沓 : 沓은 徒合反이니 混雜之稱이라

沓은 徒合反(답)이니, 뒤섞인 것의 명칭이다.

3)〔頭註〕胥徒[*]：胥讀曰諝니 有才智之稱이라 謂其有才智爲什長이라 故로 一胥十徒라

胥는 諝라고 읽으니, 才智가 있는 자의 칭호이다. 才智가 있는 자를 일러 什長(열 명의 우두머리)이라 한다. 그러므로 胥 1명에 徒 10명이다.

*) 胥徒：하급 관원, 즉 胥吏의 별칭이다.

4)〔通鑑要解〕輿皀(조)[*]：皀는 同阜라

皀는 阜와 같다.

*) 輿皀(조)：각 관서의 賤役에 종사하는 자들을 이른다.

○ 陸贄在翰林하야 爲上所親信이라 居艱難中하야 雖有宰相이나 大小之事를 上이 必與贄謀之라 故로 當時에 謂之內相이라 然贄數(삭)直諫하야 迕上意하고 盧杞雖貶官이나 上이 心庇之라 贄極言杞奸邪致亂이라하니 上雖貌從이나 心頗不悅이라 故로 劉從一, 姜公輔는 皆自下僚登用호되 贄는 恩遇雖隆이나 未得爲相하니라

陸贄가 翰林院에 있으면서 上에게 친애와 신임을 받았다. 황제의 車駕가 유리하는 어려운 상황에 있으면서 비록 재상이 있었으나 上은 크고 작은 일을 막론하고 반드시 陸贄에게 상의하였다. 그러므로 당시에 그를 일러 內相이라 하였다. 그러나 陸贄는 자주 직간을 하여 上의 뜻을 거역하였고, 盧杞가 비록 재상의 직책에서 좌천되었으나 上은 내심 그를 비호하였다. 陸贄가 '盧杞가 간사하여 난을 이루었다.'고 지극히 말하니, 上이 비록 겉으로는 따랐으나 내심 자못 기뻐하지 않았다. 그러므로 劉從一과 姜公輔는 모두 하급 관료로서 재상에 등용되었지만 陸贄는 황제에게 받는 은혜와 대우는 비록 높았지만 재상이 되지 못하였다.

○ 李晟家百口及神策軍士家屬이 皆在長安이러니 朱泚善遇之하다 軍中이 有言及家者어늘 晟이 泣曰 天子何在완대 敢言家乎아 泚使晟親近하야 以家書遺晟하고 曰 公家無恙[1])이라한대 晟이 怒曰 爾敢爲賊間[2])이라하고 立斬之하다 軍

士未授春衣하야 盛夏에 猶衣裘褐호되 終無叛志러라 渾瑊이 帥(솔)諸軍하고 屯奉天하야 與李晟으로 東西相應하야 以逼長安하다

李晟의 집안 식구 백 명과 神策軍士들의 가솔들이 모두 長安에 있었는데, 朱泚가 그들을 잘 대우하였다. 李晟의 軍中 병사 중에 집안일을 언급하는 자가 있자, 李晟이 울면서 말하기를 "천자가 지금 어디에 계시는데, 너희들이 감히 집안일을 언급하는가?" 하였다. 朱泚가 李晟과 친근한 사람을 보내어 그의 家書를 李晟에게 전달하게 하고 말하기를 "公의 집에 아무 탈이 없습니다."라고 하자, 李晟이 노하여 말하기를 "네가 감히 적의 간첩이 되었구나." 하고는 즉시 그를 목베게 하였다. 이때 李晟의 군사들에게 아직 봄옷을 만들어 주지 못해서 무더운 여름철에도 그대로 갖옷과 갈옷을 입었으나 군사들이 끝내 배반할 뜻이 없었다. 渾瑊이 여러 군대를 거느리고 奉天에 주둔하여 李晟과 함께 東西로 서로 호응하여 長安을 핍박하였다.

1) 〔頭註〕 無恙 : 恙은 憂也요 又噬人蟲也니 入人腹하야 食人心이라 上古之世에 草居露宿하야 多被此毒하니 俗悉患之라 故로 人相見及通書問에 相勞云 無恙乎아 하니라

恙은 근심이고 또 사람을 무는 벌레이니, 사람의 뱃속에 들어가서 사람의 심장을 먹는다. 상고 시대에는 초야에서 거처하고 노숙을 하여 이 벌레의 독에 중독된 이들이 많으니, 세속에서 모두 이를 걱정하였다. 그러므로 사람들이 서로 만나거나 서신을 왕래하여 문안할 때에 서로 위로하기를 "무양한가?"라고 하였다.

2) 〔頭註〕 賊間 : 間은 去聲이라 左傳에 謂之游偵요 又反間也라하니라 間은 伺也니 謂詐爲敵國之人入其軍中하야 伺候間隙하야 以反報其主라

間은 去聲이다. ≪春秋左傳≫에 이를 일러 游偵라 하고, 또 反間이라 하였다. 間은 엿보는 것이니, 거짓으로 적국 사람인 체하고 軍中으로 들어가서 틈을 엿보아 도리어 자기 군주에게 보고하는 것을 이른다.

○ 上이 欲爲唐安公主[1]하야 造塔厚葬之한대 姜公輔[2]表諫이어늘 上이 使謂陸贄曰 唐安造塔이 其費甚微하니 非宰相所宜論이어늘 公輔正欲指朕過失하야 自求名耳라 相負如此하니 當如何處之오 贄上奏하야 以爲 公輔任居宰相하야

遇事論諫하니 不當罪之니이다 上意猶怒하야 罷公輔爲左庶子[3]하다 上이 問陸贄호되 近有卑官自山北來者 率非良士라 有邢建者論說賊勢호되 語最張皇[4]일새 察其事情하니 頗似窺覘[5]이라 今已於一所安置하니 如此之類 更有數人이라 若不追尋이면 恐成奸計하니 卿이 試思之하라 如何爲便고 贄上奏하니 其略曰 以一人之聽覽而欲窮宇宙[6]之變態하고 以一人之防慮而欲勝億兆之奸欺면 役智彌精이나 失道彌遠이라 項籍은 納秦卒二十萬하고 慮其懷詐復叛하야 一擧而盡坑之하니 其於防虞에 亦已甚矣요 漢高는 豁達[7]大度하야 天下之士至者를 納用不疑하니 其於備慮에 可謂疏矣니이다 然而項氏以滅하고 劉氏以昌하니 蓄疑之與推誠이 其效固不同也니이다 秦皇은 嚴肅雄猜어늘 而荊軻奮其陰計하고 光武는 寬容博厚어늘 而馬援輸其款誠하니 豈不以虛懷待人이면 人亦思附하고 任數[8]御物이면 物終不親이니잇고 又曰 陛下智出庶物하야 有輕待人臣之心하고 思周萬機하야 有獨馭區寓(宇)[9]之意하고 謀呑衆略하야 有過愼之防하고 明照群情하야 有先事之察하고 嚴束百辟하야 有任刑致理之規하고 威制四方하야 有以力勝殘[10]之志하시니 由是로 才能者怨於不任하고 忠藎(신)者[11]憂於見疑하고 著勳業者懼於不容하고 懷反側者迫於及討하야 馴致離叛하야 構成禍災하니 願陛下以覆車之轍爲戒하시면 實宗社無疆之休리이다

上이 唐安公主를 위하여 탑을 만들어 후히 장례하고자 하자, 姜公輔가 표문을 올려 간하였다. 上이 사람을 시켜 陸贄에게 말하기를 "唐安공주를 위해 탑을 만드는 것은 그 비용이 매우 적으니 재상이 마땅히 논할 바가 아닌데, 姜公輔가 짐의 과실을 곧바로 지적하여 스스로 명예를 구하고자 하였을 뿐이다. 재상이 되어 짐을 저버림이 이와 같으니, 마땅히 어떻게 대처해야 하겠는가?" 하니, 陸贄가 황제에게 上奏하여 말하기를 "姜公輔는 재상의 지위에 기하여 일을 만나면 의논하고 간쟁해야 하니, 마땅히 죄를 주어서는 안 됩니다." 하였다. 그러나 上의 뜻이 오히려 노여워하여 姜公輔를 파직하여 左庶子로 삼았다.

上이 陸贄에게 묻기를 "근래에 山北에서 온 낮은 관원들이 있는데, 이들은 모두 훌륭한 선비가 아니다. 邢建이라는 자가 적의 형세를 말하는데 말이 매우 과장되므로 그의 속사정을 살펴보니, 자못 정탐하러 온 듯하였다. 이제 이미 그를 한 곳에 안치하였으니, 이와 같은 무리가 몇 명 더 있다. 만약 그들을 찾아내지 않는다면 간사한 꾀를 이룰까 두려우니, 경은 한번 생각해보라. 어떻게 하는 것이 좋겠는가?" 하였다. 陸贄가 황제에게 上奏하니, 그 내용은 대략 다음과 같다.

"군주 한 사람의 보고 들은 것을 가지고 우주의 변화하는 태도를 다하고자 하고, 한 사람의 방비하고 염려하는 것을 가지고 억조 만백성의 간사함과 속임수를 이기고자 한다면 지혜를 씀이 더욱 정밀하나 올바른 도리를 잃음이 더욱 멉니다. 項籍은 秦나라의 항복한 병졸 20만 명을 받아들이고는 그들이 속임수를 품고 다시 배반할까 염려하여 일거에 다 묻어 죽였으니 방비하고 헤아림에 또한 너무 심하였고, 漢나라 高祖는 활달하고 도량이 커서 천하에서 온 선비들을 받아들이고 의심하지 않았으니 대비하고 염려함에 소략하다고 이를 만하였습니다. 그러나 項氏는 이 때문에 멸망하였고 劉氏는 이 때문에 창성하였으니, 의심을 쌓는 것과 정성을 미루는 것은 그 효험이 진실로 똑같지 않습니다. 秦始皇은 엄숙하고 의심이 많았는데 荊軻가 분격하여 은밀히 살해할 계책을 행하였고, 光武帝는 寬容하고 넓고 후덕하였는데 馬援이 그 정성을 바쳤으니, 어찌 겸허한 회포로 남을 대하면 남이 또한 따를 것을 생각하고, 술수를 부려 남을 어거하면 남이 끝내 친해지지 않는 것이 아니겠습니까?"

陸贄가 또 다음과 같이 말하였다.

"陛下께서 지혜는 여러 사람 중에 뛰어나시어 신하를 가벼이 대하는 마음이 있으시고, 생각은 萬機에 두루 미쳐 홀로 천하를 어거하려는 뜻이 있으시며, 계책은 여러 신하들의 지략을 포용하여 지나치게 삼가는 방비가 있으시고, 영명함은 여러 실정을 환하게 비추어서 일에 앞서 살핌이 있으시며, 백관들을 엄하게 단속하여 형벌에 맡겨 정치를 이룩하려는 계획이 있으시고, 위엄으로 사방을 제압해서 힘으로 잔악한 자들을 이기려는 뜻이 있으시니,

이로 말미암아 재능이 있는 자가 임무를 맡기지 않는 것을 원망하고, 충성스러운 자가 의심을 받는 것을 걱정하고, 공훈이 드러난 자가 용납받지 못할까 두려워하고, 반복무상한 자가 토벌을 당하는데 쫓겨서, 점점 조정을 이반하여 화와 재앙을 이루고 있으니, 바라건대 폐하께서 전복된 수레바퀴 자국(앞서 가던 사람의 실패한 자취)을 경계로 삼으신다면 실로 종묘 사직에 끝없는 아름다움이 될 것입니다."

1)〔頭註〕唐安公主：上之長女也

唐安公主는 上(德宗)의 장녀이다.

2)〔頭註〕姜公輔：諫議大夫以爲 山南非久安之地니 公主之葬을 要歸上都*)하고 此宜儉薄하야 以副軍需之急이라하니라

諫議大夫(姜公輔)가 아뢰기를 "山南 지방은 장구하게 편안한 곳이 아니니, 公主의 장례를 요컨대 上都로 歸葬하고, 이에 장례를 검소하게 하여 비용을 절약해서 시급한 군사 비용을 도와야 합니다." 하였다.

*) 上都：옛날에 下都와 상대하여 이르는 말로, 首都를 칭하여 上都라고 하였는 바, 여기서는 長安을 가리킨다.

3)〔頭註〕左庶子：太子官屬이니 左庶子가 爲之長이라 掌侍從贊相駁正啓奏하니 秩四百石이라

太子에게 소속된 관원이니, 左庶子가 長이다. 侍從, 贊相, 駁正, 啓奏하는 일을 관장하니, 녹봉이 400石이다.

4)〔頭註〕張皇：皇은 大也라

皇은 큼이다.

5)〔原註〕窺覘：覘은 敕廉反이니 視也라

覘은 敕廉反(첨)이니, 보는 것이다.

6)〔頭註〕宇宙：天地四方曰宇요 往古來今曰宙라

천지와 사방을 宇라 하고, 지나간 옛날과 앞으로 올 지금을 宙라 한다.

7)〔釋義〕豁達：豁은 謂豁然開大之貌라

豁은 豁然히 탁트인 모양을 이른다.

8)〔頭註〕任數：數는 計也라

數는 헤아리는 것이다.

9)〔釋義〕區寓(宇)：寓는 主矩反이니 猶言宇宙라〔通鑑要解〕寓는 同宇라

〔釋義〕寓는 主矩反(우)이니, 宇宙라는 말과 같다.〔通鑑要解〕寓는 宇와 같다.

10)〔頭註〕勝殘 : 殘은 賊也라

殘은 해치는 것이다.

11)〔釋義〕忠藎(신)者 : 藎은 才刃反이니 詩에 王之藎臣이라하니라 藎은 進也니 忠愛之篤이 進進無已也라

藎은 才刃反(진)이니, ≪詩經≫에 "王의 藎臣이다."라고 하였다. 藎은 나아감이니, 충성과 사랑의 돈독함이 나아가고 나아가 그치지 않는 것이다.

○ 上謂陸贄曰 渾瑊, 李晟諸軍을 當議規畫(획)[1]하야 令其進取호리라 贄以爲 賢君選將에 委任責成이라 故로 能有功이라하야 乃上奏하니 其略曰 鋒鏑[2]交於原野어늘 而決策於九重之中하고 機會變於斯須어늘 而定計於千里之外하면 用捨相礙하고 否(비)臧皆凶하야 上有掣肘(철주)之譏[3]하고 下無死綏之志[4]니이다 又曰 君上之權은 特異臣下하니 惟不自用이라사 乃能用人이니이다

上이 陸贄에게 이르기를 "渾瑊과 李晟의 여러 군대는 마땅히 의논하고 規畫(按排)해서 이들로 하여금 長安으로 進攻하게 하겠다." 하였다. 陸贄는 생각하기를 '어진 군주가 장수를 선발함에 임무를 맡기고 성공을 책임지우므로 능히 공을 이루는 것이다.'라고 하여 마침내 上奏하니, 그 대략에 말하기를 "언덕과 들에서 칼날과 화살촉이 교차하며 전투하는데 九重의 궁궐에서 계책을 결정하고, 기회가 잠깐 사이에 변하는데 천리 밖에서 계책을 정한다면, 장수가 조정의 명을 쓰고 버리는 것이 서로 막히고 궁중에서 계책을 잘하고 못하는 자가 모두 흉하여, 위로는 조정에서 장수를 간섭한다는 비난이 있고 아래로는 자신을 돌아보지 않고 결사적으로 싸우려는 뜻이 없습니다."라고 하였다.

또 말하기를 "君上의 권세는 신하와 특히 다르니, 오직 스스로 자신의 의견을 쓰지 않아야 비로소 사람을 쓸 수 있습니다." 하였다.

1)〔頭註〕規畫(획) : 規는 圖也라

規는 도모하는 것이다.

2)〔釋義〕鋒鏑 : 鋒은 戈戟刃也요 鏑은 箭鏃也라

鋒은 창의 칼날이고, 鏑은 화살촉이다.

3)〔釋義〕上有掣肘(철주)之譏 : 掣은 昌逝反이요 昌列反이니 曳也라 掣肘는 言爲人所牽制也라 掣肘는 語出家語屈節解篇하니라〔附註〕肘는 臂節也라 說苑에 魯使宓子賤으로 爲單父(선보)宰한대 子賤이 恐魯君聽讒하야 不得行其政이라 請君之近吏善書者하야 與俱至官하야 使書之하고 從旁引其肘하야 書醜則怒之하고 欲好書則又引之하니 書者辭歸하야 以告魯君이어늘 以問孔子한대 孔子曰 宓不齊는 君子也라 意者컨대 以此爲諫乎인저 公寤曰 寡人이 亂宓子之政而責其善者數矣라하고 使人告之曰 從子之制하리라하더니 未幾에 單父治하니라

〔釋義〕掣은 昌逝反(처)이요 昌列反(철)이니 끌어당기는 것이다. 掣肘는 남에게 견제당함을 말한다. 掣肘라는 말은 ≪家語≫〈屈節解〉篇에 보인다.〔附註〕肘는 팔의 관절이다. ≪說苑≫에 魯나라가 宓子賤으로 하여금 單父의 읍재가 되게 하였는데, 子賤은 魯나라 군주가 참소하는 말을 따라서 자신이 單父에서 정사를 행할 수 없을까 염려하였다. 이에 임금의 가까운 관리 중에 글씨를 잘 쓰는 자를 청하여 그와 함께 관청에 이르러서 그로 하여금 글씨를 쓰게 하고는 옆에서 그의 팔뚝을 잡아당겨 글씨가 삐뚤어지면 성을 내고, 글씨를 잘 쓰고자 하면 또다시 팔뚝을 당기곤 하였다. 글씨를 쓰는 자가 하직하고 돌아가서 이 사실을 魯나라 군주에게 아뢰었다. 魯나라 군주가 孔子에게 묻자, 孔子가 말씀하기를 "宓不齊는 군자입니다. 생각건대 이것을 가지고 임금께 간한 듯합니다." 하였다. 魯나라 군주가 깨닫고 말하기를 "과인이 宓子의 정사를 어지럽히고는 그에게 잘하도록 요구한 것이 여러 번이었다." 하고 사람을 시켜 宓子賤에게 고하기를 "그대의 제재를 따르겠다." 하였는데, 얼마 지나지 않아 單父가 잘 다스려졌다.

4)〔釋義〕下無死綏之志 : 綏는 車中所把索也니 如今騎馬者 必執轡繩이라 死綏는 謂執綏而殊死戰하야 不棄之而奔亡이라

綏는 수레 안에서 잡는 끈이니, 지금 말을 타는 자가 반드시 말고삐의 끈을 잡는 것과 같다. 死綏는 끈을 잡고 매우 결사적으로 싸워서 버리고 도망하지 않음을 이른다.

○ 庚寅에 李晟이 大陳兵하야 諭以收復京城하고 遂引兵하야 至通化門外하니 泚兵大至어늘 晟이 縱兵擊之하니 賊敗走하다 再戰又破之하니 賊衆大潰라 姚令言이 帥(솔)餘衆西走하다 晟이 屯於含元殿前하고 令諸軍曰 晟賴將士之力하야 克

清宮禁하니 長安士庶 久陷賊庭[1)]이라 若小有震驚이면 非弔民伐罪之意니라 晟의 大將高明曜 取賊妓하고 尙可孤[2)]軍士 擅取賊馬어늘 晟이 皆斬之하니 軍中股慄[3)]하고 公私安堵[4)]하야 秋毫無犯이러라 六月에 晟이 遣掌書記于公異하야 作露布[5)]하야 上行在하고 曰 臣已肅淸宮禁하고 祗謁寢園하니 鍾簴(거)[6)]不移하고 廟貌如故라하니 上이 泣下曰 天生李晟은 以爲社稷이요 非爲朕也로다

庚寅日(5월 20일)에 李晟이 閱兵式을 거행하여 병사들에게 京城을 수복할 것을 타이르고 마침내 군대를 이끌고 通化門 밖에 이르니, 朱泚의 군대가 크게 몰려왔다. 李晟이 군대를 풀어 공격하니 적이 敗走하였다. 다시 싸워 또 격파하니 적의 무리가 크게 궤멸되었다. 姚令言이 남은 군대를 거느리고 서쪽으로 도망하였다. 李晟이 含元殿 앞에 주둔하고 諸軍들에게 명령하기를 "내가 장병들의 힘을 의뢰하여 깨끗이 궁궐 안의 적들을 청소하였는데, 長安의 士庶人들이 오랫동안 적의 통치하에 있었으니, 만약 우리들이 조금이라도 진동하고 놀라게 함이 있으면 백성들을 위로하고 죄 있는 자를 정벌하는 뜻이 아니다." 하였다. 李晟의 大將인 高明曜가 적의 기생을 데려 오고 尙可孤의 軍士가 멋대로 적의 말을 갖자 李晟이 모두 목을 베니, 軍中이 두려워하여 다리를 떨고 公私가 안도하여 추호도 범함이 없었다.

6월에 李晟이 掌書記를 公異로 보내어 露布를 만들어서 行在所에 올려 말하기를 "신이 이미 宮禁의 적들을 깨끗이 청소하고 공경히 先帝의 寢園을 배알하였는데, 종묘에 설치한 종과 종틀이 여전하며 사당의 모습도 예전과 같습니다." 하니, 上이 눈물을 떨구고 말하기를 "하늘이 李晟을 내신 것은 社稷을 위해서이고, 짐을 위해서가 아니다." 하였다.

1)〔釋義〕久陷賊庭：賊庭은 謂朱泚라
賊의 조정은 朱泚를 이른다.

2)〔頭註〕尙可孤：晟之裨將이라
尙可孤는 李晟의 裨將이다.

3)〔頭註〕軍中股慄：股慄은 股戰而慄이니 言恐懼之甚也라
다리를 떨면서 두려워하는 것이니, 매우 두려워함을 말한다.

4)〔釋義〕安堵 : 人情이 安如墻堵하야 乃不動이라
安堵는 사람들의 마음이 담장처럼 편안히 여겨서 마침내 동요하지 않는 것이다.
5)〔釋義〕作露布 : 軍中露布는 皆書於帛하야 建於漆竿이라하니라
軍中의 露布는 모두 비단에 써서 옻칠한 장대에 꽂는다.
6)〔釋義〕鍾簴(거) : 簴는 音巨라 說文에 鍾鼓之跗니 以猛獸爲飾이라
簴는 음이 거이다. ≪說文解字≫에 “簴는 鍾과 북의 받침이니, 맹수의 모양으로 꾸민다.” 하였다.

○ **朱泚將奔吐蕃**하니 **其衆**이 **隨道散亡**이라 **至彭原西城**이어늘 **其將梁庭芬等**이 **斬之**하야 **傳首行在**하다

朱泚가 장차 吐蕃으로 달아나려 하니, 그의 무리들이 길을 따라 흩어지고 도망하였다. 朱泚가 彭原의 西城에 이르자, 그의 장수인 梁庭芬 등이 朱泚의 목을 베어 首級을 行在所로 전달하였다.

○ **車駕至長安**하니 **李晟**이 **謁見上於三橋**할새 **先賀平賊**하고 **後謝收復之晩**하다

황제의 車駕가 長安에 이르니, 李晟이 上을 三橋에서 알현할 적에 황제에게 먼저 역적 朱泚를 평정한 것을 축하하고 나중에 長安을 수복함이 늦음을 사죄하였다.

朱黼曰 德宗이 以飢羸之卒로 守一縣之地하야 當朱泚十萬之師할새 內則朱滔, 李希烈이 締結交亂하고 外則李懷光이 觀望圖逆하고 回紇이 馳騖於河北하고 吐蕃이 伺變於關外하야 唐之不亡은 僅毫髮爾니 所恃者는 人心未去也라 故로 李晟以孤軍으로 處二强寇之間[1)]하야 內無資粮(糧)하고 外無救援이요 徒以忠義로 感激將士라 故로 其衆雖單弱이나 而銳氣不衰하야 卒能克復宗社하야 不失舊物[2)]하니 而況以天下之大와 億兆之衆으로 守之以道德하고 用之以仁義하면 其誰能敵之리오 故로 人君이 苟得民心이면 則不在地之廣狹과 兵之衆寡요 王天下[3)]猶反掌也라 湯以七十里하시고 文王以百里가 豈不信哉리오
朱黼가 말하였다.

"德宗이 굶주리고 피폐한 병졸을 데리고 한 縣의 땅을 지키면서 朱泚의 십만대군에게 대항할 적에, 안으로는 朱滔와 李希烈이 깊이 결탁하여 서로 어지럽히고 밖으로는 李懷光이 관망하면서 반역을 도모하며, 回紇은 河北 지방에서 이리저리 치달리고 吐蕃은 관문 밖에서 변란을 엿보아서, 唐나라가 멸망하지 않은 것은 겨우 실오라기처럼 미세하였는데, 믿는 것은 인심이 아직 떠나지 않은 것 뿐이었다. 그러므로 李晟이 외로운 군대를 거느리고 두 강한 적 사이에 처하여, 안으로는 물자와 식량이 없고 밖으로는 구원하는 세력이 없었으나 다만 충의심으로 장병들을 감동시키고 격려하였다. 그러므로 그 무리가 비록 고단하고 약하였으나 銳氣가 쇠하지 아니하여 끝내 종묘 사직을 회복해서 예전에 천하를 다스리던 일을 잃지 않았으니, 하물며 천하의 큼과 억조 만백성의 많음으로써 道德으로써 지키고 仁義로써 사용한다면 그 누가 대적하겠는가. 그러므로 임금이 진실로 민심을 얻으면 땅의 넓고 좁음과 병력의 많고 적음에 관계없이 천하에 왕노릇 하는 것을 손바닥을 뒤집는 것처럼 쉽게 할 수가 있다. 湯王은 70리로써 왕노릇 하였고 文王은 100리로써 왕노릇 한 것이 어찌 진실이 아니겠는가.

1) 〔頭註〕 二强寇之間 : 二强寇는 朱泚與李懷光이라
두 강한 적은 朱泚와 李懷光이다.

2) 〔頭註〕 不失舊物 : 左傳不失舊物注에 物은 事也라하니 不失先祖治天下之舊事라
≪春秋左傳≫ 哀公 元年 '不失舊物'의 注에 "物은 일이다."라고 하였으니, 先祖가 천하를 다스리던 옛일을 잃지 않는 것이다.

3) 〔頭註〕 王天下 : 王은 去聲이니 興也라
王은 去聲이니, 흥기하는 것이다.

初에 **肅宗在靈武**에 **上爲奉節王**하야 **學文於李泌**(비)하고 **代宗之世**에 **泌居蓬萊書院**하니 **上爲太子**하야 **亦與之遊**라 **及上在興元**[1]에 **泌爲杭州刺史**한대 **上**이 **急詔徵之**하니 **與睦州刺史杜亞**로 **俱詣行在**어늘 **以泌爲左散騎常侍**하야 **日直西省**[2]하다

처음에 肅宗이 靈武에 있을 적에 上이 奉節王이 되어 李泌에게 글을 배웠

고, 代宗 때에 李泌가 蓬萊書院에 머무니 上이 태자가 된 뒤에 또한 그와 교유하였다. 上이 興元府에 있을 때에 李泌가 杭州刺史가 되었는데, 上이 급히 조서를 내려 李泌를 부르니, 李泌가 睦州刺史 杜亞와 함께 行在所(興元府)로 나왔다. 上이 李泌를 左散騎常侍로 삼아 날마다 西省에서 숙직하게 하였다.

1)〔頭註〕上在興元 : 興元은 卽漢中이라
興元府는 바로 漢中이다.

2)〔頭註〕日直西省 : 門下省을 謂之東省이요 中書省을 謂之西省이라
門下省을 東省이라 하고, 中書省을 西省이라 한다.

○ 上問李泌호되 河中은 密邇京城하고 朔方兵은 素稱精銳라 朕이 晝夕憂之하노니 奈何오 對曰 天下事 甚有可憂者하니 若惟河中은 不足憂也니이다 懷光이 旣解奉天之圍에 視朱泚垂亡之虜호되 不能取하고 乃與之連和하야 使李晟得取以爲功하니이다 今陛下已還宮闕이어시늘 懷光이 不束身歸罪하고 乃虐殺使臣하고 鼠伏河中하니 如夢魘(염)之人[1]耳라 但恐不日爲帳下所梟하야 使諸將으로 無以藉手也리이다

上이 李泌에게 묻기를 "李懷光이 점거하고 있는 河中은 京城과 가깝고 朔方鎭의 군대는 평소 정예롭기로 알려져 있다. 짐이 밤낮으로 이것을 걱정하노니, 어찌 해야 하는가?" 하고 묻자, 李泌가 다음과 같이 대답하였다.

"天下에 심히 우려할 만한 일이 있으니, 河中으로 말하면 족히 근심할 것이 못됩니다. 李懷光이 이미 奉天城의 포위를 푼 뒤에 망해가는 오랑캐인 朱泚를 보고도 취하지 않고 도리어 그와 더불어 연합하여 李晟으로 하여금 취하여 공으로 삼게 하였습니다. 이제 폐하께서 이미 궁궐로 돌아오셨는데, 李懷光이 스스로 손발을 묶고 조정으로 돌아와 죄를 청하지 않고 마침내 조정의 사신을 잔인하게 죽이고 河中에 쥐처럼 몸을 숨기고 있으니, 마치 악몽을 꾸다가 가위에 눌린 사람과 같습니다. 다만 며칠 못 가서 그의 부하에게 梟首당하여 조정의 諸將들로 하여금 손을 빌릴 것이 없을 듯합니다."

1)〔頭註〕夢魘(염)之人 : 魘은 音厭이니 驚夢也라 氣虛心懼而神亂則魘이라

魘은 음이 염이니, 악몽을 꾸고 놀라서 가위에 눌리는 것이다. 기가 허하고 마음이 두려워 정신이 어지러우면 가위에 눌린다.

○ 初에 魚朝恩旣誅에 代宗이 不復使宦官典兵이러니 上이 卽位에 悉以禁兵委白志貞이라가 志貞得罪어늘 上이 復以宦官竇文場代之하야 從幸山南하니 兩軍漸集[1]이러라 上이 還長安하야 頗忌宿將[2]握兵多者하야 稍稍罷之하고 以文場으로 監神策軍左廂[3]兵馬使하고 王希로 遷監右廂兵馬使하야 始令宦官으로 典禁旅하니라

처음에 환관인 魚朝恩이 죽임을 당한 뒤에 代宗이 다시는 환관으로 하여금 병권을 맡게 하지 않았다. 上이 즉위한 뒤에 禁軍을 모두 白志貞에게 맡겼다가 白志貞이 죄를 얻자, 上이 다시 환관인 竇文場으로 白志貞을 대신하게 하여 황제를 따라 山南으로 파천하니, 두 군대(左神策軍과 右神策軍)가 점차 모였다. 上이 長安으로 돌아온 뒤에 자못 老將들이 병권을 많이 보유한 것을 시기하여 차츰 파면하고, 竇文場을 監神策軍左廂兵馬使로 삼고 王希를 監神策軍右廂兵馬使로 승진시켜서 처음으로 환관으로 하여금 禁軍을 맡게 하였다.

1)〔頭註〕兩軍漸集：兩軍은 左右神策軍이라
　兩軍은 左神策軍과 右神策軍이다.

2)〔頭註〕宿將：久將也라
　宿將은 老將이다.

3)〔通鑑要解〕左廂[*]：廂은 廡也요 廊也니 東西室也라
　廂은 行閣이고 回廊이니, 집의 동쪽과 서쪽에 붙은 방이다.

*) 左廂：左翼에 소속된 군대, 또는 그 군영을 이른다.

○ 時에 連年旱蝗하니 度支資糧이 匱竭이라 言事者多請赦李懷光한대 李晟이 上言호되 赦懷光이 有五不可[1]라하고 馬燧自行營入朝하야 奏稱호되 懷光이 凶逆尤甚하니 赦之면 無以令天下라 願更得一月糧하야 必爲陛下平之라한대 上이

許之하다 八月에 燧帥(솔)諸軍하고 至河西하니 河中軍士 自相驚亂이라 懷光이 不知所爲하고 乃縊(의)而死하니 燧自辭行으로 至河中平에 凡二十七日이러라

이때에 해마다 가뭄이 들고 蝗災가 있으니 度支部의 물자와 식량이 고갈되었다. 조정에서 정사를 의논하는 대신이 대부분 李懷光을 사면할 것을 청하자, 李晟이 황제에게 上言하기를 "李懷光을 사면하는 것이 다섯 가지 불가한 점이 있습니다." 하였고, 馬燧는 行營으로부터 들어와 조회하여 아뢰기를 "李懷光은 흉악함과 반역함이 특히 심하니, 그를 사면하면 천하를 호령할 수가 없습니다. 바라건대 다시 한 달 분의 군량을 얻어서 반드시 폐하를 위하여 그를 평정하겠습니다."라고 하자, 上이 이를 허락하였다.

8월에 馬燧가 諸軍을 거느리고 河西에 이르니, 河中의 군사들이 자기들끼리 서로 놀라고 혼란하였다. 李懷光이 어찌 할 바를 몰라 마침내 목을 매어 죽으니, 馬燧가 황제를 하직하고 길을 떠난 뒤로부터 河中을 평정하기까지 모두 27일이 걸렸다.

1) 〔譯註〕 赦懷光 有五不可 : 李晟은 李懷光을 사면해서는 안 되는 다섯 가지 이유를 다음과 같이 아뢰었다. "河中은 長安과의 거리가 겨우 300리이고 節度使의 治所가 있는 同州는 長安의 동북쪽에 위치한 요충지이니, 병력을 많이 주둔시키면 李懷光을 불신하는 것이 되고 병력이 적으면 충분히 방어하지 못하여 갑자기 동쪽 지방을 놀라게 할 것이니, 이렇게 되면 어떻게 제압하겠습니까. 이것이 첫 번째 불가한 이유입니다. 이제 李懷光을 사면한다면 반드시 그에게 晉州·絳州·慈州·隰州를 돌려주어야 하는데, 폐하께서 渾瑊을 蒲絳節度使로, 康日知를 晉慈隰節度使로 임명하셨습니다. 이렇게 되면 渾瑊은 부임할 곳이 없게 되고 康日知는 다른 지역으로 바꾸어야 해서 장병들이 불안해 할 것이니, 장병들을 어떻게 장려할 수 있겠습니까. 이것이 두 번째 불가한 이유입니다. 陛下께서 1년 동안 藩鎭들을 토벌하여 작은 무리들을 제거하시니 병력이 아직 곤궁하지 않은데, 대번에 李懷光의 반역한 죄를 사면하실 경우 이제 서쪽에는 吐蕃이 있고 북쪽에는 回紇이 있고 남쪽에는 淮西 지방을 점거하여 발호하는 李希烈이 있는데, 이들이 모두 우리 국가의 강함과 약함을 관망하려 할 것입니다. 그러하여 李懷光을 사면할 경우 이들은 폐하께서 은덕을 베풀고 백성들을 사랑한다고 하지 않고 마침내 병력이 약하여 스스로 토벌을 중지하는 것이라고 생각할 것이니, 이것이 세

번째 불가한 이유입니다. 李懷光을 사면하면 奉天의 포위를 푸는데 공을 세운 朔方의 장병들에게 공훈의 등급에 따라 賞을 주어야 할 터인데 지금 국고가 텅비어 賞이 그들의 기대에 차지 않을 것이니, 이는 그들을 격노하여 배반하게 만드는 것으로, 이것이 네 번째 불가한 이유입니다. 이미 河中의 공격을 중지하고 諸道의 군대를 해산하면서 토벌에 동원된 장병들에게 賞典을 내리지 않는다면 원망하는 말이 반드시 일어날 것이니, 이것이 다섯 번째 불가한 이유입니다."

【乙丑】 貞元元年이라

貞元 元年(을축 785)

上이 使問陸贄호되 河中旣平하니 復有何事所宜區處오하고 悉令條奏하다 贄以河中旣平에 慮必有希旨生事之人하야 以爲王師所向無敵하니 請乘勝討淮西者하면 李希烈[1]이 必誘諭其所部及新附諸帥[2]曰 奉天息兵之旨는 乃因窘急而言이니 朝廷稍安이면 必復誅伐이리라하리니 如此면 則四方負罪者 孰不自疑리오 河朔, 靑齊[3]固當響應하야 兵連禍結하야 賦役繁興이면 建中之憂 行將復起리라하야 乃上奏하니 其略曰 福不可以屢徼요 幸不可以常覬라 臣姑以生禍爲憂하고 而未敢以獲福爲賀하노이다 又曰 曩討之而愈叛이러니 今釋之而畢來하고 曩以百萬之師而力殫이러니 今以咫尺之詔[4]而化洽하니 是則聖王之敷理道, 服暴人에 任德而不任兵이 明矣니이다 上이 乃詔諸道하야 與淮西連接者는 宜各守封疆하고 非彼侵軼(일)[5]이어든 不須進討하고 李希烈若降이면 當待以不死요 自餘將士百姓은 一無所問하리라하다

上이 사람을 시켜 陸贄에게 묻기를 "河中이 이미 평정되었으니, 다시 무슨 일을 계획하여 조처해야 하는가?" 하고, 그에게 명하여 모두 조목조목 아뢰게 하였다.

陸贄가 말하기를 "河中이 이미 평정되었으니, 반드시 임금의 뜻에 맞추어 일을 만들어내는 자가 있어서 이르기를 '王師가 향하는 곳마다 대적하는 자

가 없으니, 승세를 타고서 淮西의 李希烈을 토벌하자.'고 하면, 李希烈은 반드시 그의 部將과 새로 조정에 歸附한 여러 장수들을 유인하고 타이르기를 '황제가 奉天에서 반포한 병란을 중지하겠다는 詔書는 당시에 곤궁하고 위급함으로 인해서 한 말이니, 조정이 다소 편안해지면 반드시 다시 우리들을 토벌할 것이다.'라고 할 것입니다. 이와 같다면 사방의 죄를 지은 자들이 누가 의심하지 않겠습니까? 河朔의 王武俊과 田緒, 靑齊의 李納이 진실로 마땅히 李希烈과 호응하여 戰亂이 이어지고 災禍가 무궁하여 부세와 요역이 크게 일어나면 建中 연간의 우환이 장차 다시 일어나게 될 것입니다."라고 하였다. 그리하여 마침내 上奏하니 그 내용에 대략 말하기를 "福은 여러 번 내리기를 바라서는 안 되고, 요행은 항상 엿보아서는 안 됩니다. 신은 우선 화를 만들어 내는 것을 근심하고, 감히 복을 얻는 것을 축하하지 않습니다." 하였다.

또 말하기를 "종전에는 역적을 토벌하면 할수록 더욱 배반하였는데 지금 관대하게 용서해 줌에 모두 귀순해 오고, 종전에는 백만의 군사로서 정벌하여 병력이 다하였는데 지금은 한 자도 못되는 조서를 가지고 천하를 교화함에 흡족하니, 이는 聖王이 국가를 다스리는 도를 펴고 사나운 사람들을 굴복시킴에 道德에 맡기고 兵力에 맡기지 않음이 분명한 것입니다." 하였다.

上이 마침내 여러 도에 명하여 "淮西의 李希烈과 연접한 자들은 마땅히 각자 자신의 경내를 지키고, 만약 李希烈이 침략해 오는 경우가 아니면 굳이 전진하여 토벌할 것이 없으며, 李希烈이 만약 항복해 오면 목숨을 살펴 줄 것이요, 그 나머지 장병과 백성들은 일체 죄를 묻지 않겠다." 하였다.

1) 〔頭註〕 李希烈 : 淮西將李希烈이 逐其節度使李忠臣하니 代宗이 以希烈代之라 其後脅朝廷, 逐盧杞等하고 內不自安하야 密與朱泚로 通謀叛하니라

淮西將 李希烈이 節度使 李忠臣을 쫓아내니, 代宗이 李希烈로써 그를 대신하게 하였다. 그후 李希烈은 조정을 위협하고 盧杞 등을 축출하였으며 안으로 자기의 처지에 불안을 느껴 은밀히 朱泚와 함께 내통하여 반역을 꾀하였다.

2) 〔頭註〕 新附諸帥 : 謂李納王武俊田緒等이라

새로 따르는 여러 장수들은 李納, 王武俊, 田緒 등을 이른다.

3) 〔頭註〕 河朔, 靑齊 : 河朔(成德軍)은 王武俊, 田緒等이요 靑齊(平盧淄靑)는 李納

이라

河朔은 王武俊과 田緒 등이요, 靑齊는 李納이다.

4)〔頭註〕咫尺[*1)]之詔 : 謂罪己詔[*2)]也라

한 자도 못되는 詔書란 자신을 책망하는 조서를 이른다.

*1) 咫尺 : 8寸을 咫라고 하고, 10寸을 尺이라 한다.

*2) 罪己詔 : 興元 元年(784) 정월 초하루에 내린 制書로 45권 첫머리에 보인다.

5)〔頭註〕侵軼(일) : 軼은 突也라

軼은 충돌하는 것이다.

【丙寅】二年이라

貞元 2년(병인 786)

李希烈이 **在蔡州**하야 **兵勢日蹙**이러니 **會有疾**이라 **夏四月**에 **大將陳仙奇 使醫陳山甫**로 **毒殺之**하고 **因擧衆來降**이어늘 **兵馬使吳少誠**이 **復殺仙奇**하고 **自爲留後**하다

李希烈이 蔡州에 있으면서 兵勢가 날로 위축되었는데 마침 병이 났다. 李希烈의 大將 陳仙奇가 의원 陳山甫로 하여금 그를 독살하게 하고는 인하여 무리를 거느리고 와서 항복하였는데, 兵馬使인 吳少誠이 다시 陳仙奇를 죽이고 스스로 留後가 되었다.

〔史略 史評〕胡氏曰 仙奇는 爲國誅賊하니 賞以節鉞[1)]이 是也어니와 少誠은 黨賊而殺仙奇어늘 亦以與之하니 則賞罰混殽하야 兆淮蔡之亂[2)]矣라 差之毫釐 謬以千里[3)]는 此類是也니라

胡氏(胡寅)가 말하였다.

"陳仙奇는 나라를 위하여 역적을 토벌하였으니 節鉞로써 賞을 주는 것이 옳거니와, 吳少誠은 적의 도당이 되어 陳仙奇를 죽였는데도 節鉞을 주었으니, 賞과 罰이 뒤섞여서 淮蔡의 반란을 초래한 것이다. 시작에 털끝만한 차이가 종말에 천리나 어긋난다는 것은 바로 이러한 類이다."

1) 〔譯註〕 節鉞 : 節은 符節로 옛날 使者나 사신을 보낼 때에 사용하던 물건이며, 鉞은 斧鉞로 장수가 출정할 때에 군주가 이것을 내려주어 生殺與奪을 독단할 수 있게 하였는 바, 곧 節度使나 장군이 되어 軍權을 장악하고 있음을 상징한다.

2) 〔譯註〕 淮蔡之亂 : 당나라 때 吳元濟가 淮西와 蔡州의 절도사인 吳少誠을 죽이고 일으켰던 반란 사건을 가리키는데, 결국 武元衡과 裴度에 의해 섬멸되었다.

3) 〔譯註〕 差之毫釐 謬以千里 : 毫釐는 극소수의 單位로 누에가 실을 토한 것을 忽이라 하고 10忽을 絲라 하고 10絲를 毫라 하고 10毫를 釐라 하고 10釐를 分이라 한다. 이것은 처음의 작은 잘못이 결과적으로 엄청난 차이를 초래한다는 뜻으로 처음에 잘해야 함을 강조한 말이다. ≪禮記≫ 〈經解〉에 "君子는 처음을 삼가니, 毫釐와 같은 차이가 千里나 어긋난다.〔君子愼始 差若毫釐 繆以千里〕"고 하였다.

○ 關中倉廩이 竭이라 禁軍이 或自脫巾하고 呼於道曰 拘吾於軍而不給糧하니 吾는 罪人也라하니 上이 憂之甚이러니 會에 韓滉[1]이 運米三萬斛하야 至陝이어늘 李泌가 卽奏之한대 上喜하야 遽至東宮하야 謂太子曰 米已至陝하니 吾父子得生矣로다 時에 禁中이 不釀이라 命於坊市取酒하야 爲樂하고 又遣中使하야 諭神策六軍하니 軍士皆呼萬歲라 時에 比歲饑饉하야 兵民이 率皆瘦黑이러니 至是에 麥始熟하야 市有醉人하니 當時以爲嘉瑞라 人乍飽食에 死者復五之一이러니 數月에 人膚色이 乃復古하니라

關中의 창고 양식이 고갈되었다. 禁軍 중에 어떤 자가 스스로 두건을 벗고 길가에서 호소하기를 "우리들을 군대에 옭아매 놓고 양식을 지급하지 않으니, 우리들은 죄인이다." 하니, 上이 이를 몹시 걱정하였는데, 마침 韓滉이 3만 斛의 쌀을 운반하여 陝州에 이르렀다. 李泌가 이를 즉시 황제에게 아뢰자, 上이 기뻐하여 급히 東宮에 이르러 太子에게 이르기를 "쌀이 이미 陝州에 도착하였으니, 우리 父子가 살게 되었다." 하였다.

이때 禁中에서는 술을 빚지 못하였으므로 황제가 명하여 마을의 시장에서 술을 사오게 하여 즐거워하고, 또 中使를 보내서 쌀이 도착한 사실을 神策六

軍에게 유시하게 하니, 군사들이 모두 만세를 불렀다.

매년 기근이 들어서 군사와 백성들이 대부분 모두 수척하고 얼굴이 흑빛이었는데, 이때에 이르러 보리가 비로소 익어서 수확하여 시장에 술 취한 사람이 있으니, 당시에 이것을 아름다운 상서라 여겼다. 사람들이 갑자기 배불리 먹게 되자 이로 인하여 죽는 자가 다시 5분의 1이 되었는데, 몇 달이 지나자 사람들의 피부색이 비로소 원래대로 회복되었다.

1)〔頭註〕韓滉：江淮轉運使라
韓滉은 江淮轉運使이다.

○ 初에 上이 與常侍李泌로 議復府兵[1)]하니 泌因爲上하야 歷敍府兵自西魏以來興廢之由하고 且言호되 府兵이 平日皆安居田畝하고 每府에 有折衝領之라 折衝以農隙으로 敎習戰陳(陣)하야 國家有徵發이면 則以符契로 下其州及府하야 參驗發之하고 至所期處어든 將帥按閱하야 有敎習不精者면 罪其折衝하고 甚者는 罪及刺史하며 軍還則賜勳加賞하야 便道罷之[2)]하니 行者近不踰時하고 遠不經歲니이다 高宗이 以劉仁軌로 爲洮(조)河鎭守使[3)]하야 以圖吐蕃하니 於是에 始有久戍之役이요 武后以來로 承平日久하야 府兵浸墮(휴)하야 爲人所賤하니 百姓恥之하야 至蒸熨(위)手足하야 以避其役하니이다 又牛仙客이 以積財로 得宰相하니 邊將效之라 山東戍卒이 多齎繒帛自隨어든 邊將誘之하야 寄於府庫하고 晝則苦役하고 夜縶地牢하야 利其死而沒入其財라 故로 自天寶以後로 山東戍卒이 還者什無二三이니이다 其殘虐如此나 然未嘗有外叛內侮하야 殺帥自擅者는 誠以顧戀田園하고 恐累宗族故也니이다 自開元之末로 張說이 始募長征兵[4)]하야 謂之彍(확)騎[5)]하고 其後에 益爲六軍[6)]이러니 及李林甫爲相에 奏諸軍皆募人爲之하니 兵不土著하고 又無宗族이라 不自重惜하고 忘身徇利하야 禍亂遂生하야 至今爲梗[7)]하니 曏使府兵之法이 常存不廢런들 安有如此下陵上替之患哉리잇고 陛下思復府兵하시니 此乃社稷之福이니 太平有日矣리이다 上

曰 俟平河中하야 當與卿議之호리라

처음에 上이 常侍 李泌와 府兵을 회복시키는 문제를 의논하니, 李泌가 인하여 上을 위해서 西魏 이래로 府兵이 흥기하고 폐지된 이유를 차례로 서술하고, 또 다음과 같이 말하였다.

"府兵은 평소에는 모두 田畝에서 편안히 거주하고 매 府마다 折衝府가 있어 이들을 통솔했습니다. 折衝府는 농한기에 이들에게 전투와 진치는 방법을 가르치고 익히게 하여 국가에서 府兵을 징발하는 일이 있으면 군대를 調發하는 符契(신표)를 그 州와 折衝府에 내려서 규정과 대조하여 맞으면 府兵을 징발하였습니다. 府兵들이 기약한 곳에 도착하면 장수가 이들을 살펴보고 검열하여, 전투와 진치는 방법을 가르치고 익힌 것이 정밀하지 않은 자가 있으면 그 折衝府의 長官을 처벌하고 심한 경우에는 죄가 刺史에게까지 미치며, 징발했던 군사가 돌아오면 공로에 따라 賞을 내린 뒤에 중도에서 편리하고 빠른 길로 해산하게 하니, 징발당했던 府兵들이 빠르면 한 철을 넘기지 않고 늦어도 1년을 넘기지 않았습니다.

高宗이 劉仁軌를 洮河鎭守使로 삼아서 吐蕃을 도모하게 하니, 이에 비로소 오랫동안 수자리 사는 부역이 있게 되었습니다. 則天武后 이래로 천하가 태평한 지가 오래되어 府兵이 점점 무너져서 사람들에게 천대를 받으니, 백성들이 府兵을 당하는 것을 부끄러워하여 심지어 손과 발을 불로 찌고 불로 시져서 부역을 피하기까지 하였습니다. 또 牛仙客이 재물을 모아 재상의 지위를 얻으니, 변방의 장수들이 이것을 본받았습니다. 山東 지방의 戍卒들이 몸에 繒帛을 지니고 오면 변방의 장수들이 그들을 유인해서 그것을 府庫에 맡기게 하고는 낮에는 괴롭게 노역을 시키고 밤에는 지하의 움속에 가두어 두어, 그들이 죽어서 그들의 재물을 몰수하여 빼앗는 것을 이롭게 여겼습니다. 그러므로 天寶 연간 이후로 山東 지방의 戍卒들이 살아서 집으로 돌아간 자가 열에 두세 명 밖에 되지 않았습니다. 그 잔학함이 이와 같았으나 일찍이 밖에서 배반하고 안에서 업신여겨 장수를 죽이고 제멋대로 행동한 자가 있지 않았던 것은 진실로 자신의 田園을 돌아보고 연연해하며 종족들에게 누가 될까 두려워하였기 때문입니다.

그런데 開元 말기로부터 張說이 처음 長征兵(오랫동안 征戍하는 군대)을 모집해서 이들을 일러 彍騎라 이름하고 그 뒤에 彍騎를 늘려서 六軍을 만들었는데, 李林甫가 재상이 되자 아뢰어서 모든 군대를 다 백성을 모집하여 만드니, 군사들이 일정한 곳에 자리를 잡고 살지 않고 또 宗族이 없게 되었습니다. 그러므로 스스로 자기 몸을 소중히 여기고 아끼지 않아서 자기 몸을 잊고 이익을 따라 화와 난이 마침내 생겨서 지금에 이르러 병들게 하였으니, 그때 만일 府兵의 법이 항상 보존되고 폐지되지 않았더라면 어찌 이처럼 아랫사람이 능멸하고 윗사람이 침체하는 근심이 있었겠습니까? 陛下께서 府兵을 회복시킬 것을 생각하시니, 이는 곧 社稷의 福이니 태평할 날이 있게 될 것입니다."

上이 말하기를 "河中이 평정되기를 기다려 마땅히 경과 의논하겠다." 하였다.

1)〔頭註〕府兵 : 府는 卽折衝果毅府라
府는 곧 折衝果毅府이다.

2)〔頭註〕便道罷之 : 便道는 便捷之路也라 罷兵하야 使各隨便道歸農이니 不必還至京師而後罷라
便道는 편리하고 빠른 길이다. 군대를 파하여 각각 편하고 빠른 길을 따라서 歸農하게 한 것이니, 굳이 도로 京師에 이른 뒤에 해산할 필요가 없는 것이다.

3)〔頭註〕洮(조)河鎭守使 : 洮河는 二州名이라
洮, 河는 두 州의 이름이다.

4)〔頭註〕長征兵 : 征은 作從이라
征은 從으로 되어 있다.

5)〔譯註〕彍(확)騎 : 당나라 宿衛兵의 명칭으로 玄宗 11년(723)에 서울을 숙위하던 府兵들이 대거 도망가자, 재상 張說의 건의를 받아들여 서울 근방의 부병과 白丁들을 선발 모집하는 방식으로 도입되었다. 해마다 두 달만 숙위하면 出征과 수비를 위해 변경으로 가는 부담을 면제해 주었는데, 長從宿衛라고 칭하였다.

6)〔頭註〕六軍 : 分左右하야 爲十二軍이라
좌군과 우군을 나누어 12軍이다.

7)〔頭註〕至今爲梗*) : 梗은 病也라

梗은 병드는 것이다.

*) 至今爲梗 : ≪詩經≫ 〈大雅 桑柔〉에 "누가 禍의 階梯를 만들어 지금에 이르러 병들게 하였는가.〔誰生厲階 至今爲梗〕"라고 보이는데, 鄭玄의 注에 "梗은 병드는 것이다."라고 하였다.

○ **初**에 **吐蕃**이 **求和於馬燧**어늘 **燧信其言**하야 **爲之請於朝**러니 **李晟曰 戎狄**이 **無信**하니 **不如擊之**라한대 **燧與張延賞**[1]이 **皆與晟有隙**이라 **欲反其謀**하야 **爭言和親便**이라하니 **上計遂定**하다

처음에 吐蕃이 馬燧에게 화친을 요구하자, 馬燧가 그 말을 믿고서 吐蕃을 위해 조정에 화친할 것을 청하였다. 李晟이 말하기를 "戎狄은 신의가 없으니, 그들을 공격하는 것만 못합니다." 하였는데, 馬燧와 張延賞은 모두 李晟과 틈이 있어, 이들이 그의 계책을 반대하고자 하여 화친함이 편리하다고 다투어 말하니, 上의 계책이 마침내 화친하는 것으로 결정되었다.

1)〔頭註〕張延賞 : 左僕射라

張延賞은 좌복야이다.

〔史略 史評〕范氏曰 人君이 於其所不當疑而疑之면 則於其所不可信而信之矣라 李晟之功은 社稷是賴어늘 而德宗猜忌하야 使憂懼하야 不保朝夕하고 至於讒邪之詭計와 戎狄之甘言하야는 則推誠而信之不疑하니 由其心術顚倒하고 見義不明故也라 延賞이 以私憾으로 敗國殄民하니 罪莫大焉이어늘 德宗이 曾不致詰하야 使之得保首領하야 死於牖下하니 幸矣라

范氏(范祖禹)가 말하였다.

"임금이 마땅히 의심하지 말아야 할 사람을 의심하면 믿지 말아야 할 사람을 믿게 된다. 李晟의 功에 힘입어 宗廟社稷이 보존되었는데도 德宗이 그를 시기하여 근심하고 두려워해서 朝夕도 보존하지 못하게 하였고, 아첨하고 간사한 자들의 잘못된 계책과 戎狄의 甘言利說에 이르러서는 誠心을 미루어 믿고 의심하지 않았으니, 이는 그 心術이 전도되고 義를 봄이 분명하지 못하기

때문이었다. 張延賞이 私憾으로 국가를 패망하게 하고 백성들을 괴롭혔으니 이보다 더 큰 죄가 없는데도 德宗이 일찍이 따져 묻지 않아서 그로 하여금 목을 보존하고 창문 아래에서 편안히 죽게 하였으니, 요행이다."

○ 五月에 渾瑊이 自咸陽入朝어늘 以爲淸水會盟使[1]하야 使將二萬餘人하야 赴盟所하다 渾瑊이 奏吐蕃決以辛未盟이라한대 張延賞이 集百官하고 以瑊表示之曰 李太尉謂吐蕃和好必不成이라하더니 此는 渾侍中表也라 盟日定矣니라 晟이 聞之하고 泣謂所親曰 吾生長西陲(수)하야 備諳虜情하니 所以論奏는 但恥朝廷爲犬戎所侮爾로라 辛未에 將盟할새 吐蕃이 伏精騎數萬於壇西어늘 瑊等이 皆不知하고 入幕하야 易禮服이러니 虜伐鼓三聲에 大譟而至하니 瑊이 自幕後出하야 偶得他馬乘之하고 唐將卒이 皆東走라 虜縱兵追擊하야 或殺, 或擒之하다 是日에 上謂諸將曰 今日和戎息兵은 社稷之福이라하니 馬燧曰 然하니이다 柳渾[2]曰 戎狄은 豺狼也라 非盟誓可結이니 今日之事를 臣竊憂之하노이다 李晟曰 誠如渾言하니이다 上變色曰 柳渾은 書生이라 不知邊計어니와 大臣도 亦爲此言耶아 皆伏地頓首謝하고 因罷朝하다 是夕에 韓遊瓌[3]表言虜劫盟이라하니 上이 大驚하야 明日에 謂渾曰 卿은 書生이어늘 乃能料敵을 如此其審耶아 上이 由是로 惡馬燧러라

5월에 渾瑊이 咸陽으로부터 들어와 조회하자, 그를 淸水會盟使로 임명하여 2만여 명을 거느리고 회맹하는 장소로 달려가게 하였다. 渾瑊이 吐蕃이 辛未日(19일)에 우리와 맹약하기로 결정했다고 보고하자, 張延賞이 百官들을 모아놓고 渾瑊이 올린 表文을 보이며 말하기를 "李太尉(李晟)가 吐蕃과 우리의 和好하는 맹약은 반드시 이루어지지 못할 것이라고 말했었는데, 이것은 渾侍中의 표문이니, 회맹할 날짜가 정해졌다."고 하였다.

李晟은 이 말을 듣고 눈물을 흘리며 친한 사람에게 말하기를 "내가 서쪽 변경에서 생장하여 吐藩의 사정을 자세히 아니, 내가 吐藩과의 맹약을 반대하

여 上奏한 까닭은 다만 우리 조정이 吐蕃에게 업신여김을 당함을 부끄러워해서일 뿐이었다." 하였다.

辛未日(19일)에 장차 맹약하려 할 적에 吐蕃이 정예기병 수만 명을 맹약하는 壇의 서쪽에 매복시켜 놓았으나 渾瑊 등이 이를 알지 못하고 장막으로 들어가 군복을 벗고 예복으로 갈아입었는데, 북소리가 세 번 울리자 吐蕃의 기병이 크게 함성을 지르며 달려오니, 渾瑊이 장막 뒤로 탈출하여 우연히 다른 말을 얻어타고 탈출하였으며, 唐나라 병사들이 모두 동쪽으로 달아났다. 吐蕃이 병사를 풀어 추격하여 唐나라 병사를 혹은 죽이고 혹은 사로잡았다.

이날 上이 여러 장수들에게 이르기를 "오늘날 吐蕃과 화친하여 전란을 그치게 함은 社稷의 복이다." 하니, 馬燧가 "맞습니다." 하고 맞장구를 쳤다. 柳渾이 말하기를 "吐蕃은 豺狼과 같습니다. 맹약으로 우호를 맺을 수 있는 상대가 아니니, 오늘날의 일이 신은 적이 걱정됩니다." 하자, 李晟이 말하기를 "진실로 柳渾의 말과 같습니다." 하였다. 上이 얼굴색을 변하며 말하기를 "柳渾은 書生이어서 변방의 계책을 모르거니와 대신도 이러한 말을 하는가?" 하니, 모두 땅에 엎드려 머리를 조아리며 사죄하고 인하여 조회를 파하였다.

이날 밤에 韓遊瓌가 표문을 올려 吐蕃이 회맹하려는 唐나라 관원을 위협했다고 말하니, 上이 크게 놀라고 다음날 柳渾에게 말하기를 "卿은 書生인데 마침내 적을 헤아리기를 이와 같이 자세히 하였단 말인가." 하였다. 上이 이로 말미암아 馬燧를 미워하였다.

1)〔頭註〕淸水會盟使 : 淸水는 地名이라
　淸水는 지명이다.

2)〔頭註〕柳渾 : 同平章事라
　柳渾은 同平章事이다.

3)〔頭註〕韓遊瓌 : 瓌는 音瑰니 邠寧節度使라
　瓌는 음이 괴이니, 邠寧節度使이다.

○ 初에 吐蕃尙結贊[1)]이 惡李晟, 馬燧, 渾瑊하야 曰 去三人이면 則唐可圖也라하더니 於是에 離間李晟하고 因馬燧以求和하고 欲執渾瑊以賣燧하야 使幷獲

罪하고 因縱兵하야 直犯長安이러니 會失渾瑊而止하니라

처음에 吐蕃의 재상인 尙結贊이 李晟, 馬燧, 渾瑊을 미워하여 말하기를 "이 세 사람을 제거하면 唐나라를 도모할 수 있다."고 하였다. 이에 조정과 李晟의 사이를 이간질하고 馬燧를 이용하여 당나라에 화친을 요구하였으며, 渾瑊을 사로잡아 馬燧를 속여서 그들로 하여금 모두 죄를 얻게 하고 인하여 군대를 풀어 곧바로 長安을 침범하고자 하였는데, 마침 渾瑊을 놓치고는 이 계획을 중지하였다.

1)〔頭註〕吐蕃尙結贊 : 尙結贊은 吐蕃之相也라 吐蕃之俗에 不言姓하고 官族은 皆曰尙이요 王族은 皆曰論이라 結贊은 名也라
尙結贊은 吐蕃의 재상이다. 吐蕃의 풍속에 姓을 말하지 않고 官族은 모두 尙이라 하고 王族은 모두 論이라 한다. 結贊은 이름이다.

○ 以李泌로 爲中書侍郞同平章事하다 泌가 與李晟, 馬燧, 柳渾으로 俱入見한대 上謂泌曰 自今으로 凡軍旅糧儲事는 卿主之하고 吏禮는 委延賞하고 刑法은 委渾하노라 泌曰 不可하니이다 陛下不以臣不才하사 使待罪宰相하시니 宰相之職은 不可分也라 非如給事則有吏過兵過[1]하고 舍人則有六押[2]하니 至於宰相하야는 天下之事를 咸共平章[3]이니 若各有所主하면 是乃有司요 非宰相也니이다 上笑曰 朕適失辭로라 卿言이 是也니라

李泌를 中書侍郞 同平章事로 삼았다. 李泌가 李晟, 馬燧, 柳渾과 함께 모두 들어와 뵙자, 上이 李泌에게 말하기를 "지금부터 모든 군대와 양식을 저축하는데 관계된 일은 卿이 주관하고, 吏部와 禮部의 일은 張延賞에게 맡기고 刑法은 柳渾에게 맡긴다." 하였다. 李泌가 말하기를 "불가합니다. 陛下께서 신을 재주 없다고 여기지 않으시고 신으로 하여금 재상의 직책에 머물게 하시니, 재상의 직책은 나누어서는 안 됩니다. 給事中은 吏過와 兵過가 있고 中書舍人은 六押이 있는 것과는 같지 않으니, 宰相의 직책에 이르러서는 천하의 일을 모두 함께 고르게 다스려야 합니다. 만약 재상이 각자 주장하는

바가 있으면 이는 바로 한 가지 일을 주관하는 有司이지 宰相이 아닙니다." 하였다. 上이 웃으며 말하기를 "朕이 마침 실언을 하였다. 卿의 말이 옳다." 하였다.

1)〔頭註〕吏過兵過：唐制에 文은 吏部主之하고 武는 兵部主之하니 已注하야 乃上門下省이어든 給事中讀之하고 黃門侍郎省之하고 侍中審之를 謂過官[*)]이라

 당나라 제도에 文은 吏部가 주관하고 武는 兵部가 주관하니, 이미 注擬하여 門下省에 올리면 給事中이 읽고 黃門侍郎이 살펴보고 侍中이 자세히 조사하는 것을 過官이라 이른다.

*) 過官：당나라 제도에 門下省이 吏部와 兵部의 6품 이하의 관원을 자세히 조사하는 것을 過官이라 칭한다.

2)〔附註〕六押：押은 署也라 給舍[*)]分司押事라 故로 舍人을 謂之六押이라하니라 舍人六人이 分署制敕하니 以六員으로 分押尙書六曹하야 佐宰相判案하야 同署乃奏하니라

 押은 서명하는 것이다. 給事中과 中書舍人이 司를 나누어 일에 서명하였다. 그러므로 中書舍人을 六押이라 하였다. 中書舍人 6명이 制書와 敕書에 나누어 서명하니, 中書舍人 6원으로 尙書의 6曹를 나누어 맡아서 재상을 도와 공문을 처리해서 함께 서명하여야 비로소 황제에게 아뢰었다.

*) 給舍：給事中과 中書舍人의 竝稱이다.

3)〔頭註〕咸共平章：書平章百姓[*)]之意也라

 平章은 ≪書經≫의 '平章百姓(백성을 고루 밝힌다)'의 뜻이다.

*) 平章百姓：≪書經≫〈堯典〉에 "능히 큰 덕을 밝혀 구족을 친하게 하시니 구족이 이미 화목하거늘 백성을 고루 밝히시니 백성이 덕을 밝히며 만방을 합하여 고르게 하시니 여민들이 아, 변하여 이에 화락하였다.〔克明俊德 以親九族 九族旣睦 平章百姓 百姓昭明 協和萬邦 黎民於變時雍〕"라고 보인다.

○上이 復問泌以復府兵之之策한대 泌請鑄農器하고 給麥種하야 分賜緣邊軍鎭하고 募戍卒하야 耕荒田而種之하면 關中이 土沃而久荒하니 所收必厚요 戍卒이 因屯田[1)]致富하면 則安於其土하야 不復思歸하리이다 舊制에 戍卒을 三年而代하고 及其將滿에 下令하야 有願留者면 卽以所開田爲永業하고 家人願來어든

本貫[2)]이 給長牒[3)]하야 續食(사)而遣之하니 不過數番이면 則戍卒皆土著(착)[4)]이라 乃悉以府兵之法으로 理之하시면 是는 變關中之疲弊하야 爲富强也니이다 上喜曰 如此면 天下無復事矣로다

上이 다시 李泌에게 府兵을 복구할 계책을 묻자, 李泌가 청하기를 "농기구를 주조하고 보리 종자를 지급해서 변경에 있는 軍鎭에 나누어 주고 戍卒들을 모집해서 황폐한 밭을 경작하여 곡식을 심게 하면 關中은 땅이 비옥한데 오래 황폐하였으니 수확하는 것이 반드시 많을 것이요, 戍卒들이 屯田으로 인하여 부유하게 되면 그 땅을 편안히 여겨서 다시는 고향으로 돌아갈 것을 생각하지 않을 것입니다. 옛 제도에 戍卒들을 3년마다 교대하고, 장차 교대할 시기가 되면 명령을 내려서 이곳에 그대로 머물기를 원하는 자가 있으면 즉시 개간한 밭을 永業田으로 삼게 하고, 집안 식구들이 오기를 원하면 본적지에서 그들에게 長牒을 발급하여 먹을 것을 대주어 변방으로 보내는데, 몇 번 지나지 않아 戍卒들이 모두 토착하게 되었습니다. 이에 府兵의 法으로 이들을 다스린다면 이는 關中의 피폐함을 바꾸어 부강하게 만드는 것입니다." 하니, 上이 기뻐하며 말하기를 "이와 같이 하면 천하에 다시는 일이 없을 것이다." 하였다.

1)〔頭註〕屯田 : 屯은 守而田也라
屯은 변경을 지키면서 농사짓는 것이다.

2)〔頭註〕本貫 : 鄕籍也라
本貫은 鄕籍이다.

3)〔譯註〕長牒 : 당나라 때에 屯田을 개간한 병사들의 家屬이 변방에 갈 때 本籍地에서 발급해 주는 일종의 證明書이다. 이것을 가지고 가면 沿道의 官府에서 宿食을 제공해 준다.

4)〔通鑑要解〕土著(착) : 安土를 謂之土著也라
처한 곳을 편안히 여기는 것을 土著이라고 한다.

○ 自興元[1)]以來로 至是歲하야 最爲豐稔[2)]하야 米斗直(値)錢百五十이요 粟八十이라 詔所在和糴(적)[3)]하다

興元 연간 이래로 이 해에 이르러 가장 풍년이 들어서 쌀 한 말의 값이 150전이었고, 粟(粗穀)은 80전이었다. 소재지에서 和糴하도록 명하였다.

1)〔頭註〕興元 : 德宗甲子年에 稱興元也라
德宗 갑자년(784)에 興元이라고 칭하였다.
2)〔頭註〕豐稔 : 穀熟曰稔이라
곡식이 잘 성숙한 것을 稔이라 한다.
3)〔譯註〕和糴(적) : 파는 쪽과 사는 쪽이 서로 의논해서 양쪽에 손해가 없는 선에서 곡식을 사들이는 것을 이른다.

○ 十二月庚辰에 上이 畋(전)於新店이라가 入民趙光奇家하야 問 百姓樂乎아 對曰 不樂이니이다 上曰 今歲頗稔이어늘 何爲不樂고 對曰 詔令이 不信이니이다 前云兩稅[1]之外에는 悉無他徭러니 今非稅而誅求[2]者 殆過於稅하고 後又云和糴이나 而實强取之요 曾不識一錢이라 始云所糴粟麥을 納於道次러니 今則遣致京西行營하야 動數百里하니 車摧牛斃하야 破産不能支라 愁苦如此하니 何樂之有리잇고 每有詔書優恤이나 徒空文耳니 恐聖主深居九重하사 皆未知之也시니이다 上이 命復其家[3]하다

12월 庚辰日(1일)에 上이 新店에서 사냥하다가 백성인 趙光奇의 집에 들어가서 묻기를 "백성들의 생활이 즐거운가?" 하니, 대답하기를 "즐겁지 않습니다." 하였다. 上이 말하기를 "금년에 자못 곡식이 잘 여물었는데, 어찌하여 즐겁지 않은가?" 하니, 다음과 같이 대답하였다.

"詔令이 신의가 없습니다. 이전에는 '兩稅 외에는 다른 부역이 모두 없다.'고 하였는데, 지금 兩稅에 속하지 않으면서 관부에서 가렴주구하는 것이 양세보다 더 많고, 이후에는 또 '和糴한다.'고 하였으나 실제로는 관부에서 강제로 탈취해 가고 우리들에게 1전도 준 적이 없습니다. 처음에는 '관부에서 사들이는 곡식과 보리를 沿道에서 바치게 한다.'고 하였으나 지금은 京西行營으로 보내게 하여 번번이 수백 리 거리가 되니, 이것을 운반하느라 수레가 부서지고 소가 죽어서 破産하여 지탱할 수가 없습니다. 근심과 괴로움이 이

와 같은데, 무슨 즐거움이 있겠습니까? 매번 조정에서 조서를 내려 백성들을 우대하고 구휼한다고 하나 한갓 빈 문서일 뿐이니, 성상께서는 구중 궁궐에 깊이 거처하시어 이러한 사정을 다 알지 못하시는 듯합니다."

上이 趙光奇의 집을 復戶하도록 명하였다.

1)〔譯註〕兩稅 : 각 家戶에 거주하는 사람들의 재산을 조사하여 그 정도에 따라 1년에 두 차례 여름과 겨울에 세금을 곡물이나 錢·織物 등으로 징수한 稅法이다.

2)〔通鑑要解〕誅求 : 誅는 責也라

誅는 督責하는 것이다.

3)〔釋義〕命復其家 : 復은 方目反이니 除也라 除免光奇家徭賦라

復은 方目反(복)이니 면제하는 것이다. 趙光奇의 집에 대한 요역과 부세를 면제해 준 것이다.

溫公曰 甚哉라 唐德宗之難寤也여 自古로 所深患者는 人君之澤이 壅而不下達하고 小民之情이 鬱而不上通이라 故로 君勤恤於上而民不懷하고 民愁怨於下而君不知하야 以至於離叛危亡은 凡以此也라 德宗이 幸以遊獵으로 得至民家하야 値光奇敢言하야 而知民疾苦하니 此乃千載之遇也라 固當按有司之廢格(각)[1]詔書와 殘虐下民과 橫增賦斂과 盜匿公財와 及左右諂諛하야 日稱民間豐樂者하야 而誅之니 然後에 洗心易慮하고 一新其政하야 屛浮飾, 廢虛文하고 謹號令, 敦誠信하고 察眞僞, 辨忠邪하고 矜困窮, 伸冤滯면 則太平之業을 可致矣어늘 釋此不爲하고 乃復光奇之家하니 夫以四海之廣과 兆民之衆으로 又安得人人自言於天子而戶戶復其徭賦乎아

溫公이 말하였다.

"심하다. 唐나라 德宗이 깨닫기 어려움이여. 예로부터 깊이 염려하는 것은 임금의 은택이 막혀서 아래로 백성들에게 도달하지 못하고, 백성들의 실정이 답답하여 위로 임금에게 통하지 못하는 것이다. 그러므로 군주가 위에서 부지런히 구휼하는데도 백성들이 은혜를 받지 못하고,

백성들이 아래에서 신음하고 원망하는데도 군주가 이것을 알지 못하여, 백성들이 이반하고 나라가 危亡한 지경에 이른 것은 모두 이 때문이다. 德宗이 다행히 유람하고 사냥함으로 인하여 民家에 이르러 과감히 말하는 趙光奇를 만나 백성들의 고통을 알게 되었으니, 이는 바로 천년에 한 번 만날 수 있는 기회였다. 진실로 有司들 중에 詔書를 폐지하고 백성들에게 잔학하게 굴며, 멋대로 부세를 늘리고 국가의 재물을 도둑질하거나 숨기며, 좌우에서 아첨하여 날마다 민간에 풍년이 들어 즐겁다고 말한 자들을 조사하여 진정 죽였어야 할 것이니, 그런 뒤에야 마음을 씻고 생각을 바꾸며 정사를 一新해서 부화한 형식을 없애고 빈 문식을 폐지하며, 號令을 삼가고 誠信을 돈독히 하며, 사정의 眞僞를 살피고 관리의 忠邪를 구별하며, 곤궁한 백성을 구휼하고 원통하고 답답한 자들을 씻어주었다면 태평한 기업을 이룰 수 있었다. 그런데 이러한 중요한 일을 버리고 하지 않고 마침내 趙光奇의 집을 復戶하도록 하였으니, 사해는 넓고 억조 백성은 많은데, 또 어떻게 사람마다 천자에게 말해서 가가호호마다 그 요역과 부세를 면제받을 수 있겠는가?"

1) 〔通鑑要解〕 廢格(각) : 廢는 止也요 格은 音閣이니 阻而不下也라
廢는 폐지하는 것이요, 格은 음이 각이니 막혀서 내려가지 않는 것이다.

【戊辰】 四年이라

貞元 4년(무진 788)

上이 從容與泌로 論卽位以來宰相曰 盧杞忠淸彊介어늘 人言杞奸邪라하니 朕殊不覺其然이로라 泌曰 人言杞奸邪어늘 而陛下獨不覺其奸邪하시니 此乃杞之所以爲奸邪也니이다 倘陛下覺之시면 豈有建中之亂乎잇가 上曰 建中之亂은 術士豫請城奉天하니 此蓋天命이요 非杞所能致也니라 泌曰 天命은 他人은 皆可以言之어니와 惟君相은 不可言이니이다 蓋君相은 所以造命也니 若言命이면 則禮樂刑政이 皆無所用矣라 紂曰 我生이 不有命在天고하니 此商之所以

亡也니이다

上이 조용히 李泌와 함께 즉위한 이래의 재상들을 논하기를 "盧杞는 충성스럽고 청렴하고 강직하고 곧았는데 사람들은 盧杞가 간사하다고 말하니, 짐은 그가 그러한 줄을 전혀 깨닫지 못하겠다." 하니, 李泌가 대답하기를 "사람들이 盧杞가 간사하다고 말하는데 폐하께서 홀로 그가 간사한 줄을 깨닫지 못하시니, 이것이 盧杞가 간사한 이유입니다. 혹시라도 폐하께서 盧杞가 간사하다는 것을 깨달으셨다면 어찌 建中 연간의 난리가 있었겠습니까?" 하였다.

上이 말하기를 "建中 연간의 난리는 術士가 미리 난리가 있을 것을 알고 奉天에 城을 쌓을 것을 청하였으니, 이는 天命이고 盧杞가 만든 것이 아니다." 하니, 李泌가 말하기를 "天命은 다른 사람은 모두 말할 수 있지만 오직 군주와 재상은 말해서는 안 됩니다. 군주와 재상은 천명을 만드는 사람이니, 만약 천명을 말한다면 禮樂과 刑政이 다 쓸 곳이 없습니다. 紂王이 말하기를 '나의 명이 하늘에 달려있지 않은가?' 하였으니, 이것이 商나라가 망한 이유입니다." 하였다.

○ 夏縣人陽城이 以學行著聞이라 隱居柳谷之北이러니 李泌薦之한대 六月에 徵拜諫議大夫하다

夏縣 사람 陽城은 학문과 행실로 이름이 알려졌다. 柳谷의 북쪽에 은거하였는데 李泌가 그를 천거하니, 6월에 불러 諫議大夫에 임명하였다.

【己巳】 五年이라

貞元 5년(기사 789)

三月에 李泌가 薨하다 泌有謀略이로되 而好談神仙詭誕이라 故로 爲世所輕하니라

3월에 李泌가 별세하였다. 李泌는 계책과 지략이 있었으나 神仙의 괴이하고 허탄한 일을 담론하기를 좋아하였다. 이 때문에 세상사람들에게 경시를

받았다.

【壬申】 八年이라

貞元 8년(임신 792)

三月에 以尙書左丞趙憬과 兵部侍郞陸贄로 竝爲中書侍郞同平章事하다 陸贄請令臺省長官으로 各擧其屬이러니 未幾에 或言於上曰 諸司所擧[1] 皆有情故하고 或受貨賂하야 不得實才라한대 上이 密諭贄호되 自今除改에 卿宜自擇하고 勿任諸司하라 贄上奏하니 其略曰 今之宰相은 則往日臺省長官이요 今日臺省長官은 乃將來之宰相이라 但是職名暫異요 固非行擧[2]頓殊니 豈有爲長官之時엔 則不能擧一二屬吏하고 居宰相之位면 則可擇千百具僚리잇가 物議悠悠하야 其惑斯甚이리이다

3월에 尙書左丞 趙憬과 兵部侍郞 陸贄를 모두 中書侍郞 同平章事로 임명하였다. 陸贄가 臺省의 長官들로 하여금 각각 자신의 官屬을 천거할 수 있도록 해 주기를 청하였는데, 얼마 안 있어 혹자가 上에게 아뢰기를 "여러 司에서 천거한 관원들이 모두 情實과 구면이 있거나 혹은 재화와 뇌물을 받고 천거한 자들이어서 실제로 인재를 얻지 못했습니다." 하였다. 上이 陸贄에게 은밀히 타이르기를 "지금부터 관직을 제수하고 바꿀 때에 卿이 마땅히 직접 선택하고 여러 司에게 맡기지 말라." 하였다.

陸贄가 上奏하니, 그 대략에 아뢰기를, "지금의 宰相은 지난날 臺省의 長官이요, 오늘날 臺省의 長官은 바로 장래의 宰相입니다. 다만 직위와 명칭이 잠시 다를 뿐이요, 진실로 臺省의 長官이 천거하는 것과 宰相이 행하는 것이 완전히 다른 것은 아니니, 어찌 장관이 되었을 때에는 한두 명의 관속을 천거하지 못하고 재상의 지위에 있으면 천백 명의 여러 관료들을 가릴 수 있겠습니까? 이렇게 되면 공론이 분분하여 의혹이 더욱 심해질 것입니다." 하였다.

1) 〔頭註〕 諸司所擧 : 諸司는 謂臺省[*)]長官이라

諸司는 臺省의 長官을 이른다.

＊) 臺省：中書省, 門下省, 尙書省의 三省과 御史臺를 가리킨다.

2)〔頭註〕行擧：臺省長官擧之하고 宰相行之也라

臺省의 長官이 천거하고, 宰相이 행하는 것이다.

○ 七月에 以司農少卿裴延齡으로 判度支事하다

7월에 司農少卿 裴延齡을 判度支事에 임명하였다.

【癸酉】 九年이라

貞元 9년(계유 793)

正月에 初稅茶[1)]할새 凡州縣産茶와 及茶山外〈商人〉要路에 皆估其直(値)[2)]하야 什稅一하니 從鹽鐵使張滂之請也러라 滂奏호되 去歲에 水災[3)]減稅하야 用度不足하니 請稅茶以足之호되 自明年以往으로 稅茶之錢을 令所在別貯라가 俟有水旱하야 以代民田稅하노이다 自是로 歲收茶稅錢四十萬緡이로되 未嘗以救水旱也하니라

정월에 처음으로 茶에 세금을 부과할 적에 茶가 생산되는 모든 州縣과 茶山 이외에 茶를 매매하는 商人이 있는 要路에 모두 時價를 정하여 10분의 1을 세금으로 부과하니, 이는 鹽鐵使 張滂의 청원을 따른 것이었다. 張滂이 아뢰기를 "지난해에 水災로 인해 稅收가 줄어들어서 용도가 부족하니, 청컨대 茶에 세금을 부과하여 보충하되 명년 이후로는 차에서 나온 세금을 소재지에 별도로 저축해 두었다가 水災와 旱害가 있기를 기다려 백성들의 田稅를 대신하게 하소서." 하였다. 이로부터 해마다 茶의 세금으로 40만 緡을 거두었으나 일찍이 이것을 가지고 水災와 旱害를 구원한 적이 없었다.

1)〔通鑑要解〕稅茶：爾雅云 檟는 苦茶라한대 注云 樹似梔子하고 冬生葉하니 可煮作羹飮이라 今呼早採者爲茶요 晩採者爲茗이라하니라 按舊貨志云 及茶山外商人要路에 委所由定三等時하야 每十稅一이라

≪爾雅≫에 이르기를 "檟는 苦荼이다." 하였는데, 注에 이르기를 "차나무는 梔子와 비슷하고 겨울에 잎이 나는데, 국을 만들어 마실 수 있다. 지금 일찍 따는 것을 이름하기를 荼라 하고, 늦게 따는 것을 茗이라 한다." 하였다. 살펴보건대 ≪舊唐書≫ 〈食貨志〉에 이르기를 "茶가 나오는 茶山 이외에 茶를 매매하는 상인들이 있는 要路에 세 등급으로 時價를 정하여 10분의 1을 세금으로 부과했다." 하였다.

2) 〔頭註〕 皆估其直(値) : 估는 音古니 時勢也라

估는 음이 고이니, 時價이다.

3) 〔頭註〕 水災 : 壬申年七月에 天下四十餘州가 大水하야 溺死者 三百餘人也라

임신년(792) 7월에 천하의 40여 주에 홍수가 나서 익사한 자가 300여 명이다.

○ 陸贄上奏하야 論備邊六失하야 以爲措置乖方하고 課責虧度하고 財匱於兵衆하고 力分於將多하고 怨生於不均하고 機失於遙制라하니 上이 雖不能盡從이나 心甚重之러라

陸贄가 황제에게 上奏하여 변방을 방비하는 여섯 가지 잘못을 논하여 아뢰기를 "변방을 방비하는 조처가 마땅함을 잃고, 考課하여 督責하는 것이 법도에 어긋나며, 많은 군사 때문에 재물이 고갈되고, 장수가 많은 데서 병력이 분산되며, 대우가 공평하지 못한 데에서 원망이 생기고, 조정에서 멀리 병권을 控制함에 적을 제압할 기회를 잃는 것입니다." 하니, 上이 비록 다 따르지는 못했으나 마음속에 그를 매우 소중하게 여겼다.

○ 戶部侍郞裴延齡이 以左藏正物로 徙置別庫하고 虛張名數하야 以惑上하니 上이 信之하야 以爲能富國而寵之호되 於實에 無所增也라 權德輿上奏하야 以爲延齡이 取常賦支用未盡者하야 充羨(연)餘하야 以爲己功이라하니 上이 不從하다

戶部侍郞 裴延齡이 左藏에 있는 정식 재물을 別庫에 옮겨 쌓아놓고는 명목을 가설하고 숫자를 부풀려서 上을 혹하게 하니, 上이 裴延齡의 말을 믿어서 그가 나라를 부유하게 한다고 여겨 총애하였으나 실제로는 증가한 바가 없었다. 權德輿가 上奏하여 아뢰기를 "裴延齡이 정상적으로 징수한 세금 중에 아

직 다 지출하지 않은 것을 가져다가 남는 것으로 충당하여 자기의 공으로 삼았습니다." 하였으나 上이 따르지 않았다.

【甲戌】 十年이라

貞元 10년(갑술 794)

上性猜忌하야 不委任臣下하고 官無大小히 必自選而用之하니 宰相進擬에 少所稱可요 及群臣一有譴責이면 終身不復收用이라 陸贄上奏諫하니 其略曰 以一言稱愜爲能하야 而不核虛實하고 以一事違忤爲咎하야 而不考忠邪하시니 是以로 職司之內에 無成功하고 君臣之際에 無定分이니이다 上이 不聽하다

上은 성품이 의심하고 시기하여 신하에게 위임하지 않고 관직의 높고 낮음에 상관없이 반드시 직접 선발하여 등용하니, 재상들이 의망하여 올린 사람 중에 상의 마음에 맞는 경우가 적었고, 여러 신하 중에 과실을 범하여 한 번이라도 견책을 받는 자가 있으면 종신토록 다시 거두어 등용하지 않았다. 陸贄가 上奏하여 간하니, 그 내용에 대략 아뢰기를 "한 마디 말이 마음에 흡족한 것을 유능하다고 여기시어 虛와 實을 따지지 않으시고, 한 가지 일이 자기 생각에 위배되는 것을 죄과가 있다고 여기시어 충성과 간사함을 상고하지 않으시니, 이 때문에 職司의 안에 공을 이룸이 없고 君臣의 사이에 정해진 분수가 없는 것입니다." 하였으나 上이 듣지 않았다.

○ 九月에 裴延齡이 奏호되 左藏庫司 多有失落이라 近因檢閱하야 使置簿書러니 乃於糞土之中에 得銀十三萬兩하고 其匹段雜貨 百萬有餘니이다 此皆已棄之物이라 卽是羨(연)餘[1]니 悉應移入雜庫하야 以供別敕支用하소서 延齡이 每奏對에 恣爲詭譎(휼)[2]하니 皆衆所不敢言이요 亦未嘗聞者라 延齡이 處之不疑호되 群臣이 畏延齡有寵하야 莫敢言이러라

9월에 裴延齡이 아뢰기를 "左藏庫를 관리하는 有司가 누락시킨 것이 많이

있습니다. 근래에 檢閱로 인하여 장부를 두고 기록하게 하였는데, 마침내 흙 속에서 은 13만 냥을 얻었고, 필목과 주단과 잡화는 백만이 넘습니다. 이는 모두 이미 버려진 물건이라서 곧 남는 것이니, 모두 雜庫로 옮겨 들여서 특별히 칙명을 내려 지급하여 사용하는 데에 공급하게 하소서." 하였다.

裴延齡이 매번 상주하고 대답할 때마다 제멋대로 속이는 말을 하니, 이는 여러 사람들이 감히 말하지 못하는 것이었고 또한 일찍이 들어보지 못한 것이었다. 裴延齡이 이에 자처하고 의심하지 않았으나 여러 신하들은 裴延齡이 황제의 총애를 받음을 두려워하여 감히 말하지 못하였다.

1)〔釋義〕羨(연)餘 : 羨은 延面反이니 亦餘也[*]라
　羨은 延面反(연)이니, 또한 남는 것이다.

*) 亦餘也 : ≪孟子≫〈滕文公 下〉에 "남는 것으로써 부족한 것을 도와주지 않는다면 농사꾼은 남아서 버리는 곡식이 있으며 女子들은 남아서 버리는 삼베가 있을 것이다.〔以羨補不足 則農有餘粟 女有餘布〕"라고 보이는데, 註에 "羨은 남음이다.〔羨 餘也〕"라고 보인다.

2)〔釋義〕詭譎(휼) : 譎은 古穴反이니 詐也라
　譎은 古穴反(휼)이니, 속이는 것이다.

○ 十一月에 陸贄上書하야 極陳延齡奸詐하고 數其罪惡[1)]하니 其略曰 延齡이 以聚斂爲長策하고 以詭妄爲嘉謀하고 以掊(부)克斂怨爲匪躬하고 以靖譖服讒[2)]爲盡節하니 可謂堯代之共工[3)]이요 魯邦之少卯[4)]也라 跡其奸蠹하면 日長月滋라 移東就西하야 便爲課績하고 取此適彼하야 遂號羨餘하야 愚弄朝廷을 有同兒戲라하고 又曰 昔에 趙高指鹿爲馬하니 臣謂鹿之與馬는 物類猶同이어니와 豈若延齡이 掩有爲無하고 指無爲有리잇고 書奏에 上不悅하고 待延齡益厚러라 陸贄以上知待之厚라하야 事有不可하면 常力爭之하니 所親이 或規其太銳어늘 贄曰 吾上不負天子하고 下不負所學이요 他無所恤이로라 裴延齡이 日短贄於上이라 趙憬之入相也는 贄實引之러니 既而요 有憾於贄하야 密以贄所譏彈延齡事로 告延齡이라 故로 延齡이 益得以爲計하니 上이 由是로 信延齡而不直贄

려라 **贄與憬**으로 **約至上前**하야 **極論延齡奸邪**러니 **上怒形於色**한대 **憬**이 **默而無言**하니 **贄罷爲太子賓客**하니라

11월에 陸贄가 황제에게 上書하여 裴延齡의 간사함을 지극히 아뢰고 그의 죄악을 數罪하니 그 내용에 대략 아뢰기를 "裴延齡은 취렴하는 것을 좋은 계책으로 여기고, 거짓말 하는 것을 아름다운 꾀로 여기며, 가렴주구하여 원망을 거두는 것을 자기 일신을 돌아보지 않는 충절로 여기고, 아첨하고 참소하는 것을 편안히 여겨 행하고 있으니, 堯임금 시대의 간신인 共工이요, 魯나라의 간신인 少正卯라 이를 수 있습니다. 그 간악함을 살펴보면 날마다 불어나고 달마다 자라납니다. 동쪽의 것을 옮겨다가 서쪽에 놓고는 이것을 곧바로 성과라 하고, 이것을 가져다가 저기에 놓고는 마침내 남는다고 이름하여, 조정을 우롱하기를 아이들 장난처럼 합니다."

陸贄는 또 말하기를 "옛날에 趙高는 사슴을 가리켜 말이라 하였으니, 신이 생각건대 사슴과 말은 물건의 종류가 그래도 비슷합니다. 그러니 어찌 裴延齡이 있는 것을 엄폐하여 없다고 하고 없는 것을 가리켜 있다고 하는 것과 같겠습니까?" 하였다. 글을 아뢰자, 上이 기뻐하지 않고는 裴延齡을 더욱 후하게 대우하였다.

陸贄는 上이 자신을 알아주고 더욱 후하게 대우한다 하여 일에 불가한 점이 있으면 항상 힘껏 간쟁하였다. 친하게 지내는 자가 혹 그의 말이 너무 예리함을 타이르자, 陸贄가 말하기를 "나는 위로는 천자를 저버리지 않고 아래로는 배운 바를 저버리지 않을 뿐이요, 다른 것은 걱정하지 않는다." 하였다.

裴延齡이 날마다 上에게 陸贄를 헐뜯었다. 趙憬이 들어와 재상이 된 것은 陸贄가 실로 추천하였기 때문이었는데, 이윽고 陸贄에게 遺憾이 있어서 陸贄가 裴延齡을 비판하고 탄핵한 일을 은밀히 裴延齡에게 알려주었다. 이 때문에 裴延齡이 더욱 유리한 계책을 취하여 陸贄를 공격하니, 上은 이로 말미암아 裴延齡을 믿고 陸贄를 정직하다고 여기지 않았다. 陸贄는 趙憬과 함께 上의 앞에 가서 裴延齡의 간사함을 극진히 논하기로 약속하였는데, 上이 얼굴에 노여운 기색을 띠자 趙憬이 시종 침묵하고 한 마디도 하지 않았다. 이에

陸贄는 재상에서 파직되어 太子賓客에 임명되었다.

1)〔釋義〕數其罪惡 : 數는 所矩反이니 計其一二而責之라 下悉數同이라

數는 所矩反(수)이니, 罪를 하나하나 세면서 꾸짖는 것이다. 아래의 '悉數'도 이와 같다.

2)〔頭註〕靖譖服讒 : 左傳注에 靖은 安也요 服은 行也라하니 安於讒譖하야 常行讒疾이라

≪春秋左傳≫ 文公 18년조 注에 "靖은 편안함이요, 服은 행함이다."라고 하였는데, ≪正義≫에 "아첨과 참소를 편안하게 여겨 항상 참소와 질투를 행하는 것이다."라고 하였다.

3)〔頭註〕共工 : 書의 共工靜言庸違象恭注에 靜言庸違는 靜則能言이나 用則違背라 象恭은 貌恭而心不然也라하니라

≪書經≫ 〈堯典〉 '共工……靜言庸違象恭'*)의 주에 "靜言庸違는 고요할 때에는 말을 잘하나 등용하면 위배되는 것이다. 象恭은 외모는 공손하나 마음은 그렇지 않은 것이다." 하였다.

*) 共工……靜言庸違象恭 : ≪書經≫ 〈堯典〉에 "帝堯가 말씀하기를 '누가 나의 일을 순히 할 수 있는가?' 하니, 驩兜가 말하기를 '아! 훌륭합니다. 共工이 바야흐로 모아서 공적을 나타냅니다.' 하였다. 帝堯가 말씀하기를 '아! 너의 말이 옳지 않다. 고요할 때에는 말을 잘하나 등용하면 위배되고 외모만 공손하다.' 하였다. 〔帝曰 疇咨若予采 驩兜曰 都 共工方鳩僝功 帝曰 吁 靜言庸違 象恭滔天〕"라고 보이는바, 이 내용을 줄여서 쓴 것이다. 共工은 堯임금 때의 관직명인데, 이름은 알려져 있지 않으나 아첨하고 말을 잘하여 四凶으로 지목되었다.

4)〔附註〕魯邦之少卯 : 孔子爲魯司寇七日에 而誅亂政大夫少正卯러니 子貢進曰 夫少正卯는 魯之聞人也어늘 今夫子爲政에 而誅之하시니 或者失乎인저 孔子曰 天下有大惡者五에 而竊盜不與焉이라 曰心逆而險이요 行辟而堅이요 言僞而辯이요 記醜而博이요 順非而澤이니 此五者에 有一於人이면 不免君子之誅어늘 而少正卯皆兼有之라 其居處足以聚徒成黨하고 其談說이 足以飾褒榮衆하고 其强禦足以反是獨立하니 此는 人之奸雄者니 不可不除也니라

孔子가 魯나라 司寇가 된지 7일 만에 정사를 어지럽히는 대부 少正卯를 죽였다. 子貢이 나아가 말하기를 "少正卯는 魯나라의 이름난 사람인데 지금 夫子께서 정사를 하면서 그를 죽이셨으니, 혹 실수인 듯합니다." 하자, 孔子가 말씀하셨다. "천하에 큰 악이 다섯 가지가 있는데 절도는 여기에 들어있지 않다. 마음이

거스르면서 음흉한 것과, 행실이 편벽되면서 견고한 것과, 말이 거짓이면서 잘하는 것과, 기억함이 추하면서 해박한 것과, 잘못을 고치지 않고 훌륭하게 미화하는 것이니, 이 다섯 가지 중에 한 가지가 사람에게 있으면 군자의 주벌을 면치 못하는데 少正卯는 모두 겸하여 소유하였다. 그의 거처는 충분히 무리를 모아 당파를 이룰 수 있고, 그의 말은 충분히 거짓을 꾸며 칭찬해서 무리를 영화롭게 할 수 있고, 그의 강함은 충분히 옳은 것을 뒤집어 독립시킬 수가 있으니, 이는 사람 중에 奸雄인 자이니, 제거하지 않을 수가 없다."

贊曰 德宗之不亡은 顧不幸哉인저 在危難時엔 聽贄謀라가 及禍亂已平하야는 追仇盡言[1]하야 怫然以讒倖逐을 猶棄梗[2]하고 至延齡輩하야는 則寵任盤桓[3]하야 不移如山하야 昏佞之相濟也라 夫君子小人은 不兩進하야 邪諂得君이면 則正士危하나니 何可訾耶아 觀贄論諫數十百篇하면 譏陳時病이 皆本仁義하야 可爲後世法하야 炳炳如丹이어늘 帝所用은 纔十一이라 唐祚不競[4]하니 惜哉인저

≪新唐書≫〈陸贄列傳〉 贊에 말하였다.

"德宗이 망하지 않은 것은 도리어 불행일 것이다. 국가가 위태롭고 어려울 때에는 陸贄의 계책을 따르다가, 禍亂이 이미 평정된 뒤에는 直言을 다한 것을 원수로 여겨서 불끈 성을 내어 讒言을 올려 총애를 받는 자들의 말을 따라 土偶를 내버리듯 陸贄를 내쫓았으며, 裴延齡 등에 이르러서는 총애하여 重用하고 헐뜯어도 산처럼 끄떡하지 않아서 昏愚하고 아첨하는 자들이 서로 구제하였다. 군자와 소인은 둘이 함께 나아갈 수가 없어 간사한 자와 아첨하는 자가 군주의 신임을 얻으면 바른 선비가 위태로우니, 어찌 일일이 꾸짖을 것이 있겠는가.

陸贄가 의논하고 간한 수십 백 편을 보면 당시의 병폐를 비판하고 아뢴 것은 모두 仁義에 근본을 두어 後世의 법이 될 만하여 丹靑처럼 환히 빛나는데, 황제가 사용한 것은 겨우 10분의 1이었다. 그리하여 唐나라 국운이 강성하지 못하였으니, 애석하다."

1)〔頭註〕 追仇盡言 : 仇는 怨이요 匹也라
　仇는 원수이고 짝이다.

2)〔頭註〕 猶棄梗 : 梗은 土梗也니 猶土人遭雨則毀也라

梗은 土偶이니, 흙으로 만든 사람 모형이 비를 맞으면 무너지는 것과 같은 것이다.

3)〔頭註〕盤桓 : 周旋也요 毁也라

盤桓은 주선하는 것이요, 헐뜯는 것이다.

4)〔頭註〕不競 : 競은 强也라

競은 강함이다.

〔新增〕范氏曰 延齡之親寵과 陸贄之廢黜은 趙憬이 實爲之助하니 憬之罪大矣라 必若治之以春秋之法인댄 憬其爲誅首與인저

范氏(范祖禹)가 말하였다.

"裴延齡이 황제에게 친애와 총애를 받은 것과 陸贄가 폐출을 당한 것은 趙憬이 실로 도왔기 때문이니, 趙憬의 죄가 크다. 반드시 만약 春秋의 법으로 다스린다면 趙憬이 주벌의 魁首일 것이다."

【乙亥】十一年이라

貞元 11년(을해 795)

陸贄旣罷相에 裴延齡因譖李充, 張滂, 李銛[1]이 黨於贄하야 失勢怨望하야 動搖衆心이라하야늘 四月에 貶贄爲忠州別駕[2]하고 充等은 皆貶長史[3]하다 初에 陽城이 自處士[4]로 徵爲諫議大夫하니 拜官不辭라 未至京師에 人皆想望風采[5]하야 曰 城必諫諍死職下[6]라하더니 及至에 諸諫官이 紛紛言事細碎하니 天子益厭苦之라 而城이 方與二弟及客[7]으로 日夜痛飮하니 人莫能窺其際하야 皆以爲虛得名耳라하니라 前進士河南韓愈 作爭臣論하야 以譏之호되 城亦不以屑意[8]러니 及陸贄等坐貶에 上怒未解하니 中外惴恐[9]하야 以爲罪且不測이라하야 無敢救者라 城聞而起曰 不可令天子로 信用奸臣하야 殺無罪人이라하고 卽帥拾遺王仲舒, 歸登[10]과 右補闕熊執易[11], 崔邠等하고 守延英門[12]이라가 上疏하야 論延齡奸佞과 贄等無罪한대 上大怒하야 欲加城等罪러니 太子爲

之營救하니 **上意乃解**하야 **令宰相諭遣之**하다 **於是**에 **金吾將軍**[13]**張萬福**이 **聞諫官伏閤諫**[14]하고 **趨往至延英門**하야 **大言賀曰 朝廷**에 **有直臣**하니 **天下必太平矣**라하고 **遂遍拜城與仲舒等**하고 **已而**요 **連呼太平萬歲, 太平萬歲**하니 **萬福**은 **武人**으로 **年八十餘**라 **自此**로 **名重天下**러라 **時**에 **朝夕相延齡**이어늘 **陽城曰 脫以延齡爲相**이면 **城當取白麻**[15]**壞之**라하고 **慟哭於廷**이러니 **七月朔**에 **陽城**이 **改國子司業**하니 **坐言裴延齡故也**러라

陸贄가 재상에서 파면된 뒤에 裴延齡이 인하여 李充과 張滂과 李銛이 陸贄의 도당이 되어서 세력을 잃고는 원망하여 사람들의 마음을 동요시킨다고 참소하였다.

4월에 陸贄를 忠州別駕로 좌천시키고, 李充 등은 모두 長史로 좌천시켰다.

처음에 陽城이 處士로 조정의 부름을 받고 諫議大夫가 되자, 곧바로 사은숙배하고 사양하지 않았다. 京師에 이르기 전에 사람들이 모두 그의 風采를 우러러 그리워하며 이르기를 "陽城은 반드시 간쟁하여 직임을 다하다가 죽을 것이다."라고 하였다. 그런데 陽城이 京師에 이른 뒤에 여러 간관들이 분분하게 자질구레한 일을 말하니, 천자가 더욱 싫어하고 괴로워하였다. 陽城이 그의 두 아우 및 빈객들과 더불어 밤낮으로 痛飮을 하니, 사람들이 그의 뜻을 헤아리지 못하여 모두 말하기를 "헛되이 명성을 얻은 것일 뿐이다."라고 하였다. 前進士인 河南 韓愈가 爭臣論을 지어 그를 비판했으나 陽城은 또한 개의치 않았다.

陸贄 등이 죄에 걸려 좌천되었을 적에 上의 노여움이 풀리지 않으니, 中外가 두려워하여 그들이 장차 측량할 수 없는 벌을 받을 것이라고 여겨서 감히 구원하는 자가 없었다. 陽城이 이 말을 듣고 일어나서 말하기를 "天子로 하여금 奸臣의 말을 신용하여 죄 없는 사람을 죽이게 할 수는 없다." 하고는 즉시 拾遺인 王仲舒, 歸登과 右補闕인 熊執易, 崔邠 등을 거느리고 延英殿 문 밖에 나아가 황제에게 疏章을 올려 裴延齡의 간사하고 아첨함과 陸贄 등의 무죄함을 논하였다.

上은 크게 노하여 陽城 등에게 죄를 가하고자 하였으나 태자가 陽城 등을 위해 주선하여 구원하니, 上의 노여운 뜻이 비로소 풀려서 宰相으로 하여금 타일러서 보내게 하였다.

이때 金吾將軍 張萬福이, 諫官들이 閤門 아래에 엎드려 지극히 간한다는 말을 듣고는 급히 달려가 延英殿의 문 밖에 이르러 큰소리로 축하하기를 "조정에 정직한 신하가 있으니, 천하가 반드시 태평해질 것입니다." 하고는 마침내 陽城과 王仲舒 등에게 두루 절하고, 이윽고 연달아 '태평만세! 태평만세!'를 외치니, 당시 張萬福은 武人으로 나이가 80세였다. 이로부터 그의 명성이 온천하에 중하게 여겨졌다.

이때 조만간 裴延齡을 재상으로 임명하려고 하였는데, 陽城이 말하기를 "만일 裴延齡을 재상으로 삼는다면 내 마땅히 裴延齡을 임명하는 白麻紙(임명장)를 취하여 찢어버리겠다." 하고는 조정에서 통곡하였다.

7월 초하루에 陽城을 國子司業으로 바꾸었으니, 이는 裴延齡의 일을 말한 죄에 걸렸기 때문이다.

1) 〔頭註〕 李充, 張滂, 李銛 : 李充은 京兆尹이요 張滂은 衛尉卿이요 李銛은 織司農卿이라
   李充은 京兆尹이고, 張滂은 衛尉卿이고, 李銛은 織司農卿이다.

2) 〔頭註〕 忠州別駕 : 別駕는 始於後漢하니 從刺史行郡할새 別乘一傳車[*)]라 故로 稱別駕라
   別駕는 後漢 때에 비롯되었으니, 別駕가 刺史를 따라 郡을 순행할 때에 별도로 한 대의 傳車를 타기 때문에 別駕라 칭한다.

*) 傳車 : 驛站에서 公文이나 사람을 遞傳하는 수레를 말한다.

3) 〔頭註〕 皆貶長史 : 長史는 丞尉通稱也라
   長史는 丞과 尉의 통칭이다.

4) 〔頭註〕 自處士 : 處士는 不官於朝而居家者라
   處士는 조정에서 벼슬하지 않고 집에서 거처하는 자이다.

5) 〔譯註〕 想望風采 : 뛰어난 儀表와 風貌를 이른다.

6) 〔釋義〕 城必諫諍死職下 : 死職下句絶이니 謂城必因諫獲罪하야 而死於此職也라
   '死職下'에서 구두를 떼니, 陽城이 반드시 간쟁으로 인하여 죄를 얻어서 이 직

책에서 직임을 다하다가 죽음을 말한 것이다.

7) 〔頭註〕 二弟及客 : 二弟는 堦, 域이라

陽城의 두 아우는 陽堦와 陽域이다.

8) 〔頭註〕 屑意 : 屑은 介也라

屑은 개의함이다.

9) 〔釋義〕 中外惴恐 : 惴는 之瑞反이니 憂心也라

惴는 之瑞反(췌)이니, 마음에 근심하는 것이다.

10) 〔頭註〕 歸登 : 歸는 姓也라

歸는 姓이다.

11) 〔頭註〕 熊執易 : 熊은 姓也라

熊은 姓이다.

12) 〔釋義〕 守延英門 : 守는 去聲이니 詣也요 延英은 殿名이라

守는 去聲이니 나아가는 것이요, 延英은 殿閣의 이름이다.

13) 〔頭註〕 金吾將軍 : 中尉兵掌巡徼京師하니 武帝改名執金吾하니라 吾는 禦也니 執金革以禦非常이라

中尉의 군대는 京師를 순찰하는 것을 관장하니, 武帝가 執金吾라고 이름을 고쳤다. 吾는 방어하는 것이니, 金革(병기)을 잡고 비상시에 방어하는 것이다.

14) 〔釋義〕 伏閤諫 : 伏閤은 謂俯伏閤下而極諫也라

伏閤은 閤門 아래에 俯伏하여 지극히 간함을 이른다.

15) 〔附註〕 白麻 : 制用白麻紙하고 詔用白藤紙하고 書用黃麻紙라 中書初用玄白二麻하야 爲綸命輕重之辨이러니 其後에 獨用黃麻紙하고 其白麻는 在北院에 凡德音赦宥, 立后建儲, 拜免將相, 恤災(息)〔患〕, 討不廷에 乃得用之하고 不用印하니라 〔通鑑要解〕 唐制에 中書用黃白二麻하야 爲綸命輕重之辨이러니 其後에 翰林學士專掌內命하고 中書用黃麻하니 其白皆在翰林院하니라

〔附註〕 制書에는 白麻紙를 사용하고, 詔書에는 白藤紙를 사용하고, 일반적인 글을 쓸 때에는 黃麻紙를 사용하였다. 中書省에서 처음에는 玄麻紙와 白麻紙 두 가지를 사용하여 綸命(綸音)을 내릴 때 輕重의 구별을 삼았는데, 그 뒤에는 오직 黃麻紙만을 사용하였고 白麻紙는 北院에서 德音과 赦命으로 사면함과 황후를 책립하고 태자를 세움과 장수와 재상을 임명하고 면직함과 災患을 구휼하고 조정에 오지 아니하여 반역하는 자들을 토벌할 때에 비로소 사용하고 印을 사용하지 않았다. 〔通鑑要解〕 당나라 제도에 中書省에서 黃麻紙와 白麻紙 두 가지를

사용하여 綸命(綸音)을 내릴 때 輕重의 구별을 삼았는데, 그후에 翰林學士는 內命을 오로지 관장하고 中書省에서는 黃麻紙를 사용하니, 白麻紙는 모두 翰林院에서 사용하였다.

歐陽公曰 韓退之作爭臣論하야 以譏陽城不能極諫이러니 卒以諫顯하니 人皆謂城之不諫이 蓋有待而然이어늘 退之不識〈其意〉而妄譏라호되 修獨以爲不然이라하노라 當退之作論時하야 城爲諫議〈大夫〉已五年이요 復〈又〉二年에 始廷論陸贄及沮延齡作相하야 欲裂其麻하니 才(纔)兩事爾라 當德宗時하야 可謂多事라 付受失宜하야 叛將强臣이 羅列天下하고 又多猜忌하야 信任小人하니 於此之時에 豈無一事可言而需七年[1]耶아 當時之事가 豈無急於沮延齡〈論〉陸贄兩事者리오 謂宜朝拜官而夕奏疏也라 而爲諫官七年에 適遇一事하야 一諫而罷하야 以塞其責하니 向使止五年六年而遂遷司業이런들 是終無一言而去也니 何所取哉리오

歐陽公이 말하였다.

"韓退之(韓愈)가 爭臣論을 지어서 陽城이 극간하지 못함을 비판하였는데, 陽城이 끝내 간함으로 이름이 나니, 사람들이 모두 말하기를 '陽城이 간하지 않은 것은 기다림이 있어서 그러한 것인데, 韓退之가 그의 뜻을 알지 못하고 망령되이 비판했다.'라고 하나 나는 홀로 그렇지 않다고 여긴다. 韓退之가 爭臣論을 지을 때를 당하여 陽城이 諫議大夫가 된 지가 이미 5년이었고, 또다시 2년이 지난 뒤에야 비로소 조정에서 陸贄의 무죄함을 논하고 裴延齡이 재상이 되는 것을 저지하여 그를 임명하는 白麻紙를 찢고자 하였으니, 겨우 이 두 가지 일이 있을 뿐이다.

德宗 때를 당하여 일이 많다고 이를 만하였다. 관직을 맡겨줌이 마땅함을 잃어서 배반한 장수와 강한 신하들이 천하에 나열되었고, 또 군주가 시기심이 많아서 小人을 신임하였으니, 이러한 때에 어찌 말할 만한 한 가지 일이 없어서 7년을 기다린단 말인가. 당시의 일이 어찌 裴延齡이 재상이 되는 것을 저지하고 陸贄의 무죄함을 밝히는 두 가지 일보다 더 시급한 일이 없었겠는가. 마땅히 아침에 관직에 제수되었으면 저녁에 奏疏(疏章)를 올렸어야 한

다고 생각된다. 그런데 간관이 된지 7년 만에 마침 한 가지 일을 만나 한 번 간하고 파직되어서 그 책임을 면하였으니, 만일 단지 5년이나 6년만에 마침내 國子司業으로 좌천되었더라면 이는 끝내 한 마디 말도 하지 못하고 떠나는 것이니, 어찌 취할 바가 있겠는가."

1)〔頭註〕需七年 : 需는 待也라
　　需는 기다리는 것이다.

〔史略 史評〕胡氏曰 陽城賢矣나 惜其未盡善也라 諸諫官이 言事細碎는 信爲有失이어니와 城登諫司가 至是七年이니 豈皆無大事可言乎아 開悟君心이 必有其漸이요 防遏姦佞이 必於其微니 陸相見疏하고 延齡被寵이 豈一日之積이리오 毫釐不伐하야 至用斧柯면 則其用力多而見功少矣라 故로 君子以爲城未知陰陽消長之義[1]者也라 絲綸之言은 非可壞之物이요 天子之庭은 非慟哭之地라 故로 如城所爲는 山人處士疏野之態耳라 雖然이나 讜論一發에 正氣凜然하야 陸免於死하고 裴不果相하야 其有功於唐이 甚大하니 則城亦未可訾也라 陸公이 在翰林諫爭에 十從六七하고 自爲相에 十從三四라 故로 愚惜其去之之晩하야 有違乎不可則止之義[2]也하노라

胡氏(胡寅)가 말하였다.

"陽城이 어질기는 하였으나 극진히 선하지 못한 것이 애석하다. 여러 諫官들이 자질구레한 일을 말한 것은 진실로 잘못이지만 陽城이 諫官의 직위에 오른 것이 이때에 7년이었으니, 어찌 모두 말할 만한 큰 일이 없었겠는가. 군주의 마음을 열어 깨우치는 것은 반드시 점진적으로 해야 하고, 간사한 자와 아첨하는 자들을 막는 것은 반드시 세력이 미미할 때에 해야 하니, 陸相(陸贄)이 소외당하고 裴延齡이 총애를 받은 것이 어찌 하루 이틀 사이에 이루어진 일이겠는가. 나뭇가지가 아주 가늘 때에 베지 않아서 도끼 자룻감으로 쓸 정도로 굵어지면 힘을 많이 들여도 효과를 봄이 적다. 그러므로 君子가 이르기를 '陽城은 陰과 陽이 사라지고 자라나는 義理를 알지 못한 자이다.'라고 한 것이다.

임금이 내린 조서(임명장)는 찢을 수 있는 물건이 아니요, 天子의 조정은

통곡할 수 있는 곳이 아니다. 그러므로 陽城의 행위는 산중에 은거하는 隱者와 處士의 소략하고 촌스러운 태도일 뿐이다. 그렇기는 하나 陽城의 정직한 의논이 한 번 나오자 正氣가 늠름해져서 陸贄가 죽음을 면하고 裴延齡이 결국 재상이 되지 못하여 唐나라에 매우 큰 功이 있었으니, 그렇다면 陽城을 또한 꾸짖을 수가 없다. 陸公이 翰林院에 있으면서 간쟁할 때에는 열 가지 중에 예닐곱 가지를 따랐고, 재상이 된 뒤로는 열 가지 중에 서너 가지를 따랐다. 그러므로 나는 그가 떠나기를 늦게 하여 '불가하면 그만두는 義理'에 위배됨이 있음을 애석히 여긴다."

1) 〔譯註〕 陰陽消長之義 : 陰이 사라지면 陽이 자라나고, 陰이 자라면 陽이 사라지게 마련이다. 陰은 小人과 惡을 상징하고, 陽은 君子와 陽을 상징한다.
2) 〔譯註〕 不可則止之義 : ≪論語≫ 〈先進〉에 "이른바 大臣이란 것은 道로써 군주를 섬기다가 불가하면 그만두는 것이다.〔所謂大臣者 以道事君 不可則止〕"라고 보이는바, 불가하면 그만둔다는 것은 반드시 자신의 뜻을 실행하는 것이다.

【丙子】 十二年이라

貞元 12년(병자 796)

初에 上이 以奉天窘乏이라 故還宮以來로 尤專意聚斂하니 藩鎭이 多以進奉市恩하야 皆云稅外方圓[1]이라하고 亦云用度羨(연)餘라하나 其實은 或割留常賦하고 或增斂百姓하고 或減刻吏祿하고 或販鬻蔬果하야 往往私自入하니 所進은 纔什一二라 李兼이 在江西하야 有月進하고 韋皐在西川하야 有日進이러니 其後에 常州刺史裴肅이 以進奉으로 遷浙東觀察使하니 刺史進奉이 自肅始하고 及劉贊[2]卒에 判官嚴綬 掌留務하야 竭府庫하야 以進奉으로 徵爲刑部員外郞하니 幕僚進奉이 自綬始하니라

처음에 上이 奉天城에서 곤궁하고 궁핍했다. 그러므로 궁중에 돌아온 이후로 재물을 聚斂에 더욱 전념하니, 藩鎭의 節度使들이 대부분 재물을 進奉(進上)하여 황제의 은총을 취하고는 모두 세금 외의 돈이라고 하기도 하고, 또한 사용하고 남은 것이라고 하기도 하였으나, 실상은 정상적인 세금을 떼어 남겨두거나 혹은 백성들에게 더 거두거나 혹은 관리들의 녹봉을 삭감하거나 혹은 채소와 과일을 팔아서 사사로이 자신의 수입으로 삼은 것이니, 황제에게 진상한 것은 겨우 10분에 1, 2였다.

李兼은 江西에 있으면서 매월 진상하였고, 韋皐는 西川에 있으면서 매일 진상하였는데, 그 후에 常州刺史 裴肅이 황제에게 進奉함으로 인해 浙東觀察使로 승진시키니, 刺史가 황제에게 進奉하는 것이 裴肅으로부터 시작되었다. 劉贊이 죽은 뒤에 判官인 嚴綬가 留后의 사무를 관장하여 將軍府의 창고를 다 털어서 황제에게 進奉함으로 인해 임금의 부름을 받고 刑部員外郎이 되니, 幕僚가 황제에게 進奉하는 것이 嚴綬로부터 시작되었다.

1)〔頭註〕稅外方圓 : 方圓은 謂折則成方하고 轉則成圓하니 言於常稅之外에 別自轉折하야 以致貨財也라

方圓은 꺾으면 方을 만들고 돌리면 圓을 만드는 것을 이르니, 稅外方圓은 일정한 세금 외에 별도로 돌리거나 꺾어서 재화를 이룩함을 이른다.

2)〔頭註〕劉贊 : 宣歙節度라

劉贊은 宣歙節度使이다.

○ 戶部尙書判度支裴延齡이 卒하니 中外相賀호되 上이 獨悼惜之하니라

戶部尙書 判度支인 裴延齡이 죽으니, 中外가 서로 축하하였으나 上만은 홀로 애도하고 아까워하였다.

○ 上이 自陸贄貶官으로 尤不任宰相하고 自御史, 刺史, 縣令以上을 皆自選用하니 中書는 行文書而已라 然深居禁中하야 所取信者는 裴延齡, 李齊運, 王紹, 李實[1], 韋執誼及渠牟[2]니 皆權傾宰相하야 趨附盈門이러라

上은 陸贄가 좌천된 뒤로부터 더욱 재상들을 신임하지 않고, 御史로부터 刺史와 縣令 이상의 관원을 모두 직접 선발하여 등용하니, 中書省은 문서만 돌릴 뿐이었다. 그러나 上은 禁中에 깊숙히 거처하여 신임하는 것은 裴延齡,

李齊運, 王紹, 李實, 韋執誼, 渠牟였으니, 이들은 모두 권세가 재상을 압도하여 趨時附勢하는 자들이 문에 가득하였다.

1)〔頭註〕李齊運, 王紹, 李實 : 李齊運은 禮部尙書요 王紹는 戶部郎中이요 李實은 司農卿이라
李齊運은 禮部尙書이요, 王紹는 戶部郎中이요, 李實은 司農卿이다.

2)〔頭註〕韋執誼及渠牟 : 韋執誼는 翰林學士요 渠牟는 姓韋氏이니 諫議大夫라
韋執誼는 翰林學士요, 渠牟는 姓이 韋氏이니, 諫議大夫이다.

【丁丑】十三年이라

貞元 13년(정축 797)

先是에 宮中이 市外間物할새 令官吏主之하고 隨給其直(値)러니 比歲[1]에 以宦官爲使하야 謂之宮市[2]라하고 抑買人物하야 稍不如本估(고)[3]라 其後에 不復行文書하고 置白望[4]數百人於兩市[5]及要鬧坊曲하야 閱人所賣物하고 但稱宮市하면 則斂手付與하야 眞僞를 不復可辨이요 無敢問所從來와 及論價之高下者라 率用直百錢物하야 買人直數千物하고 多以紅紫染故衣敗繒으로 尺寸裂而給之하고 仍索進奉門戶[6]及脚價錢[7]하야 人將物詣市라가 至有空手而歸者하니 名爲宮市라하나 其實은 奪之라 商賈有良貨면 皆深匿之하고 每敕使出이면 雖沽漿賣餠之家라도 皆撤業閉門[8]하니라

이보다 앞서 宮中에서 外間의 물건을 살 적에 관리로 하여금 이것을 주관하게 하고 時價에 따라 그 값을 지급하였는데, 근년에 宦官을 이 일을 담당하는 使者로 삼아 이를 일러 宮市라 하고 백성들의 물건을 강제로 사서(약탈하여) 점점 본래의 물건값만 못하였다. 나중에는 다시 공문서를 돌리지 않고 長安의 東市와 西市 두 시장과 번성한 곳과 坊曲에 白望 수백 명을 두고는 사람들이 팔려는 물건을 살펴보고 단지 宮市라고 칭하면, 백성들이 손을 놓고 그들에게 물건을 내주고 다시는 그들의 眞僞를 분별하지 않았으며, 감히

所從來를 묻거나 감히 값의 高下를 논하는 자가 없었다.

대체로 백 전 어치의 물건을 가지고 백성들의 수천 전 어치의 물건을 샀으며, 값을 지불하되 대부분 홍색과 자주색으로 염색한 헌옷과 낡은 비단을 한 자나 한 치쯤 찢어 주고 인하여 進奉門戶錢과 脚價錢을 요구하여, 사람들이 물건을 가지고 시장에 팔러 나갔다가 심지어 빈손으로 돌아오는 자가 있으니, 명색은 宮市라 하였으나 실제로는 강탈하는 것이었다. 商賈 중에 좋은 재화가 있으면 모두 깊이 숨겨 두었으며, 매번 궁중의 칙사가 나오면 비록 漿(음료)을 팔고 떡을 파는 집이라도 철시하고 문을 닫았다.

1) 〔釋義〕 比歲 : 比는 毗至反이니 至也라
　比는 毗至反(비)이니, 이름이다.
2) 〔譯註〕 宮市 : 궁중에 시장을 개설하는 것이다. 궁중에 시장을 열고 환관을 宮市使에 임명하였는데, 민간의 물품을 강제로 매입하는 극단적인 폐단이 있었다.
3) 〔通鑑要解〕 本估(고) : 估는 直(値)也라
　估는 값이다.
4) 〔頭註〕 白望 : 言使人於市中에 左右望하야 白取其物하고 不還本價也라
　白望은 사람을 시켜 시장 안에서 좌우를 바라보아 좋은 물건이 있으면 그 물건을 공짜로 취하고 본래의 물건값을 돌려주지 않는 것이다.
5) 〔頭註〕 兩市 : 長安城中에 分爲左右街하야 爲東市西市라
　兩市는 長安城 안에 거리를 좌우로 나누어 東市와 西市를 만든 것이다.
6) 〔頭註〕 仍索進奉門戶 : 進奉門戶는 言進奉所經由門戶라 皆有費用하니 如漢靈帝時謂道得費라
　進奉門戶는 進奉할 때에 경유하는 門戶를 말한다. 문호마다 모두 비용이 있으니, 漢靈帝 때에 道得費라고 이르는 것과 같다.
7) 〔附註〕 脚價錢 : 謂僦人員荷進奉物入內之費라 有田夫以驢負柴러니 宦者稱宮市取之하고 又索門戶한대 田夫曰 我有父母妻子하야 待此而食이라 以柴與汝하고 不取直而歸어늘 汝尙不肯하니 我有死而已라하고 遂毆(官)〔宦〕者한대 街吏擒以聞하니 詔黜宦하고 賜田夫絹十匹하니라 然而宮市不罷하니 諫官이 數諫하고 徐州節度使張建封이 入朝하야 亦具奏之러니 判度支蘇弁이 希宦者意하야 奏京師游手萬家 無土着生業하고 仰宮市取給이라하니 上信之라 故凡言宮市에 皆不聽也하니라
　脚價錢은 人員을 사서 進奉할 물건을 메고 궁궐에 들어갈 때 드는 비용을 이른

다. 어떤 농부가 나귀에다가 나무를 싣고 팔러 갔는데, 환관들이 宮市를 구실삼아 이것을 빼앗고 進奉門戶錢을 요구하자, 농부가 말하기를 "나는 부모와 처자식이 있어서 이것을 팔아 먹고 산다. 나는 이 나무를 너희들에게 주고 나무값도 받지 못하고 돌아가는데, 너희들은 오히려 그대로 돌려보내려 하지 않으니, 나는 죽음만이 있을 뿐이다." 하고는 마침내 환관을 구타하였다. 도로를 순찰하던 관리가 그를 붙잡아 조정에 아뢰니, 황제가 명하여 환관을 내쫓고 농부에게 비단 10필을 하사하였다. 그러나 宮市를 파하지 않으니 諫官이 자주 간하였고, 徐州節度使 張建封이 들어와 조회하면서 또한 자세히 아뢰었는데, 判度支 蘇弁이 환관들의 뜻에 맞추어 아뢰기를 "京師의 노는 백성 만여 가호가 정착하여 생업에 종사하지 않고 宮市에 의뢰하여 공급을 받습니다." 하니, 上이 그 말을 믿었다. 그러므로 宮市를 말할 때에 上이 모두 따르지 않은 것이다.

8) 〔釋義〕 撤業閉門 : 撤은 刃列反이니 去也라
撤은 刃列反(철)이니, 치우는 것이다.

【戊寅】 十四年이라

貞元 14년(무인 798)

太學生薛約이 師事司業陽城이러니 坐言事하야 徙連州어늘 城이 送之郊外한데 上以城黨罪人이라하야 左遷城道州刺史하다 城이 治民如治家라 州之賦稅不登이어늘 觀察使數加誚讓한대 城이 自署其考[1]하야 曰 撫字心勞하고 徵科政拙하니 考下下로다 觀察使遣判官하야 督其賦하야 至州하니 城이 先自囚於獄이라 判官이 大驚하야 馳入謁城於獄하야 曰 使君何罪오 某奉命來候安否耳라하고 留一二日에 未去라 城이 不復歸館하고 門外에 有故門扇橫地어늘 城이 晝夜坐臥其上하니 判官이 不自安하야 辭去러라 其後에 又遣他判官하야 往按之한대 他判官이 載妻子行이라가 中道逸去하니라

太學生 薛約이 國子監 司業인 陽城을 師事하였는데 조정에 上言하다가 죄에 걸려 連州로 좌천되었다. 陽城이 郊外로 나가 그를 전송하자, 上은 陽城이 죄인과 당이 되었다 하여 陽城을 道州刺史로 좌천시켰다. 陽城은 道州로 부임

한 다음 백성을 다스리기를 집안을 다스리는 것과 같이 하였다. 그리하여 道州의 부세가 제대로 올라오지 않자 관찰사가 여러 번 督責을 가하였는데, 陽城은 스스로 자신의 考課에 쓰기를 "백성을 어루만져 마음으로만 수고했을 뿐 부세를 징수하는 정사는 졸렬하였으니, 고과가 下의 下이다." 하였다.

관찰사가 判官을 보내 부세를 독촉하게 하여 判官이 道州에 도착하니, 陽城이 먼저 스스로 감옥에 갇혔다. 判官이 크게 놀라 달려가 감옥에서 陽城을 뵙고 말하기를 "使君이 무슨 죄가 있습니까? 저는 명령을 받들고 와서 안부를 물을 뿐입니다." 하고는 하루 이틀을 머물고 떠나가지 않았다. 陽城이 다시 館舍로 돌아가지 않고, 문 밖에 옛날 문짝이 땅에 가로놓여 있었는데 陽城이 밤낮으로 그 위에 앉기도 하고 눕기도 하니, 判官이 내심 편안하지 못하여 하직하고 떠나갔다. 그 뒤에 또다시 다른 判官을 보내어 道州에 가서 陽城의 죄를 조사하게 하자, 다른 判官은 처자식을 수레에 태우고 가다가 중도에 도망하였다.

1)〔頭註〕自署其考 : 署는 表誌也라 考는 三載考之考이니 核實이라
署는 標記하는 것이다. 考는 '三載考(삼년에 한 번 고과함)'의 考이니, 실상을 조사하는 것이다.

【癸未】十九年이라

貞元 19년(계미 803)

初에 翰林待詔王伾(비)는 善書하고 山陰王叔文은 善碁라 俱出入東宮하야 娛侍太子러니 叔文이 譎詭多計하야 與王伾相依附하다 叔文이 因爲太子言호되 某可爲相이요 某可爲將이니 幸異日用之라하고 密結翰林學士韋執誼, 陸淳, 呂溫[1], 李景儉[2], 韓曄[3], 韓泰[4], 陳諫[5], 柳宗元, 劉禹錫[6]等하야 定爲死友[7]하다

처음에 翰林待詔인 王伾는 글씨를 잘 쓰고, 山陰의 王叔文은 바둑을 잘 두었다. 이들은 함께 東宮에 출입하면서 태자를 즐겁게 모셨는데, 王叔文은 속임수를 쓰고 꾀가 많아서 王伾와 서로 의지하여 좇았다. 王叔文이 인하여 태

자에게 말하기를 "아무개는 재상으로 삼을 만하고 아무개는 장군으로 삼을 만하니, 바라건대 훗날 이들을 등용하소서."라고 하고, 翰林學士 韋執誼, 陸淳, 呂溫, 李景儉, 韓曄, 韓泰, 陳諫, 柳宗元, 劉禹錫 등과 은밀히 결탁하여 생사를 같이 하는 친구가 되기로 약속하였다.

1)〔頭註〕陸淳, 呂溫：左拾遺라
　陸淳과 呂溫은 左拾遺이다.
2)〔頭註〕李景儉：進士及第라
　李景儉은 進士에 급제하였다.
3)〔頭註〕韓曄：司封郎中이라
　韓曄은 司封郎中이라
4)〔頭註〕韓泰：度支郎中이라
　韓泰는 度支郎中이다.
5)〔頭註〕陳諫：侍御史라
　陳諫은 侍御史이다.
6)〔頭註〕柳宗元, 劉禹錫：時爲監察御使라
　柳宗元과 劉禹錫은 당시에 監察御使였다.
7)〔頭註〕定爲死友：死友는 猶刎頸之交*)라
　死友는 刎頸之交와 같다.
*) 刎頸之交：생사를 같이할 수 있는 아주 절친한 친구를 이르는 말로, 교분이 깊고 중해서 죽는 한이 있어도 서로 저버리지 않는 벗을 이른다.

【甲申】二十年이라

貞元 20년(갑신 804)

九月에 太子始得風疾하야 不能言하니라

9월에 太子가 처음으로 風病(中風)에 걸려서 말을 하지 못하였다.

范氏唐鑑曰 德宗卽位之初에 銳然有平一天下志하니 四海之內 聞風震悚하야 以爲不世出之主也러니 不數年而致大亂은 何哉아 本夫志大而才小하고 心褊而

意忌하야 不能推誠御物, 尊賢使能하고 以爲果敢聰明이 足以成天下之務라하야 不務養民而先用武하고 軍食不足이면 則暴征橫斂以繼之하야 民愁兵怨하야 激成亂階라 自古로 邦本不固而戰攻不息이면 必有意外之患하니 此後王之深戒也니라

范氏(范祖禹)의 ≪唐鑑≫에 말하였다.

"德宗이 즉위하던 초기에는 정예하게 천하를 평정하려는 뜻이 있으니, 온 천하가 풍문을 듣고 두려워하여 불세출의 군주라고 여겼는데, 몇 년이 못 되어서 큰 혼란을 초래함은 어째서인가? 본래 뜻이 크지만 재주가 작고 마음이 편협하고 시기심이 많아서, 정성을 미루어 남을 어거하지 못하고 어진 이를 높이고 유능한 사람을 부리지 못하고는 자신의 과감함과 총명함이 충분히 천하의 사업을 이룰 수 있다고 여겼다. 그리하여 백성을 기르기를 힘쓰지 않고 먼저 무력을 사용하였으며, 군량이 부족하면 포악하게 거두고 제멋대로 징수하여 백성들이 근심하고 군사들이 원망하여 난의 階梯를 격발시켜 이루었다. 예로부터 나라의 뿌리(백성)가 견고하지 못하면서 전쟁과 공격을 그치지 않으면 반드시 뜻밖의 환난이 있었으니, 이는 후세의 제왕들이 깊이 경계해야 할 바이다."

〔史略 史評〕 范氏曰 德宗享國에 粃政尤多而大弊有三하니 曰姑息藩鎭이요 曰委任宦者요 曰聚斂貨財니 蓋本夫志大而才小하고 心褊而意忌하야 不能推誠御物하고 尊賢使能하야 以爲果敢聰明이 足以成天下之務라 初欲削平僭叛하고 剗滅藩鎭이라가 一有奉天之亂에 而心隕膽破하야 惟恐生事라 旣猜防臣下면 則專任宦者하고 思其窮窘이면 則聚斂掊克이 益甚於初하니 自古로 治愈久而政愈弊하고 年彌進而德彌退 鮮有如德宗者라 是以로 藩鎭强而王室弱하고 宦者專而國命危하고 貪政多而民心離하야 唐室之亡이 卒以是三者하니 其所從來者漸矣니라

范氏(范祖禹)가 말하였다.

"德宗이 나라를 다스릴 적에 잘못된 정사가 더욱 많았는데 큰 병폐가 세 가지가 있었으니, 藩鎭을 고식적으로 대한 것과 宦官들에게 위임한 것과 재

물을 가렴주구한 것이다. 이는 뜻이 크지만 재주가 작고 마음이 편협하고 시기심이 많아서, 정성을 미루어 남을 대하지 못하고 어진 이를 높이고 능력 있는 자를 부리지 못하고는 자신의 과감함과 총명함이 충분히 천하의 사업을 이룰 수 있다고 생각한 데에서 연유하였다. 그리하여 처음에는 참람하고 배반한 자들을 평정하고 藩鎭을 멸망시키고자 하다가 한번 奉天의 난리를 만나자 간담이 서늘해져서 오직 일이 생길까 두려워하였다.

신하들을 시기하여 이를 방어하려 하면 오로지 환관에게 맡기고, 재정의 궁핍함을 생각하면 가렴주구가 처음보다 더욱 심하였으니, 예로부터 오래 다스릴수록 정사가 더욱 피폐해지고 나이를 먹을수록 德이 더욱 후퇴하기를 德宗과 같이 한 자는 드물다. 이 때문에 藩鎭이 강하고 王室이 약하며 宦官들이 전횡하고 국가의 운명이 위태로우며 탐욕스런 정사가 많아지고 民心이 이반하여 唐나라 왕실이 멸망한 것은 끝내 이 세 가지 때문이었으니, 그 所從來가 점점 이루어진 것이다."

順宗皇帝※1) 名은 誦이니 德宗長子라 在位一年이요 壽四十六이라

順宗皇帝는 이름이 誦이니, 德宗의 長子이다. 재위가 1년이고, 壽가 46세이다.

※ 不幸嬰疾하야 奸邪肆志로되 而能委政冢嗣하야 以安社稷하니 足爲賢矣니라

불행히 병에 걸려 간사한 자들이 뜻을 폈으나 정사를 冢嗣(嫡長子)에게 맡겨서 사직을 편안하게 하였으니, 충분히 賢君이라고 할 수 있다.

1) 〔頭註〕 順宗皇帝 : 慈和徧服曰順也라

자애롭고 온화함으로 두루 감복시키는 것을 順이라 한다.

【乙酉】 二十一年이라 〈順宗皇帝永貞元年〉

貞元 21년(을유 805) – 順宗皇帝 永貞 元年 –

正月癸巳에 **德宗**이 **崩**하고 **太子卽皇帝位**하다 **時**에 **順宗**이 **失音**하야 **不能決事**하고 **常居深宮**하야 **施簾帷**하고 **獨宦官李忠言**과 **昭容牛氏**[1] **侍左右**라 **百官奏事**에 **自帷中**으로 **可其奏**하니라

정월 癸巳日(23일)에 德宗이 별세하고 太子가 황제에 즉위하였다. 이때 順宗이 목소리를 잃어 말을 하지 못하여 일을 결정하지 못하였고, 항상 깊은 궁중에 있으면서 주렴과 휘장을 드리우고 오직 환관인 李忠言과 昭容牛氏가 좌우에서 모셨다. 백관들이 일을 上奏함에 황제가 휘장 안에서 허락하였다.

1)〔譯註〕昭容牛氏：昭容은 궁중의 女官의 명칭이다. 원래는 修容이라고 칭하였는데, 삼국시대에 魏나라 文帝가 설치하였다. 지위는 昭華의 뒤인데, 南朝 때에 昭容이라고 고쳤으며, 九嬪의 다섯 번째이다. 九嬪은 淑妃, 淑媛, 淑儀, 昭華, 昭容, 昭儀, 婕妤, 容華, 充華이다.

○ **以王伾爲左散騎常侍**하고 **王叔文爲起居舍人**하니 **大抵計事**에 **叔文依伾**하고 **伾依忠言**하고 **忠言依牛昭容**하야 **轉相交結**하야 **每事**를 **先下翰林**하야 **使叔文可否然後**에 **宣于中書**어든 **韋執誼承而行之**하며 **外黨則韓泰, 柳宗元, 劉禹錫等**이 **主采(採)聽外事**하야 **謀議唱和**하야 **日夜汲汲如狂**이라 **互相推獎**하야 **曰伊, 曰周, 曰管, 曰葛**이라하고 **僩然自得**[1]하야 **謂天下無人**이라하야 **榮辱進退**가 **生於造次**하고 **惟其所欲**하야 **不拘程式**하니 **士大夫畏之**하야 **道路以目**이러라

王伾를 左散騎常侍로 임명하고 王叔文을 起居舍人으로 임명하니, 대저 일을 계획함에 王叔文은 王伾를 의지하고 王伾는 李忠言을 따르고 李忠言은 牛昭容을 따라, 돌려가면서 서로 결탁하여 매사를 먼저 翰林院에 내려 王叔文으로 하여금 可否를 결정하게 한 후에 中書省에 내리면 韋執誼가 받들어 행하였다. 그리고 궁궐 밖의 당으로는 韓泰, 柳宗元, 劉禹錫 등이 외부의 정보를 수집하며 일을 다스리고 모의하여 선창하고 화답해서 밤낮으로 그치지 않아서 미친 듯 하였다. 서로 상대방을 추앙하고 장려하여 伊尹이라 칭하고 周公이라 칭하고 管仲이라 칭하고 諸葛孔明이라 칭하였고, 僩然이 자만하여 천

하에 인물이 없다고 말하였다. 그리하여 그들이 사람들에게 가하는 榮辱과 進退가 삽시간에 생겨나고, 오직 그들이 하고 싶은대로 행동하여 程式(法式)에 구애받지 않으니, 士大夫들이 그들을 두려워하여 아무 소리도 못하고 다만 도로에서 성난 눈초리로 그들을 노려보았다.

1)〔頭註〕僴然自得 : 僴然은 寬大貌라
僴然은 큰체하는 모양이다.

〔史略 史評〕范氏曰 天下至大하고 祖業至重이라 故로 古之教太子者 左右前後必皆正人이나 然猶或不能成德이어늘 德宗이 乃使技藝博奕之徒로 侍太子하니 豈不愚其子乎아 蓋疑賢者導其子之爲非하야 而不疑於小人하니 亦不思而已矣니라

范氏(范祖禹)가 말하였다.

"天下가 지극히 크고 祖宗의 基業이 지극히 소중하다. 그러므로 옛날에 太子를 가르치는 자는 좌우와 전후에 있는 자가 반드시 모두 정직한 사람이었다. 그런데도 혹 太子의 德을 이루지 못하였는데, 德宗은 도리어 기예와 장기 두고 바둑 두는 무리들로 하여금 太子를 모시게 하였으니, 그들이 어찌 그 자식을 어리석게 만들지 않았겠는가. 이는 賢者가 자기 자식을 나쁘게 인도할까 의심하고 小人을 의심하지 않은 것이니, 또한 이것을 생각하지 않았을 뿐이다."

○ **赦天下**하야 **諸色逋負**를 **一切蠲**(견)**免**하고 **常貢之外**에는 **悉罷進奉**하고 **貞元之末**에 **政事爲人患者 如宮市, 五坊, 小兒**[1]**之類**를 **悉罷之**하다 **上**이 **在東宮**에 **皆知其弊**라 **故**로 **卽位**에 **首禁之**하니라

天下에 사면을 선포하여 여러 가지 포흠을 일체 면제해 주고 정상적으로 거두는 貢物 이외에는 進奉을 모두 파하고, 貞元 말년의 정사 중에 백성들에게 폐해가 되었던 宮市와 五坊과 小兒 같은 따위를 모두 파하였다. 上은 東宮으로 있을 때에 그 폐해를 모두 알았다. 그러므로 즉위하자 맨먼저 이것을

금한 것이다.

1) 〔附註〕 五坊, 小兒 : 五坊은 (鵬)〔鵰〕坊, 鶻坊, 鷄坊, 狗坊, 鷹坊이라 時에 閑廐使押五坊以供時狩하니라 小兒張捕鳥雀於閭里者를 皆爲暴橫하야 以取人錢物이라 至有張羅網於門하고 或張井上이라가 近之면 輒曰 汝驚供奉鳥雀이라하고 卽痛毆之하고 出物求謝하고 乃去하니라

五坊은 보라매를 기르는 鵰坊, 새매를 기르는 鶻坊, 싸움닭을 기르는 鷄坊, 사냥개를 기르는 狗坊, 수리매를 기르는 鷹坊이다. 이때 閑廐使가 五坊을 맡아 사시의 사냥에 제공하였다. 小兒들이 閭里에서 그물을 펼쳐서 새와 참새를 잡는 자들을 모두 포악하게 대하여 사람들의 돈과 물건을 빼앗았다. 심지어는 문에 참새그물을 쳐놓거나 혹은 우물 위에 그물을 쳐놓았다가 사람이 가까이 오면 곧 말하기를 "네가 새를 놀라게 해서 도망갔다." 하고는 즉시 심하게 구타하고 대신 물건을 내놓게 하고 사죄를 받고 나서야 비로소 떠났다.

○ 上이 疾久不愈라 以廣陵王淳으로 爲太子하고 更名純하다

上의 병환이 오랫동안 낫지 않았다. 廣陵王 淳을 태자로 삼고 이름을 純으로 고쳤다.

○ 八月庚子에 制호되 令太子로 卽皇帝位하고 朕稱太上皇이라하고 徙居興慶宮하다 貶王伾開州司馬하고 王叔文渝州司戶러니 伾는 尋에 病死貶所하고 明年에 賜叔文死하다 乙巳에 憲宗[1]이 卽位於宣政殿하다

8월 庚子日(4일)에 황제가 制書를 내리기를 "太子로 하여금 皇帝에 즉위하게 하고 짐은 太上皇이라 칭한다." 하고, 거처를 興慶宮으로 옮겼다. 王伾를 開州司馬로 좌천시키고 王叔文을 渝州司戶로 좌천시켰는데, 王伾는 얼마 안 되어 병으로 좌천된 곳에서 죽었다. 다음 해에 王叔文에게 사약을 하사하였다.

乙巳日(9일)에 憲宗이 宣政殿에서 즉위하였다.

1) 〔通鑑要解〕 憲宗 : 博聞多能曰憲이라

널리 듣고 재능이 많은 것을 憲이라 한다.

〔史略 史評〕史斷曰 順宗寢疾踐阼에 奸邪肆志하고 近習弄權이러니 而能委政冢嗣하야 以安社稷하니 得爲賢矣로다

史斷에 말하였다.

"順宗이 병석에서 즉위하자 간사한 자들이 뜻을 펴고 近習들이 권력을 농간하였으나 嫡長子에게 정사를 맡겨서 社稷을 편안히 하였으니, 賢君이라 할 수 있다."

○ **西川節度使南康忠武王韋**皐**卒**한대 **副使劉闢**이 **自爲留後**하야 **表求節鉞**[1)]이어늘 **朝廷不許**하고 **徵爲給事中**하니 **闢**이 **不受徵**하고 **阻兵自守**[2)]하니라

西川節度使인 南康忠武王 韋皐가 죽자, 副使인 劉闢이 스스로 留後가 되어 표문을 올려 節鉞을 내려줄 것을 요구하였는데, 조정에서 이를 허락하지 않고 劉闢을 불러 給事中을 삼으니, 劉闢이 조정의 부름을 받지 않고 군대를 믿고 스스로 지켰다.

1)〔附註〕節鉞 : 節은 長一尺二寸이니 凡爲使者持之라 秦, 漢以下로 皆爲旌幢之形하니라 (誠)〔鉞〕은 大斧也니 賜之者는 示征伐自天子出也라 又節은 猶信也니 行者所執之信也라 (古)〔若〕曰 節以專殺이요 鉞以專斷이라하니라

節은 길이가 한 자 두 치이니, 使者가 된 자가 가지고 가는 것이다. 秦·漢 이후로 節을 모두 旌幢(깃발) 모양으로 만들었다. 鉞은 큰 도끼이니, 이것을 하사함은 정벌이 천자로부터 나옴을 보이는 것이다. 또 節은 信과 같으니, 길을 떠나는 자가 가지고 가는 신표이다. 節鉞은 "節로써 마음대로 죽이고, 鉞로써 마음대로 결단한다."고 말하는 것과 같다.

2)〔頭註〕阻兵自守 : 阻는 恃也라

阻는 믿음이다.

○ **十二月**에 **以闢爲西川節度副使**하야 **知節度事**하니 **上以初嗣位**하야 **力未能討故也**러라

12월에 劉闢을 西川節度副使로 삼아 節度事를 맡게 하였으니, 上이 황제의 자리를 계승한 초기여서 무력으로 토벌할 수가 없었기 때문이다.

通鑑節要 卷之四十六

唐紀

憲宗[※1)] 名은 純이니 順宗長子라 在位十五年이요 壽四十三이라

憲宗은 이름이 純이니, 順宗의 長子이다. 재위가 15년이고, 壽가 43세이다.

※ 剛明果斷하야 志平僭叛하며 能用忠謀하고 不惑群議하야 卒收成功하니 唐之威令이 幾於復振하야 足爲中興之主러니 及其晩節하야는 信用非人하야 不終其業하니 惜哉라

강하고 총명하며 과단성이 있어서 참람한 자와 반역한 자들을 평정하는 데 뜻을 두었으며, 충성스러운 계책을 쓰고 여러 사람의 의논에 혹하지 아니하여 끝내 성공을 거두었으니, 唐나라의 위엄과 명령이 거의 다시 振作되어 나라를 중흥시킨 군주가 충분히 될 수 있었다. 그러나 만년에 이르러서는 그릇된 사람을 신용하여 功業을 잘 끝마치지 못하였으니, 애석하다.

1)〔頭註〕憲宗 : 博聞多能曰憲이라

문견이 넓고 재능이 많은 것을 憲이라 한다.

【丙戌】元和元年이라

元和 元年(병술 806)

劉闢이 旣得旌節[1)]에 志益驕하야 求兼領三川[2)]이어늘 上이 不許러니 闢이 遂發兵하야 圍東川節度使李康於梓州하다 上이 欲討闢而重於用兵하고 公卿議者亦以爲蜀險固難取라하야늘 杜黃裳[3)]이 獨曰 闢은 狂戇(당)書生[4)]이니 取之如

拾(습)芥爾니이다 臣知神策軍使高崇文이 勇略可用하니 願陛下專以軍事委之하고 勿置監軍하시면 闢必可擒이니이다 上從하다 翰林學士李吉甫亦勸上討蜀하니 上이 由是器之[5]러라 戊子에 命高崇文하야 將步騎五千하야 爲前軍하고 與兵馬使李元奕과 山南西道節度使嚴礪로 同討闢하다 〈出黃裳等傳〉 上이 與杜黃裳으로 論及藩鎭하니 黃裳曰 德宗이 自經憂患[6]으로 務爲姑息하야 不生除節帥[7]하고 有物故者[8]어든 先遣中使하야 察軍情所與하야 則授之하시니 中使或私受大將賂하야 歸而譽之하면 卽降旌鉞[9]하야 未嘗有出朝廷之意者라 陛下必欲振擧紀綱인댄 宜稍以法度로 裁制藩鎭이니 然後에 天下를 可得而理也리이다 上이 深以爲然하다 於是에 始用兵討蜀하야 以至威行兩河는 皆黃裳啓之也러라 〈出本傳〉

劉闢이 이미 西川節度使에 임명되자, 마음이 더욱 교만해져서 三川을 겸하여 관할할 것을 요구하였다. 上이 이를 허락하지 않자, 劉闢은 마침내 군대를 調發하여 東川節度使 李康을 梓州에서 포위하였다. 上은 劉闢을 토벌하고자 하였으나 군대를 사용하는 것을 신중히 하였고, 公卿 중에 의논하는 자들도 "蜀(四川) 지방은 險固하여 취하기가 어렵다."고 말하였다. 그런데 杜黃裳이 홀로 말하기를 "劉闢은 狂妄하고 어리석은 書生이니, 그를 패배시키는 것은 지푸라기를 줍는 것처럼 쉽습니다. 신은 神策軍使 高崇文이 용맹하고 지략이 있어 쓸 만하다는 것을 알고 있으니, 바라건대 폐하께서 軍事를 오로지 그에게 맡기고 監軍을 두지 않으신다면 劉闢을 반드시 사로잡을 수 있을 것입니다." 하니, 上이 그의 말을 따랐다. 翰林學士 李吉甫도 上에게 蜀 지방을 토벌할 것을 권하니, 上이 이로 인하여 그를 중하게 여겼다. 戊子日(1월 23일)에 高崇文에게 명하여 보병과 기병 5천 명을 거느리고 前軍(선봉부대)이 되어 兵馬使 李元奕, 山南西道節度使 嚴礪와 함께 劉闢을 토벌하게 하였다. - ≪新唐書 杜黃裳傳≫ 등에 나옴 -

上이 杜黃裳과 의논하다가 藩鎭에 대한 문제에 이르니, 杜黃裳이 아뢰기를 "德宗이 우환을 겪은 뒤로 되도록 姑息을 힘써 절도사가 살아있을 때에는 다른 사람을 절도사로 제수하지 않고, 절도사가 죽으면 中使(宦官)를 보내어 軍中의 情勢를 살펴서 人心이 귀결되는 사람을 節度使로 제수하였으며, 中使가 혹 사사로이 大將의 뇌물을 받고 돌아와서 칭찬하면 곧바로 그에게 節度使의 깃발과 斧鉞을 내렸습니다. 그리하여 節度使의 임명이 일찍이 조정의 뜻에서 나온 적이 없었습니다. 陛下께서 반드시 紀綱을 떨쳐 일으키고자 하신다면 마땅히 점점 法度로써 藩鎭을 재제하신 뒤에야 천하를 다스릴 수 있을 것입니다." 하니, 上이 깊이 그 말을 옳게 여겼다. 이에 군대를 출동하여 蜀 지방을 토벌해서 조정의 위엄이 兩河(河南과 河北) 지방에 행해진 것은 모두 杜黃裳이 계도한 것이었다. - ≪新唐書 杜黃裳傳≫에 나옴 -

1) 〔譯註〕 劉闢旣得旌節 : 貞元 21년(을유 805) 西川節度使인 南康忠武王 韋皐가 죽자, 節度副使 劉闢이 스스로 留後가 되어 표문을 올려 節鉞을 내려줄 것을 요구하였는데, 上이 황제의 자리를 계승한 초기여서 무력으로 토벌할 수가 없었기 때문에 劉闢을 西川節度副使로 삼았다.

2) 〔釋義〕 三川 : 謂東川, 西川, 山南西道也라

三川은 劍南의 東川과 西川, 山南의 西道 등지를 이른다.

3) 〔頭註〕 杜黃裳 : 門下侍郎이라 〔通鑑要解〕 字는 遵素也라

〔頭註〕 杜黃裳은 門下侍郎이다. 〔通鑑要解〕 그의 字는 遵素이다.

4) 〔原註〕 狂戇(당)書生 : 戇은 直降反이니 愚也라

戇은 直降反(당)이니, 어리석은 것이다.

5) 〔頭註〕 器之 : 器는 所以適用이니 器之者는 知其可用이라

器는 용도에 적합한 것이니, 그릇으로 여긴다는 것은 그가 쓸 만한 인물임을 아는 것이다.

6) 〔譯註〕 德宗自經憂患 : 德宗은 朱泚의 난을 만나 도성인 長安이 함락되고 奉天城으로 피란하였는데, 李晟의 지휘로 長安을 수복했지만 국력을 끝내 떨치지 못하였다.

7) 〔頭註〕 不生除節帥 : 除는 授也라

除는 제수하는 것이다.

8) 〔頭註〕 有物故者 : 物故*)는 謂死也니 言其同於鬼物而故也라 一說에 不欲斥言하고 但云其所服用之物이 皆已故耳라

物故는 죽음을 이르니, 鬼物과 똑같게 되어 죽음을 말한다. 一說에는 "죽었다

고 지척하여 말하지 않고, 다만 사용하던 물건이 모두 옛 것이 되었다고 이른 것이다." 하였다.

*) 王先謙의 補注에 宋祁의 말을 인용하여 "物은 마땅히 歾이 되어야 하니, 음이 몰이다." 하였다.

9) 〔釋義〕 旄鉞 : 旄者는 毛幢也요 鉞은 音曰이니 大斧也라 行節制者持之하니 書에 武王이 左仗黃鉞하고 右秉白旄以麾라하니라

旄는 털로 만든 幢이요, 鉞은 음이 왈(월)이니 큰 도끼이다. 旄鉞은 節制를 행하는 자(節度使)가 이것을 가지고 가니, ≪書經≫ 〈牧誓〉에 "武王이 왼쪽에는 黃鉞을 잡고 오른쪽에는 白旄를 잡고 지휘했다." 하였다.

劉闢이 陷梓州하고 執李康하다 二月에 嚴礪拔劍州하고 斬其刺史文德昭하다

劉闢이 梓州를 함락시키고 東川節度使 李元康을 사로잡았다. 2월에 嚴礪가 劍州를 함락시키고 劍南刺史 文德昭의 목을 베었다.

○ 上이 與宰相論할새 自古帝王이 或勤勞庶政하고 或端拱無爲하야 互有得失하니 何爲而可오 杜黃裳이 對曰 王者는 上承天地宗廟하고 下撫百姓四夷하니 夙夜憂勤하야 固不可自暇自逸이니이다 然이나 上下有分하고 紀綱有序하니 苟愼選天下賢才而委任之하야 有功則賞하고 有罪則刑하야 選用以公하고 賞刑以信이면 則誰不盡力이며 何求不獲哉리잇가 明主는 勞於求賢而逸於任人하나니 此는 虞舜所以能無爲而治者也라 至於簿書獄市煩細之事하야는 各有司存하니 非人主所宜親也니이다 昔에 秦始皇은 以衡石程書[1])하고 魏明帝는 自按行尙書事[2])하고 隋文帝는 衛士傳餐[3])호되 皆無補於當時하고 取譏於後來하니 其耳目形神이 非不勤且勞也로되 所務非其道也니이다 夫人主는 患不推誠이요 人臣은 患不竭忠이니 苟上疑其下하고 下欺其上이면 將以求理나 不亦難乎잇가 上이 深然其言이러라 〈又本傳云 黃裳이 知帝銳於治로되 恐不得其要하야 因推言王者之道 在修己任賢하고 操執綱領하야 得其大者而已하니라〉

上이 재상들과 의논할 적에 "예로부터 帝王이 혹자는 국가의 政務를 처리

하느라 수고롭기도 하고, 혹자는 단정히 팔짱을 끼고 하는 일이 없기도 하여 서로 잘함과 잘못함이 있었으니, 어떻게 하는 것이 좋겠는가?" 하고 물으니, 이에 杜黃裳이 다음과 같이 대답하였다.

"王者는 위로는 天地와 宗廟를 받들고 아래로는 천하의 백성들과 사방 오랑캐를 어루만지니, 이른 아침부터 밤늦게까지 근심하고 수고하여 진실로 스스로 한가롭게 지내고 스스로 편안하게 있을 수가 없습니다. 그러나 상하간(君臣間)에는 분별이 있고 紀綱에는 일정한 차례가 있으니, 진실로 천하의 어진 자와 재주 있는 자를 신중히 선발하여 그에게 책임을 맡겨서 공이 있으면 상을 주고 죄가 있으면 벌을 주어 선발하고 등용하기를 공정하게 하고 상과 벌을 시행하기를 신의있게 한다면 누군들 힘을 다하지 않겠으며 무엇을 바란들 얻지 못하겠습니까? 현명한 군주는 어진 이를 구하느라 수고롭지만 적임자에게 맡긴 뒤에는 편안하니, 이것이 虞나라 舜임금이 無爲로써 천하를 다스릴 수 있었던 까닭입니다. 문서와 獄訟과 시장 등의 번거롭고 자질구레한 일에 이르러서는 각각 有司(담당관)가 있으니, 군주가 직접 처리할 바가 아닙니다. 옛날에 秦나라 始皇帝는 衡石으로 문서를 달아서 日課로 삼았고, 魏나라 明帝는 尙書省의 일을 몸소 조사하여 시행하려 하였고, 隋나라 文帝는 밥먹을 시간이 없어 衛士들이 음식을 날라 왔습니다. 그러나 이들은 모두 당대에 도움이 되지 못하였고 후대에 비난을 받았으니, 耳目과 形體와 精神이 부지런하고 또 수고롭지 않은 것은 아니었지만 다만 힘쓴 바가 올바른 道가 아니었습니다. 군주는 신하에게 誠心을 미루지 못할까 염려해야 하고, 신하는 군주에게 충성을 다하지 못할까 염려해야 하니, 만약 윗사람이 아랫사람을 의심하고 아랫사람이 윗사람을 속인다면 장차 나라가 잘 다스려지기를 바라나 또한 어렵지 않겠습니까?"

上이 그의 말을 매우 옳게 여겼다. - 또 ≪新唐書 杜黃裳傳≫에 이르기를 "杜黃裳은 황제가 정치에 깊은 관심을 갖고 있었으나 요점을 얻지 못할까 두려워하였다. 그러므로 인하여 '王者의 道는 몸을 닦고 어진 이에게 맡기며 綱領을 잡아서 大體를 얻는 데에 달려 있을 뿐입니다.'라고 미루어 말했다." 하였다. -

1)〔釋義〕衡石程書*) : 秦始皇本紀에 以衡石量書하야 日夜有程이라한대 註云 衡은 稱衡也요 石은 百二十斤이라 言表箋奏請을 稱取一石호되 日夜有程하야 期不滿이면 不得休息이라하니라

≪史記≫〈秦始皇紀〉에 "衡石(저울대와 저울추)으로 문서의 무게를 달아서 문서를 처리하되 밤이고 낮이고 정해진 분량이 있었다." 하였는데, 註에 이르기를 "衡은 저울이고, 石은 120斤이다. 表文, 箋文, 奏請 등의 문서를 저울로 달아 1石을 취하되 밤이고 낮이고 정해진 분량이 있어서 결재한 문서가 정해놓은 분량에 차지 않으면 쉬지 않았음을 말한 것이다." 하였다.

*) 衡石程書 : 옛날에 문서는 竹簡이나 木簡를 사용하였는데, 秦始皇은 천하의 크고 작은 일을 모두 자신이 직접 결재하여, 저울로 문서의 무게를 달아서 처리하였는바, 衡石量書라고도 한다.

2)〔釋義〕自按行尙書事 : 魏明帝 一日에 卒至尙書門한대 陳矯跪請曰 陛下欲何之잇고 帝曰 欲按行文書耳로라 矯曰 此는 自臣職分이니 非陛下所宜臨也니이다하니 帝慙回車하니라

魏나라 明帝가 어느날 갑자기 尙書省의 문에 이르자, 陳矯가 무릎을 꿇고 묻기를 "폐하께서는 어디로 가고자 하십니까?" 하니, 明帝가 말하기를 "내 문서의 차례를 살펴보고자 한다." 하였다. 陳矯가 아뢰기를 "이는 본래 신의 직분이니, 폐하께서 임어하실 바가 아닙니다." 하니, 明帝가 부끄러워하여 수레를 돌렸다.

3)〔釋義〕衛士傳餐 : 隋文帝每臨朝에 或至日仄(昃)하야 未暇大食*)이어든 令侍衛者傳餐하니라

隋나라 文帝는 매번 조정에 임어할 때에 혹 날이 저물어서 성찬을 먹을 겨를이 없으면 侍衛하는 자로 하여금 음식을 날라오게 하였다.

*) 大食 : ≪周禮≫〈春官 大師樂〉에 "왕이 성찬을 먹을 때에 음식을 권하는 절차가 세 번 있는데, 모두 종과 북을 연주하게 하였다.〔王大食 三侑 皆令奏鍾鼓〕" 하였다.

○ 三月에 高崇文이 引兵하고 自閬州로 趣(趨)梓州하니 劉闢將邢泚(형자) 引兵遁去어늘 崇文이 入屯梓州하다

3월에 高崇文이 군대를 이끌고 閬州로부터 梓州로 달려가니, 劉闢의 장수 邢泚가 군대를 이끌고 도망가므로 高崇文이 梓州에 들어가 주둔하였다.

○ 以李巽으로 爲度支鹽鐵轉運使하다 自劉晏之後로 居財賦之職이 莫能繼之러니 巽이 掌使一年에 征課所入이 類晏之多요 明年에 過之하고 又一年에 加一百八十萬緡[1]이러라 〈出本傳〉

李巽을 判度支 鹽鐵轉運使로 임명하였다. 劉晏 이후로 財賦의 직책을 맡은 자가 한 사람도 劉晏을 계승하는 자가 없었는데, 李巽은 직위에 있은 지 1년 만에 징수한 세금이 劉晏처럼 많았고, 그 다음해에는 劉晏이 거두어 들인 것을 초과하였고, 또 그 다음해에는 劉晏보다 180만 緡을 더 거두었다. - ≪舊唐書 李巽傳≫에 나옴 -

1) 〔譯註〕 加一百八十萬緡 : ≪舊唐書≫에는 '緡'이 '貫'으로 되어 있다. 1緡은 1000錢으로 1貫이라고도 하는데, 이는 1000錢을 한 꿰미에 꿰기 때문에 붙여진 이름이다.

○ 九月에 高崇文이 又敗劉闢之衆於鹿頭關[1]하고 長驅直指成都하니 所向崩潰하야 軍不留行이라 辛亥에 克成都하니 劉闢이 帥數十騎하고 西奔吐蕃이어늘 崇文이 使高霞寓等으로 追及擒之하다 崇文이 入成都하야 屯於通衢하고 休息士卒하니 市肆不驚하고 珍寶山積호되 秋毫不犯하고 檻劉闢[2]하야 送京師하다 幷獲其黨하야 誅之하고 餘無所問하고 從容指撝[3]하니 一境皆平이러라 〈出崇文傳〉

9월에 高崇文이 또다시 劉闢의 군대를 鹿頭關에서 패퇴시키고 승승장구하여 곧바로 成都로 향하니, 이르는 곳마다 劉闢의 군대가 궤멸되어 高崇文의 군대가 행군을 멈추지 않았다. 辛亥日(21일)에 成都를 점령하니, 劉闢이 수십 명의 기병을 거느리고 서쪽으로 향하여 吐蕃으로 도망하였다. 高崇文이 高霞寓 등으로 하여금 그를 추격하여 사로잡았다.

高崇文은 成都에 들어간 다음 사방으로 통하는 길거리에 군대를 주둔하고 士卒들을 휴식하게 하니 시장의 상인들이 놀라지 않았으며, 진기한 보물이 산처럼 쌓여 있었으나 추호도 범하지 않고 劉闢을 檻車에 실어 京師로 보냈다.

劉闢의 무리들을 함께 사로잡아 죽인 다음 나머지는 일체 죄를 묻지 않고 조용히 지휘하니, 온 경내가 모두 편안하였다. - ≪新唐書 高崇文傳≫에 나옴 -

1)〔釋義〕鹿頭關：漢地志에 廣漢郡德陽縣에 有鹿頭山하니 其關이 以山得名也라
≪漢書≫〈地理志〉에 "廣漢郡 德陽縣에 鹿頭山이 있으니, 그 관문이 이 산 때문에 鹿頭關이라는 이름을 얻었다." 하였다.

2)〔釋義〕檻劉闢：檻은 通作轞하니 圈也니 謂以檻車送劉闢也라
檻은 轞과 통하니, 짐승을 가두는 우리이니, 檻車로 劉闢을 압송함을 이른다.

3)〔釋義〕從容指撝：指撝는 謂手指披斥事務也라〔頭註〕撝는 與揮同이라
〔釋義〕指撝는 손가락으로 일을 지시함을 이른다.〔頭註〕撝는 揮와 같다.

○ 杜黃裳이 建議征蜀하고 及指授高崇文方略에 皆懸合事宜라 及蜀平에 宰相入賀한대 上目黃裳曰 卿之功也라하니라

杜黃裳이 蜀 지방을 정벌할 것을 건의하고 高崇文에게 方略을 지시해 줄 적에 모두 멀리 내다보고 예측하여 事宜에 부합하였다. 蜀 지방이 평정된 뒤에 재상들이 들어와 하례하니, 上이 杜黃裳을 지목하며 말하기를 "모두 卿의 공로이다." 하였다.

【丁亥】 二年이라

元和 2년(정해 807)

杜黃裳이 有經濟大略[1]이나 而不修小節이라 故로 不得久在相位하니라 正月乙巳에 以黃裳으로 同平章事하야 充河中, 晉絳, 慈隰(습)[2]節度使하고 以戶部侍郎武元衡으로 爲門下侍郎하고 翰林學士李吉甫로 爲中書侍郎하야 竝同平章事하니 吉甫聞之하고 感泣하야 謂中書舍人裴垍(기)[3]曰 吉甫流落江淮가 踰十五年이러니 一旦에 蒙恩至此하니 思所以報德인댄 惟在進賢이로되 而朝廷後進[4]을 罕所接識이라 君有精鑑하니 願悉爲我言之하라 垍取筆하야 疏三十餘人이어늘 數月之間에 選用略盡하니 當時翕然[5]하야 稱吉甫爲得人이러라〈出本傳〉

杜黃裳은 세상을 다스리고 백성을 구제하는 원대한 지략이 있었으나 소소한 예절을 닦지 않았다. 이 때문에 오랫동안 재상의 지위에 있지 못하였다. 正月 乙巳日(17일)에 杜黃裳을 同平章事로 임명하여 河中, 晉, 絳, 慈, 隰 등지의 節度使로 충원하였다. 그리고 戶部侍郞 武元衡을 門下侍郞으로, 翰林學士 李吉甫를 中書侍郞으로 삼아 두 사람을 모두 同平章事로 임명하였다. 李吉甫는 이 소식을 듣고 감동하여 눈물을 흘리면서 中書舍人인 裴垍에게 이르기를 "내가 江淮 지방에 流落한 지 15년이 넘었는데, 하루아침에 황제의 은혜를 입어 재상에 이르렀다. 황제의 은덕에 보답할 것을 생각한다면 오직 어진 이를 등용하는 데에 달려있는데, 조정의 후진들 중에 내 접견하여 아는 자가 드물다. 그대는 사람을 알아보는 정밀한 藻鑑이 있으니, 바라건대 나를 위하여 모두 말하라." 하였다.

裴垍가 붓을 취하여 30여 명의 이름을 써 올리자, 李吉甫가 몇 달 사이에 이들을 선발하여 거의 다 등용하니, 당시 사람들이 翕然히 李吉甫를 칭찬하여 인재를 얻었다고 하였다. - ≪舊唐書 裴垍傳≫에 나옴 -

1)〔通鑑要解〕經濟*)大略 : 經은 理也라

經은 다스리는 것이다.

*) 經濟 : 經世濟民의 줄임말이다.

2)〔通鑑要解〕慈隰 : 隰은 音濕이라

隰은 음이 습이다.

3)〔通鑑要解〕裴垍(기) : 垍는 音忌라

垍는 음이 기이다.

4)〔頭註〕朝廷後進 : 後進은 猶言後輩라

後進은 後輩라고 말하는 것과 같다.

5)〔頭註〕翕然*) : 翕은 合也라

翕은 모이는 것이다.

*) 翕然 : 일치하는 모양이다.

○ 夏蜀旣平에 藩鎭惕息[1]하야 多求入朝라 鎭海節度使李錡(기)亦不自安하야 求入朝어늘 上許之러니 錡實無行意하야 屢上表稱疾하고 請至歲暮入朝라 上

以問宰相한대 武元衡曰 陛下初卽政에 錡求朝得朝하고 求止則止하야 可否在錡면 將何以令四海리잇고 上以爲然하야 下詔徵之하니 錡詐窮하야 遂謀反하다 冬十月에 左右執錡하야 械送京師하다 有司籍錡家財하야 輸京師러니 翰林學士裴垍, 李絳이 上言하야 以爲李錡僭侈하야 割剝六州之人[2)]하야 以富其家어늘 今輦輸上京이면 恐遠近失望이라 願以逆人資財로 賜浙西百姓하야 代今年租賦하소서 上이 嘉歎久之하고 卽從其言하다 〈出絳等傳〉

夏州의 楊惠琳과 蜀(西川)의 劉闢이 평정된 뒤에 藩鎭들이 두려워하여 들어와 조회할 것을 많이 요구하였다. 鎭海節度使 李錡 또한 스스로 불안하게 여겨 들어와 조회할 것을 요구하니, 上이 허락하였다. 그러나 李錡는 실제로는 조회하려는 뜻이 없어서 여러 번 表文을 올려 병을 칭탁하고 歲暮에 들어가 조회할 것을 청하였다.

上이 이 일을 재상들에게 묻자, 武元衡이 대답하기를 "폐하께서 즉위하신 지 얼마 되지 않아 처음 정사를 다스리시는데, 李錡가 조회할 것을 요구하면 조회하게 하고 중지할 것을 요구하면 중지하게 하여 결정권이 李錡에게 있게 하신다면 장차 어떻게 천하를 호령하시겠습니까?" 하였다. 上이 그의 말을 옳게 여기고 조칙을 내려 李錡를 불러 들어와 조회하게 하니, 李錡는 속임수가 다 탄로나자 마침내 반역을 도모하였다.

겨울 10월에 李錡를 따르던 자들이 李錡를 사로잡아 형틀을 씌워 京師로 압송하였다. 有司가 李錡의 家産과 재물을 적몰하여 京師로 실어 보냈는데, 翰林學士 裴垍와 李絳은 上言하여 아뢰기를 "李錡가 참람하고 사치하여 6개 州의 백성들의 고혈을 짜서 자기 한 집안을 부유하게 하였습니다. 그런데 이제 그의 재물을 수레에 실어 서울로 올려보내면 원근의 백성들이 실망할까 두렵습니다. 바라건대 역적 李錡의 家産을 浙西의 백성들에게 하사하여 금년의 조세를 대신하게 하소서." 하니, 上이 오랫동안 가상히 여기고 감탄하고는 즉시 그의 말을 따랐다. – ≪新唐書 李絳傳≫ 등에 나옴 –

1) 〔原註〕 藩鎭惕息 : 楊惠琳이 知夏綏留後러니 元年에 拒命이어늘 兵馬使斬之하니

라〔釋義〕惕은 他的反이니 恐懼貌라

〔原註〕楊惠琳이 夏綏의 留後를 맡았는데 元年(806)에 명령에 항거하자 兵馬使가 그의 목을 베었다.〔釋義〕惕은 他的反(척)이니 두려워하는 모양이다.

2)〔頭註〕六州之人：六州는 潤, 睦, 常, 蘇, 湖, 杭也라

六州는 潤州, 睦州, 常州, 蘇州, 湖州, 杭州이다.

李絳傳曰 帝常稱太宗, 玄宗之盛하고 **欲庶幾二祖之道德風烈**하노니 **何行而至此乎**아 **絳曰 陛下誠能正身勵己**하야 **尊道貴德**하시고 **遠邪佞, 進忠直**하사 **與大臣言**에 **敬而信**하야 **無使小人參焉**하고 **與賢者游**에 **親而禮**하야 **無使不肖與焉**하소서 **如是**면 **則可與祖宗合德**하야 **號稱中興**이니 **夫何遠之有**리잇고 **帝曰 美哉**라 **斯言**을 **朕將書紳**[1]호리라

≪新唐書≫〈李絳傳〉에 말하였다.

"황제가 항상 太宗과 玄宗의 훌륭한 정사를 칭찬하고 '행여 두 先祖의 道德과 風烈(風教)을 따르고자 하니, 어떻게 행하면 이러한 경지에 이를 수 있겠는가?' 하고 물으니, 李絳이 대답하기를 '폐하께서 진실로 몸을 바르게 하고 자신을 닦기를 힘써서 道를 높이고 덕이 있는 자를 귀하게 여기며 간사하고 아첨하는 자들을 멀리 하고 충직한 자들을 등용하시어, 大臣과 말씀할 적에 공경하고 신임하여 小人들로 하여금 끼지 못하게 하며 賢者와 교유할 적에 친애하고 예우하여 불초한 자들로 하여금 끼지 못하게 하소서. 이와 같이 하시면 祖宗과 德이 합치되어 나라를 中興했다고 칭할 것이니, 어찌 거리가 멀겠습니까?' 하였다. 황제가 말하기를 '아름답구나! 이 말을 朕이 장차 큰 띠에 써서 항상 보겠다.' 하였다."

1)〔頭註〕朕將書紳：紳은 大帶라

紳은 큰 띠이다.

上이 **嘗從容問李絳曰 諫官**이 **多謗訕朝政**하야 **皆無事實**하니 **朕欲謫其尤者一二人**하야 **以儆其餘**[1]하노니 **如何**오 **對曰 此**는 **殆非陛下之意**요 **必有邪臣**이

欲壅蔽陛下之聰明也라 人臣死生이 繫人主喜怒하니 敢發口諫者有幾리잇고 就有諫者[2]라도 晝度(탁)夜思[3]하고 朝刪暮減하야 比得上達이면 什無二三이라 故로 人主孜孜求諫호되 猶懼不至어든 況罪之乎잇가 如此면 杜天下之口니 非社稷之福也니이다 上이 善其言而止하다 〈出本傳이라 云 如欲陳十事인댄 俄而失五六하고 及將以聞에 又憚而削其半이라 故로 上達者才(纔)十二라하니라〉

上이 일찍이 李絳에게 조용히 묻기를 "諫官들이 왕왕 조정의 정사를 비방하지만 모두 사실이 없으니, 朕이 그 중에 특히 심한 자 한두 명을 귀양보내어 그 나머지 사람들을 경계하고자 하는데, 어떠한가?" 하니, 李絳이 다음과 같이 대답하였다.

"이것은 폐하의 뜻이 아니요, 반드시 간사한 신하가 폐하의 총명을 가리고자 해서 이러한 말을 하였을 것입니다. 신하가 살고 죽는 것은 군주의 기쁨과 노여움에 달려 있으니, 감히 입을 열어 군주에게 간하는 자가 몇 명이나 있겠습니까? 가령 군주에게 간하는 자가 있더라도 낮 동안에 헤아리고 밤중에 생각하며 아침에 삭제하고 저녁에 줄여서 군주에게 上達할 즈음에 이르면 열 가지 중에 두세 가지도 남지 않습니다. 그러므로 군주가 부지런히 간언하기를 바라도 오히려 간언이 이르지 않을까 두려운데 하물며 간관에게 죄를 준단 말입니까? 이렇게 하면 천하 사람들의 입을 막을 것이니, 社稷의 복이 아닙니다."

상이 그의 말을 좋게 여겨 중지하였다. -≪新唐書 李絳傳≫에 나온다. 本傳에 이르기를 "만일 열 가지 일을 아뢰고자 했으면 잠시 후에는 대여섯 가지를 잃고, 장차 아뢰고자 할 때에는 또다시 두려워하여 그 절반을 삭제합니다. 그러므로 上達하는 것은 겨우 열 가지 중에 겨우 두 가지 뿐입니다." 하였다. -

1)〔頭註〕以儆其餘 : 儆은 戒也라
   儆은 경계함이다.
2)〔頭註〕就有諫者 : 就는 縱也요 若也라
   就는 비록이고 만약이다.
3)〔釋義〕晝度(탁)夜思 : 度은 達各反이니 忖度也라

度은 達各反(탁)이니, 헤아리는 것이다.

○ **是歲**에 **李吉甫撰元和國計簿**[1]하야 **上之**하니 **除鳳翔, 鄜**(부)**坊, 淮西, 淄青等十五道七十一州不申戶口外**[2]에 **每歲賦稅倚辦**이 **止於兩浙江東西, 宣歙, 淮南, 江西, 鄂岳, 福建, 湖南八道四十九州一百四十四萬戶**하니 **比天寶稅戶**하야 **四分減三**이요 **天下兵仰給縣官者 八十三萬餘人**이니 **比天寶**하야 **三分增一**이라 **大率**[3]**二戶資一兵**호되 **其水旱所傷**과 **非時調發**은 **不在此數**[4]러라 〈出食貨志及本傳〉

이 해에 李吉甫가 元和國計簿를 지어서 올렸는데, 戶口를 신고하지 않은 鳳翔·鄜坊·淮西·淄青 등 15道 71州를 제외하고, 매년 세금을 징수하여 의뢰하는 것은 兩浙江인 浙東과 浙西·宣歙·淮南·江西·鄂岳·福建·湖南 등 8道 49州 144만 호에 그치니, 天寶 연간에 세금을 거두었던 호구에 비하여 4분의 3이 줄었고, 천하의 병사들 중에 縣官에 의뢰하여 공급받는 자가 83만여 명이었으니 天寶 연간에 비하여 3분의 1이 증가하였다. 대체로 두 호구가 병사 한 명의 비용을 대되 홍수와 가뭄으로 피해 받는 것과 불시에 調發하는 것은 이 숫자에 들어 있지 않았다. - ≪新唐書 食貨志≫와 ≪舊唐書 李吉甫傳≫에 나옴 -

1) 〔譯註〕 元和國計簿 : 元和는 憲宗의 연호이고, 國計簿는 治國의 大計를 적은 文簿를 이른다.

2) 〔頭註〕 鳳翔……不申戶口外 : 鳳翔, 鄜坊, 邠寧, 振武, 涇原, 銀·夏, 靈·鹽, 河東은 皆被邊[*)]이요 易定, 魏博, 鎭冀, 范陽, 滄景, 淮西, 淄青은 皆藩鎭世襲이라 故로 竝不申戶口하고 納賦稅하니라

鳳翔, 鄜坊, 邠寧, 振武, 涇原, 銀·夏, 靈·鹽, 河東은 모두 변방이고, 易定, 魏博, 鎭冀, 范陽, 滄景, 淮西, 淄青은 모두 藩鎭을 세습하였다. 그러므로 모두 戶口를 신고하지 않고 賦稅를 바치지 않은 것이다.

*) 被邊 : 帶邊과 같은 말이다. ≪漢書≫ 〈韓王信傳〉에 "나라가 변방에 있어서 오랑캐가 자주 침입한다.〔國被邊 匈奴數入〕" 하였다.

3) 〔通鑑要解〕 大率 : 率은 音類이니 總率라

率은 음이 류이니, 總率(總計)이다.

4)〔頭註〕不在此數 : 水旱所傷이면 則量減賦稅하고 非時調發은 則出於常賦之外라
홍수와 가뭄으로 피해를 입으면 피해 정도를 헤아려 부세를 감면해 주고, 불시에 調發하는 것은 정상적인 세금 이외에서 나왔다.

【戊子】 三年이라

元和 3년(무자 808)

以戶部侍郎裴垍로 爲中書侍郎同平章事하다

戶部侍郎 裴垍를 中書侍郎 同平章事로 임명하였다.

○ 初에 德宗이 不任宰相하고 天下細務를 皆自決之하니 由是로 裴延齡輩得用事라 上이 在藩邸하야 心固非之러니 及卽位에 選擢宰相하야 推心委之하고 嘗謂垍等曰 以太宗, 玄宗之明으로도 猶藉輔佐하야 以成其理어든 況如朕不及先聖萬倍者乎아하니 垍亦竭誠輔佐러라 上이 嘗問垍호되 爲理之要何先고 對曰 先正其心이니이다

처음에 德宗은 재상에게 정사를 맡기지 않고 天下의 자질구레한 사무를 모두 직접 결정하니, 이로 말미암아 裴延齡의 무리가 用事할 수 있었다. 上이 藩邸에 있을 때에 마음속으로 이것을 진실로 나쁘게 여겼는데, 즉위하게 되자 재상을 발탁하여 마음을 다해 위임하고, 일찍이 裴垍 등에게 이르기를 "太宗과 玄宗의 총명함으로도 오히려 보좌하는 신하에게 도움을 받아 훌륭한 정치를 이룩하였는데, 朕과 같이 先聖의 만분의 일에도 미치지 못하는 자에 있어서이겠는가." 하니, 裴垍 또한 정성을 다하여 보좌하였다.

上이 일찍이 裴垍에게 묻기를 "다스림의 요점은 무엇이 먼저인가?" 하니, 裴垍가 대답하기를 "먼저 그 마음을 바로잡아야 합니다." 하였다.

○ 舊制에 民이 輸稅有三하니 一曰上供이요 二曰送使[1]요 三曰留州[2]라 建中[3]

初에 定兩稅[4)]하니 時에 貨重錢輕이러니 是後에 貨輕錢重하야 民所出이 已倍其初[5)]요 其留州, 送使者는 所在에 又降省估(생고)하고 就實估[6)]하야 以重斂於民이러니 及垍爲相에 奏天下留州, 送使物을 請一切用省估하고 其觀察使 先稅所理之州하야 以自給이라가 不足然後에 許稅於所屬之州하니 由是로 江淮之民이 稍蘇息이러라 先是에 執政이 多惡諫官이 言時政得失호되 垍獨賞之[7)]하니라 〈出本傳〉

옛 제도에 백성들이 바치는 세금이 세 가지가 있으니, 첫 번째는 上供(위로 조정에 공급하는 것)이고, 두 번째는 送使(節度使府와 觀察使府에 보내는 것)이고, 세 번째는 留州(州縣의 비용을 위해 남겨두는 것)였다.

建中 초년에 兩稅法을 제정하니, 이때에는 現物의 가치는 높고 貨幣의 가치는 낮았다. 그런데 이후로는 현물의 가치는 낮고 화폐의 가치는 높아져서 백성들이 바치는 세금이 처음에 비하여 배나 증가하였으며, 留州와 送使는 소재지에서 거둘 때 또 省估를 줄이고 實估로 받아서 백성들에게 세금을 무겁게 거두었는데, 裴垍가 재상이 되자 上에게 아뢰기를 "천하의 留州와 送使는 일체 모두 省估로 징수하고, 각 관찰사가 먼저 다스리고 있는 州에서 거둔 세금으로 자급하다가 부족한 뒤에야 비로소 소속된 州에서 세금을 거두도록 윤허하소서."라고 하였다. 이로 말미암아 江淮의 백성들이 다소 소생하게 되었다.

이보다 앞서서 집정대신들은 대부분 간관들이 時政의 得失을 말하는 것을 미워하였으나 裴垍만은 홀로 이것을 칭찬하였다. - ≪舊唐書 裴垍傳≫에 나옴 -

1) 〔頭註〕 送使 : 諸州各送本道節度觀察使하야 以充調度라

送使는 여러 州에서 각각 本道의 절도사와 관찰사에게 보내어 調度(경비)에 충당하는 것이다.

2) 〔頭註〕 留州 : 留爲本州用이라

留州는 本州의 용도를 위해서 남겨두는 것이다.

3) 〔頭註〕 建中 : 德宗年號라

建中은 德宗의 연호이다.

4) 〔譯註〕 兩稅 : 여름과 가을에 걸쳐 두 번 세금을 거두는 제도를 이른다. 보리 따위의 수확이 끝나는 6월과 가을걷이가 끝나는 11월까지 납부하게 하였다.

5) 〔釋義〕 已倍其初 : 王氏曰 謂民輸本色*)이 準錢에 已過倍也니 子本等曰倍라 音簿亥反이니 係上聲이라

王氏가 말하였다. "백성들이 바치는 本色이 돈을 기준으로 할 때에 이미 곱절을 넘음을 이르니, 이자와 본전이 같은 것을 倍라 한다. 倍는 음이 簿亥反(배)이니 上聲에 속한다."

*) 本色 : 田地에서 생산된 現物을 징수하는 것을 本色이라 하고, 現物을 화폐로 환산한 것을 折色이라 한다.

6) 〔釋義〕 降省估(생고) 就實估*) : 估는 直(値)也니 省估는 猶言公估요 實估는 猶言私估라 〔頭註〕 省估는 都省所立價也라 〔通鑑要解〕 降은 減也라

〔釋義〕 估는 값이니 省估는 公估(국가에서 정한 값)라고 말하는 것과 같고, 實估는 私估(실제로 매매하는 값)라고 말하는 것과 같다. 〔頭註〕 省估는 都省(尙書省)에서 정한 값이다. 〔通鑑要解〕 降은 줄이는 것이다.

*) 降省估 就實估 : 都省에서 정한 물건의 公示價格을 省估라 하는데 이것은 값이 싸고, 實估는 민간에서 실제로 거래되는 가격을 이른다.

7) 〔頭註〕 賞之 : 獎勵하야 使盡言이라

賞之는 장려하여 말하고자 하는 바를 다하게 하는 것이다.

〔新增〕 范氏曰 古之賢相은 不惟以諫爭爲己任이요 又引天下之賢者하야 使〈之〉諫其君하니 此愛君之至也라 不賢者는 反是하나니 若裴垍者는 可謂忠於事君而不負相之職業矣로다

范氏(范祖禹)가 말하였다.

"옛날 어진 재상은 비단 간쟁하는 것을 자신의 임무로 삼을 뿐만 아니라, 또 천하의 현자를 인도하여 그들로 하여금 군주의 잘못을 간하게 하였으니, 이는 군주를 사랑함이 지극한 것이다. 어질지 못한 자는 이와 반대로 하니, 裴垍와 같은 자는 군주를 섬김에 충성스러워 재상의 職務를 저버리지 않았다고 이를 만하다."

垍器局峻整[1]하니 人不敢干以私라 嘗有故人이 自遠詣之어늘 垍資給優厚하고 從容款狎하니 其人이 乘間求京兆判司[2]라 垍曰 公才不稱此官하니 不敢以故人之私로 傷朝廷至公이니 他日에 有盲宰相[3]이 怜(憐)公者면 不妨得之어니와 垍則必不可라하니라 〈出本傳〉

裴垍는 器局이 준엄하고 정돈되니, 사람들이 감히 사사로운 일을 가지고 청탁하지 못하였다. 일찍이 한 친구가 먼 지방에서 찾아오자, 裴垍는 그에게 물자를 넉넉히 주고 후대하였으며 조용히 정성스럽고 친하게 대하니, 그 사람이 틈을 타서 京兆府 判司의 직위를 요구하였다. 裴垍가 말하기를 "公의 재주는 이 관직에 걸맞지 않으니, 내 감히 친구의 사사로운 정 때문에 조정의 지극한 공정함을 손상할 수가 없다. 후일에 눈 먼 재상 중에 공을 가엾게 여기는 자가 있다면 이 벼슬을 얻는 것이 무방하겠지만 나는 반드시 그렇게 하지 못하겠다." 하였다. -≪舊唐書 裴垍傳≫에 나옴-

1)〔通鑑要解〕器局峻整：謂器用局格이 峻嚴整齊也라
器用과 局格이 준엄하고 정돈됨을 이른다.
2)〔頭註〕京兆判司：凡州府諸曹參軍을 皆謂之判司라
모든 州·府와 여러 曹의 參軍을 모두 判司라고 이른다.
3)〔釋義〕有盲宰相：盲은 眉庚反이니 目無瞳子也니 謂其無所見也라
盲은 眉庚反(맹)이니 눈에 瞳子가 없는 것이니, 보지 못함을 이른다.

【己丑】四年이라

元和 4년(기축 809)

春正月에 南方이 旱饑어늘 命左司郎中鄭敬等하야 爲江, 淮, 二浙, 荊, 湖, 襄, 鄂等道宣慰使하야 賑恤之[1]하다 將行할새 上이 戒之曰 朕이 宮中用帛一匹에 皆籍其數로되 惟賙救[2]百姓則不計費하노니 卿輩는 宜(誠)〔識〕此意하야 勿效潘孟陽[3]飮酒遊山而已니라 〈潘孟陽傳〉

봄 정월에 남부 지방이 가물어 기근이 들자, 황제가 명하여 左司郎中 鄭敬 등을 江, 淮, 浙東, 浙西, 荊, 湖, 襄, 鄂 등 道의 宣慰使로 임명하여 백성들을 구휼하게 하였다. 이들이 장차 길을 떠나려 할 적에 上이 경계하기를 "朕이 궁중에서 비단 한 필을 쓸 적에도 모두 그 숫자를 장부에 적지만 오직 백성을 구휼하는 것은 비용을 계산하지 않으니, 경들은 마땅히 짐의 이러한 뜻을 알아서 潘孟陽이 술이나 마시고 산에 유람하기만 한 것을 본받지 말라." 하였다. - ≪舊唐書 潘孟陽傳≫에 나옴 -

1) 〔釋義〕 賑恤之 : 賑은 止忍反이니 贍也라
賑은 止忍反(진)이니, 넉넉함이다.

2) 〔釋義〕 賙救 : 賙는 之由反이니 賑贍也라
賙는 之由反(주)이니, 구휼하는 것이다.

3) 〔頭註〕 潘孟陽 : 憲宗이 以孟陽으로 爲鹽鐵轉運副使러니 所至에 留連倡樂하야 殫財酣飮하고 遊山寺하니라
憲宗이 潘孟陽을 鹽鐵轉運副使로 임명하였는데, 이르는 곳마다 머물면서 기생과 음악을 즐겨 재물을 탕진하고 술을 즐기며 山寺를 유람하였다.

○ 上이 欲革河北諸鎭世襲之弊[1]하야 乘王士眞[2]死하야 欲自朝廷除人하고 不從則興師討之러니 裴垍曰 李納은 跋扈不恭[3]하고 王武俊[4]은 有功於國이라 陛下前許師道[5]하시니 今奪承宗[6]이면 沮勸이 違理하야 彼必不服이리하니 由是로 議久不決이라 以問諸學士하니 李絳이 對曰 河北은 不遵聲敎하니 誰不憤歎이리오마는 然今日取之는 或恐未能이요 成德軍은 自武俊以來로 父子相承四十餘年에 人情貫(慣)習[7]하야 不以爲非어든 況承宗已摠軍務하니 一旦易之면 恐未卽奉詔리이다 又范陽, 魏博, 易定, 淄靑[8]이 以地相傳하야 與成德同體하니 彼聞成德除人이면 必內不自安하야 陰相黨助하리니 未可輕議也니이다 〈出絳等傳〉

上이 河北 지방의 여러 軍鎭이 세습하는 폐단을 개혁하고자 하여 成德軍節度使 王士眞이 죽은 틈을 타 조정에서 사람을 보내 節度使에 제수하고, 만약

조정의 명을 따르지 않으면 군대를 일으켜 토벌하고자 하였다. 裴垍가 말하기를 "李納은 跋扈하여 조정에 공손하지 않고, 王武俊은 국가에 공로가 있습니다. 폐하께서 지난번에 李師道가 李師古의 지위를 세습하도록 허락하셨으니, 이제 王承宗의 지위를 빼앗으면 저지하고 권면하는 것이 이치에 위배되어 저들이 반드시 복종하지 않을 것입니다." 하였다. 이로 말미암아 의논이 오랫동안 결정되지 못하였다.

上이 이것을 여러 學士들에게 물으니, 李絳이 대답하기를 "河北의 軍鎭은 폐하의 聲敎를 따르지 않으니, 누군들 분개하지 않겠습니까. 그러나 오늘날 河北을 점령하는 것은 혹 불가능할까 두려우며, 成德軍은 王武俊 이래로 父子가 서로 계승한 지가 40여년이라서 人情이 이미 익숙해져 이것을 잘못으로 여기지 않습니다. 더구나 王承宗이 軍務를 총괄하고 있으니, 하루아침에 그를 바꾸면 즉시 詔令을 따르지 않을까 두렵습니다. 또 范陽·魏博·易定·淄靑 등의 軍鎭은 부자간에 서로 물려주어 成德軍과 사체가 서로 똑같으니, 저들이 成德軍에 다른 사람을 제수한다는 말을 들으면 반드시 내심 스스로 불안해하여 은밀히 서로 黨이 되어 도울 것이니, 가볍게 의논할 수 없습니다." 하였다. - ≪新唐書 李絳傳≫ 등에 나옴 -

1) 〔釋義〕 世襲之弊 : 襲은 因也니 子孫이 世世因祖父之爵土而有之也라

襲은 인습하는 것이니, 子孫들이 대대로 祖父의 작위와 토지를 물려받아 소유하는 것이다.

2) 〔頭註〕 王士眞 : 成德節度使라

王士眞은 成德軍節度使이다.

3) 〔釋義〕 跋扈不恭 : 跋扈는 音拔戶니 跳梁也라 一說에 扈는 籬也니 水居者 於水未至에 爲扈하나니 水去면 則大魚跋扈而出하고 小魚獨留也라

跋扈는 음이 拔戶이니, 날뛰는 것이다. 一說에 "扈는 통발이니, 물가에 사는 자들이 큰물이 이르기 전에 통발을 만들어 놓는데, 큰물이 지나가면 큰 고기는 통발을 뛰어 나가고 작은 고기만 남는다." 하였다.

4) 〔頭註〕 王武俊 : 士眞之父라

王武俊은 王士眞의 아버지이다.

5) 〔釋義〕 許師道 : 許는 容也라 元年에 李師古卒이어늘 其弟師道自立한대 杜黃裳

이 請乘其未定而分之러니 上以劉闢未平이라하야 遂容師道爲留後하니라〔頭註〕師道는 納之子라

許는 허용하는 것이다. 元年(806)에 李師古가 죽고 아우인 李師道가 스스로 섰는데, 杜黃裳은 李師道가 안정되지 않았을 때를 틈타서 그의 권력을 분산시킬 것을 청하였으나 上은 劉闢이 아직 평정되지 않았다는 이유로 마침내 李師道가 留後가 되도록 허용하였다.〔頭註〕李師道는 李納의 아들이다.

6)〔頭註〕承宗：士眞之子라

王承宗은 王士眞의 아들이다.

7)〔釋義〕人情貫(慣)習：貫은 古患反이니 貫習은 謂習熟也라

貫은 古患反(관)이니, 貫習은 익혀서 익숙함을 이른다.

8)〔釋義〕范陽, 魏博, 易定, 淄青：范陽은 劉濟요 魏博은 田季安이요 易定은 張茂昭요 淄青은 李師道라

范陽軍節度使는 劉濟이고, 魏博軍節度使는 田季安이고, 易定軍(義武軍)節度使는 張茂昭이고, 淄青軍節度使는 李師道이다.

○ 時에 吳少誠[1]이 病甚이어늘 李絳等이 上言호되 少誠이 病必不起하리니 淮西事體는 與河北不同이라 四旁이 皆國家州縣으로 不與賊隣하야 無黨援[2]相助하니 朝廷命帥 今正其時라 萬一不從이면 可議征討니 願赦承宗하야 以收鎭冀之心하고 坐待機宜면 必獲申蔡[3]之利하리이다 〈出本傳〉

이때 彰義節度使 吳少誠이 병이 위독하였다. 이에 李絳 등이 上言하기를 "吳少誠이 병이 들어 반드시 일어나지 못할 것이니, 淮西의 事體는 河北과 똑같지 않습니다. 사방이 모두 조정에서 통제하는 州縣으로서 반역한 자들과 이웃하고 있지 않아서 서로 도와줄 당과 원조가 없으니, 조정에서 淮西의 장수를 임명하는 것은 지금이 바로 그 시기입니다. 만에 하나 그들이 복종하지 않으면 征討를 의논할 수 있으니, 바라건대 王承宗을 사면하여 鎭冀 지방의 민심을 수습하고 앉아서 적당한 기회를 기다리시면 반드시 申蔡(淮西) 지방의 이익을 얻을 수 있을 것입니다." 하였다. －《舊唐書 李絳傳》에 나옴－

1)〔頭註〕吳少誠：彰義節度使也니 卽淮西藩鎭也라

吳少誠은 彰義軍節度使이니, 彰義는 곧 淮西의 藩鎭이다.

2)〔通鑑要解〕黨援：援은 音員이니 平聲이니 鉤援也요 若救助엔 則于怨切이니 去聲이라

援은 음이 원이니 平聲이니 끌어당긴다는 뜻이요, 구원하여 도와준다는 뜻일 때에는 于怨切(원)이니 去聲이다.

3)〔頭註〕申蔡：有州三하니 日申光蔡

淮西에는 세 州가 있으니, 申州·光州·蔡州이다.

○ **冬十月**에 **制**하야 **削奪王承宗官爵**하고 **以左神策中尉吐突承璀**(최)[1]로 **爲招討處置等使**하다 **翰林學士白居易 上奏**하야 **以爲 國家征伐**은 **當責成將帥**어늘 **近歲**에 **始以中使爲監軍**하니 **自古及今**에 **未有徵天下之兵**하야 **專令中使統領者也**니이다 **今神策軍**에 **旣不置行營節度使**하니 **卽承璀乃制將也**요 **又充諸軍招討處置使**하니 **卽承璀乃都統也**라 **陛下忍令後代相傳云**호되 **以中官爲制將**[2]**都統**이 **自陛下始乎**잇가 **己亥**에 **吐突承璀將神策兵**하야 **發長安**할새 **命恒州四面藩鎭**하야 **各進兵招討**[3]하다 〈出居易傳及承璀傳〉

겨울 10월에 황제가 制書를 내려 王承宗의 관직과 작위를 삭탈하고 左神策中尉인 吐突承璀를 招討處置等使로 임명하였다. 이에 翰林學士 白居易가 上奏하여 아뢰기를 "국가의 정벌은 마땅히 장수에게 성공을 책임지워야 하는데, 근세에 처음으로 中使를 監軍으로 삼았습니다. 예로부터 지금까지 천하의 군사를 징발하여 오로지 中使로 하여금 統領하게 한 적은 없었습니다. 지금 神策軍에 이미 行營節度使를 두지 않았으니 그렇다면 吐突承璀가 바로 制將인 것이요, 또 諸軍招討處置使로 충원하였으니 그렇다면 吐突承璀가 바로 都統인 것입니다. 陛下께서는 어찌 차마 후대 사람들로 하여금 '中官으로써 制將과 都統을 삼은 것이 陛下로부터 시작되었다.'고 서로 전하게 하실 수 있겠습니까?" 하였다.

己亥日(27일)에 吐突承璀가 神策軍을 거느리고 長安을 출발할 적에 恒州(成德軍)의 四面에 있는 藩鎭에게 명을 내려 각각 군대를 調發하여 王承宗을

토벌하게 하였다. - ≪舊唐書≫의 〈白居易傳〉과 〈吐突承璀傳〉에 나옴 -

1) 〔頭註〕 吐突承璀(최) : 吐突은 複姓이니 宦官也라
吐突은 複姓이니, 환관이다.
2) 〔通鑑要解〕 制將 : 言諸軍進退에 皆受制於承璀也라
諸軍이 진퇴할 때에 모두 吐突承璀에게 제재를 받음을 말한다.
3) 〔通鑑要解〕 招討 : 招는 擧也라
招는 擧兵하는 것이다.

【庚寅】 五年이라

元和 5년(경인 810)

是時에 每有軍國大事면 必與諸學士謀之러니 嘗閱月不賜對어늘 李絳이 謂大臣持祿不敢諫하고 小臣畏罪不敢言을 管仲이 以爲害霸最甚이라하니 今臣等이 飽食不言하오니 自爲計得矣어니와 如陛下何리잇고 有詔호되 明日에 對便殿하라 〈出李絳傳〉

이때 軍國의 大事가 있을 때마다 반드시 여러 學士들과 상의하였는데, 上이 일찍이 한 달이 넘도록 學士들을 면대해 주지 않았다. 李絳이 아뢰기를 "大臣들은 녹봉을 유지하기 위해 감히 간쟁하지 못하고 小臣들은 죄가 두려워 감히 말하지 못하는 것을, 管仲은 '霸功을 해침이 가장 심하다.'고 하였습니다. 지금 신 등이 배불리 먹고 말하지 않으니, 자신을 위한 계책으로는 좋겠지만 폐하는 어찌한단 말입니까?" 하니, 上이 詔命을 내리기를 "내일 便殿에서 면대하겠다." 하였다. - ≪舊唐書 李絳傳≫에 나옴 -

○ 秋七月에 王承宗이 遣使自陳호되 爲盧從史所離間[1]이라하고 乞輸貢賦하고 請官吏하니 許其自新하다 李師道等이 數上表하야 請雪承宗하고 朝廷亦以師久無功이라하야 制洗雪承宗하야 以爲成德軍節度使하고 悉罷諸道行營將士하다

가을 7월에 王承宗이 사자를 보내어 스스로 아뢰기를 "盧從史에게 이간질

당하였습니다." 하고, 貢賦를 바칠 것을 청하고 조정에서 官吏를 보내줄 것을 청하니, 上은 허물을 고쳐 스스로 새로워질 수 있도록 허락하였다. 李師道 등이 여러 번 표문을 올려 王承宗의 잘못을 씻어줄 것을 청하였고, 조정에서도 정벌하러 보낸 군대가 오랫동안 공을 세우지 못했다 하여, 制書를 내려 王承宗의 죄를 씻어주어 그를 成德軍節度使로 삼고 諸道에서 출정나간 將兵들을 모두 파하였다.

1) 〔頭註〕 爲盧從史所離間 : 昭義節度使也니 遭父喪하야 朝廷久未起復*)이라 從史請以本軍討承宗하니 詔起復이어늘 後에 從史陰與承宗通謀하니라

盧從史는 昭義軍節度使이니, 부친상을 당하여 휴직하였는데 조정에서 오랫동안 起復하지 않았다. 盧從使가 本軍(昭義軍)을 거느리고 王承宗을 토벌할 것을 청하니, 황제가 명하여 起復하게 하였는데, 후에 盧從史가 은밀히 王承宗과 내통하여 공모하였다.

*) 起復 : 起復出仕의 준말로, 喪中에는 벼슬을 하지 않는 것이 관례이지만 국가의 필요에 의하여 喪制의 몸으로 벼슬자리에 나오게 하는 것을 이른다.

○ 翰林學士李絳이 嘗從容諫上聚財어늘 上曰 今兩河數十州 皆國家政令所不及이요 河隍數千里 淪於左衽하니 朕이 日夜思雪祖宗之恥나 而財力不贍(섬)이라 故로 不得不蓄財爾라 不然이면 朕이 宮中用度極儉薄하니 多藏何用邪리오 〈出本傳〉

翰林學士 李絳이 일찍이 황제가 재물을 모으는 것을 조용히 간하자, 上이 말하기를 "지금 兩河(河南과 河北)의 수십 州에는 모두 국가의 정사와 명령이 미치지 않고 河隍(河湟) 등의 수천 리는 오랑캐의 풍속에 빠져있으니, 朕이 밤낮으로 祖宗의 수치를 씻을 것을 생각하나 재력이 부족하다. 그러므로 재물을 모으지 않을 수가 없는 것이다. 그렇지 않다면 朕이 궁중에서 사용하는 것이 지극히 검소하고 적으니, 재물을 많이 모아 어디에 쓰겠는가?" 하였다. - ≪舊唐書 李絳傳≫에 나옴 -

【辛卯】 六年이라

元和 6년(신묘 811)

正月에 **以前淮南節度使李吉甫**로 **爲中書侍郎同平章事**하다

정월에 前 淮南節度使 李吉甫를 中書侍郎 同平章事로 삼았다.

○ **上問宰相**호되 **以爲政**에 **寬猛何先**고 **權德輿**[1]**對曰 秦**은 **以慘刻而亡**하고 **漢**은 **以寬大而興**하니이다 **太宗**이 **觀明堂圖**하시고 **禁杖人背**[2]하시니 **是故**로 **安史以來**로 **屢有悖逆之臣**이나 **皆旋踵而亡**은 **由祖宗仁政**이 **結於人心**하야 **人不能忘故也**니 **然則寬猛之先後**를 **可見矣**니이다 **上**이 **善其言**이러라 〈本傳云 德輿對曰 唐家承隋苛虐하야 以仁厚爲先이라 故로 天寶大盜竊發이로되 俄而夷滅하니 由本朝之化感人心深也니이다〉

上이 재상에게 묻기를 "정사를 함에 관대함과 엄격함 가운데 무엇이 먼저인가?" 하니, 權德輿가 대답하기를 "秦나라는 참혹하고 각박함으로 망하였고, 漢나라는 관대함으로 일어났습니다. 太宗이 明堂圖를 보시고 사람들의 등에 매를 때리는 것을 금지하셨습니다. 이 때문에 安祿山과 史思明 이래로 여러 번 패역하는 신하가 있었으나 그들이 곧바로 멸망한 것은 祖宗이 베풀었던 어진 정사가 백성들의 마음에 맺혀있어 백성들이 잊을 수가 없기 때문이었습니다. 그렇다면 관대함과 엄격함의 선후를 알 수 있을 것입니다." 하니, 上이 그 말을 좋게 여겼다. －≪新唐書≫〈權德輿傳〉에 말하였다. "德輿가 대답하기를 '唐나라는 隋나라의 가혹하고 사나운 정사를 이었기에 인자함과 후덕함을 우선하였습니다. 그러므로 天寶 연간에 큰 도둑이 몰래 일어났으나 얼마 후 평정되어 멸망하였으니, 이는 本朝의 德化가 사람들의 마음을 깊이 감동시켰기 때문입니다.' 하였다."－

1)〔頭註〕權德輿：禮部尙書同平章事라
 權德輿는 禮部尙書 同平章事이다.

2)〔譯註〕太宗……禁杖人背：明堂은 침을 놓거나 뜸을 뜨는 經穴을 말한다. 雷公이 사람의 經絡 血脈을 물었을 때, 黃帝가 명당에 앉아서 이를 전수했다는 전설

에서 유래하였다. 이로 인하여 醫家에서는 人體의 經絡과 針灸穴을 표시한 그림을 明堂圖라고 한다. 唐太宗이 한가로울 때 明堂圖를 보다가 사람의 五臟의 계통이 모두 등에 속해 있는 것을 보고는 마침내 탄식하기를 "笞刑은 형벌 중에 가장 가벼운 것이고 죽음은 삶에 있어서 지극히 중요한 것인데, 어찌 가장 가벼운 형벌을 범하였다 하여 혹 죽음에 이르게 한단 말인가. 그런데도 예로부터 제왕들이 이를 깨닫지 못하였으니, 슬프지 아니한가." 하고 즉일로 笞背法을 없앴다. ≪通典 170 刑法八寬恕≫

○ 李吉甫奏호되 自秦至隋十有三代[1)]로되 設官之多 無如國家者라 天寶以後로 中原宿兵[2)]이 見(현)在可計者 八十餘萬이요 其餘爲商賈僧道하야 不服田畝者 什有五六이니 是는 常以三分勞筋苦骨之人으로 奉七分坐待衣食之輩也요 今內外官이 以稅錢給俸者 不下萬員이니이다 天下〈千〉三百餘縣에 或以一縣之地而爲州하고 一鄕之民而爲縣者甚衆하니 請敕有司하야 詳定廢置호되 吏員可省(생)者를 省之하고 州縣可倂者를 倂之하고 入仕之塗에 可減者를 減之하소서 於是에 命段平仲[3)], 韋貫之[4)], 李絳하야 同詳定[5)]하다 〈出吉甫傳〉

李吉甫가 아뢰기를 "秦나라로부터 隋나라에 이르기까지 13개 왕조인데, 각 왕조에서 설치한 관직의 숫자가 本朝보다 많은 적이 없습니다. 天寶 연간 이후로 中原에 주군하고 있는 군대가 현재 계산할 수 있는 것이 80여만 명이고, 그 나머지 商賈와 승려와 도사 등 田地에서 일하지 않는 자가 10분에 5, 6이니, 이는 항상 筋骨을 수고롭게 하여 힘들게 일하는 10분의 3의 백성(농민)들로써 앉아서 의복과 음식을 기다리는 10분의 7의 무리들을 봉양하는 것입니다. 그리고 현재 조정 내외의 관원 중에 세금으로 봉급을 지급받는 자가 만 명 이상입니다. 천하의 1300여 현 중에 혹은 1縣의 땅으로서 州가 되거나 1鄕의 백성으로서 縣이 된 것이 매우 많으니, 청컨대 有司에게 명하여 州縣의 폐지와 설치를 자세히 살펴서 결정하게 하되 관리들 중에 감원할 수 있는 자는 감원하고, 州縣 중에 합병할 수 있는 것은 합병하고, 조정에 들어와 벼슬할 수 있는 길 중에 줄일 수 있는 것을 줄이게 하소서." 하니, 이에

段平仲, 韋貫之, 李絳에게 명하여 함께 자세히 살펴서 결정하게 하였다. - ≪舊唐書 李吉甫傳≫에 나옴 -

1)〔頭註〕十有三代 : 秦, 兩漢, 魏, 晉, 宋, 齊, 梁, 陳, 北魏, 北齊, 周, 隋라
　13개 왕조는 秦, 兩漢(東漢과 西漢), 魏, 晉, 宋, 齊, 梁, 陳, 北魏, 北齊, 周, 隋이다.

2)〔頭註〕宿兵 : 宿은 頓也니 猶言屯兵이라
　宿은 머무는 것이니, 屯兵이라고 말하는 것과 같다.

3)〔頭註〕段平仲 : 給事中이라
　段平仲은 給事中이다.

4)〔頭註〕韋貫之 : 中書舍人이라
　韋貫之는 中書舍人이다.

5)〔通鑑要解〕命段平仲……同詳定 : 吏部奏하야 準勑하야 倂省內外官計八百八員과 諸色流外一千七百六十九人하니라
　吏部에서 아뢰어 칙명에 의하여 내외의 관원 808명과 諸色의 流外(9품 이하) 관원 1769명을 감원하였다.

○ **以戶部侍郞李絳**으로 **爲中書侍郞同平章事**하다 **李吉甫爲相**에 **多修舊怨**하니 **上**이 **頗知之**라 **故**로 **擢絳爲相**하니라 **吉甫**는 **善逢迎上意**하고 **而絳**은 **鯁直**[1]하야 **數**(삭)**爭論於上前**하니 **上**이 **多直絳而從其言**이라 **由是**로 **二人有隙**이러라 〈出本傳〉

戶部侍郞 李絳을 中書侍郞 同平章事로 임명하였다. 李吉甫가 재상이 되자 옛날에 자신과 원한이 있던 사람들에게 많이 보복하니, 上이 자못 이러한 사실을 알았다. 그러므로 李絳을 발탁하여 재상으로 삼은 것이다. 李吉甫는 上의 뜻에 영합하기를 잘하고 李絳은 정직하여 자주 上의 앞에서 논쟁하니, 上은 대부분 李絳을 정직하다고 여기고 그의 말을 잘 따랐다. 이로 말미암아 두 사람 사이에 틈이 있게 되었다. - ≪舊唐書 李絳傳≫에 나옴-

1)〔釋義〕鯁直 : 鯁은 古杏反이니 骨彊四支라 故君有忠臣을 謂之骨鯁이라 鯁은 與骾同이라

鯁은 古杏反(경)이니, 사지의 뼈가 강한 것이다. 그러므로 군주에게 충신이 있는 것을 骨鯁이라 이른다. 鯁은 骾과 같다.

【壬辰】 七年이라

元和 7년(임진 812)

京兆尹元義方이 **媚事吐突承**璀어늘 **李絳**이 **惡**(오)**其爲人**하야 **出爲鄜**(부)**坊**[1] **觀察使**하니 **義方**이 **入謝**하고 **因言李絳**이 **私其同年**[2]**許季同**[3]하니이다 **上曰 朕**諳**李絳必不爾**로라 **明日**에 **上**이 **以詰絳曰 人於同年**에 **固有情乎**아 **對曰 同年**은 **乃四海九州之人**이 **偶同科第**하야 **登科而後相識**이니 **情於何有**리잇고 **宰相**은 **職在量才授任**이니 **若其人果才**면 **雖在兄弟子姪之中**이라도 **猶當用之**어든 **況同年乎**잇가 **避嫌而棄才**는 **是乃便身**이요 **非徇公也**니이다 **上曰 善**하다

京兆尹 元義方이 吐突承璀를 아첨하여 섬기자, 李絳이 元義方의 사람됨을 미워하여 그를 鄜坊觀察使를 내보냈다. 元義方이 들어와 임금에게 사례하고 인하여 李絳이 그와 同年인 許季同을 사사로이 봐주었다고 말하였다. 上이 말하기를 "짐은 李絳의 사람됨을 잘 아니, 그는 반드시 이렇게 하지 않을 것이다." 하였다.

다음날 上이 李絳에게 묻기를 "사람들이 同年에게 진실로 私情이 있는가?" 하니, 李絳이 대답하기를 "同年은 바로 四海九州(온천하)의 사람들이 우연히 같은 해에 함께 급제하여 과거에 오른 뒤에 서로 알게 된 것이니, 어찌 私情이 있겠습니까? 재상의 직책은 사람들의 재능을 헤아려 임무를 맡기는 데에 있으니, 만약 그 사람이 과연 재주가 있다면 비록 형제와 자식과 조카의 관계에 있더라도 오히려 등용해야 하는데, 하물며 同年이겠습니까. 혐의를 피하여 재주 있는 자를 버리는 것은 바로 자기 일신을 편하게 하는 것이요, 공정함을 따르는 것이 아닙니다." 하였다.

上이 말하기를 "매우 좋다." 하였다.

1)〔頭註〕鄜(부)坊 : 二州名이라
鄜, 坊은 두 州의 이름이다.
2)〔頭註〕同年 : 唐人이 謂同榜進士를 爲同年이라
唐나라 사람은 같은 해에 進士에 급제한 것을 同年이라 하였다.
3)〔頭註〕許季同 : 京兆尹이라
許季同은 京兆尹이다.

○ 三月에 上이 御延英殿이러니 李吉甫言호되 天下已太平하니 陛下宜爲樂이니이다 李絳曰 漢文帝時에 兵不血, 木無刃[1]하고 家給人足호되 賈誼猶以爲厝(措)火積薪之下하야 不可謂安이라하니 今法令所不能制者 河南北五十餘州요 犬戎腥羶(전)[2]이 近接涇隴하야 烽火屢驚하고 加之水旱時作하야 倉廩空虛하니 此는 正陛下宵衣旰(간)食[3]之時어늘 豈得謂之太平하야 遽爲樂哉잇가 上이 欣然曰 正合朕意로다 退謂左右曰 吉甫는 專爲悅媚하니 如李絳은 眞宰相也니라 〈出絳傳〉

3월에 上이 延英殿에 나왔다. 李吉甫가 말하기를 "天下가 이미 태평하니 폐하께서는 즐거움을 누리셔야 합니다." 하니, 李絳이 말하기를 "漢나라 文帝 때에 병기에 피를 묻히지 않고 병기가 나무처럼 무뎌서 칼날이 없었으며 집집마다 여유가 있고 사람마다 풍족하였으나 賈誼는 오히려 '국가의 형세가 쌓아놓은 섶 아래에 불을 가져다 놓은 것과 같아서 편안하다고 말할 수 없다.'고 하였습니다. 지금 법령으로 재제하지 못하는 것이 河南과 河北의 50여개 州이고, 吐藩과 回鶻의 무리들이 가까이 涇水와 隴 지방에 연접하여 변방의 봉화에 사람들이 자주 놀라며, 게다가 수해와 한해가 때로 일어나서 창고가 텅 비었으니, 이는 바로 폐하께서 날이 채 밝기 전에 옷을 입고 해가 진 후에 저녁밥을 드셔야 할 때입니다. 그런데 어찌 태평하다고 말하여 갑자기 즐거움을 누린단 말입니까?" 하였다.

上이 기뻐하며 "바로 짐의 뜻에 부합한다." 하고는 물러가 좌우 사람들에게 이르기를 "李吉甫는 오로지 나를 기쁘게 하고 아첨하니, 李絳과 같은 자가

진정한 재상이다." 하였다. - ≪新唐書 李絳傳≫에 나옴 -

1)〔釋義〕兵不血, 木無刃 : 猶言不治軍旅之事也라〔通鑑要解〕木無刃은 謂兵器如木而無刃하니 言不治兵也라

〔釋義〕병기에는 피를 묻히지 않고 나무에는 칼날이 없다는 것은 軍旅의 일을 다스리지 않았다고 말하는 것과 같다.〔通鑑要解〕木無刃은 병기가 나무처럼 무뎌서 칼날이 없는 것을 이르니, 병기를 다스리지 않았음을 말한다.

2)〔頭註〕腥羶(전) : 羶은 羊臭也라

羶은 양의 누린내이다.

3)〔頭註〕宵衣旰(간)食*) : 旰은 日晩이라

旰은 날이 저문 것이다.

*) 宵衣旰食 : 날이 채 밝기 전에 옷을 입고 해가 진 후에 저녁밥을 먹는다는 뜻으로, 임금이 정사에 바빠 겨를이 없음을 이르는 말이다.

○ 上이 嘗問宰相호되 貞元[1)]中에 政事不理 何乃至此오 李吉甫對曰 德宗이 自任聖智하야 不信宰相[2)]而信他人하시니 是는 使奸人得乘間弄威福[3)]이니 政事不理 職此故也[4)]니이다 上曰 然이나 此亦未必皆德宗之過니 卿輩는 宜用此爲戒하야 事有非是어든 當力陳不已하고 勿畏朕譴怒而遽止也하라 〈出本傳〉

上이 일찍이 재상들에게 묻기를 "貞元 연간에 정사가 다스려지지 않음이 어찌 이러한 지경에까지 이르렀는가?" 하니, 李吉甫가 대답하기를 "德宗이 자신의 聖明함과 지혜로움을 자임하여 재상을 신임하지 않고 다른 사람을 신임하셨습니다. 이는 간사한 신하로 하여금 기회를 틈타 위엄과 복을 희롱하게 한 것이니, 정사가 다스려지지 않은 것은 오로지 이 때문입니다." 하였다.

上이 말하기를 "그렇다. 그러나 이는 또한 반드시 德宗의 잘못만은 아니니, 경들은 마땅히 이를 경계로 삼아 정사에 옳지 않은 일이 있거든 마땅히 힘써 아뢰어 그치지 말고, 견책과 노여움을 두려워해서 대번에 간언을 중지하지 말라." 하였다. - ≪新唐書 李吉甫傳≫에 나옴 -

1)〔頭註〕貞元 : 德宗年號라

貞元은 德宗의 연호이다.

2)〔通鑑要解〕不信宰相：宰相은 如崔祐甫，陸贄，李晟，渾瑊等이라
재상은 崔祐甫，陸贄，李晟，渾瑊 등과 같은 사람들이다.

3)〔通鑑要解〕使奸人得乘間弄威福：奸人은 如盧杞，裴延齡과 及宦官竇文場，霍仙鳴等也라
간사한 사람은 盧杞와 裴延齡 및 환관인 竇文場，霍仙鳴 등과 같은 자들이다.

4)〔頭註〕職此故也：職은 專主也라
職은 전적으로 주장하는 것이다.

○ 李吉甫嘗言 人臣이 不當彊諫이니 使君悅臣安이 不亦美乎잇가 李絳曰 人臣은 當犯顔苦口하야 指陳得失이니 若陷君於惡이면 豈得爲忠이리잇고 上曰 絳言이 是也니라 〈出本傳〉

李吉甫가 일찍이 말하기를 "신하는 마땅히 강력히 간해서는 안 되니, 군주가 기뻐하고 신하가 편안하게 하는 것이 또한 아름답지 않겠습니까?" 하였다. 李絳이 말하기를 "신하는 마땅히 군주가 싫은 내색을 하더라도 쓴 소리를 해서 정사의 득실을 지적하여 아뢰어야 하니, 만약 군주를 죄악에 빠뜨린다면 어찌 충성이라고 할 수 있겠습니까?" 하니, 上이 말하기를 "李絳의 말이 옳다." 하였다. - ≪新唐書李絳傳≫에 나옴 -

○ 李吉甫又嘗言於上曰 賞罰은 人主之二柄이니 不可偏廢라 陛下踐阼以來로 惠澤深矣나 而威刑未振하야 中外懈惰[1]하니 願加嚴以振之하소서 上이 顧李絳曰 何如오 對曰 王者之政은 尙德이요 不尙刑하나니 豈可捨成康文景하고 而效秦始皇父子乎잇가 上曰 然하다 〈出本傳〉

李吉甫가 또 일찍이 上에게 아뢰기를 "賞과 罰은 군주의 두 가지 권한이니, 어느 한쪽도 버려서는 안 됩니다. 폐하께서 즉위하신 이래로 은택은 깊으나 위엄과 형벌이 떨쳐지지 못하여 中外가 해이하고 태만하니, 바라건대 위엄을 가하여 기강을 떨치소서." 하였다.

上이 李絳을 돌아보고 "어떠한가?" 하고 묻자, 李絳이 대답하기를 "王者의

정사는 덕을 숭상하고 형벌을 숭상하지 않으니, 어찌 周나라의 成王과 康王, 漢나라의 文帝와 景帝를 버리고 秦始皇 父子를 본받는단 말입니까?" 하니, 上이 "옳다." 하였다. - ≪新唐書 李絳傳≫에 나옴 -

1)〔釋義〕懈惰 : 懈는 音界니 怠也요 惰는 徒臥反이니 不恭也라

懈는 음이 계(해)이니 게으름이요, 惰는 徒臥反(타)이니 공손하지 않음이다.

刑法志云 帝英果明斷하야 自卽位로 數誅方鎭하야 欲治僭叛하야 以一制度라 然於用刑에 喜寬仁이라 李吉甫言 治天下는 必任賞罰이어늘 陛下頻降赦令하시고 蠲逋負, 賑飢民하야 恩德至矣라 然典刑未擧하야 中外有懈心이라한대 李絳曰 今天下雖未大治나 亦未甚亂이라 自古欲治之君은 必先德化하고 至暴亂之世하야 始專用刑法하니 吉甫之言이 過矣라하니 帝以爲然이라 司空于頔(적)이 亦諷帝任刑以收威柄한대 帝謂宰輔曰 頔이 懷姦謀하야 欲朕失人心也라하니라

≪新唐書≫〈刑法志〉에 말하였다.

"황제(憲宗)는 英明하고 과단성이 있어 즉위한 이후로 여러 번 方鎭을 토벌해서 참람하고 배반한 자들을 다스려 제도를 통일하고자 하였다. 그러나 형벌을 씀에 있어서는 관대함과 인자함을 좋아하였다. 李吉甫가 아뢰기를 '천하를 다스리는 것은 반드시 상벌에 맡겨야 하는데, 폐하께서는 자주 사면령을 내리시고 逋欠과 미납된 세금을 蠲減해 주고 굶주린 백성들을 구휼하여 은혜와 덕이 지극하십니다. 그러나 떳떳한 국법이 거행되지 못하여 中外의 백성들이 태만한 마음이 있습니다.' 하였다.

이에 李絳이 아뢰기를 '지금 천하가 비록 크게 다스려지지는 않았으나 또한 심히 혼란하지도 않습니다. 예로부터 나라를 잘 다스리고자 하는 군주는 반드시 德化를 우선하였고, 포악하고 혼란한 시대에 이르러서야 비로소 오로지 형벌과 법을 사용하였으니, 李吉甫의 말은 잘못되었습니다.'라고 하니, 황제가 그 말을 옳게 여겼다.

司空 于頔도 황제가 형벌에 맡겨 위엄과 권세를 거둘 것을 넌지시 간하니, 황제가 宰輔들에게 이르기를 '于頔이 간사한 꾀를 품고서 짐이 인심을 잃기

를 바란다.' 하였다."

上이 嘗與宰相으로 論治道於延英殿할새 日旰(간)[1]暑甚하야 汗透御服이라 宰相이 恐上體倦하야 求退한대 上留之曰 朕入宮中이면 所與處者 獨宮人宦官耳라 故로 樂與卿等으로 且共談爲理之要하노니 殊不知倦也로라

上이 일찍이 재상들과 함께 延英殿에서 천하를 다스리는 방도를 논할 적에 날이 저물고 더위가 심하여 땀이 御服에 배어 나왔다. 재상들이 上의 체후가 피곤할까 염려하여 退朝할 것을 청하자, 上이 만류하며 말하기를 "朕이 궁중으로 들어가면 함께 거처하는 자는 오직 궁인들과 환관들뿐이다. 그러므로 경들과 함께 우선 정치하는 요점을 말하는 것을 즐거워하노니, 전혀 피곤한 줄을 모르겠다." 하였다.

1) 〔釋義〕 日旰(간) : 旰은 古旦反이니 晩也라
旰은 古旦反(간)이니 날이 저무는 것이다.

○ 八月에 魏博節度使田季安[1]이 薨하니 諸將이 立其子懷諫하야 爲副使하다 上이 與宰相으로 議魏博事할새 李吉甫請興兵討之한대 李絳이 以爲 魏博은 不必用兵이라도 當自歸朝廷이라 今懷諫이 乳臭子[2]로 不能自聽斷하니 軍府大權이 必有所歸리니 田氏不爲屠肆[3]면 則悉爲俘囚矣리이다 旣而요 懷諫이 幼弱하야 軍政이 皆決於家僮[4]하니 衆皆憤怒라 田興[5]이 晨入府하니 士卒數千人이 大譟環興四拜하고 請爲留後어늘 興이 度(탁)不免하고 乃謂衆曰 汝肯聽吾言乎아 皆曰 惟命이니이다 興曰 勿犯副大使[6]하고 守朝廷法令하야 申版籍[7]하고 請官吏然後에 可니라 皆曰 諾다 興이 乃遷懷諫於外하다 十月에 魏博監軍이 以狀聞이어늘 上이 亟召宰相하야 謂李絳曰 卿이 揣(췌)魏博을 若符契[8]로다 李吉甫請遣中使[9]宣慰하야 以觀其變이어늘 李絳曰 不可하다 今田興이 奉其土地兵衆하고 坐待詔命하니 不乘此際하야 推心撫納하야 結以大恩하고 必待敕使[10]至彼하야 持將士表來하야 爲請節鉞[11]然後에 與之면 則是는 恩出於下요 非出於

上이니 將士爲重이요 朝廷爲輕이라 機會一失이면 悔之無及이니이다 上이 從之하야 以興爲魏博節度使하다 制命이 至魏州하니 興이 感恩流涕하고 士衆이 無不鼓舞러라 〈出絳等傳〉

8월에 魏博節度使 田季安이 죽으니, 諸將들이 그의 아들 懷諫을 세워 節度副使로 삼았다. 上이 재상들과 魏博鎭의 일을 의논할 적에 李吉甫가 군대를 일으켜 토벌할 것을 청하였다. 李絳은 말하기를 "魏博鎭은 굳이 군대를 일으켜 토벌하지 않더라도 저들은 마땅히 조정에 귀순해 올 것입니다. 지금 田懷諫은 입에 젖내 나는 어린애로서 스스로 정사를 결단하지 못하니, 軍府의 큰 권력이 반드시 따로 돌아가는 곳이 있을 것이니, 田氏가 도륙당하여 시신이 진열되지 않는다면 모두 사로잡혀 갇히게 될 것입니다." 하였다.

이윽고 田懷諫이 어리고 약하여 軍政이 모두 집안의 종(蔣士則)에게서 결정되니, 무리들이 모두 분노하였다. 田興이 새벽에 節度使府에 들어가자, 士卒 수천 명이 크게 함성을 지르며 田興을 둘러싸고 네 번 절하고는 留後가 되어줄 것을 간청하였다. 田興은 모면할 수 없음을 헤아리고는 마침내 무리들에게 이르기를 "너희들은 내 말을 기꺼이 따르겠는가?" 하니, 모두 "명령대로 하겠습니다."하고 대답하였다. 田興이 말하기를 "副大使를 범하지 말고 조정의 법령을 지키면서 版圖와 戶籍을 조정에 신청하고 관리를 보내줄 것을 청한 뒤에야 내가 비로소 留後를 맡을 수 있다." 하니, 모두 말하기를 "좋습니다." 하였다. 田興은 이에 田懷諫을 軍府 밖으로 옮겨 놓았다.

10월에 魏博의 監軍이 이러한 내용을 조정에 아뢰자, 上이 급히 재상들을 불러 李絳에게 이르기를 "卿이 魏博鎭의 일을 헤아린 것이 符契를 맞춘 것 같았다." 하였다.

李吉甫가 中使를 보내어 宣慰하고 그들의 변화를 관찰할 것을 청하자, 李絳이 말하기를 "옳지 않습니다. 지금 田興이 魏博鎭의 토지와 군대와 백성을 조정에 받들어 올리고 조용히 앉아서 조정의 詔命을 기다리고 있으니, 이 기회를 틈타 마음을 미루어 어루만지고 받아들여서 큰 은혜를 맺지 않고, 반드시 勅使가 저곳에 가서 장병들이 그를 위해 節度使의 節鉞을 청한 表文을 가지고 돌아오기를 기다린 뒤에 관직을 제수해 준다면 이것은 은혜가 아랫사람에게서 나온 것이고 윗사람에게서 나오는 것이 아니니, 장병들이 중요함이 되고 조정이 중요하지 않게 됩니다. 기회는 한 번 놓치면 후회해도 미칠 수가 없습니다." 하였다.

上이 그의 말을 따라서 田興을 魏博節度使로 임명하였다. 이 制命이 魏州에 이르니, 田興은 황제의 은혜에 감격하여 눈물을 흘리고 군사들은 고무되지 않는 자가 없었다. - ≪新唐書 李絳傳≫ 등에 나옴 -

1)〔頭註〕田季安 : 田緖子也라

田季安은 田緖의 아들이다.

2)〔釋義〕乳臭子 : 乳는 蕊主反이요 臭는 尺救反이라 言其穉孺니 猶餘乳哺臭氣라

乳는 蕊主反(유)이고 臭는 尺救反(취)이다. 나이가 어림을 말한 것이니, 아직 젖먹던 냄새가 남아 있는 것이다.

3)〔頭註〕屠肆 : 屠는 殺也요 旣刑而陳尸曰肆라 謂擧家見屠하야 骨肉分裂이 如屠家之屠羊豕然하야 以爲列肆라

屠는 죽이는 것이고, 형벌한 뒤에 시신을 진열하는 것을 肆라고 한다. 온집안 사람들이 도륙당하여 뼈와 살이 나뉘고 찢어진 것이 마치 백정이 양과 돼지를 도살하여 고기를 가게에 진열하는 것과 같은 것이다.

4)〔頭註〕軍政皆決於家僮 : 家僮은 蔣士則也라 數以愛憎으로 移易諸將하니 衆皆憤怨하니라

家僮은 蔣士則이다. 자주 사랑과 미움 때문에 諸將을 바꾸니, 무리들이 모두 분노하고 원망하였다.

5)〔頭註〕田興 : 魏博牙內兵馬使니 後賜名弘正이요 字安道라 承嗣愛之하야 以爲興吾宗이라하야 名之曰興이라

田興은 魏博의 牙內兵馬使이니, 뒤에 弘正이라는 이름을 하사받았고 字는 安道이다. 田承嗣가 그를 사랑하여 이르기를 "우리 종족을 흥왕하게 할 것이다."라고 하여 興이라고 이름하였다.

6)〔頭註〕副大使 : 河北三鎭[*)]이 相承하야 各置副大使하고 以嫡長爲之하야 父沒하면 則代領軍務하니라

河北의 三鎭이 서로 계승하여 각각 副大使를 두고 嫡長子를 副大使로 임명하여 아버지가 죽으면 대신 군무를 통솔하게 하였다.

＊) 河北三鎭：盧龍軍節度使 李懷仙, 成德軍節度使 李寶臣, 魏博軍節度使 田承嗣를 가리킨다.

7)〔釋義〕申版籍：申은 請也요 版籍은 所以書戶口輿地라

申은 신청함이요, 版籍은 호구와 輿地(地圖)를 쓴 것이다.

8)〔釋義〕揣(췌)魏博若符契：揣는 楚委反이니 摩也요 符契者는 兩相合也라

揣는 楚委反(췌)이니 어루만지는 것이요, 符契는 둘이 서로 부합하는 것이다.

9)〔頭註〕中使：上이 己丑年에 始以中使爲監軍[*)]하니라

上이 기축년(809)에 처음으로 中使를 監軍으로 삼았다.

＊) 始以中使爲監軍：憲宗이 환관인 神策左軍中尉 吐突承璀를 鎭州行營招討處置等使로 삼아 王承宗을 토벌하게 하였다.

10)〔頭註〕敕使：唐時에 以中使爲敕使하니라

唐나라 때에 中使를 칙사로 삼았다.

11)〔釋義〕節鉞：節은 子結反이니 長一尺二寸이라 凡爲使者持之러니 秦漢以下로 改爲旌幢之形이라 鉞은 于闕反이니 大斧也라 節鉞을 必上賜之者는 示征伐自天子出也라

節은 子結反(절)이니 길이가 1尺 2寸이다. 무릇 使者가 된 자가 이것을 휴대하였는데, 秦·漢 이후로 旌幢의 모양으로 만들었다. 鉞은 于闕反(월)이니, 큰 도끼이다. 節鉞을 반드시 임금이 하사하는 것은 정벌이 天子로부터 나옴을 보이는 것이다.

○ 李絳이 又言호되 魏博이 五十餘年을 不霑皇化러니 一旦에 擧六州之地[1)]하고 來歸하야 刳(고)河朔之腹心[2)]하고 傾叛亂之巢穴하니 不有重賞하야 過其所望이면 則無以慰士卒之心하야 使四鄰勸慕니 請發內庫錢百五十萬緡하야 以賜之하소서 左右宦官이 以爲所與大(太)多하니 後有此比[3)]면 將何以給之리잇고 上이 以語絳한대 絳曰 田興이 不貪土地之利하고 不顧四鄰之患하고 歸命聖朝어늘 陛下奈何愛小費而遺大計하야 不以收一道人心이니잇고 錢은 用盡更來어니와 機는 一失不可復追라 借使國家發十五萬兵하야 以取六州하야 期年而克之면 其費豈止百五十萬緡而已乎잇가 上悅曰 朕所以惡衣菲食하야 蓄聚貨財는 正欲爲平定四方이니 不然이면 徒貯之府庫하야 何爲리오 十一月에 遣知制

誥裴度하야 至魏博宣慰하고 以錢百五十萬緡으로 賞軍士하고 六州百姓을 給復一年하니 軍士受賜하고 歡聲如雷러라 成德, 兗鄆(연운)[4]使者數輩見之하고 相顧失色하야 嘆曰 倔(굴)彊者[5]果何益乎아 度爲興하야 陳君臣上下之義하니 興이 聽之하고 終夕不倦하야 待度에 禮極厚하니라 〈出絳等傳〉

李絳이 또 말하기를 "魏博鎭이 50여년 동안 皇帝의 교화를 입지 않았는데 하루아침에 6州의 땅을 모두 가지고 조정에 귀순하여 河朔 지방의 腹心을 도려내고 반란의 소굴을 전복시켰으니, 조정에서 만약 그들의 예측을 뛰어넘는 큰 상을 내리지 않는다면 사졸들의 마음을 위로하지 못하여 사방의 이웃 鎭들로 하여금 권면하고 사모하게 하지 못할 것입니다. 청컨대 內庫錢 150만 緡을 내어 그들에게 하사하소서." 하였다.

좌우의 신하들과 宦官들이 말하기를 "하사하는 것이 너무 많으니, 뒤에 이러한 준례가 있으면 장차 어떻게 주시겠습니까?" 하였다. 上이 이것을 李絳에게 말하자, 李絳이 대답하기를 "田興이 토지의 이익을 탐하지 않고 사방의 이웃 鎭들이 危害를 가하는 것을 돌아보지 않고 조정에 귀의하였는데, 폐하께서는 어찌 작은 비용을 아끼고 큰 계책을 버리시어 한 道의 인심을 수습하지 않으십니까? 돈은 다 쓰면 다시 나오지만 기회는 한 번 놓치면 다시 쫓을 수가 없습니다. 가령 국가에서 15만 명의 군대를 징발하여 6州를 정벌해서 1년 만에 이겼다면 그 비용이 어찌 150만 緡에 그치겠습니까?" 하였다.

上이 기뻐하며 말하기를 "짐이 허름한 옷을 입고 거친 음식을 먹으며 재화를 저축한 이유는 바로 사방을 평정하고자 해서이니 그렇지 않다면 재물을 다만 府庫에 저장하여 무엇을 하겠는가?" 하였다.

11월에 知制誥 裴度를 보내어 魏博鎭에 가서 宣慰하게 하고 돈 150만 緡을 군사들에게 상으로 주고, 6州의 백성들에게 부세와 요역을 면제해 주니, 군사들이 하사한 물건을 받고는 환호하는 소리가 우레와 같았다. 成德軍과 兗鄆鎭의 사자 몇 명이 이것을 보고는 서로 돌아보고 실색하여 탄식하기를 "조정의 명령에 복종하지 않고 버티는 자가 과연 무슨 유익함이 있겠는가?" 하였다. 裴度가 田興을 위해 군신간과 상하간의 의리를 말하니, 田興이 그 말을 듣고 밤늦도록 피곤한 줄 몰랐으며 裴度를 대함에 예가 지극히 후하였다. - ≪新唐書 李絳傳≫ 등에 나옴 -

1)〔頭註〕六州之地：六州는 魏, 博, 貝, 衛, 澶, 相이라
　6주는 魏州·博州·貝州·衛州·澶州·相州이다.
2)〔釋義〕刳(고)河朔之腹心：刳는 空胡反이니 剖也라
　刳는 空胡反(고)이니, 쪼개는 것이다.
3)〔頭註〕後有此比：比는 去聲이니 頻也, 列也요 又平聲이니 相次也라
　比는 去聲이니 빈번함이고 나열함이며, 또 平聲이니 서로 차례하여 이어지는 것이다.
4)〔頭註〕成德, 兗鄆(연운)：成德은 王承宗이요 兗鄆은 李師道이니 卽淄靑平盧軍*) 也라
　成德軍節度使는 王承宗이고 兗鄆軍節度使는 李師道이니, 곧 淄靑平盧軍이다.
*) 淄靑平盧軍：당나라 때의 方鎭 이름으로, 淄靑이라고도 하는데, 지금의 熱河省 남부와 河北省 북부 일대를 가리킨다.
5)〔釋義〕倔(굴)彊者：倔은 其勿反이니 倔彊者는 彊梁梗戾하야 不柔服也라
　倔은 其勿反(굴)이니, 倔彊은 강하고 억세어서 유순하게 복종하지 않는 것이다.

○ 上이 嘗於延英[1]에 謂宰相曰 卿輩는 當爲朕惜官하고 勿用之私親故하라한대 李吉甫, 權德輿皆謝不敢이어늘 李絳曰 崔祐甫有言호되 非親非故면 不諳其才[2]라하니 諳者도 尙不與官이온 不諳者를 何敢復與릿고 但問其才器與官相稱否耳니 若避親故之嫌하야 使聖朝虧多士之美면 此乃偸安之臣이요 非至公之道也니이다 苟所用이 非其人이면 則朝廷自有典刑하니 誰敢逃之리잇고 上曰 正如卿言이로다 〈出本傳〉

上이 일찍이 延英殿에서 재상들에게 이르기를 "卿들은 마땅히 짐을 위하여 벼슬 자리를 아끼고 친척과 친구들에게 사사로이 주지 말라." 하였다. 李吉甫와 權德輿가 모두 감히 그렇게 하지 않겠다고 대답하자, 李絳이 말하기를 "崔祐甫가 말하기를 '친척과 친구가 아니면 그의 재주를 다 알지 못한다.'고 하였으니, 아는 자에게도 오히려 벼슬을 주지 못한다면 알지 못하는 자들에

게 어찌 감히 다시 주겠습니까? 다만 재주와 기국이 그의 관직과 서로 걸맞는가를 따질 뿐이니, 만약 친척과 친구를 임용하는 혐의를 피해서 조정으로 하여금 인재가 많은 아름다움을 이루지 못하게 한다면 이는 바로 자기 한 몸의 편안함을 추구하는 신하이지, 지극히 공정한 방도가 아닙니다. 만일 등용한 사람이 적임자가 아니라면 조정에 본래 떳떳한 형벌이 있으니, 누가 감히 이것을 피하겠습니까?" 하였다.

上이 말하기를 "참으로 경의 말과 같다." 하였다. - ≪新唐書 李絳傳≫에 나옴 -

1)〔頭註〕延英 : 殿名也라
延英은 궁전의 이름이다.

2)〔釋義〕不諳其才 : 諳은 烏含反이니 悉之也라
諳은 烏含反(암)이니, 모두 아는 것이다.

【癸巳】八年이라

元和 8년(계사 813)

賜魏博節度使田興名弘正하다

魏博節度使 田興에게 弘正이라는 이름을 하사하였다.

○ 上問宰相호되 人言外間朋黨大(太)盛이라하니 何也오 李絳對曰 自古로 人君所甚惡(오)者는 莫若人臣爲朋黨이라 故로 小人譖君子者 必曰朋黨이라하나니 何則고 朋黨은 言之則可惡요 尋之則無跡故也니이다 東漢之末에 凡天下賢人君子를 宦官이 皆謂之黨人而禁錮之하야 遂以亡國하니 此皆群小欲害善人之言이니 願陛下深察之하소서 夫君子는 與君子合이니 豈可必使之與小人合然後에 謂之非黨耶잇가 〈出本傳〉

上이 재상들에게 묻기를 "사람들의 말에 '外間에 朋黨이 크게 성하다.'고 하니, 어째서인가?" 하였다. 이에 李絳이 대답하였다.

"예로부터 임금이 가장 싫어하는 것은 신하들이 붕당을 하는 것보다 더한 것이 없습니다. 그러므로 小人들이 君子를 참소하려고 하면 반드시 君子들이 붕당을 한다고 말합니다. 어째서인가 하면 붕당은 말하면 가증스럽고 찾아보면 자취가 없기 때문입니다. 東漢 말기에 천하의 賢人과 君子들을 宦官들이 모두 黨人이라고 몰아붙여 그들을 禁錮시켜서 마침내 나라를 망하게 하였습니다. 이는 모두 여러 소인들이 군자를 해치고자 하는 말이니, 바라건대 폐하께서는 깊이 살피소서. 군자는 군자와 서로 합하니, 어찌 군자로 하여금 소인들과 합하게 한 뒤에야 당이 아니라고 말하겠습니까?" - ≪新唐書 李絳傳≫에 나옴 -

〔新增〕 胡氏曰 嘗考古而申其說컨대 君子之類는 或以道德, 或以學行, 以氣節, 以議論하야 窮則相益하고 達則相推하니 可以名之曰朋이요 而不可謂之黨이라 小人之類는 或以才智, 以邪慝, 以恩(知)〔私〕, 以勢利하야 窮則相疏하고 達則相親하니 可以名之曰黨이요 而不可謂之朋이라 然이나 小人欲害君子者는 幷二名하야 而一以目之하니 (干)〔于〕其時에 臨其事者 惑於眞僞賢不肖之辨하야 而聽夫牽合羅織疑似之言하야 謂所治者小人而治之者君子也나 自後世觀焉하면 乃大相繆(謬)戾[1]라 故로 前漢之黨을 指蕭望之, 劉向, 張猛, 周堪하야 而治之者 元帝與弘恭石顯也요 後漢之黨을 指李膺, 范滂二百餘人하야 而治之者 桓靈與中常侍也요 唐之黨을 指獨孤損, (崔)〔翟〕遠等三十餘人하야 而治之者 朱全忠與柳燦, 李振也니 此三黨者는 係宗社存亡하야 使天下振動者也라 其果小人耶아 抑君子耶아 而高祖之臣은 皆自豐沛하고 光武諸將은 (半)〔悉〕出南陽하고 宣帝圖形於麒麟하고 太宗延士于瀛洲하야 于以興起治功하야 計安天下하니 又安可以其衆多而指爲朋黨耶아 夫小人憎君子나 然欲一二而罪之면 則君子飭躬勵操하야 鮮可瑕疵일새 惟以朋黨目之하면 則人君之暗惑忌克者必信이라 故로 朋黨一字 可以空人之國하야 至有擧網竭澤之喩焉이라 凡其謂君子者를 曰同詘(屈)上[2]이라하고 曰同惑衆이라하고 甚則加以民心背叛하고 人君暗惑而忌克이라하니 欲不信이나 得乎아 以憲宗有意於治로도 事功未半에 逸欲

漸生하야 邪說乘之하야 遂疑君子하야 始以朋黨疑李絳하고 又以朋黨疑裴度하고 而於程异(이), 皇甫鎛엔 則不疑也하니 所以然者는 絳度數諫하고 异鎛順從이라 是以로 自陷於黨比而不自知也라 太宗이 以克己納諫으로 親致太平이로되 晩而稍怠에 遂疑魏徵阿黨하니 憲宗은 固不能免矣라 所以然者는 不學故也라 太甲師伊尹하고 成王師周公하고 武丁師傅說(열)하야 所學者正하야 心不違理라 故로 無先明後暗, 始勤終倦之失也하니라

胡氏(胡寅)가 말하였다.

"내 일찍이 옛날 일을 상고하여 그 말을 더욱 확대한다. 군자의 무리는 혹은 道德으로, 혹은 學行으로, 혹은 氣節로, 혹은 議論으로 모여서 곤궁하면 서로 유익하게 하고 영달하면 서로 미루어 주니, 이를 朋이라고 이름할 수는 있고 黨이라고 이름할 수는 없다. 소인의 무리는 혹은 재주와 지혜로, 혹은 사특함으로, 혹은 은혜와 사사로움으로, 혹은 세력과 이익으로 모여서 곤궁하면 서로 소원해지고 영달하면 서로 친하니, 이를 黨이라고 이름할 수는 있고 朋이라고 이름할 수는 없다.

그러나 소인들이 군자를 해치고자 하면 朋과 黨 두 가지 명칭을 아울러서 한결같이 朋黨이라고 지목하니, 그 당시에 그 일을 다스리는 자들이 眞僞와 賢不肖의 구분에 현혹되어서 비슷한 말을 끌어다가 꿰어 맞추고 그물처럼 짜서 '나스러야 할 대상은 소인이고, 이들을 다스리는 것은 군자이다.'라고 말하였다.

그러나 후세의 입장에서 관찰하면 이는 바로 名과 實이 서로 뒤바뀌어 크게 잘못된 것이다. 그러므로 前漢의 黨으로 蕭望之·劉向·張猛·周堪을 지목해서 이들을 다스린 자는 元帝와 弘恭, 石顯이었고, 後漢의 黨으로 李膺과 范滂 등 200여 명을 지목해서 이들을 다스린 자는 桓帝와 中常侍들이었고, 唐나라의 黨으로 獨孤損·翟遠 등 30여 명을 지목해서 이들을 다스린 자는 朱全忠과 柳燦과 李振이었으니, 이 세 黨은 종묘사직의 존망에 관계되어 천하를 신동하게 한 자들이다. 이들은 과연 소인이었는가? 아니면 군자였는가? 漢나라 高祖의 신하는 모두 豐沛에서 나왔고 光武帝의 여러 장수들은 모두 南陽에서 나왔으며, 宣帝는 중흥한 공신들의 모습을 麒麟閣에 그렸고 唐

나라 太宗은 선비들을 瀛洲로 맞이해서 이에 국가를 다스리는 공적을 크게 일으켜 천하를 편안히 할 것을 꾀하였으니, 또 어찌 그 무리가 많다 하여 朋黨이라고 지목할 수 있겠는가.

소인은 군자를 미워한다. 그러나 한두 가지를 들어서 죄주고자 하면 군자들이 몸을 삼가고 조행을 힘써서 지적할 만한 하자가 드물기 때문에 오직 붕당을 한다고 지목하면 임금 중에 어둡고 미혹되고 시기하고 이기려는 자들이 반드시 그 말을 믿는다. 그러므로 붕당이라는 한 글자로 〈군자들을 모두 제거하여〉 남의 나라를 공허하게 만들어서 '그물을 던져 못을 고갈시킨다.'는 비유가 있는 것이다. 소인들은 무릇 군자인 자들을 지목하여 이르기를 '함께 윗사람을 비방한다.' 하고, '함께 사람들을 미혹하게 한다.' 하고, 심하면 '민심이 배반하고 임금이 어둡고 혹하며 시기하고 능멸한다.'고 비난했다는 죄목을 가하니, 군주가 그들의 말을 믿지 않고자 하나 될 수 있겠는가.

憲宗은 정치에 뜻이 있었는데도 事功이 절반도 이루어지기 전에 逸欲이 점점 생겨나 간사한 말이 그 틈을 타고 일어나서 마침내 군자들을 의심하여 처음에는 붕당으로 李絳을 의심하고 또다시 붕당으로 裴度를 의심하고, 程异와 皇甫鏄에 대해서는 의심하지 않았으니, 그러한 까닭은 李絳과 裴度는 자주 간하였고 程异와 皇甫鏄은 순종하기 때문이었다. 이 때문에 憲宗은 절로 黨의 무리에 빠져서 스스로 알지 못한 것이다.

太宗은 자신의 사욕을 이기고 간언을 받아들임으로써 친히 태평성대를 이룩하였으나 晩年에 점점 해이해지자 마침내 魏徵이 아당한다고 의심하였으니, 憲宗은 진실로 이를 면하지 못하였다. 그러한 까닭은 배우지 않았기 때문이다. 太甲은 伊尹을 스승으로 삼았고 成王은 周公을 스승으로 삼았고 武丁은 傅說을 스승으로 삼아서 배운 것이 정당하여 마음이 이치를 어기지 않았다. 그러므로 먼저는 밝고 뒤에는 어두우며, 처음은 부지런하고 뒤에는 게으른 잘못이 없었던 것이다."

1) 〔頭註〕 繆(謬)戾 : 繆는 亦戾也니 又名與實爽曰繆라
繆도 어그러지는 것이니, 또 이름과 실상이 어그러지는 것을 繆라 한다.

2) 〔頭註〕 同詘(屈)上 : 詘은 與屈同이니 短也라

詘은 屈과 같으니, 결점을 지적하는 것이다.

【甲午】 九年이라

元和 9년(갑오 814)

春에 李絳이 屢以足疾辭位어늘 罷爲禮部尙書하다

봄에 李絳이 여러 번 발의 병을 이유로 재상의 지위를 사양하자, 재상을 파하고 禮部尙書로 임명하였다.

○ 閏月에 彰義節度使吳少陽[1]이 薨하니 其子元濟匿喪하고 自領軍務하다 十一月에 以李光顔爲節度使하고 嚴綬爲申, 光, 蔡招撫使하야 督諸道兵하고 招討吳元濟하다 〈出元濟傳〉

윤달에 彰義節度使 吳少陽이 죽으니, 그의 아들 吳元濟가 喪을 숨기고 스스로 軍務를 총괄하였다.

11월에 李光顔을 節度使로 임명하고 嚴綬를 申州・光州・蔡州의 招撫使로 임명하여 여러 도의 군대를 감독하고 吳元濟를 토벌하게 하였다. －≪舊唐書 吳元濟傳≫에 나옴－

1) 〔頭註〕 彰義節度使吳少陽：初에 少誠이 寵大將少陽하야 名以從弟하고 出入如至親이러니 及小誠薨하야 少陽이 殺小誠子元慶하고 自爲留後라

처음 吳少誠이 大將 吳少陽을 총애하여 從弟라 이름하고 至親처럼 출입하였는데, 吳少誠이 죽자 吳少陽이 吳少誠의 아들 元慶을 죽이고 스스로 留後가 되었다.

【乙未】 十年이라

元和 10년(을미 815)

以永州司馬柳宗元으로 爲柳州刺史하다 宗元이 善爲文이라 嘗作梓人傳[1]하야 以爲 梓人이 不執斧斤刀鋸之技하고 專以尋引規矩繩墨[2]으로 度(탁)群木之

材하고 (規)〔視〕棟宇之制하야 相高深圓方短長之宜하야 指麾衆工하야 各趨其事호되 不勝任者를 退之라 大厦旣成이면 則獨名其功하고 受祿三(品)〔倍〕하니 亦猶相天下者 立紀綱, 整法度하고 擇天下之士하야 使稱其職하고 居天下之人하야 使安其業호되 能者進之하고 不能者退之하야 萬國旣理어든 而談者獨稱伊傅周召하고 其百執事之勤勞를 不得紀焉이라 其不知體要者는 反此하야 衒能矜名하고 親小勞, 侵衆官하야 听听(은은)[3] 於府庭하야 而遺其大者遠者하나니 是不知相道者也라하니라

永州司馬 柳宗元을 柳州刺史로 임명하였다. 柳宗元은 글을 잘 지었다. 일찍이 '梓人傳'을 지었으니, 그 내용은 대략 다음과 같다.

"梓人(도목수)은 도끼와 자귀, 대패와 톱의 기예를 잡지 않고, 오로지 尋引과 規矩와 繩墨을 가지고서 여러 가지 木材를 헤아리고 棟宇의 제도를 살펴보아 집의 높고 깊음과 둥글고 네모남과 짧고 긴 것의 마땅함을 살핀다. 그리하여 여러 목공들을 지휘해서 각각 그 일에 달려가게 하되 임무를 감당하지 못하는 자를 물러가게 한다. 큰 집이 완성되면 유독 그의 공로만 쓰고 세 배의 녹봉을 받으니, 또한 천하를 도와 다스리는 재상이 기강을 세우고 법도를 정돈하며, 천하의 선비를 가려 뽑아서 그로 하여금 직책에 걸맞게 하고 천하의 백성을 살게 하여 그들로 하여금 생업을 편안히 여기게 하되 유능한 자를 등용하고 유능하지 못한 자를 물러가게 하여 萬國이 이미 다스려지면 이에 대해 말하는 자들이 유독 伊尹과 傅說, 周公과 召公만을 칭하고 여러 집사들의 근로를 기록하지 않는 것과 같다. 정치의 요체를 모르는 자들은 이와 반대로하여 재능을 자랑하고 이름을 내세우며, 자질구레한 작은 일을 직접 하고 여러 관직을 침탈하여 府의 뜰에서 논쟁하여 조정의 정무 중에 큰 것과 먼 것을 버리니, 이것은 재상의 도를 알지 못하는 자이다."

1) 〔通鑑要解〕 梓人傳 : 梓人傳以喩相이라 〔頭註〕 梓人은 木工也라
〔通鑑要解〕 梓人傳을 지어서 梓人이 집을 짓는 것을 재상이 나라를 다스리는 것에 비유하였다. 〔頭註〕 梓人은 목공이다.

2)〔譯註〕尋引規矩繩墨 : 8尺을 尋이라 하고 10尺을 引이라 하는데 긴 자와 짧은 자를 이르며, 規는 둥근 것을 재는데 사용하는 그림쇠이고 矩는 네모난 것을 재는데 사용하는 曲尺이다. 繩은 먹줄이고 墨은 먹통이다.

3)〔釋義〕听听(은은) : 听은 魚隱反이니 笑貌라 漢書에 亡(無)是翁听然而笑라하니라〔通鑑要解〕听은 當與齗通이니 漢書에 洙泗之間은 齗齗如也[*]라하니라 又听은 辨爭貌라

〔釋義〕听은 魚隱反(은)이니 웃는 모양이다. ≪漢書≫〈司馬相如傳〉에 "亡是翁이 听然히 웃었다." 하였다.〔通鑑要解〕听은 齗과 통용되니 ≪漢書≫〈地理志〉에 "洙水와 泗水 사이는 서로 다투었다."라고 하였다. 또 听은 논쟁하는 모양이다.

*) 洙泗之間 齗齗如也 : 魯나라의 洙水와 泗水를 건너는 자들이 옛날에는 長幼의 예절이 있었는데, 도가 쇠퇴하자 장유의 질서가 무너져 서로 다툰다는 뜻이다.

又作種樹郭橐駝(탁타)傳[1]하니 曰 橐駝之所種이 無不生且茂者어늘 或問之한대 對曰 橐駝非能使木壽且孳也라 凡木之性은 其根欲舒하고 其土欲故라 旣植之엔 勿動勿慮하야 去不復顧하야 其蒔也[2]若子하고 其置也若棄면 則其天全[3]而性得矣리 他植者則不然하야 根拳而土易하며 愛之太恩하고 憂之太勤하야 旦視而暮撫하고 已去而復顧하며 甚者는 爪其膚以驗其生枯하고 搖其本以觀其疏密하니 而木之性이 日以離矣라 雖曰愛之나 其實害之요 雖曰憂之나 其實讐之라 故로 不我若也라 爲政亦然하니 吾居鄕에 見長人者好煩其令하야 若甚憐焉이나 而卒以禍之라 旦暮吏來하야 聚民而令之하야 促其耕穫하고 督其蠶織하니 吾小人이 輟饔飧[4]하야 以勞吏之不暇어든 又何以蕃吾生而安吾性耶리오 凡病且怠 職此故也라하니 此는 其文之有理者也니라〈出柳文〉

또 '種樹郭橐駝傳'을 지었으니, 그 내용은 대략 다음과 같다.

"郭橐駝가 심은 나무들은 살고 또 무성히 자라지 않는 것이 없었다. 혹자가 그 까닭을 묻자, 郭橐駝가 대답하기를 '내가 능히 나무로 하여금 장수하거나 번성하게 하는 것이 아니다. 무릇 나무의 성질이 뿌리는 펴지기를 바라고 흙

은 옛 것을 바란다. 이미 나무를 심고 난 뒤에는 움직이거나 염려하지 말아 다시는 돌아보지 말아서 나무를 심을 때에는 자식처럼 아끼고 그대로 둘 때에는 버려두는 것처럼 하면 나무의 천성이 온전해지고 본성을 얻게 된다. 다른 사람들이 나무를 심는 것은 그렇지 않아서 뿌리는 말리고 흙은 바뀌며, 나무를 사랑하기를 너무 은혜롭게 하고 나무를 우려하기를 너무 수고롭게 한다. 그리하여 아침에 살펴보았는데 저녁에 다시 어루만지고 이미 떠나갔다가 다시 돌아보며, 심한 경우는 손톱으로 껍질을 긁어보아 나무가 살았는지 말랐는지를 징험해보고, 뿌리를 흔들어서 심은 것이 엉성한지 치밀한지를 관찰하니, 나무의 본성이 날마다 떠나게 된다. 비록 나무를 아낀다고 말하지만 실제로는 나무를 해치는 것이고, 비록 나무를 우려한다고 말하지만 실제로는 나무를 원수로 삼는 것이다. 그러므로 나만 못한 것이다.

정사를 하는 것도 또한 그러하다. 내가 고향에 있을 때에 보니, 백성의 우두머리인 자(수령)가 명령을 번거롭게 내리기를 좋아하여 백성들을 매우 사랑하는 듯하였으나 마침내 폐해를 입히곤 하였다. 아침저녁으로 관리가 와서 백성들을 모아놓고 명령하여 파종과 수확을 재촉하고 양잠과 길쌈을 독려하니, 우리 소인들이 아침밥과 저녁밥도 먹지 못하고 관리들을 대접하여 위로하기에 겨를이 없는데, 또 어떻게 우리 생업을 번성하게 하고 우리 본성을 편안히 할 수 있겠는가? 백성들이 병들고 태만함은 이 때문이다."

이것은 그가 지은 문장 중에 이치가 있는 것이다. - 柳宗元의 문집인 ≪柳柳州集≫[5)]에 나옴 -

1) 〔通鑑要解〕 種樹郭槖駝(탁타)傳 : 槖馳傳以喻守令也라
　槖馳傳을 지어서 郭槖駝가 나무를 심는 것을 守令이 고을을 다스리는 것에 비유하였다.

2) 〔頭註〕 其蒔也 : 蒔는 種也라
　蒔는 심는 것이다.

3) 〔頭註〕 天全 : 天은 便是性이라
　天은 곧 天性이다.

4) 〔頭註〕 輟饔飧 : 輟은 止也니 止自己所食而供之也라 一作具라 饔은 割烹煎和之

稱이라 飧은 音遜이니 熟食也라

輟은 그침이니, 자기가 먹던 것을 그치고 관리에게 공양하는 것이다. 一本에 具로 되어 있다. 饔은 자르고 삶고 조리하는 것을 칭한다. 飧은 음이 손이니, 익힌 음식이다.

5) 〔譯註〕 柳柳州集 : 柳宗元의 문집이다. 柳宗元이 좌천되어 柳州刺史를 지냈기 때문에 세상에서 그를 柳柳州라고 칭하였다.

○ **吳元濟遣使**하야 **求救於恒, 鄆**[1]이어늘 **王承宗, 李師道數上表**하야 **請赦元濟**호되 **上**이 **不從**하다 **是時**에 **諸軍**이 **討淮西**[2]하야 **久未有功**이라 **五月**에 **上**이 **遣中丞裴度**하야 **詣行營宣慰**하고 **察用兵形勢**러니 **度還言淮西必可取之狀**하고 **且曰 觀諸將**에 **李光顔**이 **勇而知義**하니 **必能立功**이리이다 **上**이 **悅**하다

吳元濟가 사자를 보내어 恒州(王承宗)와 鄆州(李師道)에 구원을 청하자, 王承宗과 李師道가 여러 번 表文을 올려 吳元濟를 사면해 줄 것을 청하였으나 上이 따르지 않았다. 이때에 諸軍들이 淮西를 토벌하여 오랫동안 공을 세우지 못하였다.

5월에 上은 御史中丞인 裴度를 보내어 行營에 가서 병사들을 宣慰하고 用兵하는 형세를 살피게 하였다. 裴度가 돌아와 淮西를 반드시 점령할 수 있는 형세를 말하고, 또 아뢰기를 "여러 장수들을 살펴보건대 李光顔이 용맹하고 의리를 아니, 반드시 공을 세울 수 있을 것입니다." 하니, 上이 매우 기뻐하였다.

1) 〔頭註〕 恒, 鄆 : 恒은 承宗이요 鄆은 師道也라

恒州(成德軍節度使)는 王承宗이고 鄆州(平盧淄靑軍節度使)는 李師道이다.

2) 〔頭註〕 討淮西 : 淮西는 元濟라

淮西軍節度使는 吳元濟이다.

○ **考功郎中知制誥韓愈上言**하야 **以爲淮西三小州**[1] **殘弊困劇之餘**에 **而當天下之全力**하니 **其破敗**를 **可立而待**니이다 **然**이나 **所未可知者**는 **在陛下斷與不斷爾**니이다 **李光顔**이 **奏敗淮西兵於時曲**[2]하니 **上以裴度爲知人**이러라 〈出

愈及度傳〉

考功郎中 知制誥 韓愈가 上言하여 아뢰기를 "淮西의 작은 세 州가 殘弊하고 곤궁함이 심한 뒤에 천하의 전 병력에 맞서서 싸우고 있으니, 그들이 격파되어 패배하는 것을 서서 기다릴 수 있습니다. 그러나 알 수 없는 것은 폐하께서 결단하시느냐, 결단하지 않으시느냐 하는 것일 뿐입니다." 하였다.

李光顔이 淮西의 군대를 時曲에서 패퇴시켰다고 상주하니, 上은 裴度가 사람을 잘 알아본다고 여겼다. - ≪舊唐書≫의 〈韓愈傳〉과 〈裴度傳〉에 나옴 -

1)〔頭註〕淮西三小州 : 申, 光, 蔡라
淮西의 세 작은 州는 申州, 光州, 蔡州이다.

2)〔頭註〕時曲 : 地名也라
時曲은 지명이다.

上이 自李吉甫薨으로 悉以用兵事委武元衡하다 李師道所養客이 說(세)師道曰 天子所以銳意誅蔡者는 元衡贊之也니 請密往刺之하노이다 元衡死면 則他相은 不敢主其謀하야 爭勸天子罷兵矣리이다 師道以爲然하야 資給遣之하다 六月癸卯天未明에 元衡이 入朝할새 出所居靖安坊東門이러니 有賊이 自暗中殺之하야 取其顱(로)骨[1]而去하고 又入通化坊하야 擊裴度하야 傷其首로되 度氈帽[2]厚하야 得不死하니 京城大駭라 於是에 詔宰相出入에 加金吾騎士하다 〈出元衡傳〉

上은 李吉甫가 죽은 뒤로부터 用兵하는 일을 모두 武元衡에게 위임하였다. 李師道가 기르던 문객이 李師道를 설득하기를 "천자가 마음을 가다듬어 蔡州를 토벌하는 까닭은 武元衡이 돕기 때문이니, 청컨대 은밀히 가서 그를 찔러 죽이겠습니다. 武元衡이 죽고나면 다른 재상은 감히 蔡州(淮西)를 토벌하는 계책을 주장하지 못하여 사람들이 다투어 천자에게 罷兵하도록 권할 것입니다." 하니, 李師道가 그의 말을 옳게 여겨 물자를 주어 보냈다.

6월 癸卯日(3일)에 날이 밝기 전에 武元衡이 조정에 들어가기 위해 거처하던 靖安坊의 동쪽 문을 나왔는데, 어떤 도적(자객)이 어둠 속에서 그를 살해하여 그의 두개골을 탈취해 갔으며, 또 도적이 通化坊에 들어가 裴度를 공격하여 머리를 상하게 했으나 裴度가 쓰고 있던 털모자가 두꺼워 죽지 않으니, 京城이 크게 놀랐다. 이에 황제가 명하여 재상들이 출입할 적에 金吾의 기병을 보내어 보호하게 하였다. - ≪舊唐書 武元衡傳 ≫에 나옴 -

1)〔原註〕顱(로)骨 : 顱는 龍都反이니 首骨이라
顱는 龍都反(로)이니, 두개골이다.

2)〔頭註〕氈帽 : 氈은 笠也니 以毛爲之라
氈은 털모자이니, 모직으로 만든 것이다.

○ **或請罷度官**하야 **以安恒鄆之心**한대 **上怒曰 若罷度官**이면 **是奸謀得成**하야 **朝廷無復綱紀**이니 **吾用度一人**이면 **足破二賊**이라하고 **乙丑**에 **以度爲中書侍郎同平章事**하다 **度上言**호되 **淮西**는 **腹心之疾**이라 **不得不除**요 **且朝廷**이 **業已**[1] **討之**하니 **兩河藩鎭跋扈者 將視此爲高下**하리니 **不可中止**니이다 **上以爲然**하야 **悉以用兵事委度**하야 **討賊愈急**하니라

혹자가 裴度의 관직을 파면하여 恒州와 鄆州의 마음을 안정시킬 것을 청하자, 上이 노하여 말하기를 "만약 裴度의 관직을 파면한다면 이것은 간사한 꾀가 이루어져 조정에 다시는 기강이 없을 것이니, 내가 裴度 한 사람을 등용하면 恒州와 鄆州의 두 역적을 충분히 격파할 수 있을 것이다." 하고, 乙丑日(25일)에 裴度를 中書侍郎 同平章事로 임명하였다.

裴度가 上言하기를 "淮西는 心腹에 있는 큰 병이라서 제거하지 않을 수가 없고, 또 조정에서 이미 吳元濟를 토벌하고 있으니, 兩河의 藩鎭으로서 跋扈하는 자들이 장차 이것을 보고 자신들을 높이거나 낮출 것이니, 중지할 수 없습니다." 하였다. 上은 그의 말을 옳게 여겨 用兵하는 일을 다 裴度에게 위임해서 적을 더욱 급히 토벌하였다.

1)〔頭註〕業已 : 已然曰業이라
이미 그러함을 業이라 한다.

【丙申】 十一年이라

元和 11년(병신 816)

夏四月에 司農卿皇甫鎛(박)이 以兼中丞으로 權度支하니 始以聚斂得幸이러라 〈出本傳〉

여름 4월에 司農卿 皇甫鎛이 兼中丞으로서 度支를 임시로 맡으니, 처음으로 가렴주구하는 것으로 황제의 총애를 얻었다. - ≪舊唐書 皇甫鎛傳≫에 나옴 -

○ 六月에 高霞寓[1]大敗於鐵城하야 僅以身免하니 中外駭愕이라 宰相入見하고 將勸上罷兵이러니 上曰 勝負는 兵家之常이니 豈得以一將失利로 遽議罷兵耶아 於是에 獨用裴度之言하니 言罷兵者 亦稍息矣러라 〈出度傳〉

6월에 高霞寓가 鐵城에서 대패하여 겨우 죽음을 면하니, 中外가 크게 놀랐다. 재상이 조정에 들어가 뵙고 上에게 罷兵할 것을 권하려 하자, 上이 말하기를 "승부는 군대에 늘상 있는 일이니, 어찌 한 장수가 패전했다 하여 갑자기 罷兵을 의논하겠는가?" 하였다. 이에 上이 오직 裴度의 말만 따르니, 罷兵을 주장하는 자들이 또한 차츰 그치게 되었다. - ≪舊唐書 裴度傳≫에 나옴 -

1) 〔頭註〕 高霞寓 : 唐鄧節度使라
高霞寓는 唐鄧軍節度使이다.

【丁酉】 十二年이라

元和 12년(정유 817)

以太子詹事李愬(소)[1]로 爲唐, 鄧, 隨節度使하다 淮西人이 自以嘗敗高袁二帥라하야 輕愬名位素微하야 遂不爲備라 愬謀襲蔡州하고 遣馬少良하야 將十餘騎巡邏(라)[2]할새 遇吳元濟捉生虞候丁士良하야 與戰擒之하다 愬命釋其縛하고 給其衣服器械하고 署爲捉生將[3]한대 士良이 言於愬曰 吳秀琳이 擁三

千之衆하고 據文城柵[4)]하야 爲賊左臂하니 官軍不敢近者는 有陳光洽爲之謀主也라 光洽이 勇而輕[5)]하야 好自出戰하니 請爲公先擒光洽이면 則秀琳自降矣리이다 戊申에 士良이 擒光洽以歸하다

太子詹事 李愬를 唐州, 鄧州, 隨州의 節度使로 임명하였다. 淮西 사람들은 스스로 '일찍이 高霞寓와 袁滋 두 장수를 패퇴시켰다.'고 생각하여 李愬의 명성과 지위가 본래 미미함을 깔보아서 마침내 대비하지 않았다.

李愬가 蔡州를 습격할 것을 모의하고 馬少良을 보내어 10여 명의 기병을 거느리고 순라를 돌 적에 吳元濟의 捉生虞候인 丁士良을 만나 그와 싸워서 사로잡았다. 李愬가 그의 포박을 풀어주도록 명하고, 그에게 의복과 기물과 병기를 지급하고, 捉生將으로 임명하였다.

丁士良이 李愬에게 말하기를 "吳秀琳이 3천 명의 병력을 보유하고 文城柵을 점거하여 吳元濟의 왼팔이 되고 있으니, 官軍이 감히 가까이 가지 못하는 까닭은 陳光洽이 그의 謀主가 되었기 때문입니다. 陳光洽은 용감하지만 경솔하여 스스로 출전하기를 좋아하니, 청컨대 公을 위하여 먼저 陳光洽을 사로잡아 오겠습니다. 그러면 吳秀琳은 저절로 항복할 것입니다." 하였다. 戊申日(18일)에 丁士良은 陳光洽을 사로잡아 돌아왔다.

1) 〔釋義〕 李愬(소) : 愬는 李晟之子라
李愬는 李晟의 아들이다.

2) 〔頭註〕 巡邏(라) : 邏는 游兵이라
邏는 돌아다니며 정탐하는 군사이다.

3) 〔頭註〕 署爲捉生將 : 署는 除也라
署는 제수함이다.

4) 〔釋義〕 據文城柵 : 柵은 側革反이니 寨柵也니 立木爲之라
柵은 側革反(책)이니, 목책이다. 나무를 세워서 만든다.

5) 〔頭註〕 勇而輕 : 輕은 去聲이니 不持重也라 輕則寡謀라
輕은 去聲이니 신중하지 못한 것이다. 가벼우면 智謀가 부족하다.

○ 三月에 吳秀琳이 以文城柵으로 降于李愬하니 愬慰勞之하고 降其衆三千人하

다 秀琳將李憲이 有材勇이어늘 愬更其名曰忠義라하야 而用之하다 愬與秀琳으로 謀取蔡할새 秀琳曰 公欲取蔡인댄 非得李祐면 不可하니 如秀琳은 無能爲也니이다 會에 祐帥士卒하고 刈麥於張柴村[1]이어늘 愬使廂虞候[2]史用誠으로 擒之하다

3월에 吳秀琳이 文城柵을 가지고 李愬에게 항복하니, 李愬가 그를 위로하고 그의 병력 3천 명의 투항을 받아들였다. 吳秀琳의 장수인 李憲이 재주와 용맹이 있었는데, 李愬가 그의 이름을 忠義로 바꾸고 그를 등용하였다.

李愬가 吳秀琳과 함께 蔡州를 점령할 것을 모의할 적에 吳秀琳이 말하기를 "公이 蔡州를 점령하고자 한다면 李祐를 얻지 않고는 불가능하니, 저와 같은 자는 아무 일도 하지 못합니다." 하였다. 마침 李祐가 張柴村에서 병졸들을 거느리고 보리를 베고 있었는데, 李愬가 廂虞候인 史用誠으로 하여금 그를 사로잡게 하였다.

1) 〔通鑑要解〕 張柴村 : 在文城柵六十里라
　張柴村은 文城柵의 60리 지점에 있다.

2) 〔頭註〕 廂虞候 : 掌左右廂之兵이라
　廂虞候는 左廂과 右廂의 군대를 관장한다.

○ 諸軍이 討淮西하야 四年不克하니 饋運疲弊하야 民至有以驢(려)耕者라 上亦病之하야 以問宰相한대 李逢吉等이 競言師老財竭하야 意欲罷兵호되 裴度獨無言이라 上이 問之한대 對曰 臣請自往督戰하야 誓不與此賊俱生이니이다 臣觀元濟호니 勢實窘蹙이나 但諸將心不壹하야 不併力迫之라 故로 未降爾니 若臣自詣行營이면 諸將이 恐臣奪其功하야 必爭進破賊矣리이다 上이 悅하다 六月에 以度爲門下侍郞同平章事兼彰義節度使하고 仍充淮西宣慰招討處置使하다 度將行할새 言於上曰 臣若賊滅이면 則朝天有期어니와 賊在면 則歸闕無日이니이다 上이 爲之流涕러라 〈出度傳〉

諸軍이 淮西를 토벌하여 4년이 지나도 蔡州를 점령하지 못하니, 군량을 운반하느라 피폐하여 백성 중에 나귀를 가지고 밭을 가는 자가 있었다. 上이

또한 이를 근심하여 재상들에게 묻자, 李逢吉 등이 '군사들이 지치고 재정이 고갈되었다.'고 다투어 말하여 내심 罷兵하고자 하였으나 裴度만은 홀로 말이 없었다.

上이 裴度에게 묻자, 裴度가 대답하기를 "臣이 청컨대 직접 가서 督戰하여 맹세코 吳元濟와 한 하늘 아래에서 살지 않겠습니다. 신이 관찰하건대 吳元濟는 형세가 실로 곤궁하고 위축되었으나 다만 여러 장수들의 마음이 통일되지 못하여 힘을 합쳐 압박하지 않기 때문에 항복시키지 못하는 것입니다. 만약 신이 직접 行營에 간다면 여러 장수들은 신이 그들의 공을 가로챌까 우려하여 반드시 다투어 나아가 적을 격파할 것입니다." 하였다. 이에 上이 기뻐하였다.

6월에 裴度를 門下侍郎 同平章事로 임명하여 彰義節度使를 겸하게 하고, 인하여 淮西宣慰招討處置使로 충당하였다. 裴度가 장차 길을 떠나려 할 적에 上에게 아뢰기를 "신이 만약 吳元濟를 격파한다면 폐하를 뵈올 기약이 있겠지만 만약 吳元濟가 남아있다면 신은 대궐로 돌아오지 않을 것입니다." 하니, 上이 그를 위하여 눈물을 흘렸다. -≪舊唐書 裴度傳≫에 나옴-

李愬將攻吳房[1)]할새 **諸將曰 今日往亡**[2)]이니이다 **愬曰 吾兵少**하야 **不足戰**하니 **宜出其不意**요 **彼以往亡**이라하야 **不吾虞**[3)]하리니 **正可擊也**라하고 **遂往**하야 **克其外城**하고 **斬首千餘級**하다

李愬가 장차 吳房縣을 공격하려 할 적에 諸將들이 말하기를 "오늘은 往亡日이니, 싸워서는 안 됩니다." 하였다. 李愬가 말하기를 "우리는 군대가 적어서 충분히 싸울 수 없으니, 마땅히 적이 예상하지 않은 때에 출동해야 할 것이다. 저들은 오늘이 往亡日이라 하여 우리의 공격을 예상치 못할 것이니, 바로 공격할 수 있는 좋은 기회이다." 하고는 마침내 가서 吳房縣의 外城을 점령하고 천여 명의 首級을 베었다.

1) 〔釋義〕 吳房 : 地志에 汝南에 有吳房縣이라 註에 吳王闔廬弟夫槩奔楚어늘 楚封於此하야 爲堂谿氏라 本房子國이러니 以其封吳라 故로 名吳房이라하니라

≪漢書≫ 〈地理志〉에 "汝南에 吳房縣이 있다." 하였는데, 註에 "吳王 闔廬의 아우 夫槩가 楚나라로 도망오자, 楚나라에서 이곳에 봉하여 堂谿氏로 삼았다. 본래 房子國이었는데, 吳나라 사람을 봉했기 때문에 吳房이라 이름했다." 하였다.

2) 〔附註〕 往亡*) : 立春後七日, 驚蟄後十四日, 淸明後二十一日, 立夏後八日, 芒種後十六日, 小暑後二十四日, 立秋後九日, 白露後十八日, 寒露後二十七日, 立冬後(十)〔七〕日, 大雪後二十日, 小寒後(二)〔三〕十也라 又正寅, 二巳, 三申, 四亥, 五卯, 六午, 七酉, 八子, 九辰, 十未, 十一戌, 十二丑也라

往亡日은 立春 뒤 7일, 驚蟄 뒤 14일, 淸明 뒤 21일, 立夏 뒤 8일, 芒種 뒤 16일, 小暑 뒤 24일, 立秋 뒤 9일, 白露 뒤 18일, 寒露 뒤 27일, 立冬 뒤 7일, 大雪 뒤 20일, 小寒 뒤 30일이 되는 날이요, 또 정월은 寅日, 2월은 巳日, 3월은 申日, 4월은 亥日, 5월은 卯日, 6월은 午日, 7월은 酉日, 8월은 子日, 9월은 辰日, 10월은 未日, 11월은 戌日, 12월은 丑日이다.

*) 往亡 : 가면 패망하는 날이라는 뜻으로, 陰陽家에서 외출이나 出陣을 꺼리는 흉일을 이른다.

3) 〔釋義〕 不吾虞 : 猶言不料我也라 左傳註에 虞는 度(탁)也라하니라

不吾虞는 우리의 공격을 예상치 못한다는 말과 같다. ≪春秋左傳≫ 成公 8년조 '其孰以我爲虞'의 註에 "虞는 헤아림이다."라고 하였다.

○ 李祐言於李愬曰 蔡之精兵이 皆在洄曲하고 及四境拒守하야 守州城者는 皆羸(리)老之卒[1]이니 可以乘虛하야 直抵其城이면 比賊將聞之에 元濟已成擒矣리이다 愬然之하야 夜半雪甚호되 行七十里하야 至州城하니 近城에 有鵝鴨池어늘 愬令驚之하야 以混軍聲하다 自吳少誠拒命으로 官軍不至蔡州城下 三十餘年이라 故로 蔡人이 不爲備러라 四鼓[2]에 愬至城下하니 無一人知者라 李祐, 李忠義钁(곽)其城[3]爲坎하야 以先登[4]하고 壯士從之하야 雞鳴에 入居元濟外宅하다 或이 告元濟曰 官軍至矣라한대 元濟尙寢이라가 笑曰 俘囚爲盜爾니 曉當盡殺之하리라 又有告者曰 城陷矣라한대 元濟起聽於廷하니 聞愬軍號令에 曰 常侍傳語[5]라한대 應者近萬人이라 元濟始懼하야 乃帥(솔)左右하고 登牙城[6]拒戰하다 〈出愬傳〉

李祐가 李愬에게 말하기를 "蔡州의 정예병들은 모두 洄曲에 있거나 또는 사방 변경에서 방어하고 있어 蔡州城을 수비하는 자들은 모두 파리하고 늙은 병졸이니, 우리가 적의 빈틈을 타고서 곧바로 蔡州城에 도착한다면 적장이 이 소식을 들을 때 쯤에는 吳元濟는 이미 우리에게 사로잡힐 것입니다." 하였다.

李愬가 그의 말을 옳게 여겨 한밤중에 폭설이 심하게 내렸으나 70리를 행군하여 蔡州城에 이르니, 蔡州城 부근에 거위와 오리가 모여있는 못이 있었다. 李愬가 병사들로 하여금 이 거위와 오리들을 놀라게 하여 군사들의 목소리와 혼동하게 하였다.

吳少誠이 조정의 명을 항거한 뒤로부터 30여 년 동안 관군이 蔡州城 아래에 이른 적이 없었다. 그러므로 蔡州 사람들이 대비를 하지 않았다. 밤 4경에 李愬가 蔡州城 아래에 이르니, 한 사람도 아는 이가 없었다. 李祐와 李忠義가 성을 호미로 파서 구덩이를 만들어 먼저 올라가고 병사들이 뒤따라 올라가서 새벽닭이 울 무렵 吳元濟의 城 밖의 집에 진입하였다.

혹자가 吳元濟에게 "관군이 이르렀다."고 보고하자, 吳元濟는 그때까지도 잠을 자다가 웃으며 말하기를 "포로들이 반란하는 것일 뿐이니, 새벽에 마땅히 다 죽여버리겠다." 하였다. 또다시 아뢰는 자가 "성이 함락되었다."고 보고하였으므로 吳元濟가 잠자리에서 일어나 뜰에서 들어보니, 李愬 군대의 호령소리를 들리는데, "李常侍가 말씀을 전한다."라고 하자, 호응하는 자가 만명에 가까웠다. 吳元濟가 비로소 두려워하여 마침내 좌우를 인솔하고 牙城에 올라가 항전하였다. - ≪舊唐書 李愬傳≫에 나옴 -

1) 〔釋義〕 羸(리)老之卒 : 羸는 倫爲反이니 瘠也라
羸는 倫爲反(리)이니, 수척함이다.

2) 〔頭註〕 四鼓 : 四更也라
四鼓는 4경이다.

3) 〔釋義〕 钁(곽)其城 : 钁은 厥縛反이니 大鉏也라 〔通鑑要解〕 钁은 大鉏也라 方言에 關東名鹵斫(로작)이라
〔釋義〕 钁은 厥縛反(곽)이니, 큰 호미이다. 〔通鑑要解〕 钁은 큰 호미이다. ≪

方言≫에 "관동 지방에서는 鹵斫이라고 한다." 하였다.

4) 〔通鑑要解〕 先登：率先以登城이라

先登은 앞장서서 城에 오르는 것이다.

5) 〔頭註〕 常侍傳語：常侍는 謂李愬也라

常侍는 李愬를 이른다.

6) 〔釋義〕 牙城：古者軍行에 有牙하니 尊者所在라 後人이 因以所治爲牙(衙)라 曰牙城者는 謂牙之城이니 卽內城也라 〔通鑑要解〕 將軍之旗曰牙라 立於帳前를 謂之牙帳이니 取其爲國瓜牙[*)]也라

〔釋義〕 옛날 군대가 행군할 때에 牙旗가 있었으니 높은 자가 있는 곳이다. 후인들이 인하여 治所가 있는 곳을 牙(衙)라 하였다. 牙城은 衙門의 城을 이르니, 바로 內城이다. 〔通鑑要解〕 將軍의 깃발을 牙라고 한다. 장막 앞에 세우는 것을 牙帳이라 이르니, 나라의 瓜牙가 된다는 뜻을 취한 것이다.

*) 瓜牙：맹수의 발톱과 이빨로 적의 공격을 막고 임금을 호위하는 용사를 이르는 말이다.

○ 時에 董重質이 擁精兵萬餘人하고 據洄曲이라 愬曰 元濟所望者는 重質之救爾라하고 乃訪重質家하야 厚撫之하고 遣其子傳道하야 持書諭重質하니 重質이 遂單騎詣愬降하다 元濟於城上請罪어늘 梯而下之하야 檻送京師[1)]하고 不戮一人하고 屯於鞠場[2)]하야 以待裴度하다 度入城이어늘 李愬具櫜鞬(고건)出迎[3)]하야 拜於路左라 度將避之한대 愬曰 蔡人頑悖하야 不識上下之分이 數十年矣라 願公은 因而示之하야 使知朝廷之尊하소서 度乃受之하다

이때에 董重質이 정예병 만여 명을 보유하고 洄曲을 점거하고 있었다. 李愬는 말하기를 "吳元濟가 기대하는 것은 董重質의 구원뿐이다." 하고는 마침내 董重質의 집을 방문하여 집안 사람들을 후하게 위문하고 그의 아들 傳道를 보내어 자신의 편지를 가지고 가서 董重質을 타이르게 하니, 董重質이 마침내 單騎로 李愬에게 찾아와서 항복하였다.

吳元濟가 성 위에서 죄를 받을 것을 청하므로 사다리로 그를 끌어내려서 檻車에 태워 京師로 압송하고 한 사람도 죽이지 않았으며, 군대를 鞠場(축구

장)에 주둔시키고 裴度가 오기를 기다렸다. 裴度가 성 안에 들어오자, 李愬가 활집과 화살통(武裝)을 갖추고 나가서 맞이하여 길 왼편에서 절하였다. 裴度가 장차 李愬의 절을 피하려 하자, 李愬가 말하기를 "蔡州 사람들이 완악하고 패역하여 상하의 분수를 알지 못한 지가 수십 년입니다. 바라건대 상공은 이로 인하여 그들에게 상하의 분수를 보여주어서 그들로 하여금 조정의 존엄함을 알게 하소서." 하니, 裴度가 마침내 李愬의 절을 받았다.

1) 〔頭註〕 檻送京師 : 檻은 檻車라
   檻은 檻車이다.
2) 〔釋義〕 屯於鞠場 : 鞠은 渠六反이니 蹴鞠之處也라
   鞠은 渠六反(국)이니, 공을 차는 곳이다.
3) 〔釋義〕 李愬具櫜鞬(고건)出迎 : 王氏曰 左傳에 右屬櫜鞬이라한대 註에 櫜은 韜也라 馬上曰鞬이라 鞬은 建也니 言弓矢竝建立其中也라 樂記曰 武王克殷하시고 倒載干戈하야 包之以虎皮하고 將帥之士를 使爲諸侯하고 名之曰建櫜라한대 註에 包干戈以虎皮는 (帽)〔明〕能以武服兵也라 建讀爲鞬하니 字之誤也라 兵甲之衣曰櫜니 鞬櫜는 言閉藏兵甲也라하니라 櫜音羔요 鞬은 巨展, 巨偃二反이라 李愬具此出迎者는 軍禮也니 以示尊敬之義니라 〔通鑑要解〕 櫜은 弓衣요 鞬은 馬上盛弓矢器라
   〔釋義〕 王氏가 말하였다. "≪春秋左傳≫ 僖公 25년조에 '오른쪽에 櫜鞬을 갖춘다.' 하였는데, 註에 '櫜는 활집이다. 말 위에 활과 화살을 꽂아 등에 지는 물건을 鞬(동개)이라 한다. 鞬은 세우는 것이니, 활과 화살을 함께 그 가운데에 세워둠을 말한 것이다.' 하였다. ≪禮記≫ 〈樂記〉에 이르기를 '武王이 殷나라를 정벌하여 이기시고 방패와 창을 거꾸로 꽂아서 호피로 싸고 장수의 군사들을 諸侯로 삼고는 이것을 建櫜라 이름하였다.' 하였는데, 註에 '방패와 창을 호피로 싼 것은 神武로 군대를 복종시킬 수 있음을 밝힌 것이다. 建은 鞬으로 읽으니, 글자가 잘못된 것이다. 병기와 갑옷을 넣어두는 집을 櫜라 하니, 鞬櫜는 병기와 갑옷을 넣고 닫아서 보관함을 말한 것이다.' 하였다. 櫜는 음이 고이고, 鞬은 巨展反(건)과 巨偃反(근)이다. 李愬가 이것을 갖추고 나아가 맞이한 것은 軍禮이니, 裴度에게 존경하는 뜻을 보인 것이다. 〔通鑑要解〕 櫜鞬은 櫜는 활집이고, 鞬은 말 위에서 활과 화살을 꽂아 등에 지는 물건이다.

愬還軍文城하니 諸將請曰 始에 公敗於朗山而不憂[1]하고 勝於吳房而不取

하고 冒大風盛雪而不止하고 孤軍深入而不懼하니이다 然이나 卒以成功하니 皆衆人所不諭也니 敢問其故하노이다 愬曰 朗山不利면 則賊輕我하야 不爲備矣요 取吳房이면 則其衆奔蔡하야 倂力固守라 故로 存之以分其兵이요 風雪陰晦면 則烽火不接하야 不知吾至요 孤軍深入이면 則人皆致死하야 戰自倍矣라 夫視遠者는 不顧近하고 慮大者는 不計細하나니 若矜小勝, 恤小敗면 先自撓矣리니 何暇立功乎아 衆皆服이러라 愬儉於奉己而豐於待士하고 知賢不疑하고 見可能斷하니 此其所以成功也러라 〈出愬傳〉

李愬가 돌아와 文城에 주둔하니, 여러 장수들이 묻기를 "공은 처음에 朗山에서 패전하였으나 근심하지 않았고 吳房縣에서 승리하였으나 점령하지 않았으며, 큰 바람과 많은 눈을 무릅쓰고 행군을 멈추지 않았고 외로운 군대로 적지에 깊숙히 들어가면서도 두려워하지 않았습니다. 그러나 끝내 이로써 성공하였으니, 이는 끝내 여러 사람들이 깨닫지 못하는 바입니다. 감히 그 이유를 묻습니다." 하였다.

이에 李愬가 대답하기를 "朗山에서 승리하지 못했으면 적이 우리들을 깔보아 대비를 하지 않을 것이요, 吳房縣을 점령하면 그 무리들이 蔡州로 달아나서 힘을 합쳐 蔡州城을 굳게 지킬 것이다. 그러므로 吳房縣을 남겨두어 그들의 병력을 분산시킨 것이다. 바람이 불고 눈이 내리고 날씨가 음산하면 봉화불이 이어져 전달되지 못하여 적들이 우리가 오는 것을 알지 못할 것이요, 외로운 군대로 적지에 깊숙히 들어가면 군사들이 모두 사력을 다하여 전투력이 배가된다. 먼 것을 내다보는 자는 가까운 일을 돌아보지 않고, 큰 일을 생각하는 자는 작은 일을 계산하지 않는다. 만약 작은 승리를 자랑하고 작은 패전을 걱정한다면 먼저 스스로 흔들릴 것이니, 어느 겨를에 공을 세우겠는가?" 하니, 여러 사람들이 모두 탄복하였다.

李愬는 자기 몸을 봉양하는 것은 검소하게 하고 군사들을 대하는 것은 풍부하게 하였으며, 상대방의 어짊을 알면 의심하지 않고 등용하고 가능성을 보면 즉시 결단을 내렸으니, 이것이 그가 성공한 이유였다. - ≪舊唐書 李愬

傳≫에 나옴 -

1) 〔通鑑要解〕 公敗於朗山而不憂 : 愬遣兵攻朗山할새 官軍不利하니 衆皆悵恨이어늘 愬獨喜하니라
李愬가 군대를 보내 朗山을 공격할 적에 관군이 불리하자, 여러 사람들이 모두 실망하였으나 李愬만은 홀로 기뻐하였다.

○ 裴度以蔡卒爲牙兵[1]한대 或諫曰 蔡人反側者尙多하니 不可不備니이다 度笑曰 吾爲彰義節度使하고 元惡旣擒하니 蔡人은 則吾人也라 又何疑焉이리오 蔡人聞之하고 感泣이러라 先是에 吳氏父子阻兵에 禁人偶語於塗하고 夜不然燭하고 有以酒食(사)相過從者면 罪死러니 度旣視事에 下令하야 惟禁盜賊鬪殺하고 餘皆不問하고 往來者를 不限晝夜하니 蔡人이 始知有生民之樂이러라 〈出度傳〉

裴度가 蔡州의 투항한 병졸로 牙兵을 삼자, 혹자가 간하기를 "蔡州 사람들은 배반하려는 자가 아직도 많으니, 대비하지 않아서는 안 됩니다." 하였다. 裴度가 웃으며 말하기를 "내가 彰義節度使가 되었고 큰 죄악을 저지른 吳元濟를 이미 사로잡았으니, 蔡州 사람들은 바로 나의 백성이다. 또 어찌 그들을 의심하겠는가?" 하였다. 蔡州 백성들이 이 말을 듣고 감격하여 눈물을 흘렸다.

이보다 앞서 吳少陽 父子가 군대로 조정에 항거할 적에 두 사람 이상이 길가에서 모여 이야기하는 것을 금지하고, 밤에는 촛불을 켜지 못하게 하였으며, 술과 음식을 가지고 서로 방문하는 자가 있으면 사형죄로 처벌하였는데, 裴度가 일을 보게 되자, 명령을 내려서 오직 도적과 싸움과 죽이는 것만 금지하고 그 나머지는 모두 따지지 않았으며 사람들이 왕래함에 밤낮을 제한하지 않으니, 蔡州 사람들이 비로소 生民의 즐거움이 있음을 알게 되었다. - ≪舊唐書 裴度傳≫에 나옴 -

1) 〔譯註〕 牙兵 : 本營에서 내장 휘하에 직속되어 대장을 수행하는 병사를 이른다.

○ 初에 淮西之人이 劫於李希烈, 吳少誠之威虐하야 不能自拔이 久하야 而老

者衰하고 **幼者壯**하야 **安於悖逆**하고 **不復知有朝廷矣**라 **雖居中土**나 **其風俗獷戾**(광려)[1]가 **過於夷貉(貊)**이라 **故**로 **以三州之衆**으로 **擧天下之兵**하야 **環而攻之**하야 **四年然後**에 **克之**하니라 〈出元濟傳〉[2]

처음에 淮西 사람들이 李希烈과 吳少誠의 위세와 사나움에 협박을 받아 스스로 빠져나오지 못한 지가 오래되어 늙은 자는 쇠약해지고 어린 자는 壯年에 이르러서 조정을 거역하는 것을 편안히 여기고 다시는 조정이 있는 줄을 알지 못하였다. 이들은 비록 中原에 살았지만 풍속이 사납고 흉포함이 오랑캐보다 더하였다. 그러므로 吳元濟가 통치한 세 州의 무리를, 천하의 군대를 총동원하여 4년 동안 포위 공격한 뒤에야 비로소 이길 수 있었다. - ≪舊唐書 吳元濟傳≫에 나옴 -

1) 〔頭註〕 獷戾(광려) : 獷은 惡貌라
   獷은 포악한 모습이다.
2) 〔譯註〕 出元濟傳 : 이 내용은 ≪舊唐書≫ 〈吳少誠傳〉에 나온다. 〈吳少誠傳〉에 아우 少陽과 아들 元濟의 傳이 부록되어 있다.

○ **十二月**에 **賜裴度爵晉國公**하고 **復入知政事**하다

12월에 裴度에게 晉國公의 관작을 하사하고 다시 조정에 들어와 정사를 맡게 하였다.

【戊戌】 十三年이라

元和 13년(무술 818)

春에 **淮西旣平**하니 **李師道憂懼**하야 **不知所爲**라 **李公度**[1]**說**(세)**之**호되 **納質獻地**하야 **以自贖**하리하니 **師道從之**하야 **遣使奉表**하고 **獻沂, 密, 海三州**어늘 **上許之**하다

봄에 淮西(蔡州)가 이미 평정되니, 李師道가 근심하고 두려워하여 어찌 할 바를 몰랐다. 李公度가 그를 설득하기를 "인질과 땅을 바쳐서 스스로 속죄하

라.” 하였다. 李師道가 그의 말을 따라 使者를 보내어 表文을 올리고 沂州·密州·海州의 세 州를 바치니, 上이 이를 허락하였다.

1) 〔頭註〕 李公度 : 師道幕僚라
李公度는 李師道의 막료이다.

二月에 浚龍首池하고 起承暉(휘)殿하야 土木寖興矣러라

2월에 龍首池를 준설하고 承暉殿을 짓는 일을 시작하여 토목공사가 점점 일어나게 되었다.

朱黼曰 滄海之大는 (杯)〔杯〕潦不加하고 溝壑之盈은 一雨輒溢하나니 人之器量小大 猶是也라 舜能兢業於四夷來王之後하시고 成湯儆懼於十一征無敵之餘하시며 九夷八蠻通道로되 細行之矜[1]이 猶故也요 六服[2]群辟承德이로되 逸欲不生[3]이 猶昨也하시니 先王處成功之後에 類皆如是라 晉武帝는 平吳而怠하고 隋文帝는 平陳而驕하고 唐憲宗은 定淮蔡而侈하니 是與雨集畎澮에 流泛四出로 何異哉리오 夫以四年之力으로 環天下之兵하야 僅平四小州[4]하니 當是時하야 李師道反覆不臣이로되 猶未之討也하고 王承宗再討不服하야 猶未納款也하며 劉總[5]尙未入朝하고 吐蕃猶未息寇하야 天下之事不滿人意者 其類尙多하니 夙夜祗懼라도 猶恐不給[6]이라 今弓矢未櫜에 土木已興하고 閥閱未奏[7]에 諫諍已愎하며 寵宦官而授之印[8]하야 而中貴益橫하고 任盜臣[9]而使當國하야 而小人益肆라 夫以憂勤十年之功으로 而隳(휴)喪於一役僅成之後하야 不得正終以盡天年하니 由量之不宏也니라

朱黼가 말하였다.

“크나큰 滄海는 큰 장마가 져도 더해지지 않고 작은 도랑은 한 번 비가 오면 곧 넘치니, 사람의 기량의 크고 작음도 이와 같다. 舜임금은 사방 오랑캐들이 와서 복종한 뒤에도 조심하고 두려워하였고, 湯王은 열한 번 정벌하여 대적할 자가 없는 뒤에도 경계하고 두려워하였으며, 武王은 九夷와 八蠻에 길이 통하였으나 작은 행실을 삼감이 예전과 같았고, 成王은 六服의 여러 제후들이 모두 덕을 받들었으나 逸欲이 생기지 않음이 예전과 같았으니, 先王

이 성공한 뒤에 대처함에 모두 다 이와 같았다.

晉나라 武帝는 吳나라를 평정하고서 게을러졌고 隋나라 文帝는 陳나라를 평정하고서 교만해졌고 唐나라 憲宗은 淮蔡를 평정하고서 사치해졌으니, 이것은 빗물이 작은 도랑으로 모임에 흘러 넘쳐서 사방으로 나오는 것과 무엇이 다르겠는가. 4년 동안 힘을 들이고 천하의 병력으로 포위 공격하여 겨우 네 작은 州를 평정하였다. 이때를 당하여 李師道가 반복무상하여 신하 노릇하지 않았으나 오히려 토벌하지 못하였고, 王承宗을 두 번 토벌하였으나 복종시키지 못하여 오히려 정성을 바치지 않았으며, 劉總이 아직도 조회하지 않고 吐蕃이 오히려 침략을 그치지 않아서 천하의 일이 사람들의 뜻에 만족하지 못한 것이 그 종류가 아직도 많았으니, 황제가 일찍 일어나고 밤늦게 자며 공경하고 두려워해도 오히려 부족할까 두려웠다. 그런데 이제 활과 화살을 화살통에 넣기도 전에 토목공사가 이미 일어나고 공로를 아뢰기 전에 간쟁을 이미 싫어하며, 환관을 총애하여 印綬를 주어서 中貴(환관)가 더욱 專橫하였고, 도둑질하는 신하(皇甫鎛)에게 맡겨 국정을 담당하게 해서 소인들이 더욱 방자하였다. 10년 동안 근심하고 수고한 공력을 가지고 한 번 싸워 겨우 성공한 뒤에 무너져서 올바르게 끝마쳐 천수를 다하지 못하였으니, 이는 德量이 크지 못하기 때문이었다."

1)〔頭註〕細行之矜：武王也니 見書旅獒篇하니라 矜은 莊也니 矜持自飭貌라
작은 행실을 삼간 것은 周나라의 武王이니, ≪書經≫ 〈旅獒〉에 보인다. 矜은 장엄한 것이니, 긍지하여 스스로 삼가는 모양이다.

2)〔頭註〕六服*)：侯, 甸, 男, 采, 衛와 幷畿內也라
六服은 侯服·甸服·男服·采服·衛服에 畿內까지 아우른 것이다.

*) 六服：王畿의 밖을 둘러싼 500리를 한 구역으로 한 여섯 지역을 이르는바, 곧 侯服·甸服·男服·采服·衛服의 五服에 畿內를 아울러 六服이라 하였다.

3)〔頭註〕逸欲不生：成王也니 見書周官하니라
逸欲이 생기지 않은 것은 周나라 成王이니, ≪書經≫ 〈周官〉에 보인다.

4)〔譯註〕僅平四小州：'四'는 '三'의 오자로 보인다. 앞의 元和 10년(815)에 보이는 韓愈의 上言에 '淮西三小州'라고 하였는데, 頭註에 "申州·光州·蔡州이다."라고 하였다.

5)〔頭註〕劉總：盧龍節度使라
劉總은 盧龍軍節度使이다.

6)〔頭註〕猶恐不給：不給은 不暇也라
不給은 겨를이 없는 것이다.

7)〔頭註〕閥閱未奏：閥은 積功也요 閱은 經歷也라 閥은 通作伐하니 明其等曰閥이요 積其功曰閱이라
閥은 공로를 쌓는 것이고 閱은 경력이다. 閥은 伐과 통용되니, 등급을 밝히는 것을 閥이라 하고 공로를 쌓는 것을 閱이라 한다.

8)〔譯註〕寵宦官而授之印：元和 4년(809) 11월에 憲宗이 制書를 내려 王承宗의 관직과 작위를 삭탈하고 환관인 吐突承璀를 招討處置等使로 임명하였다.

9)〔頭註〕任盜臣：盜臣은 皇甫鎛이니 上丙申年이라
도둑질하는 신하는 皇甫鎛이니, 앞의 병신년(816)에 보인다.

裴度之在淮西也에 布衣柏耆[1] 以策干韓愈[2]曰 吳元濟既就擒하니 王承宗이 破膽矣라 願得奉丞相書하고 往說之하면 可不煩兵而服하리이다 愈白度하고 爲書遣之러니 承宗이 懼하야 請以二子爲質하고 及獻德, 棣二州하고 輸租稅, 請官吏어늘 上許之하다

裴度가 淮西에 있을 적에 평민인 柏耆가 韓愈에게 계책을 바치고 등용되기를 요구하여 말하기를 "吳元濟가 이미 사로잡혔으니, 王承宗은 간담이 서늘해졌을 것입니다. 바라건대 裴丞相의 편지를 가지고 가서 王承宗을 설득하면 군대를 번거롭게 동원하지 않고도 그를 복종시킬 수 있을 것입니다." 하였다.

韓愈가 裴度에게 아뢰고 편지를 써서 王承宗에게 보냈는데, 王承宗이 두려워하여 두 아들을 인질로 삼고 또 德州와 棣州 두 州를 바치며, 租稅를 바치고 관리를 보내줄 것을 청하므로 上이 이를 허락하였다.

1)〔通鑑要解〕柏耆：人姓名也라
柏耆는 사람의 성명이다.

2)〔頭註〕韓愈：時爲彰義行軍司馬라
韓愈는 당시에 彰義行軍司馬였다.

○ **幽州大將譚忠**이 **說劉總**하야 **歸朝廷**하니 **詔洗雪王承宗及成德**[1]**將士**하고 **復其官爵**하다

幽州의 大將 譚忠이 劉總을 설득하여 조정으로 歸附하게 하니, 황제가 조칙을 내려 王承宗과 成德軍 장병들의 잘못을 씻어주고 관작을 회복시켰다.

1)〔頭註〕成德 : 承宗이라

成德軍節度使는 王承宗이다.

○ **李師道表言**호되 **軍情**이 **不聽納質割地**라하야늘 **上怒**하야 **決意討之**하다 **秋七月**에 **下制**하야 **罪狀師道**하고 **令宣武, 魏博, 義成, 武寧, 橫海**[1]**兵共討之**하다 〈出師道傳〉[2]

李師道가 表文을 올려 아뢰기를 "군사들의 마음이 인질을 보내고 땅을 바치는 것을 허락하지 않습니다." 하니, 上이 노하여 토벌하기로 결심하였다. 가을 7월에 制書를 내려서 李師道의 죄상을 나열하고 宣武, 魏博, 義成, 武寧, 橫海의 군대로 하여금 함께 李師道를 토벌하게 하였다. - ≪舊唐書 李師道傳≫에 나옴 -

1)〔頭註〕宣武……橫海 : 宣武은 韓弘이요 義成은 李光顔이요 武寧은 李愬요 橫海는 程權이라

宣武軍節度使는 韓弘이고, 義成軍節度使는 李光顔이고, 武寧軍節度使는 李愬이고, 橫海軍節度使는 程權이다.

2)〔譯註〕出師道傳 : ≪舊唐書 李正己傳≫에 李正己의 아들 納, 納의 아들 師古와 師道의 傳이 부록되어 있다.

○ **淮西旣平**에 **上寖驕侈**어늘 **戶部侍郞判度支皇甫鎛**(박)과 **衛尉卿鹽鐵轉運使程异**(이) **曉其意**하고 **數進羨**(연)**餘**하야 **以供其費**하니 **由是**로 **有寵**이라 **八月**에 **鎛以本官**하고 **异以工部侍郞**으로 **竝同平章事**하고 **判使如故**하니 **制下**에 **朝野駭愕**하고 **至於市道負販者**하야도 **亦嗤**(치)**之**[1]하니라

淮西가 이미 평정된 뒤에 上이 점점 교만하고 사치하였다. 戶部侍郎 判度支인 皇甫鎛과 衛尉卿 鹽鐵轉運使인 程异는 황제의 뜻을 깨닫고 자주 남는 재물을 바쳐서 그 비용을 공급하니, 이로 말미암아 황제의 총애를 받았다. 8월에 皇甫鎛은 본래의 관직으로, 程异는 工部侍郎으로 함께 同平章事가 되고 두 사람이 예전처럼 判度支와 鹽鐵轉運使를 맡았다. 이 詔書가 내리자 朝野에서 매우 놀라고 심지어는 시장과 길거리에서 물건을 지고 파는 자들도 그들을 비웃었다.

1)〔頭註〕負販者 亦嗤(치)之 : 負販은 負物取賣니 賤者之事也요 嗤는 笑也라
　負販은 물건을 지고 다니면서 파는 것이니, 천한 자의 일이다. 嗤는 웃는 것이다.

○ 裴度恥與小人同列하야 表求自退호되 不許라 度復上疏하야 以爲天下治亂은 繫朝廷하고 朝廷輕重은 在輔相이라 所可惜者는 淮西盪定하고 河北底(지)寧[1]하고 承宗이 斂手削地하고 韓弘이 輿疾討賊[2]하니 豈朝廷之力이 能制其命哉잇가 直以處置得宜하야 能服其心爾니이다 陛下建升平之業이 十已八九어늘 何忍還自隳(휴)壞하야 使四方解體乎잇가 上以度爲朋黨이라하야 不之省하니 由是로 鎛은 益無所憚호되 程异亦自知不合衆心하고 能廉謹謙遜하야 爲相月餘에 不敢知印秉筆[3]이라 故로 終免於禍하니라 〈出度等傳이라 鎛傳云 帝銳於立功이어늘 而皇甫鎛이 聚斂하야 取宰相하니 中興之不終은 有爲而然이라하니라〉

裴度는 小人들과 同列이 되는 것을 부끄럽게 여겨 表文을 올리고 재상의 직책에서 물러갈 것을 청했으나 上이 허락하지 않았다. 裴度가 다시 상소하여 이르기를 "천하가 다스려지고 어지러워지는 것은 조정에 달려 있고, 조정의 권위가 가볍고 무거워지는 것은 재상에게 달려 있습니다. 애석해할 만한 것은 淮西가 평정되고 河北 지방이 편안해지며, 王承宗이 손을 거두어 땅을 바치고 韓洪이 병을 무릅쓰고 수레에 올라 逆臣을 토벌한 것은 어찌 조정의 힘이 그들의 목숨을 쥐고 있기 때문이겠습니까? 다만 조정의 조처가 마땅함을 얻어서 능히 그들의 마음을 복종시켰기 때문일 뿐입니다. 陛下께서 太平

한 基業을 세운 것이 10분에 이미 8, 9할인데 어찌 차마 도리어 스스로 허물고 파괴해서 사방 사람들로 하여금 해체하게 한단 말입니까?" 하였다.

上은 裴度가 朋黨을 한다 하여 그의 상소를 살펴보지 않으니, 이로 말미암아 皇甫鎛은 더욱 기탄하는 바가 없었으나, 程异는 또한 자신이 사람들의 마음에 부합하지 않음을 알고는 청렴하고 근신하고 겸손하여 재상이 된 지 한 달이 넘도록 감히 印章을 맡고 붓을 잡아 정사를 처리하지 않았다. 그러므로 끝내 화를 면하였다. - ≪新唐書≫ 〈裴度傳〉 등에 나온다. ≪新唐書≫ 〈皇甫鎛傳〉에 이르기를 "황제가 공을 세우는 데에 마음을 다하였는데, 皇甫鎛이 가렴주구하여 재상의 지위를 차지하니, 중흥을 제대로 끝마치지 못한 것은 이 때문에 그러한 것이다." 하였다. -

1) 〔頭註〕 底(지)寧 : 底는 音旨니 平也라

底는 음이 지이니, 평평한 것이다.

2) 〔頭註〕 輿疾討賊 : 自將討李師道也라

韓洪이 병을 무릅쓰고 수레에 올라 역적을 토벌하였다는 것은 스스로 군대를 거느리고 李師道를 토벌한 것이다.

3) 〔頭註〕 知印秉筆 : 時에 宰相更(경)日하야 知印秉筆하니라

당시에 재상이 날짜를 바꿔가면서 印章을 맡고 붓을 잡아 정사를 처리하였다.

○ 上이 晩節에 好神仙하야 詔天下求方士하니 宗正卿李道古 因皇甫鎛하야 薦山人柳泌(비) 能合長生藥이라하야늘 詔泌居興唐觀하야 煉藥하다 泌言 天台多靈草하니 誠得爲彼長吏면 庶幾可求라한대 上以泌權知台州刺史하다 諫官爭論하야 以爲人主喜方士로되 未有使之臨民者하니이다 上曰 煩一州之力하야 而能爲人主致長生이면 臣子亦何愛焉고하니 由是로 群臣이 莫敢言하니라

上이 만년에 神仙術을 좋아하여 天下에 명해서 方士들을 찾으니, 宗正卿 李道古가 皇甫鎛을 통하여 山人 柳泌가 長生不死藥을 잘 조제한다고 천거하였다. 이에 황제가 柳泌에게 명하여 興唐觀에 거처하면서 丹藥을 굽게 하였다. 柳泌가 말하기를 "天台山에는 신령스런 약초가 많으니, 진실로 그곳의

長吏가 되면 거의 靈藥을 구할 수 있습니다."라고 하자, 上이 柳泌를 台州刺史로 임명하였다.

이에 간관들이 간쟁하여 아뢰기를 "임금이 方士를 좋아했지만 方士로 하여금 백성을 다스리게 한 적은 없습니다." 하였다. 上이 말하기를 "한 州의 힘을 기울여 군주를 위해 장생불사하게 한다면 臣子들이 또한 무엇을 아까워한단 말인가?" 하니, 이로 말미암아 여러 신하들이 감히 말하지 못하였다.

〔新增〕 胡氏曰 憲宗이 信方士하야 求長生이어늘 其臣이 不能反復深切하야 極論人生不可益, 天命不可移, 方士不可信之理하고 而以自古未有方士臨民爲言하니 宜其不能開其君之惑也라 漢武喜方士하야 妻之以女[1]矣하니 豈以古嘗有是而可爲乎아 憲宗이 徒以强辯으로 壓其群臣하고 而不稽其理러니 曾未幾時에 金丹[2]所作躁怒取禍하니 豈非無窮之永監哉아

胡氏(胡寅)가 말하였다.

"憲宗이 方士를 믿고 長生不死藥을 구하였는데, 신하들이 반복해서 깊고 간절하게 '인생은 더 오래 살 수가 없고 천명은 바꿀 수가 없고 方士는 믿어서는 안 된다.'는 이치를 지극히 논하지 못하고, 단지 '예로부터 方士에게 백성들을 다스리게 한 적은 없다.'고 말하였으니, 군주의 의혹을 開導하지 못함이 당연하다. 漢나라 武帝가 方士를 좋아해서 그에게 딸을 시집보냈으니, 어찌 예전에 일찍이 이러한 일이 있어서 이러한 일을 한 것이겠는가? 憲宗이 한갓 强辯으로 신하들을 억누르고 그 이치를 상고하지 않았는데, 일찍이 얼마 되지 않아 金丹의 독성에 의한 조급증과 노여움으로 禍를 취했으니, 어찌 무궁한 후세의 장구한 鑑戒가 아니겠는가."

1) 〔頭註〕 漢武喜方士 妻之以女 : 漢武以方士欒大로 爲五利將軍하고 尙公主하니라
漢나라 武帝가 方士인 欒大를 五利將軍으로 삼고 公主를 그에게 시집보내었다.

2) 〔頭註〕 金丹 : 漢武內傳曰 李少君*[1]言 臣能凝澒成白銀하고 飛丹砂*[2]成黃金하니 金成服之하면 白日昇天이라하니라 澒은 虎孔切이니 水銀也라
≪漢武內傳≫에 이르기를 "李少君이 말하기를 '신이 수은을 응결시켜 白銀을 만들고 丹砂를 水飛하여 黃金을 만들 수 있으니, 황금을 만들어 복용하면 신선이

되어 대낮에 하늘로 올라갈 수 있습니다.' 했다." 하였다. 澒은 虎孔切(홍)이니, 수은이다.

＊1) 李少君 : 漢나라 武帝 때의 方士이다.

＊2) 飛丹砂 : 丹砂를 水飛하는 것이니, 水飛는 독성이 있는 약물을 물속에 오랫동안 담가두어 독성을 없애는 것이다.

功德使[1]上言호되 鳳翔法門寺塔에 有佛指骨하야 相傳二十年에 一開하니 開則歲豐人安이라 來年應開니 請迎之하소서 十二月에 上遣中使하야 帥(솔)僧衆迎之[2]하다

功德使가 上言하기를 "鳳翔 法門寺의 탑에 부처의 손가락뼈가 있어 서로 전해오기를 '20년마다 한 번씩 여는데, 이것을 열면 年事가 풍년이 들고 人民이 편안하다.'고 합니다. 내년에 마땅히 法門寺의 탑을 열 것이니, 청컨대 부처의 손가락뼈를 맞이하소서." 하였다.

12월에 上이 中使를 보내 승려들을 거느리고 부처의 손가락뼈를 맞이하게 하였다.

1)〔頭註〕功德使 : 初置崇玄館[*]太學士하야 領玄元館及道院하고 後改爲功德使하야 總僧尼之籍及功役이라

처음에 崇玄館 太學士를 두어 玄元館과 道院을 거느렸고, 뒤에 功德使로 고쳐 승려와 비구니의 호적과 功役을 총괄하였다.

＊) 崇玄館 : 당나라 때 관청에서 마련한 道敎의 학관이다.

2)〔頭註〕帥(솔)僧衆迎之 : 迎佛骨이라

부처의 遺骨을 맞이한 것이다.

〔新增〕胡氏曰 使其事驗이면 則憲宗이 曾不獲嘉報하고 逾年而弑殞하니 其爲誕妄不足信이 章章著矣로다

胡氏(胡寅)가 말하였다.

"가령 이 일이 효험이 있다고 한다면 憲宗이 일찍이 좋은 보답을 받지 못하고 1년 뒤에 시해를 당하여 죽었으니, 그 허탄하고 망령되어 믿을 것이 못

됨이 분명하게 드러난 것이다."

上이 **嘗語宰相**호되 **人臣**이 **當力爲善**이어늘 **何乃好立朋黨**고 **朕甚惡**(오)**之**하노라 **裴度對曰 方以類聚**[1]하고 **物以群分**이니 **君子小人志趣同者**는 **勢必相合**이라 **君子爲徒**를 **謂之同德**이요 **小人爲徒**를 **謂之朋黨**이니 **外雖相似**나 **內實懸殊**하니 **在聖主辨其所爲邪正耳**니이다 〈出本傳〉

上이 일찍이 재상들에게 이르기를 "신하는 마땅히 힘써 善을 행해야 하는데, 어찌 붕당을 만들기를 좋아하는가? 朕은 이러한 사람을 매우 미워한다." 하였다. 裴度가 대답하기를 "事情의 방향은 類에 따라 모이고 물건은 무리로써 나누어지니, 군자와 소인 중에 뜻과 취향이 같은 자는 형세상 반드시 서로 합하게 마련입니다. 군자들이 무리가 된 것을 '덕을 함께 한다.'고 이르고, 소인들이 무리가 된 것을 '붕당을 한다.'고 이르니, 겉은 서로 비슷하지만 내면은 실로 크게 다릅니다. 이는 성명한 군주께서 그들이 하는 바가 간사한가 바른가를 분변함에 달려있을 뿐입니다." 하였다. - ≪舊唐書 裴度傳≫에 나옴 -

1) 〔頭註〕 方以類聚 : 易繫辭註에 方은 謂事情所向이니 言事物善惡이 各以類分이라 하니라

≪周易≫ 〈繫辭上傳〉 註에 "방향은 事情이 향하는 바를 이르니, 사물의 善과 惡이 각각 類로써 나뉘어짐을 말한 것이다." 하였다.

【己亥】 十四年이라

元和 14년(기해 819)

春正月에 **中使迎佛骨**하야 **至京師**어늘 **上**이 **留禁中三日**에 **乃歷送諸寺**하니 **王公士民**이 **瞻奉捨施**호되 **惟恐弗及**하야 **有竭産充施者**하며 **有燃香臂頂供養者**과 **刑部侍郞韓愈 上表切諫**하야 **以爲佛者**는 **夷狄之一法爾**라 **自黃帝**로 **以至禹, 湯, 文, 武**히 **皆享壽考**[1]하고 **百姓安樂**호되 **當是時**하야 **未有佛也**러니 **漢明**

帝時에 始有佛法이나 其後亂亡相繼하야 運祚不長하고 宋, 齊, 梁, 陳, 元魏以下로 事佛漸謹이나 年代尤促하니이다 唯梁武帝는 在位四十八年에 前後三捨身하야 爲寺家奴로되 竟爲侯景所逼하야 餓死臺城[2)]하고 國亦尋滅하니 事佛求福이 乃更得禍라 由此觀之컨대 佛不足信이 亦可知矣니이다 百姓愚冥하야 易惑難曉하니 苟見陛下如此하면 皆云 天子大聖도 猶一心敬信이어든 百姓微賤이 於佛에 豈可更惜身命이리오하리이다 佛本夷狄之人으로 不知君臣之義, 父子之恩하니 假如其身尙在하야 來朝京師라도 陛下容而接之하야 不過宣政一見(현)[3)]이요 禮賓一設[4)]하고 賜衣一襲[5)]하야 衛而出之於境하야 不令惑衆也리이다 況其身死已久하니 枯朽之骨를 豈宜以入宮禁이리잇고 乞以此骨付有司하야 投諸水火하야 永絶根本하사 斷天下之疑하고 絶後代之惑하야 使天下之人으로 知大聖人之所作爲가 出於尋常萬萬[6)]也하시면 豈不盛哉리잇고 佛如有靈하야 能作禍福인댄 凡有殃咎에 宜加臣身이리이다 上大怒하야 出示宰相하고 將加愈極刑이러니 裴度, 崔群[7)]이 爲言호되 愈雖狂이나 發於忠悃(곤)하니 宜寬容以開言路라하니 乃貶愈爲潮州刺史하다

봄 정월에 中使가 부처의 뼈를 맞이하여 京師에 이르자, 上이 부처의 뼈를 궁궐에 3일 동안 머물게 하고는 마침내 여러 절에 차례로 보내니, 왕공과 선비와 백성들이 부처의 뼈를 우러러보고 시주하였는데, 행여 미치지 못할까 두려워하여 재산을 다 털어 시주에 충당하는 자가 있었으며, 팔뚝과 이마에 향을 태워 공양하는 자가 있었다.

이에 刑部侍郎 韓愈가 황제에게 表文을 올려 간절히 간하였다.

"부처는 夷狄의 한 가지 法일 뿐입니다. 黃帝로부터 禹王, 湯王, 文王, 武王에 이르기까지 모두 長壽를 누리고 백성들은 안락하였는데, 이 당시에는 불교가 있지 않았습니다. 漢나라 明帝 때에 중국에 처음으로 佛法이 있었으나 그 뒤에 난리와 멸망이 서로 이어져서 국운이 장구하지 못하였고, 宋·齊·梁·陳·元魏 이후로 군주가 부처를 신봉하여 점점 공경하였으나 재위

한 年數가 더욱 촉박하였습니다. 오직 梁나라 武帝는 재위한 48년 동안 전후에 걸쳐 세 번 자기 몸을 시주하여 사찰의 家奴가 되었으나 끝내 侯景에게 핍박당하여 臺城에서 굶어 죽었고 나라도 얼마 후 멸망하였으니, 부처를 섬겨 복을 구한 것이 도리어 화를 얻었습니다. 이로 말미암아 보건대 부처는 믿을 것이 못됨을 또한 알 수 있습니다.

백성들은 어리석고 어두워 미혹되기가 쉽고 깨닫기가 어려우니, 만약 폐하께서 이와 같이 하시는 것을 본다면 모두들 말하기를 '천자와 같은 大聖人도 오히려 한 마음으로 부처를 공경히 신봉하는데, 우리와 같은 미천한 백성이 부처를 신봉함에 어찌 다시 몸과 목숨을 아끼겠는가?'라고 할 것입니다.

부처는 본래 夷狄의 사람으로서 군신간의 의리와 부자간의 은혜를 알지 못하니, 가령 그의 몸이 아직 살아 있어서 그 군주의 명을 받고 京師에 와서 조회한다 해도 폐하께서 그를 포용하고 접견하여 宣政殿에서 한 번 만나보시고 禮賓院에서 한 번 잔치를 베풀어주고 의복 한 벌을 하사하신 다음 사람을 보내어 호위해서 국경을 나가게 하는데 불과하여 사람들을 미혹하게 하지 않으셨을 것입니다. 더구나 부처는 이미 죽은 지 오래되었으니, 마르고 썩은 뼈를 어찌 궁궐 안으로 들여온단 말입니까?

청컨대 이 뼈를 有司에게 맡겨서 물과 불 속에 던져버려 영원히 근원을 끊으시어 천하 사람들의 의혹을 끊고 후인들의 미혹을 막아서 천하 사람들로 하여금 大聖人이 作爲하시는 바가 尋常한 것보다 만만배나 뛰어남을 알게 하신다면 어찌 거룩하지 않겠습니까? 부처가 만일 영험이 있어서 화와 복을 사람들에게 베풀 수 있다면 모든 재앙과 죄과를 내릴 적에 마땅히 신의 몸에 가할 것입니다."

上은 〈韓愈가 올린 表文을 보고〉 크게 노하여 이것을 꺼내어 재상들에게 보이고 장차 韓愈에게 極刑을 가하려 하였는데, 裴度와 崔群이 아뢰기를 "韓愈가 비록 狂妄하기는 하나 충성심에서 나온 것이니, 마땅히 너그럽게 용서하여 言路를 열어야 합니다." 하였다. 이에 韓愈를 潮州刺史로 좌천시켰다.

1) 〔頭註〕 享壽考 : 考는 引也요 成也라
考는 늘리는 것이요 이루는 것이다.

2)〔譯註〕餓死臺城：臺城은 南北朝 시대 天子의 宮城을 가리킨다. 梁武帝는 同泰寺를 대성 안에 짓고, 7층의 大佛閣을 세워 국고를 낭비하다가 백성의 원망을 샀다. 후에 侯景이 반란을 일으켜 臺城을 공격하여 함락시키니, 그곳에서 굶어 죽었다.

3)〔釋義〕宣政一見(현)：宣政은 殿名이라〔頭註〕唐時에 四夷入朝貢者를 皆引見於宣政殿하니라 見은 音現이라

〔釋義〕宣政은 궁전의 이름이다.〔頭註〕唐나라 때 四夷 중에 들어와서 朝貢하는 자들을 모두 宣政殿에서 引見하였다. 見은 음이 현이다.

4)〔頭註〕禮賓一設：唐有禮賓院하야 凡胡客入朝하면 設宴于此하니라

唐나라에 禮賓院이 있어서 오랑캐의 客使가 입조하면 이곳에서 연향을 베풀었다.

5)〔頭註〕賜衣一襲：上下皆具曰一襲이라

上衣와 下衣를 모두 갖춘 것을 一襲이라고 한다.

6)〔頭註〕尋常萬萬：八尺爲尋이요 倍尋爲常이라 萬萬은 言數之多也라

8尺을 尋이라 하고 尋의 곱절인 16尺을 常이라 한다. 萬萬은 많은 수를 말한다.

7)〔頭註〕崔群：同平章事라

崔群은 同平章事이다.

〔新增〕按韓愈論佛骨表云 臣某言하노이다 伏以佛者는 夷狄之一法耳라 自後漢時로 流入中國이요 上古에 未嘗有也하니이다 昔者黃帝는 在位百年이요 年一百一十歲며 少昊는 在位八十年이요 年一百歲며 顓頊은 在位七十九年이요 年九十八歲며 帝嚳은 在位七十年이요 年一百五歲며 帝堯는 在位九十八年이요 年一百一十八歲며 帝舜及禹는 年皆百歲이니이다 此時에 天下太平하야 百姓安樂壽考나 然而此時中國에 未有佛也하니이다 其後에 殷湯亦年百歲요 湯孫太戊는 在位七十五年이요 武丁은 在位五十九年이니 書史에 不言其年壽所極이나 〈推其年數하면〉 蓋亦俱不減百歲니이다 周文王은 年九十七歲요 武王은 年九十三歲요 穆王은 在位百年이로되 此時佛法이 亦未(至)〔入〕中國하니 非因事佛而致然也니이다 漢明帝時에 始有佛法이로되 明帝在位 纔十八年耳요 其後亂亡相繼하야 運祚不長하고 宋齊梁陳元魏[1]已下로 事佛漸謹이나 年代尤促하니이다 唯梁武帝는 在位四十(九)〔八〕年에 前後三度捨身施佛하고 宗廟之祭에 不用牲牢하며 盡日一食호되 止於菜果러니 其後에 竟爲侯景所逼하야 餓

死臺城하고 國亦尋滅[2)]하니 事佛求福이 反更得禍라 由此觀之컨대 佛不足信事를 亦可知矣니이다 高祖始受隋禪하시고 則議除之[3)]러니 當時群臣이 材識不遠하야 不能深知先王之道, 古今之宜하야 推闡聖明하야 以救斯弊하야 其事遂止하니 臣常恨焉하노이다 伏惟睿聖文武皇帝[4)]陛下는 神聖英武하사 數千百年已來로 未有倫比라 卽位之初에 〈卽〉不許度人爲僧尼道士[5)]하시고 又不許創立寺觀하시니 臣常以爲高祖之志 必行於陛下之手하니이다 今縱未能卽行이나 豈可恣之하야 轉令盛也리잇고 今聞陛下令群僧으로 迎佛骨於鳳翔하야 御樓以觀하시고 舁(예)入大內하며 又令諸寺로 遞迎供養이라하니 臣雖至愚나 必知陛下不惑於佛하야 作此崇奉以祈福祥也니이다 直以年豐人樂하니 徇人之心하야 爲京都士庶詭異之觀과 戲翫之具耳니 安有聖明若此而肯信此等事哉잇가 然이나 百姓愚冥하야 易惑難曉하니 苟見陛下如此하면 將謂眞心事佛이라하야 皆云 天子大聖도 猶一心敬信이어든 百姓何人이 於佛에 更惜身命이리오하야 焚頂燒指하고 百十爲群하야 解衣散錢하야 自朝至暮히 轉相倣效하야 惟恐後時라 老少奔波하야 棄其業次하리니 若不卽加禁遏하고 更歷諸寺하면 必有斷臂臠身하야 以爲供養者하리니 傷風敗俗하고 傳笑四方하야 非細事也니이다

살펴보건대 韓愈의 論佛骨表에 다음과 같이 말하였다.

"신 아무는 아룁니다. 엎드려 생각하건대 부처는 夷狄의 한 法일 뿐입니다. 後漢 때에 中國에 흘러 들어왔고 上古時代에는 일찍이 있지 않았습니다. 옛날 黃帝는 재위가 100년이고 연세가 110세이며, 少昊는 재위가 80년이고 연세가 100세이며, 顓頊은 재위가 79년이고 연세가 98세이며, 帝嚳은 재위가 70년이고 연세가 105세이며, 帝堯는 재위가 98년이고 연세가 118세이며, 帝舜과 禹王은 연세가 모두 100세였습니다. 이때는 천하가 태평하여 백성들이 안락하고 장수를 누렸으나 이때는 중국에 아직 佛法이 있지 않았습니다. 그 뒤에 殷나라의 湯王도 나이가 100세였고 湯王의 손자인 太戊는 재위가 75년이고 武丁은 59년이니, 역사책에 그 壽命의 이른 바를 말하지 않았으나 年數를 추산해 보면 또한 모두 연세가 100세보다 적지 않을 것입니다. 周나라 文王은 연세가 97세이고 武王은 연세가 93세이고 穆王은 재위가 100년이었습니다만 이때에는 佛法이 또한 中國에 들어오지 않았으니, 부처

를 섬김으로 인하여 장수하게 된 것이 아닙니다.

漢나라 明帝 때에 비로소 佛法이 있었으나 明帝는 재위가 겨우 18년뿐이었고, 그 뒤에 난리와 멸망이 서로 이어져서 국운이 길지 못하였습니다. 宋・齊・梁・陳・元魏 이래로는 더욱 삼가 부처를 섬겼으나 年代가 더욱 촉박하였습니다. 오직 梁나라 武帝는 재위가 49년에 전후로 세 번 몸을 희사하여 부처에게 시주하였고, 종묘의 제사에 牲牢(희생)를 사용하지 않았으며, 하루종일 한 번 밥을 먹되 채소와 과일에 그쳤지만 그 후에 侯景에게 핍박을 받아서 臺城에서 굶어 죽었고 나라 또한 얼마 후에 멸망하였으니, 부처를 섬겨 복을 구한 것이 도리어 다시 화를 얻었습니다. 이것을 가지고 관찰하건대 부처는 섬길 만한 것이 못됨을 또한 알 수 있습니다.

高祖께서 처음 隋나라의 禪讓을 받을 적에 佛法을 제거할 것을 의논하였는데, 당시 여러 신하들의 재주와 식견이 원대하지 못해서 先王의 道와 古今의 마땅함을 깊이 알지 못하여 高祖의 聖明함을 미루어 밝혀 이 폐단을 바로잡지 못해서 그 일이 마침내 중지되었으니, 신은 항상 이것을 한스러워 합니다.

엎드려 생각건대 睿聖文武皇帝陛下께서는 神聖하고 英武하시어 수천백 년 이래로 견줄 만한 데가 없습니다. 즉위하신 초기에 즉시 사람들이 度牒을 받아 僧侶와 道士가 되는 것을 허락하지 않으시고, 또 사찰과 道觀을 창립하는 것을 허락하지 않으셨으니, 신은 항상 高祖의 뜻이 반드시 陛下의 손에서 시행될 것이라고 여겼습니다. 지금 이를 즉시 시행하지는 못할망정 어찌 佛法을 신봉하도록 내버려 두어서 더욱 성행하게 하단 말입니까.

신이 이제 들으니, 폐하께서 여러 승려들로 하여금 부처의 뼈를 鳳翔에서 맞이하여 누대에 납시어 구경하시고 이것을 가마로 실어 大內로 들여왔으며, 또 여러 사찰로 하여금 차례로 맞이하여 공양하려 한다고 하였습니다. 신이 비록 지극히 어리석으나 반드시 폐하께서 佛法에 혹하여 이처럼 높이고 받들어 복과 상서를 바라지 않으실 줄을 압니다. 다만 지금 年事가 풍년이 들고 백성들이 즐거워하니, 백성들의 마음을 따라서 京都의 士庶人들의 기이한 구경거리와 희롱하는 도구로 삼고자 하셨을 뿐이니, 어찌 이와 같이 성스럽고 밝으시면서 이러한 일을 기꺼이 믿으실 리가 있겠습니까.

그러나 백성들은 어리석고 어두워서 미혹되기가 쉽고 깨우치기가 어려우니, 만일 폐하께서 이와 같이 하시는 것을 본다면 장차 진심으로 부처를 섬긴다고 생각하여 모두 말하기를 '天子와 같은 大聖人도 오히려 한 마음으로 공경하고 믿으시는데, 우리 백성들 중에 어떤 사람이 부처에게 몸과 목숨을 아끼겠는가.'라고 할 것입니다. 그리하여 이마를 태우고 손가락을 지지며 백 명과 열 명으로 무리를 지어 옷을 벗고 돈을 시주하여 아침부터 저녁까지 돌려가면서 서로 모방해서 행여 뒤늦을까 두려워할 것입니다. 男女老少가 앞다투어 달려와서 生業을 버릴 것이니, 만약 즉시 금지하지 않고 다시 여러 사찰을 돌게 한다면 반드시 팔뚝을 자르고 몸의 살점을 저며서 공양하는 자가 있을 것이니, 풍속을 손상하고 무너뜨리며 사방에 웃음거리가 되어 작은 일이 아닙니다.

1)〔頭註〕元魏 : 北朝魏는 本拓拔氏니 後改元氏하니라
　北朝의 魏나라는 본래 拓拔氏이니, 뒤에 元氏로 고쳤다.

2)〔頭註〕國亦尋滅 : 尋은 繼也라
　尋은 잇는 것이다.

3)〔頭註〕議除之 : 武德九年四月에 高祖詔有司하야 沙汰天下僧尼道士女冠하니라
　武德 9년(626) 4월에 高祖가 有司에게 명하여 천하의 승려와 비구니, 道士와 女冠(女道士)을 도태시켰다.

4)〔頭註〕睿聖文武皇帝 : 憲宗丁亥年에 群臣請上尊號曰睿聖文武皇帝라
　憲宗 정해년(807)에 신하들이 청하여 睿聖文武皇帝라는 尊號를 올렸다.

5)〔頭註〕不許度人爲僧尼道士 : 度는 給度牒[*)]也라
　度는 승려에게 度牒을 주는 것이다.

*) 度牒 : 出家하여 승려가 된 사람에게 일정한 補償을 받고 내주는 신분 증명서이다. 승려가 되고자 하는 사람은 관청으로부터 도첩을 받도록 규제하였는데, 이는 국가에 대하여 身役의 의무를 지고 있는 백성들이 함부로 승려가 될 경우, 부역 인구가 크게 줄어들 우려가 있기 때문에 취하여진 조치이다.

夫佛은 本夷狄之人이라 與中國으로 言語不通하고 衣服殊制하야 口不言先王之法言하고 身不服先王之法服하며 不知君臣之義와 父子之親이니이다 假如其

身이 至今尙在하야 奉其國命하야 來朝京師라도 陛下容而接之하야 不過宣政一見이요 禮賓一設하고 賜衣一襲하야 衛而出境하야 不令惑衆也리이다 況其身死已久하니 枯朽之骨과 凶穢之餘를 豈宜令入宮禁이릿고 孔子曰 敬鬼神而遠之라하시고 古之諸侯 行弔於其國에도 尙令巫祝으로 先以桃茢로 祓除不祥[1]然後에 進弔[2]하니이다 今無故取朽穢之物하야 親臨觀之하시되 巫祝不先하고 桃茢不用이어늘 群臣不言其非하고 御史不擧其失하니 臣實恥之하노이다 乞以此骨로 付〈之〉有司하야 投諸水火하야 永絶根本하야 斷天下之疑하고 絶後代之惑하사 使天下之人으로 知大聖人之所作爲가 出於尋常萬萬也하시면 豈不盛哉며 豈不快哉잇가 佛如有靈하야 能作禍福인댄 凡有殃咎에 宜加臣身이니 上天鑑臨하시니 臣不怨悔하리이다 無任感激懇悃之至하야 謹奉表以聞하노이다 臣某는 誠惶誠恐하노이다

부처는 본래 夷狄의 사람이라서 中國과 언어가 통하지 않고 의복의 제도가 다릅니다. 그리하여 입으로는 先王의 법도에 맞는 말을 말하지 않고 몸으로는 先王의 법도에 맞는 옷을 입지 않으며 군신간의 의리와 부자간의 친함을 알지 못합니다. 가령 부처의 몸이 아직까지 살아 있어 국왕의 명령을 받들어 京師에 와서 조회한다 하더라도 폐하께서 포용하고 접견하여 宣政殿에서 한 번 만나보시고 禮賓院에서 한 번 잔치를 베풀어주고 의복 한 벌을 하사하신 다음 호위하여 국경을 나가게 하는데 불과하여 여러 사람들을 미혹하게 하지 않으셨을 것입니다. 하물며 그 몸이 이에 죽은 지가 오래되었으니, 마르고 썩은 뼈와 흉측하고 더러운 잔재를 어찌 宮禁으로 들여온단 말입니까.

孔子께서 말씀하시기를 '귀신을 공경하되 멀리하라.' 하셨고, 옛날의 제후들은 자기 나라에서 조문을 행할 때에도 오히려 무당과 祝官으로 하여금 먼저 복숭아 나뭇가지와 갈대로 만든 빗자루를 가지고 불길한 것을 제거한 뒤에야 나아가 조문하였습니다. 이제 까닭없이 썩고 더러운 물건을 가져다가 폐하께서 친히 왕림하여 구경하시는데 무당과 축관들이 먼저 가지 않고 복숭아 나뭇가지와 갈대로 만든 빗자루를 사용하지 않는데도 신하들이 그 잘못을 말하지 않고 御史가 그 잘못을 거론하지 않으니, 신은 적이 부끄럽게 여깁니다.

바라건대 이 뼈를 有司에게 맡겨서 물과 불 속에 던져버려 근본을 영원히 끊으시어 천하 사람들의 의혹을 끊고 후대 사람들의 미혹을 막아서 천하 사람들로 하여금 大聖人의 作爲하시는 바가 심상한 것보다 만만 배나 뛰어남을 알게 하신다면 어찌 거룩하지 않겠으며 어찌 통쾌하지 않겠습니까. 부처가 만약 영험이 있어서 禍와 福을 사람들에게 내린다면 무릇 재앙과 죄가 내릴 적에 마땅히 신의 몸에 가해질 것입니다. 上天이 굽어보고 계시니, 신은 원망하고 후회하지 않을 것입니다. 지극히 감격하고 간절한 마음을 이길 수 없어 삼가 表文을 받들어 아룁니다. 臣 아무는 진실로 황공합니다."

1)〔頭註〕先以桃栵 祓除不祥：栵은 本作茢이니 列, 例二音이라 桃는 鬼所惡也요 茢은 苕帚也니 所以除不祥也라 祓은 音佛이니 去也, 除也라

栵은 본래 茢로 되어 있으니, 음이 열과 예 두 가지이다. 복숭아나무는 귀신이 싫어하는 것이고, 茢은 갈대로 만든 빗자루이니, 상서롭지 못한 것을 제거하는 것이다. 祓은 음이 불이니, 버리는 것이고 제거하는 것이다.

2)〔譯註〕古之諸侯……進弔：≪禮記≫〈檀弓 下〉에 "임금이 신하의 喪에 임했을 때에는 무당과 祝官이 복숭아 나무로 辟除를 하고 갈대비로 쓸며, 小臣이 창을 잡는 것은 죽은 자를 싫어해서이니, 산 자와 다르게 하는 것이다.〔君臨臣喪 以巫祝桃茢 執戈 惡之也 所以異於生也〕"라고 보이는데, ≪禮記集說≫의 註에 "무당은 복숭아 나무를 잡고 祝官은 갈대 빗자루를 잡고 小臣이 창을 잡는 것은 그 흉하고 간사한 기운이 있어 싫어할 만하기 때문이다. 그러므로 이 세 가지 물건을 가지고 물리치고 제거하는 것이다."라고 하였다.

○ 愚按 憲宗號爲剛果로되 而所爲若此者는 由其聖學不講하야 素無理義以養其心이라 故로 外物足以移之爾라 未幾에 金丹躁渴하야 旣不足以享長生之效하고 而身且不保로되 佛亦無如之何하니 則其妄誕之說이 顯然耳라 韓公表諫이라가 幾致極刑이로되 要之排斥異端하야 正議不屈하니 讀之凜凜하야 猶有生氣라 但學者罕見其全文故로 增錄之耳로라

내(劉剡)가 살펴보건대 憲宗은 강하고 과단성이 있다고 이름났으나 행한 바가 이와 같았던 것은 聖學을 강구하지 않아서 평소에 의리로써 마음을 기르지 않았기 때문이다. 그러므로 外物이 족히 그 마음을 바꿔놓을 수 있었던

것이다. 얼마 안 되어 金丹을 복용하여 성질이 조급해지고 갈증이 나서 이미 長生의 효험을 누리지 못하고 몸도 보전하지 못하였으나 부처 또한 어쩔 수가 없었으니, 그렇다면 佛法은 망령되고 허탄한 말임이 분명하다. 韓公이 표문을 올려 간했다가 거의 극형을 당할 뻔하였으나 요컨대 異端을 배척하여 올바른 의논을 굽히지 않았으니, 이것을 읽어보면 늠름하여 오히려 생기가 있다. 다만 배우는 자가 그 全文을 보는 경우가 드물기 때문에 여기에 덧붙여 기록하였다.

自戰國之世로 **老, 莊**이 **與儒者爭衡**[1]하야 **更**(경)**相是非**하고 **至漢末**하야 **益之以佛**이라 **然**이나 **好者尙寡**러니 **晉, 宋以來**로 **日益繁熾**하야 **自帝王**으로 **至于士民**히 **莫不尊信**하야 **下者**는 **畏慕罪福**하고 **高者**는 **論難空有**[2]로되 **獨愈惡其蠹財**[3] **惑衆**하야 **力排之**하니라 〈出愈傳〉

戰國時代로부터 老子와 莊子가 儒者와 우열을 겨루어 번갈아 서로 옳으니 그르니 하였고, 漢나라 말기에 이르러 여기에 불교가 보태졌다. 그러나 좋아하는 자가 아직 적었는데, 晉나라와 宋나라 이후로 불교가 날로 더욱 번성해져서 帝王으로부터 士民에 이르기까지 불교를 높이고 신봉하지 않는 이가 없어서, 지식이 낮은 자는 죄를 두려워하고 복을 사모하고 지식이 높은 자는 空과 有를 논란하였는데, 유독 韓愈가 재물을 좀먹고 사람들을 미혹시키는 것을 미워하여 강력히 배척하였다. - ≪新唐書 韓愈傳≫에 나옴 -

1)〔頭註〕爭衡 : 衡은 所以稱輕重이니 言無所輕重也라
　衡은 무게를 저울질하는 것이니, 爭衡은 서로 비슷하여 가볍지도 않고 무겁지도 않음을 말한다.

2)〔頭註〕論難空有[*] : 難은 去聲이니 釋氏之說은 談空以難有라
　難은 去聲(논란하다)이니, 釋氏의 설은 空과 有를 논란한다.

*) 空有 : 空과 有로, 평등과 차별, 實體와 假象처럼 논리상 상반되는 두 개념을 이르는 말이다.

3)〔釋義〕蠹財 : 蠹는 當故反이니 蟲食木爲蠹라 蠹財者는 言耗竭也라
　蠹는 當故反(도)이니, 벌레가 나무를 갉아먹는 것을 蠹라 한다. 蠹財는 재물을

소모하고 고갈시킴을 말한다.

〔新增〕 朱氏曰 楊墨之學[1]이 不見於後世하니 說者皆曰孟子之功也라하나 而韓愈論秦人之禍와 與後世不見經書之全하야 皆以爲禍起楊墨이라하고 謂孟子之力이 能存什一於千百이라하니 固不能使之息滅也라 竊嘗論之컨대 楊氏之學은 後爲老子하고 墨氏之學은 本之晏嬰이요 申韓[2]慘刻을 說者謂原之老子라하니 凡非毁聖人而譏薄禮教는 嬰之書則然[3]이라 秦之尊君抑臣하고 嚴刑峻法이 豈爲我之靡[4]며 其是今非古하고 坑燔儒學이 豈兼愛之激[5]也哉아 釋氏後入하야 言最宏闊이라 其罪福報應之語는 旣足以鼓惑愚鄙之人이요 而其見心明性, 超出器形之論은 又足以陷溺高明之士라 其徒坐食宂費하야 旣足以耗蠹海內하고 而斯民之和聲附影하야 忘本背親하야 又足以幻亂風俗하니 比楊墨之禍하면 不啻數十百倍也라 晉, 宋, 魏, 梁, 陳以來로 爲論排之者 雖未嘗絶이나 其究心竭力하야 終其身而不之置는 獨愈一人而已라 愈之用心이 懇惻[6]深切은 固見之與孟簡一書[7]요 而其精微詳備하고 兼著本末之論은 於原道[8], 序文暢에 見之요 佛骨一表는 忠諒有餘나 其猶未見於詳乎인저 憲宗時에 館方士하고 劑藥物하야 以祈長生이어늘 愈以古今人主享國短長과 享年壽夭로 告之하니 宜其讀不終篇에 諱惡而震怒也라 釋氏之禍가 雖不以愈言而息이나 然天下知其非是하야 而著論者自愈之後로 益衆하니 史氏謂功齊孟子而其力倍之가 詎不信然이리오

朱氏(朱黼)가 말하였다.

"楊朱와 墨翟의 학문이 후세에 보이지 않으니, 논설하는 자들이 모두 말하기를 '孟子의 공로이다.'라고 한다. 그러나 韓愈는 秦나라 사람의 禍와 후세 사람들이 완전한 經書를 보지 못하는 이유를 논하여 모두 이르기를 '禍가 楊朱와 墨翟에게서 시작되었다.' 하고, '孟子의 힘으로 천분의 십, 백분의 일을 보존하였다.'고 말하였으니, 孟子가 진실로 楊朱와 墨翟을 깨끗이 없애버리지 못한 것이다.

삼가 논해보건대 楊氏의 학문은 뒤에 老子가 되었고 墨氏의 학문은 晏嬰에게서 근본하였으며, 申不害와 韓非子의 참혹함과 각박함은 논설하는 자들이

이르기를 老子에게서 근원했다고 하니, 무릇 聖人을 비방하고 禮敎를 비판한 것은 晏嬰의 책이 그러하였다.

秦나라가 군주를 높이고 신하를 억제하며 형벌을 엄하게 하고 법을 준엄하게 한 것은 어찌 楊朱의 爲我說에 휩쓸린 것이 아니겠으며, 지금을 옳다 하고 옛날을 그르다 하며 儒生을 구덩이에 묻어 죽이고 經書를 불태운 것은 어찌 墨翟의 兼愛說에 격동된 것이 아니겠는가.

釋氏의 불교는 중국에 뒤늦게 들어와서 내용이 가장 깊고도 넓다. 죄와 복에 應報가 있다는 말은 어리석고 비루한 사람들을 고무시키고 미혹시키기에 충분하며, 마음을 보고 性을 밝히며 器와 形을 뛰어넘는다는 의론은 또 고명한 선비들을 빠지게 하기에 충분하다. 부처를 따르는 무리(승려)들은 가만히 앉아서 밥만 먹고 쓸데없이 허비하여 이미 천하의 재정을 소모시키고, 이 백성들은 메아리에 응답하고 그림자처럼 따라서 근본을 잊고 어버이를 저버려서 또 풍속을 현혹시키니, 楊朱와 墨翟의 화에 비하면 몇십 배나 몇백 배가 될 뿐만이 아니다.

晉·宋·魏·梁·陳 이래로 論을 지어 불교를 배척한 자들이 비록 일찍이 끊이지 않았으나 마음을 다하고 힘을 다하여 종신토록 내버려두지 않은 것은 오직 韓愈 한 사람뿐이었다. 韓愈의 마음씀이 간절하고 정성스러움은 진실로 孟簡에게 준 한 통의 편지에서 볼 수 있고, 정미하여 자세히 갖추어지고 본말의 이론을 겸하여 드러낸 것은 原道와 送浮屠文暢師序에서 볼 수 있으며, 論佛骨表 한 편은 충성스러움은 넉넉하지만 오히려 상세한 것을 볼 수가 없다.

憲宗 때에 方士들을 館에 머물게 하고 藥物을 조제하게 하여 長生不死를 바라자 韓愈는 古今의 군주가 재위한 햇수의 길고 짧음과 享年의 길고 짧음으로써 고하였으니, 마땅히 한 편을 다 읽기 전에 꺼리고 싫어하여 진노하였을 것이다. 釋氏의 화가 비록 韓愈의 말 때문에 종식되지는 않았으나 천하 사람들이 그 옳지 못함을 알아서 論을 지은 자가 韓愈 뒤로부터 더욱 많아졌으니, 史氏(史官)가 '韓愈의 공로는 孟子와 같지만 힘은 배가 들었다.'고 말한 것이 어찌 사실이 아니겠는가."

1)〔譯註〕楊墨之學 : 楊墨은 전국시대 思想家인 楊朱와 墨翟을 이른다. 楊朱는 義

를 강조하여 자신의 지조를 지켜야 한다는 爲我說을 주장하였으며, 墨翟은 仁을 강조하여 모든 사람을 똑같이 사랑하여야 한다는 兼愛說을 주장하였는데, 뒤에 이들 사상의 병폐가 심화되자, 孟子는 楊朱의 爲我說을 無君의 가르침이라 비판하였고, 墨翟의 兼愛說을 無父의 가르침이라고 비판하였다.

2) 〔頭註〕 申韓 : 申不害者는 古鄭之相이요 韓非者는 韓之諸公子니 皆喜刑名法術之學하니라

申不害는 옛날 鄭나라의 재상이고, 韓非는 韓나라의 여러 公子이니, 모두 刑名과 法術의 학문을 좋아하였다.

3) 〔譯註〕 凡非毁聖人而譏薄禮敎 嬰之書則然 : 晏嬰은 춘추 시대 齊나라의 大夫로 靈公, 莊公, 景公을 섬겼으며 節儉과 力行으로 세상에 알려졌다. 그러나 景公이 일찍이 孔子에게 政事를 물어보고는 매우 기뻐하여 尼谿의 田地를 孔子에게 봉해 주려고 하자, 晏嬰이 儒者는 말만 번지르르하고 법도에 맞지 않고 거만하다 하면서 이를 극력 반대하여 孔子를 등용하지 못하게 하였다. 후인들이 그의 行事와 諫言을 모아 ≪晏子春秋≫를 지었다.

4) 〔頭註〕 爲我之靡 : 爲我는 楊氏라

爲我說은 楊氏(楊朱)이다.

5) 〔頭註〕 兼愛之激 : 兼愛는 墨氏라

兼愛說은 墨氏(墨翟)이다.

6) 〔頭註〕 懇惻 : 惻은 病也라

惻은 병통으로 안타깝게 여기는 것이다.

7) 〔頭註〕 與孟簡一書 : 孟簡은 御史中丞이라

孟簡은 御史中丞이다.

8) 〔頭註〕 原道 : 原道篇은 推原堯舜禹湯文武相傳之正道하야 以辟邪說하니라

韓愈의 原道篇은 堯, 舜, 禹王, 湯王, 文王・武王이 서로 전한 正道를 미루어 근원하여 邪說을 물리친 것이다.

贊曰 唐興에 承五代剖分하야 王政不綱하니 文弊質窮하야 蠅(蛙)俚[1]混幷이라 天下已定에 治荒剔蠹하고 討究儒術하야 以興典憲하야 薰醲涵浸이 殆百餘年이라 其後에 文章稍稍可述이러니 至正元元和[2]間하야 愈遂以六經之文으로 爲諸儒倡하야 障隄末流하야 反刓(완)以樸[3]하고 剗僞以眞[4]이라 然이나 愈之才 自(是)〔視〕司馬遷, 揚雄하야 至班固以下는 不論也라 當其所得이 粹然一出於正

하야 刊落陳言하고 橫騖別驅하야 汪洋[5]大肆나 要之無牴牾[6]聖人者라 其道蓋自比孟軻하야 以荀況, 揚雄으로 爲未醇[7]하니 寧不信然이리오 至進諫陳謀하야 排難恤孤하고 矯拂媮(투)末[8]하야 皇皇於仁義하니 可謂篤道君子矣라 自晉迄隋히 老佛顯行하야 聖道不斷如帶라 諸儒倚天下正議하야 助爲怪神이러니 愈獨喟然引聖하야 爭四海之惑이라가 雖蒙訕笑나 跆(겁)而復奮[9]하니 始若未之信이나 卒大顯於時라 昔에 孟軻拒楊墨은 去孔子才(纔)二百年이어늘 愈排二家는 乃去千餘歲로되 撥衰反正[10]하니 功與齊而力倍之라 所以過(向)〔況〕雄이 爲不少矣니라 自愈沒로 其言大行하야 學者仰之를 如泰山北斗云이라

≪新唐書≫의 〈韓愈傳〉 贊에 말하였다.

"唐나라가 일어남에 분열된 五代(晉·宋·齊·梁·陳)의 뒤를 이어서 王政이 기강이 없으니, 文이 쇠하고 質이 다하여 비루하고 속된 것이 뒤섞여 어지러웠다. 그런데 천하가 평정된 뒤에 황폐한 것을 다스리고 좀먹은 것을 제거하며 儒學을 토론하고 강구하여 떳떳한 법을 일으켜서 薰陶하고 浸潤한 것이 거의 백여 년이었다. 그 뒤에 문장이 점점 기술할 만하였는데, 貞元과 元和 연간에 이르러서 韓愈가 마침내 六經의 글로 諸儒의 倡導가 되어 末流를 막아서 아름답게 꾸미는 것을 돌이켜 질박하게 만들고 거짓을 깎아 진실되게 하였다.

그러나 韓愈의 재주는 본래 司馬遷과 揚雄에게 견주었고 班固 이하는 논하지 않았다. 당연히 그 자득한 것이 순수하게 한결같이 바른 데에서 나와 진부한 말을 제거하고는 멋대로 달리고 특별히 몰아서 汪洋하여 크게 펼쳤으나 요컨대 聖人에게 어긋남이 없었다. 그 道는 스스로 孟軻에게 견주어서 荀況과 揚雄을 순수하지 못하다고 하였으니, 어찌 그 말이 사실이 아니겠는가. 간언을 올리고 계책을 아뢰어서 환난을 물리치고 고아들을 구휼하며 퇴락한 풍속을 바로잡아서 仁義에 밝았으니, 道가 돈독한 군자라고 이를 만하다.

晉나라로부터 隋나라에 이르기까지 老·佛이 크게 성행하여 聖人의 道가 끊어지지 않고 이어진 것이 가는 띠와 같았다. 여러 儒者들이 천하의 바른 의논에 의지하여 이를 도와서 괴이하고 신묘하게 만들었는데, 韓愈가 홀로 탄식하고 聖人을 이끌어 온천하의 의혹한 사람들과 다투다가 사람들의 비방

과 비웃음을 당하였으나 넘어졌다가 다시 분발하였으니, 처음에는 사람들이 믿지 않는 듯하였으나 끝내는 세상에 크게 드러났다.

옛날에 孟軻가 楊·墨을 막은 것은 孔子와의 거리가 겨우 200년이었는데, 韓愈가 老·佛을 배척한 것은 바로 천여 년의 거리였으나 쇠퇴한 것을 다스려 바른 길로 돌아오게 하였으니, 공로는 孟子와 같지만 힘은 배가 들었다. 이 때문에 荀況과 揚雄보다 뛰어남이 적지 않은 것이다. 韓愈가 죽은 뒤로 그의 말이 크게 행해져서 배우는 자들이 그를 泰山과 北斗처럼 우러러보았다."

1)〔原註〕 䵷(蛙)俚 : 䵷는 胡媧反이요 亦作蛙라 〔頭註〕 䵷는 或作哇하니 非也요 俚는 鄙也라

〔原註〕 䵷는 胡媧反(와)이요 蛙로도 쓴다. 〔頭註〕 䵷는 혹 哇로 되어 있으니 잘못이요, 俚는 비루함이다.

2)〔頭註〕 正元元和 : 正元은 貞元也*)니 德宗年號요 元和는 憲宗年號라

正元은 貞元이니 德宗의 연호이고, 元和는 憲宗의 연호이다.

*) 正元貞元也 : 宋나라 仁宗의 휘가 禎이므로 피휘하였는바, 禎과 음이 유사한 徵은 證으로, 貞은 正으로 바꿔 썼다. 그러므로 貞元을 正元이라 한 것이다.

3)〔頭註〕 反刓(완)以樸 : 樸은 與朴通이니 質朴也라

樸은 朴과 통용되니, 질박함이다.

4)〔譯註〕 愈遂以六經之文……剗僞以眞 : 後漢 이래 辭賦가 유행하면서 모든 문체가 騈儷文 일색으로 변하자, 韓愈는 이러한 폐단을 바로잡고자 하여 六經과 ≪孟子≫·≪莊子≫·≪史記≫ 등의 古文體를 쓸 것을 주장하여 문체를 변화하는데 큰 역할을 하였다.

5)〔譯註〕 汪洋 : 文章의 義理가 깊고 넓으며, 氣勢가 渾厚하고 雄健함을 이른다.

6)〔頭註〕 牴牾 : 牴는 觸也요 牾는 相交柱(拄)也니 牴牾는 言參差(치)라

牴는 부딪히는 것이고 牾는 서로 버티는 것이니, 牴牾는 어긋남을 말한다.

7)〔譯註〕 其道蓋自比孟軻……爲未醇 : 韓愈의 讀荀에 "孟子는 순수하고 순수한 자이고, 荀子와 揚子는 크게는 순수하나 약간의 瑕疵가 있다.〔孟氏醇乎醇者也 荀與揚大醇而小疵〕"라고 보인다.

8)〔頭註〕 媮(투)末*) : 媮는 本注에 他候反이니 巧黠也라하니라

媮는 本注에 "他候反(투)이니 공교롭고 약삭빠른 것이다." 하였다.

*) 媮末 : 비루하고 쇠퇴한 풍속을 가리킨다.

9)〔頭註〕跲(겁)而復奮 : 跲은 躓也라

跲은 넘어지는 것이다.

10)〔頭註〕撥衰反正 : 撥은 治也요 又轉之也라

撥은 다스리는 것이고, 또 전환하는 것이다.

文藝傳敍曰 唐有天下三百年에 文章이 無慮[1]三變이라 高祖, 太宗이 大難始夷하니 沿江左餘風[2]하야 絺章繪句[3]하고 揣合低昂이라 故로 王楊이 爲之伯이라 玄宗이 好經術하니 群臣稍厭雕(琢)〔瑑〕하고 索理致하야 崇雅黜浮하야 氣益雄渾하니 則燕許擅其宗이라 是時에 唐興已百年이니 諸儒爭自名家라 大曆[4]正元間에 美才輩出하야 擩(연)嚌道眞[5]하고 涵泳聖涯하니 於是에 韓愈唱之하고 柳宗元, 皇甫湜, 李翶等이 和之하야 排逐百家하야 法度森嚴이라 抵轢(력)[6]晉魏하고 上軋(알)漢周하야 唐之文이 宛然[7]爲一王法하니 此其極也라 若侍從酬奉[8]은 則李嶠, 宋之問, 沈佺期, 王維요 制冊則常袞, 楊炎, 陸贄, 權德輿, 王仲舒, 李德裕요 言詩則杜甫, 李白, 元稹(진), 白居易, 劉禹錫이요 譎怪則李賀, 杜牧, 李商隱이 皆卓然以所長으로 爲一世冠하니 其可尙已니라

≪新唐書≫의 〈文藝傳〉 敍에 말하였다.

"唐나라가 천하를 소유한 300년 동안에 문장이 무려 세 차례 변하였다.

高祖과 太宗이 큰 난리를 처음으로 평정하니, 江左(南朝)의 남은 풍속을 이어받아서 章句를 修飾하고 音節의 高低에 영합하였다. 그러므로 王勃과 楊炯이 으뜸이 되었다.

玄宗은 經學을 좋아하니, 여러 신하들이 차츰 문장을 아름답게 다듬는 것을 싫어하고 이치를 탐색하여 고아함을 높이고 浮華함을 내쳐서 기운이 더욱 雄渾하였으니, 燕國公 張說과 許國公 蘇頲이 그 宗主를 독차지하였다. 이때 唐나라가 일어난 지 이미 백 년이 넘으니, 여러 학자들이 다투어 스스로 名家라 하였다.

代宗의 大曆 연간과 德宗의 貞元 연간에는 아름다운 인재들이 배출되어 道의 참맛을 연구하고 음미하며 聖人의 경지에서 한가롭게 노니, 이에 韓愈가 선창을 하고 柳宗元·皇甫湜·李翶 등이 화답해서 百家를 축출하여 문장 짓

는 법도가 삼엄하였다. 晉나라와 魏나라를 밀어 젖히고 위로 漢나라와 周나라에 이르러 唐나라의 문장이 완연히 한 王法이 되었으니, 이것이 그 최고였다.

황제를 侍從하면서 詔命을 받들어 酬應한 것은 李嶠·宋之問·沈佺期·王維이고, 制冊文은 常袞·楊炎·陸贄·權德輿·王仲舒·李德裕이며, 詩로 말하면 杜甫·李白·元稹·白居易·劉禹錫이고, 기이하고 怪誕함은 李賀·杜牧·李商隱이니, 모두 우뚝히 所長을 가지고 한 세상의 으뜸이 되었으니, 참으로 가상할 만하다."

1)〔頭註〕無慮：擧凡之言이니 無小思慮而大計也라 又慮는 疑也니 猶言多少如是無疑라

無慮는 대략이라는 말이니, 작은 것은 생각하지 않고 큰 것만 계산하는 것이다. 또 慮는 의심하는 것이니, 다소 이렇게 의심함이 없다고 말하는 것과 같다.

2)〔頭註〕江左餘風：江左는 謂宋, 齊, 梁, 陳이라

江左는 南朝의 宋나라·齊나라·梁나라·陳나라를 이른다.

*) 江左：揚子江의 동쪽 지역을 이르는 말로, 東晉과 南朝의 宋·齊·梁·陳은 모두 양자강 동쪽 지역에 도읍하였기 때문에 이 다섯 왕조 및 다스렸던 지역을 가리켜 江左라 하였다. 그러나 南朝 사람들은 오직 東晉을 가리켜 江左라고 한다.

3)〔頭註〕絺章繪句：絺는 去聲이니 縫刺也요 繪는 五彩也라

絺는 去聲이니 꿰매는 것이고, 繪는 다섯 가지 채색이다.

4)〔頭註〕大曆：代宗年號라

大曆은 代宗의 연호이다.

5)〔頭註〕擩(연)嚌道眞：擩은 而宣切이니 與撋同이라 嚌는 嘗也라

擩은 而宣切(연)이니 撋과 같다. 嚌는 맛보는 것이다.

6)〔頭註〕抵轢(력)：轢은 踐也라

轢은 밟는 것이다.

7)〔頭註〕宛然：宛은 本敍作完이라

宛은 ≪新唐書≫〈文藝傳〉의 本敍에는 完으로 되어 있다.

8)〔譯註〕酬奉：옛날에 詔命을 받들어 응대하여 지은 詩文을 가리킨다.

蘇東坡曰[1] 文起八代之衰[2]하고 道濟天下之溺[3]하며 忠犯人主之怒[4]하고 勇奪三軍之帥[5]하니 此豈非參天地, 關盛衰하야 浩然而獨存者乎아 蓋嘗論天人之

辨하야 以謂 人無所不至로되 惟天은 不容僞라 智可以欺王公이로되 不可以欺豚魚[6]요 力可以得天下로되 不可以得匹夫匹婦之心이라 故로 公之精誠이 能開衡山之雲[7]이로되 而不能回憲宗之惑[8]하고 能馴鱷魚之暴[9]로되 而不能弭皇甫鎛, 李逢吉之謗[10]하고 能信於南海之民하야 廟食百世로되 而不能使其身一日安於朝廷之上하니 蓋公之所能者는 天也요 其所不能者는 人也니라

蘇東坡가 말하였다.

"文章은 八代에 쇠퇴했던 것을 일으키고 道는 천하 사람들이 異端에 빠진 것을 구제하였으며, 충성은 임금의 노여움을 범하였고 용기는 三軍의 장수를 빼앗았으니, 이 어찌 天地가 化育하는 功에 참여되고 國運의 盛衰에 관계되어 浩然하고도 홀로 뛰어난 자가 아니겠는가.

내 일찍이 天理와 人事의 분별을 논하여 이르기를 '人事는 〈온갖 기교를 사용하여〉 이르지 않는 바가 없으나 오직 天理는 털끝만한 거짓도 용납하지 않는다. 지혜로 王公을 속일 수는 있으나 돼지와 물고기는 속이지 못하고, 힘으로 천하를 얻을 수는 있으나 평범한 匹夫와 匹婦의 마음을 얻을 수는 없다. 그러므로 公의 정성이 衡山의 구름을 걷히게 할 수 있었으나 憲宗의 의혹은 돌리지 못하였고, 악어의 포악함을 길들일 수 있었으나 皇甫鎛과 李逢吉의 비방은 그치게 하지 못하였고, 南海의 백성들에게 신임을 받아 백세토록 사당에서 제향하게 할 수 있었으나 자기 몸으로 하여금 단 하루도 조정에서 편안하게 하지는 못하였으니, 公이 능한 것은 天理에 부합하는 것이었고 능하지 못한 것은 人事였다."

1) 〔譯註〕 蘇東坡曰 : 이 내용은 蘇東坡의 潮州韓文公廟碑에 보인다.

2) 〔頭註〕 文起八代之衰 : 愈는 以六經之文으로 爲諸儒倡이라 八代는 謂東漢, 魏, 晉, 宋, 齊, 梁, 陳, 隋也라

韓愈는 六經의 글로 학자들의 倡導가 되었다. 八代는 東漢·魏·晉·宋·齊·梁·陳·隋를 이른다.

3) 〔頭註〕 道濟天下之溺 : 原道數十篇은 皆奧衍宏深하야 與孟子相表裏하니 所以救濟人心之溺이니라

韓愈가 지은 原道 수십 편은 내용이 모두 심오하고 넓어서 ≪孟子≫와 서로 표

리가 되었으니, 異端에 빠진 人心을 구제하는 것이었다.

4)〔頭註〕忠犯人主之怒：憲宗迎佛骨에 愈表諫也니라

憲宗이 부처의 遺骨을 맞이하자, 韓愈가 論佛骨表를 올려 간하였다.

5)〔譯註〕勇奪三軍之帥：당나라 穆宗 長慶 元年(821)에 鎭州에서 王庭湊가 반란을 일으켰는데, 韓愈가 병부시랑으로 명을 받들고 가서 宣撫하여 굴복시킨 일을 이른다.

6)〔譯註〕豚魚：≪周易≫ 中孚卦에 "中孚는 믿음이 돼지와 물고기에 미치면 길하다.〔中孚 豚魚 吉〕"라고 보이는 바, 돼지는 조급하고 물고기는 어두워 물건 중에 감동시키기 어려운 것이다.

7)〔譯註〕能開衡山之雲：韓愈가 일찍이 衡山에 올라 衡嶽廟를 배알하려 할 적에 때마침 가을장마가 들어 구름이 잔뜩 끼었는데, 정성으로 기도하자 갑자기 구름이 걷히고 날이 말끔히 갰다고 한다. 이 내용은 韓愈의 謁衡嶽廟遂宿嶽寺題門樓詩에 보인다.

8)〔譯註〕不能回憲宗之惑：당나라 憲宗이 佛骨을 禁中에 맞아들인 것의 부당함을 극간하다가 潮州刺史로 좌천된 것을 이른다.

9)〔譯註〕能馴鱷魚之暴：韓愈가 潮州刺史로 부임하였는데, 그곳의 惡溪에 악어가 살고 있어 백성들이 기르는 가축을 해쳐서 백성들이 이 때문에 살 수가 없었다. 이에 韓愈가 祭鱷魚文을 지어 악계에 던졌는데, 그날 저녁에 바로 악계에 폭풍이 불고 천둥이 치더니, 수일 후에는 그곳의 물이 다 마르고 악어가 다른 곳으로 옮겨가서 이로부터 악어의 폐해를 면하게 되었다 한다.

10)〔頭註〕不能弭皇甫鎛 李逢吉之謗*)：皇甫鎛, 李逢吉等이 忌愈直하야 皆短之於帝하니라

皇甫鎛과 李逢吉 등이 韓愈의 강직함을 미워하여 모두 皇帝(憲宗)에게 韓愈의 단점을 들어 말하였다.

*) 不能弭皇甫鎛 李逢吉之謗：韓愈가 潮州刺史로 부임한 뒤에 表文을 올려 사죄하니, 憲宗이 다시 등용하고자 하였으나 皇甫鎛에게 참소당하여 袁州刺史로 옮겼다. 穆宗 長慶 3년(823)에 재상 李逢吉이 御史中丞 李紳과 불화하였는데, 李逢吉은 마침내 韓愈를 京兆尹 兼御史大夫로 삼아 李紳과 충돌하게 하고는 韓愈와 李紳 두 사람은 서로 화합할 수 없다고 참소하고 모두 파면하여 韓愈를 兵部侍郞으로 옮기고 李紳을 江西觀察使로 내보냈다.

二月에 李愬, 田弘正이 屢敗李師道兵하다 師道聞官軍侵逼하고 發民治鄆(운)州城塹[1)]하야 修守備할새 役及婦人하니 民이 益懼且怨이라 都知兵馬使劉悟勒兵捕師道하야 與其二子斬之하야 函首送弘正營한대 弘正이 大喜하야 露布以聞하니 淄靑等十二州皆平하다 自廣德[2)]以來로 垂六十年에 藩鎭跋扈하야 河南北三十餘州 自除官吏하고 不供貢賦러니 至是하야 盡遵朝廷約束이러라 上命楊於(오)陵[3)]하야 分李師道地하니 於陵이 按圖籍하야 視土地遠邇하고 計士馬衆寡하고 校倉庫虛實하야 分爲三道[4)]하니 上이 從之하다 〈出藩鎭傳〉

2월에 李愬와 田弘正이 여러 번 李師道의 군대를 패퇴시켰다. 李師道는 관군이 침입하여 핍박한다는 말을 듣고는 백성을 징발하여 鄆州의 성과 참호를 수리해서 수비할 적에 부역이 부인들에게까지 미치니, 백성들이 더욱 두려워하고 원망하였다. 都知兵馬使 劉悟가 군대를 무장하여 李師道를 체포해서 그의 두 아들과 함께 목을 베어 머리를 함에 담아 田弘正의 군영으로 보내니, 田弘正이 크게 기뻐하여 露布로 조정에 아뢰었다. 그리하여 淄・靑 등 12개 州가 모두 평정되었다.

廣德 연간 이래로 60년이 되도록 藩鎭이 跋扈하여 河南과 河北의 30여 州가 자기들 스스로 관리들을 제수하고 貢賦를 바치지 않았는데, 이때에 이르러 모두 조정의 법령을 따랐다.

上이 楊於陵에게 명하여 李師道의 땅을 나누게 하니, 楊於陵이 지도와 호적을 살펴보아 토지의 멀고 가까움을 살피고 군사와 말의 많고 적음을 헤아리고 창고의 비고 충실함을 비교해서 나누어 세 道를 만드니, 上이 그의 의견을 따랐다. - ≪新唐書 藩鎭淄靑橫海≫에 나옴 -

1) 〔釋義〕 鄆(운)州城塹 : 鄆은 音運이라 塹은 七艶反으로 坑也니 遶城水라
鄆은 音이 運이다. 塹은 七艶反(참)으로 구덩이이니, 성을 두르고 있는 물(해자)이다.

2) 〔頭註〕 廣德 : 代宗年號라
廣德은 代宗의 연호이다.

3) 〔頭註〕 楊於(오)陵 : 兵部侍郎이니 於는 音烏라

楊於陵은 兵部侍郎이니, 於는 음이 오이다.

4)〔頭註〕三道：鄆曹漢爲一道요 淄青齊登萊爲二道也라

鄆州・曹州・漢州가 한 道이고, 淄州・青州와 齊州・登州・萊州가 두 道이다.

○ 裴度纂述蔡鄆用兵以來로 上之憂勤機略하야 因侍宴獻之하다

裴度가 蔡州와 鄆州에 用兵한 이래로 上이 나라를 근심하고 정사에 부지런한 機謀와 智略을 편찬하여 모시고 잔치할 때를 틈타서 올렸다.

○ 橫海節度使烏重胤이 奏호되 河朔藩鎭이 所以能旅拒朝命[1]六十餘年者는 由州縣各置鎭將領事하고 收刺史縣令之權하야 自作威福이니 鄕使刺史各得行其職이면 則雖有姦雄如安史나 必不能以一州獨反也리이다 臣所領德, 棣, 景三州를 已擧牒하야 各還刺史職事하고 應在州兵을 竝令刺史領之하니이다 夏四月에 詔호되 諸道節度, 都團練, 都防禦, 經略等使所統支郡[2]을 竝令刺史領之하라하다 自至德[3]以來로 節度使權重하야 所統諸州에 各置鎭兵하고 以大將主之하야 暴橫爲患이라 故로 重胤論之러니 其後에 河北諸鎭에 惟(淮)〔橫〕海[4] 最爲順命하니 由重胤處置得宜故也러라 〈出重胤傳〉

橫海節度使 烏重胤이 아뢰기를 "河朔의 藩鎭이 무리지어 함께 조정의 명령에 항거하기를 60여 년이나 한 까닭은 州縣에 각각 鎭將과 領事를 두고 刺史와 縣令의 권한을 빼앗아서 자기들 스스로 위엄과 복을 내렸기(형벌을 내리고 관리를 임용하였기) 때문이니, 지난날 가령 刺史가 각각 자기 직책을 수행하게 했다면 비록 安祿山과 史思明과 같은 姦雄이 있다 하더라도 반드시 한 州를 가지고 홀로 배반하지는 못했을 것입니다. 신이 관할하고 있는 德州・棣州・景州 세 州에는 이미 公文을 보내어 각각 刺史의 직무를 그들에게 돌려주었고, 각 州에 있어야 할 州의 병사들은 모두 刺史로 하여금 통솔하게 하였습니다." 하였다.

여름 4월에 황제가 조칙을 내리기를 "여러 도의 節度使, 都團練使, 都防禦

使, 經略使 등이 통솔하고 있는 支郡을 모두 刺史로 하여금 통솔하게 하라." 하였다.

至德 연간 이래로 節度使의 권한이 커져서 통솔하고 있는 여러 州에 각각 鎭兵을 설치하고 大將(節度使)으로 통솔하였는데, 횡포를 자행하여 우환이 되었다. 그러므로 烏重胤이 이것을 논하였는데, 그 후에 河北의 여러 鎭 중에 오직 橫海鎭이 가장 조정의 명령에 순종하였으니, 이는 烏重胤의 처치가 마땅함을 얻었기 때문이었다. - ≪舊唐書 烏重胤傳≫에 나옴 -

1) 〔頭註〕 旅拒*)朝命 : 旅는 衆也라
　　旅는 무리이다.
*) 旅拒 : 무리를 모아서 항거하는 것이다.
2) 〔譯註〕 支郡 : 唐나라 말부터 五代時代까지 각 節度使가 한 지방에 할거하고 몇 州를 겸하여 점령하는 것을 支郡이라고 칭하였다.
3) 〔頭註〕 至德 : 肅宗年號라
　　至德은 肅宗의 연호이다.
4) 〔頭註〕 (淮)〔橫〕海 : 資治及綱目에 竝作橫海라
　　'淮海'는 ≪資治通鑑≫과 ≪資治通鑑綱目≫에 모두 '橫海'로 되어 있다.

○ **裴度在相位**하야 **知無不言**하니 **皇甫鎛之黨**이 **陰擠之**[1]어늘 **詔度**하야 **以門下侍郎同平章事**로 **充河東節度使**하다

裴度가 재상의 자리에 있으면서 아는 것을 말하지 않음이 없으니, 皇甫鎛의 무리가 은밀히 그를 배척하였다. 이에 황제가 명하여 裴度를 門下侍郎 同平章事로 河東節度使에 충당하였다.

1) 〔原註〕 陰擠之 : 擠는 排也라
　　擠는 배제하는 것이다.

○ **上**이 **問宰相**호되 **玄宗之政**이 **先理而後亂**은 **何也**오 **崔群**이 **對曰 玄宗**이 **用姚崇, 宋璟, 盧懷愼, 蘇頲**(정), **韓休, 張九齡則理**하고 **用宇文融, 李林甫, 楊國忠則亂**이라 **故**로 **用人得失**이 **所繫非輕**이니이다 **人皆以天寶十四年安祿**

山反으로 **爲亂之始**라호되 **臣**은 **獨以開元二十四年罷張九齡相**하고 **專任李林甫**로 **此理亂之所分也**라하노니 **願陛下**는 **以開元初爲法**하고 **以天寶末爲戒**하시면 **乃社稷無疆之福**이니이다 **皇甫鏄**이 **深恨之**러라 〈出群傳〉

上이 宰相에게 묻기를 "玄宗의 정사가 먼저는 잘 다스려지고 뒤에는 어지러운 것은 어째서인가?" 하니, 崔群이 대답하기를 "玄宗이 姚崇·宋璟·盧懷愼·蘇頲·韓休·張九齡을 등용하면 나라가 잘 다스려졌고, 宇文融·李林甫·楊國忠을 등용하면 나라가 어지러웠습니다. 그러므로 사람을 등용함에 있어 잘하고 잘못함은 관계되는 바가 가볍지 않습니다. 사람들은 모두 天寶 14년(755)에 安祿山이 반란한 것을 난의 시초로 말하지만, 신은 홀로 開元 24년(736)에 張九齡을 재상에서 파직하고 李林甫에게 오로지 정사를 맡긴 것을 治亂의 분기점으로 여깁니다. 바라건대 폐하께서는 開元의 초기를 법으로 삼으시고 天寶의 끝을 경계로 삼으시면 바로 社稷의 무궁한 복일 것입니다." 하였다.

이에 皇甫鏄이 崔群에게 깊이 원한을 품었다. - ≪舊唐書 崔群傳≫에 나옴 -

〔新增〕 范氏曰 崔群之言이 豈徒有激而云哉아 其可謂至言矣니 聖人復起사도 不能易也시리라

范氏(范祖禹)가 말하였다.

"崔群의 말이 어찌 다만 격하여 말한 것일 뿐이겠는가. 참으로 지극히 훌륭한 말이라고 이를 만하니, 聖人이 다시 나온다 해도 바꾸지 않으실 것이다."

李絳傳曰 帝問호되 玄宗이 開元時致治라가 天寶則亂하니 何一君而相反耶아 李絳曰 治生於憂危하고 亂生於放肆니이다 玄宗이 嘗歷試官守하야 知人之艱難이라 臨御初에 任〈用〉姚崇, 宋璟하야 礪(勵)精聽納이라 故로 左右前後皆正人也러니 洎林甫國忠得君하야는 專引傾邪之人하야 分總要劇이라 於是에 上不聞直言하야 嗜欲日滋하니 內則盜臣[1]勸以興利하고 外則武夫[2]誘以開邊하야 天下騷動이라 故로 祿山이 乘隙而奮하니 此皆小人啓導從(縱)逸而驕라 繫

人主所行하니 無常治요 亦無常亂也니이다

≪新唐書≫ 〈李絳列傳〉에 말하였다.

“憲宗이 묻기를 ‘玄宗이 開元 연간에는 훌륭한 정치를 이룩하였다가 天寶 연간에는 혼란하였으니, 어찌하여 한 군주이면서 이처럼 상반되었는가?’ 하니, 李絳이 말하기를 ‘다스림은 군주가 근심하고 위태롭게 여김에서 생겨나고 혼란함은 군주가 방자함에서 생겨납니다. 玄宗이 일찍이 官守를 차례로 경험해서 백성들의 어려운 생활을 알았습니다. 그리하여 즉위 초기에는 姚崇과 宋璟을 등용하여 정신을 가다듬고 간언을 듣고 받아들였습니다. 그러므로 좌우전후가 모두 올바른 사람들이었는데, 李林甫와 楊國忠이 군주의 신임을 얻음에 미쳐서는 오로지 남을 모함하고 간사한 사람들을 끌어들여서 중요한 자리를 나누어 총괄하게 하였습니다. 이에 玄宗이 정직한 말을 듣지 못하여 嗜欲이 날로 불어나니, 안으로는 도둑질하는 신하가 이익을 늘리는 것으로 권하고, 밖으로는 武夫들이 변경을 개척하는 것으로 유혹하여 천하가 소란하였습니다. 그러므로 安祿山이 이 틈을 타서 일어났으니, 이는 모두 小人들이 방종하고 안일하여 교만해지도록 계도하였기 때문입니다. 나라가 다스려지고 혼란함은 人主가 행하는 바에 달려 있으니, 항상 다스려짐도 없고 또한 항상 혼란함도 없습니다.’ 하였다.”

1) 〔頭註〕 盜臣 : 若楊愼矜, 韋堅, 王珙之徒라
도둑질하는 신하는 楊愼矜, 韋堅, 王珙과 같은 무리이다.

2) 〔頭註〕 武夫 : 若王忠嗣之輩라
武夫는 王忠嗣와 같은 무리이다.

上이 服柳泌藥하고 日加躁渴하다

上이 柳泌가 조제한 丹藥을 먹고 조급증과 갈증이 날로 더해졌다.

【庚子】 十五年이라

元和 15년(경자 820)

春正月에 **初**에 **左軍中尉吐突承**璀 **謀立澧**(례)**王**惲(운)[1]하야 **爲太子**어늘 **上不許**하다 **上服金丹**하고 **多躁怒**하야 **左右宦官**이 **往往獲罪有死者**하니 **人人自危**라 **庚子**에 **暴崩於中和殿**하니 **時人**이 **皆言內常侍陳弘志弑逆**이라호되 **其黨類諱之**하야 **不敢討賊**하고 **但云藥發**이라하니 **外人**이 **莫能明也**러라 **中尉梁守謙, 王守澄等**이 **共立太子**하고 **殺吐突承**璀**及澧王**惲하다 **閏月**에 **穆宗**이 **卽位于太極殿**하고 **貶皇甫**鎛하야 **爲崖州司戶**하니 **市井**이 **皆相賀**라 **杖殺柳泌**하고 **餘方士**는 **皆流嶺表**하다

봄 정월에 이보다 앞서 左軍中尉 吐突承璀가 澧王 李惲을 태자로 세울 것을 모의하였으나 上이 허락하지 않았다. 上이 金丹을 먹고 조급증과 노여움이 많아져서 좌우의 환관들이 왕왕 죄를 지어 죽는 자가 있으니, 사람마다 스스로 위태롭게 여겼다.

庚子日(27일)에 上이 中和殿에서 갑자기 승하하니, 당시 사람들이 모두 內常侍인 陳弘志가 弑逆한 것이라고 말하였으나 그의 무리들이 이 일을 숨겨서 감히 역적을 토벌하지 못하고 다만 丹藥의 毒性이 발작하여 죽은 것이라고 하니, 外人들이 이 일을 밝히지 못하였다. 이에 中尉 梁守謙과 王守澄 등이 함께 태자를 세우고 吐突承璀와 澧王 惲을 죽였다.

윤달에 穆宗이 太極殿에서 즉위하고 皇甫鎛을 崖州司戶로 좌천시키니, 市井 사람들이 모두 서로 축하하였다. 柳泌를 곤장을 쳐서 죽이고 나머지 方士들은 모두 嶺外로 유배보냈다.

1)〔頭註〕澧(례)王惲(운) : 憲宗之子니 後宮所生이라
　澧王 李惲은 憲宗의 아들이니, 後宮의 소생이다.

贊曰 德宗이 猜忌[1]刻薄하고 以彊明自任하야 恥見屈于正論하고 而忘受欺於奸諛라 故로 其疑蕭復之輕已하고 謂姜公輔爲賣直[2]하야 而不能容하며 用盧杞, 趙贊[3]하야 則至於亂而終不悔러니 及奉天之難하야 深自懲艾(예)하야 遂行姑息之政이라 由是로 朝廷益弱而方鎭愈强하야 至於唐亡하니 其患以此라

憲宗은 剛明果斷이라 自初卽位로 慨然發憤하고 志平僭叛하야 能用忠謀하고 不惑群議하야 卒收成功이라 自吳元濟誅로 彊藩悍將이 皆欲悔過而效順하니 當此之時하야 唐之威令이 幾於復振하니 則其爲優劣을 不待較而可知也라 及其晩節하야는 信用非人[4]하야 不終其業하야 而身罹不測之禍하니 尤甚於德宗이라 嗚呼라 小人之能敗國也여 不必愚君暗主라 雖聰明聖智라도 苟有惑焉이면 未有不爲患者也니라

≪新唐書≫〈德宗本紀〉贊에 말하였다.

"德宗은 성품이 시기하고 각박하며 彊明함을 자임하여 正論에 굴복당하는 것을 부끄러워하였고, 간사하고 아첨하는 자에게 속임을 받는 것을 잊었다. 그러므로 蕭復이 자신을 깔보는가 의심하였고, 姜公輔를 일러 정직함을 팔아 명성을 취한다고 여겨 용납하지 않았으며, 盧杞와 趙贊을 등용함에 있어서는 나라가 혼란해짐에 이르러도 끝내 뉘우치지 않았다. 그런데 奉天의 난리에 이르러 깊이 스스로 징계하고 다스려서 마침내 당장만 편하려는 姑息의 정사를 행하였다. 이로 말미암아 조정이 더욱 약해지고 方鎭이 더욱 강해져서 唐나라가 멸망함에 이르렀으니, 그 병통은 이 때문이었다.

憲宗은 剛明하고 과단성이 있었다. 처음 즉위한 뒤로부터 慨然히 분발하고 참람하여 난을 일으키는 자들을 평정할 것을 생각하여 충성스러운 계책을 쓰고 여러 사람의 의논에 현혹되지 아니하여 마침내 성공을 거두었다. 吳元濟가 주벌을 당한 뒤로 강한 藩鎭과 사나운 장수들이 모두 잘못을 뉘우치고 忠順을 바치고자 하였다. 이때를 당하여 唐나라의 위엄과 명령이 거의 다시 떨쳐지게 되었으니, 그렇다면 우열을 굳이 비교하지 않아도 알 수 있다. 그런데 말년에 이르러서는 나쁜 사람들을 신용하여 功業을 끝마치지 못하고서 몸이 不測한 화에 걸렸으니, 이는 德宗보다도 더욱 심하다.

아! 소인들이 나라를 패망시킴이여. 반드시 어리석은 군주만이 아니라 비록 총명하고 성스럽고 지혜로운 군주라 하더라도 만약 그들에게 현혹되면 환난이 되지 않는 자가 있지 않다."

1)〔頭註〕猜忌 : 猜는 疑也라

猜는 의심하는 것이다.

2)〔頭註〕其疑蕭復之輕已 謂姜公輔爲賣直：蕭復, 姜公輔는 竝見四十五卷甲子年하니라

蕭復과 姜公輔의 일은 모두 45권 甲子年(784)에 보인다.

3)〔頭註〕盧杞, 趙贊：盧杞는 陰狡險佞하고 趙贊은 奏行間架除陌法[*)]하니라

盧杞는 음험하고 교활하였으며, 趙贊은 황제에게 間架稅와 除陌法을 행할 것을 아뢰었다.

*) 間架除陌法：間架稅는 집의 칸 수와 가격에 따라 세 등급으로 나누어 부과한 세금이고, 除陌錢은 물건을 매매할 때 거래량에 따라 관아에 납부하던 세금이다.

4)〔頭註〕信用非人：謂信程异皇甫鎛이라

나쁜 사람을 신용했다는 것은 程异와 皇甫鎛을 신용하였음을 이른다.

上이 **見夏州觀察判官柳公權書跡**하고 **愛之**하야 **以公權爲右拾遺翰林學士**하다 **上問公權**호되 **卿書何能如是之善**고 **對曰 用筆在心**하니 **心正則筆正**이니이다 **上**이 **默然改容**하니 **知其以筆諫也**러라

上이 夏州觀察判官 柳公權의 필적을 보고 좋아하여 柳公權을 右拾遺 翰林學士로 임명하였다. 上이 柳公權에게 묻기를 "경의 글씨는 어쩌면 이렇게도 아름다운가?" 하사, 柳公權이 대답하기를 "붓을 운용함은 마음에 달려 있으니, 마음이 바르면 붓(필획)이 바르게 됩니다." 하였다. 이에 上이 묵묵히 용모를 고치니, 이는 柳公權이 필법으로 간한 것임을 알았기 때문이었다.

○ **上**이 **甫過公除**[1)]에 **卽事游畋聲色**하고 **賜與無節**하니라

上이 겨우 公除가 지나자, 즉시 유람과 사냥과 음악과 여색을 일삼고, 하사하여 주는 것이 절도가 없었다.

1)〔釋義〕公除[*)]：王氏曰 公除는 謂已成服除之하야 以從公家之事하야 不待終制也라

王氏가 말하였다. "公除는 이미 成服한 뒤에 곧바로 상복을 벗어서 公家의 일에 종사하여 3년의 상제가 끝마치기를 기다리지 않음을 이른다."

*) 公除：帝王이나 조정의 大官이 公事로 인하여 喪服을 벗는 것을 公除라고 한다. 당나라 제도에 황제는 27일만에 상복을 벗었다.

〔史略 史評〕 史斷曰 憲宗嗣位之初에 委任賢相하야 朝廷淸明하니 有足稱者요 而又慨然發憤하야 志平僭亂하야 能用忠謀하야 不惑群議하며 師老財屈하야 異論輻輳로되 而不爲之疑하고 盜發都邑하야 屠害元臣이로되 而不爲之懼라 故로 能削平猾逆하고 剪除亂階러니 及世難漸平에 驕侈日生하야 姦人皇甫鎛이 以取斂見幸하고 直言裴度 以極諫見棄하며 以宦者爲館驛使하고 以柳泌爲州刺史하며 修麟德殿하고 浚龍首池하며 甚者는 迎凶穢死骨於京師하고 斥諫爭直臣於嶺外러니 未幾에 金丹之藥方試라가 而陳弘志之謀遂行하니 可勝歎哉아

史斷에 말하였다.

"憲宗은 즉위한 초기에 어진 재상(武元衡과 裴度)에게 정사를 맡겨 조정이 깨끗해졌으니 충분히 칭찬할 만한 것이 있고, 또 慨然히 분발하고 참람하여 난을 일으킨 자들을 평정할 것을 생각해서 충성스러운 계책을 따르고 여러 사람의 의논에 현혹되지 않았으며, 군사가 피로하고 재물이 다하여 異論이 輻輳하였으나 의심하지 않았고, 자객이 都邑에 나타나 元老大臣을 살해하였으나 두려워하지 않았다. 이 때문에 교활한 역적을 평정하고 亂의 階梯(발단)를 제거하였는데, 세상의 禍亂이 점점 평정되자 교만하고 사치한 마음이 날로 생겨났다. 그리하여 奸臣인 皇甫鎛이 가렴주구로 총애를 받고 直言하는 裴度가 지극히 간함으로 버림을 받았으며, 宦官을 館驛使로 임명하고 柳泌를 州의 刺史로 삼았으며, 麟德殿을 수리하고 龍首池를 준설하였으며, 심지어는 흉하고 더러운 죽은 사람의 뼈(부처의 손가락뼈)를 京師로 맞이해 오고 간쟁하는 정직한 신하(韓愈)를 嶺外로 배척하였는데, 얼마 안 있어 金丹의 藥을 복용하였다가 陳弘志의 계책이 마침내 행해졌으니, 한탄을 금할 수 있겠는가."

通鑑節要 卷之四十七

唐 紀

穆宗※ 名은 恒이니 憲宗第二子라 在位四年이요 壽三十이라

穆宗은 이름이 恒이니, 憲宗의 둘째 아들이다. 재위가 4년이고, 壽가 30세이다.

※ 蒙已成之業而不能保라 由是로 再失河朔하야 迄于唐亡히 不能復取하니라
이미 이루어 놓은 功業을 이어받았으나 보전하지 못하였다. 이 때문에 재차 河北 지방을 잃어서 唐나라가 멸망할 때까지 수복하지 못하였다.

【辛丑】 長慶元年이라

長慶 元年(신축 821)

翰林學士李德裕는 **吉甫之子也**라 **以中書舍人李宗閔**이 **嘗對策**[1)]에 **譏切其父**라하야 **恨之**하고 **宗閔**은 **又與翰林學士元稹**으로 **爭進取有隙**하니 **自是**로 **德裕, 宗閔**이 **各分朋黨**하야 **更**(경)**相傾軋**[2)]이 **垂四十年**이러라

翰林學士 李德裕는 吉甫의 아들이다. 中書舍人 李宗閔이 일찍이 對策할 적에 그의 아버지를 비난했다 하여 그에게 원한을 품었고, 李宗閔은 또 翰林學士 元稹과 進取를 다투어 틈이 생기니, 이로부터 李德裕와 李宗閔이 각각 朋黨을 나누어서 번갈아 서로 모함하고 알력을 빚은 지가 40년이나 되었다.

1) 〔譯註〕 對策 : 시험 과목의 일종으로 策文을 내어 對策을 바치게 하였는데, 내용은 經學과 時務에 대한 것이었다.

2)〔釋義〕傾軋 : 傾은 陷也요 軋은 乙黠反이니 以勢相傾也라
傾은 함정에 빠뜨리는 것이고, 軋은 乙黠反(알)이니 세력으로 서로 넘어뜨리는 것이다.

○ **幽州軍士作亂**하야 **囚節度使張弘靖**하고 **推朱克融**하야 **爲留後**하다

幽州의 軍士가 난을 일으켜 節度使 張弘靖을 가두고 朱克融을 留後로 추대하였다.

○ **成德兵馬使王庭湊**[1] **殺節度使田弘正**하고 **自稱留後**하다

成德兵馬使 王庭湊가 節度使 田弘正을 죽이고 스스로 留後라 칭하였다.

1)〔譯註〕王庭湊 : 선조가 回鶻 사람이다. 王武俊이 그의 曾祖인 五哥之를 거두어 기르고 양자로 삼았다. 그러므로 姓을 王으로 고쳤다.

○ **自定兩稅法**[1]**以來**로 **錢日重**하고 **物日輕**하야 **民所輸三倍其初**라 **詔百官**하야 **議革其弊**하니 **戶部尙書楊於**(오)**陵**이 **以爲 錢者**는 **所以權百貨**하야 **貿遷有無**하니 **所宜流散**이요 **不應蓄聚**라 **今宜使天下輸稅課者**로 **皆用穀帛**하고 **廣鑄錢而禁滯積及出塞者**[2]하면 **則錢日滋矣**리이다 **朝廷**이 **從之**하야 **始令兩稅**에 **皆輸布絲纊**하고 **獨鹽酒課用錢**하니라

兩稅法을 제정하여 시행한 이후로부터 돈의 가치는 날로 높아지고 물건의 가치는 날로 낮아져서 백성들이 바치는 세금이 처음의 3배가 되었다. 황제가 百官들에게 명하여 이러한 폐단을 개혁할 것을 의논하게 하니, 戶部尙書 楊於陵이 말하기를 "돈이라는 것은 온갖 재화를 저울질하여 있는 것과 없는 것을 교역하는 것이니, 마땅히 유통시켜 분산시켜야 하지 한 곳에 쌓아 두어서는 안 됩니다. 지금 마땅히 천하의 賦稅를 바치는 자들로 하여금 모두 곡식과 비단을 사용하게 하고, 돈을 더 많이 주조하되 돈이 적체되거나 변방으로 흘러 나가는 것을 금지한다면 돈이 날로 불어날 것입니다." 하였다.

조정에서 그의 말을 따라 비로소 兩稅를 모두 삼베와 생사와 솜으로 바치

도록 명하고, 오직 소금과 술에 대한 세금에만 돈을 사용하게 하였다.

1)〔頭註〕兩稅法：見四十四卷庚申年이라
兩稅法은 44卷 경신년(780)에 보인다.

2)〔頭註〕禁滯積及出塞者：言積於富家어나 流入四夷이라
돈이 적체되거나 변방으로 흘러나간다는 것은 돈이 부잣집에 쌓여 있거나 사방의 오랑캐 지역으로 흘러 들어가는 것을 말한다.

【壬寅】二年이라

長慶 2년(임인 822)

春에 上之初卽位也에 兩河略定이라 蕭俛(면), 段文昌[1]이 以爲天下已太平하니 漸宜銷兵이라하야 請密詔天下하야 軍鎭有兵處에 每歲百人之中에 限八人逃死[2]하소서 上이 方荒宴하야 不以國事爲意하야 遂可其奏라 軍士落籍者衆하야 皆聚山澤爲盜러니 及朱克融, 王庭湊作亂一呼에 而亡卒皆集이라 詔徵諸道兵하야 討之하니 諸道兵이 旣少하고 皆臨時召募하야 烏合之衆[3]이라 故로 每戰에 多敗러라 又凡用兵에 擧動을 皆自禁中으로 授以方略호되 朝令夕改하야 不知所從이요 不度(탁)可否라 故로 雖以諸道十五萬之衆으로 裴度元臣宿望이요 烏重胤, 李光顔이 皆當時名將이나 討幽鎭萬餘之衆하야 屯守踰年이로되 竟無成功하고 財竭力盡이러라 崔植, 杜元穎, 王播爲相에 皆庸才요 無遠略이라 史憲誠이 旣逼殺田布[4]호되 朝廷이 不能討하고 遂幷朱克融, 王庭湊하야 以節鉞授之하니 由是로 再失河朔하야 訖于唐亡히 不能復取하니라

봄에 上이 처음 즉위할 때에 兩河(河北과 河南) 지방이 대략 평정되었다. 蕭俛과 段文昌이 생각하기를 "天下가 이미 태평하니 점점 군대를 줄여야 한다."고 여겨, 은밀히 천하에 명령해서 軍鎭 중에 군대가 주둔하고 있는 곳에는 매년 100명 중에 8명을 한정하여 도망하거나 사망한 자를 軍籍에서 이름을 지울 것을 청하였다.

上이 이때 酒宴에 빠져서 국사에 관심이 없어 마침내 그들이 아뢴 것을 재가하였다. 군사들 중에 군적에서 빠진 자가 많아서 모두 산과 늪에 모여 도둑이 되었는데, 朱克融과 王庭湊가 난을 일으켜 한 번 부르자 도망한 병졸들이 모두 모였다. 황제가 조서를 내려 諸道의 군대를 징발해서 이들을 토벌하게 하니, 諸道의 군대가 이미 적고 또 모두 임시로 불러 모집한 오합지졸이었다. 그러므로 매번 싸울 때마다 패하는 경우가 많았다.

또 모든 군대를 운용할 적에 一擧一動을 모두 禁中에서 方略을 지시하였으나 아침에 명령했다가 저녁에 바꾸니, 따를 바를 알지 못하였고 또 행해야 할지 말아야 할지를 헤아리지 못하였다. 그러므로 비록 여러 도에서 징발한 15만의 병력을 거느렸고, 裴度는 원로대신으로 오랜 명망을 지녔고 烏重胤과 李光顔은 당시의 명장이었으나, 幽州(盧龍)와 鎭州(成德)의 1만여 명의 군대를 토벌하기 위해 주둔하며 지킨 지가 1년이 넘었으며 끝내 승리하지 못하면서 비용이 고갈되고 힘이 다하였다.

崔植과 杜元穎과 王播가 재상이 되자 모두 재주가 용렬하고 원대한 지략이 없었다. 史憲誠이 이미 田布를 핍박하여 자살하게 만들었으나 조정에서 그를 토벌하지 못하고 마침내 朱克融, 王庭湊와 아울러 節度使로 임명하였다. 이로부터 재차 河北 지방을 잃어서 唐나라가 멸망할 때까지 수복하지 못하였다.

1) 〔頭註〕 蕭俛(면), 段文昌 : 俛은 音免이니 皆同平章事라

　俛은 음이 면이니, 蕭俛과 段文昌은 모두 同平章事이다.

2) 〔頭註〕 逃死 : 或以逃하고 或以死하야 除其籍이라

　逃死는 혹은 도망하거나 혹은 죽어서 軍籍에서 이름을 지우는 것이다.

3) 〔頭註〕 烏合之衆 : 烏合은 如烏之聚散이니 言無定也라

　烏合은 까마귀가 모이고 흩어지는 것과 같은 것이니 일정함이 없음을 말한다.

4) 〔附註〕 殺田布 : 魏博節度使田弘正이 爲王庭湊所殺이어늘 詔起(服)〔復〕弘正子布하야 爲節度하야 以討廷湊러니 兵馬使史憲誠이 畜異志하고 會救幽州하야 布軍潰하다 布復欲出兵한대 諸將益偃蹇하야 欲布行河朔舊事*)하니 布無如之何하야 自殺이어늘 衆推憲誠爲留後하니라

　魏博節度使 田弘正이 王庭湊에게 살해되자, 황제가 명하여 田弘正의 아들 田布를 起復하여 節度使로 삼아서 王廷湊를 토벌하게 하였는데, 兵馬使 史憲誠이

딴 마음을 품고는 마침 幽州를 구원하여 田布의 군대가 궤멸되었다. 田布가 다시 출병하고자 하였으나 여러 장수들이 더욱 교만해져서 田布로 하여금 河朔 지방의 故事를 행하게 하고자 하니, 田布가 어찌할 수가 없어 자살하였다. 이에 무리들이 史憲誠을 留後로 추대하였다.

*) 河朔舊事 : 黃河 이북의 여러 方鎭의 節度使들이 아버지가 죽으면 아들이 계승하기도 하고 혹은 그 副將을 추대하기도 하여 조정의 재제를 받지 않은 것을 가리킨다.

【癸卯】 三年이라

長慶 3년(계묘 823)

以牛僧孺로 爲中書侍郞同平章事하다 時에 僧孺與李德裕로 皆有入相之望이러니 德裕出爲浙西觀察使하야 八年不遷한대 以爲李逢吉排己하고 引僧孺爲相이라하야 由是로 牛李之怨이 愈深이러라

牛僧孺를 中書侍郎 同平章事로 임명하였다. 이때 牛僧孺는 李德裕와 함께 모두 조정에 들어가 재상이 될 것이라는 인망이 있었는데, 李德裕가 외직으로 나가 浙西觀察使가 되어 8년 동안 승진하지 못하니, 李德裕는 李逢吉이 자신을 배제하고 牛僧孺를 추천하여 재상으로 삼은 것이라고 여겼다. 그리하여 牛僧孺와 李德裕의 원한이 더욱 깊어졌다.

○ 五月에 以尙書左丞柳公綽(작)으로 爲山南東道節度使하다 公綽이 過鄧縣할새 有二吏하야 一犯贓하고 一舞文[1)]이라 衆謂公綽이 必殺犯贓者라하더니 公綽判曰 贓吏犯法은 法在어니와 奸吏亂法은 法亡(무)라하고 竟誅舞文者하니라

5월에 尙書左丞 柳公綽을 山南東道節度使로 임명하였다. 柳公綽이 鄧縣을 지나갈 적에 縣에 두 아전이 있어 한 사람은 贓罪(부정축재)를 범하였고 한 사람은 文法(법조문)을 농간하였다. 사람들은 柳公綽이 반드시 贓罪를 범한 자를 죽일 것이라고 생각했는데, 柳公綽이 판결하기를 "부정한 관리가 贓罪

를 범하는 것은 국법에 나와 있지만 간사한 아전이 법조문을 어지럽히는 것은 국법에 나와 있지 않다." 하고는 마침내 법조문을 농간한 자를 죽였다.

1)〔釋義〕一舞文 : 舞文은 謂舞弄文法也라
舞文은 법조문을 농간함을 이른다.

【甲辰】四年이라

長慶 4년(갑진 824)

春에 初柳泌等이 旣誅에 方士稍復因左右하야 以進하니 上이 餌其金石之藥이라 有處士張臯者上疏하야 以爲 神慮澹則血氣和하고 嗜慾勝則疾疹作하나니 藥以攻疾이요 無疾이면 不可餌也라 先帝信方士妄言하야 餌藥致疾하시니 豈得復循其覆轍乎잇가

봄에 이보다 앞서 柳泌 등이 죽임을 당한 뒤에 方士들이 차츰 다시 황제의 측근을 통하여 등용되니, 上이 金石으로 만든 약을 먹었다. 處士 張臯라는 자가 상소하여 아뢰기를 "정신과 생각이 맑으면 혈기가 조화롭고 嗜慾이 우세하면 질병이 생깁니다. 약은 병을 치료하는 것이니 병이 없으면 약을 먹어서는 안 됩니다. 先帝께서 方士들의 망령된 말을 믿어 그들의 약을 드시고 병을 얻으셨는데, 어찌 다시 잘못된 前轍을 따르신단 말입니까?" 하였다.

○ 上이 崩하니 敬宗이 卽位하다

上이 별세하니, 敬宗이 즉위하였다.

○ 上이 視朝每晏이어늘 左拾遺劉栖楚 進言曰 陛下嗣位之初에 當宵衣求理[1]어늘 而嗜寢樂色하야 日晏方起하시고 梓宮[2]在殯이어늘 鼓吹[3]日喧하시니 令聞[4]未彰하고 惡聲遐布라 臣은 恐福祚之不長하노니 請碎首玉階하야 以謝諫職之曠이라하고 遂以額叩龍墀하야 見血不已어늘 上이 命中使하야 宣慰令歸하니라

上이 조회를 볼 때에 매번 늦자, 左拾遺 劉栖楚가 進言하기를 "폐하께서 지위를 계승하신 초기에 마땅히 날이 새기 전에 옷을 찾아 입고 밤늦도록 정사를 보아 나라를 잘 다스리기를 구해야 할 터인데, 잠자는 것을 즐기고 여색을 좋아하여 아침 늦게야 비로소 일어나시고, 先帝의 梓宮(棺槨)이 殯宮에 있는데도 북 치고 피리 부는 소리가 날마다 시끄러우니, 아름다운 명예가 드러나지 못하고 나쁜 명성이 멀리 퍼집니다. 신은 上의 福祿이 장구하지 못할까 두려우니, 청컨대 옥 계단에 신의 머리를 부수어서 諫官의 직책을 제대로 수행하지 못한 것을 사죄하게 해 주소서." 하고는 마침내 御座 앞의 섬돌에 이마를 찧어서 피가 그치지 않았다. 上이 中使에게 명하여 그를 宣慰하여 집으로 돌아가게 하였다.

1) 〔釋義〕 當宵衣求理 : 宵는 夜也라 天子憂勤하야 當未明求衣하고 日仄而食이라
宵는 밤이다. 天子가 나라를 걱정하고 정사에 부지런히 힘써서 날이 새기 전에 옷을 찾아 입고 해가 지고 나서야 밥을 먹는 것이다.

2) 〔頭註〕 梓宮 : 天子之喪에 以梓木爲之棺이라 宮者는 生時所居니 緣生事하야 因以爲名이라
天子의 喪에는 가래나무로 관을 만든다. 宮은 생시에 거처하던 곳이니, 생전의 일을 따라서 宮이라고 이름한 것이다.

3) 〔釋義〕 鼓吹 : 吹는 尺爲反이니 音律管壎(훈)之樂이라
吹는 尺爲反(취)이니 音律에 맞추어 연주하는 피리와 질나발 따위의 악곡이다.

4) 〔釋義〕 令聞 : 聞은 音問이니 聲所至也라
聞은 음이 문이니, 명성이 이르는 것이다.

○ 時에 李逢吉이 用事하니 所親厚者는 張又新, 李仲言, 李續之, 李虞, 劉栖楚, 姜(治)〔洽〕[1]及張權輿, 程昔範이요 又有從而附麗(리)[2]之者하니 時人이 目之하야 爲八關十六子[3]라하니라

이때 李逢吉이 用事하니, 그와 친한 자는 張又新, 李仲言, 李續之, 李虞, 劉栖楚, 姜洽 및 張權輿, 程昔範이었고, 또 이들을 따라 이들에게 붙은 자가 있으니, 당시 사람들이 이들을 지목하여 八關十六子라 칭하였다.

1) 〔頭註〕 張又新……姜(治)〔洽〕 : 張又新은 補闕이요 李仲言은 掌書記요 李續之는 度支員外郎이요 李虞以下는 皆拾遺요 姜洽은 爲補闕하니라
張又新은 補闕이고, 李仲言은 掌書記이고, 李續之는 度支員外郎이고, 李虞 이하는 모두 拾遺이고, 姜洽은 補闕이다.
2) 〔釋義〕 附麗(리) : 附는 依也요 麗는 著(착)也라
附는 따르는 것이요, 麗는 붙어 있는 것이다.
3) 〔釋義〕 八關十六子 : 王氏曰 按逢吉傳에 注得幸於王守澄하니 逢吉이 遣從子訓賂注하야 結守澄爲奧援이라 自是肆志하야 無所憚이라 其黨에 有張又新, 李續〈之〉, 張權輿, 劉栖楚, 李虞, 程昔範, 姜(治)〔洽〕及訓八人이요 而傳會者又八人이니 皆任要劇이라 故號八關十六子라 有所求請에 先賂關子하고 後達逢吉하면 無不得所欲也하니라 〔頭註〕 關者는 要也니 八人이 皆任要居요 十六子는 八人而又傳會者八人也라
〔釋義〕 王氏가 말하였다. "살펴보건대 ≪新唐書≫ 〈李逢吉傳〉에 鄭注가 王守澄에게 총애를 받으니, 李逢吉이 조카인 李訓을 보내어 鄭注에게 뇌물을 주고 王守澄과 결탁하여 중앙의 후원 세력으로 삼았다. 이로부터 李逢吉이 마음이 방자해져서 꺼리는 바가 없었다. 그의 도당에 張又新, 李續之, 張權輿, 劉栖楚, 李虞, 程昔範, 姜洽 및 李訓 등 8명이 있고, 이들에게 붙은 자가 또 8명이었는데, 이들이 모두 要職을 맡았기 때문에 이들을 八關十六子라고 이름하였다. 사람들이 요구하거나 청탁할 일이 있을 때에 먼저 이들 八關十六子에게 뇌물을 바치고 뒤에 李逢吉을 만나면 하고자 하는 바를 얻지 못하는 경우가 없었다. 〔頭註〕 關은 要職이니 八關은 8인이 모두 要職을 맡은 것이요, 十六子는 8인에다 또 이들 8인에게 붙은 자가 8인인 것이다.

○ **秋七月**에 **夏綏節度使李祐 入爲左金吾大將軍**하야 **進馬百五十匹**이어늘 **上却之**하다 **侍御史溫造 於閤內**에 **奏彈**호되 **祐違敕進奉**하니 **請論如法**하노이다한대 **詔釋之**하다 **祐謂人曰 吾夜半**에 **入蔡州城**하야 **取吳元濟**호되 **未嘗心動**이러니 **今日**에 **膽落於溫御史矣**라하니라

가을 7월에 夏綏節度使 李祐가 도성에 들어와 左金吾大將軍이 되어서 말 150필을 바치자, 上이 이를 물리쳤다. 侍御史 溫造가 閤內에서 탄핵하여 아

되기를 "李祐가 칙명을 어기고 馬匹을 받들어 올렸으니, 법대로 치죄할 것을 청합니다."라고 하자, 황제가 명하여 李祐를 용서하였다. 李祐가 사람들에게 이르기를 "내가 한밤중에 蔡州城에 들어가 吳元濟를 잡았으나 일찍이 마음이 동요되지 않았었는데, 오늘 溫御史가 나의 간담을 서늘해지게 만들었다." 하였다.

〔史略 史評〕史斷曰 穆宗踐阼之時에 年幾三十이라 身處大喪하야 柩方在殯이어늘 不能明詔公卿하야 推擧弑逆罪人하고 遽與群臣으로 釋服開大宴하며 浚魚藻池하고 幸華淸宮하야 縱情棄禮하야 遊戲無度라 於是에 再失河朔하야 迄於唐亡토록 不能復取하고 而帝亦不旋踵而卽世焉이라 周公曰 自是厥後로 立王이 生則逸하니 亦罔或克壽하야 或五六年하며 或四三年[1]이라하시니 其穆宗敬宗之類歟인저

史斷에 말하였다.

"穆宗이 즉위할 때에 나이가 거의 30세였다. 자신이 國喪 중에 있어 先帝의 棺槨이 殯宮에 있는데도 公卿들에게 분명히 詔命을 내려 시역한 죄인을 推考하여 죄를 주지 못하고, 대번에 여러 신하들과 喪服을 벗고 큰 잔치를 열었으며, 魚藻池를 준설하고 華淸宮에 행차하여 情欲을 방종하고 예의를 저버려 유희함이 한도가 없었다. 이에 다시 河北 지방을 잃어 唐나라가 멸망할 때까지 다시 수복하지 못하였고, 황제 또한 얼마 안 있다가 세상을 떠나고 말았다. 周公이 말씀하시기를 '이로부터 그 뒤로 즉위하는 왕들이 태어나면 安逸하니, 또한 장수한 이가 없어 혹은 5, 6년 혹은 3, 4년이었다.'라고 하셨으니, 이는 穆宗과 敬宗의 부류일 것이다."

1) 〔譯註〕周公曰……或四三年 : ≪書經≫ 〈無逸〉에 周公이 말씀하기를 "이로부터(中宗·高宗·祖甲의 뒤로부터) 그 뒤로 즉위하는 왕들이 태어나면 안일하였으니, 태어나면 안일하였기 때문에 농사일의 어려움을 알지 못하고, 소인들의 수고로움을 듣지 못하고 오직 耽樂을 따랐습니다. 이로부터 그 뒤로 또한 능히 장수한 이가 없어 혹은 10년 혹은 7, 8년 혹은 5, 6년 혹은 3, 4년이었습니다.〔自時厥後 立王 生則逸 生則逸 不知稼穡之艱難 不聞小人之勞 惟耽樂之從 自時

厥後 亦罔或克壽 或十年 或七八年 或五六年 或四三年〕"라고 하였다.

敬宗※ 名은 湛이니 穆宗長子라 在位二年이요 壽十八이라

敬宗은 이름이 湛이니, 穆宗의 長子이다. 재위가 2년이고 壽가 18세이다.

※ 昏童失德하야 自殞其身하니라
혼암한 아이로 덕망을 잃어 스스로 자기 몸을 죽였다.

【乙巳】寶曆元年이라

寶曆 元年(을사 825)

正月에 **上**이 **遊幸無常**하고 **昵(닐)比**[1]**群小**하야 **視朝**를 **月不再三**하니 **大臣**이 **罕得進見**이라 **三月**에 **浙西觀察使李德裕 獻丹扆(의)六箴**[2]하니 **一曰宵衣**니 **以諷視朝稀晩**이요 **二曰正服**이니 **以諷服御乖異**요 **三曰罷獻**이니 **以諷徵求玩好**요 **四曰納誨**니 **以諷侮棄讜言**[3]이요 **五曰辨邪**니 **以諷信任群小**요 **六曰防微**니 **以諷輕出遊幸**이라 **上**이 **優詔答之**하다

정월에 上이 놀러 다니는 것이 節制가 없고 여러 소인들과 친압하여 조회를 한 달에 두세 번밖에 보지 않으니, 대신들이 나아가 上을 접견하기가 어려웠다.

3월에 浙西觀察使 李德裕가 丹扆六箴을 올리니, 첫 번째는 宵衣箴이니 조회를 보는 것이 드물고 늦음을 풍자한 것이요, 두 번째는 正服箴이니 服御(服飾)가 괴이함을 풍자한 것이요, 세 번째는 罷獻箴이니 노리개와 좋은 물건을 찾고 요구함을 풍자한 것이요, 네 번째는 納誨箴이니 충직한 말을 업신여기고 폐기함을 풍자한 것이요, 다섯 번째는 辨邪箴이니 여러 소인들을 신임함을 풍자한 것이요, 여섯 번째는 防微箴이니 함부로 出行하여 노는 것을 풍자한 것이었다. 上이 우대하는 조서를 내려 장려하였다.

1) 〔釋義〕 昵(닐)比 : 昵은 女力反이요 比는 皮至反이니 昵은 親邇也요 比는 朋比也라
昵은 女力反(닐)이고 比는 皮至反(비)이니, 昵은 가까이하는 것이고 比는 私黨을 만드는 것이다.

2) 〔釋義〕 丹扆(의)[*1)]六箴 : 扆는 狀如屛風하니 以絳爲質故로 曰丹扆라 箴은 諫誨之辭라 古者에 君有過어든 臣子作箴以戒之하니 如庭燎之詩[*2)]是也니라
扆는 모양이 병풍과 비슷하니, 붉은 비단으로 바탕을 삼았기 때문에 丹扆라 한 것이다. 箴은 規諫하고 敎誨하는 말이다. 옛날 군주가 허물이 있으면 신하들이 箴을 지어 경계하였으니, 庭燎詩와 같은 것이 이것이다.

＊1) 丹扆(의) : 임금이 조회볼 때에 御榻 뒤에 세우는 붉은 병풍이다.

＊2) 庭燎之詩 : 庭燎는 옛날에 入闕하는 신하들을 위하여 대궐 마당에 세우던 횃불을 이른다. ≪詩經≫ 〈小雅〉의 편명으로, 주나라 宣王을 찬미하고 인하여 경계한 시이다.

3) 〔頭註〕 讜言 : 直言也라
讜言은 바른 말이다.

【丙午】 二年이라

寶曆 2년(병오 826)

春正月에 裴度自興元[1)]入朝어늘 以度爲司空同平章事하다 度在中書에 左右忽白失印하니 聞者失色이로되 度飮酒自如러니 頃之요 左右白호되 復於故處에 得印이라하니 度不應하다 或問其故한대 度曰 此는 必吏人盜之하야 以印書券[2)]耳니 急之則投諸水火요 緩之則復還故處니라 人服其識量하니라

봄 정월에 裴度가 興元에서 서울로 들어와 조회하자, 裴度를 司空 同平章事로 임명하였다. 裴度가 中書省에 있을 적에 좌우 사람들이 갑자기 그의 官印을 잃어버렸다고 아뢰니, 듣는 자들이 모두 얼굴이 사색이 되었으나 裴度는 태연하게 술을 마셨는데, 얼마 있다가 좌우 사람들이 "다시 원래 두었던 곳에서 印을 찾았습니다." 하고 아뢰었지만 裴度는 대꾸하지 않았다. 혹자가 그 까닭을 묻자, 裴度가 대답하기를 "이는 필시 아전들이 도둑질하여 문권에

도장을 찍은 것일 뿐이다. 급하게 조사하면 이 印을 물 속이나 불 속에 던졌넣었을 것이요, 느슨하게 놓아두니 다시 예전의 자리에 돌려놓은 것이다." 하니, 사람들이 그의 지식과 도량에 감복하였다.

1)〔頭註〕興元 : 漢之漢中郡也라 晉置梁州러니 唐憲宗이 陞爲興元府하니라
興元은 漢나라의 漢中郡이다. 晉나라 때 梁州를 설치하였는데, 唐나라 憲宗이 興元府로 승격하였다.

2)〔頭註〕書券 : 券은 契也라
券은 契券(文券)이다.

○ 上이 遊戲無度하고 狎暱(닐)群小하며 善擊毬하고 好手搏하며 性復褊急하야 宦官小過면 動遭捶撻하니 皆怨且懼라 十二月辛丑에 上이 夜獵還宮하야 與宦官劉克明及擊毬軍將[1]蘇佐明等二十八人으로 飮酒할새 上酒酣하야 入室更(경)衣러니 殿上燭忽滅이라 蘇佐明等이 弑上於室內하고 矯稱上旨하야 以絳王悟[2]로 權勾當軍國事[3]러니 知樞密王守澄이 以衛兵으로 迎江王涵하야 立之하니 是爲文宗이러라

上은 유희함에 절도가 없고 여러 소인들을 친압하며 擊毬를 잘하고 손으로 때리기를 좋아하며, 성질이 또 편협하고 급하여, 환관들이 조금만 잘못하면 번번이 종아리를 맞으니, 모두 원망하고 두려워하였다.

12월 辛丑日(8일)에 上이 밤에 사냥하고 궁궐로 돌아와서 宦官 劉克明과 擊毬軍將 蘇佐明 등 28명과 함께 술을 마실 적에, 上이 술에 취하여 방으로 들어가 옷을 갈아입고 있었는데 대궐 위의 촛불이 갑자기 꺼졌다. 蘇佐明 등이 방 안에서 上을 시해하고는 上의 지시라고 사칭하여 絳王 李悟를 權勾當軍國事로 추대하였는데, 知樞密 王守澄이 호위병을 데리고 江王 李涵을 맞이하여 세우니, 이가 文宗이다.

1)〔頭註〕擊毬軍將 : 擊毬[*]는 見下丙辰年이라
擊毬는 아래의 병진년(836)에 보인다.

*) 擊毬 : 말을 타고 달리면서 막대로 공을 쳐서 毬門(골문)에 넣는 무예이다.

2)〔頭註〕絳王悟：憲宗子라

絳王 李悟는 憲宗의 아들이다.

3)〔頭註〕權勾當[*)]軍國事：勾는 與拘通하니 執也라

勾는 拘와 통용되니, 잡는 것이다.

*) 勾當：담당과 같은 뜻이다.

○ 上이 自爲諸王時로 深知兩朝[1)]之弊러니 及卽位에 勵精求治하야 去奢從儉이라 詔하야 宮女非有職掌者를 皆出之하야 出三千餘人하고 五坊鷹犬을 準元和故事하야 量留校獵[2)]外에 悉放之하다 敬宗之世에 每月視朝不過一二러니 上이 復舊制하야 每奇日[3)]에 未嘗不視朝하니 中外翕然[4)]相賀하야 以爲太平可冀라하니라

上이 諸王으로 있을 때로부터 穆宗과 敬宗 두 조정의 폐단을 깊이 알았는데, 즉위하게 되자 정신을 가다듬고 훌륭한 정치를 추구하여 사치함을 버리고 검소함을 따랐다. 황제가 칙명을 내려 궁녀 중에 맡은 직책이 없는 자들을 모두 내보내게 하여 3천여 명을 내보냈고, 五坊의 매와 개를 元和 연간의 故事에 준하여 校獵에 필요한 것만 헤아려 남겨놓고 그 외에는 모두 풀어주었다. 敬宗 때에는 매월 조회를 보는 것이 한두 번에 불과하였는데, 上이 옛 제도를 회복하여 홀수 날마다 조회를 보지 않은 적이 없으니, 中外가 모두 서로 축하하여 太平을 기대할 수 있을 것이라고 하였다.

1)〔頭註〕兩朝：穆, 敬也라

兩朝는 穆宗과 敬宗이다.

2)〔頭註〕校獵：顔師古曰 校는 謂以木相貫穿爲闌校耳니 校獵者는 大爲闌校以遮禽獸하야 而獵取也라 劉攽曰 校는 讀如犯而不校[*)]之校하니 亦競逐獸也라

顔師古가 말하기를 "校는 나무를 서로 관통시켜 울타리를 만든 것을 이르니, 校獵은 울타리를 크게 만들어 짐승들을 차단시키고 사냥하는 것이다." 하였다. 劉攽이 말하기를 "校는 '犯而不校'의 '校'처럼 해석하니, 또한 다투어 짐승을 쫓는 것이다." 하였다.

*) 犯而不校：≪論語≫ 〈泰伯〉에 曾子가 말씀하기를 "능하면서 능하지 못한 이에

게 물으며, 많으면서 적은 이에게 물으며, 있어도 없는 것처럼 여기며, 가득해도 빈 것처럼 여기며, 잘못을 범해도 따지지 않는 것을, 옛날에 내 벗이 일찍이 이 일에 종사했었다.〔以能問於不能 以多問於寡 有若無 實若虛 犯而不校 昔者吾友嘗從事於斯矣〕"라고 한 내용이 보이는바, 朱子는 校를 計較하여 따지는 것으로 보았는데, 劉攽은 다투는 것으로 보았다.

3)〔頭註〕奇日：奇는 隻也니 唐制에 天子以隻日視朝也하니라

奇는 홀수이니, 唐나라 제도에 天子가 홀수날에 조회를 보았다.

4)〔頭註〕翕然*)：翕은 合也라

翕은 합치는 것이다.

*) 翕然：대중의 뜻이 하나로 일치하는 것이다.

〔史略 史評〕胡氏曰 敬宗이 免崔發之死[1]하며 聽韋處厚而寤(悟)李紳[2]하고 宣慰李渤而擢劉栖楚[3]하며 納李程而罷營殿[4]하고 賞宴遊之諫而賜錦綵하며 聞瑤臺之諷而宥李漢[5]하고 覽失丁之奏而禁度僧하며 受丹扆之箴而答優詔하고 從北門之奏而寬量移[6]하며 用張仲方之說而減船費[7]하고 沮逢吉所引而伸李紳하며 采言者所陳而禮裴度하고 知洛宮荒弛而罷東巡하니 凡此十餘條는 方之德宗컨대 豈不優哉아 特以幼少之時에 不親師傅라 故로 卒以荒淫遇弑而隕하니 養太子를 不可不愼이니 古帝王之慮 深矣로다

胡氏(胡寅)가 말하였다.

"敬宗은 崔發의 죽음을 사면해주었으며, 韋處厚의 말을 듣고 李紳의 억울함을 깨달았으며, 李渤을 시켜 劉栖楚를 宣慰하고 발탁하였으며, 李程의 말을 받아들여 宮殿을 經營하던 것을 파하였으며, 잔치하고 노는 것에 대해 간한 말을 칭찬하여 채색 비단을 하사하였으며, 瑤臺의 풍자를 듣고 李漢을 용서하였으며, 壯丁을 잃게 된다고 아뢰는 말을 듣고 승려에게 度牒을 주는 것을 금하였으며, 丹扆의 경계를 받아들여 우대하는 조서를 내렸으며, 北門의 아룀을 따라 量移를 너그럽게 하였으며, 張仲方의 말을 따라 놀이하는 비용을 줄였으며, 李逢吉이 데려온 사람을 저지하고 李紳을 펴주었으며, 간하는 자들이 아뢴 바를 채납하여 裴度를 예우하였으며, 洛陽宮이 황폐함을 알고는 동쪽 지방을 순행하려던 것을 그만두었다. 무릇 이 십여 가지 조목은 德宗에

비한다면 어찌 우월하지 않겠는가. 다만 어릴 때에 훌륭한 師傅를 가까이 하지 않았기 때문에 끝내 荒淫함으로 인해 시해당하여 죽었으니, 太子를 育成함을 삼가지 않을 수 없는 것이니, 옛 帝王의 염려가 깊도다."

1) 〔譯註〕 免崔發之死 : 五坊의 병졸들이 밤에 싸우다가 고을 사람에게 부상을 입히자, 鄠(호)縣의 현령으로 있던 崔發이 크게 노하고 관리에게 명하여 이들을 잡아들이게 하였는데, 그 가운데 한 사람은 中人(宦官)이었으므로 즉시 석방하였다. 敬宗은 이 사실을 알고 崔發을 체포하여 御史獄에 보내게 하였는데, 마침 改元을 하고 大赦令을 내렸으므로 崔發이 사면령을 기다리고 있었는데, 中人 수십 명이 몽둥이를 가지고 崔發을 구타하여 거의 죽게 되었다. 얼마후 다른 죄수는 모두 석방되었으나 崔發은 풀려나지 못하였다. 이에 李渤이 그의 억울함을 간하였으며 李逢吉 등이 그에게 80세의 노모가 있음을 아뢰어 석방되었다.
2) 〔譯註〕 聽韋處厚而寤(悟)李紳 : 李紳이 李逢吉의 미움을 사서 좌천되어 있었는데, 敬宗이 즉위한 해 4월에 대사령을 내리자, 李逢吉은 李紳을 골탕먹이기 위해 사면령의 내용에 '좌천된 관원으로서 이미 量移를 받은 자에게만 量移한다.'고 못박았다. 이에 翰林學士로 있던 韋處厚가 그의 부당함을 아뢰자, 그의 억울함을 깨달은 敬宗은 사면령의 내용을 고쳐 李紳을 江州長史로 옮기게 하였다. 量移는 죄를 짓고 유배를 갔거나 먼 지방으로 좌천된 자의 죄를 감등하여 가까운 곳으로 옮기게 함을 이른다.
3) 〔譯註〕 宣慰李渤而擢劉栖楚 : 左拾遺로 있던 劉栖楚가 敬宗이 늦잠을 자고 여색을 좋아하며 梓宮이 殯殿에 있는데도 북치고 피리부는 소리가 끊이지 않는다고 극간하고는 金吾仗으로 나가 待罪하였는데, 敬宗은 中使에게 명하여 李渤과 함께 金吾仗으로 나가 宣慰하여 집으로 돌아가게 하였으며, 얼마후 劉栖楚를 起居舍人으로 발탁하였다.
4) 〔譯註〕 納李程而罷營殿 : 敬宗은 궁중을 다스리는 것을 좋아하여 別殿을 크고 화려하게 경영하였으나 同平章事로 있던 李程이 別殿을 짓기 위해 장만한 목재와 석재를 가지고 山陵에 쓸 것을 청하자, 그의 말을 따랐다.
5) 〔譯註〕 聞瑤臺之諷而宥李漢 : 瑤臺는 金玉으로 아름답게 꾸민 臺인데, 殷나라 紂王이 만들었다 한다. 波斯國의 李蘇沙가 沈香亭을 지을 재목으로 沈香이라는 향나무를 바치자, 左拾遺 李漢이 "이것은 瑤臺와 다를 것이 없습니다."라고 간하니, 敬宗이 비록 노여워하였으나 또한 우대하여 포용하였다.

6)〔譯註〕從北門之奏而寬量移 : 앞의 韋處厚와 李紳의 일로 보인다.

7)〔譯註〕用張仲方之說而減船費 : 敬宗은 일찍이 재상인 王播에게 명하여 競渡船 20척을 건조하게 하였으므로 목재를 長安으로 운반하여 선박을 건조하려 하였는데, 비용이 많이 들어 轉運使에서 반년 동안 수입하는 경비가 들어가게 되었다. 이에 諫議大夫 張仲方 등이 강력히 간쟁하여 비용을 절반으로 줄이게 하였다. 競渡船이란 중국에서 5월 5일에 屈原이 汨羅水에 빠져 죽었으므로 사람들이 그의 죽음을 슬퍼하여 배를 타고 굴원의 시체를 건진 일에서 유래한 것인데, 당나라 때에는 배를 타고 시합을 벌여 빨리 가게 하기를 힘써서 앞에는 용의 머리를 세우고 뒤에는 용의 꼬리를 세웠으며 배의 양옆에는 용의 비늘을 조각하고 채색 비단으로 아름답게 꾸미고는 이것을 龍舟라 하였다. 강의 중류에 비단으로 만든 표지를 세워놓고 여러 척의 龍舟가 노를 저어 경쟁하여 나아가서 이 비단 표지를 다투어 가져왔는데, 이로 인해 배가 파손되어 익사하면서도 후회하지 않았다 한다.

文宗※ 更名昂하니 穆宗第二子라 在位十四年이요 壽三十三이라

文宗은 이름을 昂으로 고쳤으니, 穆宗의 둘째 아들이다. 재위가 14년이고 壽가 33세이다.

※ 優游不斷하야 受制家臣하니 雖有好賢之心과 文雅之美나 皆不足稱也니라
우유부단하여 家臣(환관)에게 제재를 받았으니, 비록 현자를 좋아하는 마음과 文雅한 아름다움이 있었으나 모두 칭찬할 만한 것이 못된다.

【戊申】太和二年이라

太和 2년(무신 828)

自元和之末로 宦官益橫하야 建置天子가 在其掌握하야 威權이 出人主之右하니 人莫敢言이라 三月에 上이 親策制擧人[1)]할새 賢良方正[2)]昌平劉蕡(분)[3)]의 對策에 極言其禍하니 其略曰 陛下宜先憂者는 宮闈將變이요 社稷將危요 天下將傾이요 海內將亂이라하고 又曰 陛下將杜簒弑之漸이신댄 則居正位而近正

人하야 遠刀鋸之賤[4)]하고 親骨鯁之直하사 輔相이 得以專其任하고 庶職이 得以守其官이어늘 奈何以褻近五六人으로 總天下大政이시닛고 禍稔(임)蕭墻[5)]하고 姦生帷幄하니 臣은 恐曹節, 侯覽[6)]이 復生於今日일까하노이다 又曰 忠賢은 無腹心之寄하고 閽寺(시)[7)]는 恃廢立之權하야 陷先君不得正其終하고 致陛下不得正其始라하고 又曰 陛下何不塞陰邪之路하고 屛褻狎之臣하야 制侵陵迫脅之心하고 復門戶掃除之役[8)]하사 戒其所宜戒하고 憂其所宜憂니잇고 考官馮宿等이 見劉蕡策하고 皆歎服이로되 而畏宦官하야 不敢取라 詔下에 物論이 囂然稱屈이어늘 李郃(합)曰 劉蕡下第하고 我輩登科[9)]면 能無厚顔이리오하고 乃上疏하야 以爲蕡所對策은 漢魏以來로 無與爲比하니 乞回臣所授하야 以旌蕡直하소서 不報하다

憲宗의 元和 말기로부터 환관들이 더욱 전횡하여 천자를 세우는 것이 그들의 손아귀에 달려 있어서 위엄과 권세가 군주보다 더 높으니, 사람들이 감히 말하지 못하였다.

3월에 上이 制擧科의 擧人(응시생)들에게 친히 對策으로 考試할 적에 賢良方正에 응시한 昌平 사람 劉蕡의 對策文에 그 禍를 지극히 말하였다.

그 글에 대략 이르기를 "폐하께서 마땅히 먼저 걱정해야 할 것은 宮闈에 장차 변란이 있고 社稷이 장차 위태롭고 天下가 장차 기울고 온천하가 장차 혼란해지는 것입니다." 하였다.

또 말하기를 "폐하께서 장차 簒弑의 조짐을 막으려 하신다면 황제의 올바른 자리에 거처하고 올바른 사람을 가까이 하여 刀鋸의 형벌을 받은 천한 자(宦官)를 멀리하고 骨鯁의 정직한 자를 친근히 하시어, 재상이 책임을 전담할 수 있고 백관들이 직분을 다할 수 있어야 하는데, 어찌하여 가까이 모시는 5, 6명으로 하여금 천하의 큰 정사를 총괄하게 하십니까? 禍가 蕭墻의 안에서 빚어지고 간사함이 帷幄에서 생겨날 것이니, 신은 曹節과 侯覽처럼 권력을 전횡하는 환관이 오늘에 다시 나올까 두렵습니다." 하고, 또 말하기를 "忠良하고 賢能한 신하를 완전히 신임하지 않고 閽寺(內侍)로 하여금 군주를 폐하고 세우는 권력을 장악하게 해서 先君(敬宗)으로 하여금 끝을 잘

마치지 못하게 하고 폐하로 하여금 시작을 바르게 하지 못하게 했습니다." 하고, 또 말하기를 "폐하께서는 어찌하여 陰邪한 사람이 나오는 길을 막고 褻狎하는 환관을 물리쳐서, 그들의 침해하고 능멸하며 협박하는 마음을 제재하고 그들의 門戶를 소제하는 일을 회복하여, 마땅히 경계해야 할 바를 경계하게 하고 마땅히 근심해야 할 바를 근심하게 하지 않으십니까?" 하였다.

考試官인 馮宿 등이 劉蕡의 對策文을 보고 모두 탄복하였으나 宦官을 두려워하여 감히 그를 선발하지 못하였다. 선발하는 조칙이 내리자, 公論이 분분하여 억울하다고 말하였다.

李郃이 말하기를 "劉蕡이 낙방하고 우리들이 급제한다면 뻔뻔스럽지 않겠는가?" 하고는 마침내 상소하여 이르기를 "劉蕡의 對策文은 漢나라와 魏나라 이래로 견줄 만한 자가 없습니다. 바라건대 신에게 제수하신 관직을 劉蕡에게 돌려주어서 劉蕡의 정직함을 표창하소서." 하였으나 회답하지 않았다.

1) 〔譯註〕 制擧人 : 制擧科의 擧人을 가리킨다. 制擧科는 당나라 때 인재를 선발하는 과거제도의 하나로, 地方의 貢擧 이외에 皇帝가 친히 時務에 관한 문제를 내어 조정에서 考試하는 것인데, 이를 줄여 制擧 혹은 制科라고 칭하였다. 擧人은 지방에서 추천을 받아 도성에 이르러 과거에 응시하는 자를 이른다.

2) 〔譯註〕 賢良方正 : 漢 文帝 때부터 시작된 과거 제도로, 전국 各郡으로부터 어질고 선량한 인재를 천거하게 하고 이들에게 策問 시험을 보여 直言과 極諫을 잘하는 사람을 선발 등용하였는데, 이를 賢良方正科라고 칭하였다.

3) 〔頭註〕 劉蕡(분) : 不得仕於朝하고 終柳州司戶하니라

劉蕡은 조정에서 벼슬하지 못하고 柳州司戶로 일생을 마쳤다.

4) 〔釋義〕 遠刀鋸[*)]之賤 : 遠은 去聲이니 疎遠之也라 刀鋸之賤은 謂宦官刑餘之人也라 〈記〉曲禮曰 刑人은 不在君側이라하고 公羊傳襄二十九年에 君子不近刑人하니 近刑人은 輕死之道也라하고 晉世家에 宦者履鞮(제)曰 臣刀鋸之餘가 是已니라

遠은 去聲이니, 소원히 하는 것이다. 刀鋸의 형벌을 받은 천한 자는 宦官으로 형벌 받은 사람을 이른다. ≪禮記≫ 〈曲禮〉에 이르기를 "형벌을 받은 사람은 군주의 곁에 있지 못한다."라고 하였고, ≪春秋公羊傳≫ 襄公 29年條에 "君子는 형벌 받은 사람을 가까이 하지 않으니, 형벌 받은 사람을 가까이 하는 것은 죽음을 가볍게 여기는 도이다."라고 하였으며, ≪史記≫ 〈晉世家〉에 宦官 履鞮가 말하기

를 "臣은 刀鋸의 형벌을 받은 사람입니다."라고 한 것이 바로 이것이다.

*) 刀鋸 : 칼과 톱으로, 특히 생식기를 거세하는 형벌인 宮刑에 시행할 때 사용하였으므로, 轉하여 宮刑을 가리키는 말로 쓰인다.

5) 〔頭註〕 禍稔(임)蕭墻*) : 墻은 屛也니 門屛也요 蕭之言은 肅也라 君臣相見之禮至此而加肅敬焉하니라

墻은 병풍이니 門屛(문가리개)이고, 蕭는 엄숙하다는 뜻이다. 군주와 신하가 서로 만나보는 禮가 이 門屛이 있는 곳에 이르러 더욱 엄숙하고 공경하는 것이다.

*) 蕭墻 : 君臣이 회견하는 곳에 설치하는 병풍으로 집안을 가리킨다. ≪論語≫ 〈季氏〉에 魯나라의 季氏가 附庸國인 顓臾를 치려 하자, 孔子는 "나는 계씨의 근심이 전유에 있지 않고 蕭墻 안에 있을까 두렵다.〔吾恐季孫之憂 不在顓臾而在蕭墻之內也〕" 하였다.

6) 〔釋義〕 曹節, 侯覽 : 曹節, 侯覽二人은 皆漢桓靈時宦者니 竝專橫貪放하니라

曹節과 侯覽 두 사람은 모두 漢나라 桓帝와 靈帝 때의 宦官인데, 모두 전횡하고 탐욕스러우며 방종하였다.

7) 〔頭註〕 閽寺(시) : 昏暮에 閉門隷也라 寺는 通作侍하니 亦作閽侍니 宦官也라

閽寺는 날이 저물 때에 문을 닫는 하급관리이다. 寺는 侍와 통하는데 또한 閽侍로도 쓰니, 환관이다.

8) 〔釋義〕 門戶掃除之役 : 唐初太(常)〔宗〕定制에 內侍省에 不置三品官하고 不任以事하야 唯門閤守衛하고 庭內掃除하며 黃衣廩食而已니라

唐나라 초기에 太宗이 제도를 정할 적에 內侍省에는 3품관을 두지 않고 정사를 맡기지 아니하여, 內侍들은 오직 門閤이나 지키고 뜰 안을 소제하며 黃衣를 입고 녹봉만 먹을 뿐이었다.

9) 〔頭註〕 我輩登科 : 裴休, 李郃, 杜牧, 崔愼由等二十二人을 皆除官하니라

우리들이란 裴休, 李郃, 杜牧, 崔愼由 등 22인을 모두 관직에 제수하였으므로 말한 것이다.

〔史略 史評〕 范氏曰 天之生斯人에 苟有聰明正直之資면 必將有用於時하야 不使之汨沒而死也라 聖人이 順天理而感人心하야 斂天下之賢者而聚之於朝하야 使之施其所有히야 以爲國家之用이면 則賢者無不得其所요 而民物亦無不得其所矣라 唐則不然하야 抑遏之하고 廢斥之하야 使身老巖穴하야 不爲世用하니 豈不違天理리오

范氏(范祖禹)가 말하였다.
“하늘이 이 사람을 낼 적에 만일 총명하고 정직한 자질이 있으면 반드시 장차 세상에 쓰여지게 하여 그로 하여금 그대로 매몰되어 죽게 하지 않는다. 이에 聖人이 天理를 따르고 人心을 감동시켜 천하의 어진 자를 거두어 조정에 모아서 그들로 하여금 가지고 있는 재주를 시행하여 국가의 쓰임이 되게 하면, 賢者들이 제자리를 얻지 못함이 없고 백성과 물건 또한 제자리를 얻지 못함이 없게 된다. 그런데 唐나라는 이렇게 하지 않아서 현자를 억제하고 배척하여 현자의 몸으로 하여금 巖穴에서 늙어 죽어 세상에 쓰여지지 못하게 하였으니, 어찌 天理를 위배하지 않았겠는가.”

【庚戌】 四年이라

太和 4년(경술 830)

正月에 李宗閔이 引薦牛僧孺하야 同平章事하다 於是에 二人이 相與排擯李德裕之黨하야 稍稍逐之하니라

정월에 李宗閔이 牛僧孺를 천거하여 同平章事로 삼았다. 이에 두 사람이 서로 함께 李德裕의 당을 배척하여 차츰차츰 축출하였다.

【辛亥】 五年이라

太和 5년(신해 831)

上이 與宋申錫[1)]으로 謀誅宦官할새 申錫이 引吏部侍郎王璠(번)하야 爲京兆尹하고 以密旨諭之러니 璠이 泄其謀라 鄭注, 王守澄이 知之하고 誣告申錫이 謀立漳王[2)]이라하고 貶申錫爲開州司馬러니 申錫이 竟卒於貶所하니라

上은 宋申錫과 함께 宦官을 죽일 것을 모의할 적에 宋申錫이 吏部侍郎 王璠을 천거하여 京兆尹으로 삼고 密旨를 그에게 諭示하였는데, 王璠이 그 계

책을 누설하였다. 鄭注와 王守澄이 이것을 알고는 宋申錫이 漳王을 황제로 세울 것을 모의한다고 誣告하고 宋申錫을 開州司馬로 좌천시켰는데, 宋申錫이 끝내 좌천된 곳에서 죽었다.

1)〔頭註〕宋申錫 : 同平章事라
　宋申錫은 同平章事이다.

2)〔頭註〕漳王 : 名湊니 文宗弟也니 貶爲巢縣公하니라
　漳王은 이름이 湊이니, 文宗의 아우인데, 巢縣公으로 강등당하였다.

○ 西川節度使李德裕奏 吐蕃維州副使悉怛謀請降이어늘 已遣兵하야 入據其城이라하고 具奏其狀하고 且陳出師之利라 事下尙書省하야 集百官議하니 皆請如德裕策호되 牛僧孺曰 比來에 修好하야 約罷戍兵하니 中國禦戎은 守信爲上이니이다 上以爲然하야 詔德裕하야 以其城歸吐蕃하고 執悉怛謀及所與偕來者하야 悉歸之한대 吐蕃이 盡誅之於境上하야 極其慘酷이라 德裕由是로 怨僧孺益深이러라

西川節度使 李德裕가 아뢰기를 "吐蕃의 維州副使 悉怛謀가 항복할 것을 청하므로 이미 군대를 보내 城에 들어가 점거하였습니다." 하고는 그 상황을 자세히 아뢰며 또 출병의 이로움을 아뢰었다. 이 일을 尙書省에 내려 백관들을 불러 모아 의논하니, 모두 李德裕의 계책과 같이 할 것을 청하였다. 그러나 牛僧孺가 말하기를 "근래에 吐蕃과 우호를 맺어 변방을 지키는 戍兵을 파하기로 약속하였으니, 중국에서 오랑캐를 방어하는 것은 신의를 지키는 것이 최상입니다." 하였다.

上이 그의 말을 옳게 여기고 李德裕에게 명하여 점거한 城을 吐蕃에게 돌려주고 悉怛謀와 그가 데리고 온 자들을 잡아 모두 돌려보내게 하였는데, 吐蕃이 국경에서 이들을 모두 죽여 참혹함이 지극하였다. 李德裕가 이로 말미암아 牛僧孺를 원망함이 더욱 심하였다.

【壬子】 六年이라

太和 6년(임자 832)

十一月에 **以段文昌**으로 **爲西川節度使**하다 **西川監軍王踐言**이 **入知樞密**하야 **數**(삭)**爲上言**호되 **縛送悉怛謀**하야 **以快虜心**하고 **絶後來降者**는 **非計也**니이다 **上亦悔之**하야 **尤牛僧孺失策**하니 **附李德裕者因言**호되 **僧孺與德裕有隙**하야 **害其功**이라한대 **上益疎之**하니 **僧孺內不自安**이라 **會**에 **上御延英**하야 **謂宰相曰 天下何時當太平**고 **卿等**은 **亦有意於此乎**아 **僧孺對曰 太平無象**이라 **今四夷不至交侵**하고 **百姓不至流散**하니 **雖非至理**나 **亦謂小康**이라 **陛下若別求太平**이시면 **非臣等所及**이니이다 **退謂同列曰 主上責望**이 **如此**하시니 **吾曹豈得久居此地乎**아하고 **因累表請罷**어늘 **以僧孺同平章事**하야 **充淮南節度使**하다

11월에 段文昌을 西川節度使로 임명하였다. 西川監軍 王踐言이 知樞密使로 조정에 들어와 자주 上에게 아뢰기를 "지난번에 悉怛謀를 포박하여 보내서 吐蕃의 마음을 통쾌하게 하고 이후로 항복하러 오는 자들을 끊은 것은 좋은 계책이 아닙니다." 하였다. 上도 이 일을 후회하여 牛僧孺의 失策을 책망하였다. 李德裕를 추종하는 자들이 이를 틈타서 말하기를 "牛僧孺가 李德裕와 틈이 있어서 李德裕가 공업을 세우는 것을 방해한 것입니다." 하였다. 上이 이로 인해 牛僧孺를 더욱 소원하게 대하니, 牛僧孺가 내심 스스로 편안하지 못하였다.

마침 上이 延英殿에 나와 재상들에게 이르기를 "천하가 어느 때에나 태평해지겠는가? 경들도 이러한 일에 유의하고 있는가?" 하니, 牛僧孺가 대답하기를 "태평한 기상은 따로 없습니다. 지금 사방의 오랑캐들이 서로 침략하는 데에는 이르지 않고 백성들이 유리하여 흩어지는 데에는 이르지 않았으니, 비록 지극히 다스려진 것은 아니지만 또한 小康이라고 이를 만합니다. 폐하께서 만약 따로 태평함을 추구하신다면 신 등이 미칠 수 있는 바가 아닙니다." 하였다.

牛僧孺가 물러나와 同列들에게 말하기를 "주상의 책망(요구)이 이와 같으

니, 우리들이 어떻게 이 자리에 오래 있을 수 있겠는가?" 하고는 인하여 여러 번 表文을 올려 파직을 청하였다. 이에 牛僧孺를 同平章事로 삼아 淮南節度使에 충원하였다.

溫公曰 君明臣忠하고 **上令下從**하며 **俊良在位**하고 **佞邪黜遠**하며 **禮修樂擧**하고 **刑淸政平**하며 **姦宄**(궤)**消伏**하고 **兵革偃戢**(즙)하며 **諸侯順附**하고 **四夷懷服**하며 **時和年豐**하고 **家給人足**이 **此太平之象也**라 **于斯之時**에 **閽寺**(혼시)**專權**하야 **脅君於內**호되 **弗能遠也**하고 **藩鎭阻兵**하야 **陵慢於外**호되 **弗能制也**하고 **士卒**이 **殺逐主帥**하고 **拒命自立**호되 **弗能詰也**하고 **軍旅歲興**하고 **賦斂日急**하야 **骨肉**이 **縱橫於原野**하고 **杼**(저)**軸**[1]이 **空竭於里閭**호되 **而僧孺謂之太平**이라하니 **不亦誣乎**아 **當文宗求治之時**하야 **僧孺任居承弼**이어늘 **進則偸安取容以竊位**하고 **退則欺君誣世以盜名**하니 **罪孰大焉**이리오

溫公이 말하였다.

"군주가 현명하고 신하가 충성하며, 윗사람이 명령하고 아랫사람이 복종하며, 준걸스러운 자와 어진 자가 지위에 있고 아첨하는 자와 간사한 자가 쫓겨나 멀리 있으며, 예가 닦여지고 음악이 거행되며 형벌이 투명하고 정사가 공평하며, 간사한 자들이 사라져 숨고 兵革(전쟁)이 종식되며, 제후들이 순종하여 따르고 사방의 오랑캐들이 회유되어 굴복하며, 시절이 조화롭고 연사가 풍년들며 집집마다 넉넉하고 백성들이 풍족한 것이 천하가 태평한 기상이다.

이때 환관들이 권력을 독단하여 군주를 조정에서 위협하였으나 이들을 멀리 내쫓지 못하였고, 藩鎭들이 군대를 믿고 스스로 막아서 외방에서 오만불손하였으나 재제하지 못하였고, 士卒들이 主帥를 죽이거나 축출하고 장수들이 조정의 명령을 거역하고 스스로 節度使가 되었으나 이것을 힐책하지 못하였고, 전란이 해마다 일어나고 세금의 징수가 날로 급박하여 군사들의 뼈와 살이 언덕과 들에 널려 있고 집집마다 杼軸이

고갈되었는데도 牛僧孺가 이것을 일러 천하가 태평하다고 하였으니, 거짓말이 아니겠는가.

文宗이 천하를 다스려지기를 힘쓸 때를 당하여 牛僧孺의 임무는 군주를 받들어 보필함에 있었는데, 나가서는 구차하게 눈앞의 안일함을 탐하고 군주에게 용납됨을 취하여 벼슬자리를 훔치고, 물러가서는 군주를 속이고 세상을 속여 명예를 도둑질하였으니, 죄가 이보다 무엇이 더 크겠는가."

1) 〔譯註〕 杼(저)軸 : 북과 바디로 길쌈하는 것을 말하는바, 백성들이 노역에 시달려 생산할 여가가 없어 몹시 가난함을 이른다. ≪詩經≫ 〈小雅 大東〉에 "대동과 소동에 저축이 모두 비었네.〔大東小東 杼軸其空〕"라고 한 데에서 유래하였다.

【癸丑】 七年이라

太和 7년(계축 833)

以兵部尙書李德裕로 同平章事하니 德裕入謝어늘 上이 與之論朋黨事하니 德裕因得以排其所不悅者하니라

兵部尙書 李德裕를 同平章事로 임명하니, 李德裕가 조정에 들어와 사은하였다. 上이 그와 더불어 붕당의 일을 논하니, 李德裕가 이를 틈타 자신이 좋아하지 않는 자들을 배척하였다.

○ 杜牧이 憤河朔三鎭之桀驁[1]하고 而朝廷議者 專事姑息하야 乃作書하고 名曰罪言[2]이라하니 大略은 以爲國家自天寶盜[3]起로 河北百餘城이 不得尺寸之用하니 人望之를 若回鶻[4], 吐蕃하야 無敢窺者라 齊, 梁, 蔡[5]被其風流하야 因亦爲寇하니 未嘗五年間不戰하야 焦焦然七十餘年矣니이다 今上策은 莫如先自治요 中策은 莫如取魏요 最下策은 爲浪戰하야 不計地勢하고 不審攻守是也니이다

杜牧은 河北의 세 藩鎭이 오만하여 복종하지 않고 조정의 의논하는 자들이 오로지 눈앞의 안일만 일삼는 것에 분개하여 마침내 策文을 짓고 '罪言'이라고 이름하였다.

그 내용에 대략 이르기를 "국가가 天寶 연간에 반란이 일어난 뒤로 河北 지방 백여 개의 城에서 한 치와 한 자의 쓰임도 얻지 못하니, 사람들이 이곳을 보기를 回鶻과 吐蕃처럼 여겨서 포기하고 감히 엿보는 자가 없습니다. 齊(淄青), 梁(魏博), 蔡(淮西)가 그들의 영향을 받아 이 틈을 타고 또한 반란을 일으키니, 일찍이 5년 동안 전쟁을 하지 않은 적이 없어서 초조하고 불안하게 70여 년을 보냈습니다. 지금의 上策은 우선 스스로 다스리는 것보다 좋은 것이 없고, 中策은 魏博을 취하는 것보다 좋은 것이 없고, 最下策은 부질없이 전쟁하여 地勢를 헤아리지 않고 攻守가 같지 않음을 살피지 않은 것이 이것입니다." 하였다.

1) 〔頭註〕 憤河朔三鎭之桀驁：河朔三鎭은 魏博史憲誠, 盧龍朱克融, 鎭冀王廷湊라 桀은 登也니 言其登立不順이요 驁는 與傲同이라

河北 지방의 세 藩鎭은 魏博의 史憲誠, 盧龍의 朱克融, 鎭冀의 王廷湊이다. 桀은 오르는 것이니 올라 서서 순종하지 않음을 말하고, 驁는 傲와 같다.

2) 〔釋義〕 名曰罪言：罪言者는 謂不當位而言하야 實有罪也라

罪言은 지위를 담당하고 있지 않으면서 말하여 실로 죄가 있음을 이른 것이다.

3) 〔頭註〕 天寶盜：謂范陽節度使安祿山이라

天寶 연간의 도둑은 范陽軍節度使 安祿山을 이른다.

4) 〔頭註〕 回鶻：北夷種이니 其先匈奴라 隋曰回紇이러니 德宗貞元四年에 請改號回鶻하니 言其便捷也라

回鶻은 북쪽 오랑캐 종족이니, 그 선조는 匈奴이다. 隋나라 때에는 回紇이라고 하였는데, 唐나라 德宗 貞元 4년(788)에 回鶻로 개칭할 것을 청하였으니, 그 민첩함을 말한 것이다.

5) 〔附註〕 齊, 梁, 蔡：齊淄青은 李正己, 李納, 李(思)〔師〕古, 李(思)〔師〕道等이 相傳所據요 梁魏博은 田承嗣, 田悅, 田季安等이 相傳所據요 蔡彰義는 亦謂淮西하니 李希烈及吳少誠, 吳少陽, 吳元濟等이 相傳所據니라

齊 지방의 淄青軍은 李正己·李納·李師古·李師道 등이 서로 전하여 점거하

였고, 梁 지방의 魏博軍은 田承嗣・田悅・田季安 등이 서로 전하여 점거하였고, 蔡 지방의 彰義軍은 또한 淮西라고도 불렀으니, 李希烈과 吳少誠・吳少陽・吳元濟 등이 서로 전하여 점거하였다.

又傷府兵廢壞하야 作原十六衛[1)]하야 以爲國家始踵隋制하야 開十六衛하니 自今觀之컨대 設官에 言無謂者는 其十六衛乎[2)]인저 本原事迹하면 其實天下之大命也라 貞觀中에 內以十六衛로 蓄養戎臣하고 外開折衝果毅府五百七十四[3)]하야 以儲兵伍하야 有事則戎臣이 提兵居外하고 無事則放兵居內하야 三時耕稼하고 一時治武하야 籍藏將府하고 伍散田畝하니 力解勢破하야 人人自愛하야 雖有蚩尤爲帥나 亦不可使爲亂耳요 及其居外也엔 緣部之兵이 被檄乃來면 斧鉞在前하고 爵賞在後하야 飄暴交捽[4)]하니 豈暇異圖리오 雖有蚩尤爲帥[5)]나 亦無能爲叛也니이다 開元末에 愚儒奏章曰 天下文勝矣니 請罷府兵이라하고 武夫奏章曰 天下力彊矣니 請搏四夷라하야 於是에 府兵內剷[6)]하고 邊兵外作하야 戎臣兵伍 湍(단)奔矢往하야 內無一人矣라 尾大中乾[7)]하야 成燕偏重[8)]하야 而天下掀然[9)]하야 根萌燼(신)燃矣니이다 由此觀之컨대 戎臣, 兵伍를 豈可一日使出落鈐鍵[10)]哉잇가 然이나 爲國者는 不能無兵이니 居外則叛하고 居內則簒이라 使外不叛, 內不簒은 古今已還으로 法術最長이 其置府立衛乎인저

또 府兵이 폐지되고 파괴됨을 서글퍼하여 '原十六衛'를 지어 다음과 같이 말하였다.

"국가가 처음에 隋나라 제도를 물려받아 16衛를 설치하였으니, 지금의 정황으로 살펴보건대 설치한 관직 중에 意義가 없는 것은 아마도 16衛일 것입니다. 일의 자취를 거슬러 올라가 살펴보면 軍制는 실로 천하의 가장 근본적인 命脈입니다. 貞觀 연간에 조정에서는 16衛를 가지고 무신들을 기르고 지방에서는 折衝果毅府 574개를 설치하여 병력을 비축해서 일이 있으면 무신이 병력을 인솔하고 밖에서 전투하고, 일이 없으면 군대를 해산하여 府의 안에 있게 하여, 병사들이 봄・여름・가을 세 철에는 밭을 갈고 곡식을 심고

겨울 한 철에는 무예를 닦아서 軍籍은 將軍府에 보관하고 병졸들은 田畝에 흩어져 있으니, 세력이 분산되고 사람마다 자기 몸을 아껴서 비록 蚩尤와 같이 포악한 자가 장수가 된다 하더라도 난을 일으키게 할 수가 없었습니다. 그리고 군대를 거느리고 밖에 있을 적에 部에 소속된 병사들이 檄文을 받고 달려오면 斧鉞(엄벌)이 앞에 있고 관작과 상이 뒤에 있어서 賞과 罰로 번갈아 제약하니, 어찌 딴마음을 품을 겨를이 있겠습니까. 비록 蚩尤와 같이 포악한 자가 장수가 된다 하더라도 또한 능히 배반할 수가 없었습니다.

그런데 開元 말기에 어리석은 선비의 章奏에 이르기를 '천하는 文으로 다스리는 것이 좋으니 府兵制를 파할 것을 청합니다.' 하였고, 武夫들의 章奏에 이르기를 '천하가 무력이 강성하니, 사방의 오랑캐를 공격할 것을 청합니다.' 하였습니다. 이에 府兵이 안에서 깎이고 변방 군사들이 밖에서 일어나 무신과 병사들이 여울물이 달려가고 화살이 날아가는 것처럼 급히 달려가서 조정 안에 한 사람도 없게 되었습니다. 꼬리(변방)는 크고 속(중앙)의 기운은 고갈되어서 燕(范陽) 지방의 병력이 偏重되게 만들어서 천하가 동요되어 뿌리에서 싹이 움트고 꺼졌던 불이 다시 타오르는 것처럼 각종 禍患이 모두 일어나게 되었습니다. 이로 말미암아 보건대 무신과 병사들을 어찌 단 하루인들 鈐鍵(관리와 통제)에서 벗어나게 할 수 있겠습니까.

그러나 나라를 다스리는 자는 군대가 없을 수 없으니, 군대는 밖에 있으면 배반하고 안에 있으면 찬탈합니다. 밖에 있으면서도 배반하지 않고 안에 있으면서도 찬탈하지 않게 하는 방법은 고금 이래로 가장 좋은 방법은 府를 두고 衛를 세우는 것일 것입니다."

1) 〔釋義〕 又傷府兵廢壞 作原十六衛 : 原者는 推原也라 唐踵隋制하야 開十六衛라 府兵者는 唐初置軍府하고 以驃騎車騎兩將軍府領之러니 天下旣定에 改驃騎曰統軍이라하고 車騎曰別將이라하다 後에 太宗이 更統軍爲折衝都尉하고 別將爲果毅都尉하고 諸府를 總名曰折衝府라 天下凡十道에 置府六百三十四하니 皆有名號요 而關內二百六十一이니 皆隸諸衛라 凡府有三等하니 兵千二百人爲上이요 千人爲中이요 八百人爲下也라 十六衛者는 唐志에 八衛는 曰左右衛, 曰驍衛, 曰武衛, 曰威衛, 曰領軍, 曰金吾, 曰監門, 曰千牛니 此八衛也요 各有左右라 故曰十六衛

也라 每衛에 有上將軍하고 有大將軍하고 有將軍이라 自左右衛로 至領軍은 掌宮禁宿衛하고 金吾는 掌宮中京城巡警하고 監門은 掌諸門禁衛하고 千牛는 掌侍衛也하니라

原은 미루어 근원을 찾는 것이다. 唐나라는 隋나라의 軍制를 따라서 16衛를 설치하였다. 府兵은 唐나라 초기에 軍府를 설치하고 驃騎將軍과 車騎將軍 두 將軍府로 하여금 통솔하게 하였는데, 天下가 평정되자 驃騎를 개칭하여 統軍이라 하고 車騎를 개칭하여 別將이라 하였다. 뒤에 太宗이 統軍府를 개칭하여 折衝都尉라 하고 別將을 개칭하여 果毅都尉라 하였으며, 여러 府를 총칭하기를 折衝府라 하였다. 천하의 모든 10道에 634府를 설치하였는데 모두 명칭이 있었으며, 關內에는 261府가 있었는데 모두 諸衛에 예속되었다. 모든 府에는 3등급이 있었으니, 병력이 1200명인 것을 上府라 하고, 1000명인 것을 中府라 하고, 800명인 것을 下府라 하였다. 16衛는 ≪新唐書≫ 〈兵志〉에 8衛는 左右衛, 驍衛, 武衛, 威衛, 領軍衛, 金吾衛, 監門衛, 千牛衛이니 이것이 8衛이고, 각각 左・右가 있으므로 이것을 16衛라 하였으며, 매 衛마다 上將軍이 있고 大將軍이 있고 將軍이 있었다. 左右衛로부터 領軍衛에 이르기까지는 宮禁의 宿衛를 관장하고, 金吾衛는 宮中과 京城의 순찰과 경비를 관장하고, 監門衛는 諸門의 禁衛를 관장하고, 千牛衛는 侍衛를 관장하였다.

2) 〔附註〕 無謂[*]者 其十六衛乎 : 雖設官而無兵可將이라 故로 當時以爲無謂라하니 無謂者는 言失於事宜하야 不可以訓이라

비록 관원을 두었으나 거느릴 만한 군대가 없었다. 그러므로 당시에 無謂라고 일렀으니, 無謂는 일의 마땅함을 잃어서 훈계가 될 수 없음을 이른다.

*) 無謂 : 족히 말할 것도 못된다는 뜻이니, '不足道'와 같은 말이다.

3) 〔附註〕 折衝果毅府五百七十四[*] : 兵志에 高祖始置軍府하고 以驃騎車騎兩將軍府領之러니 天下既定에 改驃騎曰統軍이라하고 車騎曰別將이라하다 太宗이 更號統軍曰折衝都尉라하고 別將曰果毅都尉라하고 諸府를 摠〈名〉曰折衝府라하니라 凡十道에 置府六百三十四하니 每府에 折衝都尉一人 左右果毅都尉一人이라

≪新唐書≫ 〈兵志〉에 高祖가 처음으로 軍府를 설치하고 驃騎將軍과 車騎將軍 두 將軍府로 하여금 통솔하게 하였는데, 天下가 평정되자 驃騎를 개칭하여 統軍이라 하고 車騎를 개칭하여 別將이라 하였다. 뒤에 太宗이 統軍府를 개칭하여 折衝都尉라 하고 別將을 개칭하여 果毅都尉라 하였으며, 여러 府를 총칭하기를 折衝府라 하였다. 모든 10道에 634府를 설치하니 府마다 折衝都尉 1人과 左右果

毅都尉 1人이 있었다.

*) 折衝果毅府五百七十四：附註의 내용은 釋義의 일부인데, 底本에는 634府가 574府로 잘못 표시되어 있다.

4) 〔頭註〕 飄暴交捽：捽은 昨沒切이니 持頭髮也요 又手持也라 飄暴交捽은 謂賞罰互用也라

捽은 昨沒切(졸)이니 머리채를 잡는 것이요, 또 손에 쥐는 것이다. 회오리바람과 폭풍이 서로 몰아친다는 것은 상과 벌을 번갈아 쓰는 것을 이른다.

5) 〔釋義〕 雖有蚩尤*)爲帥：蚩尤者는 黃帝時作亂者라

蚩尤는 黃帝 때에 난을 일으킨 자이다.

*) 蚩尤：黃帝 때 諸侯의 한 사람으로 병란을 좋아하고 포악한 짓을 하다가 黃帝에게 토벌을 당하여 죽었다.

6) 〔釋義〕 府兵內剷：剷字未詳이라 因檢廣韻玉篇하면 俱無此字요 唯韻會擧要의 產字韻內剗字下註云 通作剷字하니 音楚恨反이니 削也요 又去聲이라하고 剗字下註에 攻也요 平治也라하니라

剷字는 미상이다. 인하여 ≪廣韻≫과 ≪玉篇≫을 살펴보면 모두 이러한 글자가 없고, 오직 ≪韻會擧要≫의 產字韻 안의 剗字 아래 註에 "剷字와 통하니 音이 楚恨反(찬)이니 깎이는 것이요, 또 去聲이다." 하였고, 剗字 아래 註에는 "공격하는 것이고 고르게 다스리는 것이다." 하였다.

7) 〔頭註〕 尾大中乾：禽獸尾大면 則不能運掉이라 〔通鑑要解〕 尾大는 左傳昭十一年에 尾大不掉註에 譬諸禽獸컨대 尾大則不能運掉라 中乾은 僖十五年에 外强中乾하면 進退不可라하니 註에 外雖有强形이나 而內實乾渴하니 則進退兩難也라하니라

〔頭註〕 禽獸의 꼬리가 크면 흔들 수가 없다. 〔通鑑要解〕 尾大는 ≪春秋左傳≫ 昭公 11年의 '尾大不掉'의 註에 "禽獸에 비유하건대 꼬리가 크면 흔들 수가 없다."라고 하였다. 中乾은 ≪春秋左傳≫ 僖公 15年에 "겉은 강해 보이지만 속은 기운이 고갈되어 나아갈 수도 없고 물러갈 수도 없다." 하였는데, 그 註에 "겉으로는 비록 강한 모습이 있지만 속의 기운이 실로 고갈되었으니, 나아갈 수도 없고 물러날 수도 없다." 하였다.

8) 〔頭註〕 成燕偏重*1)：燕은 盧龍也니 謂成安祿山偏重之勢也라 一云 成은 成德*2)也라

燕 지방은 盧龍軍이니, 安祿山이 편중된 형세를 이루었음을 말한다. 一說에 "成은 成德軍이다." 하였다.

＊1) 成燕偏重 : 燕 지방의 병력이 지나치게 커서 安祿山의 반란을 초래하였다. 安祿山은 당시 平盧, 范陽, 河東 三鎭의 節度使를 맡아 15만 명의 병력을 보유하였다.
＊2) 成德 : 鎭冀地方 軍鎭의 이름이다.
9)〔頭註〕掀然 : 掀은 音軒이니 飆動也라
掀은 음이 헌(흔)이니, 요동치는 것이다.
10)〔頭註〕鈐鍵*) : 鈐은 音黔이니 以閉房神府하야 以備非常이라 鍵은 關鑰也라
鈐은 음이 검이니, 방문을 닫고 府를 신비하게 하여 비상시에 대비하는 것이다. 鍵은 자물쇠이다.
＊) 鈐鍵 : 중요한 관건이라는 뜻으로 통제함을 이른다.

【甲寅】八年이라

太和 8년(갑인 834)

上이 欲以李仲言[1]爲諫官하야 寘(置)之翰林하니 李德裕曰 不可하니이다 上曰 李逢吉薦之[2]하니 朕不欲食言하노라 對曰 逢吉이 身爲宰相하야 乃薦奸邪하야 以誤國하니 亦罪人也니이다 上曰 然則別除一官호리라 對曰 亦不可하니이다 上이 顧王涯[3]한대 涯對曰 可하니이다 德裕揮手止之어늘 上이 回顧適見하고 色殊不懌(역)而罷러니 內敕出에 德裕로 同平章事하야 充山南西道節度使하다 德裕見上自陳하고 請留京師어늘 乃以德裕로 爲兵部尙書러니 李宗閔이 言 李德裕制命이 已行하니 不宜自便이니이다 於是에 復以德裕로 爲鎭海節度使하다 時에 德裕, 宗閔이 各有朋黨하야 互相擠援[4]하니 上患之하야 每歎曰 去河北賊[5]은 易하고 去朝中朋黨은 難이라하니라

上이 李仲言을 諫官으로 임명하고자 하여 그를 翰林에 두니, 李德裕가 아뢰기를 "不可합니다." 하였다. 上이 말하기를 "李逢吉이 그를 천거하였으니, 짐은 食言하고 싶지 않다." 하였다. 李德裕가 대답하기를 "李逢吉은 자신이 宰相이 되었으면서 마침내 간사한 사람을 추천하여 나라를 그르치게 하였으

니, 그도 죄인입니다." 하였다. 上이 말하기를 "그렇다면 따로 한 관직을 제수하겠다." 하니, 李德裕가 대답하기를 "이 또한 불가합니다." 하였다.

上이 王涯를 돌아보자, 王涯가 대답하기를 "可합니다." 하였다. 李德裕가 손을 저어 王涯를 저지하여 말하지 못하게 하였는데, 上이 돌아보다가 마침 이 광경을 보고는 몹시 언짢아 하고 조회를 파하였다. 황제의 칙서가 나오자 李德裕를 同平章事로 삼아 山南西道節度使로 충원하였다.

李德裕가 上을 뵙고 스스로 말하고는 京師에 머물 것을 청하자 마침내 李德裕를 兵部尙書로 임명하였는데, 李宗閔이 말하기를 "李德裕를 임명하는 制命이 이미 시행되었으니, 그의 편의대로 바꾸어서는 안 됩니다." 하였다. 이에 다시 李德裕를 鎭海節度使로 임명하였다.

이때 李德裕와 李宗閔이 각각 朋黨이 있어 서로 배척하고 혹은 끌어당기니, 上이 이것을 근심하여 매번 탄식하기를 "河北의 적을 제거하기는 쉽고 조정 안의 붕당을 제거하기는 어렵다." 하였다.

1)〔原註〕李仲言 : 後改名訓하니라
　李仲言은 뒤에 이름을 訓으로 고쳤다.

2)〔頭註〕李逢吉薦之 : 仲言은 逢吉從子也라
　李仲言은 李逢吉의 조카이다.

3)〔頭註〕王涯 : 同平章事라
　王涯는 同平章事이다.

4)〔頭註〕擠援 : 擠는 排也라
　擠는 배제하는 것이다.

5)〔頭註〕去河北賊 : 河北賊은 魏博, 盧龍, 鎭冀라
　河北의 적은 魏博의 史憲誠, 盧龍의 朱克融, 鎭冀의 王廷湊이다.

溫公曰 夫君子小人之不相容은 猶冰炭之不可同器而處也라 故로 君子得位則斥小人하고 小人得勢則排君子하니 此는 自然之理也라 然君子는 進賢, 退不肖하야 其處心也公하고 其指事也實하니 小人은 譽其所好하고 毁其所惡하야 其處心也私하고 其指事也誣하나니 公且實者를 謂之

正直이요 私且誣者를 謂之朋黨이니 在人主所以辨之耳라 是以로 明主在上하면 度(탁)德而叙位하고 量能而授官하며 有功者賞하고 有罪者刑하야 奸不能惑하고 佞不能移하나니 夫如是면 則朋黨이 何自而生哉리오 彼昏主則不然하야 明不能燭하고 强不能斷하야 邪正竝進하고 毁譽交至하야 取舍不在於己하고 威福潛移於人이라 於是에 讒慝(참특)得志하야 而朋黨之議興矣라 夫木腐而蠹生하고 醯(혜)酸而蜹(예)集하나니 故로 朝廷有朋黨이면 則人主當自咎요 而不當以咎群臣也라 文宗이 苟患群臣之朋黨인댄 何不察其所毁譽者爲誣爲實이며 所進退者爲賢爲不肖며 其心爲公爲私며 其人爲君子爲小人고 苟實也賢也公也君子也면 匪徒用其言이라 又當進之요 誣也不肖也私也小人也면 匪徒棄其言이라 又當刑之니 如是면 雖使之爲朋黨이라도 孰敢哉리오 釋是不爲하고 乃怨群臣之難治하니 是猶不種不芸而怨田之蕪也라 朝中之黨도 且不能去어든 況河北賊乎아

溫公이 말하였다.

"君子와 小人이 서로 용납되지 못하는 것은 얼음과 숯을 한 그릇에 함께 담을 수 없는 것과 같다. 그러므로 군자가 지위를 얻으면 소인을 배척하고 소인이 권세를 얻으면 군자를 배척하는 것이니, 이는 자연의 이치이다. 그러나 군자는 어진 이를 등용하고 불초한 이를 물리쳐서 마음씀이 공정하고 일을 지시함이 진실하며, 소인은 자신이 좋아하는 이를 칭찬하고 자신이 미워하는 이를 헐뜯어 마음씀이 사사롭고 일을 지시함이 진실하지 못하다. 공정하고 또 진실한 것을 일러 정직하다 하고, 사사롭고 진실하지 못한 것을 일러 朋黨이라 하니, 군주가 분별하는 데에 달려 있을 뿐이다.

이 때문에 현명한 군주가 윗자리에 있으면 덕을 헤아려 지위를 주고 재능을 헤아려 관직을 제수하며, 공이 있는 자는 상을 주고 죄가 있는 자는 벌을 내려서, 간사한 자가 임금을 미혹시킬 수 없고 말 잘하는 자

가 임금의 마음을 동요시키지 못하니, 이와 같이 하면 붕당이 어디로부터 생기겠는가. 저 혼암한 군주는 이와 같이 하지 못하여 현명함은 밝게 살피지 못하고 강함은 결단하지 못하여 간사한 자와 정직한 자가 함께 등용되고 비방과 칭찬이 서로 이르러, 사람을 취사선택하는 것이 자신에게 달려 있지 않고 위엄과 복이 슬그머니 다른 사람에게 옮겨간다. 이에 참소하는 자와 간특한 자들이 뜻을 얻어 붕당의 의논이 일어나는 것이다.

무릇 나무가 썩으면 벌레가 생기고, 초가 시어지면 쉬파리가 모이기 마련이다. 그러므로 조정에 붕당이 있으면 군주는 마땅히 자신을 탓해야 하고 여러 신하들을 탓해서는 안 된다. 文宗이 만약 여러 신하들이 붕당을 짓는 것을 근심했다면 어찌하여 그들이 비방하고 칭찬하는 자가 누가 거짓되고 누가 진실되며, 그들이 천거하고 물리치는 자가 누가 어질고 누가 불초하며, 그들의 마음이 누가 공정하고 누가 사사로우며, 그 사람됨이 누가 군자이고 누가 소인인지를 살피지 않았단 말인가. 만약 진실하고 어질고 공정하고 군자다운 사람이라면 다만 그의 말을 따를 뿐만 아니라 또 마땅히 그를 등용해야 하고, 만약 거짓되고 불초하고 사사롭고 소인다운 사람이라면 다만 그의 말을 버릴 뿐만 아니라 또한 마땅히 그의 죄를 다스려야 하니, 이와 같이 한다면 비록 그로 하여금 붕당을 만들게 한다 하더라도 누가 감히 하겠는가? 이러한 방법을 버려두고 행하지 않으면서 마침내 여러 신하들을 다스리기 어려움을 원망하였으니, 이는 씨앗도 뿌리지 않고 김도 매지 않으면서 田地가 황폐함을 원망하는 것과 같다. 조정 안의 붕당도 제거하지 못하는데 하물며 河北의 적에 있어서이겠는가."

【乙卯】 九年이라

太和 9년(을묘 835)

初에 宋申錫獲罪[1)]에 宦官益橫하니 上이 外雖包容이나 內不能堪이라 李訓, 鄭

注[2]既得幸에 揣(췌)知上意하고 訓因進講하야 數(삭)以微言動上하니 上이 見其才辯하고 意訓可與謀大事요 且以訓, 注皆因王守澄以進이라 冀宦官不之疑하야 遂密以誠告之하다 訓注遂以誅宦官으로 爲己任하야 二人相挾하야 朝夕計議하야 所言於上을 無不從하니 聲勢烜(훤)赫[3]이러라 於是에 平生絲恩髮怨을 無不報者요 所惡朝士를 皆指目爲二李之黨[4]이라하야 貶逐無虛日하야 班列殆空이라 以鄭注로 爲鳳翔節度使하니 李訓이 雖因注得進이나 及勢位俱盛엔 心頗忌注하야 謀欲中外協勢하야 以誅宦官이라 故로 出注於鳳翔하니 其實은 俟既誅宦官하야 幷圖注也러라

처음에 宋申錫이 죄를 얻자 宦官들이 더욱 전횡하니, 上이 겉으로는 이들을 포용하는 듯하였으나 속으로는 견뎌내지 못하였다. 李訓과 鄭注가 이미 총애를 얻게 되자, 上의 속마음을 헤아리고는 李訓이 進講할 때를 틈타 자주 은미한 말로 上을 충동질하였다. 上은 그의 재주와 언변을 보고는 李訓과 함께 大事를 도모할 수 있을 것이라고 여겼고, 또 李訓과 鄭注가 모두 王守澄을 통하여 등용되었으므로 宦官들이 그들을 의심하지 않기를 바라서 마침내 은밀히 진심을 토로하였다.

李訓과 鄭注는 마침내 宦官들을 誅殺하는 것을 자신의 임무로 여기고 두 사람이 서로 결탁하여 아침저녁으로 계책을 세우고 의논해서 이들이 上에게 말하는 것을 上이 따르지 않는 바가 없으니, 명성과 권세가 혁혁하였다. 이에 평소의 작은 은혜와 털끝만한 원한도 보복하지 않음이 없었고, 미워하는 조정의 인사들을 모두 李德裕와 李宗閔의 黨이라고 지목하여 좌천시키고 축출하지 않는 날이 없어서 조정의 班列이 거의 빌 지경이었다.

鄭注를 鳳翔節度使로 임명하였다. 李訓이 비록 鄭注를 통해서 등용되었지만 자신의 권세와 지위가 모두 높아지게 되자, 李訓이 마음속으로 자못 鄭注를 시기하였다. 이에 中外가 협력하여 환관을 죽이고자 하였으므로 鄭注를 鳳翔으로 내보냈는데, 실제는 환관을 죽이기를 기다린 뒤에 鄭注까지 아울러 도모하려 한 것이었다.

1)〔頭註〕宋申錫獲罪：在上辛亥年이라
宋申錫이 죄를 지은 일은 앞의 신해년(831)에 있다.

2)〔頭註〕李訓, 鄭注：李訓은 仲言也니 見上年하니 時爲四門助敎요 鄭注는 以昭義節度副使로 爲太僕卿하니라
李訓은 李仲言이니 지난해(834)에 보이는데 당시에 四門學 助敎였고, 鄭注는 昭義軍節度副使로서 太僕卿이 되었다.

3)〔釋義〕聲勢烜(훤)赫：烜은 火遠反이니 明也요 盛也라〔頭註〕聲은 謂名聞이요 勢는 謂威權이라
烜은 火遠反(훤)이니 밝음이고 성대함이다.〔頭註〕聲은 명성을 이르고, 勢는 권위를 이른다.

4)〔頭註〕二李之黨：二李는 德裕, 宗閔이라
二李는 李德裕와 李宗閔이다.

○ **以御史中丞舒元輿**로 **爲刑部侍郎**하고 **李訓**으로 **爲禮部侍郎**하야 **竝同平章事**하다 **訓起流人**[1]하야 **期年**에 **致位宰相**하니 **天子傾意任之**하니라

御史中丞 舒元輿를 刑部侍郎으로 삼고 李訓을 禮部侍郎으로 삼아서 두 사람이 함께 同平章事가 되었다. 李訓은 流民으로 發身하여 期年 만에 宰相의 지위에 이르니, 天子가 온 마음을 다하여 신임하였다.

1)〔頭註〕訓起流人：李訓이 前流象州라가 起自流徒中하니라
李訓이 이전에 象州를 떠돌아 나니다가 流民들 가운데에서 發身하였다.

○ **李訓, 鄭注 密言於上**하야 **請除王守澄**한대 **冬十月**에 **遣中使李好古**하야 **就第賜酖**(짐)[1]**殺之**하다 **訓, 注本因守澄進**이어늘 **卒謀而殺之**하니 **人皆快守澄之受誅**로되 **而疾訓, 注之陰狡**하니 **於是**에 **元和之逆黨**[2]이 **略盡矣**러라

李訓과 鄭注가 은밀히 上에게 말하여 王守澄을 제거할 것을 청하자, 겨울 10월에 中使 李好古를 王守澄의 집으로 보내어 그에게 鴆毒을 하사하여 죽였다. 李訓과 鄭注가 본래 王守澄을 통하여 등용되었는데 끝내 그를 도모하여 죽이니, 사람들이 모두 王守澄이 죽임을 당한 것을 통쾌하게 여겼으나 李

訓과 鄭注의 음흉하고 교활함을 미워하였다. 이에 元和 연간의 시역한 무리들이 대략 다 없어지게 되었다.

1)〔頭註〕賜酖(짐) : 酒有鴆毒曰酖이라
술에 짐새의 독을 넣은 것을 酖이라 한다.

2)〔頭註〕元和之逆黨 : 在憲宗庚子年하니라
元和 연간에 시역한 무리에 대한 내용은 憲宗 元和 15년 경자년(820)에 있다.

○ 十一月戊辰에 王守澄을 葬於滻(산)水할새 鄭注奏請하야 令內臣中尉以下로 盡集滻水送葬이라가 注因闔門[1)]하고 令親兵斧之하야 使無遺類하다 訓이 與其黨謀曰 如此事成이면 則注專有其功이니 不若先期誅宦者하고 已而요 幷注去之라하다 壬戌에 上이 御紫宸殿하니 百官班定이라 韓約[2)]이 奏稱호되 左金吾廳事後石榴에 夜有甘露라하니 先命宰相及兩省官[3)]하야 詣左仗視之러니 良久而還이라 訓奏호되 臣與衆人驗之하니 殆非眞甘露니이다 上이 顧左右한대 中尉仇士良, 魚志弘이 帥諸宦者하고 往視之하다 士良等이 至左仗하야 視甘露할새 風吹幕起에 見執兵者甚衆하고 又聞兵仗聲이라 士良等이 驚駭하야 奔詣上告變하니 訓이 見之하고 遽呼金吾衛士하야 上殿하다 宦者曰 事急矣니 請陛下還宮하소서 卽迎上扶升輿하고 決後殿罘罳(부시)[4)]하고 疾趨北出하다 金吾兵이 已登殿에 幷京兆邏卒[5)]과 御史臺從人[6)]이 皆登殿하야 縱擊宦官하니 流血呼冤하야 死傷者十餘人이라 訓이 知事不濟하고 脫走어늘 士良等이 命禁兵하야 出閤門討賊하야 殺王涯等하다 兩省及金吾吏卒千餘人이 塡門爭出이라가 死者六百餘人이라 士良等이 分兵閉宮門하고 索諸司하야 討賊黨하니 諸司吏卒及民酤販在中者皆死하야 又千餘人이라 王涯, 賈餗(속), 舒元輿[7)] 皆收繫斬之하다

11월 戊辰日(27일)에 王守澄을 滻水에 장례할 적에 鄭注가 황제에게 奏請하여 內臣인 中尉 이하의 환관으로 하여금 모두 滻水에 모여 葬送하게 하였다가 鄭注가 이 틈을 타서 도성문을 닫고 친위병으로 하여금 이들을 도끼로

찍어 죽여 살아남은 무리가 없게 하려고 하였다. 李訓이 그의 黨與와 도모하기를 “만일 이 일이 성공한다면 鄭注가 공을 독차지하게 될 것이니, 우리가 예정한 날짜보다 앞서 환관을 죽이고 나서 이윽고 鄭注도 아울러 제거하는 것만 못하다.” 하였다.

壬戌日(21일)에 上이 紫宸殿에 나아가니, 百官들의 반열이 정해졌다. 韓約이 奏稱하기를 “左金吾 廳事 뒤에 있는 석류나무에 밤에 甘露가 내렸습니다.” 하니, 먼저 宰相과 兩省(中書省과 門下省)의 관원에게 명해서 左仗에 나아가 이것을 보게 하였는데 한참 지난 뒤에야 돌아왔다. 李訓이 아뢰기를 “신이 여러 사람들과 징험해보니, 아마도 진짜 甘露가 아닌 듯합니다.” 하였다. 上이 좌우를 돌아보니, 中尉 仇士良과 魚志弘이 환관들을 거느리고 가서 살펴보기로 하였다.

仇士良 등이 左仗에 이르러 甘露를 살펴볼 적에 바람이 불어 장막이 걷히자, 병기를 잡은 병사들이 매우 많은 것이 보였고 또 병장기소리가 들렸다. 仇士良 등이 놀라서 上에게 달려가 고변하니, 李訓이 이것을 보고 급히 金吾衛의 호위병들을 불러서 대궐로 올라오게 하였다. 환관들이 말하기를 “사세가 급박하니, 청컨대 폐하께서는 환궁하소서.” 하고는 즉시 上을 맞이하여 부축해서 수레에 오르게 한 다음 궁전 뒤의 罘罳(그물망)를 뚫고 급히 달려 북쪽으로 나갔다. 金吾衛의 호위병들이 이미 대궐에 오르자, 京兆尹의 邏卒과 御史臺의 從人들이 모두 殿上에 올라가서 환관들을 마음대로 공격하니, 피를 흘리고 억울함을 호소하면서 죽거나 부상당한 자가 10여 명이었다. 李訓은 일이 성공하지 못할 줄을 알고는 빠져나가 도망하였다.

仇士良 등이 禁兵에게 명하여 閤門을 나가 적을 토벌하게 해서 재상인 王涯 등을 죽였다. 兩省과 金吾衛의 관리와 병졸 천여 명이 문을 메우며 다투어 나가다가 죽은 자가 6백여 명이었다. 仇士良 등은 병력을 나누어 궁궐 문을 닫고 여러 司를 수색해서 적의 도당을 토벌하니, 諸司의 관리와 병졸 및 백성 중에 술을 팔고 물건을 파느라 궁궐 안에 있던 자들이 모두 죽어서 죽은 자가 또 천여 명에 이르렀다. 王涯와 賈餗과 舒元輿가 모두 체포되어 참형을 당하였다.

1)〔頭註〕注因闔門：注與李訓謀하고 至鎭하야 選壯士數百하야 以爲親兵하니라
鄭注가 李訓과 함께 도모하고 藩鎭에 이르러 壯士 수백 명을 선발하여 親衛兵으로 삼았다.

2)〔頭註〕韓約：金吾大將軍也니 與訓謀者라
韓約은 金吾大將軍이니, 李訓과 함께 도모한 자이다.

3)〔頭註〕兩省官：兩省은 中書, 門下라
兩省은 中書省과 門下省이다.

4)〔頭註〕罘罳(부시)[*)]：唐宮殿中罘罳는 以絲爲之호되 狀如網하야 以捍燕雀이니 非如漢宮闕之罘罳也라 今諸宦者 能決之而出이면 則可知矣라
唐나라 宮殿 안의 罘罳는 실로 만들되 모양이 그물처럼 생겨서 제비와 참새를 막는 것이니, 漢나라 궁궐의 罘罳와 같은 것이 아니다. 지금 환관들이 뚫고 나갔다고 한 것을 보면 알 수 있다.

*) 罘罳：옛날에는 궁궐 문밖이나 城 모퉁이 위에 설치한 그물 모양의 건축물로서 망을 보거나 방어할 때에 사용하던 것인데, 후세에 와서는 새 따위를 막기 위하여 처마 밑이나 창문에 둘러치는 철망이나 그물망을 가리킨다.

5)〔頭註〕幷京兆邏卒：邏는 遊軍也니 知京兆羅立言이 帥(솔)京兆邏卒三百하니라
邏는 이리저리 돌아다니는 군졸이니, 知京兆府 羅立言이 京兆府의 邏卒 300명을 통솔하였다.

6)〔頭註〕御史臺從人：從은 去聲이니 中丞李孝本이 帥御史臺從人二百하니라
從은 去聲이니, 中丞 李孝本이 御史臺의 從人(수행원) 200명을 통솔하였다.

7)〔頭註〕賈餗(속), 舒元輿：竝同平章事라
賈餗과 舒元輿는 모두 同平章事이다.

○ 仇士良等이 使人齎(재)密敕하야 授鳳翔監軍張仲淸하야 使斬鄭注하고 滅其家하니 自是로 天下事 皆決於北司[1)]하고 宰相은 行文書而已라 宦官이 氣益盛하야 迫脅天子하고 下視宰相하고 陵暴朝士를 如草芥하야 每延英議事에 士良等이 動引訓, 注하야 折宰相이라 鄭覃, 李石[2)]曰 訓, 注誠爲亂首어니와 但不知訓, 注始因何人得進이리라하니 宦者稍屈하고 縉紳賴之하니라

仇士良 등이 사람을 시켜 密旨를 가지고 가서 鳳翔監軍 張仲淸에게 주어

鄭注를 목 베고 그 집안을 멸족시키게 하니, 이로부터 천하의 일이 모두 宦官이 머무는 北司에서 결정되고 宰相은 문서에 서명만 할 뿐이었다. 宦官들은 기세가 더욱 성하여 천자를 협박하고 재상들을 깔보며 조정의 선비들을 草芥와 같이 능멸하고 포악하게 대하였다. 그리하여 매번 延英殿에서 정사를 의논할 적마다 仇士良 등이 걸핏하면 李訓과 鄭注를 인용하여 재상들을 꺾어 욕보였다. 鄭覃과 李石이 말하기를 "李訓과 鄭注는 진실로 반란의 괴수이지만 다만 李訓과 鄭注가 처음에 어떤 사람으로 인하여 등용되었는지 모르겠다." 하니, 환관들이 다소 굽히고 縉紳들이 그 말에 힘입었다.

1)〔附註〕北司 : 唐自元和로 主昏하고 宦寺權盛하야 握兵橫制天下하니 當時에 因分爲南北司하야 宦官居北司하고 宰相居南司하니라

　唐나라는 元和 연간으로부터 군주가 昏愚하고 宦官의 권세가 강성하여 병권을 쥐고 천하를 멋대로 통제하니, 당시에 인하여 南司와 北司로 나누어서 宦官들은 北司에 거처하고 宰相들은 南司에 거처하였다.

2)〔頭註〕鄭覃, 李石 : 代王涯等하야 爲同平章事라

　鄭覃과 李石이 王涯 등을 대신하여 同平章事가 되었다.

〔史略 史評〕范氏曰 文宗이 憤宦者之弑逆而欲除之인댄 當擇賢相而任之하야 朝廷旣淸하고 紀綱旣正하야 賞罰之柄이 出於人主어든 執其元惡하야 付之有司하야 正典刑而已矣어늘 乃與訓注로 爲詭計하야 欲用兵甲於陛墄(척)之間하야 不以有罪無罪하고 皆夷滅之하야 召外寇以攻內寇라 是以로 一敗塗地하야 幾亡社稷하니 非徒無益이요 而有重禍라 蓋用小人以去小人이면 未有不害及國家者也니라

　范氏(范祖禹)가 말하였다.

"文宗이 宦官들이 敬宗을 시역한 것을 분하게 여겨 그들을 제거하고자 하였다면 마땅히 어진 재상을 뽑아 그에게 맡겨서 조정이 깨끗해지고 기강이 바로잡힌 뒤에 賞罰의 권한이 군주에게서 나오거든 환관 중에 元兇을 잡아서 有司에게 맡겨 떳떳한 형벌을 바로잡기만 하면 될 뿐이었다. 그런데 마침내 李訓, 鄭注와 함께 속임수를 써서 대궐에서 병력을 사용하고자 하였

다. 그리하여 죄가 있고 없고를 따지지 않고 모조리 죽여 없애려 하여 밖의 도둑을 불러서 안의 도둑을 공격하였다. 이 때문에 一敗塗地하여 거의 宗廟社稷을 멸망시킬 뻔하였으니, 한갓 유익함이 없을 뿐만 아니라 중대한 禍가 있게 하였다. 小人을 써서 小人을 제거하면 國家에 폐해가 미치지 않는 경우가 없다."

【丙辰】 **開成元年**이라

開成 元年(병진 836)

上自甘露之變으로 **意忽忽不樂**[1]하야 **兩軍毬鞠**[2]**之會**를 **什減六七**하고 **雖宴享**에 **音伎雜遝(沓)**[3]**盈庭**이나 **未嘗解顔**이요 **閑居**에 **或徘徊眺望**하고 **或獨語歎息**이라 **至是**하야 **上於延英**에 **謂宰相曰 朕**이 **每與卿等**으로 **論天下事**면 **則不免愁**로라 **對曰 爲理者**는 **不可以速成**이니이다 **上曰 朕每讀書**에 **恥爲凡主**로라 **李石曰 方今內外之臣**은 **其間小人**이 **尙多疑阻**하니 **願陛下更以寬御之**하노이다 **上**이 **復謂宰相曰 我與卿等論天下事**에 **有勢未得行者**면 **退**하야 **但飮醇酒求醉耳**로라 **對曰 此 皆臣等之罪也**로소이다

上은 甘露의 변고 이후로 마음이 즐겁지 아니하여 두 군대가 擊毬하는 모임을 10분에 6, 7을 줄였고, 宴享할 때 음악과 기생들이 뒤섞여 뜰에 가득하였으나 일찍이 얼굴을 펴고 웃은 적이 없으며, 한가로이 거처할 때에 혹은 배회하며 멀리 바라보기도 하고, 혹은 홀로 말하며 탄식하기도 하였다.

이때 上이 延英殿에서 재상들에게 말하기를 "짐이 경들과 천하의 일을 의논할 적마다 근심스러운 마음을 면치 못한다." 하였다. 신하들이 대답하기를 "천하를 다스리는 것은 속히 이룰 수가 없습니다." 하니, 上이 말하기를 "朕은 매번 책을 읽을 적마다 일개 평범한 군주가 되는 것을 부끄럽게 여긴다." 하였다. 李石이 말하기를 "현재 조정의 안팎에 있는 신하들은 그 사이에 아직도 소인들이 많이 시기하고 의심하니, 바라건대 폐하께서는 다시 관대함으

로 그들을 어거하소서." 하였다. 上이 다시 재상들에게 말하기를 "내가 경들과 천하의 일을 의논할 때 형편상 시행할 수 없는 일이 있으면 물러가서 다만 독한 술을 마셔 취하기를 구할 뿐이다." 하니, 신하들이 대답하기를 "이는 모두 신들의 죄입니다." 하였다.

1) 〔頭註〕 忽忽不樂 : 忽은 與惚同하니 失意也라
忽은 惚과 같으니, 실의한 모습이다.

2) 〔附註〕 毬鞠 : 鞠은 以革爲圜하야 實以毛髮하고 蹴蹋하야 爲戲擊鞠이니 騎而以杖擊之也라 鞠은 以皮爲之하니 通謂之毬라 〔通鑑要解〕 毬는 音求니 毛毬＊)蹴踘曰戲毬鞠이라 鞠은 與踘同也하니라
〔附註〕 鞠은 가죽으로 공을 만들어 毛髮로 꽉 채우고 발로 차서 擊鞠(공차기) 놀이를 하는 것이니, 말을 타고 달리면서 막대기로 공을 친다. 鞠은 가죽으로 만드니, 통틀어 毬라고 한다. 〔通鑑要解〕 毬는 음이 구이니, 毛毬를 발로 차는 것을 공차기 놀이라고 한다. 鞠은 踘과 같다.

3) 〔通鑑要解〕 雜遝(沓) : 遝은 音沓이니 雜也라 雜遝은 積聚貌也라
遝은 음이 답이니, 뒤섞인 것이다. 雜遝은 쌓여서 모여 있는 모양이다.

【丁巳】 二年이라

開成 2년(정사 837)

夏四月에 **上**이 **對柳公權**[1]**等於便殿**할새 **上**이 **擧衫袖**하야 **示之曰 此衣已三澣矣**라하니 **衆皆美上之儉德**이로되 **公權**이 **獨無言**이라 **上**이 **問其故**한대 **對曰 陛下貴爲天子**하시고 **富有四海**하시니 **當進賢, 退不肖**하시고 **納諫諍, 明賞罰**하시면 **乃可以致雍熙**[2]니 **服澣濯之衣**는 **乃末節耳**니이다

여름 4월에 上이 柳公權 등을 便殿에서 만나볼 적에 上이 적삼의 소매를 들어 보이면서 말하기를 "이 옷은 이미 세 번을 빨았다." 하니, 여러 사람들이 모두 上의 검소한 미덕을 칭찬하였으나 柳公權만은 홀로 말이 없었다. 上이 그 까닭을 묻자, 柳公權이 대답하기를 "陛下께서는 귀함은 天子가 되시고 부유함은 사해를 소유하셨으니, 마땅히 어진 이를 등용하고 불초한 이를 물리치며 諫

諍을 받아들이고 賞罰을 분명히 하시면 마침내 雍熙(태평성대)의 다스림을 이룰 것이니, 세탁한 옷을 입는 것은 자질구레한 일입니다." 하였다.

1)〔頭註〕柳公權 : 中書舍人翰林學士라
柳公權은 中書舍人 翰林學士이다.
2)〔頭註〕雍熙*) : 雍은 和也요 熙는 廣也라
雍은 화평함이고, 熙는 넓음이다.
*) 雍熙 : 나라 전체를 화락하게 하는 정치로 堯舜 시대의 정치를 찬양하는 말에서 유래되었다.

【戊午】三年이라

開成 3년(무오 838)

春三月에 裴度薨[1)]하다 上이 怪度無遺表[2)]하야 問其家하야 得半藁하니 以儲嗣未定爲憂하고 言不及私러라 度身貌不踰中人호되 而威望이 遠達四夷하야 四夷見唐使하면 輒問度老少用捨하야 以身繫國家輕重을 如郭子儀者 二十餘年하니라

봄 3월에 裴度가 죽었다. 上은 裴度가 올린 遺表가 없는 것을 괴이하게 여겨 그의 집안 사람에게 물어서 절반쯤 쓴 遺表의 草藁를 얻어보니, 태자를 정하지 못한 것을 걱정하였고 사사로운 일에 대해서는 언급하지 않았다. 裴度는 신체와 용모가 中等人을 넘지 않았으나 위엄과 명망이 멀리 사방 오랑캐들에게까지 도달해서 사방 오랑캐들이 당나라 사신을 보면 그때마다 裴度의 노쇠하고 젊음과 쓰여지고 버려짐을 물었다. 그리하여 郭子儀처럼 그 몸이 국가의 安危에 관계된 것이 20여 년이었다.

1)〔附註〕裴度薨 : 度自憲宗時罷相으로 無意世事하야 治園池于集賢里하니 有子午橋, 綠野堂이라 與詩人觴詠하니라
裴度는 憲宗 때 재상에서 파면된 뒤로 세상일에 뜻이 없어 集賢里에 전원과 연못을 만드니, 子午橋와 綠野堂이 있었다. 여기에서 詩人들과 술을 마시고 시를

읊었다.

2)〔譯註〕遺表：大臣이 임종할 때에 임금에게 올리는 表文을 이른다.

○ 十一月에 上이 有疾이러니 少間에 坐思政殿하야 召當直學士周墀(지)하야 賜之酒하고 因問曰 朕이 可方前代何主오 對曰 陛下는 堯舜之主也니이다 上曰 朕이 豈敢比堯舜이리오 所以問卿者는 何如周赧(난), 漢獻耳로라 墀驚曰 彼는 亡國之主니 豈可比聖德이리잇고 上曰 赧, 獻은 受制於彊諸侯[1)]어니와 今朕은 受制於家奴[2)]하니 以此言之하면 朕殆不如라하고 因泣下霑(점)襟이어늘 墀伏地流涕라 自是로 不復視朝하니라

11월에 上이 병환이 있었는데, 병환이 좀 덜하자 思政殿에 앉아 당직 學士인 周墀를 불러 술을 하사하고 인하여 "짐은 前代의 어느 임금에게 비할 만한가?" 하고 물었다. 周墀가 대답하기를 "폐하는 堯・舜과 같은 군주입니다." 하니, 上이 말하기를 "짐이 어찌 감히 堯・舜에게 견주겠는가. 내가 경에게 물은 것은 周나라 赧王과 漢나라 獻帝와 비교하여 어떠한가이다." 하였다. 周墀가 놀라며 말하기를 "저들은 망한 나라의 군주이니, 어찌 聖德과 견줄 수 있겠습니까?" 하였다. 上이 말하기를 "赧王과 獻帝는 강한 제후들에게 제재를 받았지만 지금 짐은 家奴(환관)들에게 제재를 받고 있으니, 이것을 가지고 말한다면 짐은 그들만 못하다." 하고 인하여 눈물을 흘려 옷깃을 적시니, 周墀가 땅에 엎드려 눈물을 흘렸다. 上이 이로부터 다시 조회를 보지 않았다.

1)〔頭註〕受制於彊諸侯：謂秦昭襄, 魏曹操라

강한 제후에게 제재를 받았다는 것은, 赧王은 秦나라 昭襄王에게 제재를 받았고, 獻帝는 魏나라 曹操에게 제재받은 일을 가리킨다.

2)〔頭註〕受制於家奴：家奴는 宦官이라

家奴는 宦官이다.

【庚申】 五年이라

開成 5년(경신 840)

春正月에 上崩하다 中尉仇士良等이 立穎王[1]하야 爲皇太弟하니 是爲武宗이러라

봄 정월에 上이 승하하였다. 中尉 仇士良 등이 穎王을 세워 皇太弟로 삼으니, 이가 武宗이다.

1)〔附註〕立穎王：文宗이 嘗立敬宗子成美하야 爲太子러니 宦者以立不由己라하야 廢之하고 立穎王瀍(전)하야 改名炎하고 殺成美하니라

文宗이 일찍이 敬宗의 아들 李成美를 太子로 세웠는데, 환관들이 태자를 세운 것이 자신들에게서 나오지 않았다 하여 태자를 폐위하고 穎王 李瀍을 세워 이름을 炎으로 고치고 成美를 죽였다.

○ 九月에 以德裕로 爲門下侍郎同平章事하니 德裕入謝하고 言於上曰 致理之要는 在於辨群臣之邪正하니 夫邪正二者는 勢不相容이라 正人은 指邪人爲邪하고 邪人도 亦指正人爲邪하나니 人主辨之甚難이라 臣以爲 正人은 如松柏하야 特立不倚하고 邪人은 如藤蘿하야 非附他物이면 不能自起라 故로 正人은 一心事君하고 而邪人은 競爲朋黨이니이다 先帝深知朋黨之患이나 然所用이 卒皆朋黨之人이니 良由執心不定故로 姦邪得乘間而入也니이다 夫宰相이 不能人人忠良하야 或爲欺罔[1]하니 主心始疑하야 於是에 旁詢小臣하야 以察執政하나니 如德宗末年에 所聽任者는 惟裴延齡輩요 宰相은 署敕而已니 此는 政事所以日亂也니이다 陛下誠能愼擇賢才하야 以爲宰相호되 有姦罔者어든 立黜去之하시고 常令政事로 皆出中書하야 推心委任하시고 堅定不移하시면 則天下何憂不理哉리잇고 又曰 先帝於大臣에 好爲形迹하사 小過를 皆含容不言하야 日累月積하야 以至禍敗하니이다 玆事大誤하니 願陛下以爲戒하사 臣等有罪어든 陛下當面詰之하시고 事苟無實이어든 得以辨明하시며 若其有實하야 辭理自窮이어든 小過則容其悛(전)改하고 大罪則加之誅譴하소서 如此면 君臣之際에 無疑間矣리이다 上이 嘉納之하다

9월에 李德裕를 門下侍郞 同平章事로 임명하니, 李德裕가 조정에 들어와 謝恩하고 上에게 다음과 같이 말하였다.

"훌륭한 정치를 이룩하는 요점은 여러 신하들의 간사함과 바름을 분별하는 데에 달려 있으니, 간사함과 바름 이 두 가지는 형세가 서로 용납하지 못합니다. 바른 사람은 간사한 사람을 가리켜 간사하다고 하고 간사한 사람도 바른 사람을 가리켜 간사하다고 하니, 군주가 그것을 분별하기가 매우 어렵습니다. 신이 생각하건대 바른 사람은 소나무와 측백나무와 같아 꼿꼿이 서서 다른 물건에 의지하지 않고, 간사한 사람은 등나무와 女蘿와 같아서 다른 물건에 붙지 않으면 스스로 일어나지 못합니다. 그러므로 바른 사람은 한 마음으로 군주를 섬기고, 간사한 사람은 다투어 붕당을 하는 것입니다.

先帝께서는 朋黨의 폐해를 깊이 아셨으나 등용한 것이 마침내 모두 朋黨한 사람이었으니, 이는 마음가짐이 정해지지 못했기 때문에 간사한 자들이 그 틈을 타고 들어온 것입니다. 宰相이 사람마다 忠良하지 못하여 혹은 군주를 欺罔하기도 하니, 군주의 마음에 처음으로 의심하기 시작하여 이에 小臣들에게 널리 물어서 執政大臣을 살핍니다. 예컨대 德宗 말년에 황제가 신임한 자는 오직 裴延齡의 무리였고 재상은 칙서에 서명만 할 뿐이었으니, 이것이 정사가 날로 혼란해진 까닭입니다. 陛下께서 진실로 어질고 재주 있는 사람을 신중히 선발하여 재상을 삼으시되 간사하고 欺罔하는 자가 있으면 당장 쫓아내어 제기하시고 항상 정사로 하여금 모두 中書省에서 나오게 하여, 마음을 미루어 위임하시고 굳게 정하여 옮기지 않으시면 천하가 어찌 다스려지지 않음을 근심하겠습니까?"

李德裕가 또다시 말하였다.

"先帝께서는 대신들에게 形迹(겉치레)을 내기를 좋아해서 작은 허물을 모두 포용하고 말씀하지 아니하여 날로 쌓이고 달로 쌓여서 禍와 패망함에 이르렀습니다. 이 일이 크게 잘못되었으니, 바라건대 폐하께서는 이를 경계하시어 신 등이 죄가 있거든 폐하께서는 대면하여 힐책하시고, 일이 만약 사실이 없으면 분변하여 밝히게 하시며, 만약 실제로 있는 일이어서 말과 논리가 스스로 궁하거든 작은 허물은 고치도록 용납하시고 큰 죄는 주벌과 견책을 가하소서. 이와 같이 하면 군주와 신하 사이에 의심과 틈이 없을 것입니다.”

이에 上이 가상히 여겨 받아들였다.

1)〔頭註〕欺罔 : 罔은 與誷通하니 欺也라

罔은 誷과 통용되니, 속이는 것이다.

〔史略 史評〕史斷曰 文宗은 恭儉儒雅 出於天性이라 太和之初에 出宮女하고 放鷹犬하고 省(생)冗食하고 策制擧하며 戒宦者衣羅縠(곡)하고 禁獻奇巧, 織纖麗하야 凡前代宦官女子, 奢慾聚斂, 神仙浮屠之事를 纖毫無有하니 可謂賢矣라 然이나 仁而少斷하야 委靡不立하니 議者以此少之라 嘗以累世變起禁闥이라하야 尤側目於中官하야 志欲除之나 而任用非人하야 欲以一朝譎詐之謀로 剪除累世膠固之患이라가 卒至蹀(접)血禁門하고 積尸省地라 公卿大臣이 駢(변)死牢戶하고 連頸赴戮하며 天子陽瘖(음)縱酒하고 飮泣呑氣하야 自比赧獻하니 可悲也夫인저

史斷에 말하였다.

“文宗은 공손하고 검소하고 儒雅함이 天性에서 우러나왔다. 太和 초년에 宮女를 내보내고 사냥하는 매와 사냥개를 방출하였으며, 쓸데없이 녹봉을 먹는 자들을 줄이고 策文으로 과거시험을 치렀으며, 宦官들이 비단옷을 입는 것을 경계하고 기이한 재주를 바치거나 가늘고 고운 비단을 짜는 것을 금하여, 모든 前代의 宦官과 女色, 奢慾과 聚斂, 神仙과 浮屠(불교) 등의 일을 털끝만큼도 일삼음이 없었으니, 어질다고 말할 만하다. 그러나 인자하기만 하고 결단력이 부족해서 나약하여 자립하지 못하였으니, 의논한 자들이 이 때문에 부족하게 여긴다.

文宗은 일찍이 여러 대에 걸쳐 변란이 宮中에서 일어났다 하여 中官(宦官)을 특히 미워해서 이들을 제거하려는 뜻을 품었으나 나쁜 사람을 임용하여 하루아침 간사한 속임수를 써서 여러 대에 고질이 된 우환을 제거하고자 했다가 끝내 宮門에 流血이 낭자하고 臺省에 시신이 쌓이게 만들었다. 그리하여 公卿과 大臣이 감옥문에서 나란히 죽어가고 목을 연하여 죽음에 나아갔으며, 天子는 거짓으로 벙어리가 되어 술을 퍼마시고 눈물을 흘리면서 숨을 삼

켜 스스로 周나라 赧王과 後漢의 獻帝에 견주었으니, 참으로 가련하다."

武宗※ 名은 炎이니 穆宗第五子라 在位六年이요 壽三十三이라

武宗은 이름이 炎이니, 穆宗의 다섯째 아들이다. 재위가 6년이고 壽가 33세이다.

※ 英敏特達하고 委任能臣하야 克上黨을 如拾芥하고 取太原을 如反掌이러니 享國不永하야 功業未究하니 惜哉라

영민함이 특출하고 유능한 신하에게 위임하여, 지푸라기를 줍는 것처럼 쉽게 上黨을 이기고 손바닥을 뒤집는 것처럼 쉽게 太原을 취하였는데, 나라를 향유한 것이 길지 못하여 공업을 끝마치지 못하였으니, 애석하다.

【癸亥】 會昌三年이라

會昌 3년(계해 843)

春三月에 李德裕追論維州悉怛謀事[1)]하야 云 維州는 據高山絶頂하야 三面臨江하니 在戎虜平川之衝이요 是漢地入兵之路라 自爲吐蕃所陷으로 號曰無憂城이라하니 從此로 得倂力於西邊[2)]하고 更無虞於南路하야 憑陵近甸하야 旰食累朝라 臣이 初到西蜀에 外揚國威하고 中組邊備하니 其維州熟臣信令하야 空壁來歸어늘 臣始受其降하니 南蠻震懾하고 山西八國이 皆願內屬이라 當時에 不與臣者[3)] 望風疾臣일새 詔臣執送悉怛謀等하야 令彼自戮하야 絶忠款之路하고 快兇虐之情하니 從古以來로 未有此事라 乞追獎忠魂하야 各加褒贈하소서 詔贈悉怛謀右衛將軍하다

봄 3월에 李德裕가 維州의 悉怛謀의 일을 추론하여 다음과 같이 아뢰었다. "維州城은 높은 산 정상을 점거하고 있어서 三面이 강에 임하였으니, 오랑캐에게 있어서는 平原大川으로 진입하는 요충지이고, 漢(중국)에게 있어서

는 오랑캐 지역으로 진입할 적에 반드시 경유하는 중요한 길목입니다. 이곳이 吐蕃에게 함락당한 뒤로부터 吐蕃들이 無憂城이라고 이름하니, 이로부터 吐蕃들이 서쪽 변경에 힘을 한데 모으고 다시는 남쪽 방면에 대해 근심하지 않았습니다. 그리하여 吐蕃이 近畿 지방을 능멸하여 몇 조정이 이로 인해 편안하지 못해서 제때에 밥을 먹지 못했습니다.

臣이 처음 西蜀에 부임했을 적에 밖으로는 국가의 위엄을 드날리고 안으로는 변방의 수비를 닦으니, 維州에서는 臣의 신의와 명령을 익숙히 알고는 성벽을 비우고 귀의해왔습니다. 臣이 그들의 항복을 받아주니, 南蠻들이 두려워하였고 山西의 8개국이 모두 안으로 조정에 소속되기를 원하였습니다. 당시에 신과 친하지 않은 자(牛僧孺)가 신에 관한 풍문을 듣고 신을 미워하였으므로 황제께서 신에게 悉怛謀 등을 사로잡아 吐蕃으로 압송하도록 명하시어 저들로 하여금 스스로 죽이게 하였습니다. 그리하여 충성하는 길을 끊고 흉악한 자들의 마음을 통쾌하게 하였으니, 예로부터 이래로 이러한 일은 있지 않았습니다. 바라건대 忠魂을 追奬(죽은 뒤에 장려)하여 각각 표창과 贈職을 가하소서."

이에 上이 명하여 悉怛謀에게 右衛將軍을 추증하였다.

1) 〔頭註〕 維州悉怛謀事 : 見上辛亥年이라
   維州副使 悉怛謀의 일은 앞의 신해년(831)에 보인다.
2) 〔通鑑要解〕 併力於西邊 : 謂吐蕃併力하야 以攻岐, 隴, 邠, 涇, 靈, 夏也라
   서쪽 변경에 힘을 한데 모았다는 것은 吐蕃이 힘을 합하여 岐, 隴, 邠, 涇, 靈, 夏의 여러 州를 공격함을 이른다.
3) 〔頭註〕 不與臣者 : 牛僧孺라 與는 許也라
   臣과 친하지 않은 자는 牛僧孺이다. 與는 허여함이다.

溫公曰 論者多疑維州之取舍하야 不能決牛李之是非[1]하나니 臣以爲昔荀吳圍鼓[2]에 鼓人이 或請以城叛이어늘 吳弗許曰 或以吾城叛이면 吾所甚惡(오)也라 人以城來를 吾獨何好焉이리오 吾不可以欲城而邇奸이라하고 使鼓人으로 殺叛者하고 而繕守備라 是時에 唐이 新與吐蕃修好하니 而

納其維州는 以利言之하면 則維州小而信大요 以害言之하면 則維州緩而關中急이라 然則爲唐計者 宜何先乎리오 悉怛謀在唐엔 則爲向化어니와 在吐蕃하야는 不免爲叛臣이니 其受誅也를 又何矜焉이리오 且德裕所言者는 利也요 僧孺所言者는 義也니 匹夫徇利而忘義를 猶恥之어든 況天子乎아 譬如鄰人이 有牛逸而入於人家어든 或勸其兄歸之하고 或勸其弟攘之하야 勸歸者는 曰 攘之는 不義也요 且致訟이라하고 勸攘者는 曰 彼嘗攘吾羊矣라 何義之拘리오 牛는 大畜也니 鬻(육)之면 可以富家라하니 以是觀之하면 牛, 李之是非를 端可見矣니라

溫公이 말하였다.

"의논하는 자들이 維州의 取捨 문제를 많이 의심하여 牛僧孺와 李德裕 중 누가 옳고 누가 그른지 단정하지 못한다. 그러나 나는 생각하건대 옛날 荀吳가 鼓땅을 포위하였을 적에 鼓땅 사람들 중에 혹 성을 가지고 배반할 것을 청하자, 荀吳가 허락하지 않으며 말하기를 '혹자가 나의 城을 가지고 배반하면 내가 그를 매우 미워하니, 남이 城을 가지고 오는 것을 내 어찌 홀로 좋아하겠는가. 나는 城을 탐내어 간사한 사람을 가까이 할 수 없다.' 하고, 鼓 땅 사람들로 하여금 배반한 자를 죽이고 수비를 보완하게 하였다.

이때에 唐나라가 새로 吐蕃과 우호를 닦았으니, 維州의 투항을 받아들이는 것은 이익을 가지고 말하면 維州의 이익은 작고 신의를 지키는 것은 크며, 해로움을 가지고 말하면 維州의 해로움은 느슨하고 關中의 해로움은 급하였다. 그렇다면 唐나라를 위하여 계책하는 자들이 마땅히 무엇을 먼저 해야 하겠는가? 悉怛謀는 唐나라에 있어서는 向化(歸化)가 되지만 吐蕃에 있어서는 배반한 신하가 됨을 면치 못하니, 그가 죽임을 당한 것을 또 어찌 가엾게 여길 것이 있겠는가. 또 李德裕가 말한 것은 이익이고 牛僧孺가 말한 것은 의리이니, 匹夫가 이익을 따르고 의리를 잊는 것도 오히려 부끄러워하는데 하물며 천자에 있어서이겠는가.

비유하건대 이웃 사람의 소가 도망하여 남의 집에 들어갔는데, 혹자는 형에게 그 소를 이웃 사람에게 돌려주라고 권하고 혹자는 아우에게 그 소를 가지라고 권하는 것과 같다. 소를 돌려주라고 권하는 자는 '남의 소를 갖는 것은 의롭지 못하고 또 송사를 일으킨다.'라고 말하며, 소를 가지라고 권하는 자는 '저가 일찍이 우리 양을 가져갔으니, 어찌 의리에 얽매일 것이 있겠는가. 소는 큰 가축이니, 이것을 팔면 집을 부유하게 할 수 있다.'라고 말하니, 이것을 가지고 관찰한다면 牛僧孺와 李德裕의 옳고 그름을 단연코 알 수 있는 것이다."

1)〔頭註〕牛李之是非 : 牛李는 牛僧孺, 李德裕라
牛李는 牛僧孺와 李德裕이다.

2)〔頭註〕荀吳圍鼓 : 荀吳는 晉大夫也라 鼓는 白狄別邑名也라
荀吳는 晉나라 大夫이다. 鼓는 白狄의 別邑 이름이다.

胡氏管見曰 司馬氏右僧孺[1]하고 抑德裕가 其素志也요 至於維州之事하야는 則判然以德裕爲非하니 愚竊謂其言之過矣라 蓋維州는 本唐地也라 唐失而復得하고 得而復失하니 不可以棄焉者也라 夫信近於義而後에 言可復也니 取我故地는 乃義所當爲어늘 司馬氏不以義斷之하고 而以利害爲言하며 旣以利害爲言이로되 又斥德裕爲利하고 取僧孺爲義하니 是皆無所據矣라 故로 以維州歸吐蕃하야 棄祖宗土宇하고 縛送悉怛謀하야 沮歸附之心은 僧孺以小信妨大計也요 下維州하고 遣兵據之하야 洗數十年之恥하고 追奬悉怛謀하야 贈以官秩은 德裕以大義謀國事也니 此는 二人是非之辨也니라

胡氏(胡寅)의 ≪讀史管見≫에 말하였다.

"司馬氏는 牛僧孺를 두둔하고 李德裕를 억제하는 것이 본래 그의 뜻이었고, 維州의 일에 이르러서는 판연히 李德裕를 그르다고 하였으니, 나는 그의 말이 지나치다고 생각한다. 維州는 본래 唐나라의 땅이었다. 唐나라가 잃었다가 다시 얻고 얻었다가 다시 잃었으니, 버릴 수가 없는 것이다. 약속이 의리에 가까운 뒤에야 약속한 말을 실천할 수 있으니, 나의 옛 땅을 수복하는 것은 바로 의리상 당연히 해야 할 바인데, 司馬氏는 의리로써 결단하지 않고

이해로써 말하였으며, 이미 이해로써 말하였으나 또 李德裕가 이익을 위했다고 배척하고 牛僧孺가 의리를 위했다고 칭찬하였으니, 이는 모두 근거한 바가 없다. 그러므로 維州를 吐蕃에게 돌려주어 祖宗의 영토를 버리고 悉怛謀를 吐蕃으로 압송하여 吐蕃의 歸附하려는 마음을 저지한 것은 牛僧孺가 작은 신의로 큰 계책을 방해한 것이요, 維州를 함락하고 군대를 파견하여 점거하게 해서 수십 년의 치욕을 씻고 悉怛謀를 追奬하여 관직과 품계를 추증한 것은 李德裕가 큰 의리로써 국사를 도모한 것이니, 이것이 두 사람의 是非에 대한 분별이다."

1) 〔頭註〕 右僧孺 : 右는 尊也요 又去聲이니 與佑通이라
右는 높임이요, 또 去聲(돕다)이니, 佑와 통한다.

〔史略 史評〕 胡氏曰[1] 維州는 本唐之地로 爲吐蕃所侵이어늘 乃欲守區區之信하야 擧險要而棄之 可乎아 僧孺所謂虜不三日하야 至咸陽은 特以大言怖文宗이요 非實事也라 夫奪吾之地而約我以盟하니 此匡蒲人所以要孔子者[2]니 不可謂之信也요 取我故地는 乃義所當爲니라

胡氏(胡寅)가 말하였다.

"維州는 본래 唐나라 땅으로 吐蕃에게 빼앗긴 것인데, 마침내 작은 신의를 지키고자 하여 험한 요새를 들어서 버리는 것이 옳은가? 牛僧孺의 이른바 '維州를 받아들이면 오랑캐가 사흘이 못 되어서 咸陽에 쳐들어 온다.'는 것은 다만 큰소리쳐서 文宗을 두려워하게 하였을 뿐이고 실제의 일이 아니다. 우리의 땅을 빼앗고 우리와 맹약하였으니, 이는 匡땅의 蒲人이 孔子에게 강요한 것이니 이것을 신의라고 이를 수가 없고, 우리의 옛 땅을 수복하는 것이 의리상 당연한 것이다."

1) 〔譯註〕 胡氏曰 : 이 내용은 앞에 보이는 胡寅의 ≪讀史管見≫과 같은데, 앞부분이 조금 다를 뿐 뒷부분은 똑같으므로 중복되는 부분을 삭제하였다.

2) 〔譯註〕 此匡蒲人所以要孔子者 : ≪孔子家語≫ 〈困誓〉에 孔子가 衛나라로 갈 적에 蒲땅을 지나게 되었는데, 마침 公叔氏가 蒲땅을 가지고 배반하여 孔子 일행을 저지하였다. 이에 孔子의 제자 중에 公良孺라는 자가 있어 칼을 뽑아들고 여

러 사람들과 합세하여 곧 전투를 벌이려 하자, 蒲땅 사람들이 두려워하여 말하기를 "만약 그대들이 衛나라로 가지 않겠다고 약속하면 우리는 그대를 내보낼 것이니, 함께 맹약을 맺자." 하고는 孔子를 東門으로 내보냈는데, 孔子는 맹약을 맺지 않고 그대로 衛나라로 가버렸다.

昭義節度使[1]劉從諫이 薨커늘 其子稹[2]이 秘不發喪하고 逼監軍하야 奏稱호되 從諫疾病하니 請命稹爲留後하노이다 上이 以澤潞事로 謀於宰相한대 李德裕曰 澤潞事體는 與河朔三鎭不同이니이다 河朔은 習亂已久하야 人心難化라 是故로 累朝已來로 置之度外어니와 澤潞는 近處腹心하야 一軍이 素稱忠義하니 頃時에 多用儒臣爲帥라 如李抱眞이 成立此軍호되 德宗이 猶不許承襲이러니 敬宗이 不恤國務하시고 宰相이 又無遠略하야 劉悟[3]之死에 因循以授從諫하니이다 從諫이 跋扈難制하야 累上表하야 迫脅朝廷이어늘 今垂死之際에 復以兵權으로 擅付豎子하니 朝廷이 若又因而授之면 則四方諸鎭이 誰不思效其所爲릿고 天子威令이 不復行矣리이다 上曰 卿은 以何術制之오 對曰 稹所恃者는 河朔三鎭이니 但得鎭魏[4]不與之同이면 則稹無能爲也리이다 若遣重臣하야 往諭王元逵, 何弘敬호되 以河朔은 自艱難以來로 列聖이 許其傳襲하야 已成故事하니 與澤潞不同이라 今朝廷이 將加兵澤潞하고 不欲更出禁軍至山東[5]하노니 其山東三州[6]에 隷昭義者는 委兩鎭[7]攻之라하시고 兼令偏諭將士하야 以賊平之日에 厚加官賞이라하사 苟兩鎭聽命하고 不從旁沮撓官軍이면 則稹必成擒矣리이다 上喜曰 吾與德裕同之하니 保無後悔라하고 遂決意討稹하니 群臣言者不復入矣러라

昭義節度使 劉從諫이 죽자 그의 아들 劉稹이 상을 숨겨 발표하지 않고 監軍을 위협해서 上奏하기를 "劉從諫이 병이 위독하니, 劉稹을 留後로 임명할 것을 청합니다." 하였다. 上이 澤潞鎭(昭義軍)의 일을 가지고 재상들과 상의하니, 李德裕가 다음과 같이 말하였다.

"澤潞의 사체는 河北의 세 鎭과는 똑같지 않습니다. 河北은 반란에 익숙한 지가 이미 오래 되어서 사람들의 마음을 교화하기가 어렵습니다. 이 때문에

여러 조정 이래로 置之度外하였지만 澤潞鎭은 가까이 심복인 지역에 위치하여 이 한 군대는 평소 충성하고 의롭다고 일컬어지니, 지난번에는 儒臣을 많이 등용하여 장수로 임명하였습니다. 예를 들면 李抱眞이 이 군대를 성립하였으나 德宗은 오히려 세습하는 것을 허락하지 않았는데, 敬宗은 국가의 정사를 생각하지 않고 재상들도 원대한 계책이 없어서 劉悟가 죽자 劉從諫을 절도사로 제수하였습니다. 劉從諫은 跋扈하여 제재하기 어려워서 여러 번 表文을 올려 조정을 협박하였는데, 이제 죽을 즈음에 또다시 병권을 그의 자식에게 멋대로 맡기려 하니, 조정에서 만약 또다시 그대로 인습하여 병권을 그의 자식에게 준다면 사방의 여러 鎭이 누군들 그의 소행을 본받으려 하지 않겠습니까. 천자의 위엄과 명령이 다시는 시행되지 않을 것입니다."

上이 말하기를 "卿은 무슨 방법으로 이들을 제재하려 하는가?" 하니, 李德裕가 다음과 같이 대답하였다.

"劉稹이 믿는 것은 河北의 세 鎭 뿐이니, 다만 鎭冀鎭의 王元逵와 魏博鎭의 何弘敬이 그들과 함께 반란하지 않는다면 劉稹은 아무 일도 하지 못할 것입니다. 만약 重臣을 보내어 王元逵와 何弘敬을 타이르기를 '河北 지방은 국가에 난리가 있은 이래로 여러 聖朝에서 지위를 물려주어 세습하도록 허락하여 이미 故事를 이루었으니, 澤潞와는 똑같지 않다. 이제 조정에서 장차 澤潞鎭에 무력을 사용하려 하고, 다시는 禁軍을 파견하여 山東 지방에 이르게 하려고 하지 않으니, 山東 지방의 세 州가 예속된 昭義軍(澤潞)은 鎭冀와 魏博 두 鎭에게 맡겨 공격하게 하겠다.'라고 하시고, 겸하여 장병들에게 두루 유시하여 '적이 평정되는 날 관작과 상을 후하게 내리겠다.'고 하소서. 그리하여 만일 두 鎭이 조정의 명령을 따르고 옆에서 관군을 저지하거나 방해하지 않으면 劉稹은 반드시 사로잡힐 것입니다."

上이 기뻐하며 말하기를 "나는 李德裕와 의견이 같으니, 보증하건대 후회하지 않을 것이다." 하고는 마침내 劉稹을 토벌할 것을 결심하니, 여러 신하들이 말하는 것이 다시는 먹혀들지 않았다.

1) 〔頭註〕昭義節度使 : 昭義는 卽澤潞也라 有州五하니 曰幷, 汾, 晉, 澤, 潞라
昭義軍은 바로 澤潞鎭이다. 다섯 州가 있으니, 幷州·汾州·晉州·澤州·潞州

이다.

2)〔頭註〕其子稹：稹은 從諫之弟요 從素之子니 從諫以爲嗣하니라

劉稹은 劉從諫의 아우이고 劉從素의 아들이니, 劉從諫이 劉稹을 후사로 삼았다.

3)〔頭註〕劉悟：從諫之父라

劉悟는 劉從諫의 아비이다.

4)〔頭註〕鎭魏：鎭冀王元逵, 魏博何弘敬이라

鎭魏는 鎭冀鎭의 王元逵와 魏博鎭의 何弘敬이다.

5)〔頭註〕山東：太行山之東也라

山東은 太行山의 동쪽이다.

6)〔頭註〕山東三州：邢, 洺, 磁也라

山東의 세 州는 邢州, 洺州, 磁州이다.

7)〔通鑑要解〕兩鎭：王元逵鎭帥요 何弘敬魏帥也라

王元逵는 鎭(鎭冀)의 主帥이고 何弘敬은 魏(魏博)의 主帥이다.

上이 **命德裕草詔**하야 **以王元逵**로 **爲澤潞北面招討使**[1]하고 **何弘敬**으로 **爲南面招討使**하다 **元逵受詔之日**에 **出師屯趙州**어늘 **帝遣刑部侍郞李回**하야 **宣慰河北三鎭**하고 **令幽州**[2]로 **乘秋**하야 **早平回鶻**하고 **鎭魏**로 **早平澤潞**케하다 **回至河朔**하니 **何弘敬, 王元逵, 張仲武**이 **皆具櫜鞬**[3]하야 **郊迎立於道左**하고 **不敢令人控馬**[4]하고 **讓制使**[5]**先行**하니 **自中興以來**로 **未之有也**러라 **回明辯有膽氣**하니 **三鎭**이 **無不奉詔**하니라

上은 李德裕에게 명하여 詔書를 초하게 해서 王元逵를 澤潞北面招討使로 임명하고 何弘敬을 南面招討使로 임명하였다. 王元逵가 조서를 받은 날에 즉시 군대를 출동하여 趙州에 주둔하자, 皇帝가 刑部侍郞 李回를 보내어 河北의 세 鎭을 宣慰하고, 幽州(盧龍)로 하여금 가을을 틈타 일찍 回鶻을 평정하게 하고, 鎭冀鎭과 魏博鎭으로 하여금 조속히 澤潞를 평정하게 하였다. 李回가 河北에 이르니 何弘敬, 王元逵, 張仲武가 모두 武裝을 갖추고 軍禮로 교외에서 맞이하여 길 왼편에 서 있고, 감히 사람을 시켜 말고삐를 잡지 못하게 하였으며, 制使가 먼저 가도록 길을 양보하니, 中興한 이래로 없었던 일

이었다. 李回는 총명하고 언변이 있으며 또 담력이 있으니, 盧龍·鎭冀·魏博의 세 鎭이 조칙을 봉행하지 않음이 없었다.

1)〔頭註〕招討使：招는 擧也라
招는 들어내는 것이다.
2)〔頭註〕幽州：卽盧龍張仲武라
幽州는 바로 盧龍의 張仲武이다.
3)〔釋義〕具櫜鞬：櫜는 居勞反이요 鞬은 註見憲宗元和十二年하니라〔頭註〕軍禮也니 以示尊敬之意라 櫜는 韜也요 鞬은 建也니 櫜는 以受箭이요 鞬은 以受弓라
〔釋義〕櫜는 居勞反(고)이고, 鞬은 註가 憲宗 元和 12년(817)에 보인다.〔頭註〕櫜鞬을 갖추는 것은 軍禮이니, 존경하는 뜻을 보이는 것이다. 櫜는 활집이고 鞬은 꽂는 것이니, 櫜는 화살을 넣는 것이고 鞬은 활을 넣는 것이다.
4)〔頭註〕控馬：止馬曰控이라
말을 저지하는 것을 控이라 한다.
5)〔頭註〕制使：以別宦官之敕使라
制使는 宦官의 敕使와 구별한 것이다.

○ 仇士良이 以左衛上將軍內侍監으로 致仕하니 其黨이 送歸私第어늘 士良이 敎以固權寵之術하야 曰 天子不可令閑이요 常宜以奢靡娛其耳目하야 使日新月盛하야 無暇更及他事니 然後에 吾輩可以得志라 愼勿使之讀書하야 親近儒生하라 彼見前代興亡하고 心知憂懼하면 則吾輩疎斥矣리라하니 其黨이 拜謝而去하니라

仇士良이 左衛上將軍 內侍監으로 致仕하니, 그의 도당들이 私第로 돌아가는 그를 전송할 적에 仇士良이 그들에게 권세와 총애를 견고히 하는 방법을 가르쳐주며 말하기를 "天子는 한가롭게 해서는 안 되고, 항상 사치함과 화려함으로 그 귀와 눈을 즐겁게 해서 나날이 새롭고 다달이 성하여 다시 다른 일에 미칠 겨를이 없게 해야 하니, 그런 뒤에야 우리들이 뜻한 바를 얻을 수 있다. 부디 天子로 하여금 책을 읽어서 유생들을 가까이 하지 말게 하라. 저 天子가 책을 읽어 前代의 흥망성쇠를 보고 마음에 두려워하고 근심할 줄을

알게 되면 우리들이 배척당한다." 하였다. 그 도당들이 가르침에 절하여 사례하고 떠나갔다.

〔新增〕 胡氏曰 士良狡黠하야 思所以蠱君者密矣라 然이나 知其利而不知其害者也라 已無疏斥之道어든 以忠信謹厚로 服其職이니 亦何用蠱君然後에 得安이리오 苟欲自安而蠱君하야 至於危亡之地면 則豈有君亡而我存之理리오 其禍豈止於疏斥而已哉아 故로 士良之術은 自以爲智나 實則愚也니라

胡氏(胡寅)가 말하였다.

"仇士良은 교활하고 약아서 군주를 蠱惑시킬 것을 생각함이 치밀하였다. 그러나 이로운 줄만 알고 해로운 줄은 알지 못한 자이다. 이미 소원하거나 배척당할 방도가 없다면 忠信함과 謹厚함으로써 그 직책을 수행해야 하니, 또한 어찌 임금을 고혹시킨 뒤에야 편안할 수 있겠는가. 만약 스스로 편안하고자 하여 임금을 고혹시켜서 국가가 위태롭고 멸망하는 지경에 이르게 한다면 어찌 군주는 망하고 자신은 보존될 리가 있겠는가. 그 禍가 어찌 소원해지거나 배척당하는 데에 그칠 뿐이겠는가. 그러므로 仇士良의 방법은 스스로 지혜롭다고 여겼으나 실제로는 어리석은 것이다."

【甲子】 四年이라

會昌 4년(갑자 844)

八月에 **鎭魏奏邢, 洺, 磁三州降**이어늘 **宰相入賀**라 **李德裕曰 昭義根本**은 **盡在山東**하니 **三州降**이면 **則上黨**[1]이 **不日有變矣**리이다 **上曰 郭誼**는 **稹謀主也**니 **必梟劉稹**하야 **以自贖**하리라 **德裕曰 誠如聖料**니이다 **未幾**에 **誼果斬稹**하고 **收稹宗族**하야 **盡殺之**하고 **函稹首**하야 **降**하다 **宰相入賀**한대 **上曰 郭誼**를 **宜如何處之**오 **德裕對曰 劉稹**은 **騃(애)孺子**[2]**耳**라 **阻兵拒命**은 **皆誼爲之謀主**러니 **及勢孤力屈**하야는 **又賣稹以求賞**하니 **此而不誅**면 **何以懲惡**이리잇고 **宜及諸軍在境**하야 **幷誼等誅之**니이다 **上曰 朕意亦以爲然**이로라 **郭誼等**이 **至京師**어늘 **皆斬之**하다

8월에 鎭冀鎭과 魏博鎭의 두 節度使가 邢州・洺州・磁州 세 州가 항복했다고 아뢰자, 재상들이 들어와 축하하였다. 李德裕가 말하기를 "昭義(澤潞)의 根本은 모두 山東에 있으니, 세 州가 항복했으면 上黨은 하루가 못되어 변란이 일어날 것입니다." 하였다. 上이 말하기를 "郭誼는 劉稹의 謀主이니, 반드시 劉稹을 효시하여 스스로 속죄하려 할 것이다." 하니, 李德裕가 말하기를 "진실로 성상의 예측과 같을 것입니다." 하였다.

얼마 안 되어 郭誼가 과연 劉稹을 목베고 劉稹의 종족을 거두어서 모두 죽이고는 劉稹의 머리를 함에 넣어 가지고 와서 항복하였다. 재상들이 들어와 축하하자, 上이 말하기를 "郭誼를 마땅히 어떻게 처리해야 하겠는가?" 하니, 李德裕가 대답하기를 "劉稹은 미련한 어린 아이일 뿐입니다. 군대를 믿고 조정의 명령을 거역한 것은 모두 郭誼가 謀主가 되어 지시한 것이었는데, 세력이 고단하여 궁히게 되자 또다시 劉稹을 팔아 賞을 내려주기를 바라니, 이러한데도 그를 죽이지 않는다면 어떻게 사악한 사람을 징계하겠습니까. 마땅히 여러 군대가 澤潞의 경내에 있을 때에 郭誼 등과 함께 죽여야 할 것입니다." 하였다. 上이 말하기를 "朕의 생각도 그러하다." 하였다. 郭誼 등이 京師에 이르자, 모두 목을 베었다.

1)〔頭註〕上黨 : 卽昭義也라
　上黨은 바로 昭義軍이다.
2)〔頭註〕騃(애)孺子 : 騃는 癡也라
　騃는 어리석음이다.

溫公曰 董重質之在淮西와 郭誼之在昭義에 吳元濟, 劉稹은 如木偶人[1)]이 在伎兒之手耳라 彼二人者 始則勸人爲亂하고 終則賣主規利[2)]하니 其死固有餘罪라 然이나 憲宗은 用之於前하고 武宗은 誅之於後하니 臣愚는 以爲皆失之라하노라 何則고 賞奸은 非義也요 殺降은 非信也니 失義與信이면 何以爲國이리오 昔에 漢光武待王郎[3)], 劉盆子에 止於不死하니 知其非力竭則不降故也라 樊崇, 徐宣, 王元, 牛邯(한)之徒[4)]가 豈非助

亂之人乎리오마는 **而光武弗殺**하니 **蓋以旣受其降**이면 **則不可復誅故也**니 **若旣赦而復逃亡叛亂**이면 **則其死固無辭矣**라 **如誼等**은 **免死**하고 **流之遠方**하야 **沒齒不還**이 **可矣**요 **殺之**는 **非也**니라

溫公이 말하였다.

"董重質이 淮西에 있어서와 郭誼가 昭義軍에 있어서는 吳元濟와 劉稹은 나무로 만든 허수아비가 재주부리는 아이의 손에 있는 것과 같을 뿐이었다. 저 두 사람이 처음에는 남에게 반란을 하도록 권하였고 끝에는 주인을 팔아 자신의 이익을 도모하였으니, 그들의 죽음은 진실로 죽어도 남은 죄가 있다. 그러나 憲宗은 앞에서 董重質을 등용하였고 武宗은 뒤에서 郭誼를 죽였으니, 나의 어리석은 생각에는 둘다 모두 잘못이라고 여겨진다. 어째서인가? 간사한 자에게 상을 주는 것은 義가 아니고 항복한 자를 죽이는 것은 信이 아니니, 義와 信을 잃는다면 어떻게 나라를 다스리겠는가. 옛날 漢나라 光武帝는 王郎과 劉盆子를 대할 적에 그들을 죽이지 않음에 그쳤으니, 그들의 힘이 다하지 않으면 항복하지 않을 것을 알았기 때문이다. 樊崇, 徐宣, 王元, 牛邯의 무리가 어찌 반란을 조장한 사람이 아니겠는가마는 光武帝가 이들을 죽이지 않았으니, 이는 이미 그들의 항복을 받아들였으면 다시 죽여서는 안 되기 때문이다. 만약 이미 그들을 사면하였는데 다시 도망하여 반란을 일으킨다면 그들은 죽어도 진실로 할 말이 없을 것이다. 郭誼 등과 같은 자들은 죽이지 않고 먼 지방으로 유배보내어 종신토록 돌아오지 못하게 하는 것이 옳고, 그들을 죽이는 것은 잘못이다."

1)〔頭註〕木偶人 : 偶는 對也니 以土木爲人호되 對象於人形者也라
偶는 상대함이니, 흙과 나무로 사람을 만들되 사람 모양을 상대하여 본딴 것이다.

2)〔頭註〕規利 : 規는 圖也라
規는 도모하는 것이다.

3)〔頭註〕王郎*) : 邯鄲卜者라 王霸斬之어늘 今云不死는 未詳이라
王郎은 邯鄲의 점쟁이이다. 王霸가 그를 목베어 죽였는데, 지금 죽지 않았다고

말한 것은 미상이다.

*) 王郎 : 王莽 때에 成帝의 아들 子輿라고 자칭하는 자가 있으므로 王莽이 그를 죽였는데, 更始 元年(23)에 邯鄲의 점치는 자인 王郎이 자신이 진짜 子輿라고 사칭하자 백성들이 이를 많이 믿었다. 劉林과 李育 등이 王郎을 세워 천자로 삼으니, 趙 지방 以北과 遼東 이서 지방이 모두 풍문을 듣고 호응하였다. 光武帝 劉秀가 邯鄲으로 진격해서 王郎을 패주시키니, 光武帝의 장수인 王霸가 추격하여 그를 목베어 죽였다.

4) 〔頭註〕 王元, 牛邯(한)之徒 : 王元, 牛邯은 皆隗囂將也라 王元奔蜀하고 又以其衆來降하니라 牛邯事*)는 見十六卷하니라

王元과 牛邯은 모두 隗囂의 장수이다. 王元은 蜀으로 달아났고 또 그 무리를 데리고 와서 항복하였다. 牛邯의 일은 16권에 보인다.

*) 牛邯事 : 隗囂는 王莽의 新나라 말기에 隴西에서 기병하여 漢나라에 호응하였다. 그 뒤 光武帝가 耿弇 등 7명의 장수를 파견하여 公孫述을 칠 때에 漢나라 군사를 가로막고는 公孫述에게 사신을 보내어 稱臣하였다. 얼마 뒤에 그의 부장인 牛邯 등이 10여 만 명의 군사를 거느리고 光武帝에게 투항하여 형세가 궁해지자, 분을 못 이겨 죽고 말았다.

【乙丑】 五年이라

會昌 5년(을축 845)

李德裕秉政日久에 頗徇愛憎하니 人多怨之러라

李德裕가 정권을 잡은 지 오래됨에 자못 사랑하고 미워하는 감정을 따르니, 원망하는 사람이 많았다.

〔史略 史評〕 胡氏曰 大臣이 欲正君心인댄 必先自正其心이니 其心不正이면 如正君何오 德裕欲報私仇而未得其便이러니 乃於成功之後에 因行中傷之計하니 非惟武宗志已驕怠라 德裕之量亦滿矣니 又烏能納其君於持盈守成之盛哉아 是故로 君子不可不學也니라

胡氏(胡寅)가 말하였다.

"大臣이 군주의 마음을 바로잡고자 한다면 반드시 먼저 자신의 마음을 바로잡아야 하니, 자신의 마음이 바르지 못하다면 어떻게 군주를 바로잡을 수 있겠는가. 李德裕가 사사로운 원한을 갚고자 하였으나 편리한 방법을 얻지 못하였는데, 마침내 성공한 뒤에는 中傷하는 계책을 썼다. 이에 武宗의 뜻이 교만하고 나태해졌을 뿐만 아니라 李德裕의 도량도 넘쳤으니, 또 어떻게 가득한 것을 유지하고 이루어 놓은 것을 지키는 성대한 경지로 그 군주를 들어가게 할 수 있었겠는가. 이 때문에 君子는 배우지 않을 수가 없는 것이다."

【丙寅】 六年이라

會昌 6년(병인 846)

春에 上이 疾久未平하니 中外憂懼라 初에 憲宗이 納李錡(의)妾하야 生光王怡하니 怡幼時에 宮中이 皆以爲不慧[1]라하고 太和[2]以後에 益自韜匿[3]이러니 及上疾篤에 諸宦官이 密於禁中에 定策하야 立怡爲皇太叔하고 更名忱(침)하다 太叔이 見百官에 哀戚滿容하고 裁決庶務에 咸當於理하니 人始知有隱德焉하니라

봄에 上의 병환이 오랫동안 회복되지 않으니, 中外가 근심하고 두려워하였다. 처음에 憲宗이 李錡의 妾을 받아들여 光王 李怡를 낳았다. 李怡는 어렸을 때에 궁중 사람들이 모두 그가 지혜롭지 못하다고 하였고, 太和 연간 이후에는 더욱 자신의 재능을 숨겼다. 上의 병이 위독해지자, 여러 환관들이 은밀히 禁中에서 계책을 정하여 李怡를 皇太叔으로 세우고 이름을 李忱으로 고쳤다. 皇太叔이 百官들을 만나볼 적에 슬퍼하는 모습이 얼굴에 가득하고 여러 가지 사무를 처리함에 모두 이치에 합당하니, 사람들이 비로소 그가 덕을 숨기고 드러내지 않았다는 것을 알았다.

1) 〔頭註〕 不慧 : 慧는 性解也라

慧는 성품이 穎悟한 것이다.

2) 〔頭註〕 太和 : 文宗年號라

太和는 文宗의 연호이다.

3)〔頭註〕 韜匿 : 性嚴重寡言하야 群居游處에 未嘗發言하니라
성품이 엄중하고 말수가 적어 여럿이 거처하고 노는 곳에서 일찍이 말을 한 적이 없었다.

○ 三月에 帝崩[1]하고 宣宗이 卽位하다 宣宗이 素惡德裕之專이러니 卽位之日에 德裕奉冊이어늘 旣罷에 謂左右曰 適近我者 非太尉耶아 每顧我에 使我毛髮洒淅(쇄석)이로다

3월에 황제가 승하하고 宣宗이 즉위하였다. 宣宗은 평소 李德裕의 전횡을 미워하였는데, 즉위하는 날 李德裕가 冊文을 받들어 올리자, 禮가 끝난 다음 좌우 사람들에게 이르기를 "마침 내 가까이 있었던 자는 바로 李太尉가 아닌가? 나를 돌아볼 때마다 나로 하여금 모골이 송연하게 한다." 하였다.

1)〔頭註〕 帝崩 : 上餌方士金丹하고 性加躁急하야 喜怒不常이라 自秋로 覺有疾이러니 而道士以爲換骨이라하니라
上이 方士의 金丹을 먹고 성품이 더욱 조급해져서 기뻐하고 노여워함이 일정하지 않았다. 가을부터 질병이 있는 것을 깨달았는데 道士가 말하기를 "환골탈태하는 것이다."라고 하였다.

○ 夏四月辛未朔에 上이 始聽政하야 以門下侍郎同平章事李德裕로 同平章事하야 充荊南節度使하다 德裕秉權日久에 位重有功이라 衆不謂其遽罷러니 聞之하고 莫不驚駭러라

여름 4월 辛未朔(1일)에 上이 처음 정사를 다스리면서 門下侍郎 同平章事 李德裕를 同平章事로 삼아 荊南節度使로 충원하였다. 李德裕는 정권을 잡은 지가 오래 되어서 지위가 높고 공로가 있었다. 여러 사람들은 그가 갑자기 재상에서 파면될 것이라고 생각하지 않았는데, 이 소식을 듣고는 놀라지 않는 이가 없었다.

〔史略 史評〕 史斷曰 武宗이 雄謀獨斷하야 頗能振已去之威權이라 澤潞阻兵에

不惑群言하고 獨任德裕라 故로 能克上黨을 如拾芥하고 取太原을 如反掌하야 亂略底(지)平하고 紀律再張이라 然이나 惑於左道之言而信淸虛之教하야 躬受法籙[1]하고 築望仙觀하며 立道門教授先生하고 立崇玄館學士하야 荒唐謬愆(건)하니 何以立教리오 雖能除去浮屠나 要非眞見不惑이요 特好惡不同耳니 奚足論哉리오

史斷에 말하였다.

"武宗이 웅대한 계책을 홀로 결단하여 이미 자신에게서 떠난 위엄과 권세를 자못 떨쳤다. 澤潞鎭이 군대를 믿고 항거하자 여러 사람들의 말에 혹하지 않고 홀로 李德裕에게 맡겼다. 이 때문에 지푸라기를 줍듯이 쉽게 上黨을 점령하고 손바닥을 뒤집듯이 쉽게 太原을 탈취하여 난리가 평정되고 紀律이 다시 펴졌다. 그러나 左道(異端)의 말에 혹하고 淸虛(道教)의 가르침을 신봉하여 몸소 法籙을 받고 望仙觀을 건축하였으며, 道門의 教授와 先生을 세우고 崇玄館의 學士를 세워서 황당하고 잘못된 짓을 하였으니, 어떻게 가르침을 확립할 수 있었겠는가. 비록 浮屠를 제거하였으나 요컨대 참으로 알아서 미혹되지 않은 것이 아니요, 다만 좋아하고 미워함이 같지 않았을 뿐이니, 어찌 논할 것이 있겠는가."

1) 〔譯註〕 法籙 : 道教의 말로 귀신을 몰아내고 사악함을 제압하는데 사용하는 丹書와 符籍, 呪文이다.

故事成語・熟語

通鑑節要 卷之四十二

○ 擁兵不救 : 12
군대를 보유하기만 하고 출동시켜 구원하지 않음을 이른다.

○ 晝夜拒戰 : 12
밤낮으로 적과 항거하여 싸움을 이른다.

○ 糧盡矢竭 : 12
양식이 다하고 화살이 떨어져 열세에 몰림을 이른다.

○ 何負於汝而反耶 : 12
내가 너에게 무엇을 저버렸기에 나를 배반하는가라는 말이다.

○ 罵不虛口 : 12
적을 꾸짖는 말이 입에서 끊이지 않음을 이른다. 〔同義語〕 罵不絶口

○ 起兵討賊 : 14
군대를 일으켜 적을 토벌함을 이른다.

○ 力戰却賊 : 14
강력히 싸워 적을 물리침을 이른다.

○ 開門突出 : 14
성문을 열고 적진으로 돌격함을 이른다.

○ 身先士卒 直衝賊陳(陣) : 14
將帥가 몸소 士卒들 앞에 나서서 賊陣으로 곧바로 돌진함을 이른다.

○ 人馬辟易(벽역) : 14
적의 군사와 말들이 피하여 흩어짐을 이른다.

○ 樓堞皆盡 : 14

城을 공격할 때 抛車로 돌을 쏘아 망루와 성가퀴가 모두 부서짐을 이른다.

○ 蟻附而登 : 14
병사들이 성을 공격하기 위하여 개미떼처럼 붙어 올라옴을 이른다.

○ 帶甲而食 裹瘡復戰 : 14
전쟁터에서 밥을 먹을 겨를이 없어 갑옷을 입은 채 밥을 먹으며, 치료할 틈이 없어 상처를 싸매고 다시 싸움을 이른다.

○ 軍聲大振 : 14
승전하거나 병력이 불어나 군대의 명성이 크게 떨쳐짐을 이른다.

○ 相勞苦如平生 : 16
서로 적대관계에 있으나 평소처럼 노고를 위로함을 이른다.

○ 忠義何在 : 16
충의가 어디에 있는가라는 뜻으로, 反問하는 語氣를 사용하여 충의가 있지 않음을 나타내는 말이다.

○ 深溝高壘以待之 : 16
垓子를 깊이 파고 보루를 높게 쌓아 적의 침입에 대비함을 이른다.

○ 晝則耀兵 夜斫其營 : 17
낮에는 병력을 과시하고 밤에는 적의 진영을 공격하여 적이 휴식할 수 없게 하는 것이다.

○ 撫膺慟哭 : 17
가슴을 치면서 통곡하는 것이다.

○ 包藏禍心 : 19
겉으로는 친한 척 하면서 속으로는 나쁜 마음을 감춤을 이른다.

○ 以言爲諱 阿諛取容 : 19
조정의 신하들이 직언하는 것을 꺼리고 아첨하여 용납되기만을 취함을 이른다.

○ 無路上達 : 19
아랫사람들의 사정이나 생각을 상달할 길이 없음을 이른다.

○ 悔無所及 : 19
이미 잘못된 뒤에 아무리 후회해도 다시 어찌할 수가 없음을 이른다. 〔同義語〕 後悔莫及, 悔之不及, 悔之無及,

○ 割恩正法 : 21

은혜로운 마음을 끊고 법을 바르게 적용함을 이른다. 〔同義語〕 割恩斷情, 割恩斷義, 割恩全義

○ 宮闕陛下家居 陵寢陛下墳墓 : 22
宮闕은 陛下의 집이고 陵寢은 陛下의 墳墓라는 뜻으로, 唐 玄宗이 馬嵬驛을 출발하려 할 적에 父老들이 모두 길을 막고 머물 것을 간청하며 "宮闕은 陛下의 집이고 陵寢은 陛下의 墳墓이니, 지금 이곳을 버리고 어디로 가고자 하십니까?"라고 하였다.

○ 四海分崩 : 22
온 천하가 분열되고 와해됨을 이른다. 〔同義語〕 分崩離析

○ 不因人情 何以興復 : 22
人情을 따르지 않으면 천하를 興復할 수가 없음을 이른다.

○ 拱手授賊 : 22
속수무책으로 적에게 내줌을 이른다. 〔同義語〕 束手無策, 束手無措, 束手無計, 束手坐視

○ 日夜縱酒 : 25
밤낮으로 술을 마음껏 마심을 이른다.

○ 按轡長驅 : 25
직접 고삐를 잡고 말을 몰아서 멀리 쫓아감을 이른다.

○ 移檄四方 : 25
사방에 檄文을 보내어 병력을 규합함을 이른다.

○ 日夜思歸 : 25
밤낮으로 고향으로 돌아갈 것을 생각함을 이른다.

○ 不免其身 : 27
화를 면치 못함을 이른다.

○ 勵精政事 : 27
임금이 정신을 가다듬고 정사에 힘씀을 이른다. 〔同義語〕 勵精爲理, 勵精圖理

○ 幾致太平 : 27
거의 태평성대를 이룩함을 이른다.

○ 溺其所甚愛 忘其所可戒 : 27
매우 사랑하는 사람에게 빠지고 경계해야 할 바를 잊음을 이른다.

○ 制度草創 : 29
초창기여서 제도가 제대로 자리 잡히지 않음을 이른다.

○ 言笑自若 : 29
곤란하거나 놀라운 일을 당해도 보통 때와 같이 태연하게 말하고 웃음을 이른다.
〔同義語〕 談笑自若, 言笑自如

○ 出則聯轡 寢則對榻 : 30
밖에 나갈 때에는 나란히 말을 타고 함께 나가고, 잠을 잘 때에는 침상을 마주하고 함께 잠자리에 드는 것으로, 매우 사랑하고 가까이 하여 한시도 떨어지지 않음을 이른다.

○ 言無不從 : 30
매우 신임하여 말을 하면 그 말을 따르지 않음이 없음을 이른다.

○ 聲問不通 : 30
소식이 끊겨 통하지 않음을 이른다.

○ 未識人倫 焉知天道 : 31
人倫을 알지 못하니, 어찌 天道를 알겠느냐는 뜻으로, 安祿山의 장수인 令狐潮가 張巡과 許遠을 공격할 적에 安祿山이 천명을 받았는데 張巡이 天命을 알지 못한다고 하자, 張巡이 꾸짖기를 "君主를 배반하고 逆賊에게 붙어서 군신간의 윤리를 알지 못하니, 어찌 天道를 알겠는가."라고 하였다.

○ 不敢復出 : 31
겁을 먹고 두려워하여 감히 다시는 나오지 못함을 이른다.

○ 財賦所産 江淮居多 : 33
江淮는 長江과 淮河 지방으로, 이 지역에서 대부분의 財賦가 나옴을 이른다.

○ 應天順人 : 33
위로 하늘의 뜻에 응하고 아래로 인심에 순종하는 것으로, ≪周易≫ 革卦의 〈彖傳〉에 "천지가 변혁하여 사시가 이루어지며, 탕왕과 무왕이 혁명하여 하늘에 순종하고 사람들에게 응하였다."라고 보인다.

○ 吾復何憂 : 33
내가 다시 무슨 걱정이 있겠느냐는 뜻으로, 다시는 근심할 것이 없음을 이른다.

○ 不復與事 : 33
다시는 정사에 참여하지 않음을 이른다.

○ 欷歔(희허)泣下 : 38
서글퍼하여 흐느껴 울면서 눈물을 흘리는 것이다.

○ 不勝悲憤 : 38
슬프고 분함을 이기지 못함을 이른다.

○ 連引搜捕 枝蔓無窮 : 38
일에 서로 연루되어서 수색하고 체포할 적에 가지와 덩굴처럼 얽히고 설켜 끝이 없음을 이른다.

○ 市里爲空 : 38
사람들이 모두 도망하여 시장과 마을이 텅 빈 것을 이른다.

○ 相繼不絶 : 38
서로 이어져 끊이지 않음을 이른다.

○ 率爲敵壘 : 38
적에게 붙어 대부분 적의 보루가 됨을 이른다.

○ 任行高志 : 40
은거하려는 고상한 뜻을 마음대로 행함을 이른다.

○ 虛心待之 : 41
마음을 겸허히 하여 대우함을 이른다.

○ 辭情慷慨 : 41
말소리와 감정이 비분강개함을 이른다.

○ 知無不爲 : 41
아는 것을 힘써 행하지 않음이 없음을 이른나.

○ 專決於胸臆 : 41
오로지 자기 생각대로 결단함을 이른다.

○ 輕鄙庸俗 : 42
미천하고 비루하고 속됨을 이른다.

○ 祖尙浮虛 : 42
부화하고 헛된 것을 숭상함을 이른다.

○ 專爲迂闊大言 : 42
사리에 어둡고 물정을 몰라서 오로지 현실과 동떨어진 흰소리만 함을 이른다.

○ 不閑軍旅 : 42

군대의 일에 익숙하지 못함을 이른다.

○ 性益躁暴 : 44
성질이 갈수록 더욱 조급하고 포악해짐을 이른다.

○ 官以任能 爵以酬功 : 45
재능이 있는 자에게는 관직을 맡기고 공로가 있는 자에게는 관작으로써 보답함을 이른다.

○ 錫以茅土 : 45
茅土를 내려주는 것으로 제후에 봉함을 말한다. 王者가 다섯 가지 색깔의 흙을 쌓아 社를 만들었다가 제후왕을 봉하게 되면 封地가 있는 방향에 따라 동쪽은 청색, 서쪽은 백색, 남쪽은 적색, 북쪽은 흑색의 흙을 주어 社를 세우게 하였는데, 黃土를 덮고 흰 띠풀로 흙을 쌌다. 띠풀은 그 깨끗함을 취한 것이니 제사에 술 거르는 용도로 제공하고, 황색은 王者가 사방을 덮어주는 뜻을 취한 것이다.

○ 非才則廢事 權重則難制 : 45
재능이 있는 자가 아니면 정사를 망치게 되고 권력이 중하면 제재하기 어렵다는 뜻으로, 공이 있는 자에게 관작을 줄 경우에 생기는 두 가지 폐단을 말한 것이다.

○ 爲之流涕 : 47
진심으로 슬퍼하여 눈물을 흘림을 이른다. 〔同義語〕 痛哭流涕

○ 厚恤其家 : 47
그 집안을 후대하여 구휼해 줌을 이른다.

○ 空名告身 : 47
임명되는 자의 이름 쓸 곳을 공란으로 두고 직책만 기록한 告身帖으로 空名帖이라고도 한다. 告身帖은 벼슬아치에게 주는 辭令狀이다. 空名告身帖은 국가의 재정이 궁핍할 때 國庫를 채우는 수단으로 사용된 것으로, 관원이 이것을 가지고 돈이나 곡식을 바치는 사람에게 즉석에서 그 사람의 이름을 적어 넣어 명목상의 관직을 주었다.

○ 解甲休息 : 49
군대가 무장을 해제하고 휴식함을 이른다.

○ 開門突出 : 49
성문을 열고 돌진하여 적진을 무찌르는 것이다.

○ 城中食盡 : 51

적에게 포위당하여 성 안의 식량이 다 떨어짐을 이른다.

○ 江淮之保障 : 51
江淮 지방의 요충지인 睢陽城을 가리키는 바, 전략적 요충지를 비유하는 말로 쓰인다. 唐 玄宗 때 安祿山이 반란을 일으키자 張巡과 許遠이 睢陽城을 死守함으로써 역적의 무리가 南下하여 洛陽으로 곧바로 진격할 수 없게 하였다.

○ 羅雀掘鼠 : 51
양식이 다 떨어져 그물을 쳐서 참새를 잡고 쥐구멍을 파서 쥐를 잡아 먹음을 이른다.

○ 人知必死 : 51
사람들이 반드시 죽게 될 줄 아는 것을 이른다.

○ 病不能戰 : 51
병사들이 병들어서 더 이상 싸우지 못함을 이른다.

○ 雲合鳥散 變態不常 : 52
구름처럼 모이고 새가 날아가는 것처럼 흩어져서 많은 사람들이 갑자기 모였다 흩어졌다 하여 변하는 태도가 일정치 않음을 이른다. 〔同義語〕 雲屯鳥散

○ 臨機應猝 : 52
그때그때 상황에 맞추어 즉시 대응함을 이른다. 〔同義語〕 臨機應變, 臨機制變, 臨機設變

○ 事不相及 : 52
형편상 제때에 일을 처리할 수가 없음을 이른다.

○ 兵識將意 將識士情 : 53
병사들은 장수의 생각을 알고 장수들은 병사들의 실정을 알게 하는 것을 이른다.

○ 手之使指 : 53
손이 손가락을 부리듯 자유자재로 부림을 이른다.

○ 推誠待人 : 53
자신의 誠心을 미루어 사람을 상대함을 이른다.

○ 臨敵應變 出奇無窮 : 53
적을 대하여 임기응변해서 온갖 기이한 계책을 내어 사람으로 하여금 예측하기 어렵게 함을 이른다.

○ 爭致死力 : 53

아랫사람들이 윗사람을 위해 死力을 다투어 바침을 이른다.

○ 力彊則衆附 勢奪則人離 : 56
세력이 강하면 무리가 따르고 세력이 약해지면 사람들이 떠남을 이른다.

○ 彼雖人面 心如野獸 : 56
그는 비록 사람의 얼굴을 하고 있으나, 마음은 야수와 같다는 뜻으로, 마음과 행동이 몹시 흉악함을 이른다. 〔同義語〕 人面獸心, 人面狗心

○ 終當敗亂 : 56
끝에 가서는 실패하고 난을 일으킴을 이른다.

○ 上下解體 : 63
윗사람과 아랫사람의 마음이 이산되고 와해됨을 이른다.

○ 刻日決戰 : 63
날짜를 정하여 결전함을 이른다.

○ 吹沙拔木 天地晝晦 : 63
큰 바람이 갑자기 불어 모래가 날리고 나무가 뽑히며 천지가 대낮에도 깜깜해짐을 이른다.

○ 遺棄殆盡 : 63
내버려 거의 다 없어짐을 이른다.

○ 不知所爲 : 64
어찌 할 바를 모름을 이른다. 〔同義語〕 罔知所措

○ 侍直帷幄 宣傳詔命 : 64
帷幄에서 모시고 詔命을 선포하는 것으로, 天子가 거처하는 곳에는 반드시 帷幄을 설치하기 때문에 帷幄은 帝王의 처소를 가리킨다.

○ 治軍嚴整 : 65
군대를 엄격하고 정돈되게 다스리는 것이다.

○ 循環不休 : 65
순환하여 그치지 않음을 이른다.

○ 寖以成疾 : 66
점점 병이 됨을 이른다.

○ 上下離心 : 68
상하의 마음이 떠나서 배반함을 이른다.

○ 未可輕進 : 68
가볍게 진격할 수 없음을 이른다.

○ 小不如意 動至族誅 : 69
잔인하고 포악하여 조금이라도 자신의 뜻에 맞지 않으면 그때마다 사람들을 죽이고 멸족시키기까지 함을 이른다.

○ 人不自保 : 69
사람들이 공포에 떨어 스스로 보전하지 못함을 이른다.

○ 泫(현)然泣下 : 70
눈물을 줄줄 흘리는 것이다.

○ 撫御失所 : 71
아랫사람을 제대로 어루만지고 어거하지 못함을 이른다.

○ 不復推究 : 71
사실 유무를 더이상 추궁하지 않음을 이른다.

○ 專權用事 : 72
권력을 독점하여 用事함을 이른다.

○ 功高任重 : 74
공이 높고 임무가 막중함을 이른다.

○ 心甚不平 : 75
마음에 몹시 불평함을 이른다.

○ 存問其家 : 75
집에 사람을 보내어 위문함을 이른다.

○ 數道竝進 : 77
몇 갈래의 길로 함께 진격함을 이른다.

○ 立柵自固 : 77
목책을 세워 스스로 굳게 지킴을 이른다.

通鑑節要 卷之四十三

○ 自爲黨援 : 80
스스로 黨援으로 삼음을 이른다.

○ 專事文辭 : 81
행실을 돌아보지 않고 오로지 문장만을 일삼음을 이른다.

○ 帖括 : 82
당나라 과거시험에는 經書 중에서 한 줄의 語句만을 응시자에게 보여준 다음 다시 그 어구 중에서 몇 자만을 보여주고는 이를 가지고 해당 경서의 내용 전체를 총괄하여 기술하게 하는 帖經이라는 과목이 있었다. 그런데 이 과목에 응시하는 사람이 점점 많아져서 시험관이 매우 어려운 어구를 점차 출제하게 되자, 응시자들이 이러한 어구들을 기억하기 좋도록 어려운 어구만을 뽑아 노랫가락으로 재편성하여 記誦에 편리하게 하였는데, 당시에 이를 帖括이라고 하였다.

○ 從此積弊 轉而成俗 : 82
이로부터 폐단이 누적되어서 전전하여 풍속을 이룸을 이른다.

○ 功無與比 : 84
공이 커서 견줄 자가 없음을 이른다.

○ 憤怨殊深 : 84
분노와 원망이 특별히 심함을 이른다.

○ 上書自訟 言甚切至 : 84
글을 올려 자책하였는데, 내용이 몹시 간절하고 지극한 것이다.

○ 皆不以聞 : 85
중간에서 차단하고 모두 보고하지 않음을 이른다.

○ 彌漫數十里 : 85
행렬이 수십 리에까지 뻗쳐 있음을 이른다.

○ 倉猝不知所爲 : 85
매우 급작스러워 어찌할 줄을 모름을 이른다.

○ 蕭然一空 : 85
사람들이 모두 떠나 쓸쓸하게 텅 빈 것을 이른다.

○ 軍勢稍振 : 86
군대를 수습하여 군세가 약간 떨쳐지는 것이다.

○ 專權自恣 : 88
권력을 독점하여 방자하게 구는 것을 이른다.

○ 內外離叛 : 88

內外가 이반함을 이른다.

○ 闔門寸斬 : 89

온 종족이 마디마디 베어 죽이는 형벌을 당함을 이른다.

○ 放歸田里 : 89

벼슬을 삭탈하고 고향으로 추방하는 형벌로 유배보다는 한 등급 가벼운 것이다.
〔同義語〕 放逐鄕里

○ 伏地待罪 : 90

땅에 엎드려 죄가 내리기를 기다림을 이른다.

○ 如枯旱之望雨 : 91

극심한 가뭄에 단비를 바라듯이 그리워함을 이른다.

○ 信不及人 : 91

나의 신의가 남에게 미치지 못함을 이른다. 〔同義語〕 信不及物

○ 深用爲愧 : 91

매우 부끄럽게 여김을 이른다.

○ 給待優厚 : 91

물건을 많이 지급하여 특별히 후대함을 이른다.

○ 鼓舞涕泣 : 91

북을 치고 춤을 추고 눈물을 흘리며 기뻐함을 이른다.

○ 道險勞費 : 93

길이 험하여 노력과 비용이 많이 드는 것을 이른다.

○ 中外艱食 : 93

中外가 식량을 구하기 어려움을 이른다.

○ 中外相應 : 93

중외가 서로 호응함을 이른다.

○ 收合散亡 : 94

흩어지고 도망한 자들을 거두어서 모음을 이른다.

○ 治軍嚴重 : 94

군대를 다스리는 것이 엄격함을 이른다.

○ 指顧號令 莫敢仰視 : 94

지휘와 호령이 엄격하여 병사들이 감히 쳐다보지도 못함을 이른다.

○ 擁兵不朝 : 94
병력을 보유하고 있어 이를 믿고 조정에 조회하지 않음을 이른다.

○ 召問方略 : 95
어떤 일에 대해 불러서 방책을 물음을 이른다.

○ 無能爲也 : 95
아무 일도 해내지 못함을 이른다.

○ 遣使請和 : 97
사신을 보내어 화친을 청함을 이른다.

○ 治兵完城 : 97
군대를 다스리고 성을 완전하게 보수함을 이른다.

○ 專事姑息 : 97
우선 당장에 편안한 것만 일삼음을 이른다.

○ 衆寡不敵 難以力勝 : 99
적군은 병력이 많고 아군은 병력이 적어 대적하지 못하여 힘으로는 승리하기가 어려움을 이른다.

○ 挺身往說 : 99
몸을 빼어 혼자 가서 설득함을 이른다.

○ 不戰而下 : 99
싸우지 않고 항복시킴을 이른다.

○ 執弓注矢 : 99
활을 잡고 화살을 시위에 매김을 이른다.

○ 免冑釋甲 : 99
투구를 벗고 갑옷을 벗어 무장을 해제함을 이른다.

○ 下馬羅拜 : 99
상대방을 공경하는 뜻으로 말에서 내려 늘어서서 절함을 이른다.

○ 何其愚也 : 99
어쩌면 그리도 어리석는가라는 말이다.

○ 叛君棄母 : 99
군주를 배반하고 어머니를 버림을 이른다. 〔同義語〕 棄君棄母

○ 負公誠深 : 100

公을 저버림이 실로 깊다는 뜻으로 상대방에게 사죄하는 말이다.

○ 揮手却之 : 100
손을 저어 물리치거나 물러가게 함을 이른다.

○ 引兵遁去 : 100
군대를 이끌고 도망감을 이른다.

○ 其勢浸盛 : 104
형세가 점점 강성해짐을 이른다.

○ 野無曠土 軍有餘糧 : 104
들에는 빈 땅이 없고 군대에는 남은 식량이 있다는 뜻으로, 郭子儀가 河中에 있으면서 군량이 부족한 것을 타개하기 위하여 스스로 1백묘를 경작하고 將校들은 이를 기준으로 차등을 두니 이에 士卒들도 누가 권장하지 않는데도 모두 경작하여 군량이 풍족하게 되었다.

○ 寵任無比 : 105
가장 총애하고 신임하여 견줄 자가 없음을 이른다.

○ 勢傾朝野 : 105
권세가 朝野를 휩쓴다는 뜻으로 권세가 막강함을 이른다.

○ 寵任益厚 : 105
총애와 신임이 더욱 두터워짐을 이른다.

○ 志氣驕溢 : 105
뜻과 기운이 교만하고 넘침을 이른다.

○ 文武才略 古今莫及 : 105
文武의 재주와 지략이 뛰어나 옛사람과 지금 사람이 아무도 미칠 수 없음을 이른다.

○ 弄權舞智 : 105
권력과 지혜를 멋대로 쓰는 것을 이른다.

○ 政以賄成 僭侈無度 : 105
權臣이 專橫하여 정치가 뇌물로 결정되고 참람함과 사치함이 한도가 없음을 이른다.

○ 清簡儉素 : 107
청렴하고 소탈하고 검소함을 이른다.

○ 朝野相賀 : 107
朝野가 서로 축하함을 이른다.

○ 第舍宏侈 : 107
집이 크고 화려함을 이른다.

○ 根據蟠結 : 108
서로 결탁하여 뿌리를 내리고 또아리를 튼 것처럼 견고함을 이른다.

○ 一聽其所爲 : 108
한결같이 상대방이 하는대로 내버려둠을 이른다.

○ 動遵禮法 : 115
모든 행동거지에 禮法을 따름을 이른다.

○ 杜絶僥倖 : 116
요행으로 승진하는 길을 막는다는 뜻이다.

○ 賢愚同滯 : 117
어진 이와 어리석은 이가 함께 적체되어 승진하지 못함을 이른다.

○ 推薦引拔 常無虛日 : 117
인재를 추천하고 이끌어 발탁함을 이른다.

○ 以時和年豐爲嘉祥 以進賢顯忠爲良瑞 : 118
기후가 순조로워 연사가 풍년이 드는 것을 아름다운 상서로 여기고, 어진 이를 등용하고 충신을 드러내는 것을 좋은 상서로 여김을 이른다.

○ 將安用之 : 119
장차 어디에 쓰겠는가라는 뜻으로, 쓸 곳이 없어 무용지물이 됨을 이른다.

○ 掊(부)克過甚 : 121
가렴주구가 너무 심함을 이른다.

○ 法益精密 : 121
법이 더욱 정밀해짐을 이른다.

○ 人不厭苦 : 121
사람들이 싫어하고 괴로워하지 않음을 이른다.

○ 太平之治 庶幾可望 : 122
太平의 정치를 거의 바랄 수 있다고 기대함을 이른다.

○ 親重無比 : 122

견줄 데가 없을 정도로 매우 친애하고 소중히 여김을 이른다.

○ 勵精求治 : 123
군주가 정신을 가다듬어 나라를 잘 다스리려 하는 것이다.

○ 不次用人 : 123
官階의 차례를 따르지 않고 인재를 등용함을 이른다.

○ 聞者無不駭愕 : 123
소식을 들은 자들이 경악을 금치 못함을 이른다.

○ 求取無節 : 123
요구하고 취하는 것이 절도가 없음을 이른다.

○ 蟠結根據 牢不可動 : 124
또아리를 틀고 뿌리를 내려서 견고하여 동요시킬 수가 없음을 이른다.

○ 財賦者 國之大本 生民之命 : 124
財賦는 나라의 큰 근본이요 生民의 목숨이라는 뜻으로, 국가의 安危와 백성들의 생명이 財賦에 달려 있음을 이른다.

○ 片言移人主意 : 124
한 마디 말로 군주의 뜻을 바꾼다는 뜻으로, 당나라 德宗 때에 천하의 財賦를 모두 大盈庫에 보관하고 환관에게 이것을 관장하게 하니, 그 결과 환관들이 이것을 점거하여 건드릴 수가 없었는데, 楊炎이 머리를 조아리고 그 폐해를 한번 아뢰자 德宗이 당일로 조서를 내려 모두 左藏庫에 귀속시키고 궁중에서 해마다 사용하는 경비를 계산해서 올리게 하였다.

通鑑節要 卷之四十四

○ 以枉法論 : 126
국법을 위반한 것으로 논죄한다는 뜻이다.

○ 多非其實 : 126
기재한 내용이 실제 숫자와 차이가 많음을 이른다.

○ 無復常準 : 126
다시는 일정한 기준이 없음을 이른다.

○ 自立色目 : 126
별도로 명목을 세운다는 뜻으로, 재정을 마련하기 위해 세금을 거두는 관서의 숫자가 늘어나 서로 계통이 없어서 각각 임의로 징수하고 스스로 명목을 세움을 이른다.

○ 新故相仍 不知紀極 : 126
새로 만든 명목의 세금과 예전부터 징수하던 세금이 서로 이어져 그 끝을 알 수 없음을 이른다.

○ 獨任大政 : 131
홀로 큰 정사를 맡았다는 뜻이다.

○ 安史之亂 : 132
安祿山과 史思明의 난을 이른다. 玄宗은 즉위한 뒤에 명재상인 姚崇 등을 등용하고 정치에 뜻을 기울여 이른바 開元의 治平을 이루었으나, 만년에는 정치를 게을리하여 총애하던 楊貴妃의 사촌오라비인 楊國忠이 권세를 농락하였고, 玄宗의 총애를 받아 권세가 강성하던 安祿山도 반역을 꾀하였다. 安祿山은 자신을 비방하는 楊國忠을 토벌한다는 명분으로 天寶 14년(755)에 군사를 일으켜 洛陽과 長安을 차례로 함락시키고 玄宗을 내쫓고서 스스로 雄武皇帝라 칭하고 국호를 大燕이라 하였다가 2년 뒤에 둘째아들 慶緖에게 살해되었다. 이때 安祿山의 部將이던 史思明이 慶緖를 죽이고 大燕皇帝라 칭하였는데, 또 자기 아들 朝義에게 살해되었다. 이 난으로 玄宗이 蜀으로 파천하는 도중 楊國忠은 禁軍에게 죽임을 당하고 楊貴妃도 목매어 죽임을 당하였으며, 玄宗은 황제의 자리에서 물러났다. 이 난을 天寶의 난 또는 安史의 난이라고 한다.

○ 府庫耗竭 : 132
나라의 府庫가 고갈됨을 이른다.

○ 所費不貲 : 133
들어가는 비용이 적지 않음을 이른다.

○ 有精力 多機智 : 133
精力이 왕성하고 機智가 많음을 이른다.

○ 變通有無 曲盡其妙 : 133
재물이 있고 없는 것을 잘 변통하여 그 묘리를 곡진히 다한다는 뜻으로, 당나라 代宗 때 劉晏은 뛰어난 理財의 재주를 발휘하여 諸道의 漕運을 소통시켜 關內의 백성들이 식량 걱정을 하지 않게 하였고, 온갖 物貨의 경중을 헤아려 물가를 안정시켰다.

○ 士多清修 吏多貪汚 : 133

선비들은 청렴한 행실을 닦는 자가 많고 아전은 비록 청렴하고 결백하나 끝내 현달한 영화가 없다는 뜻으로, 劉晏은 문서를 검열하고 전곡을 출납하는 일에 있어서는 비록 매우 작은 것이라도 반드시 士類에게 맡기고, 아전은 오직 符牒만 쓰고 한 마디 말도 가볍게 내지 못하게 하고는, 항상 말하기를 '선비들은 부정한 재물과 뇌물을 취하면 세상에 버림을 받으니 명예를 이익보다 중하게 여기기 때문에 청렴함으로 행실을 닦는 자가 많고, 아전들은 비록 청렴하고 결백하나 끝내 현달한 영화가 없으니 이익을 명예보다 중하게 여기기 때문에 탐욕스러운 자가 많다.' 하였다.

○ 終莫能逮 : 133
끝내 미치지 못함을 이른다.

○ 豐則貴糴(적) 歉則賤糶(조) : 136
풍년이 들면 곡식을 비싸게 사들이고 흉년이 들면 곡식을 싸게 방출하여 곡식값을 조절함을 이른다.

○ 官多則民擾 : 138
관리가 많으면 백성들이 이들 때문에 소요함을 이른다.

○ 常平鹽 : 138
劉晏이 榷鹽法(소금을 전매하는 법)을 주관하였는데, 楊子江과 五嶺 사이에 소금이 나는 지방과 거리가 먼 곳은 官鹽을 그곳으로 옮겨 가서 저축해 두었다가 혹 장사꾼이 끊기고 소금값이 비싸지면 값을 깎아 소금을 팔고 이것을 常平鹽이라 이르니, 관청에서는 이익을 얻고 백성들은 소금이 떨어지지 않았다.

○ 緣水置倉 轉相受給 : 139
물가를 따라 창고를 설치하여 돌려가면서 재물을 서로 받아들이고 내주게 하는 것으로, 이전에 關東의 곡식을 운반하여 長安에 들여올 적에 河水의 물살이 거세고 사나워서 대체로 1斛을 운반하면 8斗를 얻을 뿐이었는데, 劉晏이 편의대로 漕運船을 만들고 漕運하는 병졸들에게 조운하는 법을 가르쳐서 楊子江의 배는 楊州에 도달하게 하고 汴水의 배는 河陰에 도달하게 하고 黃河의 배는 渭水에 도달하게 하고 渭水의 배는 太倉에 도달하게 하였다. 그 사이에 물가를 따라 창고를 설치하여 돌려가면서 서로 받아들이고 내주게 하니, 이때부터 한 말이나 한 되의 곡식도 침몰하거나 전복되는 것이 없었다.

○ 虛費太多 : 140
허비하는 것이 지나치게 많음을 이른다.

○ 論大計者 固不可惜小費 : 140
큰 계책을 논하는 자는 진실로 작은 비용을 아껴서는 안 된다는 뜻이다. 劉晏은 곡식의 유통을 원활하게 하여 물가를 평준화 하기 위해서는 漕運을 잘 이용해야 된다고 주장하여 楊子江에 열 곳의 造船場을 설치하고 배를 만드는 비용을 넉넉하게 지급하였는데, 혹자가 "배 한 척을 만드는데 드는 비용이 실제로는 얼마 들지 않으니, 허비하는 것이 너무 많다."고 하자, "그렇지 않다. 큰 계책을 논하는 자는 진실로 작은 비용을 아껴서는 안 되니, 모든 일은 반드시 장구한 생각을 하여야 한다."라고 말하였다.

○ 較計錙銖 : 140
소소한 비용을 비교하고 따짐을 이른다.

○ 無復羨(연)餘 : 140
더이상 쓰고 남은 나머지가 없다는 뜻이다.

○ 事無閑劇 : 140
한가로운 일과 급한 일 할 것 없이 모든 일을 이른다.

○ 勒兵拒命 : 145
군대를 무장하여 조정의 명령을 거역함을 이른다.

○ 騷然驚駭 : 145
소요하여 놀람을 이른다.

○ 貌醜色如藍 : 145
용모가 추악하고 낯빛이 쪽빛같이 푸르스름하다는 뜻으로, 당나라 때 奸臣인 盧杞의 낯빛이 푸르스름하다 하여 藍面이라고 하였다. 盧杞는 성품이 음흉하고 인물도 못생겼는데 언변이 뛰어났다. 德宗이 그의 재주를 가상히 여겨 재상으로 삼았는데, 권력을 멋대로 남용하여 원성이 천하에 가득하였다. 〔同義語〕 藍面

○ 貌陋而心險 : 145
용모가 추악하고 마음이 음험함을 이른다.

○ 吾族無類 : 146
우리 집안은 살아남는 무리가 없게 될 것이라는 뜻이다.

○ 朝野側目 : 146
조정과 민간의 사람들이 두려워하여 곁눈질하고 감히 똑바로 쳐다보지 못함을 이른다.

○ 起勢立威 : 146
세력을 일으켜 위엄을 세움을 이른다.

○ 讒謗百端 : 147
백방으로 참소하고 비방함을 이른다.

○ 卽日就道 : 147
당일로 길에 올랐다는 뜻으로, 郭子儀가 上將이 되어 병력을 보유하니, 程元振과 魚朝恩이 백방으로 참소하고 비방하였으나 한 장의 조서로 부르면 당일로 길에 오르지 않은 적이 없으니, 이로 말미암아 참소와 비방이 행해지지 못하였다.

○ 府庫珍貨山積 : 147
府庫의 진귀한 재화가 산처럼 많이 쌓여 있음을 이른다.

○ 頤指役使 : 147
턱으로 부리고 손가락으로 지시한다는 뜻으로, 사람을 마음대로 부림을 이른다.
〔同義語〕 頤指, 頤使

○ 以其身爲安危 : 147
천하의 安危가 한 몸에 달려 있다는 뜻으로, 安史의 난을 평정한 郭子儀를 가리킨다. 太尉中書令으로 20년 동안 천하의 安危를 한 몸에 지고 국가를 경영하였고 德宗으로부터 尙父의 칭호를 하사받았으며 85세의 나이로 考終命하였다.

○ 功蓋天下而主不疑 位極人臣而衆不疾 : 147
功이 천하를 덮을 정도로 큰데도 군주가 의심하지 않고, 지위가 신하로서 최고에 도달했는데도 사람들이 미워하지 않는다는 뜻으로, 唐나라 史臣 裴垍가 郭子儀를 칭미한 말이다.

○ 遷延不進 : 153
지체하고 전진하지 않음을 이른다.

○ 意其不實 : 154
진실하지 않다고 생각함을 이른다.

○ 人不勝苦 : 154
사람들이 고통을 이기지 못함을 이른다.

○ 勇而無謀 : 155
용감하기만 하고 智謀가 없음을 이른다.

○ 務崇寬大 : 156

매사에 되도록 관대함을 숭상함을 이른다.

○ 貞觀之風 : 156

貞觀은 唐 太宗의 연호이다. 太宗은 즉위한 이래로 멸망한 隋나라를 거울삼아 文治를 숭상하며 유능한 인재들을 대거 발탁하고 허심탄회하게 간언을 따른 결과, 인구가 증가하고 재정이 풍족하여 태평성대를 구가하였으므로 역사상 '貞觀之治'라 일컬어진다.

○ 嚴刻御下 : 156

엄하고 각박한 방법으로 아랫사람들을 어거하는 것이다.

○ 中外失望 : 156

中外가 실망함을 이른다.

○ 稅間架 : 157

당나라 德宗 때 盧杞가 재상으로 있으면서 軍費가 부족하자, 그 일당인 趙贊이 제정한 법으로, 집의 칸 수와 가격에 따라 상·중·하 세 등급으로 나누어 부과한 세금인데, 다른 재산은 없고 물려받은 큰 집만 갖고 있던 士族들은 무거운 세금을 내게 되어 고통을 감당하지 못했고, 집의 칸 수를 속인 자는 杖刑과 추징을 당했다.

○ 除陌錢 : 157

이 역시 趙贊이 제정한 법으로, 물건을 매매할 때 거래량에 따라 일정한 비율로 관아에 납부하던 세금인데, 처음에는 1000전당 20文(전)을 납부하던 것이 50文까지 증가하였다. 시장 중개인〔市牙〕을 통해 매매가 이루어지게 하고 사적인 거래를 통제하였는데, 중개인의 농간이 자행되어 국가의 수입이 절반도 되지 못하고 원성만 자자하였다.

○ 愁怨之聲 盈於遠近 : 157

백성들의 근심하고 원망하는 소리가 원근에 가득함을 이른다.

○ 賦役日滋 : 159

부역이 나날이 불어남을 이른다.

○ 兵窮民困 : 159

군사들이 피로하고 백성들이 곤궁함을 이른다.

○ 不戢自焚 : 159

단속하지 않으면 자신마저도 불태우고 만다는 뜻으로, 무력을 계속 사용하게 되면 자신도 결국 파멸을 맞게 됨을 이른다. ≪春秋左氏傳≫ 隱公 4年條에, "兵이란 불과 같은 것이어서 단속하지 않으면 장차 자신마저도 태우고 만다." 하였다.

○ 蓄威以昭德 偏廢則危 居重以馭輕 倒持則悖 : 159
王者는 위엄을 쌓아 덕을 밝혀야 하니 덕과 위엄 중에 한 가지라도 폐하면 위태롭고, 중한 위치에 있으면서 가벼운 것을 어거해야 하니 거꾸로 잡으면 어그러진다는 뜻으로, 陸贄가 關中 지방의 형세를 논하여 아뢴 내용이다. 중한 위치에 있으면서 가벼운 것을 어거해야 한다는 것은 중앙에 강한 병력을 보유하고 지방의 세력을 약화시켜 통제해야 함을 이른다.

○ 倒持之柄 : 159
거꾸로 잡은 칼자루라는 뜻으로, 다른 사람에게 권한을 주고서 도리어 그의 해를 받는 것을 이른다. ≪漢書≫ 〈梅福傳〉에 "太阿劍을 거꾸로 쥐고 그 자루는 楚나라에게 주었다.〔倒持太阿 授楚其柄〕"라고 보인다.

○ 乘外重之資 : 159
外地의 강대한 밑천을 이용함을 이른다.

○ 人心不搖 邦本自固 : 160
인심이 동요되지 아니하여 나라의 근본이 저절로 견고해진다는 뜻으로, 나라의 근본이란 백성들을 가리킨다.

○ 一無所賜 : 163
한 가지도 하사해 준 것이 없다는 뜻이다. 당나라 德宗이 涇原節度使 姚令言에게 명하여 반란을 일으킨 李希烈에게 고전하고 있는 哥舒曜를 구원하게 하였는데, 軍士들이 비를 무릅쓰고 행군하여 추위가 심하였다. 이들은 자제들을 많이 거느리고 와서 후한 하사를 얻어 집으로 보내줄 것으로 기내하였는데, 도착한 뒤에 한 가지도 하사해 준 것이 없자, 姚令言을 선동하여 실각 중이던 朱泚를 옹립하고 반란을 일으켰다.

○ 糲食菜餤 : 163
오직 좁쌀밥과 채소로 싼 만두떡이라는 뜻으로, 군졸을 제대로 먹이지 않음을 이른다. 姚令言이 출발하여 滻水에 이르자, 조정에서 군사들에게 犒饋하였는데 오직 좁쌀밥과 채소로 싼 떡만 먹이므로 마침내 그의 부하들이 격분하여 반란을 일으켰다.

○ 食且不飽 : 163
먹는 것도 배불리 먹지 못함을 이른다.

○ 金帛盈溢 : 163
창고에 금과 비단이 가득 차서 넘침을 이른다.

○ 竟無一人至者 : 164
마침내 한 사람도 온 자가 없다는 뜻으로, 德宗 때 神策軍使 白志貞이 禁兵을 불러 모집하는 일을 관장하였는데, 동쪽을 정벌하다가 사망한 자들을 모두 숨기고 보고하지 않았으며, 市井에 사는 부자집 자제들의 뇌물을 받고 그들로 충원하니, 이름은 軍籍에 소속되었으나 몸은 시장의 가게에 있으면서 물건을 팔았는데 난리가 일어나자 禁兵을 불러 적을 막게 하니, 마침내 한 사람도 온 자가 없었다.

○ 稍稍繼至 : 165
차츰 뒤이어 계속해서 옴을 이른다.

○ 素有威望 : 165
평소에 위엄과·명망이 있음을 이른다.

○ 自度(탁)不免 : 166
화를 면치 못할 줄을 스스로 헤아림을 이른다.

○ 吾事濟矣 : 166
내 일이 이루어지게 되었다는 말이다. 涇原節度使 姚令言이 반란을 일으키고 朱泚를 추대하였는데, 朱泚는 段秀實의 인망을 듣고서 그를 불러 함께 일할 것을 당부하였다. 段秀實이 스스로 화를 면치 못할 줄을 헤아리고는 겉으로 그의 말을 듣는 척하니, 朱泚가 기뻐하며 말하기를 "段公이 왔으니, 내 일이 이루어지게 되었다." 하고는 맞이하여 앉히고 계책을 물었다.

○ 延坐問計 : 166
맞이하여 앉히고 계책을 묻는 것이다.

○ 示以禍福 : 166
화와 복을 보여주고 타이름을 이른다.

○ 默然不悅 : 166
입을 다물고 언짢아 하는 모양이다.

○ 有備無患 : 167
미리 준비가 되어 있으면 걱정할 것이 없음을 이르는바, ≪書經≫의 〈說命〉에 나오는 말이다.

○ 濺血灑(쇄)地 : 167

피를 흘려 땅에 뿌린다는 뜻이다.

○ 知事不成 : 167
일이 성공하지 못할 줄을 아는 것이다.

○ 深自克責 : 169
깊이 스스로 자책함을 이른다.

○ 徵師日滋 賦斂日重 : 169
군사를 징발하는 것이 날로 늘어나고 부세를 거두는 것이 날로 무거워 곳곳마다 원망이 일어남을 이른다.

○ 叛亂繼起 怨讟(독)竝興 : 169
반란이 연달아 일어나고 원망이 함께 일어남을 이른다.

○ 見危不能竭其誠 臨難不能效其死 : 169
비록 신하가 있으나 위태로움을 당했을 때에 그 정성을 다하지 못하고 환난을 당했을 때에 그 목숨을 바치지 않음을 이른다.

○ 理或生亂 亂或資理 : 169
다스림이 혹 어지러움을 낳기도 하고 어지러움이 혹 다스림의 밑천이 되기도 한다는 뜻으로, 난이 없기 때문에 수비를 소홀히 하는 경우가 있고, 난이 많음으로 인하여 나라를 일으키는 경우도 있음을 이른다.

○ 勤勵不息 足致升平 : 169
부지런히 힘쓰고 쉬지 않으면 충분히 태평한 세상을 이룩할 수 있다는 뜻으로, 나라를 일으키는 것은 군주가 분발하여 힘쓰고 신중하게 닦는데 달려 있음을 이른다.

○ 晝夜兼行 : 170
밤낮으로 전진하여 행군속도를 배가함을 이른다.

○ 資糧俱盡 : 171
물자와 식량이 모두 다 떨어짐을 이른다.

○ 不愛金帛 : 172
재물을 아끼지 않음을 이른다.

○ 自矜其功 : 172
스스로 자신의 공을 자랑함을 이른다.

○ 社稷是賴 : 172

국가가 그의 공로로 보존됨을 이른다.

○ 竭誠赴難 : 173
충성을 다해 국난에 달려감을 이른다.

○ 全不隄防 : 174
전혀 막지 않는다는 뜻으로 君臣이 일체가 되어 간언을 잘 받아들임을 이른다.

○ 例自矜衒 : 174
으레 스스로 자랑하고 자신을 뽐냄을 이른다.

○ 道聽塗說 : 174
길에서 듣고 길에서 말한다는 뜻으로, 길거리에 돌아다니는 뜬소문을 듣고 말함을 이른다. ≪論語≫ 〈陽貨〉에 나오는 말로, 원래는 좋은 말을 들어도 마음속 깊이 간직하여 생각하지 않는다는 뜻이다. 〔同義語〕 塗說

○ 奇才異能 : 174
기이한 재능을 이른다.

○ 震之以威 折之以辯 : 174
위엄으로써 두렵게 하고 말로써 꺾음을 이른다.

○ 九弊 : 174
군주와 신하의 아홉 가지 병폐를 이르는바, 남을 이기기를 좋아하는 것, 잘못을 듣기를 부끄러워하는 것, 언변을 구사하는 것, 총명을 자랑하는 것, 위엄을 힘쓰는 것, 강함과 괴팍함을 멋대로 부리는 것은 君上의 병폐이며, 아첨하는 것, 관망하여 자신에게 유익하게 하는 것, 겁을 먹어 나약한 것은 신하의 병폐로 당나라 陸贄의 말이다.

○ 頓兵不進 : 177
군대를 주둔시키고 전진하지 않음을 이른다.

○ 衆論喧騰 : 177
여론이 들끓음을 이른다.

○ 輿駕播遷 : 178
大駕가 도성을 떠나 다른 곳으로 피란함을 이른다.

○ 痛自引過 : 178
통렬하게 자신에게 책임을 돌려 자책함을 이른다.

○ 成湯以罪己勃興 楚昭以善言復國 : 178

成湯은 자신을 책함으로써 나라가 크게 일어났고 楚나라 昭王은 善言으로써 나라를 수복했음을 이른다. ≪春秋左氏傳≫에 臧文仲이 말하기를 "禹王과 湯王은 자신에게 죄를 돌리니 나라가 크게 일어났다."라고 하였다. 춘추시대 楚나라 昭王은 吳王 闔閭에게 공격당하여 나라가 멸망하자 국외로 망명하였는데, 父老들이 전송할 적에 昭王이 말하기를 "父老들은 돌아가시오. 군주가 없음을 어찌 근심할 것이 있겠소."라고 하니, 父老들이 말하기를 "군주가 어질기 때문입니다." 하고 끝까지 따랐다. 이에 秦나라에 이르러 구원을 청하여 吳나라를 패배시키고 다시 나라를 수복하였다.

○ 革心向化 : 178
마음을 고쳐 조정에 귀순하게 함을 이른다.

○ 感激揮涕 : 178
감격하여 눈물을 흘리지 않는 자가 없음을 이른다.

○ 知過非難 改過爲難 言善非難 行善爲難 : 178
허물을 아는 것이 어려운 것이 아니고 허물을 고치는 것이 어려우며, 善을 말하는 것이 어려운 것이 아니고 善을 행하는 것이 어려움을 이른다.

通鑑節要 卷之四十五

○ 積習易溺 : 180
습관이 된 지가 이미 오래되어 고치기가 어려움을 이른다.

○ 居安忘危 : 180
편안한 곳에 거하여 위태로움을 잊음을 이른다. 〔反義語〕 居安思危

○ 不知稼穡之艱難 不恤征戍之勞苦 : 180
경작하고 수확하는 어려움을 알지 못하고 출정하여 변경에서 수자리 사는 병사들의 노고를 생각하지 않는다는 뜻으로 윗사람이 아랫사람의 실정을 헤아려 주지 않음을 이른다.

○ 澤靡下究 情未上通 : 180
은택이 아래로 백성들에게 이르지 못하고 아랫사람의 정이 위로 도달하지 못한다는 뜻으로, 윗사람과 아랫사람의 마음이 서로 통하지 않음을 이른다.

○ 猶昧省己 : 180
아직도 자신을 반성할 줄 모름을 이른다.

○ 行齎居送 : 180
출정하러 길을 떠나는 자는 양식을 휴대하고 집에 남아있는 자는 세금을 바쳐 곡식을 실어보내어 백성들이 쉬지 못함을 이른다.

○ 天譴於上而朕不寤 人怨於下而朕不知 : 180
하늘이 위에서 견책을 내리는데도 짐은 깨닫지 못하고 백성들이 아래에서 원망하는데도 짐은 알지 못하였다는 뜻으로, 당나라 德宗이 자책한 내용이다. 임금이 자신의 잘못을 뉘우치고 자책하는 내용의 조서를 罪己詔 또는 哀痛詔라 하는데, 이것은 德宗이 朱泚의 난리를 피하여 奉天으로 파천했을 때 陸贄가 기초한 罪己詔로, 가는 곳마다 장수와 군사들이 감동되어 울지 않는 이가 없었다 한다.

○ 痛心靦(전)貌 : 180
마음이 아프고 낯이 부끄러움을 이른다.

○ 永言愧悼 若墜泉谷 : 180
마치 깊은 샘물과 골짜기에 떨어진 것처럼 길이 부끄러워하고 슬퍼함을 이른다.

○ 撫馭乖方 : 180
어루만지고 어거하는 것이 정도에 어긋남을 이른다.

○ 朕實不君 人則何罪 : 180
朕이 실로 군주노릇을 못한 것이니, 저들이 무슨 죄가 있겠는가라는 뜻으로, 군주가 자책하는 말이다.

○ 盜竊名器 : 180
名器를 훔쳤다는 뜻으로, 名器는 관작의 명칭과 신분에 걸맞는 수레나 의복으로 곧 爵位를 가리킨다.

○ 去逆效順 : 180
逆을 버리고 順을 본받는다는 뜻으로, 叛軍을 떠나 귀순해 옴을 이른다.

○ 自恃兵强財富 : 183
군대가 강하고 재화가 풍부한 것을 스스로 믿고서 반란을 도모함을 이른다.

○ 無復鬪志 : 183
군사들이 다시는 전투할 뜻이 없음을 이른다.

○ 聖德光被 : 184
성스러운 덕이 온 천하에 빛난다는 뜻으로, ≪書經≫ 〈堯典〉에서 요임금의 덕을 찬미한 내용에 "광채가 四表에 입혀지고 상하에 이르렀다.〔光被四表 格于上下〕"

라고 보인다.

○ 濁亂朝政 : 184
奸臣이 조정을 혼탁하게 하고 어지럽힘을 이른다.

○ 依阿苟免 : 184
아랫사람들이 윗사람의 뜻에 아첨하여 구차히 죄를 면함을 이른다.

○ 內不自安 : 185
내심 불안한 마음을 느낌을 이른다.

○ 逗留不進 : 185
머물고 전진하지 않음을 이른다.

○ 治城隍 繕甲兵 : 186
城과 垓子를 수리하고 갑옷과 병기를 수선함을 이른다.

○ 聲勢甚盛 : 186
명성과 위세가 매우 성대함을 이른다.

○ 人情擾擾 : 186
인심이 소요함을 이른다.

○ 內無資糧 外無救援 : 186
안으로는 물자와 군량이 없고 밖으로는 구원하는 세력이 없어 孤立無援의 지경에 놓임을 이른다.

○ 將士在道 散亡相繼 : 187
장병들이 도중에 흩어지고 도망하는 자가 서로 이어짐을 이른다.

○ 青朱雜沓於胥徒 金紫普施於輿皂(조) : 188
푸른색과 붉은색 관복을 입은 사람이 胥徒와 뒤섞이고 金章(金印)과 紫綬가 하인들에게까지 널리 베풀어진다는 뜻으로, 관작의 남발을 비판하는 말이다.

○ 視人如草木 : 188
사람을 풀과 나무처럼 가볍게 여김을 이른다.

○ 內相 : 189
당나라 德宗 때 陸贄가 翰林學士의 신분으로 왕의 두터운 신임을 받아 국가 중대사를 결정할 때면 반드시 참여했으므로 그 당시 그를 일러 궐내의 재상이라 하여 內相이라고 칭하였다.

○ 公家無恙 : 189

公의 집에 아무 탈이 없다는 뜻으로, 朱泚의 난리 때 李晟의 집안 식구 백 명과 神策軍士들의 가솔들이 모두 長安에 있었는데, 朱泚가 그들을 잘 대우하였다. 朱泚가 李晟과 친근한 사람을 보내어 그의 家書를 李晟에게 전달하게 하고 말하기를 "公의 집에 아무 탈이 없습니다."라고 하자, 李晟이 노하여 말하기를 "네가 감히 적의 간첩이 되었구나." 하고는 즉시 그를 목베게 하였다.

○ 終無叛志 : 190
끝내 배반할 뜻이 없음을 이른다.

○ 東西相應 : 190
동쪽과 서쪽에서 서로 호응함을 이른다.

○ 相負如此 : 190
자신을 저버림이 이와 같다는 뜻으로, 상대방을 원망하는 말이다.

○ 遇事論諫 : 191
일을 만나면 의논하고 간쟁함을 이른다.

○ 如何爲便 : 191
어떻게 대처하는 것이 편리한지 묻는 말이다.

○ 役智彌精 失道彌遠 : 191
지혜를 쓰는 것은 더욱 정밀할수록 올바른 도리를 잃음이 더욱 멀어짐을 이른다.

○ 虛懷待人 人亦思附 任數御物 物終不親 : 191
겸허한 회포로 남을 대하면 남도 따를 것을 생각하고, 술수를 부려 남을 어거하면 남이 끝내 친해지지 않음을 이른다.

○ 思周萬機 : 191
생각이 萬機에 두루 미친다는 뜻으로, 군주가 모든 정사를 생각함을 이른다.

○ 才能者怨於不任 忠藎(신)者憂於見疑 著勳業者懼於不容 懷反側者迫於及討 : 191
재능이 있는 자는 임무를 맡기지 않는 것을 원망하고, 충성스러운 자는 의심을 받는 것을 걱정하고, 공훈이 드러난 자는 용납받지 못할까 두려워하고, 반복무상한 자는 토벌을 당하는데 쫓김을 이른다.

○ 馴致離叛 構成禍災 : 191
점점 조정을 이반하여 화와 재앙을 이룸을 이른다.

○ 委任責成 : 194
임무를 맡기고 성공을 책임지움을 이른다.

○ 鋒鏑交於原野 而決策於九重之中 : 194
장수는 야외에서 칼날과 화살촉이 교차하며 전투를 벌이는데, 군주는 九重의 궁궐에서 계책을 결정한다는 뜻으로, 군주가 장수들에게 맡기지 아니하여 공을 이루지 못하는 폐단을 가리킨다.

○ 機會變於斯須 而定計於千里之外 : 194
기회가 잠깐 사이에 변하는데 천리 밖에서 계책을 정하여 시의에 맞지 않음을 이른다.

○ 上有掣肘(철주)之譏 下無死綏之志 : 194
위로는 조정에서 장수를 간섭한다는 비난이 있고 아래로는 자신의 安危를 개의치 않고 결사적으로 싸우려는 뜻이 없음을 이른다.

○ 惟不自用 乃能用人 : 194
오직 스스로 자신의 의견을 쓰지 않아야 비로소 여러 사람의 의견을 받아들일 수 있음을 이른다.

○ 縱兵擊之 : 195
군대를 풀어 공격함을 이른다.

○ 弔民伐罪 : 196
불쌍한 백성들을 위로하고 죄 있는 임금을 정벌하는 것을 이른다.

○ 軍中股慄 公私安堵 : 196
軍中이 두려워하여 다리를 떨고 公私가 안도하였다는 뜻으로, 李晟이 朱泚의 반란군을 토벌할 적에 李晟의 大將인 高明曜가 적의 기생을 네려 오고 尙可孤의 軍士가 멋대로 적의 말을 취하자 李晟이 모두 목을 베니, 軍中이 두려워하고 공사가 안도하였다.

○ 秋毫無犯 : 196
추호도 범함이 없음을 이른다.

○ 鍾簴(거)不移 廟貌如故 : 196
종묘에 설치한 종과 종틀이 여전하며 사당의 모습도 예전과 같다는 뜻으로, 환란을 겪기는 했지만 그래도 종묘가 보존됨을 이른다.

○ 素稱精銳 : 199
평소에 정예롭기로 이름남을 이른다.

○ 晝夕憂之 : 199

밤낮으로 항상 걱정함을 이른다.

○ 束身歸罪 : 199
스스로 손발을 묶고 조정으로 돌아와 죄를 청함을 이른다.

○ 鼠伏河中 : 199
河中에 쥐처럼 몸을 숨기고 있다는 뜻으로, 李懷光을 가리킨다. 李懷光은 당나라 德宗 때 사람으로, 젊어서 從軍하여 安祿山의 난에 공을 세워 朔方節度使가 되었다. 朱泚의 반란 때 황제를 호위하는 등 공을 세웠으나 당시 권력을 잡고 있던 간신 盧杞 등의 견제로 황제를 알현하지 못하게 되자 이에 불만을 품고 마침내 반란을 일으켰다가 부하에게 살해되었다.

○ 連年旱蝗 : 200
해마다 가뭄이 들고 蝗災가 있음을 이른다.

○ 凶逆尤甚 : 200
흉악한 짓을 하고 반역을 자행함이 특히 심함을 이른다.

○ 自相驚亂 : 201
자기들끼리 서로 놀라고 혼란함을 이른다.

○ 希旨生事 : 202
임금의 뜻에 맞추어 일을 만들어 냄을 이른다.

○ 所向無敵 : 202
향하는 곳마다 대적하는 자가 없다는 뜻이다.

○ 兵連禍結 : 202
戰亂이 이어지고 災禍가 끝이 없다는 뜻이다.

○ 建中之憂 行將復起 : 202
建中 연간의 우환이 장차 다시 일어나게 될 것이라는 뜻이다. 建中은 당나라 德宗의 연호이니, 朱泚가 太尉가 되어 長安을 근거로 모반한 일을 가리킨다.

○ 福不可以屢徼 幸不可以常覬 : 202
福은 여러 번 내리기를 바라서는 안 되고, 요행은 항상 엿보아서는 안 됨을 이른다.

○ 待以不死 : 202
항복해 오면 죽이지 않고 목숨을 살려줌을 이른다.

○ 一無所問 : 202

일체 죄를 묻지 않고 불문에 부침을 이른다.

○ 兵勢日蹙 : 204
兵勢가 날로 위축됨을 이른다.

○ 擧衆來降 : 204
무리를 거느리고 와서 항복함을 이른다.

○ 吾父子得生矣 : 205
우리 父子가 살게 되었다는 뜻으로, 당나라 德宗이 奉天에 있을 때 군량이 고갈되어 몹시 걱정하였는데, 마침 韓滉이 3만 斛의 쌀을 운반해 오니, 德宗이 기뻐하여 太子에게 이르기를 "쌀이 이미 陝州에 도착하였으니, 우리 父子가 살게 되었다." 하였다.

○ 比歲饑饉 : 205
해마다 기근이 드는 것을 이른다.

○ 安居田畝 : 206
田畝에서 편안히 거주함을 이른다.

○ 教習戰陳(陣) : 206
전투와 진치는 방법을 가르치고 익히게 함을 이른다.

○ 近不踰時 遠不經歲 : 206
유사시에는 종군하고 무사시에는 각 州로 분산하여 농사를 지으며, 거리의 遠近에 따라 나누어 首都를 番衛하여 군사들의 복무 기간이 가까워도 한 철을 넘지 않고 멀어도 한 해를 넘지 않는 것으로 당나라 府兵制의 좋은 점을 이른다.

○ 承平日久 : 206
천하가 태평을 누린 지가 오래되었음을 이른다.

○ 晝則苦役 夜縶地牢 : 206
낮에는 괴롭게 노역을 시키고 밤에는 지하의 움 속에 가두어 둔다는 뜻으로, 牛仙客이 재물을 모아 재상의 지위를 얻은 뒤로 변방의 장수들이 이것을 본받아, 山東 지방의 戍卒들이 몸에 비단을 지니고 오면 변방의 장수들이 그들을 유인해서 繒帛을 府庫에 맡기게 하고는 낮에는 괴롭게 노역을 시키고 밤에는 지하의 움 속에 가두어 두어, 그들이 죽어서 그들의 재물을 몰수하여 빼앗는 것을 이롭게 여기니, 山東 지방의 戍卒들이 살아서 집으로 돌아간 사가 열에 두세 명 밖에 되지 않았다.

○ 外叛內侮 : 206
밖에서 배반하고 안에서 업신여김을 이른다.

○ 顧戀田園 : 206
자신의 田園을 돌아보고 연연해한다는 뜻으로, 자신이 소유하고 있는 田園을 아까워하여 함부로 행동하지 못하는 것이다.

○ 兵不土著 : 206
군사들이 일정한 곳에 토착하여 살지 않음을 이른다.

○ 忘身徇利 : 206
자신을 잊고 이익을 따름을 이른다.

○ 至今爲梗 : 206
지금에 이르도록 병폐가 된다는 뜻으로, ≪詩經≫ 〈桑柔〉에 "누가 앙화의 단서를 만들어냈는가. 지금에 이르도록 병폐가 되고 있다.〔誰生厲階 至今爲梗〕"라고 보인다.

○ 下陵上替 : 206
아랫사람이 능멸하고 윗사람이 침체함을 이른다.

○ 太平有日 : 206
앞으로 태평할 날이 머지 않을 것임을 이른다.

○ 備諳虜情 : 210
적의 사정을 자세히 앎을 이른다.

○ 縱兵追擊 : 210
병사를 풀어 추격함을 이른다.

○ 和戎息兵 : 210
오랑캐와 화친하여 전란을 그치게 함을 이른다.

○ 料敵如此其審 : 210
어찌 이렇게 자세히 적을 헤아렸느냐는 말이다.

○ 宰相之職 不可分也 : 212
재상의 직책은 나누어서는 안 된다는 뜻으로, 德宗이 재상의 직무를 여러 사람에게 나누어 맡기자, 李泌가 말하기를 "宰相의 직책은 천하의 일을 함께 모두 고르게 다스려야 하니, 만약 재상이 각자 주장하는 바가 있으면 이는 바로 한 가지 일을 주관하는 有司이지 宰相이 아닙니다."라고 하였다.

○ 徒空文耳 : 215
한갓 빈 문서일 뿐이라는 뜻으로, 德宗이 어느날 사냥을 나갔다가 백성인 趙光奇의 집에 들어가 “살기가 편안한가?”라고 물으니, 趙光奇가 “詔令을 믿을 수가 없습니다. 전에 두 가지 세금 이외에는 다른 徭役을 없앤다고 하더니, 지금 세금 외에 강제로 빼앗아가는 것이 세금보다 더 많습니다. 매번 조정에서 조서를 내려 백성들을 우대하고 구휼한다고 하나 한갓 빈 문서에 불과합니다.”라고 대답하였다.

○ 忠淸彊介 : 217
충성스럽고 청렴하고 강직하고 곧음을 이른다.

○ 學行著聞 : 218
학문과 행실로 이름이 알려짐을 이른다.

○ 爲世所輕 : 218
세상사람들에게 경시를 받음을 이른다.

○ 用度不足 : 220
稅收가 줄어들어서 국가의 재정이 부족함을 이른다.

○ 措置乖方 課責虧度 財匱於兵衆 力分於將多 怨生於不均 機失於遙制 : 221
조처가 마땅함을 잃고, 考課하여 督責하는 것이 법도에 어긋나며, 많은 군사 때문에 재물이 고갈되고, 장수가 많은 데서 병력이 분산되며, 대우가 공평하지 못한 데에서 원망이 생기고, 조성에서 밀리 병권을 控制함에 적을 제압할 기회를 잃는다는 뜻으로, 변방을 방비하는 여섯 가지 잘못에 대해 陸贄가 上奏한 것이다.

○ 虛張名數 : 221
숫자를 부풀림을 이른다.

○ 少所稱可 : 222
마음에 드는 경우가 적음을 이른다.

○ 一言稱愜爲能 而不核虛實 : 222
한 마디 말이 자기 마음에 흡족하면 유능하다고 여겨 虛와 實을 따지지 않음을 이른다.

○ 一事違忤爲咎 而不考忠邪 : 222
한 가지 일이 자기 생각에 위배되면 죄과가 있다고 여겨 충직함과 간사함을 상고하지 않음을 이른다.

○ 恣爲詭譎(휼) : 222

제멋대로 속이는 말을 함을 이른다.

○ 處之不疑 : 222
자처하고 의심하지 않음을 이른다.

○ 聚斂爲長策 : 223
가렴주구하는 것을 좋은 계책으로 여김을 이른다.

○ 詭妄爲嘉謀 掊(부)克斂怨爲匪躬 靖譖服讒爲盡節 : 223
거짓말 하는 것을 아름다운 계책으로 여기며, 가렴주구하여 원망을 받아들이는 것을 자기 일신을 돌아보지 않는 충절로 여기고, 아첨하고 참소하는 것을 충절을 다한다고 여긴다는 뜻으로, 陸贄가 上書하여 裴延齡의 간사함을 지적한 내용에 보인다.

○ 堯代之共工 魯邦之少卯 : 223
堯임금 시대의 共工이요, 魯나라의 少正卯라는 뜻으로, 모두 執政하여 나라를 그르친 자이다.

○ 日長月滋 : 223
날마다 불어나고 달마다 자라남을 이른다.

○ 愚弄朝廷 有同兒戲 : 223
조정을 우롱하기를 아이들 장난처럼 함을 이른다.

○ 指鹿爲馬 : 223
秦나라 趙高가 자신의 권세를 시험하기 위하여 사슴을 가져다가 二世에게 바치며 말이라고 한 데서 유래하였는 바, 군주를 농락하여 권세를 마음대로 함을 비유하는 말로 쓰인다. 〔同義語〕 指鹿作馬, 指鹿道馬

○ 掩有爲無 指無爲有 : 223
있는 것을 엄폐하여 없다고 하고 없는 것을 가리켜 있다고 하여 속임을 이른다.

○ 上不負天子 下不負所學 他無所恤 : 223
위로는 천자를 저버리지 않고 아래로는 배운 바를 저버리지 않을 뿐이요, 다른 것은 생각하지 않는다는 뜻으로, 陸贄가 자기 소신을 이렇게 말하였다.

○ 怒形於色 : 224
얼굴에 노여운 기색을 띰을 이른다.

○ 默而無言 : 224
시종 침묵하고 한 마디 말도 하지 않음을 이른다.

○ 失勢怨望 動搖衆心 : 227
세력을 잃고는 원망하여 사람들의 마음을 동요시킴을 이른다.

○ 拜官不辭 : 227
관직을 사양하지 않고 사은숙배하였다는 뜻으로, 陽城이 處士로 있다가 조정의 부름을 받고 諫議大夫가 되자, 곧바로 사은숙배하였다.

○ 日夜痛飮 : 227
밤낮으로 술을 많이 마신다는 뜻으로, 뜻을 펴지 못하여 술로 울분을 달램을 이른다.

○ 不以屑意 : 227
마음속에 개의치 않음을 이른다.

○ 罪且不測 : 227
장차 측량할 수 없는 죄를 면치 못할까 근심함을 이른다.

○ 朝廷有直臣 天下必太平 : 228
조정에 정직한 신하가 있으니, 천하가 반드시 태평해질 것이라는 뜻으로, 陸贄가 죄에 걸려 좌천되었을 적에 陽城이 延英殿 문 밖에 나아가 황제에게 疏章을 올려 裴延齡의 간사함과 陸贄의 무죄함을 논하다가 德宗의 노여움을 샀으나 태자의 도움으로 풀려났다. 金吾將軍 張萬福이, 諫官들이 閤門 아래에 엎드려 지극히 간한다는 말을 듣고는 급히 달려가 延英殿의 문 밖에 이르러 큰소리로 축하하기를 "조정에 정직한 신하가 있으니, 천하가 반드시 태평해질 것입니다." 하고는 마침내 간관들에게 두루 절하고, 이윽고 연달아 태평만세를 외쳤다.

○ 名重天下 : 228
명성이 온 천하에 중하게 여겨짐을 이른다.

○ 專意聚斂 : 233
재물을 모으는 데에 더욱 전념함을 이른다.

○ 稅外方圓 : 233
일정한 세금 외의 돈을 이른다. 方圓은 옛날 돈의 모양이 외형은 둥글고 안의 구멍은 네모난 데에서 온 말인데, 이는 天圓地方에서 따온 것이라 한다.

○ 用度羨(연)餘 : 233
사용하고 남은 것을 이른다.

○ 權傾宰相 趨附盈門 : 234

권세가 재상을 압도하여 趨時附勢하는 자들이 문에 가득함을 이른다.

○ 宮市 : 235
宮苑 안에 세운 시장을 이르는바, 唐나라 德宗 때 궁중에 市場을 열고 宦官을 宮市使에 임명하였는데, 민간의 물품을 강제로 매입하는 극단적인 폐단이 있었다.

○ 白望 : 235
사람을 시켜 시장 안에서 좌우를 바라보아 좋은 물건이 있으면 그 물건을 공짜로 취하고 본래의 물건값을 돌려주지 않는 것이다.

○ 撤業閉門 : 235
철시하고 문을 닫음을 이른다.

○ 撫字心勞 徵科政拙 : 237
백성을 어루만지고 사랑하는 마음은 수고롭고, 부세를 징수하고 부과하는 정사는 졸렬하다는 뜻이다. 陽城이 道州刺史로 나가 善政을 베풀며 賦稅를 거두는 데에는 신경을 쓰지 않았으므로 관찰사로부터 여러 차례나 질책을 당했는데, 考課를 올려야 할 때가 되자 陽城은 스스로 자신을 평가하기를 "백성을 어루만져 마음으로 수고만 했을 뿐 부세를 징수하는 정사는 졸렬하였으니, 성적이 하의 하에 해당한다.〔撫字心勞 徵科政拙 考下下〕"라고 하였다.

○ 中道逸去 : 237
중도에 도망함을 이른다.

○ 譎詭多計 : 238
속임수를 쓰고 꾀가 많음을 이른다.

○ 某可爲相 某可爲將 : 238
아무개는 재상으로 삼을 만하고 아무개는 장군으로 삼을 만하다는 뜻이다. 王叔文은 順宗이 태자로 있을 때에 바둑으로 태자와 친하여 태자를 輔導하였는데, 뒤에 順宗이 즉위하자 정권을 장악하여 자기 마음대로 누구는 재상으로, 누구는 장수로 임명한다면서 전횡하였다.

○ 定爲死友 : 238
생사를 같이 하는 친구가 되기로 약속함을 이른다.

○ 轉相交結 : 242
돌려가면서 서로 결탁함을 이른다.

○ 謀議唱和 : 242

일을 다스리고 모의하여 선창하고 화답함을 이른다.

○ 汲汲如狂 : 242
급급해하는 것이 마치 미친 듯함을 이른다.

○ 互相推奬 曰伊曰周 曰管曰葛 : 242
王叔文의 무리들이 서로 상대방을 추앙하고 장려하여 伊尹, 周公, 管仲, 諸葛孔明으로 서로 추켜세움을 이른다.

○ 榮辱進退 生於造次 : 242
榮辱과 進退가 순식간에 생겨남을 이른다.

○ 道路以目 : 242
도로에서 성난 눈초리로 노려보는 것을 이른다.

○ 阻兵自守 : 245
조정의 부름을 받지 않고 군대를 믿고 스스로 항거함을 이른다.

通鑑節要 卷之四十六

○ 重於用兵 : 246
군대를 동원하는 것을 어렵게 여김을 이른다.

○ 險固難取 : 246
險固하여 점령하기 어려움을 이른다.

○ 狂戇(당)書生 取之如拾(습)芥 : 246
광망하고 어리석은 書生이니, 그를 패배시키는 것은 지푸라기를 줍는 것처럼 쉽다는 뜻으로, 당나라 憲宗 때에 반란을 일으킨 西川節度使 劉闢을 두고 한 말이다.

○ 務爲姑息 : 247
당장의 편안함만을 힘씀을 이른다.

○ 深以爲然 : 247
매우 옳게 여김을 이른다.

○ 勤勞庶政 : 249
임금이 국가의 大事를 처리하느라 수고로움을 이른다.

○ 端拱無爲 : 249
임금이 단정하게 拱手하고 아무 일도 하지 않음을 이른다.

○ 王者不可自暇自逸 : 249
王者는 스스로 한가롭게 지내거나 스스로 편안하기를 구하지 않음을 이른다.

○ 上下有分 紀綱有序 : 249
상하간에 분별이 있고 紀綱에 일정한 차례가 있음을 이른다.

○ 有功則賞 有罪則刑 : 249
공이 있으면 상을 주고 죄가 있으면 벌을 줌을 이른다.

○ 選用以公 賞刑以信 : 249
선발하고 등용하기를 공정하게 하고 상과 벌을 시행하기를 신의있게 함을 이른다.

○ 明主勞於求賢而逸於任人 : 249
현명한 군주는 어진 이를 구하느라 수고롭지만 적임자에게 맡긴 뒤에는 편안함을 이른다.

○ 衡石程書 : 249
옛날에 문서는 竹簡이나 木简를 사용하였는데, 秦始皇은 천하의 크고 작은 일을 모두 자신이 직접 결재하여, 저울로 문서의 무게를 달아서 처리하였는바, 衡石量書라고도 한다.

○ 衛士傳餐 : 249
군주가 밥먹을 시간이 없어 衛士들이 음식을 날라옴을 이른다.

○ 無補於當時 取譏於後來 : 249
당대에 도움이 되지 못하고 후대에 비난을 받음을 이른다.

○ 人主患不推誠 人臣患不竭忠 : 249
군주는 자신의 진심을 신하에게 다하지 못할까 염려해야 하고, 신하는 군주에게 충성을 다하지 못할까 염려해야 함을 이른다.

○ 所向崩潰 軍不留行 : 252
이르는 곳마다 궤멸되어 군대가 행군을 멈추지 않음을 이른다.

○ 市肆不驚 : 252
시장의 상인들이 놀라서 동요하지 않음을 이른다.

○ 珍寶山積 : 252
진기한 보물이 산처럼 많이 쌓여 있음을 이른다.

○ 從容指撝 一境皆平 : 252
조용히 지휘하니, 온 경내가 모두 편안함을 이른다.

○ 懸合事宜 : 253
모두 멀리 내다보고 예측하여 事宜에 부합함을 이른다.

○ 流落江淮 踰十五年 : 253
江淮 지방에 流落한 지 15년이 넘음을 이른다.

○ 精鑑 : 253
사람의 우열을 알아보는 정밀한 藻鑑을 이른다.

○ 選用略盡 : 253
훌륭한 인재를 거의 다 등용함을 이른다. 唐나라 때 李吉甫가 재상이 되어 裴垍에게 인재를 묻자, 裴垍가 즉시 30여 명을 천거하였는데, 몇 달 사이에 李吉甫가 이들을 선발하여 거의 다 등용하니, 인재 발굴을 가장 많이 한 사람으로 이름이 났다.

○ 藩鎭惕息 : 254
藩鎭들이 두려워하여 숨을 죽임을 이른다.

○ 求朝得朝 求止則止 : 255
조회할 것을 요구하면 조회하게 하고 중지할 것을 요구하면 중지하게 하여 군주에게 결정권이 없음을 이른다.

○ 遠近失望 : 255
원근의 백성들이 실망함을 이른다.

○ 正身勵己 : 256
몸을 바르게 하고 자신을 닦기를 힘씀을 이른다.

○ 尊道貴德 : 256
도가 있는 사람을 높이고 덕이 있는 사람을 귀하게 여김을 이른다.

○ 遠邪佞 進忠直 : 256
간사하고 아첨하는 자들을 멀리 하고 충직한 자들을 등용함을 이른다.

○ 謗訕朝政 : 256
조정의 정사를 비방함을 이른다.

○ 以儆其餘 : 256
특히 심한 자를 징계하여 그 나머지를 경계함을 이른다.

○ 晝度(탁)夜思 朝刪暮減 : 257
낮에 헤아리고 밤에 생각하며 아침에 삭제하고 저녁에 줄인다는 뜻으로, 군주에게 간하는 자가 낮에 헤아리고 밤에 생각하며 아침에 삭제하고 저녁에 줄여서 군주에게 上達할 즈음에는 열 가지 중에 두세 가지도 남지 않음을 말한 것이다.

○ 孜孜求諫 : 257
부지런히 간관에게 간언하기를 바람을 이른다.

○ 杜天下之口 非社稷之福 : 257
천하 사람들의 입을 막아 언로를 개방하지 않는 것은 국가의 복이 아님을 이른다.

○ 不在此數 : 258
이 숫자에 들어 있지 않음을 이른다.

○ 心固非之 : 259
마음속으로 진실로 나쁘게 여김을 이른다.

○ 推心委之 : 259
진심을 미루어 위임함을 이른다.

○ 竭誠輔佐 : 259
정성을 다해 보좌함을 이른다.

○ 貨重錢輕 : 260
現物의 가치는 높고 貨幣의 가치는 낮음을 이른다.

○ 貨輕錢重 : 260
현물의 가치는 낮고 화폐의 가치는 높음을 이른다.

○ 器局峻整 : 262
器局이 준엄하고 정돈됨을 이른다.

○ 資給優厚 : 262
물자를 넉넉히 주어 후대함을 이른다.

○ 從容款狎 : 262
조용히 다정하게 대함을 이른다.

○ 勿效潘孟陽飮酒遊山 : 262
潘孟陽은 당나라 때의 관리로서, 鹽鐵轉運使가 되었을 때 이르는 곳마다 연일 머물면서 노래하고 즐겼다. 훗날 憲宗은 鄭敬을 宣慰使로 임명하여 백성들을 구휼하게 하였는데, 이들이 장차 길을 떠나려 할 적에 憲宗이 경계하기를 "朕이 궁중에서 비단 한 필을 쓸 적에도 모두 그 숫자를 장부에 적지만 오직 백성을 구휼하는 것은 비용을 계산하지 않으니, 경들은 마땅히 짐의 이러한 뜻을 알아서 潘孟

陽이 단지 술이나 마시고 산에 유람하기만 한 것을 본받지 말라." 하였다.

○ 興師討之 : 263
군대를 일으켜 토벌함을 이른다.

○ 跋扈不恭 : 263
跋扈하여 조정에 공손하지 않음을 이른다.

○ 沮勸違理 : 263
저지하고 권면하는 것이 이치에 위배됨을 이른다.

○ 議久不決 : 263
의논이 오랫동안 결정되지 않음을 이른다.

○ 不遵聲教 : 263
교화를 따르지 않음을 이른다.

○ 陰相黨助 : 263
은밀히 서로 黨與가 되어 도와줌을 이른다.

○ 未可輕議 : 263
가볍게 의논할 수 없음을 이른다.

○ 病必不起 : 265
병이 들어 반드시 죽을 것임을 이른다.

○ 今正其時 : 265
지금이 바로 그 시기라는 뜻이다.

○ 坐待機宜 : 265
적당한 시기와 형편이 오기를 조용히 기다림을 이른다.

○ 大臣持祿不敢諫 小臣畏罪不敢言 : 267
大臣은 녹봉을 유지하기 위해 감히 간쟁하지 못하고, 小臣들은 죄가 두려워 감히 말하지 못하는 것을 이른다.

○ 許其自新 : 267
허물을 고쳐 스스로 새로워질 수 있도록 허락해줌을 이른다.

○ 淪於左衽 : 268
左衽은 옷깃을 왼쪽으로 여미는 것으로 미개한 오랑캐들의 풍습을 이르는바, 오랑캐의 手中에 떨어짐을 이른다.

○ 多藏何用 : 268

多藏은 사적으로 재물을 많이 쌓아 놓는 것을 이르는바, 재물을 많이 모아 어디에 쓰겠느냐는 말이다.

○ 旋踵而亡 : 269
발꿈치를 돌리기도 전에 곧바로 멸망함을 이른다.

○ 多修舊怨 : 271
옛날에 자신과 원한이 있던 사람들에게 많이 보복함을 이른다.

○ 惡(오)其爲人 : 272
사람됨을 미워함을 이른다.

○ 宰相職在量才授任 : 272
재상의 직책은 사람들의 재능을 헤아려 임무를 맡기는 데에 있음을 이른다.

○ 兵不血 木無刃 : 273
병기에 피를 묻히지 않고 병기가 나무처럼 무뎌서 칼날이 없다는 뜻으로, 軍旅의 일을 다스리지 않음을 이른다.

○ 宵衣旰(간)食 : 273
날이 채 밝기 전에 옷을 입고 해가 진 뒤에 저녁밥을 먹는 것으로, 임금이 국사에 바빠 겨를이 없음을 비유하는 말이다. 〔同義語〕 宵旰

○ 專爲悅媚 : 273
오로지 군주를 기쁘게 하고 아첨하기만 함을 이른다.

○ 何乃至此 : 274
어찌하여 이러한 지경에까지 이르렀느냐는 말이다.

○ 自任聖智 : 274
자신의 聖明함과 지혜를 자부하여 남의 의견이나 간언을 따르지 않음을 이른다.

○ 犯顔苦口 : 275
군주가 싫은 내색을 하더라도 관계치 않고 쓴소리를 하여 직간함을 이른다.

○ 指陳得失 : 275
정사의 득실을 지적하여 아룀을 이른다.

○ 賞罰 人主之二柄 不可偏廢 : 275
賞과 罰은 군주의 두 가지 권한이니, 어느 한쪽도 버릴 수 없음을 이른다.

○ 王者之政 尙德不尙刑 : 275
王者의 정사는 덕을 숭상하고 형벌을 숭상하지 않음을 이른다.

○ 殊不知倦 : 277
전혀 피곤한 줄을 모르는 것이다.

○ 不必用兵 : 277
굳이 군대를 일으켜 토벌하지 않음을 이른다.

○ 衆皆憤怒 : 277
무리들이 모두 분노함을 이른다.

○ 推心撫納 : 277
진심을 미루어 어루만지고 받아들임을 이른다.

○ 機會一失 悔之無及 : 278
기회는 한 번 놓치면 후회해도 미칠 수가 없음을 이른다.

○ 感恩流涕 : 278
군주의 은혜에 감격하여 눈물을 흘림을 이른다.

○ 不霑皇化 : 280
皇帝의 교화를 입지 않음을 이른다.

○ 歡聲如雷 : 281
환호하는 소리가 우레소리처럼 큼을 이른다.

○ 相顧失色 : 281
서로 돌아보고 아연실색하여 탄식함을 이른다.

○ 倔(굴)彊者 果何益乎 : 281
조정의 명령에 복종하지 않고 버티는 자가 과연 무슨 유익함이 있겠는가라는 뜻으로, 당나라 憲宗 때 知制誥 裴度를 魏博鎭에 보내어 宣慰하게 하고 돈 150만 緡을 군사들에게 상으로 주고, 6州의 백성들에게 부세와 요역을 면제해 주니, 군사들이 하사를 받고 우레와 같이 환호성을 질러대자, 다른 藩鎭의 사자가 이것을 보고는 아연실색하여 탄식하기를 "조정의 명령에 복종하지 않고 자가 과연 무슨 유익함이 있겠는가?" 하였다.

○ 終夕不倦 : 281
밤늦도록 피곤한 줄 모른다는 뜻이다.

○ 非親非故 不諳其才 : 282
친척이나 친구가 아니면 그의 재주를 다 알지 못한다는 뜻으로, 唐나라의 명재상인 崔祐甫의 말이다.

○ 朋黨 言之則可惡 尋之則無跡 : 283
붕당은 말하면 가증스럽고 찾아보면 자취가 없다는 뜻으로, 당나라 憲宗 때의 어진 재상인 李絳이 붕당에 대해 논한 내용에 보인다.

○ 梓人傳 : 287
당나라의 文人인 柳宗元이 지은 글로, 梓人(도목수)이 집을 짓는 것을 가지고 재상이 나라를 다스리는 것에 비유하였다.

○ 能者進之 不能者退之 : 288
유능한 자를 등용하고 유능하지 못한 자를 물러가게 함을 이른다.

○ 衒能矜名 : 288
재능을 과시하고 이름을 자랑함을 이른다.

○ 親小勞 侵衆官 : 288
자질구레한 작은 일을 직접 하고 여러 관직을 침탈함을 이른다.

○ 種樹郭槖駝(탁타)傳 : 289
柳宗元이 지은 글로 郭槖駝라는 자가 나무를 심는 것을 가지고 守令이 고을을 다스리는 것에 비유하였다.

○ 去不復顧 : 289
그 자리를 떠나면 그대로 내버려두고 다시는 돌아보지 않음을 이른다.

○ 愛之太恩 憂之太勤 : 289
너무 아끼고 지나치게 걱정하여 상대에게 도리어 해가 되게 함을 이른다.

○ 雖曰愛之 其實害之 雖曰憂之 其實讐之 : 289
비록 아낀다고 말하지만 실제로는 해치는 것이고, 비록 걱정한다고 말하지만 실제로는 원수로 삼는 것을 이른다.

○ 可立而待 : 291
서서 기다릴 수 있다는 뜻으로, 오래 걸리지 않음을 이른다.

○ 腹心之疾 不得不除 : 293
중요한 곳인 가슴과 배에 큰 병이 든 것과 같아서 제거하지 않을 수가 없음을 이른다.

○ 討賊愈急 : 293
적을 더욱 급히 토벌함을 이른다.

○ 聚斂得幸 : 294

가렴주구하는 것으로 황제의 총애를 얻는 것이다.

○ 僅以身免 中外駭愕 : 294
겨우 죽음을 면하니, 中外가 크게 놀랐다는 말이다.

○ 勝負兵家之常 : 294
전쟁에서 이기고 지는 일은 兵家에 흔히 있는 일이란 뜻으로, 한 번의 실패는 흔히 있으므로 낙심할 것이 없음을 이른다.

○ 遂不爲備 : 294
상대를 경시하고 깔보아서 마침내 대비하지 않음을 이른다.

○ 好自出戰 : 295
직접 출전하여 자신의 용맹을 과시하기를 좋아함을 이른다.

○ 無能爲也 : 296
아무 일도 해내지 못함을 이른다.

○ 饋運疲弊 : 296
군량을 운반하는 사람들이 피폐해짐을 이른다.

○ 師老財竭 : 296
전쟁에 시달려 군사들이 지치고 재정이 고갈됨을 이른다.

○ 誓不與此賊俱生 : 296
맹세코 이 적과는 한 하늘 아래에서 살지 않겠다는 뜻으로, 이 적이라는 것은 당시 吳元濟를 가리킨다. 唐 憲宗 때 淮西節度使 吳少陽이 죽자, 그의 아들이 吳元濟가 스스로 蔡州刺史가 되고는 세습하게 해 줄 것을 조정에 주청하였으나 허락을 받지 못하자 반란을 일으켰다. 이때 신하늘 대부분이 그의 요청을 그대로 허락해 주자고 건의하였으나, 오직 裴度만은 자기가 직접 출전하여 전투를 독려하겠다고 자청하면서 한 말이다.

○ 勢實窘蹙 : 296
형세가 실로 곤궁하고 위축됨을 이른다.

○ 出其不意 : 297
적이 예상치 못할 때에 출동함을 이른다.

○ 無一人知者 : 298
한 사람도 알아차리는 자가 없음을 이른다.

○ 敢問其故 : 302

감히 그 이유를 묻는다는 말이다.

○ 視遠者不顧近 慮大者不計細 : 302
먼 것을 내다보는 자는 가까운 일을 돌아보지 않고, 큰 일을 생각하는 자는 작은 일을 계산하지 않음을 이른다.

○ 知賢不疑 見可能斷 : 302
상대방의 어짊을 알면 의심하지 않고 등용하며 가능한 일을 보면 주저하지 않고 즉시 결단을 내림을 이른다.

○ 不可不備 : 303
반드시 대비해야 함을 이른다.

○ 又何疑焉 : 303
또 어찌 그들을 의심할 것이 있겠느냐는 말이다. 裴度가 蔡州를 평정한 뒤에 蔡州의 투항한 병졸로 牙兵을 삼자, 혹자가 蔡州 사람들은 반복무상한 자가 아직도 많으니, 대비하지 않아서는 안 된다고 간하였다. 이에 裴度는 웃으며 말하기를 "내가 彰義節度使가 되었고 큰 죄악을 진 吳元濟를 이미 사로잡았으니, 蔡州 사람들은 바로 나의 백성이다. 또 어찌 그들을 의심하겠는가?"라고 하니, 蔡州 백성들이 이 말을 듣고 감격하여 눈물을 흘렸다.

○ 不能自拔 : 303
스스로 빠져나오지 못함을 이른다.

○ 決意討之 : 308
토벌하기로 결심함을 이른다.

○ 天下治亂繫朝廷 朝廷輕重在輔相 : 309
천하가 다스려지고 어지러워지는 것은 조정에 달려 있고, 조정의 권위는 재상에게 달려 있음을 이른다.

○ 斂手削地 : 309
손을 거두고 땅을 떼어 바쳤다는 뜻으로, 成德軍節度使 王士眞이 죽자 그의 아들이 대신 留後의 직책을 총섭하고, 조정의 명을 거역하여 常山을 점거하고 반란을 꾀하였는데, 조정에서 柏耆를 보내어 대의로 설득하자 이에 감격하여 德州와 棣州를 바치고 복종하였다.

○ 輿疾討賊 : 309
병을 무릅쓰고 수레에 올라 逆臣을 토벌하였다는 뜻으로, 당나라 憲宗이 韓弘에게 吳元濟를 토벌하도록 명하였는데, 한홍은 당시 발에 병이 있었으나 병을 무릅쓰고 출정하여 평정한 데서 온 말이다.

○ 廉謹謙遜 : 309
청렴하고 근신하고 겸손함을 이른다.

○ 庶幾可求 : 310
거의 구할 수 있음을 이른다.

○ 歲豐人安 : 312
年事가 풍년이 들고 백성들이 편안함을 이른다.

○ 方以類聚 物以群分 : 313
事情의 방향은 類에 따라 모이고 물건은 무리로써 나누어기 마련임을 이른다.

○ 外雖相似 內實懸殊 : 313
겉은 서로 비슷하지만 내면은 실로 크게 다름을 이른다.

○ 惟恐弗及 : 313
행여 미치지 못할까 두려워함을 이른다.

○ 亂亡相繼 運祚不長 : 314
멸망과 혼란이 서로 이어져서 국운이 장구하지 못함을 이른다.

○ 事佛漸謹 年代尤促 : 314
제왕들이 부처를 섬겨 점점 잘 받들었으나 재위한 年數가 더욱 촉박함을 이른다.

○ 百姓愚冥 易惑難曉 : 314
백성들은 어리석고 어두워 미혹되기가 쉽고 깨닫기가 어려움을 이른다.

○ 一心敬信 : 314
한 마음으로 공경히 신봉함을 이른다.

○ 斷天下之疑 絶後代之惑 : 314
천하 사람들의 의혹을 끊고 후인들의 미혹을 막음을 이른다.

○ 更(경)相是非 : 322
번갈아 서로 옳으니 그르니 시비함을 이른다.

○ 日益繁熾 : 322
날로 더욱 번성해짐을 이른다.

○ 莫不尊信 : 322
높이고 신봉하지 않는 이가 없음을 이른다.

○ 藩鎭跋扈 : 332

강성한 藩鎭들이 跋扈하여 조정의 명령을 따르지 않음을 이른다.

○ 自作威福 : 333
자기들 스스로 위엄과 복을 내렸다는 뜻으로, ≪書經≫에 "오직 군주만이 복을 짓고 오직 군주만이 위엄을 짓는다.〔惟辟作福 惟辟作威〕"라고 하였으니, 자기들 스스로 형벌을 내리고 관직을 임명하여 君權을 침범하는 것이다.

○ 處置得宜 : 333
조처가 마땅함을 얻음을 이른다.

○ 知無不言 : 334
아는 것을 말하지 않음이 없음을 이른다.

○ 心正則筆正 : 339
마음이 바르면 붓(필획)이 저절로 바르게 된다는 뜻으로, 당나라의 명필인 柳公權의 말이다.

○ 默然改容 : 339
상대방의 말에 할 말이 없어 묵묵히 용모를 고침을 이른다.

通鑑節要 卷之四十七

○ 更(경)相傾軋 : 341
번갈아 서로 모함하여 함정에 빠뜨리고 알력을 빚는 것을 이른다.

○ 貿遷有無 : 342
재화를 한 곳에 쌓아 두지 않고 있는 것과 없는 것을 서로 교역하여 유통시킴을 이른다.

○ 烏合之衆 : 343
까마귀가 모인 것처럼 질서가 없이 모인 무리라는 뜻으로, 임시로 모여들어서 규율이 없고 무질서한 군중을 이르는 말이다. 〔同義語〕 烏合之卒, 瓦合之卒

○ 朝令夕改 不知所從 : 343
아침에 명령했다가 저녁에 바꾸어 무엇을 따라야 할지 갈피를 잡기가 어려움을 이르는 말이다.

○ 竟無成功 財竭力盡 : 343
끝내 승리하지 못하여 재정이 고갈되고 힘이 다함을 이른다.

○ 皆有入相之望 : 345

모두 조정에 들어가 재상이 될 만한 사람이라는 인망이 있음을 이른다.

○ 神慮澹則血氣和 嗜慾勝則疾疹作 : 346
정신과 생각이 맑으면 혈기가 조화롭고 嗜慾이 우세하면 질병이 생김을 이른다.

○ 餌藥致疾 : 346
약은 병을 치료하는 것이어서 병이 없으면 약을 먹어서는 안 되는데 方士들의 망령된 말을 믿어 그들이 말하는 불로장생하는 약을 먹고 병을 초래함을 이른다.

○ 視朝每晏 : 346
조회를 볼 때마다 늦게 나옴을 이른다.

○ 宵衣求理 : 346
군주가 날이 새기 전에 옷을 찾아 입고 밤늦도록 정사를 보아 나라를 잘 다스리기를 구함을 이른다.

○ 日晏方起 : 346
늦잠 자는 것을 즐기고 여색을 좋아하여 아침 늦게야 비로소 일어남을 이른다.

○ 鼓吹日喧 : 346
북을 치고 피리를 부는 소리가 날마다 시끄러움을 이른다.

○ 令聞未彰 惡聲遐布 : 346
아름다운 명예가 드러나지 못하고 나쁜 명성이 멀리 퍼짐을 이른다.

○ 八關十六子 : 347
關은 要職 또는 관문으로 八關은 8인이 모두 要職을 맡은 것이요, 十六子는 8인에게 또 붙은 자가 8인인 것이다. 李逢吉이 用事하니, 그와 친한 자로 張又新, 李續之, 張權輿, 劉栖楚, 李虞, 程昔範, 姜洽 및 李訓 등 8명이 있고, 이들에게 붙은 자가 또 8명이었는데, 모두 要職을 맡았고 또 이들을 통하면 무슨 일이든지 이루어질 수 있었기 때문에 당시 사람들이 지목하여 八關十六子라고 이름하였다. 사람들이 청탁할 일이 있을 때에 먼저 이들 八關十六子에게 뇌물을 바치고 뒤에 李逢吉을 만나면 하고자 하는 바를 얻지 못하는 경우가 없었다 한다.

○ 請論如法 : 348
법대로 치죄할 것을 청함을 이른다.

○ 未嘗心動 今日 膽落於溫御史矣 : 348
일찍이 마음이 동요되지 않았었는데, 溫御史의 탄핵이 오늘 자신의 간담을 서늘해지게 만들었다는 뜻으로, 夏綏節度使 李祐가 도성에 들어와 左金吾大將軍이 되어 말 150필을 바치자, 穆宗이 이를 물리쳤다. 이때 侍御史 溫造가 閤內에서 탄핵하자, 李祐가 사람들에게 이르기를 "내가 한밤중에 蔡州城에 들어가 吳元濟를 잡았을 때에도 마음이 동요된 적이 없었는데, 오늘 溫御史가 나의 간담을 서늘해지게 만들었다."라고 하였다.

○ 遊幸無常 昵(닐)比群小 : 350
군주가 놀러 다니는 것이 節制가 없고 여러 소인들과 친압함을 이른다.

○ 大臣罕得進見 : 350
황제가 조회를 자주 열지 않아 대신들이 나아가 접견하기가 어려움을 이른다.

○ 丹扆(의)六箴 : 350
丹扆는 임금이 조회볼 때에 御榻 뒤에 세우는 붉은 병풍을 말하는데, 당나라 敬宗이 소인들과 친압하고 자주 사냥을 나가자 당시 浙江觀察使 李德裕가 丹扆六箴을 지어 올려 경계하였다. 그 내용은 다음과 같다. 첫 번째는 視朝稀晚로 조회를 보는 것이 드물고 늦음을 풍자한 宵衣箴이고, 두 번째는 服御乖異로 服御(服飾)가 괴이함을 풍자한 正服箴이고, 세 번째는 徵求玩好로 노리개와 좋은 물건을 찾고 요구함을 풍자한 罷獻箴이고, 네 번째는 侮棄讜言으로 충직한 말을 업신여기고 폐기함을 풍자한 納誨箴이고, 다섯 번째는 信任群小로 여러 소인들을 신임함을 풍자한 辨邪箴이고, 여섯 번째는 輕出遊幸으로 함부로 出行하여 노는 것을 풍자한 防微箴이다.

○ 聞者失色 : 351
듣는 자들이 놀라서 아연실색함을 이른다.

○ 飮酒自如 : 351
태연하게 술을 마심을 이른다.

○ 人服其識量 : 351
사람들이 그의 높은 식견과 넓은 도량에 감복함을 이른다.

○ 遊戲無度 狎暱(닐)群小 : 352
방에 들어가 갑옷을 갈아 입음을 이른다. 군주가 유희함에 절도가 없고 여러 소인들을 친압함을 이른다.

○ 入室更(경)衣 : 352
敬宗이 밤에 사냥하고 궁궐로 돌아와서 宦官 劉克明과 擊毬軍將 蘇佐明 등 28명과 함께 술을 마실 적에 술에 취하여 방으로 들어가 옷을 갈아입고 있었는데, 대궐 위의 촛불이 갑자기 꺼지자, 蘇佐明 등이 방 안에서 敬宗을 시해하였다.

○ 去奢從儉 : 353
사치함을 버리고 검소함을 따름을 이른다.

○ 翕然相賀 : 353
조정 내외의 사람들이 모두 서로 축하함을 이른다.

○ 太平可冀 : 353
태평성대를 기대할 수 있음을 이른다.

○ 建置天子 在其掌握 : 356
천자를 세우는 것이 그들의 손아귀에 달려 있다는 뜻으로, 憲宗의 元和 말기로부터 환관들이 더욱 전횡하여 천자를 세우는 것이 환관들의 손아귀에 달려 있어서 위엄과 권세가 군주보다 더 높으니, 사람들이 감히 말하지 못하였다.

○ 遠刀鋸之賤 親骨鯁之直 : 357
군주가 刀鋸의 형벌을 받은 천한 자를 멀리하고 骨鯁의 정직한 자를 친근히 해야 한다는 뜻이다. 刀鋸는 칼과 톱으로, 특히 생식기를 거세하는 형벌인 宮刑에 시행할 때 사용하였으므로 轉하여 宮刑을 가리키는 말로 쓰인다. 刀鋸의 형벌을 받은 천한 자란 환관을 지칭한다.

○ 禍稔(임)蕭墻 姦生帷幄 : 357
禍가 蕭墻의 안에서 빚어지고 간사함이 帷幄에서 생겨난다는 뜻으로, 조정이나 임금 측근에서 환난이 생김을 이른다.

○ 忠賢無腹心之寄 閽寺(시)恃廢立之權 : 357
忠良하고 賢能한 신하를 완전히 신임하지 않고 閽寺(內侍)로 하여금 군주를 폐하고 세우는 권력을 장악하게 하였다는 뜻으로, 劉蕡의 對策文에 나오는 내용이다. 劉蕡은 憲宗 때 사람으로, 賢良科 對策에 응시하여 환관의 화를 極論하였는데, 시관이 환관을 두려워하여 낙방시켰다.

○ 物論囂然稱屈 : 357
公論이 분분하여 억울하다고 말함을 이른다.

○ 無與爲比 : 357
견줄 만한 자가 없을 정도로 뛰어남을 이른다.

○ 禦戎守信爲上 : 361
중국에서 오랑캐를 방어하는 것은 신의를 지키는 것이 최상임을 이른다.

○ 專事姑息 : 364

오로지 눈앞의 안일만 일삼는 것을 이른다.

○ 罪言 : 364

杜牧이 河北의 세 藩鎭이 오만하여 복종하지 않고 조정의 의논하는 자들이 오로지 눈앞의 안일만 일삼는 것을 분개하여 마침내 策文을 짓고 '罪言'이라고 이름하였다.

○ 原十六衛 : 366

杜牧이 당나라의 府兵 제도가 폐지되고 파괴됨을 서글퍼하여 지은 글로, 原은 미루어 근원을 찾는 것이다.

○ 有事則提兵居外 無事則放兵居內 : 366

유사시에는 무신이 병력을 인솔하고 밖에서 전투하고, 무사할 때에는 군대를 해산하여 府의 안에 있게 함을 이른다.

○ 湍(단)奔矢往 : 366

여울물이 달려가고 화살이 날아가는 것처럼 급히 달려감을 이른다.

○ 尾大中乾 : 366

겉은 강해 보이지만 속은 기운이 고갈되어 나아갈 수도 없고 물러갈 수도 없음을 이른다. 〔同義語〕 尾大不掉

○ 不欲食言 : 370

食言은 한번 입 밖에 낸 말을 도로 입 속에 넣는다는 뜻으로, 食言하고 싶지 않다는 것은 약속한 말대로 지키고자 함을 이른다.

○ 揮手止之 : 370

손을 저어 저지함을 이른다.

○ 互相擠援 : 370

朋黨이 있어 서로 배척하거나 혹은 끌어당김을 이른다.

○ 去河北賊易 去朝中朋黨難 : 370

河北의 적을 제거하기는 쉽고 조정 안의 붕당을 제거하기는 어렵다는 뜻으로, 당나라 때 붕당의 폐해가 심하였음을 나타낸 말이다.

○ 外雖包容 內不能堪 : 373

겉으로는 포용하는 체하였으나 속으로는 감당하지 못함을 이른다.

○ 揣(췌)知上意 : 374

임금의 마음을 헤아려 깨달음을 이른다.

○ 聲勢烜(훤)赫 : 374
명성과 권세가 혁혁함을 이른다.

○ 絲恩髮怨 無不報 : 374
평소의 작은 은혜와 털끝만한 원한도 갚지 않음이 없음을 이른다.

○ 逐無虛日 班列殆空 : 374
미워하는 조정의 인사들을 모두 반대당이라고 지목하여 좌천시키고 축출하지 않는 날이 없어서 조정의 班列이 거의 텅빌 지경에 이름을 말한다.

○ 傾意任之 : 375
온 마음을 다 기울여 신임함을 이른다.

○ 使無遺類 : 376
멸족시켜 살아남은 무리가 없게 함을 이른다.

○ 夜有甘露 : 376
甘露는 단이슬이란 뜻으로 옛날 甘露가 내리면 나라가 태평할 좋은 징조라 하였다. 당나라 文宗 때 李訓과 鄭注가 환관을 제거하고자 하여 左金吾 廳事 뒤의 석류나무에 甘露가 내렸다고 속여 환관들을 유인하여 거사하려고 하다가 일이 실패되어 도리어 朝臣들이 화를 당하였다.

○ 風吹幕起 : 376
바람이 불어 장막이 걷힘을 이른다.

○ 流血呼冤 : 376
피를 흘리고 억울함을 호소함을 이른다.

○ 知事不濟 : 376
일이 성공하지 못할 줄을 앎을 이른다.

○ 塡門爭出 : 376
문을 메우며 다투어 나감을 이른다.

○ 宰相行文書而已 : 378
천하의 일이 모두 宦官이 머무는 北司에서 결정되고 南司에 있는 宰相들은 문서에 서명만 할 뿐임을 이른다. 唐나라는 元和 연간부터 군주가 昏愚하고 宦官의 권세가 강성하여 병권을 쥐고 천하를 멋대로 통제하였는데, 당시에 南司와 北司로 나누어서 宦官들은 北司에 거처하고 宰相들은 南司에 거처하였다.

○ 迫脅天子 下視宰相 : 378

宦官들의 기세가 등등하여 천자를 협박하고 재상들을 깔봄을 이른다.

○ 忽忽不樂 : 380
마음이 즐겁지 않음을 이른다.

○ 未嘗解顔 : 380
일찍이 얼굴을 펴고 웃은 적이 없음을 이른다.

○ 徘徊眺望 : 380
실의에 빠져 배회하며 멀리 바라봄을 이른다.

○ 獨語歎息 : 380
홀로 중얼거리며 탄식함을 이른다.

○ 言不及私 : 382
사사로운 일에 대해서는 언급하지 않음을 이른다.

○ 以身繫國家輕重 : 382
국가의 安危가 그의 한 몸에 달려있다는 뜻으로, 安史의 난을 평정하고 汾陽王에 봉해진 당나라의 명신 郭子儀를 가리킨다. 郭子儀는 太尉 中書令으로 재직한 20년 동안 천하의 安危를 한 몸에 지고 국가를 경영하였다.

○ 周赧(난)漢獻 : 383
周나라 赧王과 漢나라 獻帝로, 赧王은 秦나라 昭襄王에게 항복하였고, 獻帝는 魏나라 曹操에게 제재를 받았다.

○ 受制於家奴 : 383
군주가 家奴(환관)들에게 제재를 받음을 이른다.

○ 泣下霑(점)襟 : 383
눈물을 흘려 옷깃을 적심을 이른다.

○ 伏地流涕 : 383
땅에 엎드려 눈물을 흘림을 이른다.

○ 不復視朝 : 383
임금이 실권을 빼앗겨 다시는 조회를 보지 않음을 이른다.

○ 執心不定 : 384
정견이 없어 마음가짐이 정해지지 않음을 이른다.

○ 推心委任 堅定不移 : 384
진심을 미루어 위임하고 굳게 정하여 옮기지 않음을 이른다.

○ 好爲形迹 : 384
形迹(겉치레)을 나타내기를 좋아함을 이른다.

○ 日累月積 : 384
날로 쌓이고 달로 쌓임을 이른다.

○ 無憂城 : 387
이 성을 한번 차지하면 다시 걱정할 것이 없다는 뜻으로 維州城을 가리킨다. 維州城은 높은 산 정상을 점거하고 있어서 三面이 강가에 임하여 오랑캐에게 있어서는 平原大川으로 진입하는 요충지이고, 漢(중국)에게 있어서는 오랑캐 지역으로 진입할 적에 반드시 경유하는 중요한 길목이므로 이곳이 吐蕃에게 함락당한 뒤로부터 吐蕃들이 無憂城이라고 이름하였다.

○ 旰食累朝 : 387
어떤 사태가 발생한 뒤로 몇 대에 걸쳐 조정이 이로 인해 편안하지 못하여 군주와 신하가 제때에 밥을 먹지 못하고 고민함을 이른다.

○ 絶忠款之路 快兇虐之情 : 387
충성하러 오는 길을 끊고 흉악한 자들의 마음을 통쾌하게 함을 이른다.

○ 秘不發喪 : 392
어떤 목적을 달성하기 위하여 군주나 높은 사람의 죽음을 숨기고 발표하지 않음을 이른다.

○ 置之度外 : 392
마음에 두지 않음을 이른다.

○ 近處腹心 : 392
가까이 심복인 지역에 위치함을 이른다.

○ 不恤國務 宰相又無遠略 : 392
군주가 국가의 정사를 생각하지 않고 재상들도 원대한 계책이 없음을 이른다.

○ 厚加官賞 : 392
관작과 상을 후하게 내림을 이른다.

○ 保無後悔 : 392
후회하지 않음 것을 보증한다는 말이다.

○ 明辯有膽氣 : 394
사람이 총명하고 언변이 있으며 또 담력이 있음을 이른다.

○ 送歸私第 : 395
사저로 돌아가는 것을 전송함을 이른다.

○ 日新月盛 : 395
나날이 새롭고 다달이 성함을 이른다.

○ 不日有變 : 396
하루가 못되어 변란이 일어날 것이라는 뜻으로, 불원간에 변고가 있을 것을 예언하는 말이다.

○ 阻兵拒命 : 396
군대를 믿고 조정의 명령을 거역함을 이른다.

○ 勢孤力屈 : 396
형세가 고립되어 굴복하게 됨을 이른다.

○ 此而不誅 何以懲惡 : 396
이런 짓을 하는데도 죽이지 않는다면 어떻게 사악한 사람을 징계하겠느냐는 말이다.

○ 頗徇愛憎 人多怨之 : 399
어떤 일을 함에 자신의 사랑하고 미워하는 감정을 따라 행동해서 원망하는 사람이 많음을 이른다.

○ 疾久未平 中外憂懼 : 400
임금의 병환이 오랫동안 회복되지 않아 中外가 근심하고 두려워함을 이른다.

○ 益自韜匿 : 400
화를 입을까 두려워하여 자신의 재능을 더욱 숨기고 드러내지 않음을 이른다.

○ 哀戚滿容 : 400
슬퍼하는 모습이 얼굴에 가득함을 이른다.

○ 裁決庶務 咸當於理 : 400
여러 가지 사무를 처리함에 있어 모두 이치에 합당함을 이른다.

○ 毛髮洒淅(쇄석) : 401
모골이 송연해짐을 이른다.

○ 莫不驚駭 : 401
놀라지 않는 이가 없음을 이른다.

憲宗初年 藩鎭一覽表

	鎭名	관청소재지	현소재지	관할구역	현재 지역	설치연혁 및 절도사 성명
河北道	盧龍軍	幽州	北平市	幽州 薊州 營州 檀州 莫州 등	河北省 北部 熱河省 南部 察哈爾省 東南部 遼寧省 西南部	開元2年(714) 幽州節度使 처음 설치, 天寶元年(742) 范陽節度使로 개칭, 廣德元年(763) 盧龍節度使라 칭함. ○ 李懷光→朱希彩→朱泚→朱滔→劉怦→劉濟(怦의 子)
	成德軍	恒州	河北省 正定縣	恒州 冀州 趙州 深州 등	河北省 中西部	寶應元年(762) 처음 설치. ○ 李寶臣→王武俊→王士眞(武俊의 子)→王承宗(士眞의 子)
	橫海軍	滄州	河北省 滄縣	滄州 景州 德州 棣州	河北省 東部 및 山東省 西北部	興元元年(784) 분리 설치. ○ 程日華→程懷直(日華의 子)→程權(懷直의 子)→鄭權(入朝한 程權의 대임)→烏重胤(憲宗 때 대임)
	義武軍	定州	河北省 定縣	易州 定州	河北省 易縣定縣 일대	建中3年(782) 분리 설치. ○ 張孝忠→張茂昭(孝忠의 子, 憲宗 때 入朝)
	天雄軍(魏博)	魏州	河北省 大名縣	魏州 博州 洺州 貝州 相州 衛州		廣德元年(763) 처음 설치. ○ 田承嗣→田悅(承嗣의 甥姪)→田緖(承嗣의 子, 悅 살해 후 自立)→田季安(緖의 子)
	相衛	相州	河南省 安陽縣	相州 衛州 邢州 洺州	河南省 北部 河北省 西南部	廣德元年(763) 처음 설치. ○ 薛嵩→薛蕚(嵩의 弟, 田承嗣에게 병합)

	鎭名	관청소새시	현소재지	관할구역	현재 지역	설치연혀 및 절도사 성명
河東道	河東	太原	山西省 太原市	太原府 및 石州 嵐州 汾州 代州 忻州 沁州 朔州 蔚州 雲州 등	山西省 中北部 및 察哈爾省·綏遠省 각 一部	開元11年(723) 처음 설치, 북방 重鎭. ○ 李光弼→辛雲京→薛兼訓→馬燧
	河陽	孟州	河南省 孟縣	懷州 孟州	河南省 孟縣 일대	建中2年(781) 처음 설치, 河陽三城節度使
	河中(護國軍)	蒲州	山西省 永濟縣	蒲州 晉州 絳州 慈州 隰州	山西省 西南部	至德2年(757) 처음 설치, 郭子儀가 節度使 됨, 李懷光에 의해 점거.
	澤潞(昭義軍)	潞州	山西省 長治縣	澤州 潞州	山西省 東南隅	至德元年(756) 澤潞節度使 처음 설치, 李承昭 임명, 建中元年(780) 昭義軍節度使로 바뀜.

	鎭名	관청소재지	현소재지	관할구역	현재 지역	설치연혁 및 절도사 성명
河南道	平盧淄青	青州	山東省 益都縣	淄州 青州 齊州 海州 登州 萊州 沂州 密州 曹州 濮州 徐州 兖州 鄆州 德州 棣州	山東省 全部 河北省・江蘇省 각 一部	至德元年(756) 青密節度使 처음 설치, 上元元年(760) 淄青節度使로 바뀜, 平盧節度使 杜希逸이 青州 확보하면서 平盧淄青節度使로 바뀜. ○ 杜希逸→李正己(永泰元年(765) 希逸이 추방된 후 임명)→李納(正己의 子)→李師古・李師道(納의 子)
	淮西 (彰武軍)	蔡州	河南省 汝南縣	蔡州 光州 申州	河南省 南部 潢川信陽 일대	至德元年(756) 처음 설치, 大曆8年(773) 蔡州로 관청 옮김. ○ 董泰(節度使 임명 후 李忠臣으로 賜名)→李希烈(忠臣 내쫓고 自立한 뒤 抗命稱帝, 후에 陳仙奇에게 피살)→吳少誠(仙奇살해)→吳少陽(少誠살해)→吳元濟(少陽의 子)
	汴宋 (宣武軍)	汴州	河南省 開封縣	汴州 宋州 亳州 潁州 曹州 陳州	河南省 開封・商邱 및 安徽省 北部	至德元年(756) 河南節度使 처음 설치, 建中2年(781) 宣武軍으로 바뀌 宋州에 관청 설치, 興元年間 汴州로 관청 옮김. ○ 田神功(代宗이 汴宋節度使로 임명)→田神玉(神功의 弟, 大曆8年(773) 神功入朝로 임명)→李靈曜(神玉사후 自立하고 抗命), 大曆11年(776) 멸망, 李忠臣・李正己가 지역 割據.
	永平 (義成軍)	滑州	河南省 滑縣	滑州 濮州 鄭州	河南省 北部	上元2年(761) 滑衛節度使 처음 설치, 廣德元年(763) 滑亳으로 개칭, 大曆7年(772) 永平으로 개칭, 貞元元年(785) 義成軍으로 바뀜. ○ 李勉→李復→姚南仲
	徐泗 (武寧軍)	徐州	江蘇省 銅山	徐州 濠州 泗州 宿州	江蘇省 北部 安徽省 北部	貞元4年(788) 처음 설치, 元和年間 武寧軍節度使로 바뀜.
	陳許 (忠武軍)	陳州	河南省 淮陽縣	陳州 許州 淮州	河南省 淮陽 許昌 일대	貞元3年(787) 처음 설치, 貞元10年(794) 忠武軍으로 賜號.
	陝虢 (保義軍)	陝州	河南省 陝州	陝州 虢州	河南省 陝縣 일대	乾元2年(786) 保義軍으로 賜號.
	東都	汝州	河南省 臨汝縣	東都 汝州	河南省 洛陽 부근	貞元4年(788) 처음 설치. ○ 哥舒曜

	鎭名	관청소재지	현소재지	관할구역	현재 지역	설치연혁 및 절도사 성명
關內道	鳳翔(興平軍)	鳳翔	陝西省 鳳翔縣	岐州 隴州 秦州	陝西省 鳳翔 및 甘肅省 天水 일대	上元元年(760) 興鳳隴節度使 처음 설치, 隴右 몰락으로 隴右節度使 편입.
	邠寧(靖難軍)	邠州	陝西省 邠縣	邠州 寧州 慶州	陝西省 西北 및 甘肅省 慶陽縣	乾元2年(759) 처음 설치.
	鄜坊(保大軍)	坊州	陝西省 黃陵縣	鄜州 坊州 丹州 延州	陝西省 中部	上元元年(760) 처음 설치.
	涇原(彰義軍)	涇州	甘肅省 涇州縣	涇州 原州 渭州 武州	甘肅省 東北部	大曆3年(768) 처음 설치.
	振武軍	單于都護府	綏遠省 歸綏縣	綏州 銀州 麟州 勝州 및 受降城	綏遠省 河套內外 및 陝北	乾元元年(758) 朔方에서 분리 설치.
	朔方	靈州	寧夏省 靈武縣	靈州 夏州 鹽州 豊州	寧夏省 東部 綏遠省 西部	開元元年(713) 처음 설치. ○ 郭子儀→僕固懷恩→李懷光
	鹽夏(定難軍)	夏州	陝西省 橫山縣	夏州 綏州 銀州	陝西省 北部	貞元3年(787) 振武軍 및 朔方에서 분리 설치.
	同華(때로 分合)	同州 혹은 華州	陝西省 大荔縣 혹은 華縣	同州 華州	陝西省 東部	乾元2年(759) 鎭國節度使 설치, 關東節度라 칭하기도 함, 廣德元年(763) 없앰, 興元元年(784) 華州엔 潼關節度, 同州엔 奉誠節度 다시 설치, 貞元9年(793) 潼關節度 없애고 華同節度 설치.

	鎭名	관청소재지	현소재지	관할구역	현재 지역	설치연혁 및 절도사 성명
隴右道	隴右	鄯州	青海省 樂都縣	鄯州 秦州 河州 渭州 蘭州 臨州 武州 洮州 岷州 등	甘肅省 西部 青海省 大部	開元5年(717) 처음 설치, 隴西節度라 칭하기도 함, 廣德元年(763) 吐蕃에 함락되어 鳳翔節度使가 겸임.
	河西	涼州	甘肅省 武威縣	涼州 甘州 肅州 伊州 西州 瓜州 沙州	甘肅省 河西走廊諸地	景雲2年(711) 처음 설치, 廣德年間 吐蕃에 함락, 후에 歸義軍節度使 설치.
	北庭	庭走	新疆省 迪化縣	天山北路	新疆省 天山北路	景雲元年(710) 安西都護四鎭經略大使 처음 설치, 후에 北庭都護領伊西節度使 증설, 開元6年(718) 安西都護領四鎭節度使로 바뀜, 開元15年(727) 北庭·伊西節度使로 분리, 開元19年(731) 安西四鎭北庭經略節度使로 합침, 開元28年(740) 北庭·伊西節度使·安西四鎭節度使로 분리 설치, 廣德年間 吐蕃에 함락, 貞元年間 涇原節度使 겸임.
	安西	安西	新疆省 庫車縣	天山南路	新疆省 天山南路	
淮南道	淮南	揚州	江蘇省 江都縣	揚州 楚州 滁州 和州 舒州 廬州 壽州 濠州	江蘇省·安徽省 江北 淮南地	至德元年(756) 처음 설치, 관할구역 자주 증감, 지역이 남북교통요지에 있어 割據가 어려움.

	鎭名	관청소재지	현소재지	관할구역	현재 지역	설치연혁 및 절도사 성명
山南道	山南東 (忠義軍)	襄州	湖北省 襄陽縣	襄州 郢州 復州 鄧州 安州 隨州 唐州	湖北省 北部 河南省 南部	至德2年(757) 처음 설치, 廣德元年(763) 忠義軍으로 賜號, 梁崇義 지역 점거 후 抗命.
	山南西	梁州	陝西省 南鄭縣	梁州 洋州 集州 壁州 등 13州	陝西省 南部	廣德元年(763) 처음 설치.
	荊南	荊州	湖北省 江陵縣	荊州 澧州 朗州 郢州 復州 陽州 夔州 峽州 忠州 萬州	湖北省 西部 四川省 東部 湖南省 北部	至德2年(757) 荊澧節度 처음 설치, 곧 荊南節度로 바뀜.

	鎭名	관청소재지	현소재지	관할구역	현재 지역	설치연혁 및 절도사 성명
嶺南道	嶺南 (淸海軍)	廣州	廣東省 廣州市	廣州 韶州 循州 潮州 康州 瀧州 端州 新州 高州 雪州 思州 崖州 등 30여州	廣東省 대부분 및 廣西省 一部地	開元年間 처음 설치, 五府經略使라 칭함, 至德元年(756) 嶺南節度使 설치, 후에 淸海軍節度使로 바뀜.
	邕管 (嶺南西)	邕州	廣西省 邕寧縣	邕州 貴州 橫州 欽州 澄州 賓州	廣西省 南部 廣東省 一部	天寶14年(755) 邕州管內經略使 처음 설치, 乾元2年(759) 節度使로 승격.
	容管 (寧遠軍)	容州	廣西省 容縣	容州 白州 禺州 牢州 鬱州 林州	廣西省 同父 및 廣東省 一部	天寶14年(755) 容州管內經略使 처음 설치, 上元元年(760) 觀察使로 승격, 후에 寧遠軍節度使로 고침.
	桂管 (靜江軍)	桂州	廣西省 桂林市	桂州 柳州 梧州	廣西省 東北部	開耀 때(681) 桂州經略使 설치 후 곧 없앰, 貞元元年(785) 다시 설치, 뒤에 靜江軍節度使로 바뀜.
	安南 (靜海軍)	交州	越南 河北	安南州 交州 陸州 峯州 處州 長州 福州 祥州 芝州 등 21州	越南國中 北部	天寶10年(751) 安南管內經略使 처음 설치, 후에 安南節度使로 바뀜.

	鎭名	관청소재지	현소재지	관할구역	현재 지역	설치연혁 및 절도사 성명
江南道	浙江西 (鎭海軍)	처음 潤州, 뒤에 杭州	江蘇省 丹徒縣 浙江省 杭州市	潤州 蘇州 常州 湖州 杭州 睦州	江蘇省 南部 浙江省 北部	乾元元年(758) 浙江西道節度使 설치, 江南東道節度라 하기도 함, 建中2年(781) 鎭海軍으로 賜號.
	浙東 (義勝軍)	越州	浙江省 紹興縣	越州 睦州 衢州 婺州 臺州 明州 處州	浙江省 대부분	乾元元年(758) 浙江東道節度使 설치, 후에 義勝軍으로 바뀜.
	宣歙 (寧國軍)	宣州	安徽省 宣城縣	宣州 歙州 池州	安徽省 江南地方	乾元元年(758) 宣歙饒觀察使 설치, 후에 寧國軍節度使로 바뀜.
	江西 (鎭南軍)	洪州	江西省 南昌縣	江西 洪州 虔州 江州 信州 吉州 袁州 撫州	江西省 西部地	乾元元年(758) 洪吉都防禦團練觀察處置使 처음 설치, 廣德2年(764) 江南西道觀察使로 개칭, 建中4年(783) 江南西道節度使로 바뀜, 江西節度라 簡稱, 후에 鎭南軍으로 바뀜.
	福建 (威武軍)	福州	福建省 閩侯縣	福州 泉州 汀州 建州 漳州	福建省	開元21年(733) 福建經略使설치, 乾元元年(758) 福建都防禦使兼寧海軍使로 바뀜, 上元元年(760) 福建節度使로 바뀜.
	鄂岳 (武昌軍)	鄂州	湖北省 武昌市	鄂州 岳州 蘄州 黃州 安州 申州 光州	湖北省	乾元2年(759) 鄂岳團練使 설치, 永泰元年(765) 觀察使로 승격, 元和元年(806) 武昌軍節度使로 승격.
	湖南 (欽化軍)	潭州	湖南省 長沙市	潭州 衡州 永州 邵州 道州 郴州 連州	湖南省 湘江 유역	廣德2年(764) 湖南觀察使 처음 설치, 衡州에 관청 설치, 永泰元年(765) 潭州로 관청 이전, 후에 欽化軍節度使로 바뀜.
	黔中 (武泰軍)	黔州	四川省 彭水縣	辰州 溵州 巫州 錦州 業州 黔州 施州 恩州	湖南·湖北·四川 세 省 접경지 각 一部	開元26年(738) 黔州에 五谿經略使 처음 설치, 大曆4年(769) 五州觀察使로 승격, 辰州에 관청 설치, 大曆12年(777) 黔州經略招討觀察使로 바뀜, 黔州에 관청 설치, 후에 武泰軍節度使로 바뀜.

	鎭名	관청소재지	현소재지	관할구역	현재 지역	설치연혁 및 절도사 성명
劍南道	西川 (劍南西)	益州	四川省 成都市	益州 彭州 蜀州 漢州 眉州 嘉州 邛州 簡州 資州 茂州 黎州 雅州	四川省 西部 및 西康省 東部地	開元5年(717) 劍南節度使 처음 설치(25州 관할의 西南 重鎭이 됨). 至德2年(757) 西川·東川으로 나누어 각각 節度使 둠. 西川節度使 韋皐가 가장 명망이 높음.
	東川 (劍南東)	梓州	四川省 三臺縣	梓州 遂州 綿州 劍州 普州 榮州 合州 渝州 瀘州	四川省 東部	至德2年(757) 劍南東部로 분리 설치. 劍南東節度使라 칭함.

唐王室 世系圖(李氏)

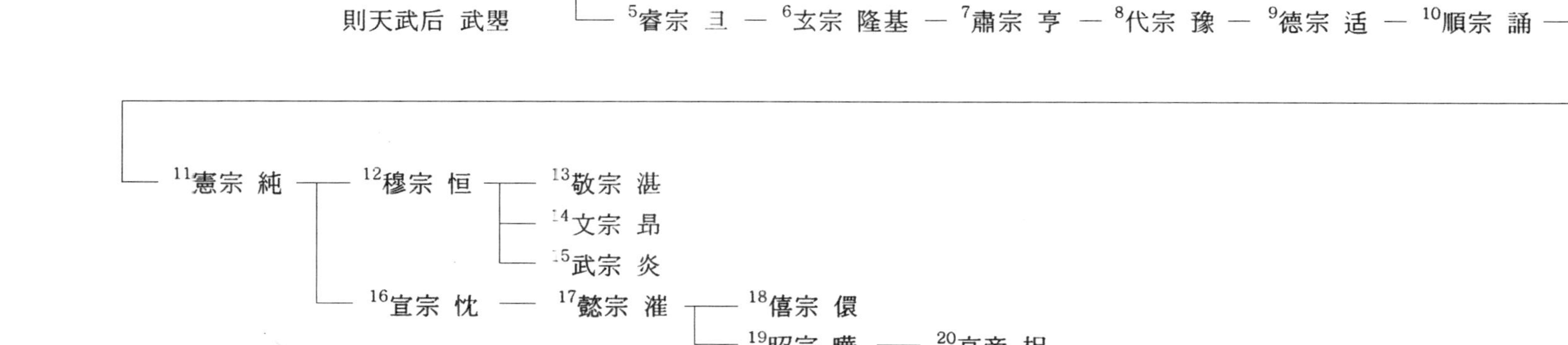
1高祖 李淵 — 2太宗 世民 — 3高宗 治
則天武后 武曌
4中宗 顯
5睿宗 旦 — 6玄宗 隆基 — 7肅宗 亨 — 8代宗 豫 — 9德宗 适 — 10順宗 誦
11憲宗 純
12穆宗 恒
13敬宗 湛
14文宗 昂
15武宗 炎
16宣宗 忱 — 17懿宗 漼
18僖宗 儇
19昭宗 曄 — 20哀帝 柷

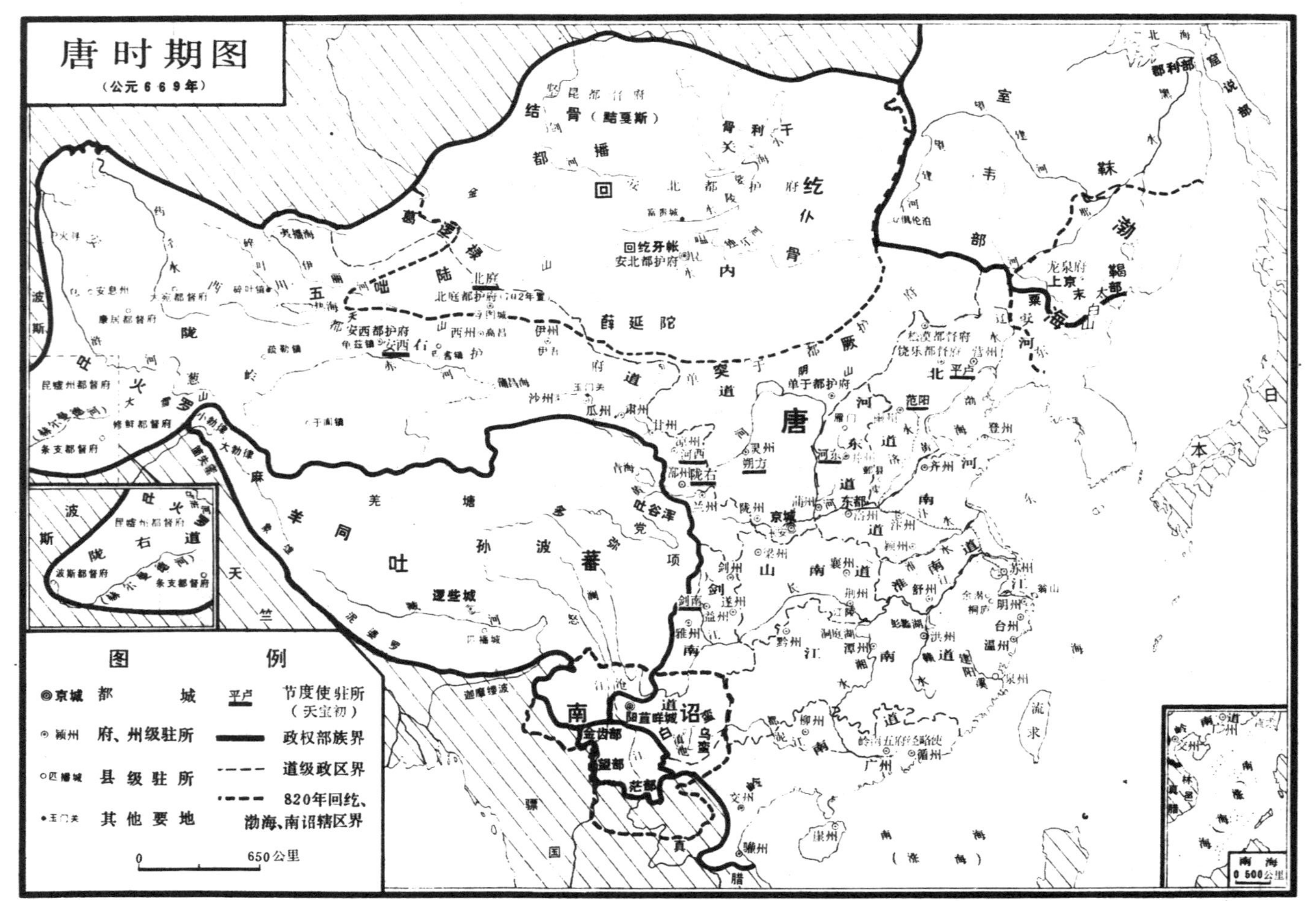
唐时期图
（公元669年）
图例
京城　都城
府、州级驻所
县级驻所
其他要地
平卢　节度使驻所（天宝初）
政权部族界
道级政区界
820年回纥、渤海、南诏辖区界
650公里
唐
回纥
安北都护府
回纥牙帐
薛延陀
突厥
葛逻禄
北庭都护府
安西都护府
吐蕃
吐谷浑
南诏
渤海
室韦部
靺鞨
日本
京城
东都
范阳
平卢
河东
朔方
河西
陇右
剑南
天竺
波斯
流求
南海

譯者 略歷

忠南 禮山 出生
家庭에서 父親 月山公으로부터 漢文 修學
月谷 黃璟淵 瑞巖 金熙鎭 先生 師事
民族文化推進會 國譯研修院 修了
高麗大學校 教育大學院 漢文教育科 修了
한국고전번역원 부설 고전번역교육원 漢學教授(現)
傳統文化研究會 副會長(現)
古典國譯賞 受賞

論文 및 譯書

艮齋의 性理說小考
燕岩의 學問思想研究
宣祖實錄 宋子大全 高峯集 茶山集 退溪集
獨谷集 牛溪集 旅軒集 藥泉集 百戰奇法 武臣須知
四書集註 詩經集傳 書經集傳 周易傳義 등 數十種 國譯

東洋古典譯註叢書 33
譯註 通鑑節要 8

2009년 12월 30일 초판 발행
2010년 5월 10일 초판 2쇄

譯 註 成百曉
編 輯 古典國譯編輯委員會
發行人 李啓晃
發行處 社團法人 傳統文化研究會
서울시 종로구 낙원동 284-6 낙원빌딩 411호
전화 : (02)762-8401 전송 : (02)747-0083
전자우편 : juntong@juntong.or.kr
홈페이지 : juntong.or.kr
사이버書堂 : cyberseodang.or.kr
등록 : 1989. 7. 3. 제1-936호

인쇄처 : 한국법령정보주식회사(02-462-3860)

ISBN 978-89-91720-41-1 94910
89-85395-71-8(세트)

정가 20,000원